DIREITO DO TRABALHO E PREVIDÊNCIA:
ASPECTOS PRÁTICOS

O GEN | Grupo Editorial Nacional – maior plataforma editorial brasileira no segmento científico, técnico e profissional – publica conteúdos nas áreas de concursos, ciências jurídicas, humanas, exatas, da saúde e sociais aplicadas, além de prover serviços direcionados à educação continuada.

As editoras que integram o GEN, das mais respeitadas no mercado editorial, construíram catálogos inigualáveis, com obras decisivas para a formação acadêmica e o aperfeiçoamento de várias gerações de profissionais e estudantes, tendo se tornado sinônimo de qualidade e seriedade.

A missão do GEN e dos núcleos de conteúdo que o compõem é prover a melhor informação científica e distribuí-la de maneira flexível e conveniente, a preços justos, gerando benefícios e servindo a autores, docentes, livreiros, funcionários, colaboradores e acionistas.

Nosso comportamento ético incondicional e nossa responsabilidade social e ambiental são reforçados pela natureza educacional de nossa atividade e dão sustentabilidade ao crescimento contínuo e à rentabilidade do grupo.

Carlos Alberto Pereira de **Castro**
João Batista **Lazzari**

DIREITO DO TRABALHO E PREVIDÊNCIA:
ASPECTOS PRÁTICOS

- Os autores deste livro e a editora empenharam seus melhores esforços para assegurar que as informações e os procedimentos apresentados no texto estejam em acordo com os padrões aceitos à época da publicação, e todos os dados foram atualizados pelos autores até a data de fechamento do livro. Entretanto, tendo em conta a evolução das ciências, as atualizações legislativas, as mudanças regulamentares governamentais e o constante fluxo de novas informações sobre os temas que constam do livro, recomendamos enfaticamente que os leitores consultem sempre outras fontes fidedignas, de modo a se certificarem de que as informações contidas no texto estão corretas e de que não houve alterações nas recomendações ou na legislação regulamentadora.

- Fechamento desta edição: *14.04.2023*

- Os Autores e a editora se empenharam para citar adequadamente e dar o devido crédito a todos os detentores de direitos autorais de qualquer material utilizado neste livro, dispondo-se a possíveis acertos posteriores caso, inadvertida e involuntariamente, a identificação de algum deles tenha sido omitida.

- **Atendimento ao cliente: (11) 5080-0751 | faleconosco@grupogen.com.br**

- Direitos exclusivos para a língua portuguesa
  Copyright © 2023 by
  Editora Forense Ltda.
  Uma editora integrante do GEN | Grupo Editorial Nacional
  Travessa do Ouvidor, 11 – Térreo e 6º andar
  Rio de Janeiro – RJ – 20040-040
  www.grupogen.com.br

- Reservados todos os direitos. É proibida a duplicação ou reprodução deste volume, no todo ou em parte, em quaisquer formas ou por quaisquer meios (eletrônico, mecânico, gravação, fotocópia, distribuição pela Internet ou outros), sem permissão, por escrito, da Editora Forense Ltda.

- Capa: Fabricio Vale

- **CIP – BRASIL. CATALOGAÇÃO NA FONTE.**
  SINDICATO NACIONAL DOS EDITORES DE LIVROS, RJ.

C35d
Castro, Carlos Alberto Pereira de

Direito do trabalho e previdência: aspectos práticos / Carlos Alberto Pereira de Castro, João Batista Lazzari. – 1. ed. – Rio de Janeiro: Forense, 2023.

Inclui bibliografia
ISBN 978-65-5964-826-9

1. Direito do trabalho – Brasil. 2. Previdência social – Brasil. 3. Seguridade social – /Brasil. I. Lazzari, João Batista. II. Título.

23-83192   CDU: 349.2/.3(81)

Meri Gleice Rodrigues de Souza – Bibliotecária – CRB-7/6439

APRESENTAÇÃO

O Estado Contemporâneo possui, entre suas funções, a proteção social dos indivíduos com relação a eventos que lhes possam causar a dificuldade ou, até mesmo, a impossibilidade de subsistência por conta própria, quando não seja possível o exercício da atividade laborativa. Tal proteção, que tem formação embrionária advinda do Estado Moderno, encontra-se consolidada nas normas de regulação das relações de trabalho subordinado e nas políticas de Previdência Social.

A grande demanda da sociedade pela máxima efetividade dos Direitos Fundamentais Sociais faz com que as pessoas, cada vez mais, busquem o acesso à Justiça (adotado o conceito da magistral obra de Mauro Cappelletti e Bryan Garth – como verdadeiro acesso aos direitos, e não apenas como acesso a um órgão decisório), seja pela via consensual, seja na provocação do Poder Judiciário.

De outra vertente, convivemos com situações concretas que nos levam a enfrentar aspectos que envolvem, a um só tempo, questões de ordem trabalhista e previdenciária, e essa situação tende a se avolumar em razão das constantes mudanças nas regras de concessão, manutenção e cessação dos benefícios previdenciários, bem como nas características mutantes do mundo do trabalho e a consequente afetação das regras que regem a relação de emprego.

Aliem-se a isso as novas formas de trabalho, a migração de pessoas, o altíssimo índice de desempregados e a crescente utilização – inclusive para além das fronteiras geográficas – de trabalhadores numa zona cinzenta que se encontra entre o emprego típico e o trabalho por conta própria, e temos a conjuntura que, hodiernamente, envolve repercussões sensíveis nos Direitos Sociais Fundamentais.

Por essa razão, consideramos necessário o debate sobre as implicações recíprocas das normas que versam sobre direitos de índole predominantemente trabalhista e daquelas que possuem natureza mais tendente à previdenciária, ideia que norteou o presente livro.

O desenvolvimento das matérias aqui tratadas tem como ponto em comum a abordagem dos fatos juridicamente relevantes em cada assunto não só sob uma ótica de um ou outro "ramo do Direito", mas também a conjunção deles, numa concepção que visa propor a interpretação sistêmica dos institutos, seus conceitos, princípios e regras, especialmente no tocante aos aspectos práticos desses conteúdos, abordando situações do cotidiano forense e administrativo.

PREFÁCIO

Conheci Carlos Alberto e João Batista em 1994, em Florianópolis, quando eram Procuradores Autárquicos do Instituto Nacional do Seguro Social – INSS e se preparavam para concurso de ingresso na magistratura. Carlos Alberto tornou-se Juiz do Trabalho, em 1995, e João assumiu como Juiz Federal, em 1996. A amizade e parceria dos ilustres magistrados renderam muitos frutos, colocando-se em relevo o *Manual de Direito Previdenciário*, já na 26ª edição. A produção literária de ambos é tão vasta, que a referência da obra completa cansaria o leitor.

Uma coisa é certa, a experiência profissional e a dedicação acadêmica dos autores permitiram a elaboração da presente obra (*Direito do Trabalho e Previdência – Aspectos Práticos*), que analisa as implicações recíprocas entre as duas disciplinas de proteção social. Atualmente, os dois ramos têm autonomia e disciplinam relações jurídicas distintas, muito embora a relação de emprego conduza, necessariamente, à relação previdenciária, pois o empregado é um segurado obrigatório. Para se ter uma ideia da proximidade entre trabalho e previdência, em 1942, o então Ministro do Trabalho, Marcondes Filho, designou uma comissão de 10 juristas para fazer a Consolidação das Leis do Trabalho e da Previdência Social. Na primeira reunião, decidiu-se dividir a comissão em dois grupos, um para fazer a consolidação das leis do trabalho e o outro para consolidar a legislação previdenciária.

Assim, apesar da autonomia desses dois ramos do Direito, há um constante diálogo entre eles, que a presente obra consolida com maestria. Os exemplos são muitos e foram exaustivamente tratados, para esclarecer os efeitos que acontecimentos trabalhistas geram na relação previdenciária e vice-versa. Ainda desafia a jurisprudência a delimitação das consequências do acidente de trabalho na relação trabalhista e na previdenciária, sabendo-se que a legislação previdenciária é mais abrangente. E a obra traz todas as respostas, com referências jurisprudenciais recentíssimas.

O que fazer quando o empregado-segurado recebe alta previdenciária e o setor médico da empresa atesta incapacidade (limbo previdenciário)? A concessão de benefícios previdenciários pode influenciar ou mesmo definir o termo inicial da prescrição da ação indenizatória em face do empregador? A aposentadoria pode ter algum efeito no contrato de trabalho? Para dar efetividade à estabilidade pré-aposentadoria estabelecida por negociação coletiva, pode-se pressupor que o empregador tem acesso aos dados previdenciários do empregado-segurado? Essas e outras inúmeras questões são satisfatoriamente respondidas nesta imprescindível obra jurídica.

Carlos Alberto graduou-se em Direito pela Universidade Federal do Rio de Janeiro. É mestre em Ciência Jurídica pela Universidade do Vale do Itajaí (UNIVALI) e doutorando em Ciências Jurídicas pela Universidade Autónoma de Lisboa. Atualmente, é o Juiz Titular da 7ª Vara do Trabalho de Florianópolis (12ª Região/SC). Na carreira acadêmica, é conhecido pelo brilhantismo e carisma, atuando como professor de Direito do Trabalho da Escola Superior da Magistratura Trabalhista da 12ª Região

(SC) e coordenador acadêmico do Curso de Especialização em Direito do Trabalho do Complexo de Ensino Superior de Santa Catarina (CESUSC). É professor *honoris causa* da Escola Superior da Advocacia Trabalhista da OAB/SC. Carlos Alberto é membro emérito do Instituto Brasileiro de Direito Previdenciário – IBDP e está imortalizado por ser o titular da Cadeira nº 20 da Academia Catarinense de Letras Jurídicas (ACALEJ).

João Batista Lazzari também está imortalizado, pois ocupa a Cadeira nº 31 da Academia Catarinense de Letras Jurídicas (ACALEJ) e a Cadeira nº 17 da Academia Brasileira de Direito da Seguridade Social (ABDSS). Como Juiz Federal, integrou a Turma Nacional de Uniformização dos Juizados Especiais Federais, de 2013 a 2015. A titulação acadêmica de João é impressionante, pois é pós-doutor em Direito e Justiça Constitucional pela Universidade de Bologna/Itália, doutor em Direito Público pela Universidade de Perugia/Itália, doutor e mestre em Ciência Jurídica pela Universidade do Vale do Itajaí (UNIVALI) e especialista em Direito Sanitário pela Universidade de Brasília (UnB). Na docência, destaca-se pela erudição e profundidade na abordagem dos temas que leciona, sendo professor das Escolas da Magistratura Federal e do Trabalho de Santa Catarina e professor e coordenador científico da Pós-graduação em Direito Previdenciário do Instituto de Estudos Previdenciários, Trabalhistas e Tributários (IEPREV).

Essa visão panorâmica dos currículos dos autores confirma a expectativa que antecedeu a leitura da obra. O texto é denso, mas fluido, permitindo uma leitura proveitosa e agradável. É uma obra de consulta permanente para os estudiosos e práticos do Direito do Trabalho e do Direito Previdenciário.

Alexandre Luiz Ramos
Ministro do Tribunal Superior do Trabalho

SUMÁRIO

ABREVIATURAS .... **XIX**

CAPÍTULO 1 – OS DIREITOS SOCIAIS E SUA INDISSOCIABILIDADE **1**

1.1 Direito do Trabalho e Direito Previdenciário: ramos estanques ou indissociáveis?... 3
1.2 Princípios inerentes ao Direito do Trabalho 6
1.3 Princípios inerentes ao Direito Previdenciário 10
    1.3.1 Princípios constitucionais da Seguridade Social......................... 13
    1.3.2 Princípios específicos de Previdência Social............................... 15
1.4 Os regimes previdenciários na ordem jurídica interna............................ 18
1.5 Estrutura da Previdência Social: o INSS e o CRPS 19

CAPÍTULO 2 – RELAÇÃO DE TRABALHO E RELAÇÃO DE SEGURO SOCIAL ... **21**

2.1 A relação de trabalho e a filiação à Previdência Social............................ 21
2.2 Situações atípicas: informalidade, trabalho infantil, trabalho escravo... 23
    2.2.1 Trabalho de pessoas com idade inferior a 16 anos...................... 23
    2.2.2 O aposentado que retorna à atividade laborativa........................ 25
    2.2.3 Resgate de trabalhadores em condições análogas à escravidão..... 26
2.3 Inscrição de segurados.. 26
    2.3.1 Inscrição de segurado *post mortem*... 28
    2.3.2 Inscrição de dependentes 31
    2.3.3 A EC n. 103/2019 e o dependente inválido ou com deficiência.... 32
2.4 Manutenção e perda da qualidade de segurado....................................... 34
    2.4.1 Disposições gerais pertinentes à perda da qualidade de segurado... 35
    2.4.2 Exigência de contribuição mínima para cômputo do período de graça 37
    2.4.3 Verificação da manutenção da qualidade de segurado (período de graça) de acordo com as datas de recolhimentos vigentes..... 39
    2.4.4 Reingresso ao RGPS e o cômputo da carência............................. 40
2.5 A concessão do seguro-desemprego e suas repercussões 41

CAPÍTULO 3 – A RELAÇÃO DE TRABALHO E AS CONTRIBUIÇÕES À SEGURIDADE SOCIAL... **43**

3.1 Introdução ao tema 43

3.2	Contribuições dos segurados empregados (inclusive domésticos) e trabalhadores avulsos	46
3.3	Contribuição do segurado contribuinte individual	49
3.4	Contribuições das empresas	51
	3.4.1 Contribuição sobre a "folha de pagamentos"	52
	3.4.2 Contribuição para custeio dos riscos ambientais do trabalho (antigo SAT)	53
	3.4.3 Contribuição das empresas sobre pagamentos feitos a contribuintes individuais	54
	3.4.4 Contribuição adicional das instituições financeiras	54
	3.4.5 Empresas optantes pelo sistema Simples	55
	3.4.6 Contribuição devida pelos clubes de futebol profissional	55
	3.4.6.1 Sociedade Anônima do Futebol (SAF)	56
	3.4.7 Contribuição do empregador rural constituído em pessoa jurídica	57
	3.4.8 Empresas beneficiárias do programa de "desoneração da folha de pagamentos"	58
3.5	Contribuição do empregador doméstico	58
3.6	Inadimplemento e acréscimos moratórios	59
3.7	Decadência e prescrição em matéria de contribuições previdenciárias	60
3.8	Prova da regularidade fiscal – CND e CNDT	61
3.9	Obrigações acessórias – a GFIP	62
3.10	Arrecadação e recolhimento das contribuições destinadas à Seguridade Social	64
	3.10.1 Atribuições do INSS e da Secretaria da RFB	64
	3.10.2 Obrigações da empresa e demais contribuintes	65
	3.10.3 Prazo de recolhimento das contribuições	67
3.11	Fato gerador, cumprimento e inadimplemento da obrigação no âmbito da Justiça do Trabalho	69
3.12	Cobrança das contribuições não vertidas: execução fiscal e na Justiça do Trabalho	73
	3.12.1 A responsabilidade pelos recolhimentos – quem é o devedor?	74
	3.12.2 Dívida ativa e a execução fiscal	76
	3.12.3 Execução na Justiça do Trabalho	86
	3.12.3.1 Situação da União na lide trabalhista	86
	3.12.3.2 Créditos executáveis	88
	3.12.3.3 O procedimento da execução	90
3.13	Crimes contra a previdência e a sonegação de contribuições nas relações de trabalho	95

	3.13.1	Apropriação indébita previdenciária	95
		3.13.1.1 Tipo objetivo	97
		3.13.1.2 Tipo subjetivo	97
		3.13.1.3 Consumação e tentativa	98
		3.13.1.4 Sujeito ativo	98
		3.13.1.5 Sujeito passivo	99
		3.13.1.6 Crime continuado	99
		3.13.1.7 Ação penal	99
		3.13.1.8 Extinção da punibilidade	100
		3.13.1.9 Perdão judicial	103
		3.13.1.10 Dificuldades financeiras	104
		3.13.1.11 Princípio da insignificância	105
	3.13.2	Sonegação de contribuição previdenciária	106
	3.13.3	Falsificação de documento público	108
3.14	Considerações finais		109

CAPÍTULO 4 – ACIDENTES DO TRABALHO E DOENÇAS OCUPACIONAIS... 111

4.1	Normas vigentes	112
4.2	Conceito de acidente do trabalho	114
4.3	Doenças ocupacionais	119
4.4	Nexo causal e concausalidade	123
4.5	Nexo epidemiológico	128
4.6	Contestação do nexo epidemiológico	131
4.7	A Comunicação do Acidente de Trabalho (CAT)	133
4.8	O requerimento de transformação de benefício comum em acidentário	135

CAPÍTULO 5 – A INCAPACIDADE LABORATIVA E SUAS IMPLICAÇÕES NO CAMPO PREVIDENCIÁRIO ... 137

5.1	A proteção jurídica ao trabalhador incapacitado		137
5.2	Auxílio por incapacidade temporária – comum e acidentário		137
	5.2.1	Perícia médica	140
	5.2.2	Concessão por análise documental	141
	5.2.3	Concessão por medida judicial	141
	5.2.4	Período de carência e o "limbo carencial"	142
	5.2.5	Data de início do benefício	146
		5.2.5.1 Data de início do benefício concedido judicialmente	147

		5.2.5.2	Restabelecimento do benefício.................................	147
	5.2.6	Renda mensal inicial...		148
	5.2.7	Manutenção do benefício durante o processo de reabilitação....		149
	5.2.8	Cessação do benefício...		150
		5.2.8.1	Sistema "Data Certa" ou Cobertura Previdenciária Estimada (Copes)...	150
	Quadro-resumo – Auxílio por incapacidade temporária (antigo auxílio-doença)..			152
5.3	Aposentadoria por incapacidade permanente..			154
	5.3.1	Período de carência...		156
	5.3.2	Data de início do benefício..		156
	5.3.3	Renda mensal inicial...		157
	5.3.4	Suspensão e cessação do benefício..		159
	5.3.5	Mensalidades de recuperação..		161
Quadro-resumo – Aposentadoria por incapacidade permanente..............................				163
5.4	Auxílio-acidente...			165
	5.4.1	Beneficiários..		166
	5.4.2	A sequela definitiva como fato gerador do direito ao benefício....		167
	5.4.3	Período de carência...		168
	5.4.4	Data de início do benefício..		168
	5.4.5	Renda mensal inicial...		169
	5.4.6	Suspensão e cessação do benefício..		169
Quadro-resumo – Auxílio-acidente...				171
5.5	Pagamento dos honorários periciais e requisitos da petição inicial em ações de benefícios por incapacidade..			173

CAPÍTULO 6 – OS EFEITOS DOS BENEFÍCIOS POR INCAPACIDADE NO CONTRATO DE TRABALHO 175

6.1	Efeitos da concessão da prestação previdenciária por incapacidade.....	176
6.2	Indeferimento do benefício por incapacidade e seus efeitos no contrato de trabalho...	179
6.3	Reabilitação profissional e repercussões trabalhistas............................	180
6.4	A estabilidade acidentária do trabalhador vítima de acidente................	185
6.5	Aposentadoria por incapacidade permanente: efeitos no contrato de trabalho...	191
6.6	Situação trabalhista e problemas ligados ao "limbo" jurídico.................	193
6.7	Pagamento de verbas trabalhistas vencidas em caso de incapacidade de longa duração...	199

6.8	Benefício da Lei Maria da Penha	200
6.9	A Covid-19 e as situações de afastamento do trabalho	201

CAPÍTULO 7 – RESPONSABILIDADE DO EMPREGADOR POR DANOS CAUSADOS AO TRABALHADOR... 205

7.1	Danos reparáveis	206
7.2	As disposições legais sobre a reparação de danos	207
7.3	Pressupostos para a reparação de danos	210
7.4	A prova dos danos a reparar	210
7.5	Indenização e pensionamento vitalício	211
7.6	Responsabilidade objetiva	214
7.7	A reparação de danos em caso de óbito	218
7.8	Prescrição da pretensão indenizatória	220
7.9	A prova pericial nas ações de indenização por acidente	221
7.10	A metodologia para investigação de nexo causal – Resolução n. 2.323/2022 do Conselho Federal de Medicina	225
7.11	O juiz e a prova pericial	227

CAPÍTULO 8 – DIREITOS RELATIVOS À FILIAÇÃO BIOLÓGICA E AFETIVA..... 231

8.1	O salário-maternidade biológico e por adoção		232
	8.1.1	Período de carência	235
	8.1.2	Data de início e duração do salário-maternidade	235
	8.1.3	Benefício em caso de adoção e guarda judicial	237
	8.1.4	Extensão em casos de falecimento da gestante ou da pessoa adotante	238
	8.1.5	Prorrogação do salário-maternidade por mais sessenta dias – Programa Empresa Cidadã	238
	8.1.6	Renda mensal inicial	240
	8.1.7	Pagamento pelo empregador e restituição	241
	8.1.8	Cessação do benefício	242
	8.1.9	Despedimento e pagamento pelo INSS	243
8.2	Garantia de emprego da gestante, da pessoa adotante e do supérstite.....		244
8.3	O direito de afastamento de atividade insalubre da gestante e da lactante		252
8.4	Salário-família		252
	8.4.1	Período de carência	255
	8.4.2	Data de início do benefício	255
	8.4.3	Renda mensal inicial	255

	8.4.4	Perda do direito	256
	8.4.5	Aspectos trabalhistas	256

CAPÍTULO 9 – A APOSENTADORIA E SEUS EFEITOS NO CONTRATO DE TRABALHO ... 259

9.1	Introdução ao tema		259
9.2	O salário de benefício e a renda mensal inicial das aposentadorias		260
9.3	A aposentadoria programada		261
	9.3.1	Beneficiários e Data de Início do Benefício (DIB)	262
9.4	Aposentadoria por idade: urbana, rural e híbrida		263
	9.4.1.	Aposentadoria por idade urbana	264
	9.4.2.	Aposentadoria por idade do trabalhador rural	265
	9.4.3	Aposentadoria por idade "mista" ou "híbrida" da Lei n. 11.718/2008	267
		9.4.3.1 Renda Mensal Inicial (RMI)	269
	9.4.4	Data de início do benefício	269
Quadro-resumo – Aposentadoria por idade			269
9.5	Aposentadoria por tempo de contribuição (extinta pela EC n. 103/2019)		272
	9.5.1	Beneficiários	274
	9.5.2	Período de carência	276
	9.5.3	Data de início do benefício	276
	9.5.4	Renda mensal inicial	276
Quadro-resumo – Aposentadoria por tempo de contribuição			277
9.6	Regras de transição com relação à aposentadoria por tempo de contribuição (EC n. 103/2019)		280
9.7	Aposentadoria programada do professor		284
	9.7.1	EC n. 103/2019 – Regras de transição da aposentadoria dos professores	287
9.8	Aposentadoria especial		290
	9.8.1	Caracterização do tempo de atividade especial	291
	9.8.2	Beneficiários	295
	9.8.3	Comprovação do exercício de atividade especial	295
		9.8.3.1 Laudo Técnico de Condições Ambientais do Trabalho (LTCAT)	298
	9.8.4	Uso de Equipamento de Proteção Individual (EPI)	300
	9.8.5	Período de carência	302
	9.8.6	Data de início do benefício	303
	9.8.7	Renda mensal inicial	304

		9.8.8	Conversão do tempo especial...	304
9.9		Regras de transição para a aposentadoria especial (EC n. 103/2019)...		306
Quadro-resumo – Aposentadoria especial...				307
9.10		Aposentadoria dos segurados com deficiência.................................		312
	9.10.1	Beneficiários...		316
	9.10.2	Período de carência...		317
	9.10.3	Renda mensal inicial...		317
	9.10.4	Data de início do benefício.......................................		317
Quadro-resumo – Aposentadoria dos segurados com deficiência................				318
9.11		Aposentadoria dos segurados de baixa renda.................................		320
9.12		Aposentadoria e continuidade (ou não) do vínculo de emprego........		321
	9.12.1	Aposentadoria especial e o contrato de trabalho.........................		326
	9.12.2	Aposentadoria dos segurados com deficiência e o contrato de trabalho...		328
	9.12.3	Aposentadoria voluntária de empregados públicos e servidores regidos pela CLT...		329
	9.12.4	Aposentadoria compulsória dos empregados públicos...............		330
9.13		A estabilidade pré-aposentadoria...		332

CAPÍTULO 10 – DIREITOS RELACIONADOS AO ÓBITO E À RECLUSÃO DO TRABALHADOR... 335

10.1		Dependentes no RGPS e o recebimento de haveres trabalhistas..........	335
	10.1.1	Relações conjugais e afetivas com intuito de constituir família.....	340
	10.1.2	Filhos e equiparados...	343
	10.1.3	EC n. 103/2019 e o menor sob guarda...........................	344
	10.1.4	EC n. 103/2019 e o dependente inválido ou com deficiência.....	345
	10.1.5	Estudante universitário até os 24 anos.........................	346
	10.1.6	Outras hipóteses de perda da qualidade de dependente...........	346
	10.1.7	Dependente designado...	347
	10.1.8	Divisão do benefício entre os dependentes....................	347
	10.1.9	Comoriência...	348
	10.1.10	Dependência econômica presumida ou comprovada........	348
	10.1.11	Renúncia..	350
10.2		Auxílio-reclusão e o contrato de trabalho.....................................	350
	10.2.1	Período de carência...	352
	10.2.2	Data de início do benefício.......................................	353
	10.2.3	Beneficiários...	353

	10.2.4	Renda mensal inicial	353
	10.2.5	Causas de suspensão e extinção do auxílio-reclusão	354

Quadro-resumo – Auxílio-reclusão 355

10.3 Pensão por morte 358
    10.3.1 Requisitos para a concessão do benefício 359
    10.3.2 Morte presumida 360
    10.3.3 Direito à pensão quando o segurado esteja inadimplente com a previdência 361
    10.3.4 Período de carência: não exigência 361
    10.3.5 Habilitação de beneficiários 362
    10.3.6 Tempo mínimo de convivência entre cônjuges e companheiros(as) 364
    10.3.7 Data de início do benefício 365
    10.3.8 Renda mensal inicial 366
    10.3.9 Cessação 367
    10.3.10 Perda do direito à pensão por morte 369
    10.3.11 Direito dos pensionistas ao recebimento de direitos previdenciários adquiridos em vida pelo trabalhador 370

Quadro-resumo – Pensão por morte 370

CAPÍTULO 11 – ASPECTOS PROCESSUAIS TRABALHISTAS DESTACADOS 377

11.1 O Processo Judicial Eletrônico (PJe) 377
11.2 Juízo 100% Digital na Justiça do Trabalho 379
11.3 Competência material da Justiça do Trabalho 380
11.4 Dissídios trabalhistas com conteúdo ligado a questões previdenciárias 382
    11.4.1 Ação de reconhecimento de vínculo para fins de prova no INSS ... 382
    11.4.2 Entrega ou retificação do Perfil Profissiográfico Previdenciário ... 384
    11.4.3 Ações de indenização 385
    11.4.4 Estabilidade e reintegração de empregados 387
    11.4.5 Demandas ligadas ao limbo previdenciário 388
    11.4.6 Complementação de aposentadoria 390
11.5 Requisitos da petição inicial no processo do trabalho 390
11.6 Legitimidade ativa 392
11.7 Substituição processual 393
11.8 Legitimação passiva 394
11.9 Defesa do réu 396
11.10 Aspectos destacados sobre a instrução processual 396

	11.10.1 A questão do dano *in re ipsa* nas demandas trabalhistas	399
11.11	Sentença	399
11.12	Recursos no processo do trabalho	401
	11.12.1 Depósito recursal	401
	11.12.2 Recurso ordinário	403
	11.12.3 Agravo de instrumento	403
	11.12.4 Recurso de revista	404
	11.12.5 Embargos de declaração	405
	11.12.6 Liquidação, execução e o recurso de agravo de petição	405
11.13	Penhora de salários e benefícios previdenciários	406
11.14	Concessão de assistência judiciária gratuita – isenção de despesas processuais	407
11.15	Honorários de sucumbência	407
11.16	As provas digitais e o processo do trabalho	408

CAPÍTULO 12 – ASPECTOS PROCESSUAIS EM MATÉRIA PREVIDENCIÁRIA 413

12.1	Competência da Justiça Federal e da Justiça Estadual	413
	12.1.1 Prestações comuns previdenciárias	414
	12.1.2 Competência federal delegada	414
	12.1.3 Ações acidentárias	416
	12.1.4 Causas referentes a benefício assistencial – BPC	417
12.2	Prévio requerimento na via administrativa	417
12.3	Ações envolvendo benefícios de entidades fechadas de previdência complementar	418
12.4	Gratuidade da justiça e assistência judiciária	419
12.5	Prioridade na tramitação dos feitos	419
12.6	Pagamentos devidos pelo INSS	420
	12.6.1 Requisição de Pequeno Valor (RPV)	420
	12.6.2 Pagamento por precatório	421
	12.6.3 Preferência no pagamento de requisições (RPV ou precatório)	423
12.7	Juizados Especiais Federais (JEFs)	424
	12.7.1 Competência dos JEFs	424
	12.7.2 Legitimidade	425
	12.7.3 Recursos previstos no Sistema dos Juizados Especiais Federais	425
	12.7.4 Cumprimento da sentença	430
	12.7.5 Custas e honorários advocatícios	430

12.8 Prescrição e decadência em matéria de benefícios 431
    12.8.1 Prescrição de prestações vencidas 431
    12.8.2 Decadência do direito à revisão do cálculo de benefício previdenciário 434
    12.8.3 Aplicação do prazo de decadência nas ações para reconhecimento de tempo de contribuição 435
    12.8.4 Prazo para revisão de benefício antecedente em caso de pensão por morte 436
    12.8.5 Possibilidade de interrupção do prazo decadencial para revisão do ato de concessão nos casos de requerimento administrativo ... 437
    12.8.6 Hipóteses de aplicação do prazo de decadência na via administrativa 438
    12.8.7 Revisão embasada em sentença trabalhista 439
    12.8.8 Prazo decadencial para o INSS rever seus atos 439
    12.8.9 Conclusões sobre os institutos da prescrição e da decadência ... 441
12.9 Problemas relacionados ao ônus probatório em matéria previdenciária 443
12.10 As provas obtidas por meios digitais 448

CAPÍTULO 13 – EFEITOS DAS DECISÕES JUDICIAIS NAS ESFERAS TRABALHISTA E PREVIDENCIÁRIA 451

13.1 Eficácia da coisa julgada 451
    13.1.1 Coisa julgada trabalhista 453
    13.1.2 Efeitos das decisões judiciais perante terceiros 455
    13.1.3 Coisa julgada previdenciária 456
13.2 Decisões proferidas pela Justiça do Trabalho e seus reflexos previdenciários 462
13.3 Decisões em matéria acidentária 465
13.4 Precedentes relacionados com benefícios do RGPS e previdência complementar privada 466

REFERÊNCIAS BIBLIOGRÁFICAS 473

ANEXOS

Anexo 1 – Súmulas e Enunciados em matéria trabalhista e previdenciária 479
Anexo 2 – Informações complementares sobre contribuições e benefícios previdenciários 511

ABREVIATURAS

AC	–	Apelação Cível
ADC	–	Ação Declaratória de Constitucionalidade
ADIn	–	Ação Direta de Inconstitucionalidade
AgR	–	Agravo Regimental
AI	–	Agravo de Instrumento
AISS	–	Associação Internacional de Seguridade Social
AMS	–	Apelação em Mandado de Segurança
AP	–	Agravo de Petição
APSAI	–	Agência da Previdência Social Atendimento Acordos Internacionais
Ap. MS	–	Apelação em Mandado de Segurança
APELREEX	–	Apelação em Reexame Necessário
APS	–	Agências da Previdência Social
ARF	–	Agência da Receita Federal do Brasil
ART	–	Anotação de Responsabilidade Técnica
BNDT	–	Banco Nacional de Devedores Trabalhistas
BPC	–	Benefício de Prestação Continuada
CadÚnico	–	Cadastro Único para Programas Sociais do Governo Federal
CARF	–	Conselho Administrativo de Recursos Fiscais
CAT	–	Comunicação de Acidente de Trabalho
CDA	–	Certidão de Dívida Ativa
CDAM	–	Certificado de Direito a Assistência Médica no Exterior
CEI	–	Cadastro Específico do INSS
CF	–	Constituição da República Federativa do Brasil
CGSN	–	Comitê Gestor do Simples Nacional
CID	–	Código Internacional de Doenças e Problemas Relacionados à Saúde
CLPS	–	Consolidação das Leis da Previdência Social (revogada)
CLT	–	Consolidação das Leis do Trabalho
CNAE	–	Cadastro Nacional de Atividades Econômicas
CNAS	–	Conselho Nacional de Assistência Social

CND	–	Certidão Negativa de Débito
CNDT	–	Certidão Negativa de Débitos Trabalhistas
CNIS	–	Cadastro Nacional de Informações Sociais
CNO	–	Cadastro Nacional de Obras
CNPJ	–	Cadastro Nacional de Pessoas Jurídicas
CNPS	–	Conselho Nacional de Previdência Social
CNSS	–	Conselho Nacional do Seguro Social
CNS	–	Conselho Nacional de Saúde
COFINS	–	Contribuição para o Financiamento da Seguridade Social
CP	–	Código Penal
CPC	–	Código de Processo Civil
CPD	–	Certidão Positiva de Débito
CPEND	–	Certidão Positiva com Efeitos de Negativa de Débitos
CPMF	–	Contribuição Provisória sobre Movimentação ou Transmissão de Valores e de Créditos de Natureza Financeira
CPP	–	Código de Processo Penal
CREA	–	Conselho Regional de Engenharia, Arquitetura e Agronomia
CRP	–	Certificado de Regularidade Previdenciária
CRPS	–	Conselho de Recursos da Previdência Social
CSLL	–	Contribuição Social sobre o Lucro Líquido
CSRF	–	Câmara Superior de Recursos Fiscais
CTN	–	Código Tributário Nacional
CTPS	–	Carteira de Trabalho e Previdência Social
DA	–	Data do Acidente
DAA	–	Declaração de Ajuste Anual
DAT	–	Data do Afastamento do Trabalho
DATAPREV	–	Empresa de Tecnologia e Informações da Previdência Social
DCB	–	Data de Cessação do Benefício
DCTFWeb	–	Declaração de Débitos e Créditos Tributários Federais Previdenciários e de Outras Entidades e Fundos
DD	–	Data do Desligamento
DDB	–	Data do Despacho do Benefício
DE	–	Diário Oficial Eletrônico
DER	–	Data de Entrada do Requerimento
DIB	–	Data de Início do Benefício

DII	–	Data de Início da Incapacidade
DIP	–	Data de Início do Pagamento
DJ	–	Diário da Justiça
DJe	–	Diário da Justiça Eletrônico
DJU	–	Diário da Justiça da União
DN	–	Data de Nascimento
DO	–	Data do Óbito
DOU	–	Diário Oficial da União
DPE	–	Data da Publicação da Emenda (EC n. 20/98)
DPL	–	Data da Publicação da Lei (Lei n. 9.876/99)
DPR	–	Data do Pedido de Revisão
DPVAT	–	Seguro de Danos Pessoais causados por Veículos Automotores de Vias Terrestres
DRE	–	Data de Realização do Exame
DRJ	–	Delegacia da Receita (Federal do Brasil) de Julgamento
DRP	–	Delegacia da Receita Previdenciária
DRPSP	–	Departamento dos Regimes de Previdência no Serviço Público
EC	–	Emenda Constitucional
ECA	–	Estatuto da Criança e do Adolescente
EFPC	–	Entidade Fechada de Previdência Complementar
EGU	–	Encargos Gerais da União
EPC	–	Equipamento de Proteção Coletiva
EPI	–	Equipamento de Proteção Individual
EPU	–	Encargos Previdenciários da União
eSocial	–	Sistema de Escrituração Digital das Obrigações Fiscais, Previdenciárias e Trabalhistas
FAP	–	Fator Acidentário de Prevenção
FGTS	–	Fundo de Garantia do Tempo de Serviço
FLPS	–	Fundo de Liquidez da Previdência Social
FNDE	–	Fundo Nacional de Desenvolvimento da Educação
FNPS	–	Fórum Nacional da Previdência Social
FNS	–	Fundo Nacional de Saúde
FPAS	–	Fundo de Previdência e Assistência Social
FPE	–	Fundo de Participação dos Estados
FPM	–	Fundo de Participação dos Municípios
FUNDACENTRO	–	Fundação Jorge Duprat Figueiredo de Segurança e Medicina do Trabalho

FUNRURAL	–	Fundo de Apoio ao Trabalhador Rural
GEX	–	Gerência Executiva
GFIP	–	Guia de Recolhimento do FGTS e Informações à Previdência Social
GPS	–	Guia da Previdência Social
GRCI	–	Guia de Recolhimento do Contribuinte Individual
GRPS	–	Guia de Recolhimento da Previdência Social
HC	–	Habeas Corpus
HISATU	–	Histórico de Atualização
HISCNS	–	Histórico de Consignação
HISCOMP	–	Histórico de Complemento Positivo
HISCRE	–	Histórico de Créditos
IAC	–	Incidente de Assunção de Competência
IAPC	–	Instituto de Aposentadorias e Pensões dos Comerciários
IBGE	–	Fundação Instituto Brasileiro de Geografia e Estatística
ICMS	–	Imposto sobre Operações Relativas à Circulação de Mercadorias e sobre Prestação de Serviços de Transporte Interestadual e Intermunicipal e de Comunicação
IE	–	Imposto de Exportação
IGP-DI	–	Índice Geral de Preços – Disponibilidade Interna
II	–	Imposto de Importação
IN	–	Instrução Normativa
INAMPS	–	Instituto Nacional de Assistência Médica da Previdência Social (extinto)
INCC	–	Índice Nacional de Custo da Construção
INCRA	–	Instituto Nacional de Colonização e Reforma Agrária
INPC	–	Índice Nacional de Preços ao Consumidor
INPS	–	Instituto Nacional de Previdência Social (extinto)
INSS	–	Instituto Nacional do Seguro Social
IPC	–	Índice de Preços ao Consumidor
IPI	–	Imposto sobre Produtos Industrializados
IR	–	Imposto de Renda
IRDR	–	Incidente de Resolução de Demandas Repetitivas
IRSM	–	Índice de Reajuste do Salário Mínimo
ISS	–	Imposto sobre Serviços de Qualquer Natureza
IUJEF	–	Incidente de Uniformização nos JEFs
JEFs	–	Juizados Especiais Federais
LBPS	–	Lei de Benefícios da Previdência Social

LC	–	Lei Complementar
LEF	–	Lei de Execuções Fiscais
LI	–	Limite Indefinido
LINDB	–	Lei de Introdução às Normas do Direito Brasileiro
LMP	–	Laudo Médico Pericial
LOAS	–	Lei Orgânica da Assistência Social
LOPS	–	Lei Orgânica da Previdência Social
LTCAT	–	Laudo Técnico de Condições Ambientais de Trabalho
MDSA	–	Ministério do Desenvolvimento Social e Agrário (extinto)
MEI	–	Microempreendedor Individual
MERCOSUL	–	Mercado Comum do Sul
ME	–	Ministério da Economia
MF	–	Ministério da Fazenda (atual Ministério da Economia)
MP	–	Medida Provisória
MPAS	–	Ministério da Previdência e Assistência Social (extinto)
MPS	–	Ministério da Previdência Social (extinto)
MR	–	Mensalidade Reajustada
MS	–	Mandado de Segurança
MTE	–	Ministério do Trabalho e Emprego (extinto)
MTP	–	Ministério do Trabalho e Previdência
MVR	–	Maior Valor de Referência
NB	–	Número do Benefício
NFLD	–	Notificação Fiscal de Lançamento de Débito
NIT	–	Número de Identificação do Trabalhador
NL	–	Notificação de Lançamento
NRP	–	Núcleo de Reabilitação Profissional
NTDEAT	–	Nexo Técnico por Doença Equiparada a Acidente do Trabalho
NTEP	–	Nexo Técnico Epidemiológico
NTP/T	–	Nexo Técnico Profissional ou do Trabalho
OIT	–	Organização Internacional do Trabalho
ORTN	–	Obrigações Reajustáveis do Tesouro Nacional
OTN	–	Obrigações do Tesouro Nacional
PA	–	Pensão Alimentícia
PASEP	–	Programa de Formação do Patrimônio do servidor público
PBC	–	Período Básico de Cálculo
PCCS	–	Plano de Classificação de Cargos e Salários

PcD	–	Pessoa com Deficiência
PCSS	–	Plano de Custeio da Seguridade Social
PEA	–	População Economicamente Ativa
PEC	–	Proposta de Emenda Constitucional
PEDILEF	–	Pedido de Uniformização de Interpretação de Lei Federal junto à Turma Nacional de Uniformização dos JEFs
Pet	–	Petição
PIB	–	Produto Interno Bruto
PIS	–	Programa de Integração Social
PMC	–	Perícia Médica Conclusiva
PNAD	–	Pesquisa Nacional por Amostra de Domicílios
PPP	–	Perfil Profissiográfico Previdenciário
PREVIC	–	Superintendência Nacional de Previdência Complementar
PRISMA	–	Projeto de Regionalização de Informações e Sistemas
PRP	–	Programa de Reabilitação Profissional
PSS	–	Posto de Seguro Social
PSSS	–	Plano de Seguridade Social do Servidor Público Federal – Lei n. 8.112/90
PU	–	Pedido de Uniformização
PUIL	–	Pedido de Uniformização de Interpretação de Lei Federal
RAIS	–	Relação Anual de Informações Sociais
RAT	–	Riscos Ambientais do Trabalho
RE	–	Recurso Extraordinário
REFIS	–	Programa de Recuperação Fiscal
REsp	–	Recurso Especial
RFB	–	Receita Federal do Brasil
RG	–	Repercussão Geral
RGPS	–	Regime Geral de Previdência Social
RM	–	Renda Mensal
RMI	–	Renda Mensal Inicial
RMR	–	Renda Mensal Reajustada
RMT	–	Remuneração de Mão de Obra Total
RPA	–	Relação de Pagamentos Autorizados
RPPS	–	Regimes Próprios de Previdência Social
RPS	–	Regulamento da Previdência Social
RPV	–	Requisição de Pequeno Valor
RR	–	Recurso de Revista
RRA	–	Rendimentos recebidos acumuladamente

RRT	–	Registro de Responsabilidade Técnica
RSC	–	Relação de Salários de Contribuição
RTT	–	Regime Tributário de Transição
SABI	–	Sistema de Administração de Benefícios por Incapacidade
SAE	–	Setor de Atividade Econômica
SAT	–	Seguro de Acidentes de Trabalho
SB	–	Salário de Benefício
SC	–	Salário de Contribuição
SEBRAE	–	Serviço de Apoio a Pequena e Média Empresa
SENAC	–	Serviço Nacional de Aprendizagem Comercial
SENAI	–	Serviço Nacional de Aprendizagem Industrial
SENAR	–	Serviço Nacional de Aprendizagem Rural
SENAT	–	Serviço Nacional de Aprendizagem do Transporte
SERO	–	Serviço Eletrônico para Aferição de Obras
SESC	–	Serviço Social do Comércio
SESI	–	Serviço Social da Indústria
SEST	–	Serviço Social do Transporte
SIAFI	–	Sistema Integrado de Administração Financeira
SIAPE	–	Sistema Integrado de Administração de Pessoal
SICAD	–	Sistema de Emissão e Cadastramento de Débito
SIMPLES	–	Sistema Integrado de Pagamento de Impostos e Contribuições das Microempresas e das Empresas de Pequeno Porte
SINE	–	Sistema Nacional de Emprego do Ministério do Trabalho e Emprego
SINPAS	–	Sistema Nacional de Previdência e Assistência Social
SISBEN	–	Sistemas de Benefícios
SISOBI	–	Sistema Informatizado de Controle de Óbitos
SISOBINET	–	Sistemas de Óbitos-Via Internet
SM	–	Salário Mínimo
SMR	–	Salário Mínimo de Referência
SPS	–	Secretaria de Previdência Social
SRF	–	Secretaria da Receita Federal
SRP	–	Secretaria da Receita Previdenciária
STF	–	Supremo Tribunal Federal
STJ	–	Superior Tribunal de Justiça
SUB	–	Sistema Único de Benefícios
SUS	–	Sistema Único de Saúde

SUSEP	–	Superintendência Nacional de Seguros Privados
TJ	–	Tribunal de Justiça
TNU	–	Turma Nacional de Uniformização dos Juizados Especiais Federais
TR	–	Turma Recursal
TRF	–	Tribunal Regional Federal
TRT	–	Tribunal Regional do Trabalho
TRU	–	Turma Regional de Uniformização
TST	–	Tribunal Superior do Trabalho
UARP	–	Unidade de Arrecadação da Receita Previdenciária
UF	–	Unidades da Federação
UFIR	–	Unidade Fiscal de Referência
URP	–	Unidade de Referência de Preços
URV	–	Unidade Real de Valor
UTRP	–	Unidades Técnicas de Reabilitação Profissional
VAU	–	Valor Atualizado Unitário

Capítulo 1
OS DIREITOS SOCIAIS E SUA INDISSOCIABILIDADE

Vivemos numa sociedade que tem o trabalho como valor social – dentro da noção de que ele insere o indivíduo na comunidade como ser útil, como forma de desenvolvimento das riquezas materiais e espirituais –, pois é pelo labor que se tem a produção de bens e, ainda, é meio de satisfação das necessidades primordiais do ser humano – uma vez que é a contraprestação pelo trabalho que fornece ao indivíduo as condições para sua sobrevivência.

O indivíduo – assalariado ou não –, na maioria das vezes, tem como única fonte de recursos ele próprio; é ele sua força de trabalho.

A proteção desse indivíduo-trabalhador em face do seu contratante foi objeto, desde o século XIX, de reconhecimento pelos povos e de uma gradual e intensa produção normativa, culminando com o que hoje denominamos Direito do Trabalho.

A Previdência Social surge praticamente na mesma quadra da História, advindo primordialmente da preocupação com o sustento dos que, tendo sido trabalhadores, encontram-se afastados do trabalho por falta de condições físicas ou mentais, ou venham a falecer, deixando seus familiares sem sustento.

O presente estudo parte de uma premissa: os direitos e obrigações do indivíduo-trabalhador, ainda que em certa parte disciplinados por normas contidas em legislações diversas, sob a égide da Constituição – em conjuntos denominados como "legislação trabalhista" e "legislação previdenciária" –, em verdade envolvem um conjunto indissociável de regras que, como uma teia, enredam-se a disciplinar a vida (especialmente na atividade laboral) das pessoas, razão pela qual devem ser investigadas, estudadas e compreendidas de modo que não se perca de vista esse amálgama, sob pena de não se atingir o desiderato da efetividade do ordenamento jurídico sob o enfoque do acesso pleno à justiça social, é dizer, a obtenção do resultado que a sociedade almeja quanto à entrega dos bens juridicamente protegidos a quem de direito, em matéria de Direitos Sociais.

Para tanto, é necessário não ficar no plano meramente teórico, mas investigar as relações de causa e efeito entre os diversos institutos pesquisados, a fim de subsidiar os profissionais do Direito e demais áreas de interesse na solução de casos concretos.

Sob o aspecto de proteção a todos os grupos de indivíduos de uma mesma sociedade, é relevante o papel do Estado no sentido de, ao mesmo tempo, assegurar tratamento digno aos trabalhadores, evitando que sejam explorados de modo execrável (como antes já se viu, com a escravidão e a servidão), conjugado à criação e manutenção de um sistema de proteção aos infortúnios que atingem a capacidade de subsistência, e obrigar os integrantes economicamente capazes da coletividade, por meio do poder coercitivo de que é detentor, a participar compulsoriamente desse sistema, a fim que nenhum indivíduo fique ao desamparo e a sociedade tenha sua cota de participação no custeio dessa proteção, para a manutenção de uma existência digna.

Os infortúnios causadores da perda, permanente ou temporária, da capacidade de trabalhar e auferir rendimentos foram, na evolução da proteção jurídica, objeto de várias formulações no sentido de estabelecer de quem seria a responsabilidade pelo dano patrimonial causado ao trabalhador, partindo da responsabilidade subjetiva ou aquiliana do tomador dos seus serviços até chegar à responsabilidade da sociedade como um todo pela teoria do risco social.

Segundo essa teoria, hoje predominante, é da sociedade a responsabilidade, materializada mediante políticas públicas, pela manutenção daqueles indivíduos que, em função de terem exercido seu labor, tenham se inabilitado para prover meios de subsistência, sem prejuízo da responsabilidade daquele que, eventualmente, tenha dado causa à incapacidade (inclusive o empregador).

Ainda segundo tal teoria, cabe à sociedade assegurar o sustento ao indivíduo vitimado por uma incapacidade laborativa, visto que toda a coletividade deve prestar *solidariedade* aos desafortunados, sendo tal responsabilidade de cunho objetivo – não se cogitando sequer da culpa do vitimado. Se a proteção dos infortúnios decorrentes de acidente do trabalho, por exemplo, viesse a ser feita somente por intermédio de seguros privados, desapareceria o conceito de risco social e ficaria a cargo do contratante dos serviços, exclusivamente, a obrigação de reparar o dano à capacidade de trabalho.

De outra vertente, cumpre, antes de chegarmos à quadra histórica em que este livro é escrito, fazer a necessária abordagem, ainda que em breves apontamentos, da construção histórica das normas que visam dispor sobre tais direitos e obrigações, uma vez que "não se pode desconsiderar, efetivamente, o desenrolar histórico e a crescente consciência sobre os direitos do homem".[1]

Com o Estado Moderno – assim considerado em contraposição ao modelo político Medieval, como antecedente, e ao Estado Contemporâneo, como sucessor daquele –, a partir da Revolução Industrial, desponta o trabalho subordinado tal como hoje o concebemos.

O surgimento dos teares mecânicos, dos inventos movidos a vapor e das máquinas em geral estabeleceu uma separação entre os detentores dos meios de produção e aqueles que simplesmente se ocupavam e sobreviviam do emprego de sua força de trabalho pelos primeiros.

Paralelamente a esse fenômeno, a Revolução Francesa e seus ideais libertários proclamaram a liberdade individual plena e a igualdade absoluta entre os homens, conceitos que, tempos depois, foram contestados tal como concebidos naquela oportunidade.

Nos primórdios da relação de emprego moderna, o trabalho contratado nos moldes da legislação civil, sob o pálio de uma suposta igualdade, retribuído por qualquer salário, sem regulamentação específica sobre garantias mínimas de tratamento digno sob as quais deveria ser executado, e encerrado muitas vezes pela perda da capacidade laborativa do indivíduo em razão do próprio trabalho, era evidente motivo de submissão de trabalhadores a condições análogas às dos escravos.

---

[1] AZEVEDO NETO, Platon Teixeira de. *A justiciabilidade dos direitos sociais nas Cortes Internacionais de Justiça.* São Paulo: LTr, 2017. p. 29.

Não existia, até então, nada que se pudesse comparar à proteção jurídica do indivíduo, seja em caráter de relação empregado-empregador, seja na questão relativa à eventual perda ou redução da capacidade de trabalho. Vale dizer, os direitos dos trabalhadores eram aqueles assegurados pelos seus contratos, sem qualquer intervenção estatal no sentido de estabelecer um patamar mínimo de dignidade.

Os Estados da Europa, precursores da ideia de proteção estatal ao indivíduo, estabeleceram, de maneira gradativa, da segunda metade do século XIX até o início do século XX, um sistema jurídico que garantiria aos trabalhadores normas de proteção com relação aos seus empregadores em suas relações contratuais e um seguro – mediante contribuição destes –, que consistia no direito a uma renda em caso de perda da capacidade de trabalho, por velhice, doença ou invalidez, ou a pensão por morte, devida aos dependentes.

A construção da noção de Direitos Sociais surge nessa época.

Acerca da concepção de Direitos Sociais, adota-se, por todas, a seguinte:

> Como observa Burdeau, no contexto de ideias em que hoje se situa o papel do Poder, os direitos são ao contrário exigências; seu conteúdo é fixado em função de uma necessidade da qual eles são a consagração jurídica. O direito do homem não é mais a delimitação de uma faculdade que lhe é inata ou a proteção de uma prerrogativa de que ele goza. Ele é a medida de uma necessidade. Assim entendidos, os direitos são qualificados de sociais, de um lado porque são reconhecidos, não a um ser abstrato, mas ao homem situado cuja dependência em relação ao meio nós conhecemos, e de outro lado porque, obrigando os governantes a uma intervenção positiva, podem ser considerados como créditos do indivíduo em relação à sociedade.[2]

Os Direitos Sociais se legitimam também em função da construção de um mínimo de condições existenciais do ser humano, como retrata Robert Alexy. Este, ao tratar do regramento dos Direitos Fundamentais, divide as normas de direito fundamental em normas escritas e adscritas, ambas, todavia, com conteúdo normativo pleno, pois que se revelam em um conteúdo de argumentação jusfundamental. Na mesma obra, Alexy refere-se aos Direitos Sociais Fundamentais como direitos do indivíduo em face do Estado, afirmando que, em virtude da preservação da autodeterminação do ser humano – que se obtém não apenas a partir da liberdade de agir, mas também de uma liberdade de fato –, há que se ter um conteúdo mínimo a ser provido para assegurar as condições mínimas de vida digna.[3]

1.1 DIREITO DO TRABALHO E DIREITO PREVIDENCIÁRIO: RAMOS ESTANQUES OU INDISSOCIÁVEIS?

O indivíduo – assalariado ou não –, na maioria das vezes, tem como única fonte de recursos ele próprio; sua saúde, da qual retira sua força de trabalho, é seu bem mais precioso.

---

[2] *Apud* GALVÃO, Paulo Braga. *Os direitos sociais nas Constituições*. São Paulo: LTr, 1981. p. 15.
[3] ALEXY, Robert. *Teoría de los derechos fundamentales*. Madrid: Centro de Estudios Políticos y Institucionales, 2002. p. 482-485.

O Direito do Trabalho tem por finalidade assegurar condições para que o trabalho subordinado, objeto de um contrato entre empregado e empregador, seja realizado pelo primeiro com a devida contraprestação pelo segundo, respeitando-se as garantias mínimas de retribuição digna, preservação da saúde, períodos de descanso, e outros tantos direitos e obrigações recíprocos, além daqueles que as partes negociarem, individual ou coletivamente. De forma mais ampliada, também visa proteger outras relações de trabalho, como a dos trabalhadores avulsos.

O Direito Previdenciário, por seu turno, trata primordialmente da preocupação com o sustento dos que, sendo – ou tendo sido – trabalhadores, encontram-se afastados do trabalho, temporária ou permanentemente, por não poderem cumprir suas obrigações na prestação do trabalho, de modo que, por estarem filiados a um regime de previdência social (por força da solidariedade que se impõe como necessária à manutenção de qualquer sociedade), podem se socorrer do seguro social, que ampara quem dele necessitar e que é custeado pela sociedade (pelas contribuições sociais) e pelo Estado (por dotações orçamentárias).

Nunca é demais lembrar que a questão da segurança social envolve não só a necessidade particular dos indivíduos vitimados por algum evento previsto na norma jurídica de proteção, mas também as relações de trabalho e consumo, como lembra a introdução dos anais da Conferência de Estocolmo sobre "O Futuro da Seguridade Social", ocorrida em junho/julho de 1998:

> La protección social pública para los que no pueden mantenerse a sí mismos, es crucial para el bienestar de las personas privadas y las familias, así como para la economía y la sociedad en su conjunto. Además de la dignidad y la independencia que la protección de la seguridad social proporciona al individuo, las prestaciones en metálico son importantes para sostener la demanda de los consumidores. Un sistema bien disenado de seguridad social mejora directamente el funcionamiento del mercado de trabajo. Una asistencia sanitaria adecuada para todos es importante para el desarrollo de la economía. En suma, la seguridad social constituye un programa eficaz para fomentar la paz social y la cohesión económica en las sociedades modernas.[4]

Caso somente houvesse proteção jurídica para o período em que o trabalhador pudesse realizar seu labor, por gozar de plena aptidão para o trabalho, como já se deu nos primórdios da relação de emprego, ao ficar doente, ou se acidentar, este não teria meios para subsistir quando não mais restasse nada do que recebeu pelo trabalho prestado até então. Da mesma forma, ao envelhecer, não teria como deixar de trabalhar, pois permaneceria com a necessidade de auferir renda até a véspera de seu óbito. E, se houvesse apenas proteção para as situações de incapacidade laborativa, a trabalhadora gestante – e atualmente também a pessoa adotante – não teria como se licenciar do trabalho e ainda poderia perder seu emprego em razão dessa situação.

A interconexão entre regras que disciplinam situações como as anteriormente descritas serve para sintetizar essa análise inicial, a título de uma singela demonstração do conteúdo desta obra e da relevância do que se pretende levar a debate.

---

[4] ASOCIACIÓN INTERNACIONAL DE LA SEGURIDAD SOCIAL. *El futuro de la seguridad social*. Estocolmo: Federación de las Oficinas del Seguro Social, 1998. p. 7.

Isso posto, sustentamos que, embora em matéria de ordenamento jurídico brasileiro, haja ocorrido uma "separação" em "ramos" distintos de estudo acadêmico, doutrinário e até mesmo em âmbito de órgãos dotados de jurisdição sobre as matérias em apreço, o que costumamos denominar "Direito do Trabalho" e "Direito Previdenciário" são, em verdade, um conjunto indissociável de situações que devem ser analisadas e tratadas de modo sistêmico, e não isoladamente.

As normas de Direito do Trabalho, que disciplinam a relação entre o indivíduo-trabalhador e aquele que o contrata, assim como as que regem a relação desse indivíduo com o Estado, provedor que é da Previdência Social, pautam-se por fundamentos comuns.

Entre tais fundamentos destaca-se, desde a gênese das primeiras regras a respeito de ambas as relações jurídicas em comento, a ideia de que a disciplina jurídica dessas relações contempla, grande parte das vezes, a necessidade de tratar de modo especial um dos sujeitos.

No Direito do Trabalho, sua diferenciação quanto ao Direito Civil é evidenciada pela preocupação em estabelecer *direitos mínimos ao indivíduo-trabalhador*, em face de sua condição menos favorecida na relação com quem o emprega e assalaria, em razão de inúmeros fatores, mas primordialmente de sua condição de inferioridade hierárquica e de presumida dependência do salário para sua subsistência e de seus familiares, o que pode levar o trabalhador a aceitar situações que não se encaixam na ideia de um trabalho digno, como preconizado pela Organização Internacional do Trabalho.[5]

No campo do Direito Previdenciário, em sentido similar ao preconizado pela Associação Internacional de Seguridade Social, o principal objetivo fixado no parágrafo único do art. 194 da Constituição Federal de 1988 indica a preocupação, em matéria de Seguridade Social, com a *universalidade da cobertura* (inc. I), de tal sorte que, atrelado ao ideal de solidariedade e compulsoriedade da integração dos trabalhadores à Previdência Social (CF, art. 201), impõe-se a formulação das regras relativas aos regimes previdenciários com a finalidade de proporcionar a maior inclusão social possível e evitar a desproteção social, causada, entre outros fatores, pelo alto grau de informalidade e precarização do trabalho contemporâneo.[6]

O conjunto dessas regras – comumente denominadas "trabalhistas" e "previdenciárias" – representa a materialização de Direitos Fundamentais, como são reconhecidamente tratados os Direitos Sociais. E, por tal razão, há que buscar a máxima efetividade

---

[5] Conforme a OIT, "Os quatro pilares da Agenda para o Trabalho Digno da OIT são a promoção do emprego e das empresas, a garantia dos direitos no trabalho, a extensão da proteção social e a promoção do diálogo social, sendo a igualdade de género um tema transversal. Estes quatro pilares são fundamentais para o progresso de toda a agenda para o desenvolvimento sustentável" (ORGANIZAÇÃO INTERNACIONAL DO TRABALHO. *O trabalho digno e a agenda 2030 para o desenvolvimento sustentável*. Disponível em: https://www.ilo.org/global/topics/sdg-2030/resources/WCMS_544325/lang--pt/index.htm. Acesso em: 28 nov. 2022).

[6] "El modelo tradicional de seguridad social basado en el empleador y el empleado se enfrenta al problema del alto nivel de empleo informal y de la economía digital. Esto impide evolucionar hacia una protección universal y sostenible en la región" (ASSOCIAÇÃO INTERNACIONAL DE SEGURIDADE SOCIAL. *Prioridades para a seguridade social – Américas 2021*: tendências, desafios e soluções. Disponível em: https://ww1.issa.int/sites/default/files/documents/2021-11/3--Americas%20priority%20report%20WEB-rev.pdf. Acesso em: 28 nov. 2022).

dos direitos amparados a fim de cumprir os objetivos fundamentais da República Federativa do Brasil estampados na Constituição em seu art. 2.º, especialmente a redução das desigualdades sociais, pelo propósito de respeito à dignidade da pessoa humana.

Desse modo, concordamos que:

> A ancoragem da vigente ordem jurídica na dignidade da pessoa humana determina que o Estado deve prover a todos condições existenciais dignas sob a forma das prestações positivas explícita ou implicitamente dessumidas dos direitos sociais constitucionalmente previstos, normas autoaplicáveis e imediatamente sindicáveis judicialmente, cuja máxima efetividade deve ser forçosamente garantida pelo intérprete-aplicador. Em suma: os fins da ordem jurídica e do Estado são a pessoa humana e sua existência digna, posta acima de qualquer arrazoado economicista ou pragmático.[7]

É preciso, portanto, "avaliar e sopesar os direitos fundamentais da pessoa humana em geral e do trabalhador, em especial, no âmbito interno da relação de emprego, sob o prisma da teoria da eficácia horizontal dos direitos fundamentais, vale afirmar, da aplicação dos direitos fundamentais nas relações privadas, e não apenas nas relações entre uma pessoa e o Poder Público, ou mais precisamente, como denomina a doutrina, da eficácia diagonal dos direitos fundamentais, na sensível esfera das relações assimétricas privadas, das quais as relações de emprego são um dos mais importantes e recorrentes exemplos" (trecho extraído do voto do relator do acórdão do TST nos ED-IRR-872-26.2012.5.04.0012, Subseção I Especializada em Dissídios Individuais, Rel. Min. José Roberto Freire Pimenta, *DEJT* 1.º.02.2023).

A seguir, analisaremos os princípios que norteiam o regramento dos diplomas em sede trabalhista e previdenciária. *Miguel Reale*, em suas *Lições preliminares de direito*, trabalha essa categoria, do ponto de vista lógico, como enunciados admitidos como condição ou base de validade das demais asserções que compõem dado campo do saber, "verdades fundantes" de um sistema de conhecimento.[8] As regras ordinárias, portanto, devem estar embebidas desses princípios, sob pena de se tornarem letra morta ou serem banidas do ordenamento.

1.2 PRINCÍPIOS INERENTES AO DIREITO DO TRABALHO

O Direito do Trabalho é regido por princípios específicos, entre os quais se destaca, em plano superior aos demais, o *princípio da proteção*.

Sabe-se que a finalidade precípua do Direito do Trabalho é a melhoria da condição social do trabalhador, escopo expressamente previsto pelo constituinte originário no art. 7.º, *caput*, da Constituição Federal, ao assegurar serem direitos dos trabalhadores urbanos e rurais, "além de outros que visem à melhoria de sua condição social", os ali declinados.

---

[7] MACEDO, Gladston. *Da reserva do possível à máxima efetividade*: uma reflexão hermenêutica sobre a concretização dos direitos fundamentais sociais. 2017. Dissertação (Mestrado) – Universidade Federal de Minas Gerais, Belo Horizonte, 2017, p. 14. Disponível em http://hdl.handle.net/1843/BUBD-AZ2M67. Acesso em: 20 nov. 2022.

[8] REALE, Miguel. *Lições preliminares de direito*. São Paulo: Saraiva, 2003. p. 303.

A respeito da razão de existência do princípio da proteção como um instrumento necessário de efetivação dos Direitos dos Trabalhadores assinala-se da obra de Américo Plá Rodriguez:

> Historicamente, o Direito do Trabalho surgiu como consequência de que a liberdade de contrato entre pessoas com poder e capacidade econômica desiguais conduzia a diferentes formas de exploração. Inclusive as mais abusivas e iníquas. O legislador não pôde mais manter a ficção de igualdade existente entre as partes do contrato de trabalho e inclinou-se para uma compensação dessa desigualdade econômica desfavorável ao trabalhador com uma proteção jurídica a ele favorável. O direito do trabalho responde fundamentalmente ao propósito de nivelar desigualdades.[9]

O princípio da proteção ao trabalhador, de acordo com Arnaldo Süssekind, "resulta das normas imperativas, e, portanto, de ordem pública, que caracterizam a intervenção básica do Estado nas relações de trabalho, visando a opor obstáculos à autonomia da vontade".[10]

Esse princípio, segundo o qual o Direito do Trabalho estrutura uma teia de proteção à parte hipossuficiente na relação de emprego – o empregado – inafastável pela vontade das partes contratantes, visando atenuar, no plano jurídico, o desequilíbrio inerente ao plano fático do contrato de trabalho, possui, de acordo com Américo Plá Rodriguez, três dimensões distintas, a saber: (1) o princípio da incidência da norma mais favorável ao trabalhador; (2) o princípio da prevalência da condição mais benéfica ao trabalhador; e (3) a regra de interpretação *in dubio pro operario*.

O critério de integração da ordem jurídica, consistente na prevalência da norma mais favorável, determina que, diante de um quadro de conflito de regras, sendo estas válidas e eficazes na época do fato discutido, o intérprete e aplicador do direito escolha aquela mais benéfica ao trabalhador, independentemente do critério hierárquico. Sua aplicabilidade ocorre apenas quando identificado conflito de normas simultaneamente incidentes aos fatos discutidos, sendo necessário que o órgão julgador decida qual aplicará, numa situação de exclusão da regra não prevalecente.

A incidência da norma mais favorável consubstancia-se como uma expressão específica e verdadeira concretização do direito adquirido expressamente protegido pelo art. 5.º, inc. XXXVI, da Constituição Federal: "[...] se há alguma alteração para pior na norma interna da empregadora, do ponto de vista dos empregados da empresa, a revogação desses benefícios só poderá ser aplicada aos contratos de trabalho futuros e não mais a aqueles que, no período de vigência da anterior norma interna ou cláusula contratual mais favorável, já estavam em curso e estavam sendo executados, pois nesses casos os empregados já incorporaram indelevelmente esses benefícios às suas esferas jurídicas individuais" (TST, AIRR-1000075-43.2019.5.02.0012, 6.ª Turma, Rel. Min. *Kátia Magalhães Arruda, DEJT* 17.12.2021).

---

[9] RODRIGUEZ, Américo Plá. *Princípios de direito do trabalho*. 3. ed. São Paulo: LTr, 2000. p. 85.
[10] SÜSSEKIND, Arnaldo *et al. Instituições de direito do trabalho*. 21. ed. atual. por Arnaldo Süssekind e Lima Teixeira. São Paulo: LTr, 2003. v. 1, p. 144.

O princípio da condição mais benéfica determina, segundo leciona Arnaldo Süssekind, "a prevalência das condições mais vantajosas para o trabalhador, ajustadas no contrato de trabalho ou resultantes do regulamento de empresa, ainda que vigore ou sobrevenha norma jurídica imperativa prescrevendo menor nível de proteção e que com esta não sejam elas incompatíveis".[11]

Nas palavras do professor uruguaio Américo Plá Rodriguez, sempre citado na jurisprudência pátria, no Direito do Trabalho "a preocupação central parece ser a de proteger uma das partes com o objetivo de, mediante essa proteção, alcançar-se uma igualdade substancial e verdadeira entre as partes". O referido princípio, "ao garantir o valor social do trabalho, protege não apenas os trabalhadores, mas também toda a sociedade".[12]

Com efeito, o critério de aplicação do Direito do Trabalho com a prevalência da condição mais benéfica ao trabalhador apresenta-se quando há uma concessão pelo empregador, ao estabelecer, de forma unilateral ou de forma negociada (individual ou coletiva), condições mais benéficas do que as previstas anteriormente no contrato de trabalho, seja por sua simples prática com habitualidade, seja por manifestação unilateral da empresa ou ajuste de maneira expressa (verbal ou escrita), hipótese na qual o empregado automaticamente agrega tais condições ao seu patrimônio jurídico, não podendo ser posteriormente privado ou destituído da condição mais favorável conquistada. Vale afirmar: as vantagens já adquiridas pelos trabalhadores, previstas nos contratos de trabalho ou instituídas unilateralmente pelo empregador em favor daqueles no âmbito da empresa, não podem mais ser suprimidas, sob pena de afronta ao já citado art. 468 da CLT.

Com base no referido princípio basilar, a condição mais favorável incorporada ao contrato de trabalho merece prevalecer, em face da regra, derivada do princípio da proteção, da prevalência da condição mais benéfica.

Quanto ao critério de interpretação *in dubio pro operario*, é de ser utilizada quando houver, por parte do intérprete, mais de uma forma (minimamente razoável) de compreender a norma de Direito do Trabalho. Explana a esse respeito o mestre Plá Rodriguez:[13]

> O certo é que a norma está inspirada pela finalidade de proteção ao trabalhador e em consonância com essa finalidade, a aplicação deve se efetuar com intuito de proteção, ou melhor, resolve os casos de dúvida em favor de quem deva ser protegido. Não que se suponha que a norma seja mal redigida ou que padeça de ambiguidade ou de outras deficiências, como consequência da debilidade do trabalhador individual a quem se vai aplicar a norma. A desigualdade que se deve compensar surge no momento da aplicação e não no da elaboração da norma, por isso não interessa a forma pela qual tenha sido constituída.

Ao ser transportada para o processo do trabalho, a regra inserida no princípio de proteção impacta também no campo probatório, conforme lição de Santiago J. Rubinstein:

---

[11] SÜSSEKIND, Arnaldo *et al. Instituições de direito do trabalho.* 21. ed. atual. por Arnaldo Süssekind e Lima Teixeira. São Paulo: LTr, 2003. v. 1, p. 145.
[12] RODRIGUEZ, Américo Plá. *Princípios de direito do trabalho.* 3. ed. São Paulo: LTr, 2000. p. 42-43.
[13] RODRIGUEZ, Américo Plá. *Princípios de direito do trabalho.* 3. ed. São Paulo: LTr, 2000. p. 52.

[...] a dúvida do julgador pode resultar da interpretação de um texto legal ou da aplicação de uma norma a um caso concreto e também da valoração das provas trazidas pelas partes ao processo, sendo aplicável dito princípio a todas essas hipóteses e, em especial, quando se pretende determinar se tal ou qual norma corresponde a um fato concreto, ou seja, a subsunção do fato à norma ou sob a norma. Os fatos no processo do trabalho adquirem importância fundamental e obrigam os juízes à sua análise e valoração, para a obtenção da verdade e a eliminação da dúvida.[14]

Um segundo princípio de grande aplicação ao Direito do Trabalho é o princípio da irrenunciabilidade dos direitos (também aplicável, a nosso ver, ao Direito Previdenciário). A razão de ser do Direito do Trabalho perderia sentido se fosse autorizada a renúncia aos direitos mínimos estabelecidos por normas estatais. Como se colhe da jurisprudência:

Na realidade, o caráter cogente do Direito do Trabalho nada mais revela que a plena possibilidade de o Estado intervir em cada relação individual de trabalho, inclusive coercitivamente, para que as garantias sociais sejam respeitadas. Daí a afirmativa no sentido de que o Direito do Trabalho traz em si garantias mínimas, isto é, suas regras devem ser observadas imediatamente, pois este é o conteúdo mínimo permitido no relacionamento entre empregados e empregadores. Despido de tal feição, o Direito do Trabalho perderia a capacidade de realizar seus objetivos, porquanto a ideia das garantias, quer individuais ou sociais, traz em si ínsita a existência de normas consideradas como essenciais ao seu objeto próprio. Inclusive atado a tal contexto vem o princípio da irrenunciabilidade (Plá Rodriguez), exatamente para proteger o subordinado da atuação indiscriminada do subordinante, e garantindo àquele o mínimo estipulado em lei. E exatamente nesta perspectiva as normas trabalhistas atingem os empregados e empregadores como tais, e não na condição de meros contratantes (Délio Maranhão) [...] (TRT-10, RORSum 0000535-72.2021.5.10.0103, 2.ª Turma, Rel. Des. Elke Doris Just, publ. 29.01.2022).

A *primazia da realidade sobre a forma* constitui princípio basilar do Direito do Trabalho. Ao contrário dos contratos civis, o contrato trabalhista tem como pressuposto de existência a situação real em que o trabalhador se encontra, devendo ser desconsideradas as cláusulas contratuais que não se coadunam com a realidade da prestação de serviço (TST, RR-100544-36.2018.5.01.0026, 2.ª Turma, Rel. Min. Maria Helena Mallmann, *DEJT* 1.º.07.2022).

De acordo com os ensinamentos de Américo Plá Rodriguez, o princípio da primazia da realidade é aquele que indica ao intérprete que é a realidade do contrato de trabalho que define a função exercida, o salário praticado, a jornada de trabalho, entre outras condições de trabalho. O referido princípio está amparado em quatro fundamentos: o princípio da boa-fé; a dignidade da atividade humana; a desigualdade entre

---

[14] RUBINSTEIN, Santiago. Fundamentos para la vigencia del principio "in dubio pro operario", apud RODRIGUEZ, Américo Plá. *Princípios de direito do trabalho*. 3. ed. São Paulo: LTr, 2000. p. 47.

as partes contratantes; e a interpretação racional da vontade das partes. Nesse sentido, colhe-se da jurisprudência:

> [...] a ausência de habilitação legal e registro no Ministério da Educação, requisito este meramente formal, não pode isentar o empregador que contratou alguém para dar aulas de pagar a essa pessoa as vantagens correspondentes à categoria de professores, constantes de normas coletivas de trabalho, não se podendo exigir, como pressuposto necessário, para o reconhecimento do exercício da profissão de professor, a habilitação legal e o registro no Ministério da Educação. Neste sentido, os seguintes julgados desta Corte Superior. III. Recurso de revista de que se conhece, por divergência jurisprudencial, e a que se dá provimento (RR-101715-60.2017.5.01.0059, 4.ª Turma, Rel. Min. Alexandre Luiz Ramos, *DEJT* 11.02.2022).

O *princípio da continuidade da relação empregatícia*, por seu turno, acarreta a presunção de que o empregado prima pela continuidade do vínculo, notadamente pelas características atuais que regem a sociedade no setor econômico e financeiro, sendo indispensável o vínculo para subsistência do empregado e de sua família (Ag-AIRR-1000704-33.2020.5.02.0060, 5.ª Turma, Rel. Min. Douglas Alencar Rodrigues, *DEJT* 29.04.2022).

Caso de aplicação concreta do referido princípio está consubstanciado na Súmula n. 212 do TST: "O ônus de provar o término do contrato de trabalho, quando negados a prestação de serviço e o despedimento, é do empregador, pois o princípio da continuidade da relação de emprego constitui presunção favorável ao empregado".

Por fim, outra decorrência do princípio da continuidade é que as alterações na estrutura jurídica da empresa não têm o condão de modificar as condições contratuais existentes, em observância ao princípio da intangibilidade objetiva do contrato de trabalho. Segundo esse princípio, os direitos adquiridos dos empregados não podem ser afetados pela alteração na estrutura jurídica do empregador (art. 10 da CLT), sendo certo, ainda, que "a mudança na propriedade ou na estrutura jurídica da empresa não afetará os contratos de trabalho dos respectivos empregados" (arts. 448 e 448-A da CLT).

Assim, é vedada qualquer alteração contratual que seja lesiva ao empregado, mesmo se houver consentimento, uma vez que a norma busca proteger a parte hipossuficiente na relação que, na maioria das vezes, aceita as condições impostas por receio de ter a sua relação contratual rescindida (TRT-11, RO 0000285-03.2021.5.11.0009, 3.ª Turma, Rel. Des. Jorge Alvaro Marques Guedes, j. 24.03.2022).

1.3 PRINCÍPIOS INERENTES AO DIREITO PREVIDENCIÁRIO

São considerados princípios fundantes da Previdência (e da Seguridade) Social:

I – Princípio da solidariedade – Assim, como a noção de bem-estar coletivo repousa na possibilidade de proteção de todos os membros da coletividade, somente a partir da ação coletiva de repartir os frutos do trabalho, com a cotização de cada um em prol do todo, permite a subsistência de um sistema previdenciário. Uma vez que a coletividade se recuse a tomar como sua tal responsabilidade, cessa qualquer possibilidade de manutenção de um sistema universal de proteção social.

Ressalta *Daniel Machado da Rocha* que "a solidariedade previdenciária legitima--se na ideia de que, além de direitos e liberdades, os indivíduos também têm deveres para com a comunidade na qual estão inseridos",[15] como o dever de recolher tributos (e contribuições sociais, como espécies destes), ainda que não haja qualquer possibilidade de contrapartida em prestações (é o caso das contribuições exigidas dos tomadores de serviços).[16] Envolve, pelo esforço individual, o movimento global de uma comunidade em favor de uma minoria – os necessitados de proteção – de forma anônima.[17]

II – *Princípio da vedação do retrocesso social* – princípio bem retratado por *Marcelo Leonardo Tavares*, "consiste na impossibilidade de redução das implementações de direitos fundamentais já realizadas".[18] Impõe-se, com ele, que o rol de direitos sociais não seja reduzido em seu alcance (pessoas abrangidas, eventos que geram amparo) e quantidade (valores concedidos), de modo a preservar o mínimo existencial. Tal princípio, como salienta *Vilian Bollmann*,[19] ainda que não expresso de forma taxativa, encontra clara previsão constitucional quando da leitura do § 2.º do art. 5.º da Constituição e mais, ainda, a nosso ver, no art. 7.º, *caput,* o qual enuncia os direitos dos trabalhadores urbanos e rurais, "sem prejuízo de outros que visem à melhoria de sua condição social". Trata-se de princípio que já foi adotado pela jurisprudência, na ação direta de inconstitucionalidade (ADI) que apreciou a inconstitucionalidade do art. 14 da Emenda Constitucional (EC) n. 20/1998, que limitava o valor do salário-maternidade ao teto do Regime Geral de Previdência Social (RGPS):

> 1. O legislador brasileiro, a partir de 1932 e mais claramente desde 1974, vem tratando o problema da proteção à gestante, cada vez menos como um encargo trabalhista (do empregador) e cada vez mais como de natureza previdenciária. Essa orientação foi mantida mesmo após a Constituição de 05.10.1988, cujo art. 6.º determina: a proteção à maternidade deve ser realizada "na forma desta Constituição", ou seja, nos termos previstos em seu art. 7.º, XVIII: "licença à gestante, sem prejuízo do emprego e do salário, com a duração de cento e vinte dias".
>
> 2. Diante desse quadro histórico, não é de se presumir que o legislador constituinte derivado, na Emenda n. 20/1998, mais precisamente em seu art. 14, haja pretendido a revogação, ainda que implícita, do art. 7.º, XVIII, da Constituição Federal originária. Se esse tivesse sido o objetivo da norma constitucional derivada, por certo a EC n. 20/1998 conteria referência expressa a respeito. E, à falta de norma constitucional derivada, revogadora do art. 7.º, XVIII, a pura e simples aplicação do art. 14 da EC n. 20/1998, de modo a torná-la insubsistente, implicará um retrocesso histórico, em matéria social-previdenciária, que não se pode presumir desejado (STF, ADI 1.946/DF, Pleno, Rel. Min. Sydney Sanches, *DJ* 16.05.2003).

---

15   ROCHA, Daniel Machado da. *O direito fundamental à Previdência Social na perspectiva dos princípios constitucionais diretivos do sistema previdenciário brasileiro*. Porto Alegre: Livraria do Advogado, 2004. p. 135.
16   PEREIRA NETTO, Juliana Pressotto. *A Previdência Social em Reforma*: o desafio da inclusão de um maior número de trabalhadores. São Paulo: LTr, 2002. p. 166.
17   RUPRECHT, Alfredo J. *Direito da seguridade social*. São Paulo: LTr, 1996. p. 73.
18   TAVARES, Marcelo Leonardo. *Previdência e assistência social*: legitimação e fundamentação constitucional brasileira. Rio de Janeiro: Lumen Juris, 2003. p. 176.
19   BOLLMANN, Vilian. *Hipótese de incidência previdenciária e temas conexos*. São Paulo: LTr, 2005. p. 77.

III - Princípio da proteção ao hipossuficiente - ainda que não aceito de modo uniforme pela doutrina previdenciarista, vem sendo admitido com cada vez mais frequência o postulado de que as normas dos sistemas de proteção social devem ser fundadas na ideia de proteção ao menos favorecido. Na relação jurídica existente entre o indivíduo trabalhador e o Estado, em que este fornece àquele as prestações de caráter social, não há razão para gerar proteção ao sujeito passivo - como, certas vezes, acontece em matéria de discussões jurídicas sobre o direito dos beneficiários do sistema a determinado reajuste ou revisão de renda mensal, por dubiedade de interpretação da norma. Daí decorre, como no Direito do Trabalho, a regra de interpretação *in dubio pro misero*, ou *pro operario*, pois este é o principal destinatário da norma previdenciária. Observe-se que não se trata de defender que se adote entendimento diametralmente oposto na aplicação das normas, por uma interpretação distorcida dos enunciados dos textos normativos: o intérprete deve, entre as várias formulações *possíveis* para um mesmo enunciado normativo, buscar aquela que melhor atenda à função social, protegendo, com isso, aquele que depende das políticas sociais para sua subsistência.

A jurisprudência vem aplicando o princípio em comento nas situações em que se depara com dúvida relevante acerca da necessidade de proteção social ao indivíduo:

> STF: [...] 11. A Administração poderá, no exercício da fiscalização, aferir as informações prestadas pela empresa, sem prejuízo do inafastável *judicial review*. Em caso de divergência ou dúvida sobre a real eficácia do Equipamento de Proteção Individual, a premissa a nortear a Administração e o Judiciário é pelo reconhecimento do direito ao benefício da aposentadoria especial. Isto porque o uso de EPI, no caso concreto, pode não se afigurar suficiente para descaracterizar completamente a relação nociva a que o empregado se submete. [...] (Repercussão Geral - Tema 555, ARE 664.335/SC, Tribunal Pleno, Min. Luiz Fux, *DJe* 12.02.2015).

> TJDFT: [...] Aplica-se o princípio *in dubio pro operario* na hipótese de conflito entre laudo do INSS e de bem fundamentado relatório de médico particular, porque, havendo dúvida acerca da capacidade laborativa do beneficiário, o pagamento do auxílio deve ser mantido até que a matéria seja elucidada em cognição plena (TJDFT, AI 20110020085867, 2.ª Turma Cível, Rel. Des. Carmelita Brasil, *DJe* 26.08.2011).

IV - Princípio da proteção da confiança: está relacionado com a ordem jurídica, confiança nas condições jurídicas geradas por determinada situação legal. É exigência de *status* constitucional da segurança jurídica, valor fundamental de um Estado de Direito e que se encontra intimamente ligado com a dignidade da pessoa humana. Como expressa Ingo Wolfgang Sarlet:

> A dignidade não restará suficientemente respeitada e protegida em todo o lugar onde as pessoas estejam sendo atingidas por um tal nível de instabilidade jurídica que não estejam mais em condições de, com um mínimo de segurança e tranquilidade, confiar nas instituições sociais e estatais (incluindo o Direito) e numa certa estabilidade das suas próprias posições jurídicas.[20]

---

[20] SARLET, Ingo Wolfgang. A eficácia do direito fundamental à segurança jurídica: dignidade da pessoa humana, direitos fundamentais e proibição de retrocesso social no direito constitu-

Vistos os princípios fundantes, passa-se ao estudo dos princípios expressamente previstos na Constituição.

1.3.1 Princípios constitucionais da Seguridade Social

A Constituição Federal estabeleceu como norma fixar uma gama de princípios e objetivos regentes da Seguridade Social e outros deles, disciplinadores dos campos de atuação em que ela se desdobra. Em face do objeto de estudo desta obra, observar-se-ão, tão somente, os objetivos gerais de Seguridade Social e os pertinentes à previdência social.

O art. 194 da Constituição enumera, em sete incisos, os chamados princípios constitucionais da Seguridade Social. São eles:

I – Universalidade da cobertura e do atendimento – Por universalidade da cobertura entende-se que a proteção social deve alcançar todos os eventos cuja reparação seja premente, a fim de manter a subsistência de quem dela necessite. A universalidade do atendimento significa, por seu turno, a entrega das ações, prestações e serviços de Seguridade Social a todos os que necessitem, tanto em matéria de previdência social – obedecido o princípio contributivo – quanto no caso da saúde e da assistência social. Conjuga-se a esse princípio aquele que estabelece a filiação compulsória e automática de todo e qualquer indivíduo trabalhador no território nacional a um regime de previdência social, mesmo que "contra a sua vontade", e independentemente de ter ou não vertido contribuições; a falta de recolhimento das contribuições não caracteriza ausência de filiação, mas inadimplência tributária, é dizer, diante do ideal de universalidade não merece prevalecer a interpretação de que, "ausente a contribuição, não há vinculação com a Previdência". Como será visto adiante, a filiação decorre do exercício de atividade remunerada, e não do pagamento da contribuição.

II – Uniformidade e equivalência dos benefícios e serviços às populações urbanas e rurais – O mesmo princípio já contemplado no art. 7.º da Carta confere tratamento uniforme a trabalhadores urbanos e rurais, havendo assim idênticos benefícios e serviços (uniformidade) para os mesmos eventos cobertos pelo sistema (equivalência). Tal princípio não significa, contudo, que haverá idêntico valor para os benefícios, uma vez que equivalência não significa igualdade. Os critérios para concessão das prestações de Seguridade Social serão os mesmos; porém, tratando-se de previdência social, o valor de um benefício pode ser diferenciado – caso do salário-maternidade da trabalhadora rural enquadrada como segurada especial.

III – Seletividade e distributividade na prestação dos benefícios e serviços – O princípio da seletividade pressupõe que os benefícios são atribuídos a quem deles efetivamente necessite, razão pela qual a Seguridade Social deve apontar os requisitos para a concessão de benefícios e serviços. Vale dizer, para um trabalhador que não possua dependentes, o benefício salário-família não será concedido; àquele que se encontre incapaz temporariamente para o trabalho, por motivo de doença, não será

---

cional brasileiro. *In*: ROCHA, Carmen Lúcia Antunes (org.). *Constituição e segurança jurídica*: direito adquirido, ato jurídico perfeito e coisa julgada. Estudos em homenagem a José Paulo Sepúlveda Pertence. 2. ed. Belo Horizonte: Fórum, 2005. p. 94.

conferida a aposentadoria por incapacidade permanente mas o auxílio por incapacidade temporária. Não há um único benefício ou serviço, mas vários, que serão outorgados e mantidos de forma *seletiva*, conforme a necessidade da pessoa. Por distributividade entende-se o caráter do regime por repartição, típico do sistema brasileiro, embora o princípio seja de seguridade, e não de previdência. O princípio da distributividade, inserido na ordem social, é de ser interpretado em seu sentido de distribuição de renda e bem-estar social, ou seja, pela concessão de benefícios e serviços visa-se ao bem-estar e à justiça social (art. 193 da Carta Magna). O segurado, ao contribuir, não tem certeza se perceberá em retorno a totalidade do que contribuiu, porque os recursos vão todos para o caixa único do sistema, ao contrário dos sistemas de capitalização, em que cada contribuinte teria uma conta individualizada (como ocorre com o FGTS). A solidariedade entre os membros da sociedade impõe a repartição dos custos da manutenção do sistema de seguro social.

IV – Irredutibilidade do valor dos benefícios – Princípio equivalente ao da intangibilidade do salário dos empregados e dos vencimentos dos servidores, significa que o benefício legalmente concedido – pela Previdência Social ou pela Assistência Social – não pode ter seu valor nominal reduzido, não podendo ser objeto de desconto, salvo os determinados por lei ou ordem judicial. Dentro da mesma ideia, a atual redação do art. 201, § 4.º, estabelece o reajustamento periódico dos benefícios, para preservar-lhes, em caráter permanente, seu valor real, conforme critérios definidos em lei. O critério de reajustamento tem sido a aplicação do INPC, com a suposta reposição da inflação do exercício anterior, por força do art. 41-A da Lei n. 8.213/1991, e não o índice de correção do salário mínimo, o que o STF já considerou válido (RE 199.994, Plenário, Rel. p/ o ac. Min. Maurício Corrêa, j. 23.10.1997, *DJ* 12.11.1999).

V – Equidade na forma de participação no custeio – Trata-se de norma principiológica em sua essência, visto que a participação equitativa de trabalhadores, empregadores e Poder Público no custeio da Seguridade Social é meta, objetivo, e não regra concreta. Com a adoção desse princípio, busca-se assegurar que aos hipossuficientes seja garantida a proteção social, exigindo-se deles, quando possível, contribuição equivalente a seu poder aquisitivo, enquanto a contribuição empresarial tende a ter maior importância no que concerne a valores e percentuais na receita da Seguridade Social, por ter a classe empregadora maior capacidade contributiva, adotando-se, em termos, o princípio da progressividade. Por essa razão, a empresa passou a contribuir sobre o seu faturamento mensal e o lucro líquido, além de verter contribuição incidente sobre a folha de pagamentos. Esse objetivo, a nosso ver, é colocado em xeque pela EC n. 103/2019, quando passa a vedar a contagem, para qualquer finalidade, de meses em que o segurado, apesar de ter laborado e contribuído para o sistema, tenha feito em montante inferior à alíquota incidente sobre o limite mínimo do salário de contribuição, exigindo deste que complemente o valor, acarretando flagrante violação à sua capacidade contributiva, como será aprofundado no tema relativo à contagem de tempo de contribuição.

VI – Diversidade da base de financiamento – Estando a Seguridade Social brasileira no chamado ponto de hibridismo entre sistema contributivo e não contributivo, o constituinte quis estabelecer a possibilidade de que a receita da Seguridade Social possa ser arrecadada de várias fontes pagadoras, não ficando adstrita a trabalhadores, empregadores e Poder Público. Com a adoção desse princípio, está prejudicada a possibilidade de estabelecer o sistema não contributivo, decorrente da cobrança de tributos não vinculados, visto que o financiamento deve ser feito por meio de diversas fontes, e não de fonte única. Com o advento da EC n. 103/2019, foi dada nova redação a essa diretriz, qual seja: "VI – diversidade da base de financiamento, identificando-se, em rubricas contábeis específicas para cada área, as receitas e as despesas vinculadas a ações de saúde, previdência e assistência social, preservado o caráter contributivo da previdência social", com o objetivo de melhor identificar a utilização dos recursos arrecadados em cada um dos ramos da Seguridade Social, reafirmando-se o custeio e vinculação dos indivíduos ao regime previdenciário a partir das contribuições vertidas ao sistema.

VII – Caráter democrático e descentralizado da administração, mediante gestão quadripartite, com participação dos trabalhadores, dos empregadores, dos aposentados e do Governo nos órgãos colegiados – Significa que a gestão dos recursos, programas, planos, serviços e ações nas três vertentes da Seguridade Social, em todas as esferas de poder, deve ser realizada mediante discussão com a sociedade, e não exclusivamente de acordo com o que estatui o Poder Executivo. Para tanto, foram criados órgãos colegiados de deliberação: o Conselho Nacional de Previdência Social (CNPS), instituído pelo art. 3.º da Lei n. 8.213/1991, que discute a gestão da Previdência Social; o Conselho Nacional de Assistência Social (CNAS), estabelecido pelo art. 17 da Lei n. 8.742/1993, que delibera sobre a política e ações nessa *área; e o Conselho Nacional de Saúde* (CNS), cujas atribuições estão atualmente regulamentadas pela Lei n. 8.142/1990, e a quem incumbe fiscalizar, acompanhar e monitorar as políticas públicas de saúde nas suas mais diferentes áreas, levando as demandas da população ao poder público. Todos esses conselhos têm composição paritária e são integrados por representantes do Governo, dos trabalhadores, dos empregadores e dos aposentados.

1.3.2 Princípios específicos de Previdência Social

Além dos princípios da Seguridade Social aplicáveis à Previdência Social, constam do texto constitucional mais alguns princípios no que tange à relação previdenciária.

I – Da filiação obrigatória – Na mesma linha doutrinária do princípio da compulsoriedade da contribuição, todo trabalhador que se enquadre na condição de segurado é considerado pelo regime geral como tal, desde que não esteja amparado por outro regime próprio (art. 201, *caput*). O esforço do Estado em garantir o indivíduo em face dos eventos protegidos pela Previdência não surtiria o efeito desejado caso a filiação fosse meramente facultativa.

Não se confundam, todavia, os dois princípios: na compulsoriedade de contribuição exige-se a participação dos indivíduos pertencentes à sociedade – e das pessoas jurídicas – no financiamento do sistema de seguridade, enquanto a filiação somente se aplica aos indivíduos que exercem atividade vinculada ao regime geral previdenciário que lhes garanta a subsistência, estando, a partir da inserção na parcela da população economicamente ativa, a salvo da perda ou redução dos ganhos decorrentes da atividade laborativa, nas hipóteses de eventos cobertos pela norma previdenciária. Pode-se dizer, assim, que nem todo indivíduo que contribui para a seguridade é, ao mesmo tempo, filiado ao regime geral previdenciário.

II – Do caráter contributivo – Estabelece a Constituição que a Previdência Social, em qualquer de seus regimes, terá caráter contributivo (art. 40, *caput;* art. 201, *caput*), ou seja, será custeada por contribuições sociais (Constituição, art. 149). Cabe à legislação ordinária dos regimes previdenciários (no caso do RGPS, a Lei n. 8.212/1991; no caso dos regimes próprios de agentes públicos, a lei de cada ente da Federação) definir como se dará a participação dos segurados, fixando hipóteses de incidência, alíquotas de contribuição e bases de cálculo, obedecendo, em todo caso, às regras gerais estabelecidas no sistema tributário nacional – previstas, atualmente, na Constituição e no Código Tributário Nacional. Assim, não há regime previdenciário na ordem jurídica brasileira que admita a percepção de benefícios sem a contribuição específica para o regime, salvo quando a responsabilidade pelo recolhimento de tal contribuição tenha sido transmitida, por força da legislação, a outrem que não o próprio segurado. Ainda assim, isso não significa dizer que haja possibilidade jurídica de fixar, na ordem vigente, benefício previdenciário sem a participação do segurado no custeio. O não pagamento da contribuição, nos casos em que há concessão de benefício apesar de tal fato, configura mero inadimplemento da obrigação tributária, por parte do responsável pelo cumprimento da obrigação, mas não a ausência de filiação, ou a perda da qualidade de segurado. Logo, não há que confundir caráter contributivo com filiação ao sistema, que acontece à medida que há exercício de atividade laboral remunerada, desde então incluindo o indivíduo no campo da proteção previdenciária. Basta observar que, se um trabalhador, em seu primeiro dia de seu primeiro emprego, sofre acidente do trabalho, mesmo não tendo havido qualquer contribuição ainda ao sistema, fará jus a benefícios, caso necessite.

III – Do equilíbrio financeiro e atuarial – Princípio expresso somente a partir da EC n. 20/1998 (art. 40, *caput*, e art. 201, *caput*), significa que o Poder Público deverá, na execução da política previdenciária, atentar sempre para a relação entre custeio e pagamento de benefícios, a fim de manter o sistema em condições superavitárias, e observar as oscilações da média etária da população, bem como sua expectativa de vida, para a adequação dos benefícios a essas variáveis.

IV – Da garantia do benefício mínimo – O § 2.º do art. 201 da Constituição estabelece como princípio de Previdência Social a garantia de renda mensal não inferior ao valor do salário mínimo, no que tange aos benefícios substitutivos do salário de contribuição ou do rendimento do trabalho.

Até o advento da EC n. 103/2019, havia a garantia de pelo menos um salário mínimo de renda mensal para as aposentadorias, o auxílio-doença, o salário-maternidade e também relativamente à pensão por morte e ao auxílio-reclusão. Essa realidade foi alterada com relação aos dois últimos benefícios. Para os óbitos posteriores à entrada em vigor da EC n. 103/2019, a pensão por morte respeitará o valor de um salário mínimo quando se tratar da única fonte de renda formal auferida pelo dependente.

Os benefícios que não são substitutivos da renda do segurado (salário-família, auxílio-acidente) podem ser pagos em valor inferior ao salário mínimo, o mesmo ocorrendo com as cotas individuais de pensão ou auxílio-reclusão (cujo total, todavia, não pode ser inferior a esse patamar).

V – *Da correção monetária dos salários de contribuição* – Determinam o art. 40, § 17, e o art. 201, § 3.º, da Constituição Federal que os salários de contribuição considerados no cálculo dos benefícios sejam corrigidos monetariamente. Princípio salutar, exige ele que o legislador ordinário, ao fixar o cálculo de qualquer benefício previdenciário em que se leve em conta a média de salários de contribuição, adote fórmula que corrija nominalmente o valor da base de cálculo da contribuição vertida, a fim de evitar distorções no valor do benefício pago. Antes de tal princípio, nem todos os salários de contribuição adotados no cálculo eram corrigidos, o que causava um achatamento no valor pago aos beneficiários.

A norma constitucional, contudo, não indica qual o índice que deva ser adotado na correção, deixando a critério do legislador a escolha do indexador a ser utilizado como fator de atualização monetária para a preservação do valor real dos benefícios.

VI – *Da preservação do valor real dos benefícios* – Dispõe o § 4.º do art. 201 da Constituição no sentido de assegurar o reajustamento dos benefícios para preservar-lhes, em caráter permanente, o valor real, conforme critérios definidos em lei.

Trata-se de preceito que suplanta a noção de irredutibilidade salarial (art. 7.º, inc. VI, da Constituição) e de vencimentos e subsídios (art. 37, inc. X, da mesma Carta), pois nos dois casos não há previsão de manutenção do valor real dos ganhos de trabalhadores e servidores, mas apenas nominal, enquanto no princípio supraelencado a intenção é "proteger o valor dos benefícios de eventual deterioração, resguardando-o em seu poder de compra".[21]

VII – *Da facultatividade da previdência complementar* – Apesar de o regime previdenciário estatal ser compulsório e universal, admite-se a participação da iniciativa privada na atividade securitária, em complemento ao regime oficial, e em caráter de facultatividade para os segurados (CF, art. 40, §§ 14 a 16, no âmbito dos regimes próprios de agentes públicos; art. 202, no âmbito do RGPS).

VIII – *Da indisponibilidade dos direitos dos beneficiários* – Tratando-se do valor do benefício devido ao segurado ou a seu dependente de direito de natureza alimentar, inadmissível se torna que o beneficiário, pelo decurso do prazo, perca o direito ao benefício. Tem-se, assim, preservado o direito adquirido daquele que, tendo implementado as condições previstas em lei para a obtenção do benefício, ainda não o tenha exercido (art. 102, § 1.º, da Lei n. 8.213/1991).

A lei somente estabelece a decadência quanto a pedidos de revisão de cálculo de benefício (art. 103 da Lei n. 8.213/1991), mas não há perda do direito ao benefício em si. Nesse sentido, a tese fixada pelo STF no Tema de Repercussão Geral n. 313:

I – Inexiste prazo decadencial para a concessão inicial do benefício previdenciário;

---

[21] TAVARES, Marcelo Leonardo. A manutenção do valor real dos benefícios previdenciários. *Revista RPS,* São Paulo, n. 249, p. 81 ago. 2001.

II – Aplica-se o prazo decadencial de dez anos para a revisão de benefícios concedidos, inclusive os anteriores ao advento da Medida Provisória n. 1.523/1997, hipótese em que a contagem do prazo deve iniciar-se em 1.º de agosto de 1997 (RE 626.489, Rel. Min. Roberto Barroso, j. 16.10.2013, *DJe* 23.09.2014).

O núcleo essencial do direito fundamental à previdência social é imprescritível, irrenunciável e indisponível, motivo pelo qual não deve ser afetada pelos efeitos do tempo e da inércia de seu titular a pretensão relativa ao direito ao recebimento de benefício previdenciário (ADI 6.096/DF, Plenário, Rel. Min. Edson Fachin, *DJe* 25.11.2020).

1.4 OS REGIMES PREVIDENCIÁRIOS NA ORDEM JURÍDICA INTERNA

Para que possamos facilitar a compreensão do leitor acerca das implicações existentes entre a relação de trabalho e a relação de seguro social, consideramos necessário traçar alguns breves apontamentos sobre esta última, a começar pela estruturação do sistema de previdência social brasileiro. De plano, cumpre afirmar que, no Brasil, há inúmeros "regimes previdenciários" – conjuntos de regras aplicáveis a determinada coletividade, demarcada pela relação laboral que possuem.

Entende-se por regime previdenciário aquele que abarca, mediante normas disciplinadoras da relação jurídica previdenciária, uma coletividade de indivíduos que têm vinculação entre si em virtude da relação de trabalho ou categoria profissional a que está submetida, garantindo a essa coletividade, no mínimo, os benefícios essencialmente observados em todo sistema de seguro social – aposentadoria e pensão por falecimento do segurado.

Principal regime previdenciário na ordem interna, o RGPS abrange obrigatoriamente todos os trabalhadores da iniciativa privada, como decorrência de dois princípios conjugados: o *da compulsoriedade da filiação e o da universalidade da cobertura e atendimento*.

É regido pela Lei n. 8.213/1991, intitulada "Plano de Benefícios da Previdência Social", sendo de filiação compulsória e automática para os segurados obrigatórios, permitindo, ainda, que pessoas que não estejam enquadradas como tal e não tenham regime próprio de previdência se inscrevam como segurados facultativos, passando também a ser filiados ao RGPS.

A Constituição Federal estabelece que haverá um "regime próprio de previdência social dos servidores titulares de cargos efetivos", o qual "terá caráter contributivo e solidário, mediante contribuição do respectivo ente federativo, de servidores ativos, de aposentados e de pensionistas, observados critérios que preservem o equilíbrio financeiro e atuarial" – art. 40, *caput*, redação dada pela EC n. 103/2019.

Tais agentes públicos não se inserem no âmbito de atuação do Direito do Trabalho, nem no RGPS, o que significa dizer que lhes é assegurado estatuto próprio a dispor sobre seus direitos como trabalhadores (estatutários) e previdenciários (as leis de cada ente federativo sobre o seu "regime próprio de previdência"). É dizer, há um regime previdenciário (RPPS) no âmbito da União; regimes previdenciários em cada Estado-membro da Federação e no Distrito Federal; e ainda em cerca de metade dos Municípios brasileiros.

Todavia, como se sabe, há ainda entes públicos – geralmente municípios, mas também as chamadas "autarquias em regime especial", como os Conselhos Fiscalizadores de Profissões Regulamentadas que contratam sob o regime da CLT; ou, pior, contratam sem que fique definido claramente qual o regime jurídico; ou, por fim, mais grave ainda, os entes da Administração – direta e indireta – que admitem pessoas para atividades típicas do serviço público sem sequer haver prestação de concurso público.

As duas primeiras situações antes destacadas influenciam não apenas o Direito do Trabalho e o Direito Administrativo, mas também o Direito Previdenciário, na medida em que, definido o regime jurídico laboral como o "estatutário", o regime previdenciário deveria ser aquele previsto no art. 40 da CF e, sendo a CLT, o RGPS. Quanto à última hipótese – admissão sem concurso –, há grave risco de desproteção social, na medida em que a jurisprudência rechaça o reconhecimento de outros direitos que não o salário em sentido estrito e o FGTS (STF, RE 705.140/RS, Rel. Min. Teori Zavascki, j. 28.08.2014, em Repercussão Geral).

1.5 ESTRUTURA DA PREVIDÊNCIA SOCIAL: O INSS E O CRPS

O Instituto Nacional do Seguro Social (INSS) é autarquia federal, com sede e foro no Distrito Federal, e foi previsto na Lei n. 8.029, de 12.04.1990, e criado pelo Decreto n. 99.350, de 27.06.1990, e suas atuais atribuições são:

- conceder e manter os benefícios e serviços previdenciários;
- emitir certidões relativas a tempo de contribuição perante o RGPS;
- gerir os recursos do Fundo do RGPS; e
- calcular o montante das contribuições incidentes sobre a remuneração e demais rendimentos dos trabalhadores, devidas por estes, pelos empregadores domésticos e pelas empresas visando à concessão ou revisão de benefício requerido.

Convém apontar que a atividade de arrecadação, fiscalização e cobrança de contribuições devidas à Seguridade Social foi transferida à Receita Federal do Brasil (RFB) pela Lei n. 11.457/2007, de modo que o credor de tais tributos e seus acréscimos de mora *não é mais o INSS, mas sim a União*. O INSS concentra-se, desde então, apenas nas atribuições anteriormente indicadas.

Por sua vez, o Conselho de Recursos da Previdência Social (CRPS) é órgão de controle jurisdicional das decisões do INSS, nos processos administrativos referentes a benefícios a cargo dessa Autarquia. O CRPS tem sede em Brasília e jurisdição em todo o território nacional. Os recursos administrativos contra decisões da Receita Federal do Brasil (RFB) em matéria fiscal, por seu turno, são endereçados ao Conselho Administrativo de Recursos Fiscais (CARF).

O CRPS é um tribunal administrativo que tem por atribuição solucionar, no âmbito não judicial, os conflitos entre a Autarquia Previdenciária e os beneficiários do RGPS (quando a matéria em questão é a concessão, a manutenção, a revisão ou o cancelamento de benefício ou serviço), e suas decisões não têm força de coisa julgada para o particular, mas somente para o INSS, para o qual há "efeito vinculante".

O interessado tem 30 dias de prazo para interposição de recurso à JRPS, a partir da ciência pessoal ou da data de recebimento da decisão do INSS que lhe foi desfavorável, aposta no Aviso de Recebimento (AR). Aqui reside *mais um ponto de contato entre o Direito do Trabalho e o Direito Previdenciário*: esse prazo é o que justifica a redação da Súmula n. 32 do TST, editada em 1970: "Presume-se o abandono de emprego se o trabalhador não retornar ao serviço no prazo de 30 (trinta) dias após a cessação do benefício previdenciário nem justificar o motivo de não o fazer".

No entanto, o TST possui entendimento jurisprudencial no sentido da "presunção da ausência do requisito subjetivo de abandonar o emprego quando o trabalhador é portador de doença que lhe afeta as plenas capacidades físicas e/ou mentais, a ponto de não lhe permitir o pleno discernimento ou a plena mobilidade, ou mesmo quando se encontra na *via crucis* de retomar benefício previdenciário, para que possa, ciente e realmente, abandonar o emprego" (E-ED-RR 67300-64.2011.5.17.0011, Rel. Min. Hugo Carlos Scheuermann, Subseção I Especializada em Dissídios Individuais, *DEJT* 09.06.2017).

O segurado muitas vezes pode preferir a discussão de seus direitos no âmbito do CRPS do que na esfera judicial, especialmente considerando que em juízo o INSS pode interpor todos os recursos e incidentes possíveis, demandando muitas vezes contra a razoável duração do processo, enquanto no âmbito administrativo o órgão previdenciário terá apenas o recurso à Câmara de Julgamento e ao Pleno do CRPS.

Por conseguinte, ou não havendo recurso cabível, a decisão tomada no âmbito da instância administrativa adquire efeito vinculante para a autarquia, não podendo esta levar a discussão para a sede judicial – hipótese sempre possível, por outro lado, para o beneficiário do RGPS, que pode ou não esgotar a via administrativa e, mesmo não sendo bem-sucedido nesta, ainda tentar a obtenção de direitos por meio da prestação jurisdicional.

Vale dizer, o segurado ou dependente pode recorrer à via judicial, mesmo após ter sido parte vencida perante os órgãos do CRPS. Também não é obrigatório o esgotamento da instância administrativa para o ingresso em juízo.

Feitas estas considerações, nos capítulos subsequentes trataremos dos temas que envolvem o presente estudo, pautados por essas premissas e com o intuito de trazer a debate aspectos práticos diretamente ligados à compreensão sistêmica das disposições constitucionais e legais referentes tanto à esfera das relações entre indivíduo-trabalhador e seu tomador de mão de obra quanto à esfera das relações desse mesmo indivíduo-trabalhador e a entidade previdenciária.

Capítulo 2
RELAÇÃO DE TRABALHO E RELAÇÃO DE SEGURO SOCIAL

Os segurados são os principais contribuintes do sistema de Seguridade Social previsto na ordem jurídica nacional. São contribuintes em função do vínculo jurídico que possuem com o regime de previdência, uma vez que, para obter os benefícios, devem *teoricamente* verter contribuições ao fundo comum. Diz-se teoricamente porque, em certos casos, ainda que não tenha ocorrido contribuição, mas estando o indivíduo enquadrado em atividade que o coloca nessa condição, terá direito a benefícios e serviços: são os casos em que não há carência de um mínimo de contribuições pagas.

Exemplo típico é o do segurado obrigatório (enquadrado em qualquer das espécies) que, no primeiro dia do primeiro mês de atividade laborativa em sua vida inteira, sofre um acidente e se torna incapaz para o trabalho, ou, pior, vem a falecer: a contribuição devida por este somente seria deduzida do salário e recolhida aos cofres públicos no mês seguinte ao do trabalho realizado; mas, mesmo sem ter contribuído (o acidente aconteceu antes), o segurado (ou seu dependente) fará jus ao benefício.

2.1 A RELAÇÃO DE TRABALHO E A FILIAÇÃO À PREVIDÊNCIA SOCIAL

A relação de trabalho, *lato sensu*, é aquela que se dá pela prestação de serviços mediante contraprestação. A relação de emprego, embora seja a principal matéria regida pelo Direito do Trabalho, não é a única relevante para este estudo, especialmente na medida em que novas formas de prestação do labor surgem a todo instante, impulsionadas mais fortemente no período contemporâneo pelas novas tecnologias. Desse modo, precisamos estender nossa visão, para efeito de atingimento da universalidade dos Direitos Sociais, a outras modalidades de relação de trabalho, ainda que não subordinado, ou parassubordinado.

Pelas limitações a que este estudo se propõe, não cumpre aqui discutir as situações *borderline* atualmente discutidas: o trabalho por intermédio de plataformas, o *crowdwork*, e outras situações, sem dúvida se enquadram no largo espectro da expressão "relações de trabalho", o que é suficiente para que aqui sejam contempladas, independentemente do reconhecimento ou não de que alguma dessas relações de trabalho trata-se, em verdade, de uma "relação de emprego", em sentido estrito.

Os segurados do RGPS são classificados em obrigatórios e facultativos.

Obrigatórios são os segurados de quem a lei exige a participação no custeio, bem como concede-lhes, em contrapartida, benefícios e serviços, quando presentes os requisitos para a concessão.

São segurados obrigatórios e, por tal razão, contribuintes compulsórios do sistema, os indivíduos enquadrados nos conceitos de: *empregado, empregado doméstico, contribuinte individual, trabalhador avulso e segurado especial*. Quanto a estes, a contribuição é verdadeiro tributo, sendo exigida a partir da ocorrência do fato gerador (prestação do trabalho remunerado). Dessa maneira, não há como o empregado (urbano, rural ou doméstico), o trabalhador avulso, o contribuinte individual ou o segurado especial "optarem" por não contribuir, como equivocadamente se diz no ideário popular.

Não se confunda, todavia, a compulsoriedade da filiação à Previdência Social com a responsabilidade pelo recolhimento da contribuição previdenciária. Os trabalhadores com vínculo subordinado e os trabalhadores avulsos não possuem responsabilidade (tributária) pelo adimplemento das contribuições, que é repassada, pela Lei n. 8.212/1991, aos respectivos tomadores dos serviços (empregador, inclusive o doméstico, e o órgão gestor de mão de obra portuária).

Noutras palavras, o fato de exercer trabalho remunerado é o que vincula o indivíduo à Previdência e, ao mesmo tempo, é fato gerador de incidência da norma tributária que exige o pagamento de contribuição calculada sobre os rendimentos do trabalho, como veremos no Capítulo 3 desta obra.

Facultativos são aqueles segurados que, não tendo regime previdenciário próprio (art. 201, § 5.º, da CF, com a redação da EC n. 20/1998), nem se enquadrando na condição de segurados obrigatórios do regime geral, resolvem verter contribuições para fazer jus a benefícios e serviços, tendo como exemplos mais citados a "dona de casa", o estudante sem vínculo de emprego e o desempregado. Sua contribuição (e continuidade da relação jurídica) depende de ato volitivo e da efetuação das contribuições, vedada a realização destas de forma retroativa antes da primeira contribuição.

Relevante lembrar que, na categoria de "segurado empregado", aparecem figuras que não são empregados na acepção do Direito do Trabalho, mas possuem, perante a Previdência Social, tratamento similar a quem possui contrato de trabalho: o brasileiro ou estrangeiro que trabalhe no exterior, quando o contrato tenha sido firmado no Brasil, com pessoa aqui domiciliada; contratado por tempo determinado para atender a necessidade temporária de excepcional interesse público, em face do disposto no art. 37, IX, da Constituição, regulamentado pelo art. 8.º da Lei n. 8.745/1993; os ocupantes de cargos em comissão de todos os entes públicos e os ocupantes de cargos efetivos de Estados e Municípios, assim como de suas autarquias e fundações, quando não possuam regime próprio de previdência social; e o trabalhador que presta serviços a missões diplomáticas, repartições consulares ou órgãos destas, ou, ainda, a seus membros, bem como a organismos internacionais, a partir da edição da Lei n. 9.876/1999.

A condição de beneficiário de um regime de Previdência decorre da atuação da vontade da lei. Trata-se de direito fundamental – e, por isso, indisponível – do indivíduo, de maneira que, mesmo não tendo interesse na proteção social conferida pelo regime, mas estando enquadrado numa das hipóteses legais, a pessoa será considerada, pelo ente previdenciário, como segurado ou como dependente, logo, beneficiário do regime, de modo automático, conforme o § 1.º do art. 20 do Decreto n. 3.048/1999. A inércia do indivíduo que tem direito a benefício não lhe acarreta a caducidade do direito, salvo em casos taxativamente enumerados – art. 103 da Lei n. 8.213/1991.

Também decorre da irrenunciabilidade a conclusão de que o direito ao benefício previdenciário é imprescritível, sendo atingidas pela prescrição somente as parcelas, mas não o direito em si, é dizer, a eventual inércia do beneficiário apenas repercute sobre as parcelas devidas antes do marco prescricional (cinco anos), mantido o direito ao pagamento dos valores devidos dentro do período imprescrito.

Não há relação de seguro social sem filiação prévia. O direito do indivíduo à proteção previdenciária só se perfaz quando este se encontra, compulsória ou facultativamente, filiado a um regime de Previdência Social.

Não se deve confundir a filiação com o pagamento das contribuições, no caso dos segurados obrigatórios, isto é, existe direito à proteção previdenciária caso o segurado, já filiado (pelo exercício de atividade laboral remunerada que o enquadre como segurado obrigatório), deixe de verter recolhimentos no prazo oportuno. O mero inadimplemento de contribuições devidas não afasta a filiação, que se mantém durante todo o período em que o segurado de qualquer categoria (exceto o facultativo) exercer a atividade. Nesse sentido: TRF da 1.ª Região, AC 0000285-86.2005.4.01.3804, 2.ª Turma, Rel. Des. Federal Francisco de Assis Betti, publ. 08.10.2013.

Nasce a relação de seguro social, **automaticamente**, no primeiro dia de trabalho dos segurados obrigatórios, porque é nessa data que se dá a sua filiação automática e compulsória ao regime previdenciário a que passa a pertencer. Raciocínio diverso levaria o trabalhador a ficar sem a proteção previdenciária até que fosse vertida a primeira contribuição (cujo vencimento se dá somente no mês subsequente à prestação do trabalho).

No entanto, merece atenção a regra do § 14 do art. 195 da Constituição, incluído pela EC n. 103/2019. De acordo com o dispositivo, o segurado somente terá reconhecida como tempo de contribuição ao RGPS a competência cuja contribuição seja igual ou superior à contribuição mínima mensal exigida para sua categoria, assegurado o agrupamento de contribuições. A matéria está disciplinada pelo Regulamento da Previdência Social, com a redação conferida pelo Decreto n. 10.410/2020, o que será debatido adiante em tópico próprio.

2.2 SITUAÇÕES ATÍPICAS: INFORMALIDADE, TRABALHO INFANTIL, TRABALHO ESCRAVO

Como visto, a filiação decorre automaticamente do exercício de atividade remunerada para os segurados obrigatórios e da inscrição formalizada com o pagamento da primeira contribuição para o segurado facultativo. Logo, a filiação não depende de ato volitivo para o segurado obrigatório, mas somente para o facultativo (art. 20, § 1.º, do Decreto n. 3.048/1999, redação conferida pelo Decreto n. 6.722/2008).

Daí surgem importantes questionamentos quando de alguma forma o ordenamento jurídico é violado.

2.2.1 Trabalho de pessoas com idade inferior a 16 anos

A idade mínima para filiação na qualidade de segurado empregado é de 16 anos, a partir da alteração da redação do inc. XXXIII do art. 7.º da Constituição Federal, introduzida pela EC n. 20/1998, salvo na condição de aprendiz, quando então é possível a filiação a partir dos 14 anos.

Registramos que o contrato de aprendizagem, de acordo com a atual disposição contida no art. 428 da CLT, é o contrato de trabalho especial, ajustado por escrito e por prazo determinado, em que o empregador se compromete a assegurar ao maior de 14 e menor de 24 anos[1] inscrito em programa de aprendizagem de formação técnico-profissional metódica, compatível com o seu desenvolvimento físico, moral e psicológico, e ao aprendiz, a executar com zelo e diligência as tarefas necessárias a essa formação, cuja validade pressupõe anotação na Carteira de Trabalho e Previdência Social, matrícula e frequência do aprendiz na escola, caso não haja concluído o ensino médio, e inscrição em programa de aprendizagem desenvolvido sob orientação de entidade qualificada em formação técnico-profissional metódica.

O Regulamento da Previdência Social previa, em seu art. 60, o cômputo, como tempo de contribuição, do tempo exercido na condição de aluno-aprendiz, referente ao período de aprendizado profissional realizado em escola técnica, desde que comprovada a remuneração, mesmo que indireta, à conta do orçamento público e o vínculo empregatício (redação conferida pelo Decreto n. 6.722/2008). O dispositivo foi revogado pelo Decreto n. 10.410/2020.

Sobre o tema da condição de aluno-aprendiz, em âmbito administrativo, o TCU editou a Súmula n. 96 e, no campo jurisdicional, a Turma Nacional de Uniformização (TNU) publicou a Súmula n. 18, com o seguinte teor:

> Para fins previdenciários, o cômputo do tempo de serviço prestado como aluno-aprendiz exige a comprovação de que, durante o período de aprendizado, houve simultaneamente:
> (i) retribuição consubstanciada em prestação pecuniária ou em auxílios materiais;
> (ii) à conta do Orçamento;
> (iii) a título de contraprestação por labor;
> (iv) na execução de bens e serviços destinados a terceiros.

Desse modo, a pessoa com até 16 anos de idade, constitucionalmente, está impedida de trabalhar, salvo a partir de seus 14 anos, na condição de aprendiz. Se há contrato de aprendizagem a partir dos 14 anos, ou outra modalidade de contrato de trabalho acima dos 16 anos, a condição de empregado assegura a filiação previdenciária, sem dúvida. O problema está na contratação irregular.

A Constituição não veda o cômputo do tempo de contribuição em caso de trabalho abaixo da idade mínima. Daí advém que, ocorrendo a infringência – trabalho infantil ou de adolescente sem a autorização, ou em atividades vedadas pelo Direito do Trabalho –, não há como deixar de reconhecer os direitos sociais, mesmo quando

---

[1] Tal idade máxima não se aplica a pessoas portadoras de deficiência. Para o aprendiz com deficiência com 18 anos ou mais, a validade do contrato de aprendizagem pressupõe anotação na CTPS e matrícula e frequência em programa de aprendizagem desenvolvido sob orientação de entidade qualificada em formação técnico-profissional metódica (Lei n. 13.146/2015).

ilegalmente contratado, porque, realizado o trabalho, a filiação é automática. O não reconhecimento desse direito importaria gratificar o empregador infrator, que se locupletaria com a ilegalidade cometida.

A norma proibitiva do trabalho do menor tem finalidade protetiva do indivíduo. Para o STF, "o art. 7.º, XXXIII, da Constituição Federal não pode ser interpretado em prejuízo da criança ou adolescente que exerce atividade laboral. Regra constitucional que busca a proteção e defesa dos trabalhadores não pode ser utilizada para privá-los dos seus direitos, inclusive, previdenciários" (RE AgR 1.225.475/RS, 2.ª Turma, Rel. Min. Ricardo Lewandowski, *DJe* 05.02.2021). Logo, se, ao arrepio da lei, tiver havido prestação de serviço enquanto abaixo da faixa etária permitida, a proteção ao menor se fará garantindo-lhe os direitos oriundos da relação de emprego: salários, vantagens e cômputo do tempo de serviço, ainda que em caráter indenizatório (nesse sentido: STJ, AR 3.877/SP, *DJe* 30.04.2013).

Ainda há decisão do TRF da 4.ª Região em ação civil pública, movida pelo Ministério Público Federal (MPF) em face do INSS, determinando a este, em nível nacional, que se abstenha de se opor ao reconhecimento de tempo de atividade prestada por pessoas abaixo da idade mínima para o trabalho, uma vez comprovada, "para fins de reconhecimento de tempo de serviço e de contribuição pelo exercício das atividades descritas no art. 11 da Lei 8.213/1991, em maior amplitude, sem a fixação de requisito etário".

Como destaca a decisão proferida por aquele TRF:

> A despeito de haver previsão legal quanto ao limite etário (art. 13 da Lei 8.213/1991, art. 14 da Lei 8.212/1991 e arts. 18, § 2.º do Decreto 3.048/1999) não se pode negar que o trabalho infantil, ainda que prestado à revelia da fiscalização dos órgãos competentes, ou mediante autorização dos pais e autoridades judiciárias (caso do trabalho artístico e publicitário), nos termos dos arts. 2.º e 3.º da CLT, configura vínculo empregatício e fato gerador do tributo à seguridade, nos termos do inc. I do art. 195 da Constituição Federal. [...] Assim, apesar da limitação constitucional de trabalho do infante (art. 157, IX, da CF/1946, art. 165, X, da CF/1967 e art. 7.º, XXIII, da CF/1988), para fins de proteção previdenciária, não há como fixar também qualquer limite etário, pois a adoção de uma idade mínima ensejaria ao trabalhador dupla punição: a perda da plenitude de sua infância em razão do trabalho realizado e, de outro lado, o não reconhecimento, de parte do INSS, desse trabalho efetivamente ocorrido (TRF4, Apelação Cível 501726734.2013.4.04.7100/RS, Rel. Juíza Federal Salise Monteiro Sanchotene, sessão 09.04.2018).

2.2.2 O aposentado que retorna à atividade laborativa

Outro tema do cotidiano é aquele ligado ao fato de que pessoas já aposentadas pelo RGPS continuam exercendo atividade vinculada a esse mesmo Regime (empregado que continua trabalhando na mesma empresa), ou passa a exercer atividade como "autônomo", ou regime distinto (ex.: o advogado que, tendo tempo para se aposentar, concorre à vaga para um Tribunal e é nomeado, mas antes disso requer a aposentadoria no INSS e passa a recebê-la).

Conforme as regras vigentes, o aposentado pelo RGPS que estiver exercendo ou que voltar a exercer atividade abrangida por esse Regime é segurado obrigatório com relação a essa atividade, ficando sujeito às contribuições de que trata a Lei n. 8.212/1991.

Por outro lado, prevê o art. 18, § 2.º, da Lei n. 8.213/1991 que o aposentado que pretender permanecer em atividade ou a ela retornar não terá direito a novas prestações previdenciárias, exceto o salário-família e a reabilitação profissional, quando for o caso.

Portanto, um aposentado do RGPS/INSS que esteja trabalhando e seja vítima de incapacidade para o trabalho, mesmo decorrente de acidente do trabalho ou doença ocupacional, não terá direito a auxílio por incapacidade temporária ou aposentadoria por incapacidade permanente, tampouco auxílio-acidente, por serem benefícios inacumuláveis com a aposentadoria. E seu tempo "pós-aposentadoria" não pode ser computado para nova aposentadoria voluntária (a chamada desaposentação), conforme julgou o STF em repercussão geral:

> – **Tema 503:** No âmbito do Regime Geral de Previdência Social – RGPS, somente lei pode criar benefícios e vantagens previdenciárias, não havendo, por ora, previsão legal do direito à "desaposentação" ou à "reaposentação", sendo constitucional a regra do art. 18, § 2.º, da Lei n. 8.213/1991 (RE-ED 661256, Tribunal Pleno, Min. Roberto Barroso, *DJe* 13.11.2020).

2.2.3 Resgate de trabalhadores em condições análogas à escravidão

Embora seja execrada pela ordem jurídica a hipótese de trabalho escravo, mas tendo em vista a constatação de que ainda há casos em que se verifica tal ocorrência, esse trabalhador deverá ser considerado segurado obrigatório, na categoria de empregado, uma vez que se trata de prestação laborativa subordinada, ainda que não remunerada, ou remunerada abaixo dos níveis considerados ilícitos. A violação da ordem jurídica, no caso, partiu de quem submeteu o indivíduo à condição análoga à de escravo, não podendo a vítima de tal conduta deixar de ter amparo previdenciário, caso dele necessite, durante o período em que prestou trabalho em condições desumanas.

As contribuições ao RGPS, evidentemente, deverão ser exigidas daquele que exigiu o trabalho em tal condição, que para tais efeitos é considerado empregador, satisfazendo, ainda, as contribuições do trabalhador escravizado (art. 33, § 5.º, da Lei n. 8.212/1991).

2.3 INSCRIÇÃO DE SEGURADOS

Inscrição é o ato pelo qual o segurado e o dependente são cadastrados no RGPS, mediante comprovação dos dados pessoais e de outros elementos necessários e úteis a sua caracterização (art. 18 do Decreto n. 3.048/1999).

Considera-se inscrição de segurado, para os efeitos da Previdência Social, o ato pelo qual a pessoa física é cadastrada no RGPS, por meio da comprovação dos dados pessoais, da seguinte forma:

- *empregado:* pelo empregador, por meio da formalização do contrato de trabalho e, a partir da obrigatoriedade do uso do Sistema de Escrituração Digital das Obrigações Fiscais, Previdenciárias e Trabalhistas (eSocial), instituído

pelo Decreto n. 8.373, de 11 de dezembro de 2014, ou do sistema que venha a substituí-lo, por meio do registro contratual eletrônico realizado nesse Sistema;
- *trabalhador avulso:* pelo cadastramento e pelo registro no órgão gestor de mão de obra, no caso de trabalhador portuário, ou no sindicato, no caso de trabalhador não portuário, e a partir da obrigatoriedade do uso do eSocial, ou do sistema que venha a substituí-lo, por meio do cadastramento e do registro eletrônico realizado nesse Sistema;
- *empregado doméstico:* pelo empregador, por meio do registro contratual eletrônico realizado no eSocial;
- *contribuinte individual:* a) por ato próprio, por meio do cadastramento de informações para identificação e reconhecimento da atividade, hipótese em que o INSS poderá solicitar a apresentação de documento que comprove o exercício da atividade declarada; b) pela cooperativa de trabalho ou pela pessoa jurídica a quem preste serviço, no caso de cooperados ou contratados, respectivamente, se ainda não inscritos no RGPS; e c) pelo Microempreendedor Individual (MEI), por meio do sítio eletrônico do Portal do Empreendedor;
- *segurado especial:* preferencialmente, pelo titular do grupo familiar que se enquadre em uma das condições previstas no inc. VII do *caput* do art. 9.º do Regulamento da Previdência Social (RPS), hipótese em que o INSS poderá solicitar a apresentação de documento que comprove o exercício da atividade declarada;
- *segurado facultativo:* por ato próprio, por meio do cadastramento de informações pessoais que permitam a sua identificação, desde que não exerça atividade que o enquadre na categoria de segurado obrigatório.

O exercício concomitante de mais de uma atividade remunerada sujeita ao RGPS enseja a obrigatoriedade da inscrição com relação a cada uma delas. Todavia, o contribuinte individual terá um único Número de Identificação do Trabalhador (NIT), mesmo que exerça mais de uma atividade remunerada, devendo informar ao INSS todas as suas atividades.

Caso o segurado contribuinte individual na condição de membro de cooperativa de trabalho ou contratado como prestador de serviços de pessoa jurídica não for ainda inscrito no INSS, caberá à cooperativa ou à pessoa jurídica contratante tal obrigação, na forma do § 23 do art. 225 do Regulamento da Previdência Social, incluído pelo Decreto n. 4.729, de 09.06.2003.

O procedimento para recolhimento espontâneo de contribuições à Seguridade Social decorrentes de ação movida perante a Justiça do Trabalho, inexistindo a inscrição do empregado doméstico, deverá ser feito de ofício pelo órgão de arrecadação. Para fins de notificação fiscal de lançamento de débito ou de parcelamento de débito, inclusive o resultante de ação movida perante a Justiça do Trabalho, de responsabilidade de empregador doméstico, dever-lhe-á ser atribuída, de ofício, uma matrícula de Cadastro Específico do INSS (CEI) vinculada ao NIT já existente do empregado doméstico ou ao NIT a ele atribuído de ofício.

2.3.1 Inscrição de segurado *post mortem*

O Decreto n. 3.048/1999 (RPS), em sua redação original, vedou expressamente a inscrição *post mortem* do empregado e trabalhador avulso (art. 18, § 1.º). O Decreto n. 3.265/1999 havia alterado a redação do texto para excluir tal vedação e ao mesmo tempo acrescentou o § 5.º no referido artigo para permitir a inscrição *post mortem* do segurado especial.

A Lei n. 13.846/2019 (conversão da MP n. 871/2019) incluiu o § 7.º no art. 17 da Lei n. 8.213/1991 prevendo que: "Não será admitida a inscrição *post mortem* de segurado contribuinte individual e de segurado facultativo".

Ato contínuo, o Decreto n. 10.410/2020 revogou o § 1.º do art. 18 do RPS.

Entretanto, a Lei de Benefícios considera segurado obrigatório todo trabalhador que exerce atividade remunerada. A inscrição é mero ato formal, não evitando a filiação, que é automática (art. 20, § 1.º, do Decreto n. 3.048/1999).

Com relação aos segurados empregado, trabalhador avulso e especial, comprovado o exercício de atividade remunerada que determine a filiação automática, a inscrição do segurado obrigatório pode ser efetuada após o seu óbito, de modo que os seus dependentes – por via de regra – têm assegurado o direito à pensão por morte. Nesse sentido:

> Não há falar em impossibilidade de recolhimento de contribuições post mortem em relação ao segurado empregado falecido, uma vez que o responsável tributário pela sua satisfação é o empregador (art. 30, I, *a*, da Lei n. 8.212/1991), tratando-se tal ato de regularização de valores por este devidos, inexistindo vedação legal à inscrição póstuma do segurado empregado (TRF/4, AC 200872990003911, DE 1.º.08.2008).

No tocante aos contribuintes individuais, a orientação jurisprudencial é em sentido contrário. Vejamos:

- STJ: "Não se admite o recolhimento *post mortem* de contribuições previdenciárias a fim de que, reconhecida a qualidade de segurado do falecido, seja garantida a concessão de pensão por morte aos seus dependentes" (REsp 1.346.852/PR, 2.ª Turma, Rel. Min. Humberto Martins, *DJe* 28.05.2013);
- TNU: Súmula n. 52: "Para fins de concessão de pensão por morte, é incabível a regularização do recolhimento de contribuições de segurado contribuinte individual posteriormente a seu óbito, exceto quando as contribuições devam ser arrecadadas por empresa tomadora de serviços".

No entanto, a TNU flexibilizou em parte sua orientação ao julgar o Representativo de Controvérsia – Tema n. 286, no qual fixou a seguinte tese: "Para fins de pensão por morte, é possível a complementação, após o óbito, pelos dependentes, das contribuições recolhidas em vida, a tempo e modo, pelo segurado facultativo de baixa renda do art. 21, § 2.º, II, *b*, da Lei 8.212/1991, da alíquota de 5% para as de 11% ou 20%, no caso de não validação dos recolhimentos" (PEDILEF 5007366-70.2017.4.04.7110/RS, j. 23.06.2022).

Não divergimos da ideia de que é inadmissível a inscrição póstuma de segurado facultativo, pois aí há a ausência do pressuposto básico para a inscrição, que é o ato volitivo do próprio indivíduo. Todavia, entendemos que não se pode engessar a possibilidade de os dependentes do segurado obrigatório falecido terem reconhecida sua condição, para efeito de recebimento da pensão por morte. A realidade social brasileira, em que grande parte dos trabalhadores exerce atividade em caráter informal, sem o devido registro profissional e sem que o tomador dos serviços realize o recolhimento de contribuições previdenciárias, torna esse grupo de pessoas verdadeiros "não cidadãos", ante a possibilidade de privação de seus Direitos Fundamentais Sociais.

Ademais, há casos em que o contribuinte individual, em seu primeiro mês de atividade laborativa (em toda a sua vida), pode vir a ser vítima de acidente ou doença fatal. Nessa hipótese, como o vencimento da contribuição se dá somente no dia 15 do mês seguinte ao da prestação do serviço, o recolhimento sempre será feito em data posterior ao óbito, o que, no entanto, não pode ser visto como inscrição fraudulenta ou tentativa de obtenção de benefício indevido. O vencimento da obrigação tributária, sendo posterior ao falecimento, causa essa situação, não podendo ser penalizados os dependentes do segurado diante dessa infeliz coincidência.

Note-se que a obrigação tributária subsiste, mesmo após o óbito do segurado, com relação ao período em que houve prestação de serviço, ante a ocorrência de recebimento de valores que integram o salário de contribuição.

Longe de se defender que tal situação configure tentativa de fraude ao sistema, está-se diante da conjugação de diversos princípios e regras do Direito Previdenciário:

- a compulsoriedade da filiação previdenciária impõe que esse segurado seja assim considerado desde o primeiro dia de atividade laborativa, independentemente de ter havido contribuição (art. 20 do Decreto n. 3.048/1999);
- a contribuição do segurado obrigatório é um tributo (Súmula Vinculante n. 8 do STF), e assim permanece devida, como obrigação personalíssima do segurado, sujeita a juros e multa de mora, exigível mediante procedimento fiscal e ação de execução fiscal, tudo na forma da Lei n. 8.212/1991;
- a inércia do contribuinte individual quanto ao procedimento de inscrição junto à Previdência Social e ao pagamento da contribuição não constitui ilícito, mas mero inadimplemento de obrigações, devendo presumir-se a boa-fé, tanto do segurado quanto dos dependentes deste, se o infortúnio do óbito acontecer antes que seja feita a inscrição e estejam pagas as contribuições.

Como exemplo do entendimento *supra*, colhe-se da jurisprudência:

> De acordo com o depoimento das testemunhas (fl. 69/71) o falecido trabalhou como ajudante de caminhão ("chapa") até a data do óbito, fato gerador da contribuição previdenciária. [...] A responsabilidade pelos recolhimentos das contribuições previdenciárias devidas é da pessoa jurídica contratante cuja omissão não pode penalizar o segurado e seus dependentes, cabendo ao INSS a fiscalização e cobrança dos valores não recolhidos [...] não podendo o segurado e sua família, hipossuficientes, ficar prejudicados por essa desídia. Ainda que o falecido fosse considerado contribuinte individual, não deixaria de ser segurado obrigatório, eis que a qualidade de segurado decorre do trabalho remunerado por ele exercido [...] Considerando que o benefício previdenciário de pensão por morte independe

de carência, é devido aos dependentes do segurado falecido, ainda que não tenha havido recolhimentos [...] (TRF-1, AC 0000285-86.2005.4.01.3804, 2.ª Turma, Rel. Des. Fed. Francisco de Assis Betti, publ. 08.10.2013).

Assim, deve o julgador possuir extrema sensibilidade e ponderação para analisar cada caso concreto, evitando-se a cantilena – muitas vezes entoada pelo órgão previdenciário – de que todos são estelionatários, buscando fraudar a Previdência e obter benefícios indevidos.

Em decisão do STJ, ficou assentado o direito à pensão por morte da viúva de trabalhador falecido cujos documentos foram extraviados em incêndio, tendo sido ajuizada ação trabalhista para o reconhecimento da relação de emprego, na qual houve a celebração de acordo, homologado pela Vara do Trabalho.

O INSS se recusava a reconhecer a condição de segurado do *de cujus* – em que pese ter havido, na ação trabalhista, a execução das contribuições previdenciárias relativas ao vínculo, tendo o acórdão declarado o direito da viúva à proteção previdenciária, mesmo sem o famigerado "início de prova material":

> Previdenciário. Agravo regimental em agravo de instrumento. Pensão por morte. Início de prova material. Sentença trabalhista. Início de prova material caracterizado. Ausência de impugnação a fundamento do acórdão.
> 1. A jurisprudência desta Corte é pacífica no sentido de que a sentença trabalhista pode ser considerada como início de prova material, mostrando-se hábil para a determinação do tempo de serviço previsto no art. 55, § 3.º, da Lei n. 8.213/1991, desde que fundada em elementos que evidenciem o exercício da atividade laborativa na função e períodos alegados na ação previdenciária, ainda que o INSS não tenha integrado a respectiva lide.
> 2. A ausência de impugnação a fundamento suficiente à manutenção do acórdão recorrido enseja a incidência da Súmula 283/STF.
> 3. Agravo regimental a que se nega provimento (STJ, AgR no Ag 1301411/GO, 5.ª Turma, Rel. Des. Adilson Vieira Macabu (convocado), *DJe* 12.05.2011).

Em que pese a nossa concordância com o mérito da decisão, favorável ao reconhecimento do direito, é digno de registro o problema decorrente da confusão conceitual estabelecida entre "sentença trabalhista" e "início de prova material". Prova é um instrumento de convencimento do órgão julgador para que este realize a prestação jurisdicional.

A sentença é a própria prestação jurisdicional, ato de jurisdição, constituindo-se em exercício do poder soberano do Estado, sendo absolutamente irrelevante qual tenha sido o "ramo" do Judiciário (Federal, Estadual ou Trabalhista) que a tenha proferido.

Logo, é de afirmar, categoricamente, que o segurado contemplado por uma sentença proferida pelo poder estatal que o reconhece como empregado leva à consequência – objetiva, não mais sujeita a reanálise, salvo em caso de ação rescisória daquele julgado – de que tal indivíduo é segurado obrigatório da Previdência Social, na forma do art. 12, inc. I, da Lei n. 8.212/1991, por decorrência lógica, uma vez que, no ordenamento jurídico interno, todo empregado é segurado obrigatório do RGPS.

2.3.2 Inscrição de dependentes

Matéria importante para efeito de recebimento de haveres trabalhistas em caso de óbito do trabalhador é a inscrição dos dependentes no INSS, como será visto em capítulo pertinente.

De acordo com o art. 17, § 1.º, da Lei de Benefícios e o art. 22 do Decreto n. 3.048/1999, com a redação conferida pelo Decreto n. 4.079/2002, a inscrição do dependente do segurado será promovida quando do requerimento do benefício a que tiver direito, mediante a apresentação dos seguintes documentos:

- para os dependentes preferenciais:
    a) cônjuge e filhos: certidões de casamento e de nascimento;
    b) companheira ou companheiro: documento de identidade e certidão de casamento com averbação da separação judicial ou divórcio, quando um dos companheiros ou ambos já tiverem sido casados, ou de óbito, se for o caso; e
    c) equiparado a filho: certidão judicial de tutela e, tratando-se de enteado, certidão de casamento do segurado e de nascimento do dependente;
- para os pais: certidão de nascimento do segurado e documentos de identidade deles; e
- para os irmãos: certidão de nascimento.

Foi revogada pelo aludido Decreto a regra pela qual a inscrição do cônjuge e filho do segurado era feita na empresa, caso fosse empregado, no sindicato ou órgão gestor da mão de obra, se fosse trabalhador avulso, e no INSS, nas demais hipóteses, assim como a que incumbia ao segurado a inscrição do dependente, no ato da inscrição do próprio segurado.

O dependente com idade entre 16 e 18 anos deverá apresentar declaração de não emancipação e, se maior de 18 anos, de não ter incorrido em nenhuma das seguintes situações:

a) casamento;
b) início do exercício de emprego público efetivo;
c) constituição de estabelecimento civil ou comercial ou existência de relação de emprego, desde que, em função disso, tenha economia própria.

Para inscrição dos pais ou irmãos, estes deverão comprovar a inexistência de dependentes preferenciais, mediante declaração firmada perante o INSS, na forma do art. 24 do Decreto n. 3.048/1999.

Segundo orientação do STJ, é preciso que os pais comprovem a dependência econômica em relação ao filho, sendo certo que esta não é presumida, isto é, deverá ser corroborada, seja na via administrativa, seja perante o Poder Judiciário. E o fato de o pai ter sido nomeado "curador provisório" de seu falecido filho, no processo de interdição deste, não tem o condão de, cumpridas todas as condições impostas pelas regras de direito previdenciário atinentes à espécie, afastar-lhe o direito à pensão por morte pleiteada (REsp 1.082.631/RS, 5.ª Turma, Rel. Min. Laurita Vaz, *DJe* 26.03.2013).

A prova da dependência econômica, a partir da nova redação do § 3.º do art. 22 do Regulamento, conferida pelo Decreto n. 10.410/2020, é feita mediante a apresentação de, ao menos, dois documentos que comprovem a dependência, ou, então, mediante justificação administrativa ou judicial. Antes, a exigência era de, no mínimo, três documentos.

Para comprovação de dependência e união afetiva, podem ser apresentados os documentos previstos no § 3.º do art. 22 do Decreto n. 3.048/1999, quais sejam:

- certidão de nascimento de filho havido em comum;
- certidão de casamento religioso;
- declaração do imposto de renda do segurado, em que conste o interessado como seu dependente;
- disposições testamentárias;
- declaração especial feita perante tabelião;
- prova de mesmo domicílio;
- prova de encargos domésticos evidentes e existência de sociedade ou comunhão nos atos da vida civil;
- procuração ou fiança de reciprocamente outorgada;
- conta bancária conjunta;
- registro em associação de qualquer natureza, em que conste o interessado como dependente do segurado;
- anotação constante de ficha ou livro de registro de empregados;
- apólice de seguro da qual constem o segurado como instituidor do seguro e a pessoa interessada como sua beneficiária;
- ficha de tratamento em instituição de assistência médica, da qual conste o segurado como responsável;
- escritura de compra e venda de imóvel pelo segurado em nome de dependente;
- declaração de não emancipação do dependente com idade entre 16 e 18 anos; ou
- quaisquer outros que possam levar à convicção do fato a comprovar.

O fato superveniente que importe exclusão ou inclusão de dependente deve ser comunicado ao INSS, com as provas respectivas.

2.3.3 A EC n. 103/2019 e o dependente inválido ou com deficiência

Duas regras importantes e positivas foram promulgadas na EC n. 103 quanto aos dependentes inválidos ou com algum grau de deficiência. A primeira delas envolve o direito à integralidade da pensão por morte deixada quando um dos dependentes esteja em tal condição: assim, na hipótese de haver dependente inválido ou com deficiência intelectual, mental ou grave, o valor da pensão por morte será equivalente a 100% do valor da aposentadoria recebida pelo segurado ou daquela a que teria direito se fosse aposentado por incapacidade permanente na data do óbito, até o limite máximo do salário de benefício do RGPS.

Acertadamente, estabeleceu também a EC n. 103/2019 no seu art. 23, § 5.º, que, para o dependente inválido ou com deficiência intelectual, mental ou grave, sua condição pode ser reconhecida previamente ao óbito do segurado, por meio de avaliação biopsicossocial realizada por equipe multiprofissional e interdisciplinar, observada revisão periódica, na forma da legislação.

No entanto, mesmo sem a disciplina por posterior *lei em sentido estrito*, o Decreto n. 10.410/2020 disciplinou o assunto, inserindo no art. 22 do RPS o § 9.º, cuja redação é a seguinte:

> No caso de dependente inválido ou com deficiência intelectual, mental ou grave, para fins de inscrição e concessão de benefício, a invalidez será comprovada por meio de exame médico-pericial a cargo da Perícia Médica Federal e a deficiência, por meio de avaliação biopsicossocial realizada por equipe multiprofissional e interdisciplinar.

A nova redação do art. 106, *caput*, do Regulamento, quanto ao cálculo da pensão, é a seguinte:

> Art. 106. A pensão por morte consiste em renda mensal equivalente a uma cota familiar de cinquenta por cento do valor da aposentadoria recebida pelo segurado ou daquela a que teria direito se fosse aposentado por incapacidade permanente na data do óbito, acrescida de cotas de dez pontos percentuais por dependente, até o máximo de cem por cento.

O art. 106, § 3.º, do Regulamento, com a alteração trazida pelo Decreto n. 10.410/2020, passa a dispor, no mesmo sentido da regra constante na EC n. 103, que:

> O valor da pensão será recalculado na forma do disposto no *caput*, quando:
> I – a invalidez ou deficiência intelectual, mental ou grave sobrevier à data do óbito, enquanto estiver mantida a qualidade de dependente; ou
> II – deixar de haver dependente inválido ou com deficiência intelectual, mental ou grave.

De conformidade, ainda, com o § 2.º do art. 17 do RPS, com a redação conferida pelo Decreto n. 10.410/2020, "a data de início da invalidez ou da deficiência intelectual, mental ou grave será estabelecida pela Perícia Médica Federal".

Outra regra incluída no Regulamento pelo referido decreto foi a ora constante do § 3.º do art. 105, segundo a qual: "O exercício de atividade remunerada, inclusive na condição de MEI, não impede a concessão ou a manutenção da parte individual da pensão do dependente com deficiência intelectual, mental ou grave". Essa norma, sem dúvida, tem amparo legal, pois a partir da promulgação da Convenção da ONU sobre Direitos das Pessoas com Deficiência[2] (CDPD), norma de estatura constitucional, não é mais possível manter qualquer restrição ao direito ao trabalho da pessoa com deficiência.

---

[2] A Convenção Internacional sobre os Direitos das Pessoas com Deficiência foi aprovada pela Assembleia Geral das Nações Unidas em 13.12.2006 e promulgada pelo Brasil em 25.08.2009, pelo Decreto n. 6.949.

A Lei n. 12.470/2011 já havia excluído a restrição de acumulação da pensão do dependente segurado com qualquer espécie de remuneração. A Lei Brasileira de Inclusão da Pessoa com Deficiência (Estatuto da Pessoa com Deficiência), Lei n. 13.146/2015 (LBI), repete a mesma previsão da CDPD quanto à natureza das deficiências no art. 2.º e remete à avaliação da deficiência, quando necessária, de conteúdo biopsicossocial baseada nos mesmos pressupostos da Classificação Internacional de Funcionalidade (CIF). Já a Lei n. 13.183/2015, publicada posteriormente à LBI, acrescentou o § 6.º ao art. 77 da Lei n. 8.213/1991 garantindo o direito à pensão integral pelo dependente com deficiência intelectual ou mental ou com deficiência grave, mesmo que ele tenha um trabalho remunerado, ou seja microempreendedor.[3]

2.4 MANUTENÇÃO E PERDA DA QUALIDADE DE SEGURADO

O período de filiação se estende ainda que o segurado perca sua atividade laborativa, que o enquadrava como tal, durante certo tempo; esse lapso é chamado de "período de graça", porque, nesse período, o indivíduo mantém a qualidade de segurado. Trata-se de **exceção** em face do sistema do RGPS, de caráter eminentemente contributivo.

O "período de graça" é aquele em que o indivíduo continua filiado ao RGPS mesmo sem contribuir. Nesse período, o indivíduo continua amparado pelo Regime – bem como seus dependentes – em caso de infortúnios, mesmo não exercendo atividade que o enquadre como segurado obrigatório, nem contribuindo mensalmente, mesmo como facultativo.

A qualidade de segurado é mantida, independentemente de contribuições, conservando todos os direitos perante a Previdência Social, nos prazos previstos no art. 15 da Lei n. 8.213/1991, quais sejam:

- sem limite de prazo, quem está em gozo de benefício, **exceto do auxílio-acidente (exceção incluída pela Lei n. 13.846/2019)**;
- até 12 meses após a cessação das contribuições, o segurado que deixar de exercer atividade remunerada abrangida pela Previdência Social ou estiver suspenso ou licenciado sem remuneração;
- até 12 meses após cessar a segregação, para o segurado acometido de doença de segregação compulsória **(por exemplo, a Covid-19)**;
- até 12 meses após o livramento, para o segurado preso;
- até três meses após o licenciamento, para o segurado incorporado às Forças Armadas;
- até seis meses após interrompido o pagamento, para o segurado facultativo.

O prazo para manutenção da qualidade de segurado daquele que cessou contribuições por desemprego ou interrupção da atividade laboral pode ser prorrogado

---

[3] GUGEL, Maria Aparecida. Pensão do dependente com deficiência intelectual, mental ou grave: direito de trabalhar e acumular a pensão com a remuneração. Disponível em: http://www.ampid.org.br/v1/wp-content/uploads/2014/09/PENS%C3%83O_dependenteComDefici%C3%AAnica_Trabalho_2016.pdf. Acesso em: 16 jul. 2021.

para até 24 meses, se o trabalhador já tiver pago mais de 120 contribuições mensais sem interrupção que acarrete perda da qualidade de segurado (art. 15, § 1.º, da Lei n. 8.213/1991). Esses prazos poderão ainda ser acrescidos de mais 12 meses para o segurado desempregado, desde que comprovada essa situação por registro no órgão próprio do Ministério do Trabalho e Emprego – o SINE (§ 2.º do art. 15 da Lei n. 8.213/1991).

Portanto, no que toca mais propriamente ao trabalhador que tinha relação de emprego – bem como avulsos, e mesmo os contribuintes individuais "autônomos" e segurados facultativos –, existe um lapso de tempo no qual o segurado ainda pode obter benefícios como o auxílio-doença, a aposentadoria por invalidez (atualmente, aposentadoria por incapacidade permanente) ou o salário-maternidade, mesmo após a perda do emprego/ocupação. Esse lapso pode ser de 12, 24 ou até 36 meses, se consideradas as hipóteses dos §§ 1.º e 2.º do art. 15 da Lei de Benefícios.

2.4.1 Disposições gerais pertinentes à perda da qualidade de segurado

A perda da qualidade de segurado, segundo a regra prevista no § 4.º do art. 15 da Lei n. 8.213/1991, ocorrerá no dia seguinte ao do término do prazo fixado no Plano de Custeio da Seguridade Social para recolhimento da contribuição concernente ao mês imediatamente posterior ao final dos prazos referidos anteriormente.

A regra pode dar ao intérprete a impressão de haver contradição entre os prazos dos incisos do art. 15 da Lei n. 8.213/1991 e a data de término do chamado período de graça, conforme o § 4.º do art. 15.

A explicação é simples. Durante o período de graça, o segurado não está efetuando contribuições. Se o segurado tem sua atividade laborativa assegurada ao final do período (por exemplo, segurado empregado após retornar do auxílio-doença), a contribuição presume-se realizada tão logo este retorne ao posto de trabalho (art. 33, § 5.º, da Lei n. 8.212/1991), não cabendo falar em perda da qualidade de segurado nessas circunstâncias.

A questão que causa maior dificuldade de compreensão é o caso do segurado sem ocupação. Se, expirado o período de graça, este não conseguir outra colocação, então o indivíduo, para se manter na condição de segurado, deverá filiar-se como facultativo. Para tanto, o prazo de recolhimento da contribuição como segurado facultativo é o dia 15 do mês subsequente ao da competência. Então, se o período de graça, por exemplo, expirar em abril, a primeira contribuição como facultativo deverá ser feita sobre o mês de maio. Esta, por seu turno, deverá ser recolhida pelo contribuinte até o dia 15 do mês seguinte, ou seja, 15 de junho. Caso a pessoa não faça a contribuição até esta data, então, perderá a qualidade de segurado.

Importante salientar que, caso dentro do período de graça o segurado volte a exercer atividade que o qualifique como segurado obrigatório, ainda que por um mês ou menos que isso, haverá período contributivo durante o lapso temporal da atividade remunerada e, nesse caso, a contagem do período de graça interrompe-se, iniciando-se novamente se o segurado ficar desempregado novamente.

A mesma situação acontece quando o segurado (obrigatório ou facultativo) que esteja em período de graça faz apenas uma contribuição dentro desse período na condição de facultativo – a contagem do período de graça voltará a fluir "do zero" no mês seguinte ao que se referir à última contribuição vertida.

Na prática, o segurado contribuinte individual possui 13 meses e 15 dias no mínimo, como período de graça, podendo chegar a 37 meses e 15 dias, por interpretação sistemática do § 4.º do art. 15 da Lei de Benefícios da Previdência Social (LBPS). Este deveria ser, inclusive, o entendimento do INSS, tendo em vista o Parecer CONJUR/MPS n. 616/2010:

> [...] de acordo com a interpretação sistemática dos dispositivos ora examinados, o período de graça para o segurado contribuinte individual não é de exatos doze meses, mas de treze meses e quinze dias, por força do § 4.º do art. 15 da LBPS, salientando que se deve iniciar a contagem do período de graça sempre a partir do primeiro dia do mês de pagamento da última contribuição.

A perda da qualidade de segurado importa a caducidade dos direitos inerentes a essa qualidade, segundo a redação do art. 102 da Lei n. 8.213/1991, conferida pela Lei n. 9.528/1997.

De acordo com o Regulamento da Previdência Social, a perda da qualidade de segurado não implica supressão do direito adquirido à aposentadoria para cuja concessão tenham sido preenchidos todos os requisitos, segundo a legislação vigente na época em que tais requisitos foram atendidos. É o cumprimento da regra constitucional que determina o respeito ao direito adquirido (§ 1.º do art. 180 do Decreto n. 3.048/1999).

Quanto à pensão por morte após a perda da qualidade de segurado, esta somente é devida, atendidas as demais exigências legais, se o falecido tivesse direito adquirido a alguma espécie de aposentadoria, por ter cumprido todos os requisitos à época em que estava filiado ao RGPS (§ 2.º do art. 180 do Decreto n. 3.048/1999).

Outrossim, todo e qualquer direito adquirido ao tempo em que o indivíduo se encontrava na qualidade de segurado é passível de exigência pelo beneficiário – art. 165 do Decreto n. 3.048/1999.

Ainda quanto à perda da qualidade de segurado, não ocorre quando este deixa de contribuir em razão de desemprego decorrente de incapacidade laborativa. Em verdade, no período, o segurado deveria estar gozando benefício previdenciário, como conclui a jurisprudência:

> Previdenciário. Mandado de segurança. Pensão por morte. Período de graça. Manutenção da qualidade de segurado em razão de doença que dava direito a aposentadoria por invalidez. Reconhecida a manutenção da qualidade de segurado do instituidor porque em curso o período de graça quando sobreveio incapacidade ensejadora de aposentadoria por invalidez e, *ipso facto*, pensão por morte (TRF-4, APELREEX 0026253-13.2009.404.7000, 6.ª Turma, Rel. João Batista Pinto Silveira, j. 09.02.2011, *DE* 16.02.2011).

Necessário frisar que a Lei n. 10.666, de 08.05.2003, alterou em parte o tratamento dado com relação à perda da qualidade de segurado que postula a concessão de aposentadoria por tempo de contribuição, especial e por idade.

De acordo com o art. 3.º da Lei n. 10.666/2003, a perda da qualidade de segurado não será considerada para a concessão das aposentadorias por tempo de contribuição e especial. Na hipótese de aposentadoria por idade, a perda da qualidade de segurado não será considerada para a concessão desse benefício, desde que o segurado conte com, no mínimo, o tempo de contribuição correspondente ao exigido para efeito de carência na data do requerimento do benefício.

A previsão contida na Lei n. 10.666/2003 visa reparar uma injustiça praticada contra o segurado da Previdência Social, especialmente o de baixa renda, que, na maioria das vezes, ao perder seu emprego, não tem condições de contribuir como facultativo e acaba perdendo a qualidade de segurado.

2.4.2 Exigência de contribuição mínima para cômputo do período de graça

A EC n. 103/2019 inseriu regra inédita, impondo a todos os segurados – obrigatórios e facultativos – que, para que haja cômputo de tempo de contribuição, o valor pago a título de contribuição, pelo segurado, deve ser igual ou maior ao que corresponda à incidência da alíquota prevista em lei sobre o menor salário de contribuição do mês respectivo (no caso, o salário mínimo mensal).

É o § 14 do art. 195 que tem a seguinte redação: "O segurado somente terá reconhecida como tempo de contribuição ao RGPS a competência cuja contribuição seja igual ou superior à contribuição mínima mensal exigida para sua categoria, assegurado o agrupamento de contribuições".

Em acréscimo, o art. 29 da Emenda prevê:

> Art. 29. Até que entre em vigor lei que disponha sobre o § 14 do art. 195 da Constituição Federal, o segurado que, no somatório de remunerações auferidas no período de 1 (um) mês, receber remuneração inferior ao limite mínimo mensal do salário de contribuição poderá:
>
> I – complementar a sua contribuição, de forma a alcançar o limite mínimo exigido;
>
> II – utilizar o valor da contribuição que exceder o limite mínimo de contribuição de uma competência em outra; ou
>
> III – agrupar contribuições inferiores ao limite mínimo de diferentes competências, para aproveitamento em contribuições mínimas mensais.
>
> Parágrafo único. Os ajustes de complementação ou agrupamento de contribuições previstos nos incisos I, II e III do *caput* somente poderão ser feitos ao longo do mesmo ano civil.

E o Decreto n. 10.410/2020, alterando o texto do Regulamento da Previdência Social, inseriu um § 8.º no art. 13, nos seguintes termos: "O segurado que receber remuneração inferior ao limite mínimo mensal do salário de contribuição somente manterá a qualidade de segurado se efetuar os ajustes de complementação, utilização e agrupamento a que se referem o § 1.º do art. 19-E e o § 27-A do art. 216".

Os dispositivos citados dizem respeito à complementação de contribuição, como será mais bem descrito no capítulo que versa sobre "Tempo de Contribuição".

Com o afã de regulamentar a matéria, a Receita Federal emitiu instrução normativa, não obedecendo sequer ao prazo de 90 dias exigido para as hipóteses de majoração de contribuições à Seguridade Social (§ 6.º do art. 195 da CF). Pela referida instrução normativa, a complementação seria devida já a partir da competência novembro de 2019 e a não realização acarretará a desconsideração de contribuições menores para todos os fins previdenciários, inclusive a manutenção da qualidade de segurado.

Essa complementação deverá ser realizada nas competências a partir de novembro de 2019, segundo o ato administrativo em comento, para preservação do período contributivo em questão. Observe-se que a norma é absolutamente draconiana, pois, como o art. 29 da EC n. 103 exige que a complementação se dê "ao longo do mesmo ano civil", o segurado teria apenas o mês de dezembro de 2019 para tal complementação no que diz respeito a novembro de 2019.

A complementação, segundo a instrução da Receita Federal do Brasil (RFB), deverá ser realizada por meio do Documento de Arrecadação de Receitas Federais (DARF), com a utilização do número do CPF do segurado/contribuinte, no código de receita 1872 – Complemento de Contribuição Previdenciária, conforme Ato Declaratório Executivo CODAC/RFB n. 05, de 06.02.2020.

O cálculo e a geração do DARF poderão ser realizados no Sicalcweb – Programa para Cálculo e Impressão de DARF *On-Line*, de gestão da Secretaria Especial da RFB, no endereço eletrônico http://servicos.receita.fazenda.gov.br/Servicos/sicalcweb/default.asp?Tip-Tributo=1&FormaPagto=1.

A complementação (do valor da contribuição) corresponderá ao valor resultante da diferença entre o salário mínimo nacional vigente no mês e a remuneração consolidada que não atingiu o limite mínimo, multiplicado pela alíquota correspondente à categoria de segurado.

Para o empregado, empregado doméstico e trabalhador avulso, devem ser aplicadas as alíquotas de 8% para as competências de 11/2019 a 02/2020; e 7,5% para as competências a partir de março de 2020; e para o contribuinte individual (exclusivamente aquele que presta serviço à empresa) deve ser aplicada a alíquota de 11%.

Caso o segurado exerça mais de uma atividade no mês e a soma das remunerações não atinja o salário mínimo, a complementação (valor da contribuição) corresponderá ao valor resultante da diferença entre o salário mínimo nacional vigente no mês e o somatório de remunerações das atividades exercidas, multiplicado pela menor alíquota correspondente à categoria de segurado na competência. Assim, por exemplo, se o cidadão foi empregado e também contribuinte individual prestador de serviço à empresa no mesmo mês e a soma de remunerações não atingiu o salário mínimo, a alíquota incidente sobre a diferença para alcançar o salário mínimo será a de empregado (8% entre 11/2019 e 02/2020 e 7,5% a partir de 03/2020).

Caso a contribuição não seja complementada nos meses a partir de novembro de 2019 de modo a atingir o valor incidente sobre um salário mínimo, não haverá consideração pelo INSS para carência (e para qualquer outro fim).

Esclarecidas as regras infralegais que visam a disciplinar o tema, impõe-se assinalar que temos severas restrições acerca dessa exigência de complementação, pois há evidentes indícios de inconstitucionalidade na cobrança de tal complementação.

É de notar que o fato gerador da contribuição previdenciária do segurado sempre foi (e continua sendo, mesmo após a EC n. 103) a *remuneração auferida nas atividades laborativas* que acarretam sua filiação compulsória ao RGPS (CF, art. 195, II). Ora, se a renda auferida foi inferior a um salário mínimo (hipótese que abrange uma gama bem grande de pessoas, como empregados domésticos, aprendizes, trabalhadores a tempo parcial e, mais recentemente, os intermitentes), temos que essas pessoas, caso se admita válida a exigência, terão que arcar com uma porcentagem de seus ganhos muito maior que as alíquotas aplicáveis ao maior salário de contribuição, o que leva a uma situação confiscatória dos ganhos – recaindo, o que é mais grave, sobre a população menos abastada, com renda abaixo de um salário mínimo mensal.

Fere-se, sem dúvida, além do princípio da universalidade da cobertura (CF, art. 194, parágrafo único, inc. I), o princípio da capacidade contributiva (art. 145 da CF)[4] e da equidade da participação no custeio do sistema (CF, art. 194, parágrafo único, inc. V),[5] o que leva ao nosso entendimento pela inconstitucionalidade da imposição contida na EC n. 103, bem como à ilegalidade da disciplina da matéria por mera instrução normativa da RFB, devendo ser computado, a nosso ver, todo o período de trabalho remunerado, incidindo somente as alíquotas devidas sobre o efetivo salário de contribuição auferido.

2.4.3 Verificação da manutenção da qualidade de segurado (período de graça) de acordo com as datas de recolhimentos vigentes

Como dito anteriormente, durante o período de graça, o segurado está protegido dos infortúnios previdenciários, mesmo não contribuindo.

Entretanto, muitas vezes, há dificuldade de determinar a data exata da perda da qualidade de segurado, até porque nem sempre as regras quanto ao recolhimento do benefício foram iguais.

Segundo o INSS, no período de setembro de 1994 a 5 de março de 1997, não havendo expediente bancário no dia 2 – data em que vencia a obrigação de recolhimento da contribuição –, a perda da qualidade de segurado ocorreria no segundo dia útil posterior.

Já no período de 06.03.1997 a 28.11.1999, véspera da publicação da Lei n. 9.876, recaindo o dia 15 (vencimento da contribuição) no sábado, domingo ou feriado, inclusive o municipal, o pagamento das contribuições deveria ser efetuado no dia útil anterior. Assim, a perda da qualidade de segurado observaria tal dia, e não o dia útil subsequente.

Entretanto, recaindo o dia 15 no sábado, domingo ou feriado (federal, estadual ou municipal), o pagamento das contribuições deverá ser efetuado no dia útil imediatamente posterior.

---

[4] O princípio da capacidade contributiva é tratado não só como um valor de igualdade na tributação, mas também como um limitador à incidência tributária. São identificados os limites de preservação ao mínimo existencial, em que há ausência de capacidade contributiva, e o limite de vedação ao confisco, em que se esgota a capacidade contributiva (HACK, Érico. Princípio da capacidade contributiva: limites e critérios para o tributo. *Revista da SJRJ*, n. 39, p. 83, abr. 2014. Disponível em: https://www.jfrj.jus.br/revista-sjrj/artigo/principio-da--capacidade-contributiva-limites-e-criterios-para-o-tributo-ability. Acesso em: 21 jul. 2020).

[5] Como didaticamente apontado por Marcelino Alves de Alcântara, "a equidade, quem possui maior poder aquisitivo contribui mais, ao passo que o empregado que ganha um salário mínimo, por exemplo, contribuirá proporcionalmente às suas condições" (*O princípio da equidade na forma de participação no custeio*. 2010. Dissertação (Mestrado em Direito) – Pontifícia Universidade Católica de São Paulo, São Paulo, 2010, p. 128).

Ainda, se, por força de lei, ocorrer alteração nas datas de vencimento de recolhimentos, deverão ser obedecidos, para manutenção ou perda da qualidade de segurado, os prazos vigentes no dia do desligamento da atividade, e não na data da suposta perda da qualidade.

2.4.4 Reingresso ao RGPS e o cômputo da carência

A Medida Provisória (MP) n. 739, de 07.07.2016, revogou o parágrafo único do art. 24 da Lei n. 8.213/1991, o qual permitia ao segurado que havia perdido essa qualidade computar apenas um terço da carência exigida (ou seja, quatro contribuições mensais) e obter o período carencial restante computando-se contribuições anteriores à perda da qualidade de segurado (as oito contribuições faltantes).

Em consequência da não apreciação da MP n. 739, esta perdeu sua eficácia em 04.11.2016. Caberia então ao Congresso Nacional disciplinar, por decreto legislativo, as relações jurídicas delas decorrentes. O decreto legislativo deveria ter sido publicado até 60 dias após a perda de eficácia de medida provisória, caso contrário, "as relações jurídicas constituídas e decorrentes de atos praticados durante sua vigência conservar-se-ão por ela regidas" (§ 11 do art. 62 da Constituição).

Na sequência, houve a edição da MP n. 767, de 06.01.2017. Voltaram à cena jurídica a revogação do parágrafo único do art. 24 da LBPS e a inclusão do art. 27-A, dispondo que: "No caso de perda da qualidade de segurado, para efeito de carência para a concessão dos benefícios de auxílio-doença, de aposentadoria por invalidez e de salário-maternidade, o segurado deverá contar, a partir da nova filiação à Previdência Social, com os períodos previstos nos incisos I e III do *caput* do art. 25".

Essa última medida provisória foi transformada na Lei n. 13.457, de 26.06.2017, mantendo a revogação do art. 24, parágrafo único, da Lei n. 8.213/1991, mas conferiu nova redação ao art. 27-A para dispor que: "No caso de perda da qualidade de segurado, para efeito de carência para a concessão dos benefícios de que trata esta Lei, o segurado deverá contar, a partir da nova filiação à Previdência Social, com metade dos períodos previstos nos incisos I e III do *caput* do art. 25 desta Lei".

Assim, no período de vigência da Lei n. 13.457/2017, havendo perda da qualidade de segurado, deverão ser cumpridos novamente (antes do surgimento da incapacidade) pelo menos seis meses de carência para ter direito ao auxílio-doença (B 31) e à aposentadoria por invalidez (B 32). No caso do salário-maternidade da contribuinte individual, da segurada especial e da facultativa, a exigência foi fixada em cinco meses.

Na sequência, surgiu a MP n. 871, de 18.01.2019, modificando novamente o art. 27-A da Lei n. 8.213/1991, para fixar que, havendo perda da qualidade de segurado, deverá ser cumprida a carência integral para os benefícios de auxílio-doença, salário-maternidade, aposentadoria por invalidez e auxílio-reclusão.

Quando da conversão em lei da MP n. 871/2019, entretanto, voltou a vigorar a regra da necessidade de cumprimento da metade da carência exigida em caso de refiliação (art. 27-A da LBPS – nova redação conferida pela Lei n. 13.846/2019).

De acordo com as alterações legislativas referidas, a análise da carência tem a seguinte regra intertemporal:

Fato gerador	Norma aplicável	Mínimo contribuições reingresso
Até 07.07.2016	Lei n. 8.213/1991 (art. 24, parágrafo único)	4 contribuições (1/3 carência)
De 08.07.2016 a 04.11.2016	MP n. 739/2016	12 contribuições
De 05.11.2016 a 05.01.2017	Lei n. 8.213/1991 (art. 24, parágrafo único)	4 contribuições (1/3 carência)
De 06.10.2017 a 26.06.2017	MP n. 767/2017	12 contribuições
De 27.06.2017 a 17.01.2019	Lei n. 13.457/2017	6 contribuições (1/2 carência)
De 18.01.2019 a 17.06.2019	MP n. 871/2019	12 contribuições
18.06.2019 em diante	Lei n. 13.846/2019	6 contribuições (1/2 carência)

A interpretação dada pela TNU foi a de que deve ser observada a regra de carência vigente no momento do surgimento da incapacidade. A tese foi fixada no julgamento do Representativo de Controvérsia – Tema 176, nos termos que seguem: "Constatado que a incapacidade do(a) segurado(a) do Regime Geral da Previdência Social (RGPS) ocorreu ao tempo da vigência das Medidas Provisórias n. 739/2016 e n. 767/2017, aplicam-se as novas regras de carência nelas previstas" (Processo n. 5001792-09.2017.4.04.7129/RS, j. 17.08.2018).

Discordamos da tese fixada pela TNU. Entendemos que atenta contra os princípios da razoabilidade e da isonomia exigir que somente os segurados que tiveram o início da incapacidade no período da validade das referidas medidas provisórias (que perderam a validade pela caducidade ou por mudança de redação na transformação em lei) cumpram o período integral da carência quando da nova filiação. Nesse sentido: TRF/4, ED em AC 5008747-45.2018.4.04.9999/SC, TRS-SC, Rel. Juiz Federal João Batista Lazzari, j. 20.03.2019.

2.5 A CONCESSÃO DO SEGURO-DESEMPREGO E SUAS REPERCUSSÕES

O recebimento do seguro-desemprego, até o advento da MP n. 905/2019, não autorizava a prorrogação do período de graça prevista no art. 15, I, da Lei n. 8.213/1991 (como se fosse benefício previdenciário). Durante a vigência da aludida medida provisória, passou a haver previsão de recolhimento de contribuição sobre o valor do seguro-desemprego, o que postergaria o início do período de graça para o mês subsequente ao da última competência do aludido benefício.

Todavia, a medida provisória em questão foi revogada pela MP n. 955, em 20.04.2020, fazendo cessar seus efeitos.

A MP n. 955, por sua vez, teve sua eficácia encerrada por não ter sido apreciada pelo Congresso Nacional.

A nosso ver, o período de fruição de seguro-desemprego não será considerado período contributivo, salvo se houver efetiva contribuição pelo segurado, na condição de facultativo.

E, como já decidiu a TNU, o reconhecimento da natureza previdenciária do seguro-desemprego não implica a possibilidade de gozo cumulativo e sucessivo das regras inscritas nos incs. I e II do art. 15 da LB, seguidas da prorrogação de que trata o § 2.º (PEDILEF 00011987420114019360, Juíza Federal Ana Beatriz Vieira da Luz Palumbo, *DOU* 31.05.2013).

O período de graça do segurado que deixa de exercer atividade laborativa, como visto, pode ser de 12 meses (para o segurado com menos de 120 contribuições mensais), 24 meses (para o segurado com mais de 120 contribuições mensais; ou para o segurado com menos de 120 contribuições, comprovando que depois dos primeiros 12 meses de período de graça permanece na situação de desemprego, ou 36 meses (quando o segurado com mais de 120 contribuições mensais comprove, após os primeiros 24 meses, que permanece desempregado).

A respeito da comprovação da condição de desemprego, importante frisar a Súmula n. 27 da TNU, que ainda faz referência ao então denominado Ministério do Trabalho e Emprego (MTE), mas permanece aplicável em sua essência: "A ausência de registro em órgão do Ministério do Trabalho não impede a comprovação do desemprego por outros meios admitidos em Direito". E também: "A prorrogação da qualidade de segurado por desemprego involuntário, nos moldes do § 2.º do art. 15 da Lei 8.213/1991, se estende ao segurado contribuinte individual se comprovada a cessação da atividade econômica por ele exercida por causa involuntária, além da ausência de atividade posterior" (TNU, PUIL 0504272-91.2018.4.05.8400/RN, j. 28.04.2021).

Segundo o STJ, a ausência de registro na Carteira de Trabalho e Previdência Social (CTPS) não é suficiente para comprovar a situação de desempregado, pois não afasta a possibilidade do exercício de atividade remunerada na informalidade:

> Dessa forma, esse registro não deve ser tido como o único meio de prova da condição de desempregado do segurado, especialmente considerando que, em âmbito judicial, prevalece o livre convencimento motivado do Juiz e não o sistema de tarifação legal de provas. Assim, o registro perante o SINE poderá ser suprido quando for comprovada tal situação por outras provas constantes dos autos, inclusive a testemunhal" (Pet 7.115/PR, 3.ª Seção, Rel. Min. Napoleão Nunes Maia Filho, *DJe* 06.04.2010).

O TRF da 4.ª Região tem precedentes no sentido de que: "Comprovada a situação de desemprego do segurado após o término do último vínculo de emprego, por meio da percepção de parcelas a título de seguro-desemprego, faz jus à prorrogação do período de graça na forma do disposto no art. 15, § 2.º, da Lei 8.213/1991" (AC 5014717-89.2019.4.04.9999, Turma Regional Suplementar de SC, Rel. Des. Federal Paulo Afonso Brum Vaz, juntado aos autos em 02.07.2020). Há orientação prevista na Instrução Normativa (IN) n. 128/2022 que estabelece como condição para o reconhecimento dessa prorrogação o registro da pessoa no Sistema Nacional de Emprego (SINE) ou o recebimento de seguro-desemprego (art. 184, § 5.º).

Capítulo 3
A RELAÇÃO DE TRABALHO E AS CONTRIBUIÇÕES À SEGURIDADE SOCIAL

3.1 INTRODUÇÃO AO TEMA

Este capítulo trata da relação de trabalho e das contribuições à Seguridade Social incidentes sobre os fatos geradores ligados à contratação e à contraprestação do trabalhador, diante das importantes correlações entre essas duas temáticas, incluindo-se a execução das contribuições no âmbito do processo do trabalho.

Para o indivíduo-trabalhador, frisa-se, a contribuição para a Seguridade Social tem dupla finalidade: (1) o cumprimento da obrigação de contribuir, decorrente de sua condição de segurado; e (2) a geração do tempo de contribuição e da base de cálculo de futuros benefícios previdenciários. Para tanto, mesmo tratando-se de contribuições incidentes sobre verbas reconhecidas ao final de uma ação movida na Justiça do Trabalho, estas devem incidir corretamente sobre a renda que deveria ter sido auferida a cada mês da relação laboral, a fim de espelhar, no campo da Previdência Social, a realidade de seu histórico no tocante a períodos trabalhados e respectivas remunerações, para assegurar o direito às prestações do seguro social, quando delas necessite.

O objetivo proposto é abordar aspectos da relação jurídica de custeio que diariamente são levados à análise dos juízes e Tribunais do Trabalho, em face não apenas da competência atribuída pela EC n. 20/1998 para execução das contribuições decorrentes das decisões por estes proferidas, mas também de outros aspectos envolvendo, por exemplo, os crimes – em tese – praticados por sujeitos da relação de emprego, notadamente a sonegação de contribuições sociais.

A Constituição Federal de 1988 tratou das contribuições sociais no capítulo reservado ao Sistema Tributário Nacional, estabelecendo no art. 149 normas gerais sobre a instituição, e, no art. 195, normas especiais referentes às contribuições para a Seguridade Social.

Conforme o STF, as contribuições à seguridade social não só se qualificam como modalidade autônoma de tributo, mas também representam espécie tributária essencialmente vinculada ao financiamento da Seguridade Social, em função de específica destinação constitucional (ADC 8-MC, Rel. Min. Celso de Mello, j. 13.10.1999, *DJ* 04.04.2003). Tal entendimento foi ratificado com a edição da Súmula Vinculante n. 8.

As normas gerais em matéria de legislação tributária, a que estão sujeitas todas as contribuições sociais, estão previstas no Código Tributário Nacional. Em matéria de legislação específica, além da Lei n. 8.212/1991 e suas alterações, é importante evidenciar:

- A Lei n. 10.666/2003, que dispõe sobre a concessão da aposentadoria especial ao cooperado de cooperativa de trabalho ou de produção, sobre a contribuição do "contribuinte individual" prestador de serviços à pessoa jurídica (cuja responsabilidade de retenção e recolhimento é da pessoa jurídica desde a sua vigência) e sobre o Fator Acidentário de Prevenção, entre outros temas;
- A Lei Complementar (LC) n. 123/2006: que instituiu o Estatuto Nacional da Microempresa e da Empresa de Pequeno Porte, regulamentando o tratamento jurídico denominado "Simples Nacional";
- A LC n. 128/2008 e a Lei n. 12.470/2011, que versam, entre outros assuntos, da alíquota diferenciada de contribuição para o Microempreendedor Individual (MEI) e do segurado facultativo sem renda própria;
- A LC n. 150/2015, que passou a reger as contribuições do empregador doméstico;
- A Lei n. 13.606, de 09.01.2018, que instituiu o Programa de Regularização Tributária Rural (PRR) e cuidou, entre outras questões, da contribuição do empregador rural; e
- O Decreto n. 3.048/1999, Regulamento da Previdência Social (RPS), com a atual redação conferida pelos Decretos n. 10.410 e n. 10.491/2020.

A respeito deste último diploma (o RPS), impõe-se sublinhar as disposições contidas no art. 19-E, incluído pelo Decreto n. 10.410/2020, e em alguns incisos do art. 216, que tiveram nova redação com o aludido Decreto, no afã de "regulamentar" o § 14 do art. 195 da Constituição, que tem a seguinte redação conferida pela EC n. 103/2019: "O segurado somente terá reconhecida como tempo de contribuição ao Regime Geral de Previdência Social a competência cuja contribuição seja igual ou superior à contribuição mínima mensal exigida para sua categoria, assegurado o agrupamento de contribuições".

Assim, no caso de segurados com contribuição apurada em valor inferior ao salário mínimo, pode supostamente ocorrer, inclusive, a perda da qualidade de segurado(?), mesmo estando empregado, ou exercendo trabalho em outra categoria, segundo o § 8.º do art. 13 do RPS, que prevê: "O segurado que receber remuneração inferior ao limite mínimo mensal do salário de contribuição somente manterá a qualidade de segurado se efetuar os ajustes de complementação, utilização e agrupamento a que se referem o § 1.º do art. 19-E e o § 27-A do art. 216".

Relevante acentuar, de início, que a EC n. 103/2019, em que pesem as radicais alterações, manteve as premissas do *caput* do art. 201 da CF, no sentido de que a previdência social será organizada sob a forma de regime geral, "de caráter contributivo e de filiação obrigatória, observados critérios que preservem o equilíbrio financeiro e atuarial".

É de notar que o fato gerador da contribuição previdenciária do segurado sempre foi (e continua sendo, mesmo após a EC n. 103/2019) a remuneração auferida nas atividades laborativas que acarretam sua filiação compulsória ao RGPS (CF, art. 195, II). Ora, se a renda auferida for inferior a um salário mínimo (hipótese que abrange uma gama bem grande de pessoas, como empregados domésticos, aprendizes, trabalhadores em tempo parcial e, mais recentemente, os intermitentes), essas pessoas, caso se admita válida a exigência, serão fulminadas em seus direitos previdenciários, pois nem sequer se pode admitir, em sã consciência, que tenham conhecimento dessa nova exigência.

Imagine-se, para tanto, a situação hipotética (mas perfeitamente possível) de um segurado empregado, em seu primeiro dia de trabalho em toda a sua existência, vir a sofrer acidente, tornando-se incapaz permanentemente para o labor. Como ele nunca havia contribuído para o RGPS, sua "remuneração auferida" será equivalente a apenas 15 dias (período que a empresa deve custear, antes do benefício por incapacidade temporária ou permanente). Se o valor equivalente a esses 15 dias for inferior a um salário mínimo, então será exigido desse trabalhador, segurado obrigatório do RGPS e filiado automaticamente desde o primeiro dia de atividade (art. 20 do Regulamento), pagar uma contribuição adicional, até completar o equivalente ao que incidiria sobre o salário mínimo, sob pena de ter ceifado, em absoluto e em definitivo, o direito de obter uma aposentadoria por sua incapacidade.

Pior que isso, como será identificado, em situação que, além de inconstitucional, é flagrantemente ilegal (pois, sem previsão legal alguma, vem totalmente regida por atos administrativos, que, como se sabe, não podem restringir direitos ou impor obrigações – princípio da legalidade).

A nova exigência em questão é de flagrante inconstitucionalidade, pois fere, em tese, diversos princípios: o princípio da anterioridade, pois trata-se da criação de uma nova contribuição (adicional, complementar), sem observância do prazo nonagesimal (e que não se pode chamar de facultativa em sua essência, pois, caso não realizada, acarreta efeitos prejudiciais aos direitos do segurado e seus dependentes, do que decorreria sua obrigatoriedade); o da universalidade da cobertura e do atendimento, estando o empregado e o trabalhador avulso classificados como segurados obrigatórios e filiados a partir do início do exercício de sua atividade, sendo ceifados da proteção previdenciária, o que antes não ocorria; o princípio da equidade da participação no custeio (CF, art. 194, parágrafo único, V), na medida em que um segurado que aufira, no curso do mês, renda inferior a um salário mínimo, contribuirá (proporcionalmente ao seu rendimento) em percentual mais elevado do que outros segurados e contribuintes com maior capacidade contributiva; e a vedação à tributação com caráter confiscatório, pois é evidente que um indivíduo com rendimento inferior ao salário mínimo legal não tem capacidade contributiva para a aludida complementação (art. 145 da CF).

Exemplificando, não faz sentido exigir de um trabalhador intermitente que tenha auferido, no curso de um mês, R$ 300,00, que ele faça uma contribuição de 7,5% sobre o salário mínimo, comprometendo sua renda em percentual bem maior do que um empregado remunerado com salário superior (caráter confiscatório), lembrando-se que o MEI pode contribuir com apenas 5% do salário mínimo, como será visto adiante.

Acresça-se a esses fundamentos o aspecto de que nem na Exposição de Motivos da PEC que deu origem à tramitação da Emenda, nem nos relatórios das duas Casas Legislativas, há identificação de uma justificativa razoável para tratamento tão desigual – e para pior.

Em razão de a competência da Justiça do Trabalho não abranger, em seu aspecto material, todas as categorias de segurados e espécies de contribuições sociais, o foco deste estudo direciona-se àquelas matérias apreciadas nesse ramo do Judiciário.

O foco do presente estudo serão as contribuições devidas por segurados empregados, inclusive domésticos, trabalhadores avulsos e contribuintes individuais, na medida em que segurados especiais (a última categoria de segurados obrigatórios) e segurados facultativos não litigam contra tomadores de serviços na Justiça do Trabalho.

3.2 CONTRIBUIÇÕES DOS SEGURADOS EMPREGADOS (INCLUSIVE DOMÉSTICOS) E TRABALHADORES AVULSOS

A contribuição do segurado empregado, inclusive o doméstico, e do trabalhador avulso é calculada sobre seu salário de contribuição mensal – art. 20 da Lei n. 8.212/1991, observadas as disposições da EC n. 103/2019 e a tabela de contribuições vigente na época da ocorrência do fato gerador.

A partir dos fatos geradores ocorridos de março de 2020 em diante, a contribuição incide de acordo com as alíquotas progressivas fixadas anualmente.

A contribuição do segurado de qualquer categoria não poderá incidir sobre valor superior ao "teto" fixado para o RGPS.

Para o empregado urbano e rural e para o trabalhador avulso, o salário de contribuição é a remuneração auferida em uma ou mais empresas, assim entendida a totalidade dos rendimentos pagos, devidos ou creditados a qualquer título, durante o mês, destinados a retribuir o trabalho, qualquer que seja sua forma, inclusive as gorjetas, os ganhos habituais sob a forma de utilidades e os adiantamentos decorrentes de reajuste salarial, quer pelos serviços efetivamente prestados, quer pelo tempo à disposição do empregador ou tomador de serviços nos termos da lei ou do contrato, ou, ainda, de convenção ou acordo coletivo de trabalho ou sentença normativa (art. 28, I, da Lei n. 8.212/1991, com redação dada pela Lei n. 9.528/1997).

Para o empregado doméstico, o salário de contribuição é o valor recebido do empregador doméstico como contrapartida ao trabalho.

Algumas observações são importantes.

Se um segurado exercer mais de uma atividade e na soma dos valores auferidos não houver atingimento do valor máximo do salário de contribuição (teto), incidirão contribuições sobre as remunerações auferidas nas várias atividades simultâneas. No entanto, se a pessoa exercer mais de uma atividade e em uma delas já contribuir sobre o "valor-teto", nas demais atividades simultâneas vinculadas ao RGPS não incidirá contribuição.

É vedada a imposição de contribuição sobre proventos de aposentadoria e pensões pagos pelo RGPS (Constituição, art. 195, II, com a redação conferida pela EC n. 103/2019). Contudo, o segurado já aposentado que continuar trabalhando ou reingressar em atividade remunerada terá incidência de contribuição sobre os valores que receber em retribuição ao trabalho.

As hipóteses de incidência de contribuição para esses segurados são, na conformidade do texto legal, as decorrentes do exercício de atividade remunerada, ocorrendo o fato imponível quando a remuneração for: a) paga ao segurado pelo seu empregador; b) creditada em conta bancária do segurado pelo seu empregador; c) devida, na situação em que, mesmo tendo exercido a atividade, seu empregador tenha deixado de pagar a importância que deveria ter sido quitada, por violação às normas da legislação do trabalho (por exemplo, quando em mora salarial, ou identificado o não pagamento de outras verbas que, compondo a remuneração, sofrem incidência de contribuição).

Em suma, o salário de contribuição envolve o direito – adquirido ou satisfeito – às parcelas que a legislação de custeio da Seguridade Social indica como parte integrante da noção de salário de contribuição, pouco importando se o pagamento se deu de modo espontâneo e na época própria (o quinto dia útil do mês subsequente ao do trabalho prestado), ou se foi feito a destempo, de forma voluntária ou por imposição de uma decisão judicial. O fato gerador não se modifica pelo mero inadimplemento de obrigações trabalhistas: permanece fixado na ocorrência da prestação do trabalho, da qual resulta a necessária contraprestação ao trabalhador.

Até a vigência da Lei 11.941/2009 pairava controvérsia, na Justiça do Trabalho, acerca da fixação do fato gerador quando o reconhecimento de créditos se dava por força de decisão judicial. No entanto, com a edição da medida provisória que lhe antecedeu e posterior conversão em lei, o Tribunal Superior do Trabalho (TST) passou a considerar como única hipótese a prestação laboral onerosa, como é o entendimento constante da Súmula n. 368 do TST, em sua atual redação, notadamente os itens IV e V:

> Descontos previdenciários. Imposto de renda. Competência. Responsabilidade pelo recolhimento. Forma de cálculo. Fato gerador.
>
> I – A Justiça do Trabalho é competente para determinar o recolhimento das contribuições fiscais. A competência da Justiça do Trabalho, quanto à execução das contribuições previdenciárias, limita-se às sentenças condenatórias em pecúnia que proferir e aos valores, objeto de acordo homologado, que integrem o salário de contribuição (ex-OJ n.º 141 da SBDI-1 – inserida em 27.11.1998).
>
> II – É do empregador a responsabilidade pelo recolhimento das contribuições previdenciárias e fiscais, resultantes de crédito do empregado oriundo de condenação judicial. A culpa do empregador pelo inadimplemento das verbas remuneratórias, contudo, não exime a responsabilidade do empregado pelos pagamentos do imposto de renda devido e da contribuição previdenciária que recaia sobre sua quota-parte (ex-OJ n.º 363 da SBDI-1, parte final).
>
> III – Os descontos previdenciários relativos à contribuição do empregado, no caso de ações trabalhistas, devem ser calculados mês a mês, de conformidade com o art. 276, § 4.º, do Decreto n.º 3.048/1999 que regulamentou a Lei n.º 8.212/1991, aplicando-se as alíquotas previstas no art. 198, observado o limite máximo do salário de contribuição (ex-OJs n.ºs 32 e 228 da SBDI-1 inseridas, respectivamente, em 14.03.1994 e 20.06.2001).
>
> IV – Considera-se fato gerador das contribuições previdenciárias decorrentes de créditos trabalhistas reconhecidos ou homologados em juízo, para os serviços prestados até 04.03.2009, inclusive, o efetivo pagamento das verbas, configurando-se a mora a partir do dia dois do mês seguinte ao da liquidação (art. 276, *caput*, do Decreto n.º 3.048/1999). Eficácia não retroativa da alteração legislativa promovida pela Medida Provisória n.º 449/2008, posteriormente convertida na Lei n.º 11.941/2009, que deu nova redação ao art. 43 da Lei n.º 8.212/1991.
>
> V – Para o labor realizado a partir de 05.03.2009, considera-se fato gerador das contribuições previdenciárias decorrentes de créditos trabalhistas reconhecidos ou homologados em juízo a data da efetiva prestação dos serviços. Sobre as contribuições previdenciárias não recolhidas a partir da prestação dos serviços incidem

juros de mora e, uma vez apurados os créditos previdenciários, aplica-se multa a partir do exaurimento do prazo de citação para pagamento, se descumprida a obrigação, observado o limite legal de 20% (art. 61, § 2.º, da Lei n.º 9.430/1996).

VI – O imposto de renda decorrente de crédito do empregado recebido acumuladamente deve ser calculado sobre o montante dos rendimentos pagos, mediante a utilização de tabela progressiva resultante da multiplicação da quantidade de meses a que se refiram os rendimentos pelos valores constantes da tabela progressiva mensal correspondente ao mês do recebimento ou crédito, nos termos do art. 12-A da Lei n.º 7.713, de 22.12.1988, com a redação conferida pela Lei n.º 13.149/2015, observado o procedimento previsto nas Instruções Normativas da Receita Federal do Brasil.

A principal implicação desse entendimento é a de que, em caso de reconhecimento de verbas devidas em sede judicial, por decisão condenatória ou homologatória de acordo, a incidência de contribuições deve ser estabelecida com a recomposição dos salários de contribuição, mês a mês, do período fixado na decisão, de tal modo que incidam as alíquotas correspondentes a cada mês sobre a correta base de cálculo – que será, então, a soma dos valores recebidos na época própria com os valores reconhecidos em âmbito judicial, respeitado, para a incidência de contribuições dos segurados, o valor-limite (teto). Obtida a diferença de contribuição em cada mês, daí incidem os acréscimos de mora, como será visto mais adiante, impondo-se, ainda, a emissão de GFIPs retificadoras da base de cálculo dos respectivos meses, a fim de que possam gerar efeitos em futuros benefícios previdenciários.

Quando do mês da admissão do empregado ou do início da atividade como trabalhador avulso, bem como do rompimento contratual ou do afastamento do trabalho, o salário de contribuição será considerado o valor devido pelo empregador ou tomador de serviços relativamente aos dias efetivamente trabalhados no curso do mês. Nesse caso, o valor que servirá de base de cálculo para a contribuição poderá ser inferior ao valor mínimo do salário de contribuição (que é o salário mínimo).

Acerca do conjunto de verbas que integram o salário de contribuição, é curial recordar que a Lei 13.467/2017 alterou tanto o art. 457 da CLT quanto o art. 28 da Lei de Custeio, revogando a letra *a* do § 8.º desta última Lei[1] e incluindo entre as parcelas que não integram o salário de contribuição "as diárias para viagens" (alínea *h* do § 9.º), sem mencionar qualquer limite ou valor, o que passa a valer a partir de sua vigência. No mesmo § 9.º do art. 28 da Lei de Custeio, passaram a ser expressamente excluídas da incidência de contribuições previdenciárias:

> [...]
>
> q) o valor relativo a assistência prestada por serviço médico ou odontológico, próprio da empresa ou por ela conveniado, inclusive o reembolso de despesas com medicamentos, óculos, aparelhos ortopédicos, próteses, órteses, despesas médico-hospitalares e outras similares;
>
> [...]
>
> z) os prêmios e os abonos.

---

[1] Em virtude da Lei n. 13.467/2017, o art. 28 da Lei n. 8.212/1991 foi totalmente revogado.

A nosso ver, pode haver conflito da regra legal de exclusão de abonos e prêmios da base de cálculo de contribuições previdenciárias com a regra constitucional disposta no art. 201, § 11, da Constituição (red. EC n. 20/1998), que estabelece: "Os ganhos habituais do empregado, a qualquer título, serão incorporados ao salário para efeito de contribuição previdenciária e consequente repercussão em benefícios, nos casos e na forma da lei".

Para fins previdenciários, o salário-maternidade também era considerado salário de contribuição, sendo o único benefício previdenciário que sofre dedução da contribuição da pessoa segurada. Já quanto ao empregador, o STF, em sede de repercussão geral, reconheceu a inconstitucionalidade de tal cobrança – Tema 72, cuja tese fixada é a que segue: "É inconstitucional a incidência de contribuição previdenciária a cargo do empregador sobre o salário maternidade".

Quanto ao "salário *in natura*", correspondente ao pagamento em utilidades como meio de contraprestação pelo trabalho, este também faz parte do conceito de salário de contribuição, gerando assim incidência de contribuições. Estabelece o § 11 do art. 214 do Decreto n. 3.048/1999 as mesmas condições previstas na redação atual do art. 458 da CLT para a identificação dos ganhos habituais recebidos sob a forma de utilidades, observados:

– os valores reais das utilidades recebidas; ou
– os valores resultantes da aplicação dos percentuais estabelecidos em lei em função do salário mínimo, aplicados sobre a remuneração paga, caso não haja determinação dos valores reais das utilidades recebidas.

Dessarte, também o reconhecimento em sede judicial de "salário *in natura*" acarreta a incidência de contribuições, mês a mês, durante todo o interregno em que haja tal reconhecimento.

3.3 CONTRIBUIÇÃO DO SEGURADO CONTRIBUINTE INDIVIDUAL

Em face da Lei n. 9.876, de 26.11.1999, o empresário, o trabalhador autônomo e o equiparado a autônomo passaram a ser classificados como *contribuintes individuais*, conferindo-se nova redação ao art. 28, inc. III, da Lei n. 8.212/1991: "para o contribuinte individual, o salário de contribuição é a remuneração auferida em uma ou mais empresas ou pelo exercício de sua atividade por conta própria, durante o mês, observado o limite máximo previsto no § 5.º do art. 28 da Lei n. 8.212/1991".

Cumpre frisar que o Regulamento da Previdência Social, com a redação conferida pelo Decreto n. 10.410/2020, considera como contribuinte individual, entre outros trabalhadores, o condutor autônomo de veículo rodoviário, inclusive como taxista ou motorista de transporte remunerado privado individual de passageiros, assim considerado o que exerce atividade profissional sem vínculo empregatício e o transportador autônomo de cargas (art. 9.º, § 15, incs. I e XVII).

Entre os contribuintes individuais destaca-se ainda a figura do *Microempreendedor Individual (MEI)*. Considera-se MEI o empresário individual que se enquadre na definição do art. 966 do Código Civil, ou o empreendedor que exerça as atividades de industrialização, comercialização e prestação de serviços no âmbito rural, que tenha auferido receita bruta, no ano-calendário anterior, de até R$ 81.000,00, que seja optante pelo Simples Nacional e que não esteja impedido de escolher a sistemática prevista no § 1.º do art. 18-A da LC n. 123/2006, com redação dada pela LC n. 188/2021, e, no caso de início de atividades, o limite será de R$ 6.750,00 multiplicados pelo número de meses compreendido entre o início da atividade e o final do respectivo ano-calendário, consideradas as frações de meses como um mês inteiro (regra vigente a partir de janeiro de 2018 – § 2.º do art. 18-A da LC n. 123/2006, com redação conferida pela LC n. 155/2016).

O MEI pode ter um único empregado contratado que receba o salário mínimo ou o piso da categoria, sem que isso o descaracterize, ou seja, pode haver empregador que tenha registro como MEI.

A Lei n. 12.470, de 31.08.2011, alterou a alíquota de contribuição do MEI para 5% (antes era de 11%) sobre o salário mínimo, a partir de 1.º de maio de 2011. Entretanto, a referida contribuição não supre a contribuição que esse MEI fará na condição de empregador, caso contrate empregado.

A contribuição devida pelo contribuinte individual é obtida – regra geral – aplicando-se a alíquota de 20% sobre o respectivo salário de contribuição, cf. art. 21 da Lei n. 8.212/1991, com a redação dada pela Lei n. 9.876/1999. Isso *quando prestar serviços somente a pessoas físicas*, pois, com o advento da Lei n. 10.666, com vigência em 1.º.04.2003, foi atribuída à empresa contratante a obrigatoriedade de reter do valor devido ao trabalhador nessa condição e *recolher o percentual de 11% da remuneração a ser paga a contribuinte individual a seu serviço, limitado ao limite máximo do salário de contribuição* (teto).

O salário de contribuição do condutor autônomo de veículo rodoviário, inclusive o taxista e o motorista de transporte remunerado privado individual de passageiros, do auxiliar de condutor autônomo, do transportador autônomo de cargas, do transportador autônomo de cargas auxiliar, do operador de trator, máquina de terraplenagem, colheitadeira e assemelhados, sem vínculo empregatício, e do cooperado filiado a cooperativa de transportadores autônomos corresponde a 20% do valor bruto auferido pelo frete, carreto ou transporte, observado o limite máximo (teto).

Situação deveras comum nas ações trabalhistas em que se discute a existência ou não de um contrato de trabalho é a ocorrência de composições amigáveis homologadas pelo juízo "sem reconhecimento do vínculo de emprego". Quando isso acontece, todavia, em regra há o pagamento de alguma verba ao autor da demanda. Pois bem, caso não se verifique a indicação precisa de outra natureza jurídica da verba, o entendimento do TST **é** de que incidem contribuições sobre o valor do acordo, considerando-se o demandante um contribuinte individual, por não se enquadrar como empregado, nem como trabalhador avulso. É o que preconizam as Orientações Jurisprudenciais da SDI-1 do TST e a jurisprudência específica sobre a questão:

> 368. Descontos previdenciários. Acordo homologado em juízo. Inexistência de vínculo empregatício. Parcelas indenizatórias. Ausência de discriminação. Incidência sobre o valor total. (*DEJT* divulgado em 03, 04 e 05.12.2008.)
>
> É devida a incidência das contribuições para a Previdência Social sobre o valor total do acordo homologado em juízo, independentemente do reconhecimento de vínculo de emprego, desde que não haja discriminação das parcelas sujeitas à incidência da contribuição previdenciária, conforme parágrafo único do art. 43 da Lei n.º 8.212, de 24.07.1991, e do art. 195, I, *a*, da CF/1988.

398. Contribuição previdenciária. Acordo homologado em juízo sem reconhecimento de vínculo de emprego. Contribuinte individual. Recolhimento da alíquota de 20% a cargo do tomador e 11% a cargo do prestador de serviços.

Nos acordos homologados em juízo em que não haja o reconhecimento de vínculo empregatício, é devido o recolhimento da contribuição previdenciária, mediante a alíquota de 20% a cargo do tomador de serviços e de 11% por parte do prestador de serviços, na qualidade de contribuinte individual, sobre o valor total do acordo, respeitado o teto de contribuição. Inteligência do § 4.º do art. 30 e do inc. III do art. 22, todos da Lei n.º 8.212, de 24.07.1991.

[...] 1. A jurisprudência desta Eg. Corte firma-se no sentido de determinar a incidência da contribuição previdenciária sobre o valor total do acordo homologado em juízo, a título de "indenização nos termos da lei civil", sem o reconhecimento do vínculo de emprego. Julgados. 2. Uma vez estipulado o pagamento de montante líquido, o empregador se responsabiliza pelo recolhimento de sua alíquota de 20% (vinte por cento) e da alíquota do contribuinte individual de 11% (onze por cento), sem a dedução sobre o valor líquido acordado. Recurso de Revista conhecido e provido (TST, RR 1033-75.2015.5.02.0080, Rel. Min. Maria Cristina Irigoyen Peduzzi, 8.ª Turma, *DEJT* 20.09.2019).

A seguir, analisaremos as contribuições devidas por empresas na qualidade de tomadoras de serviços de indivíduos segurados da Previdência Social, empregadores ou não (pois há que se considerar, pelo visto, também a contratação dos contribuintes individuais), sob o enfoque das implicações nas ações trabalhistas e eventuais tributos que podem vir a ser executados nessas demandas.

3.4 CONTRIBUIÇÕES DAS EMPRESAS

A Constituição prevê no art. 195, inc. I, com a redação dada pela Emenda n. 20/1998, a incidência de contribuições sociais a cargo do empregador, da empresa e da entidade a ela equiparada na forma da lei[2], nos seguintes termos:

I – do empregador, da empresa e da entidade a ela equiparada, na forma da lei, incidentes sobre:

a) folha de salários e demais rendimentos do trabalho pagos ou creditados, a qualquer título, à pessoa física que lhe preste serviço, mesmo sem vínculo empregatício;

b) receita ou o faturamento;

c) lucro. [...]

---

[2] "Equiparam-se a empresa, para os efeitos desta Lei, o contribuinte individual e a pessoa física na condição de proprietário ou dono de obra de construção civil, em relação a segurado que lhe presta serviço, bem como a cooperativa, a associação ou a entidade de qualquer natureza ou finalidade, a missão diplomática e a repartição consular de carreira estrangeiras" (parágrafo único do art. 15 da Lei n. 8.212/1991 – redação dada pela Lei n. 13.202/2015).

3.4.1 Contribuição sobre a "folha de pagamentos"

A cobrança dessa contribuição é feita com base no inc. I do art. 22 da Lei n. 8.212/1991 – nesse caso, a alíquota é de 20% e incide sobre:

> [...] o total das remunerações pagas, devidas ou creditadas a qualquer título, durante o mês, aos segurados empregados e trabalhadores avulsos que lhe prestem serviços, destinadas a retribuir o trabalho, qualquer que seja a sua forma, inclusive as gorjetas, o valor da compensação pecuniária a ser paga no âmbito do Programa de Proteção ao Emprego – PPE, os ganhos habituais sob a forma de utilidades e os adiantamentos decorrentes de reajuste salarial, quer pelos serviços efetivamente prestados, quer pelo tempo à disposição do empregador ou tomador de serviços, nos termos da lei ou do contrato ou, ainda, de convenção ou acordo coletivo de trabalho ou sentença normativa.

Diferentemente do que ocorre com os segurados, o limite máximo do salário de contribuição (teto) não é aplicado para a contribuição devida pelas empresas, isto é, a contribuição incidirá sempre sobre o valor total da remuneração paga em cada uma delas, mesmo que o segurado já contribua sobre o "teto" em outra atividade simultânea. Por exemplo, se a remuneração do trabalhador for de R$ 10.000,00, em uma ou mais atividades, este contribuirá sobre o valor máximo do salário de contribuição (o "teto" do RGPS), enquanto a(s) empresa(s) contribui(em) sobre o valor total de R$ 10.000,00.

A hipótese de incidência indicada na Constituição (importância paga ou creditada) mereceu, na Lei de Custeio, a inserção de mais um vocábulo (paga, *devida* ou creditada). Para alguns, tal inclusão seria inconstitucional, pois estar-se-ia estabelecendo nova hipótese, não contemplada no texto constitucional, por via de lei ordinária, vulnerando a exigência de lei complementar para tanto.

Todavia, é nosso entendimento que a expressão *remuneração devida* deve ser interpretada como a mesma renda que deveria ter sido paga ou creditada ao segurado empregado, por se configurar em direito adquirido, tendo a norma legal somente o condão de indicar que o fato imponível não se revela apenas no auferir remuneração, mas no fazer jus a ela, ainda que o empregador, violando a lei e o contrato de trabalho, deixe de remunerar corretamente o trabalhador.

Tal entendimento impede a invocação, pelo empregador contumaz, de que, não tendo feito qualquer pagamento de remuneração (como na hipótese de mora salarial), nenhuma contribuição seria devida, nem pelo empregador nem pelo segurado, com relação ao mês em que não houve pagamento. No mesmo sentido encontram-se pacificadas tanto a jurisprudência do STJ quanto a do TST (constante da atual redação da Súmula n. 368 deste último).

Ainda nesse campo, decidiu o STF em sede de Repercussão Geral (RE 565.160/SC, *DJe* 23.08.2017) quanto ao Tema 20 – "Alcance da expressão 'folha de salários', para fins de instituição de contribuição social sobre o total das remunerações", que: "A contribuição social a cargo do empregador incide sobre ganhos habituais do empregado, a qualquer título, quer anteriores, quer posteriores à Emenda Constitucional n. 20/1998 – inteligência dos arts. 195, inc. I, e 201, § 11, da Constituição Federal". Como já apontado no item 3.2, há possível inconstitucionalidade da modificação do art. 457

da CLT e do art. 28 da Lei de Custeio pela retirada de incidência de ganhos a título de prêmios e abonos, desconsiderando a existência de pagamentos habituais a esses títulos.

Cabe registrar, ainda, a existência de questionamentos no tocante à incidência de contribuição patronal sobre algumas verbas trabalhistas no âmbito do STJ, em demandas entre o empregador e a União, cuja jurisprudência é a seguinte:

> Incide contribuição previdenciária a cargo da empresa sobre os valores pagos a título de salário-maternidade e de salário-paternidade; não incide contribuição sobre os valores pagos a título de: a) terço constitucional de férias gozadas e de férias indenizadas; b) aviso prévio indenizado; c) importância paga nos 15 dias que antecedem o auxílio-doença (Recurso Repetitivo, REsp 1.230.957/RS, Rel. Min. Mauro Campbell Marques, *DJe* 18.03.2014).

3.4.2 Contribuição para custeio dos riscos ambientais do trabalho (antigo SAT)

Para o financiamento dos benefícios concedidos em razão do grau de incidência de incapacidade laborativa decorrente dos riscos ambientais do trabalho (GILRAT), o empregador contribui sobre o total das remunerações dos segurados empregados e trabalhadores avulsos com alíquotas que variavam, originalmente, entre 1%, 2% e 3%, equivalentes aos três graus de risco acidentário – art. 22, II, da Lei n. 8.212/1991, com redação dada pela Lei n. 9.732/1998.

O enquadramento da atividade nos correspondentes graus de risco é de responsabilidade da empresa (autoenquadramento) e deve ser feito mensalmente, com base em sua atividade econômica preponderante, observados o código da Classificação Nacional de Atividades Econômicas (CNAE) da atividade e a alíquota correspondente ao grau de risco. Considera-se preponderante a atividade econômica que ocupa, em cada estabelecimento da empresa, o maior número de segurados empregados e trabalhadores avulsos, verificando-se que, na ocorrência de mesmo número de segurados empregados e trabalhadores avulsos em atividades econômicas distintas, será considerada como preponderante aquela que corresponder ao maior grau de risco. O autoenquadramento é fiscalizado pela RFB.

Modificação importante surgiu com a criação do Fator Acidentário de Prevenção (FAP), que consiste num multiplicador variável num intervalo contínuo de cinquenta centésimos (0,50) a dois inteiros (2,00), a ser aplicado à respectiva alíquota da contribuição relativa ao GILRAT. Desse modo, a empresa com menor índice de frequência de acidentes e doenças do trabalho tende a reduzir o percentual da contribuição à metade; e o estabelecimento com alta frequência acidentária pode ser enquadrado na "dobra".

Nas ações trabalhistas, quando da elaboração dos cálculos, havendo incidência de contribuições, também deve ser calculada essa contribuição; nesse sentido, a Orientação Jurisprudencial n. 414 da SDI-1 do TST. Todavia, surgem dificuldades para a correta aplicação da regra, pois a Justiça do Trabalho não tem conhecimento prévio a respeito do grau de risco e do FAP aplicado a cada executado, o que demandaria, assim, que a União, como credora das contribuições, indicasse tais valores.

Para o financiamento das aposentadorias especiais de trabalhadores expostos a agentes nocivos à saúde, a Lei n. 9.732/1998 elevou, também, as alíquotas de contribuição das empresas que expõem o trabalhador à situação de risco de acidentes e doenças ocupacionais.

Caso o segurado exerça atividade em condições especiais que possam ensejar aposentadoria especial após 15, 20 ou 25 anos de trabalho sob exposição a agentes nocivos prejudiciais à sua saúde e integridade física, é devida pela empresa ou pessoa a ela equiparada a contribuição adicional destinada ao financiamento das aposentadorias especiais, sendo os percentuais aplicados sobre a remuneração paga, devida ou creditada ao segurado empregado e trabalhador avulso, ou paga ou creditada ao cooperado de cooperativa de produção, de 12%, 9% e 6%, respectivamente, consoante previsão contida nos §§ 6.º e 7.º do art. 57 da Lei n. 8.213/1991 (incluídos pela Lei n. 9.732/1998).

O referido acréscimo incide exclusivamente sobre a remuneração do segurado sujeito às condições especiais que prejudiquem a saúde ou a integridade física, e não sobre toda a "folha". Da mesma forma como se dá com a contribuição para financiamento de benefícios acidentários (GILRAT), tal contribuição é de ser exigida quando da execução de contribuições na Justiça do Trabalho, na medida em que o credor trabalhista seja um trabalhador que exerceu seu labor exposto a agentes nocivos, mais uma vez demandando cuidado especial tanto do órgão judiciário quanto da União, credora que é das contribuições, evitando-se evasão fiscal.

3.4.3 Contribuição das empresas sobre pagamentos feitos a contribuintes individuais

A contribuição a cargo das empresas e pessoas a ela equiparadas sobre o total das remunerações pagas ou creditadas a qualquer título, no decorrer do mês, aos segurados contribuintes individuais e trabalhadores avulsos que lhe prestem serviços é de 20% – incisos I e III do art. 22 da Lei n. 8.212/1991, com redação dada pela Lei n. 9.876/1999.

É importante frisar que a empresa que contrata trabalhadores sem vínculo de emprego ou avulso, intitulando-os "autônomos", "freelancers", entre outras nomenclaturas, inclusive a que mantém plataformas de transporte remunerado privado individual de passageiros, é obrigada a pagar contribuição de 20% sobre os valores por estes percebidos.

A empresa contratante de serviços executados por intermédio de MEI para prestar serviços de hidráulica, eletricidade, pintura, alvenaria, carpintaria e de manutenção ou reparo de veículos também mantém, com relação a essa contratação, a obrigatoriedade de recolhimento da contribuição a que se referem o inc. III do *caput* e o § 1.º do art. 22 da Lei n. 8.212/1991, e o cumprimento das obrigações acessórias relativas à contratação de contribuinte individual (art. 18-B da LC n. 123/2006, com a redação conferida pela LC n. 147/2014).

Evidentemente, tais regras aplicam-se a ações trabalhistas em que ocorra pagamento de valores a demandantes nessa condição, mesmo que em sentenças de homologação de acordos "sem reconhecimento de vínculo de emprego", como salientado anteriormente.

3.4.4 Contribuição adicional das instituições financeiras

As instituições financeiras (empresas qualificadas como banco comercial, banco de investimento, banco de desenvolvimento, caixa econômica, sociedade de crédito, investimento e financiamento, sociedade de crédito imobiliário, inclusive associação de poupança e empréstimo, sociedade corretora, distribuidora de títulos e valores mobiliários, inclusive bolsa de mercadorias e valores, empresa de arrendamento mercantil, cooperativa de crédito, empresa de seguros privados e de crédito e capitalização), agentes autônomos de seguros privados e de crédito e entidades de previdência privada, aberta e fechada, devem contribuição adicional de 2,5% sobre as remunerações pagas ou creditadas aos segurados empregados que lhes prestam serviços. Essa contribuição também é exequível na Justiça do Trabalho, sempre que um trabalhador obtiver valores que sofram incidência de contribuição tendo como empregador uma instituição das anteriormente listadas.

O STF validou essa cobrança adicional em julgamento de repercussão geral, no Tema n. 204, cuja tese fixada foi a seguinte:

> É constitucional a previsão legal de diferenciação de alíquotas em relação às contribuições previdenciárias incidentes sobre a folha de salário de instituições financeiras ou de entidade a elas legalmente equiparáveis, após a edição da Emenda Constitucional 20/1998.

3.4.5 Empresas optantes pelo sistema Simples

O Sistema Integrado de Pagamento de Impostos e Contribuições das Microempresas e Empresas de Pequeno Porte (Simples) foi instituído pela Lei n. 9.317/1996 e modificado em parte pela Lei n. 9.841/1999, bem como pela Lei n. 10.034/2000. Atualmente, encontra-se regido pela LC n. 123/2006 (e alterações posteriores), a qual tratou da matéria em seus arts. 12 a 41, modificando a nomenclatura de Simples para Simples Nacional.

A adesão ao Simples Nacional faz com que a empresa passe a contribuir sobre o faturamento, não incidindo qualquer contribuição previdenciária sobre "a folha" a partir de então. As contribuições dos segurados a seu serviço continuam sendo devidas.

Na hipótese de a microempresa ou empresa de pequeno porte se enquadrar em alguma das situações previstas nos incisos do § 4.º do art. 3.º da Lei, será excluída do regime do Simples Nacional, com efeitos a partir do mês seguinte ao que incorrida a situação impeditiva, prevendo o inc. XI a exclusão quando "[...] titulares ou sócios guardem, cumulativamente, com o contratante do serviço, relação de pessoalidade, subordinação e habitualidade".

No caso de empregador devedor nessa condição, após sua opção pelo Simples e relativamente aos fatos geradores ocorridos após a opção, não há incidência de contribuições patronais, de modo que, numa execução perante a Justiça do Trabalho, apenas serão apuradas as contribuições do trabalhador do período posterior à opção e ambas (patronal e do trabalhador) no período antecedente. Nesse sentido: TRT 17.ª R., AP 0000540-21.2015.5.17.0003, 2.ª Turma, Rel. Des. Marcello Maciel Mancilha, *DEJT* 24.11.2017.

3.4.6 Contribuição devida pelos clubes de futebol profissional

A contribuição empresarial da associação desportiva que mantém equipe de futebol profissional, em substituição às contribuições a seu cargo incidentes sobre a folha de pagamento (a contribuição geral, de 20%, mais a contribuição para o custeio das prestações por acidente de trabalho e aposentadorias especiais), passou a ser de 5% sobre a receita bruta decorrente dos espetáculos desportivos de que ela participe no território nacional de qualquer modalidade desportiva, inclusive jogos internacionais, e de qualquer forma de patrocínio, licenciamento de uso de marcas e símbolos, publicidade, propaganda e transmissão de espetáculos desportivos. Essa regra ficou consolidada quando a Medida Provisória n. 1.594-14 foi convertida na Lei n. 9.528/1997, que alterou a redação da Lei n. 8.212/1991.

Os clubes de futebol profissional estão sujeitos ao recolhimento das contribuições descontadas de seus atletas – que são segurados do RGPS na qualidade de empregados – e demais segurados, nas mesmas alíquotas estabelecidas para as demais associações desportivas. Quanto a estes, portanto, nas demandas submetidas à Justiça do Trabalho, havendo valores a pagar que se incluem na base de cálculo, não são devidas contribuições sobre a "folha", mas apenas as que seriam devidas pelo trabalhador.

3.4.6.1 Sociedade Anônima do Futebol (SAF)

A Lei n. 14.193/2021 criou a Sociedade Anônima do Futebol (SAF), novo tipo societário, conceituado como a companhia cuja atividade principal consiste na prática do futebol, feminino e masculino, em competição profissional. Constam dessa norma aspectos relacionados com as normas de constituição, governança, controle e transparência, meios de financiamento da atividade futebolística, tratamento dos passivos das entidades de práticas desportivas e regime tributário específico; e altera as Leis n. 9.615, de 24 de março de 1998, e n. 10.406, de 10 de janeiro de 2002 (Código Civil).

O Regime de Tributação Específica do Futebol (TEF) está previsto nos arts. 31 e 32 da Lei n. 14.193/2021. De acordo com o art. 31, o TEF implica o recolhimento mensal, até o vigésimo dia do mês subsequente àquele em que houver sido recebida a receita, mediante documento único de arrecadação, dos seguintes impostos e contribuições, a serem apurados observando-se o regime de caixa:

> I – Imposto sobre a Renda das Pessoas Jurídicas (IRPJ);
>
> II – Contribuição para os Programas de Integração Social e de Formação do Patrimônio do Servidor Público (Contribuição para o PIS/Pasep);
>
> III – Contribuição Social sobre o Lucro Líquido (CSLL);
>
> IV – Contribuição para o Financiamento da Seguridade Social (Cofins); e
>
> V – contribuições previstas nos incisos I, II e III do *caput* e no § 6.º do art. 22 da Lei n. 8.212, de 24 de julho de 1991.

O recolhimento na forma do art. 31 não exclui a incidência dos seguintes impostos ou contribuições, devidos na qualidade de contribuinte ou responsável, relativamente aos quais será observada a legislação aplicável às demais pessoas jurídicas:

> I – Imposto sobre Operações de Crédito, Câmbio e Seguro, ou Relativas a Títulos ou Valores Mobiliários (IOF);
>
> II – Imposto de Renda relativo aos rendimentos ou ganhos líquidos auferidos em aplicações de renda fixa ou variável;

III – Imposto de Renda relativo aos ganhos de capital auferidos na alienação de bens do ativo imobilizado;
IV – contribuição para o Fundo de Garantia do Tempo de Serviço (FGTS);
V – Imposto de Renda relativo aos pagamentos ou créditos efetuados pela pessoa jurídica a pessoas físicas; e
VI – demais contribuições instituídas pela União, inclusive as contribuições compulsórias dos empregadores sobre a folha de salários, destinadas às entidades privadas de serviço social e de formação profissional vinculadas ao sistema sindical, de que trata o art. 240 da Constituição Federal, e demais entidades de serviço social autônomo.

Entretanto, o art. 32 flexibilizou a forma de recolhimento nos primeiros anos de contribuição da SAF, nos termos que seguem:

Art. 32. Nos 5 (cinco) primeiros anos-calendário da constituição da Sociedade Anônima do Futebol ficará ela sujeita ao pagamento mensal e unificado dos tributos referidos no § 1.º do art. 31 desta Lei, à alíquota de 5% (cinco por cento) das receitas mensais recebidas. (Promulgação partes vetadas)
§ 1.º Para fins do disposto no caput deste artigo, considera-se receita mensal a totalidade das receitas recebidas pela Sociedade Anônima do Futebol, inclusive aquelas referentes a prêmios e programas de sócio-torcedor, excetuadas as relativas à cessão dos direitos desportivos dos atletas.
§ 2.º A partir do início do sexto ano-calendário da constituição da Sociedade Anônima do Futebol, o TEF incidirá à alíquota de 4% (quatro por cento) da receita mensal recebida, compreendidos os tributos referidos no § 1.º do art. 31 desta Lei, inclusive as receitas relativas à cessão dos direitos desportivos dos atletas.
§ 3.º O Ministério da Economia regulamentará a repartição da receita tributária de que trata este artigo, observadas as diretrizes de repartição de receitas tributárias estabelecidas pela Constituição Federal e pela legislação em vigor.

3.4.7 Contribuição do empregador rural constituído em pessoa jurídica

O empregador rural constituído em pessoa jurídica contribui para a Seguridade Social com o equivalente a 1,7% do valor da receita bruta proveniente da comercialização de sua produção, mais 0,1% para o financiamento das aposentadorias especiais e dos benefícios por incapacidade decorrentes dos riscos ambientais da atividade (art. 25, I, da Lei n. 8.870/1994, com redação dada pela Lei n. 13.606/2018).

Essa última norma modificadora, além de reduzir a alíquota de 2,5% para 1,7%, inovou na matéria permitindo que o empregador rural pessoa jurídica possa, desde 1.º.01.2019, optar por contribuir na forma prevista anteriormente ou na forma dos incisos I e II do *caput* do art. 22 da Lei n. 8.212/1991, manifestando sua opção mediante o pagamento da contribuição incidente sobre a folha de salários relativa a janeiro de cada ano, ou à primeira competência subsequente ao início da atividade rural, e será irretratável para todo o ano-calendário. Portanto, nem sempre tal contribuição será exequível na Justiça do Trabalho, mas apenas quando incidir sobre a "folha de pagamentos", nunca sobre a receita bruta da comercialização da produção. Cumpre ao empregador rural demonstrar a sua condição de optante por um ou outra maneira de contribuir e à União, ser intimada para que se manifeste acerca da correção da documentação apresentada.

3.4.8 Empresas beneficiárias do programa de "desoneração da folha de pagamentos"

Instituído pela Lei n. 12.546/2011, esse regime consiste na substituição da incidência da contribuição sobre folha de salários pela incidência sobre o faturamento para alguns segmentos econômicos.

A desoneração da folha de pagamento surgiu com a MP n. 540, de 02.08.2011, convertida na Lei n. 12.546, de 14.12.2011, e foi ampliada por alterações posteriores (Lei n. 12.715/2012, Lei n. 12.794/2013, Lei n. 12.844/2013, Lei n. 13.043/2014, Lei n. 13.670/2018 e Lei n. 14.288/2021, esta última mantendo tal regime especial até 31.12.2023).

A implementação da incidência sobre a receita bruta se deu, em termos práticos, por meio da criação de um novo tributo, a Contribuição Previdenciária sobre a Receita Bruta (CPRB), que consiste na aplicação de uma alíquota *ad valorem*, 1% ou 2%, a depender da atividade, do setor econômico (CNAE) e do produto fabricado (NCM), sobre a receita bruta mensal. A partir de 1.º.12.2015 (Lei n. 13.161/2015), o regime de desoneração passou a ser facultativo, cabendo à empresa contribuinte escolher a forma como preferia contribuir – entre as contribuições sobre a folha de pagamento ou a forma desonerada (contribuição sobre a receita).

Por não incidir sobre a folha, e sim sobre o faturamento, a atribuição de arrecadar e fiscalizar tal contribuição, quando a empresa seja optante, é da RFB, executando-se, quando for o caso, na Justiça Federal em Execução Fiscal, não competindo à Justiça do Trabalho exigi-las no curso da execução.

No entanto, a empresa beneficiária de tal "desoneração" deve alegar e comprovar a situação nos autos da ação trabalhista, quando for o caso. A União, nessas situações, deve ser intimada para que observe na RFB o cabimento da benesse fiscal ao executado, manifestando-se em caso de discordância. Nesse sentido: TRT 12, AP 0000769-06.2022.5.12.0025, 6.ª Câmara, Rel. Des. Roberto Basilone Leite, publ. 08.11.2022.

3.5 CONTRIBUIÇÃO DO EMPREGADOR DOMÉSTICO

Desde setembro de 1989, quando da vigência da Lei n. 7.787/1989, a contribuição do empregador doméstico era de 12%, respeitado o limite máximo do salário de contribuição. Nesse caso, portanto, o empregador doméstico não recolhe contribuição sobre valores acima do "teto", caso remunere a pessoa empregada com salário superior a esse limite.

A LC n. 150/2015, em seu art. 34, II, reduziu a alíquota do empregador doméstico para 8% sobre o salário de contribuição e criou uma nova contribuição para custeio de benefícios por acidentes do trabalho, de 0,8% sobre o salário de contribuição, ambos com eficácia a partir de 120 dias da sua publicação (que se deu em 1.º.06.2015). A Lei n. 13.202/2015 passou a fazer constar as mesmas contribuições e alíquotas no art. 24 da Lei de Custeio, mantendo-se o prazo já mencionado.

Não há contribuição do empregador doméstico durante os períodos em que o empregado doméstico esteja em fruição de auxílio por incapacidade temporária, auxílio-reclusão ou aposentadoria por incapacidade permanente.

3.6 INADIMPLEMENTO E ACRÉSCIMOS MORATÓRIOS

A inadimplência de contribuições sociais é um dos graves problemas do sistema previdenciário brasileiro, responsável pela baixa arrecadação (e, por sua vez, segundo certa concepção, causadora do alegado "déficit" das contas da Previdência).

Há situações de inadimplência por ausência de pagamento, muitas vezes por dificuldades financeiras, mas outras tantas vezes por condutas dolosas, visando burlar as normas tributárias – os casos de sonegação fiscal, cujo tipo penal específico ligado às contribuições previdenciárias está normatizado no art. 337-A do Código Penal. São exemplos clássicos do crime de sonegação a falta do registro do empregado (trabalho sem CTPS assinada e, por conseguinte, sem recolhimento algum ao sistema); e o pagamento de verbas remuneratórias "extrafolha" (com o que o recolhimento é feito sobre valor inferior ao devido).

Sintetizando as regras sobre o inadimplemento e os pagamentos de contribuições em atraso realizados pelo contribuinte ou responsável pela retenção e recolhimento, presentes na Lei n. 9.430/1996, incidem:

- Juros equivalentes à taxa referencial do Sistema Especial de Liquidação e Custódia (SELIC), para títulos federais, acumulada mensalmente, calculados a partir do primeiro dia do mês subsequente ao vencimento do prazo até o mês anterior ao do pagamento e de 1% no mês do pagamento; e
- Multa de 0,33% por dia de atraso.

A multa será calculada a partir do primeiro dia subsequente ao do vencimento do prazo previsto para o pagamento do tributo ou da contribuição até o dia em que ocorrer o seu pagamento. O percentual de multa a ser aplicado fica limitado a 20%.

Mais complexa é a situação quando a discussão se dá nos autos da execução trabalhista, havendo o entendimento majoritário de que os juros incidem tal como prevê a legislação de custeio, mas a multa moratória somente seria devida após citado o réu na execução (Súmula n. 368 do TST).

Ademais, no âmbito da execução trabalhista, discute-se a incidência de juros e multa sobre as contribuições incidentes sobre os créditos do autor da demanda. Em que pese não estar expresso na jurisprudência sumulada, os julgados em regra transferem ao empregador inadimplente tais acréscimos de mora, fazendo incidir sobre os créditos a contribuição do segurado apenas (ou, como habitualmente se diz, o "valor histórico"), conforme consta da Súmula n. 17 do TRT da 17.ª Região: "No tocante às contribuições previdenciárias decorrentes de créditos reconhecidos em sentença, nos termos do art. 20, da Lei 8.212/91, deve o Reclamante arcar somente com o pagamento da contribuição previdenciária em seus valores históricos, ficando a cargo da empresa o pagamento de juros, atualização monetária e multas".

3.7 DECADÊNCIA E PRESCRIÇÃO EM MATÉRIA DE CONTRIBUIÇÕES PREVIDENCIÁRIAS

Com relação à exação previdenciária, pode-se definir que a decadência é a extinção do direito do ente arrecadador de apurar e constituir, por lançamento, o seu crédito previdenciário, em decorrência de não tê-lo exercido no lapso de tempo que a lei lhe assegurou. Já a prescrição é a perda do direito de promover a execução judicial do seu crédito já constituído, em virtude de não tê-lo exercido dentro do prazo legal.

A decadência não se confunde com a prescrição. Entre outras diferenças há que ressaltar que a primeira não se interrompe ou se suspende, ou seja, o prazo é contínuo e fatal, enquanto a segunda tem seu prazo sujeito a interrupções. De acordo com o parágrafo único do art. 174 do Código Tributário Nacional, a prescrição se interrompe nos seguintes casos: pelo despacho do juiz que ordenar a citação pessoal feita ao devedor em execução fiscal; protesto judicial; qualquer ato judicial que constitua em mora o devedor ou qualquer ato inequívoco, ainda que extrajudicial, que importe o reconhecimento do débito pelo devedor.

O cômputo do prazo decadencial para a exigibilidade das contribuições à Seguridade Social é feito a partir do primeiro dia do exercício seguinte ao daquele em que o lançamento poderia ter sido efetuado, conforme a sistemática do Código Tributário Nacional. O prazo é de cinco anos (STF, Súmula Vinculante n. 8). Deve-se salientar que o lançamento pode ser efetuado uma vez que tenha vencido o prazo para o pagamento da contribuição sem que haja recolhimento, quando então o Fisco pode agir para iniciar a cobrança forçada. Assim, uma contribuição que deveria ter sido paga em 20.11.2015 (referente a labor realizado em outubro/2015, portanto) pode ser objeto de lançamento tributário a partir de 21.11.2015, mas o cômputo do prazo decadencial inicia-se em 1.º.01.2016.

Uma vez ocorrendo a decadência, somente o pagamento voluntário da contribuição pelo devedor é capaz de "salvar" o crédito da Seguridade Social, sendo vedado ao auditor-fiscal notificar valores já atingidos pelo marco decadencial.

Caso a RFB não proceda à notificação de lançamento até essa data, ou não haja pagamento espontâneo nem confissão da dívida, terá decaído do direito de constituir o crédito, ou seja, impedido por lei de notificar o devedor.

Tendo sido constituído definitivamente o crédito da Seguridade Social por alguma das formas previstas em lei, inicia-se o cômputo do prazo para a cobrança judicial do crédito. A prescrição atinge, portanto, **a possibilidade de ingresso em juízo** de execução ou a continuidade da ação executiva, pelo decurso do prazo, que também é de cinco anos.

A discussão ganha contornos específicos quando decorre da execução de contribuições nos autos da ação trabalhista. É que em número considerável de vezes a execução somente se inicia passados muitos anos da ocorrência dos fatos geradores, o que leva a defesa dos executados a invocar a existência de decadência ou, ainda, de prescrição.

Entendemos, a esse respeito, que não há como considerar outra forma de cômputo dos marcos de extinção do crédito pela inércia que não os já mencionados e contidos no Código Tributário Nacional. Convém recordar que o ajuizamento de ação trabalhista pelo trabalhador não impede o exercício da atuação da fiscalização (Receita Federal) em busca de situações de inadimplemento das contribuições e outras obrigações em que o credor é a Fazenda Pública.

Logo, a contagem do prazo decadencial começa do primeiro dia do exercício seguinte ao do vencimento da obrigação e somente é interrompido caso se inicie o procedimento de identificação do *quantum* devido (o lançamento tributário).

Como, a nosso ver por equívoco do legislador, não se observou o procedimento adotado para os tributos em geral, não há lançamento de ofício pela RFB de modo a iniciar o processo administrativo de acertamento e lavratura da certidão de dívida ativa, apta a instrumentalizar a execução, esse marco somente é substituído por outro ato, que no caso teria de ser a sentença de mérito, se líquida, ou a homologação dos cálculos, em caso de sentença ilíquida.

Colhe-se da doutrina:

> Dessa forma, torna-se evidente que o marco final da decadência é a data de publicação da sentença de conhecimento de primeira instância. Para reforçar ainda mais essa tese, lembramos que o art. 173, parágrafo único, do CTN dispõe que a decadência é extinta por qualquer ato preparatório indispensável ao lançamento. Assim, a sentença de conhecimento não líquida pode ser equiparada a um ato preparatório para a cobrança da contribuição devida. Em síntese: entendemos que no processo trabalhista o juiz só deve executar as contribuições previdenciárias devidas nos cinco anos anteriores da data da publicação da sentença de primeira instância. Os fatos geradores anteriores a este período estão decaídos.[3]

No tocante à prescrição, uma vez ultrapassada a discussão sobre a caducidade do crédito tributário em execução trabalhista, há julgados reconhecendo a ocorrência de prescrição intercorrente por inércia da União, credora da verba. Nesse sentido: TRT-24, AP 00516007520055240007, 2.ª Turma, Rel. Francisco das Chagas Lima Filho, publ. 03.11.2022.

3.8 PROVA DA REGULARIDADE FISCAL – CND E CNDT

Para maior controle do recolhimento das contribuições à Seguridade Social, a legislação de custeio estabelece que, para a realização de certos atos jurídicos, a empresa ou o contribuinte devem comprovar estar quites com suas obrigações. Assim, é exigida a Certidão Negativa de Débito – CND (documento que comprova estar o contribuinte em dia com as contribuições), fornecida pelo órgão competente (RFB) para a prática de diversos atos, como a participação em licitações e celebração de contratos administrativos, alienação de imóveis, transferência de cotas de sociedades etc. A CND indica que não há débitos inscritos em dívida ativa na RFB no que toca às contribuições previdenciárias.

Em cumprimento à Lei n. 12.440/2011 e ao Ato CGJT n. 1, de 21.01.2022, a Justiça do Trabalho emite a Certidão Negativa de Débitos Trabalhistas (CNDT), documento indispensável à participação em licitações públicas, entre outros atos.

São inscritas as pessoas físicas e jurídicas que não pagarem ou garantirem o juízo quanto a créditos trabalhistas, mas também as custas processuais, emolumentos, mul-

---

[3] KERTZMAN, Ivan. *As contribuições previdenciárias na justiça do trabalho*. 4. ed. São Paulo: LuJur, 2022. p. 157.

tas, honorários de perito e demais despesas oriundas dos processos trabalhistas e não adimplidas, incluindo-se aí, portanto, as contribuições devidas à Seguridade Social e seus acréscimos de mora.

A pessoa em dívida com a Seguridade Social, em razão de decisões proferidas pela Justiça do Trabalho, entretanto, não tem seu débito inscrito em "dívida ativa", permitindo expedição de CND. A CNDT, por seu turno, ainda que seja vedada sua expedição (cabível a positiva) quando pendente o pagamento de contribuições objeto de execução, **não possui a mesma força, não impedindo os atos que exigem CND**. Por exemplo, a Certidão Positiva de Débitos Trabalhistas não obsta o registro de transações imobiliárias ou a transferência de cotas de pessoa jurídica.

Por recomendação da Corregedoria Nacional de Justiça, vinculada ao Conselho Nacional de Justiça, os cartórios devem informar aos envolvidos em transações imobiliárias a existência da Certidão, para eventual consulta do interessado. No estado de São Paulo, a apresentação do documento é obrigatória, por norma da Corregedoria local, mas a situação do devedor não impede o ato notarial. A finalidade é proteger o comprador de participar de eventual fraude à execução e, no futuro, perder o patrimônio adquirido.

3.9 OBRIGAÇÕES ACESSÓRIAS

A Lei n. 9.528/1997 estabeleceu obrigação de informar mensalmente, por intermédio da Guia de Recolhimento do FGTS e Informações à Previdência Social (GFIP), os dados relacionados aos fatos geradores de contribuições e outras informações de interesse da administração fazendária e da Previdência Social.

A GFIP deveria, durante sua utilização, ser entregue/recolhida até o dia 7 do mês seguinte àquele em que a remuneração foi paga, creditada ou se tornou devida ao trabalhador e/ou tenha ocorrido outro fato gerador de contribuição à Previdência Social. Os fatos geradores eventualmente omitidos na época própria deveriam ser informados com a transmissão de novo arquivo à RFB, contendo todos os fatos geradores, inclusive os já informados, as respectivas correções e confirmações.

A DCTF Web (Declaração de Débitos e Créditos Tributários Federais Previdenciários e de Outras Entidades e Fundos) é espécie de autodeclaração que se constitui em obrigação acessória tributária. Foi instituída por meio da Instrução Normativa RFB n. 1.787/2018 em substituição à GFIP.

A declaração deverá ser entregue até o dia 15 do mês seguinte ao da ocorrência dos fatos geradores, e se o dia 15 recair em dia não útil, a entrega deverá ser antecipada para o dia útil imediatamente anterior. A DCTFWeb anual específica referente ao 13º salário deve ser transmitida até o dia 20 de dezembro de cada ano.

A partir de junho de 2023, a DCTF Web passa, ainda, a substituir a DCTF como instrumento de confissão de dívida e de constituição de créditos tributários relativos ao IRRF, IRPJ, CSLL, PIS/Pasep e Cofins.

Entretanto, o trabalhador, grande parte das vezes, tem seus vínculos laborais incorretamente inseridos no CNIS. A principal razão de tal problema é a falta de registro do trabalhador como empregado (urbano, rural ou doméstico), bem como do trabalhador avulso e do contribuinte individual que presta serviços a pessoas jurídicas, ante a não emissão da GFIP na chamada "época própria", ou a não inclusão de seu nome do período de trabalho. Está-se diante do corriqueiro fenômeno da informalidade nas relações de trabalho, que atinge praticamente a metade da população que exerce alguma atividade remunerada em âmbito privado.

A respeito da importância e validade dos dados constantes do CNIS, o Decreto n. 3.048/1999 (com as alterações dadas pelo Decreto n. 10.410/2020) estabelece:

> Art. 19. Os dados constantes do Cadastro Nacional de Informações Sociais – CNIS relativos a vínculos, remunerações e contribuições valem como prova de filiação à previdência social, tempo de contribuição e salários de contribuição.
> § 1.º O segurado poderá solicitar, a qualquer tempo, a inclusão, a exclusão, a ratificação ou a retificação de suas informações constantes do CNIS, com a apresentação de documentos comprobatórios dos dados divergentes, conforme critérios definidos pelo INSS, independentemente de requerimento de benefício, exceto na hipótese prevista no art. 142, observado o disposto nos art. 19-B e art. 19-C.
> § 2.º Informações inseridas extemporaneamente no CNIS, independentemente de serem inéditas ou retificadoras de dados anteriormente informados, somente serão aceitas se corroboradas por documentos que comprovem a sua regularidade, na forma prevista no art. 19-B.
> § 3.º Respeitadas as definições vigentes sobre a procedência e origem das informações, considera-se extemporânea a inserção de dados:
> I – relativos à data de início de vínculo empregatício, após o último dia do quinto mês subsequente ao mês da data da admissão do segurado;
> II – relativos à remuneração de trabalhador avulso ou contribuinte individual que preste serviços a empresa ou equiparado, após o último dia do quinto mês subsequente ao mês da data da prestação de serviço pelo segurado; ou
> III – relativos à contribuição, sempre que o recolhimento tiver sido feito sem observância ao disposto em lei.

A extemporaneidade em questão será relevada administrativamente após um ano da data do documento que tiver gerado a informação, desde que, cumulativamente:

> I – o atraso na apresentação do documento não tenha excedido o prazo da alínea "a" do item II acima;
> II – tenham sido recolhidas, quando for o caso, as contribuições correspondentes ao período retroagido; e
> III – o segurado não tenha se valido da alteração para obter benefício cuja carência mínima seja de até doze contribuições mensais.

Foram, ademais, publicados em alguns Tribunais Regionais do Trabalho atos da Presidência/Corregedoria, no sentido de

> Recomendar aos Juízes vinculados a este Regional que determinem ao empregador, sempre que, em decorrência de acórdão, sentença ou acordo homologado, houver recolhimento de valores ao INSS, apresente nos autos uma Guia de

Recolhimento do FGTS e Informações à Previdência Social (GFIP), para cada competência e de uma Guia de Previdência Social (GPS) para cada GFIP, sob pena de expedição de ofício à Receita Federal do Brasil, visando a aplicação da multa prevista no artigo 32-A da Lei 8.212/1991.

Salienta-se, todavia, que as próprias GFIPs emitidas por força de decisão proferida pela Justiça do Trabalho em ação trabalhista sofrem a mesma adjetivação – de "extemporânea" –, acarretando graves problemas ao trabalhador que já teve seu vínculo reconhecido por decisão judicial, em pleno exercício da jurisdição estatal, como se o Estado brasileiro pudesse negar efeitos às suas próprias decisões, ou o Poder Executivo (ou alguma de suas autarquias) pudesse analisar a decisão judicial em seu conteúdo para depois decidir se reconhece ou não seus efeitos.

3.10 ARRECADAÇÃO E RECOLHIMENTO DAS CONTRIBUIÇÕES DESTINADAS À SEGURIDADE SOCIAL

As normas gerais sobre arrecadação e recolhimento de contribuições à Seguridade Social estão previstas no art. 30 da Lei n. 8.212/1991[4] e regulamentadas pelo art. 216 do Decreto n. 3.048/1999. A arrecadação e o recolhimento das contribuições e de outras importâncias devidas à Seguridade Social devem observar, ademais, o que a respeito dispuser a Secretaria da RFB. Tais normas também guardam importantes implicações em questões apreciadas pela Justiça do Trabalho, visto que muitas vezes caberá ao Fisco agir mediante comunicação do órgão judicial, notadamente quando presente alguma situação que refoge à competência da Justiça do Trabalho para cobrança das contribuições devidas (de que são exemplos mais comuns o reconhecimento de vínculo de emprego sem registro e o pagamento de valores sem trânsito em folha de pagamento).

3.10.1 Atribuições do INSS e da Secretaria da RFB

A partir da publicação da Lei n. 11.457, de 16.03.2007, a Secretaria da RFB assumiu as atribuições de planejar, executar, acompanhar e avaliar as atividades relativas à tributação, fiscalização, arrecadação, cobrança e recolhimento das contribuições sociais previstas nas alíneas *a*, *b* e *c* do parágrafo único do art. 11 da Lei n. 8.212, de 24.07.1991, e das contribuições instituídas a título de substituição.

Dessa forma, as obrigações previstas na Lei n. 8.212/1991, relativas às contribuições sociais, serão cumpridas perante a Secretaria da RFB.

Importante ressaltar que o débito original e seus acréscimos legais, bem como outras multas previstas em lei, a partir da publicação da Lei n. 11.457/2007, passaram a constituir dívida ativa da União, promovendo-se a inscrição em livro próprio daquela

---

[4] A Resolução n. 15, de 2017, do Senado Federal, suspendeu, nos termos do art. 52, inc. X, da Constituição Federal, a execução do inc. VII do art. 12 da Lei n. 8.212, de 24.07.1991, e a execução do art. 1.º da Lei n. 8.540, de 22.12.1992, que deu nova redação ao art. 12, inc. V, ao art. 25, incs. I e II, e ao art. 30, inc. IV, da Lei n. 8.212, de 24.07.1991, todos com a redação atualizada até a Lei n. 9.528, de 10.12.1997.

resultante das contribuições de que tratam as alíneas *a*, *b* e *c* do parágrafo único do art. 11 da Lei n. 8.212/1991.

De acordo com o art. 16, § 3.º, da Lei n. 11.457/2007, compete à Procuradoria- -Geral Federal representar judicial e extrajudicialmente a União, nos processos da Justiça do Trabalho relacionados com a cobrança de contribuições previdenciárias, de imposto de renda retido na fonte e de multas impostas aos empregadores pelos órgãos de fiscalização das relações do trabalho, mediante delegação da Procuradoria-Geral da Fazenda Nacional.

Cumpre esclarecer que compete à Procuradoria-Geral da Fazenda Nacional a representação judicial na cobrança de créditos de qualquer natureza inscritos em dívida ativa da União, conforme previsão expressa no art. 23 da Lei n. 11.457/2007.

3.10.2 Obrigações da empresa e demais contribuintes

Neste tópico, abordamos o que consta da legislação de custeio da Seguridade Social acerca das exigências desta, pois várias dessas obrigações podem ser objeto de descumprimento e consequente atuação da fiscalização da RFB, o que pode ser alvo de denúncia por parte do trabalhador, de seu sindicato, ou comunicação por ofício da Justiça do Trabalho.

De acordo com a Lei n. 8.212/1991 (art. 30) e o RPS (art. 216), são fixadas as seguintes obrigações principais à empresa:

- arrecadar a contribuição do segurado empregado, do trabalhador avulso e do contribuinte individual a seu serviço, descontando-a da respectiva remuneração;
- recolher, até o dia 20 do mês seguinte àquele a que se refere o salário de contribuição, antecipando-se para o primeiro dia útil em caso de não haver expediente bancário, o produto arrecadado na forma da letra anterior e as contribuições a seu cargo incidentes sobre:
  - as remunerações pagas, devidas ou creditadas, a qualquer título, inclusive adiantamentos decorrentes de reajuste salarial, acordo ou convenção coletiva, aos segurados empregado, contribuinte individual e trabalhador avulso a seu serviço;
  - as importâncias retidas na forma do art. 219 do Decreto n. 3.048/1999 (contratação de serviços executados mediante cessão ou empreitada de mão de obra, inclusive em regime de trabalho temporário), até o dia 20 do mês seguinte àquele da emissão da nota fiscal ou fatura, antecipando-se o vencimento para o dia útil imediatamente anterior quando não houver expediente bancário no dia 20;
- recolher as contribuições provenientes do faturamento e do lucro, na forma e prazos definidos pela legislação tributária federal.

Os segurados na categoria de *contribuintes individuais*, a partir de abril de 2003, passaram a ter situações diversas de cumprimento das normas de arrecadação e recolhimento das contribuições devidas, de acordo com o RPS, em seu art. 216, inc. II e §§ 20, 23, 26, 27 e 29 (com a redação conferida pelo Decreto n. 4.729, de 09.06.2003).

A empresa que remunera contribuinte individual é obrigada a fornecer a este comprovante do recolhimento da contribuição incidente sobre a remuneração paga ou de sua inclusão em declaração para fins fiscais (art. 216, inc. XII, do RPS).

Além das obrigações principais, existem as obrigações acessórias, de acordo com o art. 113, § 2.º, do Código Tributário Nacional, que são aquelas que decorrem da legislação tributária e têm por objeto as prestações, positivas ou negativas, nela previstas no interesse da arrecadação ou da fiscalização dos tributos. Pelo simples fato da sua inobservância, converte-se em obrigação principal relativamente à penalidade pecuniária (CTN, art. 113, § 3.º).

As obrigações acessórias da empresa com relação às contribuições sociais arrecadadas pela Secretaria da RFB estão previstas no art. 32 da Lei n. 8.212/1991:

- preparar folhas de pagamento das remunerações pagas ou creditadas a todos os segurados a seu serviço, de acordo com os padrões e normas estabelecidos pelo órgão competente da Seguridade Social;
- lançar mensalmente em títulos próprios de sua contabilidade, de forma discriminada, os fatos geradores de todas as contribuições, o montante das quantias descontadas, as contribuições da empresa e os totais recolhidos;
- prestar à Secretaria da RFB todas as informações cadastrais, financeiras e contábeis de seu interesse, na forma por ela estabelecida, bem como os esclarecimentos necessários à fiscalização;
- declarar à Secretaria da RFB e ao Conselho Curador do Fundo de Garantia do Tempo de Serviço – FGTS, na forma, prazo e condições estabelecidos por esses órgãos, dados relacionados a fatos geradores, base de cálculo e valores devidos da contribuição previdenciária e outras informações de interesse do INSS ou do Conselho Curador do FGTS;
- comunicar, mensalmente, aos empregados, por intermédio de documento a ser definido em regulamento, os valores recolhidos sobre o total de sua remuneração ao INSS.

O art. 225 do Decreto n. 3.048/1999 relaciona ainda as seguintes obrigações da empresa:

- afixar cópia da Guia da Previdência Social, relativamente à competência anterior, durante o período de um mês, no quadro de horário de que trata o art. 74 da Consolidação das Leis do Trabalho;
- informar, anualmente, à Secretaria da RFB, na forma por ela estabelecida, o nome, o número de inscrição na previdência social e o endereço completo dos segurados trabalhadores avulsos, por ela utilizados no período, a qualquer título, para distribuição ou comercialização de seus produtos, sejam eles de fabricação própria ou de terceiros, sempre que se tratar de empresa que realize vendas diretas; e
- comunicar, mensalmente, os empregados a respeito dos valores descontados de sua contribuição previdenciária e, quando for o caso, dos valores da contribuição do empregador incidentes sobre a remuneração do mês de competência

por meio de contracheque, recibo de pagamento ou documento equivalente (RPS, art. 225, VIII, incluído pelo Decreto n. 10.410/2020).

A empresa que não apresentar Laudo Técnico de Condições Ambientais do Trabalho (LTCAT) ou apresentá-lo com dados divergentes ou desatualizados em relação às condições ambientais existentes, estará sujeita à autuação com fundamento no § 2.º do art. 33 da Lei n. 8.212/1991.

A empresa informará mensalmente, também por meio da GFIP, a alíquota correspondente ao seu grau de risco (GILRAT), a respectiva atividade preponderante e a atividade do estabelecimento (§ 13 do art. 202 do RPS).

3.10.3 Prazo de recolhimento das contribuições

A questão do vencimento das obrigações em matéria de contribuições à Seguridade Social é importante pois fixa a partir de quando se tem caracterizada a mora tributária, de modo a acarretar a incidência de juros e multa moratórios, inclusive na execução trabalhista, como veremos em tópico a seguir.

A empresa ou equiparada é obrigada a realizar o recolhimento da contribuição normal, que deve ocorrer até o dia 20 do mês seguinte àquele a que se refere a contribuição, e a do 13.º salário até o dia 20 de dezembro. Por exemplo, a contribuição referente ao mês de janeiro deverá ser paga até o dia 20 de fevereiro.

Caso não haja expediente bancário na data do vencimento, o pagamento deverá acontecer até o dia útil imediatamente anterior.

A contribuição dos cooperados arrecadada pela cooperativa de trabalho segue as mesmas regras.

As normas da Lei n. 8.212/1991 (art. 30) e do Regulamento (Decreto n. 3.048/1999) dispõem, ainda, que:

- a empresa adquirente, consumidora ou consignatária ou a cooperativa são obrigadas a recolher a contribuição incidente sobre a receita bruta da comercialização da produção rural até o dia 20 do mês subsequente ao da operação de venda ou consignação da produção, independentemente de estas operações terem sido realizadas diretamente com o produtor ou com intermediário – pessoa física, antecipando-se o vencimento para o dia útil imediatamente anterior quando não houver expediente bancário no dia 20 (art. 30, inc. X e § 2.º, I, da Lei n. 8.212/1991, com a redação conferida pela Lei n. 13.202/2015);
- o produtor rural pessoa física e o segurado especial são obrigados a recolher a contribuição incidente sobre a receita bruta da comercialização da produção rural, no dia 20 do mês subsequente ao da operação de venda, caso comercializem a sua produção com adquirente domiciliado no exterior, diretamente, no varejo, a consumidor pessoa física, a outro produtor rural pessoa física ou a outro segurado especial;
- o produtor rural pessoa física e o segurado especial são obrigados a recolher também, diretamente, a contribuição incidente sobre a receita bruta proveniente: (a) da comercialização de artigos de artesanato elaborados com matéria-prima produzida pelo respectivo grupo familiar; (b) de comercialização de

artesanato ou do exercício de atividade artística, observado o disposto nos incisos VII e VIII do § 10 do art. 12 desta Lei; e (c) de serviços prestados, de equipamentos utilizados e de produtos comercializados no imóvel rural, desde que em atividades turística e de entretenimento desenvolvidas no próprio imóvel, inclusive hospedagem, alimentação, recepção, recreação e atividades pedagógicas, bem como taxa de visitação e serviços especiais;

– o produtor rural pessoa física é obrigado a recolher a contribuição incidente sobre o pagamento dos segurados empregado, empresário, trabalhador avulso, trabalhador autônomo ou a este equiparado e demais pessoas físicas a seu serviço, no dia 20 do mês seguinte àquele a que se referirem as remunerações;

– a pessoa física que não seja produtor rural e que adquire produção para venda, no varejo, a consumidor pessoa física é obrigada a recolher a contribuição incidente sobre a receita bruta da comercialização da produção rural, no dia 20 do mês subsequente ao da operação de venda;

– o produtor rural constituído em pessoa jurídica é obrigado a recolher as contribuições incidentes sobre o pagamento dos segurados empregado, empresário, trabalhador avulso, trabalhador autônomo ou a este equiparado e das demais pessoas físicas a seu serviço e as incidentes sobre a receita bruta da comercialização da produção rural no dia 20 do mês subsequente ao da operação de venda;

– o segurado especial é obrigado a arrecadar a contribuição de trabalhadores a seu serviço e a recolhê-la no dia 20 do mês subsequente àquele a que se referirem as remunerações;

– o empregador doméstico fica obrigado a arrecadar e a recolher a contribuição do segurado empregado a seu serviço e a parcela a seu cargo, até o vigésimo dia do mês seguinte ao da competência (prazo alterado pela Lei n. 14.438, de 2022);

– a empresa que remunera empregado licenciado para exercer mandato de dirigente sindical é obrigada a recolher a contribuição deste, bem como as parcelas a seu cargo, no dia 20 do mês subsequente a que se referir tal remuneração;

– a entidade sindical que remunera dirigente que mantém a qualidade de segurado empregado, licenciado da empresa, ou trabalhador avulso é obrigada a recolher a contribuição deste, bem como as parcelas a seu cargo, na forma acima; e

– a entidade sindical que remunera dirigente que mantém a qualidade de segurado contribuinte individual ou especial é obrigada a recolher a contribuição incidente sobre as remunerações ou retribuições, na forma citada.

A pessoa jurídica de direito privado beneficiada pela isenção é obrigada a arrecadar a contribuição do segurado empregado e do trabalhador avulso a seu serviço, descontando-a da respectiva remuneração, e recolhê-la no dia 20 do mês seguinte àquele a que se referirem as remunerações.

Os segurados contribuinte individual e o facultativo devem recolher a contribuição, por iniciativa própria, até o dia 15 do mês subsequente àquele a que as contribuições se referirem, prorrogando-se o vencimento para o dia útil subsequente quando não houver expediente bancário no dia 15, facultada a opção pelo recolhimento trimestral para contribuições incidentes sobre o valor de um salário mínimo.

3.11 FATO GERADOR, CUMPRIMENTO E INADIMPLEMENTO DA OBRIGAÇÃO NO ÂMBITO DA JUSTIÇA DO TRABALHO

Incumbe, agora, tratar mais especificamente da aplicação das regras de custeio quando se está diante de ação trabalhista e há execução de contribuições sociais.

Alguns esclarecimentos devem ser feitos a respeito dessa matéria. O primeiro deles é que *não é da decisão judicial que resultam direitos*, mas da existência do direito, que em tempo pretérito foi lesado, e que somente por ocasião da sentença foi *reconhecido* pelo Estado-Juiz. Vale dizer, sentença judicial – ainda que homologando transação entre as partes num litígio perante a Justiça do Trabalho – não é fato gerador de contribuição à Seguridade.

Visando eliminar eventuais dúvidas sobre o assunto, a Lei n. 11.941/2009 deu nova redação aos parágrafos do art. 43 da Lei n. 8.212/1991, *verbis*:

> Art. 43. Nas ações trabalhistas de que resultar o pagamento de direitos sujeitos à incidência de contribuição previdenciária, o juiz, sob pena de responsabilidade, determinará o imediato recolhimento das importâncias devidas à Seguridade Social.
> § 1.º Nas sentenças judiciais ou nos acordos homologados em que não figurarem, discriminadamente, as parcelas legais relativas às contribuições sociais, estas incidirão sobre o valor total apurado em liquidação de sentença ou sobre o valor do acordo homologado.
> § 2.º Considera-se ocorrido o fato gerador das contribuições sociais na data da prestação do serviço.
> § 3.º As contribuições sociais serão apuradas mês a mês, com referência ao período da prestação de serviços, mediante a aplicação de alíquotas, limites máximos do salário de contribuição e acréscimos legais moratórios vigentes relativamente a cada uma das competências abrangidas, devendo o recolhimento ser efetuado no mesmo prazo em que devam ser pagos os créditos encontrados em liquidação de sentença ou em acordo homologado, sendo que nesse último caso o recolhimento será feito em tantas parcelas quantas as previstas no acordo, nas mesmas datas em que sejam exigíveis e proporcionalmente a cada uma delas.
> § 4.º No caso de reconhecimento judicial da prestação de serviços em condições que permitam a aposentadoria especial após quinze, vinte ou vinte e cinco anos de contribuição, serão devidos os acréscimos de contribuição de que trata o § 6.º do art. 57 da Lei n. 8.213, de 1991.
> § 5.º Na hipótese de acordo celebrado após ter sido proferida decisão de mérito, a contribuição será calculada com base no valor do acordo.
> § 6.º Aplica-se o disposto neste artigo aos valores devidos ou pagos nas Comissões de Conciliação Prévia de que trata a Lei n. 9.958, de 12 de janeiro de 2000.

Buscando, pois, uma interpretação razoável para as regras em questão, tem-se que toda vez que uma decisão judicial proferida em litígio perante a Justiça do Trabalho reconhecer a existência de relação de trabalho (não apenas as relações de emprego, mas quaisquer relações de trabalho em que o prestador de serviços for pessoa física, logo segurado obrigatório do RGPS), seja apreciando a demanda, seja homologando composição amigável, havendo incidência de contribuições à Seguridade Social ainda não quitadas pelo responsável tributário, estas são devidas não em função da sentença, nem em razão da condenação no pagamento de verbas de natureza remuneratória, mas sim em virtude da existência pretérita de fatos geradores da obrigação de recolher contribuição aos cofres da Seguridade Social.

Quanto ao § 1.º do art. 43, refere-se o dispositivo aos acordos homologados pela Justiça do Trabalho, em que o tomador dos serviços quita valores decorrentes da suposta relação de trabalho entre autor e réu. Recorda-se, aqui, por oportuno, que a ampliação da competência da Justiça do Trabalho, promovida pela Emenda Constitucional n. 45, fez com que esse ramo do Judiciário passasse a decidir sobre relações de trabalho em sentido amplo, e não apenas no campo antes restrito às relações de emprego e trabalho avulso.

No tocante à alusão às sentenças, é de notar que não existe sentença que não declare a natureza jurídica do que está sendo objeto de condenação, sob pena de se tratar de sentença nula, por ininteligível.

Por sua vez, o acordo judicial resolve a demanda entre autor e réu do processo – prestador de trabalho e contratante desse mesmo trabalho. Trata-se a relação de trabalho de relação de direito privado, em que se admite a transação em juízo, mediante a existência da chamada *res dubia*. Ao celebrar acordo, autor e réu podem pactuar livremente o que está sendo objeto da composição amigável – desde que o objetivo da composição não seja prejudicar terceiros.

Daí vem a questão: uma demanda em que o autor formula dois pedidos, um de diferenças de valores pagos "por fora" e outro de FGTS não depositado, em que as partes resolvem compor o litígio com o valor pago apenas "a título de FGTS", tem esse desiderato, de prejudicar terceiros? Sob a ótica de alguns, sim, pois a Seguridade Social não poderia exigir as contribuições sobre os valores pagos sem constar na "folha de pagamento". E justamente aqui reside o equívoco.

O fato de ter a composição amigável versado somente, no nosso exemplo, sobre o FGTS – que não faz parte do conceito de salário de contribuição – não exclui o poder-dever de a administração fazendária identificar os fatos geradores de tributos e contribuições devidas. Logo, se o autor da demanda comprovadamente recebeu salários "por fora", pouco importa se fez parte do acordo o reconhecimento de tais pagamentos: o Fisco tem elementos para realizar a investigação e descobrir, se for o caso, o montante pago ao trabalhador, mês a mês, procedendo daí ao lançamento de ofício e cobrança judicial futura, inclusive com encaminhamento posterior de ofício ao MPF para denúncia pelo crime de sonegação de contribuições previdenciárias.

Em vez disso, o legislador estabeleceu uma condição atípica de aferição de base de cálculo de contribuições: o valor do acordo. Por conseguinte, têm-se visto situações teratológicas, como a União exigir contribuições previdenciárias incidentes sobre valor de acordo feito a título de indenização por danos morais – quando o único pedido era este – por entender que "não houve discriminação das parcelas objeto do acordo". O parágrafo em questão, ademais, cria novo fato gerador e inventa um novo vencimento para a obrigação tributária – pagamento de acordo judicial, que não se confunde com o pagamento das parcelas salariais.

Acerca do § 2.º, parecia encerrar em definitivo a cizânia existente – apenas na Justiça do Trabalho – a respeito da caracterização do fato gerador em situações de reconhecimento de direitos apenas em juízo. O dispositivo incorpora a posição unânime dos Tribunais Regionais Federais e do STJ – antes de a matéria passar a ser de competência da Justiça do Trabalho e mesmo depois, naquelas execuções fiscais que permaneceram na competência da Justiça Federal. Pouco importa quando se deu o ingresso em juízo da ação, ou quando foi prolatada a sentença, ou quando foi liquidado o cálculo, ou, ainda, quando foi quitada a verba em que foi condenado o réu: o cálculo da contribuição previdenciária retroagirá à época de cada mês em que houve a prestação de serviços, tal como sempre se fez com relação aos próprios créditos trabalhistas reconhecidos em decisão judicial.

A composição plena do TST rejeitou a arguição de inconstitucionalidade sobre as regras incluídas e alteradas (ArgInc 95541-69.2005.5.03.0004, Rel. Min. Luiz Philippe Vieira de Mello Filho, *DEJT* 06.09.2013).

Na prática, o que se discute é o momento a partir do qual se inicia a contagem para eventual cobrança de juros e valores devidos a título de contribuição previdenciária em sentenças já liquidadas.

O entendimento predominante até então no TST, além de beneficiar o infrator da norma e fulminar aspectos ligados aos delitos fiscais (uma vez que, caso se entenda que o fato gerador se dá somente com o pagamento, o crime de sonegação fiscal de contribuições previdenciárias, tipificado no art. 337-A do Código Penal, não se materializaria jamais), não encontra guarida na firme jurisprudência do STF, *verbis*:

> Todas as contribuições, sem exceção, sujeitam-se à lei complementar de normas gerais, assim ao CTN (art. 146, III, *ex vi* do disposto no art. 149). Isto não quer dizer que a instituição dessas contribuições exige lei complementar: porque não são impostos, não há a exigência no sentido de que os seus fatos geradores, bases de cálculo e contribuintes estejam definidos na lei complementar (art. 146, III, *a*) (STF, RE 138.284, Rel. Min. Carlos Velloso, j. 1.º.07.1992).

Consequentemente, houve modificação no teor da Súmula n. 368 do TST, como já visto.

O art. 276 do RPS (Decreto n. 3.048/1999) prevê que a apuração da contribuição do empregado – e, por conseguinte, também a do empregador – seja feita mês a mês, aplicando-se as alíquotas do art. 198 do Regulamento (as mesmas utilizadas para a contribuição dos segurados empregados), observado o limite máximo do salário de contribuição, omitindo-se a respeito da contribuição patronal, bem como sobre quem deverá sofrer o ônus do pagamento. Quanto ao vencimento da obrigação, deve-se considerar o prazo estabelecido na época em que a contribuição era devida, mês a mês, para o cálculo dos acréscimos de mora (juros e multa).

Os juros aplicáveis aos débitos decorrentes do inadimplemento das obrigações (tributárias) da Lei de Custeio são os apurados de acordo com a taxa Selic.

Em nosso entender, a decisão proferida pela Justiça do Trabalho tem (ou deveria ter) efeito semelhante ao da atuação fiscal dos auditores da RFB: o Fisco toma conhecimento de irregularidades praticadas pelos contribuintes ou responsáveis tributários (no caso, os empregadores), por via de regra, pela atuação do seu corpo de auditores-fiscais. Entretanto, sendo dever de ofício dos órgãos judiciários comunicar às autoridades competentes quaisquer indícios de violação da ordem jurídica, a comunicação feita pelo Juiz do Trabalho à Receita surte efeito semelhante ao do comparecimento do auditor-fiscal ao estabelecimento de uma empresa: constata-se, de forma inequívoca, eventual inadimplemento de obrigações tributárias para com a Seguridade Social.

Então, da mesma forma como acontece quando um auditor-fiscal da RFB comparece à empresa e faz constatação de inadimplemento de verbas trabalhistas e de contribuições previdenciárias, o débito já existe, não foi "criado" pela ida do auditor ao estabelecimento, nem pela sentença proferida pela Justiça do Trabalho. Daí por que existem "acréscimos moratórios" devidos (juros iguais à Selic e multa de caráter moratório), como menciona o art. 114, VIII, da Constituição. Contudo, o texto do art. 276 do Decreto é omisso a esse respeito, dando a falsa impressão de que o efeito de um crédito da Seguridade Social "decorrente" de uma decisão judicial trabalhista seria diverso daquele constatado pela ação da fiscalização da Receita Federal.

O § 4.º do art. 879 da CLT, no entanto, claramente dispõe que "a atualização do crédito devido à Previdência Social observará os critérios estabelecidos na legislação previdenciária". Portanto, os parâmetros a serem obedecidos para atualização da contribuição previdenciária devida são aqueles constantes da Lei n. 8.212/1991.

A nosso ver, o legislador laborou em equívoco conceitual ao atribuir, no texto do § 3.º do art. 43 editado pela Lei n. 11.941/2009, um novo prazo de vencimento da obrigação. Se o fato gerador, como bem esclarece o § 2.º, é a prestação de serviço e a apuração da contribuição e seus acréscimos a ele retroage, o vencimento da obrigação ocorreu no mês seguinte ao da prestação laboral – a exemplo do empregador que não quitou as verbas trabalhistas no mês seguinte ao trabalhado, e somente em juízo é compelido a fazêlo. Não há por que estabelecer prazo diferente, uma vez que o devedor, no caso, já está inadimplente. Não há dois prazos de vencimento para uma mesma obrigação tributária. Vencido o prazo, o devedor cai em mora e se sujeita aos juros e multa moratórios.

O § 4.º do art. 43 da Lei de Custeio apenas acrescenta o cabimento da cobrança da contribuição específica para custeio de aposentadorias especiais, quando o autor da demanda fizer jus a esta, por exemplo, quando caracterizada atividade insalubre sem neutralização dos agentes nocivos, constante do Anexo ao Decreto n. 3.048/1999.

O § 5.º do art. 43 da Lei n. 8.212/1991 tinha redação diversa quando editada a Medida Provisória n. 449[5], sendo similar à da Lei n. 11.457/2007, que incluiu previsão idêntica no § 6.º do art. 832 da CLT e com a qual concordávamos. Por evidente, o acordo judicial homologado posteriormente ao julgamento somente pode versar

---

[5] A MP n. 449/2008 foi convertida na Lei n. 11.941/2009, mas o § 5.º do art. 43 da Lei n. 8.212/1991 teve a redação modificada, constando: "§ 5.º Na hipótese de acordo celebrado após ter sido proferida decisão de mérito, a contribuição será calculada com base no valor do acordo". Redação que atualmente está em vigor.

sobre a transação dos créditos do trabalhador, nunca os da Fazenda Pública. Todavia, no Congresso Nacional, o texto foi modificado para fazer constar o oposto. A Lei n. 13.876/2019 introduziu novos parágrafos ao art. 832 da CLT, limitando de certo modo a liberdade de identificação, no acordo, de verbas de natureza não remuneratória:

> § 3.º-A. Para os fins do § 3.º deste artigo, salvo na hipótese de o pedido da ação limitar-se expressamente ao reconhecimento de verbas de natureza exclusivamente indenizatória, a parcela referente às verbas de natureza remuneratória não poderá ter como base de cálculo valor inferior:
> I – ao salário mínimo, para as competências que integram o vínculo empregatício reconhecido na decisão cognitiva ou homologatória; ou
> II – à diferença entre a remuneração reconhecida como devida na decisão cognitiva ou homologatória e a efetivamente paga pelo empregador, cujo valor total referente a cada competência não será inferior ao salário mínimo.
> § 3.º-B. Caso haja piso salarial da categoria definido por acordo ou convenção coletiva de trabalho, o seu valor deverá ser utilizado como base de cálculo para os fins do § 3.º-A deste artigo.

A esse respeito, a Orientação Jurisprudencial do TST a seguir:

> 376. Contribuição previdenciária. Acordo homologado em juízo após o trânsito em julgado da sentença condenatória. Incidência sobre o valor homologado.
> É devida a contribuição previdenciária sobre o valor do acordo celebrado e homologado após o trânsito em julgado de decisão judicial, respeitada a proporcionalidade de valores entre as parcelas de natureza salarial e indenizatória deferidas na decisão condenatória e as parcelas objeto do acordo.

Por fim, há a previsão de execução de contribuições decorrentes de acordos firmados perante as Comissões de Conciliação Prévia, de que trata a Lei n. 9.958/2000[6], regra que merece elogios, porquanto até então não havia qualquer fiscalização do Estado sobre as transações ocorridas nas ditas comissões.

3.12 COBRANÇA DAS CONTRIBUIÇÕES NÃO VERTIDAS: EXECUÇÃO FISCAL E NA JUSTIÇA DO TRABALHO

As contribuições devidas à Seguridade Social podem ser cobradas via execução fiscal, perante a Justiça Federal, quando decorrentes de notificações e autos de infração lavrados pela Receita Federal, por exemplo, nos casos de reconhecimento de vínculo de emprego sem registro e sem recolhimento, ou quando da cobrança de contribuições sobre pagamentos "extrafolha". A execução se dá pela Justiça do Trabalho quanto às contribuições resultantes das condenações em pecúnia ou acordos homologados em ações trabalhistas.

---

[6] A Lei n. 9.958/2000: "Altera e acrescenta artigos à Consolidação das Leis do Trabalho – CLT, aprovada pelo Decreto-lei n.º 5.452, de 1.º de maio de 1943, dispondo sobre as Comissões de Conciliação Prévia e permitindo a execução de título executivo extrajudicial na Justiça do Trabalho".

3.12.1 A responsabilidade pelos recolhimentos – quem é o devedor?

Na Lei de Custeio, tem-se que, embora os segurados empregados, domésticos e avulsos sejam contribuintes, a contribuição não passa por suas mãos. É obrigação legal do empregador fazer a retenção da contribuição devida, de modo que o salário "líquido" do empregado é aquele apurado após a dedução da contribuição à Seguridade, entre outras deduções legais e contratuais.

A previsão legal está no art. 30, inc. I e alíneas (doméstico, inc. V), estabelecendo a norma que, após arrecadar as contribuições dos segurados, deverá o empregador (empresa ou empregador doméstico) fazer o recolhimento, ou seja, a entrega do numerário ao ente arrecadador, assim como a sua própria contribuição.

Situação idêntica ocorre quanto ao contribuinte individual, prestador de serviços pessoa física, sem relação de emprego, quando remunerado por pessoa jurídica, por força da Lei n. 10.666/2003: também a empresa é responsável pela retenção da contribuição do segurado, no percentual de 11% sobre o salário de contribuição, limitado ao valor-teto.

Mais adiante, o § 5.º do art. 33 da Lei n. 8.212/1991 dispõe sobre o descumprimento da obrigação de fazer a retenção e o recolhimento, *verbis*:

> O desconto de contribuição e de consignação legalmente autorizadas sempre se presume feito oportuna e regularmente pela empresa a isso obrigada, não lhe sendo lícito alegar omissão para se eximir do recolhimento, ficando diretamente responsável pela importância que deixou de receber ou que arrecadou em desacordo com o disposto nesta Lei.

Em matéria penal, cumpre lembrar que a Lei n. 9.983/2000 estabelece entre os crimes contra a Seguridade Social o de "sonegação de contribuições previdenciárias", que é praticado pelo tomador de serviços que utiliza meios fraudulentos para não declarar fatos geradores de contribuição previdenciária, com a finalidade de não as recolher ou recolhê-las a menor que o devido.

Tal situação é bastante comum nas lides trabalhistas, em que grande parte dos trabalhadores postula o reconhecimento da relação de emprego por terem trabalhado "sem carteira assinada", ou, ainda, quando o empregador, usando do famoso método do "caixa dois", paga parte da remuneração do empregado "por fora", ou seja, sem que esteja indicado nos recibos de pagamento de salários.

Tratando-se de delito, além do dever de comunicação ao MPF para o ajuizamento da ação penal contra o empregador infrator, na forma do art. 40 do Código de Processo Penal, cumpre ao Juiz do Trabalho fazer com que o ônus pelo descumprimento da lei recaia exclusivamente sobre o infrator – o empregador, no caso –, de modo que: (1) as contribuições inadimplidas, sejam as patronais, sejam as que deveriam ter sido deduzidas da remuneração do empregado, sejam satisfeitas em sua totalidade pelo empregador infrator; e (2) diante da mora tributária, que retroage ao dia do vencimento da obrigação – nos meses seguintes a cada mês trabalhado –, seja exigido o pagamento dos juros de mora e da multa moratória previstos na Lei n. 8.212/1991, tal como ocorreria caso a situação fosse flagrada por um auditor-fiscal da Receita.

Outrossim, cumpre citar o que preceitua o art. 34 da Lei n. 8.213/1991, ao tratar do cálculo da renda mensal do benefício do segurado empregado e trabalhador avulso, para quem serão computados os salários de contribuição referentes aos meses em que as contribuições eram devidas, ainda que não tenha havido recolhimento pela empresa, "sem prejuízo da respectiva cobrança e da aplicação das penalidades cabíveis".

Assim, fica evidente que a legislação de financiamento do sistema de seguridade impõe ao empregador a responsabilidade integral por recolhimentos ocorridos fora da chamada "época própria", ou seja, no mês subsequente ao do pagamento devido. Vale dizer, por exemplo, que, no caso típico do trabalhador sem carteira assinada, cujo vínculo de emprego é reconhecido em juízo, as contribuições não efetuadas nos meses em que vigeu o contrato de trabalho são de inteira responsabilidade do empregador.

E quando o pagamento de alguma parcela salarial foi protelado pelo empregador, por exemplo, reajustes salariais, décimo terceiro salário ou horas extras? Como já frisado, a hipótese de incidência contempla o fato de ser tão somente devida a verba para que ocorra a obrigação de contribuir. O momento da incidência é um só com relação a cada verba, e, como bem disse *Wladimir Martinez*,[7] é ilógico que as partes possam a seu talante alterar o momento de incidência da contribuição. Primeiramente, porque, antes da obrigação de recolher contribuições sociais, o empregador tem a obrigação de pagar o salário devido, com todos os seus acrescidos (gratificações, adicionais, comissões etc.); se não o faz, pratica ato ilícito, sonegando o cumprimento da lei, não podendo invocar o desconhecimento da norma para se eximir da culpa.

Então, sendo a falta de pagamento da verba salarial um ilícito, ainda que de caráter meramente civil, causando dano material, compreendemos que não há fundamento para aplicar regra diversa daquela disposta no já mencionado § 5.º do art. 33 da Lei de Custeio.

Quando da atuação da fiscalização (Receita Federal), a notificação de débito, em caso de trabalho sem registro ou pagamentos "extrafolha", é dirigida somente ao empregador, fazendo constar as contribuições devidas pelo empregador e aquelas que deveriam ter sido retidas (deduzidas) dos créditos do empregado, caso o pagamento tivesse sido feito na época correta. Após o prazo legal, tal retenção não tem mais cabimento.

A constatação de que algum segurado trabalhou sem registro para uma pessoa jurídica, ou pessoa física equiparada à empresa, acarreta consequentemente a transferência da responsabilidade pelos tributos e acréscimos de mora ao tomador dos serviços prestados. **Não há emissão de notificação pela RFB e, por consequência, execução fiscal tendo como executados segurados empregados, domésticos, trabalhadores avulsos ou, ainda, contribuintes individuais prestadores de serviços a pessoas jurídicas.**

E no caso de reconhecimento de direitos na Justiça do Trabalho?

Nosso entendimento é o de que não se deve perder de vista que a decisão judicial condenatória tem tão somente o efeito de um reconhecimento *a posteriori* de um direito vilipendiado; não cria direitos, apenas declara-os existentes e não satisfeitos.

---

[7] MARTINEZ, Wladimir Novaes. Mês de competência do fato gerador previdenciário. *Jornal do 17º Congresso Brasileiro de Previdência Social*. São Paulo: LTr, 2004. p. 75.

Por essas razões, consideramos que a obrigação dos recolhimentos decorrentes de créditos reconhecidos por decisão judicial é de inteira responsabilidade e ônus da empresa ou do empregador doméstico, salvo quando o atraso no pagamento de parcela salarial não caracterize ato ilícito do empregador.

No entanto, tem-se observado que as decisões da Justiça do Trabalho, em sua maioria absoluta, determinam a dedução das contribuições do empregado em seus créditos, por força da Súmula n. 368 do TST, que em sua atual redação incorporou a antiga Orientação Jurisprudencial n. 363 da SDI-1 do TST.

O art. 43 da Lei n. 8.212/1991, ao referir a obrigação de contribuir para a Seguridade Social também com respeito aos créditos decorrentes de decisões da Justiça do Trabalho, menciona o "recolhimento" das importâncias devidas, e não a "retenção". Não há que confundir tais institutos, uma vez que tais vocábulos não são sinônimos: uma, porque, se o fossem, não seriam utilizados conjuntamente no art. 45 do Código Tributário Nacional; duas, porque o recolhimento é feito no prazo assinado por lei, *a posteriori* da quitação dos salários ao empregado, enquanto a retenção – que, insista-se, não é autorizada pelo preceito da lei previdenciária em comento – é feita preambularmente à satisfação dos créditos, ou no momento da entrega destes ao segurado. O empregador só retém quando deduz do empregado sua contribuição.

Feitas essas considerações, vejamos separadamente o procedimento adotado em caso de execução fiscal e, após, o procedimento utilizado na Justiça do Trabalho, a fim de anotarmos semelhanças e diferenças, inclusive no campo da repercussão em prol do indivíduo-trabalhador, como titular dos direitos sociais questionados.

3.12.2 Dívida ativa e a execução fiscal

Podemos definir como dívida ativa a soma dos créditos devidos à entidade arrecadadora fiscal, ainda não quitados pelos contribuintes ou responsáveis. A dívida ativa compreenderia, portanto, a soma dos créditos tributários que eram exigíveis e que não foram pagos no momento próprio, ou seja, que já se encontram vencidos. **Entretanto, como já abordado, os créditos da Seguridade Social correspondentes às contribuições exigíveis na execução processada na Justiça do Trabalho não são inscritos em dívida ativa**, o que impede, inclusive, que se saiba o montante de valores a que a Fazenda faria jus em caso de pleno adimplemento dessas mesmas contribuições e acréscimos moratórios.

O Código Tributário Nacional apresenta no art. 201, *caput*, o conceito de dívida ativa nos seguintes termos: "Constitui dívida ativa tributária a proveniente de crédito dessa natureza regularmente inscrita na repartição administrativa competente, depois de esgotado o prazo fixado para pagamento, pela lei ou por decisão final proferida em processo regular".

De acordo com o Regulamento da Previdência Social – Decreto n. 3.048/1999: "Considera-se dívida ativa o crédito proveniente de fato jurídico gerador das obrigações legais ou contratuais, desde que inscrito no livro próprio, de conformidade com os dispositivos da Lei n. 6.830, de 1980" (art. 245, § 4.º).

A Lei n. 6.830, de 22.09.1980, dispõe sobre a cobrança judicial da dívida ativa da Fazenda Pública, determinando no art. 1.º: "A execução judicial para cobrança da dívida ativa da União, dos Estados, do Distrito Federal, dos Municípios e respectivas Autarquias será regida por esta Lei e, subsidiariamente, pelo Código de Processo Civil".

As contribuições, a atualização monetária, os juros de mora, as multas, bem como outras importâncias devidas e não recolhidas até o seu vencimento, devem ser lançados em livro próprio destinado à inscrição em dívida ativa da União, após a constituição do respectivo crédito, a partir da edição da Lei n. 11.457, de 16.03.2007, não mais existindo, daquela data em diante, dívida ativa da Seguridade Social. **Será inscrito em dívida ativa, portanto, todo e qualquer débito (contribuições e multas por infrações) de competência da fiscalização da Secretaria da RFB.**

Observação importante é feita por *Hugo de Brito Machado* no sentido de que: "O crédito é levado à inscrição como dívida depois de definitivamente constituído. A inscrição não é ato de constituição do crédito tributário. Pressupõe, isto sim, que este se encontre regular e definitivamente constituído, e ainda que se tenha esgotado o prazo fixado para seu pagamento".[8]

Os requisitos do termo de inscrição em dívida ativa estão previstos no art. 202 do Código Tributário Nacional e reproduzidos no § 5.º do art. 2.º da Lei n. 6.830/1980, quais sejam:

> I – o nome do devedor, dos corresponsáveis e sempre que conhecido, o domicílio ou residência de um e de outros;
>
> II – o valor originário da dívida, bem como o termo inicial e a forma de calcular os juros de mora e demais encargos previstos em lei ou contrato;
>
> III – a origem, a natureza e o fundamento legal ou contratual da dívida;
>
> IV – a indicação, se for o caso, de estar a dívida sujeita à atualização monetária, bem como o respectivo fundamento legal e o termo inicial para o cálculo;
>
> V – a data e o número da inscrição, no Registro de dívida ativa; e
>
> VI – o número do processo administrativo ou do auto de infração, se neles estiver apurado o valor da dívida.

A Certidão de Dívida Ativa (CDA) deverá conter os mesmos elementos do Termo de Inscrição e servirá de título para que o órgão competente, por intermédio de seu procurador ou representante legal, promova a cobrança em juízo, por meio de execução fiscal.

Não há cabimento, pois, de indeferimento liminar da petição inicial da execução fiscal por erro contido nesta, sendo obrigatória a oportunização de sua retificação. Nesse sentido, a decisão do STJ sobre o Tema Repetitivo n. 166: "A Fazenda Pública pode substituir a certidão de dívida ativa (CDA) até a prolação da sentença de embargos, quando se tratar de correção de erro material ou formal, vedada a modificação do sujeito passivo da execução".

A dívida ativa regularmente inscrita goza de presunção de certeza e liquidez. Todavia, a presunção é relativa e pode ser elidida por prova inequívoca, a cargo do

---

[8] MACHADO, Hugo de Brito. *Curso de direito tributário*. 10. ed. São Paulo: Malheiros, 1995. p. 171.

executado ou de terceiro, a quem aproveite.[9] A execução fiscal poderá ser promovida contra o devedor, o fiador, o espólio, a massa falida, o responsável, nos termos da lei, por dívidas tributárias ou não de pessoas físicas ou pessoas jurídicas de direito privado, e os sucessores a qualquer título (LEF, art. 4.º).

Com o escopo de dispensar tratamento uniforme à matéria, conferindo maior racionalidade ao sistema de cobrança da dívida dos entes autárquicos e fundacionais federais, a Lei n. 11.941/2009 propõe a utilização dos mesmos parâmetros estabelecidos para a cobrança da dívida ativa da União, na forma do § 3.º do art. 61 da Lei n. 9.430, de 1996.

Pelas mesmas razões de simplificação, uniformização e racionalidade, prevê a fixação de encargos legais, em substituição aos honorários advocatícios decorrentes de condenação em juízo, no percentual de 20%, com previsão de redução para 10%, na hipótese de pagamento efetuado antes do ajuizamento da execução, nos moldes já estipulados na Lei n. 6.938, de 31.08.1981, na Lei n. 9.782, de 26.01.1999, e na lei de criação da Agência Nacional de Aviação Civil (ANAC) – Lei n. 11.182, de 27.09.2005.

A Lei n. 13.606, de 09.01.2018, incluiu na Lei n. 10.522/2002 os seguintes artigos:

> Art. 20-B. Inscrito o crédito em dívida ativa da União, o devedor será notificado para, em até cinco dias, efetuar o pagamento do valor atualizado monetariamente, acrescido de juros, multa e demais encargos nela indicados.
>
> § 1.º A notificação será expedida por via eletrônica ou postal para o endereço do devedor e será considerada entregue depois de decorridos quinze dias da respectiva expedição.
>
> § 2.º Presume-se válida a notificação expedida para o endereço informado pelo contribuinte ou responsável à Fazenda Pública.
>
> § 3.º Não pago o débito no prazo fixado no *caput* deste artigo, a Fazenda Pública poderá:
>
> I – comunicar a inscrição em dívida ativa aos órgãos que operam bancos de dados e cadastros relativos a consumidores e aos serviços de proteção ao crédito e congêneres; e
>
> II – averbar, inclusive por meio eletrônico, a certidão de dívida ativa nos órgãos de registro de bens e direitos sujeitos a arresto ou penhora.[10]
>
> Art. 20-C. A Procuradoria-Geral da Fazenda Nacional poderá condicionar o ajuizamento de execuções fiscais à verificação de indícios de bens, direitos ou atividade econômica dos devedores ou corresponsáveis, desde que úteis à satisfação integral ou parcial dos débitos a serem executados.

---

[9] Sobre a presunção de liquidez e certeza e o Código de Processo Civil de 2015, foi editado o Enunciado n. 1 do FONEF: "A presunção de liquidez e certeza conferida à certidão de dívida ativa pelo art. 3.º da LEF e pelo art. 204, *caput*, do CTN ilide a aplicação do art. 373, § 1.º, do novo CPC aos devedores que constam do título executivo".

[10] STF, ADI 5.881/DF: "Procedência parcial dos pedidos, para considerar inconstitucional a parte final do inc. II do § 3.º do art. 20-B, onde se lê 'tornando-os indisponíveis', e constitucional o art. 20-E da Lei n. 10.522/2002, ambos na redação dada pela Lei n. 13.606/2018" (Plenário Virtual, Rel. p/Acórdão Min. Roberto Barroso, *DJe* 05.04.2021).

Parágrafo único. Compete ao Procurador-Geral da Fazenda Nacional definir os limites, critérios e parâmetros para o ajuizamento da ação de que trata o *caput* deste artigo, observados os critérios de racionalidade, economicidade e eficiência. [...]

Art. 20-E. A Procuradoria-Geral da Fazenda Nacional editará atos complementares para o fiel cumprimento do disposto nos arts. 20-B, 20-C e 20-D desta Lei.[11]

Por conseguinte, cria-se a possibilidade, a partir da vigência desses dispositivos (que se deu na data da publicação da Lei n. 13.606/2018), para que a União (administrativamente) realize comunicações ao SERASA e SPC e averbe a CDA em cartórios de registro de bens e direitos sujeitos a arresto ou penhora.[12]

O art. 20-B é uma adequação legislativa à decisão do STF que declarou constitucional o protesto de CDA: "O protesto das certidões de dívida ativa constitui mecanismo constitucional e legítimo por não restringir de forma desproporcional quaisquer direitos fundamentais garantidos aos contribuintes e, assim, não constituir sanção política" (ADI 5.135, Rel. Min. Luís Barroso, j. 09.11.2016).

A competência para processar e julgar as execuções fiscais propostas pela Fazenda Pública é da Justiça Federal, consoante regra prevista no art. 109, I, da Constituição Federal. Em consonância com a norma de delegação de competência prevista no próprio texto constitucional (art. 109, § 3.º), a Lei n. 5.010, de 30.05.1966, estabelecia no art. 15, I, que: "Nas comarcas do interior onde não funcionar Vara da Justiça Federal (art. 12), os juízes estaduais são competentes para processar e julgar: I – os executivos fiscais da União e de suas autarquias, ajuizados contra devedores domiciliados nas respectivas comarcas".[13]

No entanto, a Lei n. 13.043, de 13.11.2014, em seu art. 114, IX, revogou o inc. I do art. 15 da Lei n. 5.010/1966, extinguindo a competência delegada nas execuções fiscais da União e de suas autarquias. Como regra de transição, o art. 75 da Lei n. 13.043/2014 estabeleceu que a revogação do mencionado dispositivo "não alcança as execuções fiscais da União e de suas autarquias e fundações públicas ajuizadas na Justiça Estadual antes da vigência desta Lei".[14]

---

[11] Portaria PGFN n. 33, de 08.02.2018: Regulamenta os arts. 20-B e 20-C da Lei n. 10.522, de 19 de julho de 2002 e disciplina os procedimentos para o encaminhamento de débitos para fins de inscrição em dívida ativa da União, bem como estabelece os critérios para apresentação de pedidos de revisão de dívida inscrita, para oferta antecipada de bens e direitos à penhora e para o ajuizamento seletivo de execuções fiscais.

[12] STJ, Repetitivo Tema n. 1026 – tese fixada: "O art. 782, § 3.º, do CPC é aplicável às execuções fiscais, devendo o magistrado deferir o requerimento de inclusão do nome do executado em cadastros de inadimplentes, preferencialmente pelo sistema SERASAJUD, independentemente do esgotamento prévio de outras medidas executivas, salvo se vislumbrar alguma dúvida razoável à existência do direito ao crédito previsto na Certidão de Dívida Ativa – CDA" (REsp 1.807.180/PR, 1.ª Seção, *DJe* 11.03.2021).

[13] Nesse sentido a Súmula n. 40 do extinto Tribunal Federal de Recursos: "A execução fiscal da Fazenda Pública Federal será proposta perante o Juiz de Direito da Comarca do domicílio do devedor, desde que não seja ela sede de Vara da Justiça Federal".

[14] Enunciado FONEF n. 5: "A execução fiscal ajuizada na Justiça Federal, em momento anterior à vigência da Lei 13.043/2014, nela permanece, ainda que o domicílio do devedor não seja

A competência para processar e julgar a execução da dívida ativa da Fazenda Pública exclui a de qualquer outro juízo, inclusive os da falência, da concordata, da liquidação, da insolvência ou do inventário (LEF, art. 5.º).

A penhora efetuada em dinheiro será convertida em depósito à disposição do juízo.

Excepcionalmente, a penhora poderá recair sobre estabelecimento comercial industrial ou agrícola, bem como em plantações ou edifícios em construção.[15] Nesse sentido, a Súmula n. 451 do STJ: "É legítima a penhora da sede do estabelecimento comercial".

O juiz ordenará a remoção do bem penhorado para depósito judicial, particular ou da Fazenda Pública exequente, sempre que esta o requerer, em qualquer fase do processo.

A intimação da penhora ao executado far-se-á mediante publicação, no órgão oficial, do ato de juntada do termo ou do auto de penhora. Far-se-á a intimação da penhora, pessoalmente ao executado, se, na citação feita pelo correio, o aviso de recepção não contiver a assinatura do próprio executado, ou de seu representante legal. A intimação pessoal da penhora ao executado torna dispensável a publicação referida (Súmula n. 190 do extinto TFR).

O termo ou auto de penhora conterá, também, a avaliação dos bens penhorados, efetuada por quem o lavrar. Impugnada a avaliação pelo executado, ou pela Fazenda Pública, antes de publicado o edital de leilão, o juiz, ouvida a outra parte, nomeará avaliador oficial para proceder à nova avaliação dos bens penhorados. Apresentado o laudo, o juiz decidirá de plano sobre a avaliação (LEF, art. 13). A propósito do tema, importante destacar que o momento para o executado impugnar a avaliação é anteriormente à publicação do edital de leilão, sob pena de preclusão. Nesse sentido: STJ, REsp 1.259.854/RS, *DJe* 1.º.09.2011.

Em qualquer fase do processo, será deferida pelo juiz:

- ao executado, a substituição da penhora por depósito em dinheiro, fiança bancária ou seguro-garantia; e
- à Fazenda Pública, a substituição dos bens penhorados por outros, independentemente da ordem legal de nomeação, bem como o reforço da penhora insuficiente.

O executado poderá oferecer embargos, no prazo de trinta dias, contados (art. 16 da LEF):

- do depósito;
- da juntada da prova da fiança bancária ou seguro-garantia; ou
- da intimação da penhora.

---

sede de Vara Federal, uma vez que o art. 75 da Lei 13.043/2014 restringe-se às execuções ajuizadas na Justiça estadual".

[15] Enunciado FONEF n. 18: "Na penhora de recebíveis, cabe constrição integral, sendo ônus do executado comprovar que o montante penhorado inviabiliza suas atividades".

Não são admissíveis embargos do executado antes de garantida a execução. Entretanto, para que os embargos sejam recebidos, não se faz necessária a garantia total do débito. Nesse sentido: "Ambas as Turmas que integram a Primeira Seção do STJ firmaram o entendimento de que é possível o recebimento de embargos do devedor, ainda que insuficiente a garantia da execução fiscal" (STJ, AgRg no Ag 1.325.309/MG, DJe 03.02.2011).

No prazo dos embargos, o executado deverá alegar toda matéria útil à defesa, requerer provas e juntar aos autos os documentos e rol de testemunhas, até três, ou, a critério do juiz, até o dobro desse limite.[16]

À Lei de Execuções Fiscais aplica-se o regime excepcional de atribuição de efeito suspensivo aos embargos do devedor – previsto no Código de Processo Civil – que exige a prestação de garantia somada à presença de fundamentação jurídica relevante e do risco de dano irreparável. Nesse sentido, o Repetitivo do STJ:

> Tema 526 – A atribuição de efeitos suspensivos aos embargos do devedor fica condicionada ao cumprimento de três requisitos: apresentação de garantia; verificação pelo juiz da relevância da fundamentação (*fumus boni juris*) e perigo de dano irreparável ou de difícil reparação (*periculum in mora*).

Recebidos os embargos, o juiz mandará intimar a Procuradoria-Geral Federal, para impugná-los no prazo de trinta dias, designando, em seguida, audiência de instrução e julgamento. Não se realizará audiência se os embargos versarem sobre matéria de direito ou, sendo de direito e de fato, a prova for exclusivamente documental, caso em que o juiz proferirá a sentença no prazo de trinta dias (art. 17 da Lei n. 6.830/1980).

Na execução por carta, os embargos do executado serão oferecidos no juízo deprecado, que os remeterá ao juízo deprecante, para instrução e julgamento. Quando os embargos tiverem por objeto vícios ou irregularidades de atos do próprio juízo deprecado, caber-lhe-á unicamente o julgamento dessa matéria (LEF, art. 20).

Não sendo embargada a execução ou sendo rejeitados os embargos, no caso de garantia prestada por terceiro, será este intimado, sob pena de contra ele prosseguir a execução nos próprios autos, para, no prazo de quinze dias (art. 19 da LEF):

- remir o bem, se a garantia for real; ou
- pagar o valor da dívida, juros e multa de mora e demais encargos, indicados na Certidão de dívida ativa, pelos quais se obrigou, se a garantia for fidejussória.

Julgados improcedentes os embargos, cabe recurso de apelação, no prazo de quinze dias, ao Tribunal Regional Federal.[17] Definitivamente julgados os embargos,

---

[16] STJ Repetitivo Tema n. 288: "É admissível o ajuizamento de novos embargos de devedor, ainda que nas hipóteses de reforço ou substituição da penhora, quando a discussão adstringir-se aos aspectos formais do novo ato constritivo".

[17] STJ Repetitivo Tema n. 395: "Adota-se como valor de alçada para o cabimento de apelação em sede de execução fiscal o valor de R$ 328,27 (trezentos e vinte e oito reais e vinte e sete centavos), corrigido pelo IPCA-E a partir de janeiro de 2001, valor esse que deve ser observado à data da propositura da execução".

ou transcorrido o prazo de trinta dias contados do depósito ou da penhora, havendo depósito, é liberado ao executante; havendo penhora, os bens vão à hasta pública (alienação judicial, por praça ou leilão), quando então os bens poderão ser arrematados, sendo o pagamento da arrematação entregue ao executante, pelos créditos, satisfeitas ainda as custas e honorários; não havendo arrematante, pode ocorrer a adjudicação do bem pelo próprio executante. Após deferida a arrematação ou a adjudicação pelo juiz, o devedor tem vinte e quatro horas para remir a dívida.

Na hipótese de alienação antecipada dos bens penhorados, o produto será depositado em garantia da execução.[18]

A arrematação será precedida de edital, afixado no local do costume, na sede do juízo, e publicado, em resumo, uma só vez, gratuitamente, como expediente judiciário, no órgão oficial. O prazo entre as datas de publicação do edital e do leilão não poderá ser superior a trinta, nem inferior a dez dias. O representante judicial da Fazenda Pública será intimado, pessoalmente, da realização do leilão, com a mesma antecedência referida.

A alienação de quaisquer bens penhorados será feita em leilão público, no lugar designado pelo juiz, devendo o executado ser intimado pessoalmente das datas fixadas. Nesse sentido a Súmula n. 121 do STJ: "Na execução fiscal o devedor deverá ser intimado, pessoalmente, do dia e hora da realização do leilão".

A Fazenda Pública poderá adjudicar os bens penhorados (LEF, art. 24):

- antes do leilão, pelo preço da avaliação, se a execução não for embargada ou se rejeitados os embargos;
- findo o leilão:
    a) se não houver licitante, pelo preço da avaliação;
    b) havendo licitantes, com preferência, em igualdade de condições com a melhor oferta, no prazo de trinta dias.

Quanto à hasta pública em execução fiscal de dívida ativa relativa a créditos da Seguridade Social, dispõe a Lei n. 8.212/1991 que ela seja realizada por leiloeiro oficial, que poderá servir de fiel depositário (com a remoção do bem a depósito), à escolha do exequente, podendo o bem ser arrematado: em primeiro leilão, pelo maior lance, desde que não inferior ao da avaliação; em segundo leilão, pelo maior lance, salvo se caracterizado o preço vil.

O pagamento da arrematação poderá ser parcelado, a requerimento do credor, na mesma forma que os parcelamentos administrativos de débitos, devendo as condições do parcelamento constar do edital de leilão, ficando o executado liberado da dívida à medida que o parcelamento da arrematação é quitado, cabendo ao arrematante, no ato da arrematação, o depósito da primeira parcela, a fim de que lhe seja expedida carta de arrematação, constituída hipoteca do bem adquirido (imóvel) ou penhor (bem móvel) em favor do exequente e, simultaneamente, servindo essa carta como título hábil ao registro da garantia, ficando o arrematante como fiel depositário do bem móvel, quando constituído o penhor.

---

[18] Enunciado FONEF n. 19: "Considerando que os veículos estão sujeitos a acelerada depreciação, é possível a sua alienação antecipada na execução fiscal".

Caso o arrematante deixe de pagar o parcelamento, ocorrerá o vencimento antecipado da dívida integral, realizando-se de imediato a inscrição em dívida ativa e execução fiscal do débito, sem comprometimento da certeza, exigibilidade e liquidez da CDA.

A lei ainda faculta à Seguridade Social, à falta de arrematante, adjudicar o bem pelo valor mínimo de 50% da avaliação. Não havendo arrematação, nem adjudicação, o juiz, de ofício ou a requerimento, determinará sucessivas hastas públicas, até que o bem seja alienado judicialmente (Lei n. 8.212/1991, art. 98 e parágrafos).

Se, antes da decisão de primeira instância, a inscrição de dívida ativa for, a qualquer título, cancelada, a execução fiscal será extinta, sem qualquer ônus para as partes. É importante observar o entendimento firmado na jurisprudência que redundou na Súmula n. 153 do STJ: "A desistência da execução fiscal, após o oferecimento dos embargos, não exime o exequente dos encargos da sucumbência". E, ainda, segundo o Repetitivo Tema n. 1.049:

> A execução fiscal pode ser redirecionada em desfavor da empresa sucessora para cobrança de crédito tributário relativo a fato gerador ocorrido posteriormente à incorporação empresarial e ainda lançado em nome da sucedida, sem a necessidade de modificação da Certidão de Dívida Ativa, quando verificado que esse negócio jurídico não foi informado oportunamente ao fisco (REsp 1.848.993/SP, 1.ª Seção, 09.09.2020).

A cobrança judicial da dívida ativa não é sujeita a concurso de credores ou habilitação em falência, concordata, liquidação, inventário ou arrolamento. O concurso de preferência somente se verifica entre pessoas jurídicas de direito público, na ordem prevista pelo parágrafo único do art. 29 da LEF:

I – União e suas Autarquias;

II – Estados, Distrito Federal e Territórios e suas Autarquias, conjuntamente e *pro rata*;

III – Municípios e suas Autarquias, conjuntamente e *pro rata*.

De acordo com art. 186 do Código Tributário Nacional, com a nova redação dada pela LC n. 118/2005, o crédito tributário prefere a qualquer outro, ressalvados os créditos trabalhistas e os decorrentes de acidente de trabalho. No entanto, estabeleceram-se exceções a essa preferência: em caso de falência, o crédito tributário deixa de preferir aos créditos extraconcursais ou às importâncias passíveis de restituição, bem como aos créditos com garantia real, no limite do bem gravado. Outrossim, a multa tributária prefere apenas os créditos subordinados, o que poderá provocar nova discussão sobre a exigibilidade da multa no processo falimentar.

A União reivindicará os valores descontados pela empresa relativamente a empregados e/ou os arrecadados dos produtores rurais e não recolhidos, e esses valores não estão sujeitos ao concurso de credores (art. 51, parágrafo único, da Lei n. 8.212/1991).

Sem prejuízo dos privilégios especiais sobre determinados bens, que sejam previstos em lei, responde pelo pagamento da dívida ativa a totalidade dos bens e das rendas, de qualquer origem ou natureza, do sujeito passivo, seu espólio ou sua massa, inclusive os gravados por ônus real ou cláusula de inalienabilidade ou impenhorabilidade, seja qual for a data da constituição do ônus ou da cláusula, excetuados unicamente os bens e rendas que a lei declara absolutamente impenhoráveis.

Nos processos de falência, concordata, liquidação, inventário, arrolamento ou concurso de credores, nenhuma alienação será judicialmente autorizada sem a prova de quitação da dívida ativa ou a concordância da Fazenda Pública.

O juiz suspenderá o curso da execução, enquanto não for localizado o devedor ou encontrados bens sobre os quais possa recair a penhora, e, nesses casos, não correrá o prazo de prescrição. Suspenso o curso da execução, será aberta vista dos autos ao representante judicial da Fazenda Pública.[19] Decorrido o prazo máximo de um ano, sem que seja localizado o devedor ou encontrados bens penhoráveis, o juiz ordenará o arquivamento dos autos (LEF, art. 40). Encontrados que sejam, a qualquer tempo, o devedor ou os bens, serão desarquivados os autos para prosseguimento da execução.

A LEF, com a redação conferida pela Lei n. 11.051/2004, que incluiu o § 4.º no art. 40, passou a admitir a existência da prescrição intercorrente como causa extintiva da execução, nos seguintes termos: "Se da decisão que ordenar o arquivamento tiver decorrido o prazo prescricional, o juiz, depois de ouvida a Fazenda Pública, poderá, de ofício, reconhecer a prescrição intercorrente e decretá-la de imediato".

No que tange à prescrição intercorrente, o STJ tem orientação no sentido de que essa mudança legislativa viabilizou a decretação da prescrição intercorrente por iniciativa judicial, com a única condição de ser previamente ouvida a Fazenda Pública, permitindo-lhe arguir eventuais causas suspensivas ou interruptivas do prazo prescricional (*v.g.*, REsp 655.174/PE, *DJ* 09.05.2005; REsp 731.961/PE, Rel. Min. Teori Albino Zavascki, j. 02.08.2005). E nos Repetitivos que seguem foram fixadas as seguintes teses:

> Tema 100 – Ainda que a execução fiscal tenha sido arquivada em razão do pequeno valor do débito executado, sem baixa na distribuição, nos termos do art. 20 da Lei 10.522/2002, deve ser reconhecida a prescrição intercorrente se o processo ficar paralisado por mais de cinco anos a contar da decisão que determina o arquivamento, pois essa norma não constitui causa de suspensão do prazo prescricional.

> Tema 566 – O prazo de 1 (um) ano de suspensão do processo e do respectivo prazo prescricional previsto no art. 40, §§ 1.º e 2.º da Lei n. 6.830/80 – LEF tem início automaticamente na data da ciência da Fazenda Pública a respeito da não localização do devedor ou da inexistência de bens penhoráveis no endereço fornecido, havendo, sem prejuízo dessa contagem automática, o dever de o magistrado declarar ter ocorrido a suspensão da execução.

> Temas 567 e 569 – Havendo ou não petição da Fazenda Pública e havendo ou não pronunciamento judicial nesse sentido, findo o prazo de 1 (um) ano de suspensão inicia-se automaticamente o prazo prescricional aplicável.

---

[19] Enunciado FONEF n. 17: "Com a criação do parcelamento especial da recuperação judicial, previsto na Lei 13.043/2014, o deferimento da recuperação judicial não tem mais o efeito de suspender a execução fiscal enquanto não realizado o parcelamento, dependendo a suspensão do adimplemento das parcelas".

Tema 568 – A efetiva constrição patrimonial e a efetiva citação (ainda que por edital) são aptas a interromper o curso da prescrição intercorrente, não bastando para tal o mero peticionamento em juízo, requerendo, *v.g.*, a feitura da penhora sobre ativos financeiros ou sobre outros bens.

Temas 570 e 571 – A Fazenda Pública, em sua primeira oportunidade de falar nos autos (art. 245 do CPC/73, correspondente ao art. 278 do CPC/2015), ao alegar nulidade pela falta de qualquer intimação dentro do procedimento do art. 40 da LEF, deverá demonstrar o prejuízo que sofreu (exceto a falta da intimação que constitui o termo inicial – 4.1., onde o prejuízo é presumido), por exemplo, deverá demonstrar a ocorrência de qualquer causa interruptiva ou suspensiva da prescrição.

Quanto à necessidade da reserva de lei complementar para tratar da prescrição intercorrente no processo de execução fiscal, o STF fixou, apreciando a matéria em sede de Repercussão Geral (Tema n. 390), a seguinte tese:

É constitucional o art. 40 da Lei n. 6.830/1980 (Lei de Execuções Fiscais – LEF), tendo natureza processual o prazo de 1 (um) ano de suspensão da execução fiscal. Após o decurso desse prazo, inicia-se automaticamente a contagem do prazo prescricional tributário de 5 (cinco) anos (Tribunal Pleno, Rel. Min. Roberto Barroso, Sessão Virtual de 10.02.2023 a 17.02.2023).

Na hipótese de a executada aderir a Programas de Parcelamento na constância do prazo prescricional, o reinício da contagem do prazo de cinco anos coincidirá com a data do inadimplemento (STJ, AgRg no REsp 1284357/SC, *DJe* 04.09.2012).

Ainda quanto ao parcelamento, o TRF da 4.ª Região editou a Súmula n. 85 com o seguinte teor: "A adesão a parcelamento de crédito tributário implica a suspensão da execução, mediante o arquivamento do feito, sem baixa na distribuição".

Quanto à forma de extinção da ação de embargos, no caso de adesão ao acordo de parcelamento de dívida (REFIS ou PAES), deve ser com resolução de mérito. No entanto, segundo o STJ, sem manifestação expressa de renúncia do direito discutido nos autos, é incabível a extinção do processo com julgamento do mérito, residindo o ato na esfera de disponibilidade e interesse do autor, não se podendo admiti-la tácita ou presumidamente (Repetitivo Tema 257 – REsp 1.124.420/MG, 1.ª Seção, *DJe* 14.03.2012).

Quanto ao limite de dispensa de execução dos créditos da União, foi previsto na Lei n. 11.033, de 2004, que: "Serão arquivados, sem baixa na distribuição, mediante requerimento do Procurador da Fazenda Nacional, os autos das execuções fiscais de débitos inscritos como dívida ativa da União pela Procuradoria-Geral da Fazenda Nacional ou por ela cobrados, de valor consolidado igual ou inferior a R$ 10.000,00 (dez mil reais)". O limite mínimo para ajuizamento das execuções fiscais foi reajustado para R$ 20.000,00 pelo art. 2.º da Portaria MF n. 75, de 22.03.2012, com redação dada pela Portaria MF n. 130, de 19.04.2012.

Sobre a possibilidade de extinção de ofício de execução fiscal por carência de ação (interesse de agir) quando o valor excutido não superar o valor de alçada previsto no art. 20 da Lei n. 10.522/2002, o STJ fixou a seguinte tese:

Repetitivo Tema 125: As execuções fiscais relativas a débitos iguais ou inferiores a R$ 10.000,00 (dez mil reais) devem ter seus autos arquivados, sem baixa na distribuição.

É da competência exclusiva do Advogado-Geral da União dispensar a inscrição de crédito, autorizar o não ajuizamento de ações e a não interposição de recursos, assim como requerimento de extinção das ações em curso ou de desistência dos respectivos recursos judiciais, para cobrança de créditos das autarquias e fundações públicas federais, observados os critérios de custos de administração e cobrança (art. 1.º-A da Lei n. 9.469/1997). A regra não se aplica à dívida ativa da União e aos processos em que a União seja autora, ré, assistente ou opoente cuja representação judicial seja atribuída à Procuradoria-Geral da Fazenda Nacional.

3.12.3 Execução na Justiça do Trabalho

Com a EC n. 20/1998, incluiu-se entre as competências constitucionais da Justiça do Trabalho a execução de contribuições sociais e acréscimos, decorrentes de suas decisões. Referida emenda constitucional acresceu no art. 114 do texto original da CF o § 3.º, que assim definiu competir à Justiça do Trabalho a execução, de ofício, das contribuições sociais previstas no art. 195, I, *a*, e II, e seus acréscimos legais, decorrentes das sentenças que proferir. Atualmente, o mesmo dispositivo consta do inc. VIII do art. 114 da Constituição, com a redação conferida pela EC n. 45/2004.

A matéria foi inicialmente regulamentada na CLT por força das inserções realizadas pela Lei n. 10.035/2000. A partir de então, a Justiça do Trabalho "divide" a competência para a execução de créditos da Seguridade Social com a Justiça Federal, numa estranha forma de divisão, na qual a contribuição à Seguridade Social – espécie de tributo que se constitui numa obrigação principal e autônoma em relação ao seu fato gerador – é vista como mero "acessório", muitas vezes.

Tal competência se encontra limitada pela Súmula Vinculante n. 53 do STF, nos seguintes termos: "A competência da Justiça do Trabalho prevista no art. 114, VIII, da Constituição Federal alcança a execução de ofício das contribuições previdenciárias relativas ao objeto da condenação constante das sentenças que proferir e acordos por ela homologados".

Logo, não se podem executar, em ação trabalhista, contribuições objeto de sonegação do registro em CTPS, ou reconhecimento de pagamentos "extrafolha". Em tais situações, que caracterizam o crime de sonegação fiscal de contribuições previdenciárias (art. 337-A do CP), cabe ao Judiciário Trabalhista apenas executar as contribuições que incidam sobre condenações em pecúnia (por exemplo, o pagamento de 13.º salário não quitado ou pago sem considerar o pagamento "extrafolha") e, quanto às contribuições do período sonegado, a expedição de ofício à RFB e ao MPF, para os procedimentos fiscais e o ajuizamento da ação penal cabível, respectivamente.

3.12.3.1 Situação da União na lide trabalhista

A União, sem ter composto a lide trabalhista na condição de parte, surge na execução como terceiro interessado, na condição de credor exequente, sem sequer peticionar nos autos para tanto (CLT, art. 876, parágrafo único, red. Lei n. 13.467/2017), apesar de o credor trabalhista ter de fazê-lo. Tal fato revela a ausência de preocupação do legislador com as questões processuais, ferindo os princípios básicos de composição das lides, isentando o Fisco de demonstrar interesse processual para a obtenção dos seus créditos. Não se pode dizer que seja parte na ação, pois dela não participou na sua fase cognitiva; contudo, na condição de terceiro interessado, eis que da decisão judicial resultam-lhe créditos exequíveis, poderia a Procuradoria recorrer de decisão em fase de conhecimento? Assim não nos parece. A intervenção da Procuradoria-Geral Federal dá-se somente na execução, não lhe cabendo discutir o mérito da causa, embora dela decorrem eventualmente direitos (contribuições devidas) ou obrigações (no caso de reconhecimento de vínculo para fins de obtenção de benefícios posteriormente). Para o responsável pelos recolhimentos, por seu turno, não se concede o contraditório administrativo, partindo-se diretamente para a execução fiscal, em flagrante violação ao princípio do devido processo legal.

Todavia, desde a edição da Lei n. 10.035/2000, há previsão expressa de que o INSS tem o direito de recorrer de decisões homologatórias de transação judicial entre as partes, para discutir as contribuições sociais eventualmente devidas (CLT, arts. 831, parágrafo único, e 832, § 4.º), dispositivo mantido pela Lei n. 11.457/2007, que agora registra haver tal direito por parte da União.

Há de assinalar, entretanto, a inocuidade de tal medida recursal. Assim, caso a União entenda que existe algum valor percebido pelo trabalhador e que gera a incidência da norma de custeio, implicando ser devida a contribuição, deve peticionar imediatamente a execução da contribuição devida, não cabendo tal discussão em sede recursal, pois não há direito controvertido. Compete-lhe exigir as contribuições, e ao executado, se for o caso, embargar a execução, alegando, como suposta matéria de defesa, a inexistência de obrigação de recolhimento de contribuição sobre determinada parcela do acordo judicial.

Diga-se, além disso, que o acordo judicial não gera o encerramento da discussão acerca das contribuições porventura inadimplidas ou sonegadas, pois o trabalhador e seu tomador de serviços não têm poderes para transigir sobre a matéria tributária.

Havendo indícios nos autos de que houve, por exemplo, pagamento de valores não identificados em recibos de pagamento de salários, porém de cunho nitidamente salarial, integrando pois o conceito de salário de contribuição, impõe-se ao ente arrecadador proceder à ação fiscalizatória e à cobrança de tais contribuições, é dizer, a sentença que homologa acordo na Justiça do Trabalho não põe fim a irregularidades cometidas no campo tributário-previdenciário.

Não se pode dizer que a União seja parte na ação de conhecimento (dissídio individual), pois dela não participa – o litígio ocorre entre trabalhador e tomador do serviço; contudo, tem-se entendido que detém a condição de terceiro interessado, porquanto da decisão resulta o reconhecimento de créditos que sofrem a incidência de contribuições à Seguridade Social e, em função disso, tem-se admitido – embora de forma imprópria – que interponha recurso ordinário da decisão definitiva, *v.g.*, para discutir as parcelas discriminadas em acordo judicial. A participação da Fazenda Pública como parte se dá exclusivamente na execução, conforme o texto do art. 114, § 3.º, da Constituição, uma vez que à Justiça do Trabalho não foi conferida competência jurisdicional para analisar, em caráter de cognição, matérias de índole previdenciária, mas apenas em execução (fiscal).

No entanto, a CLT prevê a participação da Fazenda Pública da União já na fase de liquidação do julgado, conferindo à Justiça do Trabalho o ônus de liquidar não só os créditos do autor da demanda, como também os da Seguridade Social, relativos a contribuições incidentes sobre o salário de contribuição, o que padece de grave vício de inconstitucionalidade, como será visto em item a seguir.

3.12.3.2 Créditos executáveis

De acordo com o inc. VIII do art. 114 da Constituição, executam-se perante a Justiça do Trabalho os créditos da Seguridade Social caracterizados como contribuições sociais e acréscimos legais (juros e multa moratória), decorrentes das sentenças que proferir, sejam elas no sentido de solucionar litígios, sejam nas hipóteses de homologações de acordos, devidas pelo empregador ou empresa sobre valores pagos ou creditados à pessoa física – ou seja, a segurado empregado ou não empregado – e sobre o salário de contribuição dos segurados.

Nesse sentido, a contribuição para custeio de benefícios acidentários (antigo SAT) é exigível em sede trabalhista, como foi sumulado pelo TST:

> Nos termos da Súmula 454 do TST, compete à Justiça do Trabalho a execução, de ofício, da contribuição referente ao Seguro de Acidente de Trabalho (SAT), que tem natureza de contribuição para a seguridade social (arts. 114, VIII, e 195, I, *a*, da CF), pois se destina ao financiamento de benefícios relativos à incapacidade do empregado decorrente de infortúnio no trabalho (arts. 11 e 22 da Lei n. 8.212/1991). Recurso de revista conhecido e provido (TST, RR 1245008320025150113, 6.ª Turma, Rel. Min. Augusto César Leite de Carvalho, *DEJT* 07.11.2014).

Por outra vertente, não cabe executar contribuição devida a terceiros (sistema S, salário-educação) na Justiça do Trabalho:

> Execução previdenciária. Contribuições sociais devidas a terceiros. Incompetência da Justiça do Trabalho. Provimento.
> Nos termos do art. 114, VIII, da Constituição Federal, com a redação conferida pela EC n. 45/2004, a Justiça do Trabalho é competente para executar, de ofício, as contribuições sociais previstas no art. 195, I, *a*, e II, da Constituição Federal, decorrentes das sentenças que proferir. Por sua vez, o art. 240 da Constituição Federal excepciona do rol previsto no art. 195 as contribuições de terceiros, consideradas como tais aquelas destinadas a entidades privadas de serviço social e de formação profissional. Em vista disso, há que se concluir que a competência da Justiça do Trabalho não abrange as referidas contribuições. Precedentes desta Corte. [...]" (RR 81400-53.2012.5.13.0026, 4.ª Turma, Rel. Min. Guilherme Augusto Caputo Bastos, *DEJT* 1.º.10.2021).

Acerca da necessidade ou não de previsão na sentença trabalhista para o cabimento da execução de contribuições, comungamos do entendimento da Súmula n. 401 do TST:

> Ação rescisória. Descontos legais. Fase de execução. Sentença exequenda omissa. Inexistência de ofensa à coisa julgada (conversão da Orientação Jurisprudencial n.º 81 da SBDI-2) – Res. 137/2005 – DJ 22, 23 e 24.08.2005
>
> Os descontos previdenciários e fiscais devem ser efetuados pelo juízo executório, ainda que a sentença exequenda tenha sido omissa sobre a questão, dado o caráter de ordem pública ostentado pela norma que os disciplina.
>
> A ofensa à coisa julgada somente poderá ser caracterizada na hipótese de o título exequendo, expressamente, afastar a dedução dos valores a título de imposto de renda e de contribuição previdenciária (ex-OJ n.º 81 da SBDI-2 – inserida em 13.03.2002).

Dessarte, a sentença, como já salientado, não é o título executivo da contribuição a ser executada, pois na decisão proferida não há comando sentencial condenatório.

Conforme a regulamentação estabelecida, decorrem créditos previdenciários das decisões proferidas pelos juízes e Tribunais do Trabalho que:

- condenem o empregador ou tomador de serviços ao pagamento de remunerações devidas ao trabalhador, por direito decorrente dos serviços prestados ou de disposição especial de lei;
- reconheçam a existência de vínculo empregatício entre as partes, declarando a prestação de serviços de natureza não eventual, pelo empregado ao empregador, sob a dependência deste e mediante remuneração devida, ainda que já paga à época, no todo ou em parte, e determinando o respectivo registro em CTPS;
- homologuem acordo celebrado entre as partes antes do julgamento da reclamatória trabalhista, pelo qual fique convencionado o pagamento de parcelas com incidência de contribuições sociais para quitação dos pedidos que a originaram, ou o reconhecimento de vínculo empregatício em período determinado, com anotação do mesmo em CTPS;
- reconheçam a existência de remunerações pagas no curso da relação de trabalho, ainda que não determinem o registro em CTPS ou o lançamento em folha de pagamento.

Pairava certa controvérsia acerca do cabimento de se executarem, perante a Justiça do Trabalho, contribuições devidas em função do reconhecimento de relação de emprego por sentença, quando não tenham sido feitos os recolhimentos durante o período contratual, sobre os salários de contribuição, além das contribuições incidentes sobre os créditos porventura reconhecidos como devidos pela decisão judicial.

Entretanto, o TST acabou por sumular a matéria em sentido diverso, para consolidar o entendimento de que tais contribuições, quando a sentença trabalhista apenas reconheça a relação de emprego, mas de tal decisão não resultem créditos a serem devidos ao empregado, não cabe a execução das contribuições respectivas na Justiça do Trabalho, como se nota do teor da Súmula n. 368.

Todavia, com a edição da Lei n. 11.457, de 16.03.2007, deu-se nova redação ao parágrafo único do art. 876 da CLT, indicando que também seriam exequíveis na Justiça do Trabalho as contribuições decorrentes de salários de contribuição pagos durante a relação de emprego reconhecida.

O STF, por seu turno, editou a Súmula Vinculante n. 53 nos seguintes termos: "A competência da Justiça do Trabalho prevista no art. 114, VIII, da Constituição Federal alcança a execução de ofício das contribuições previdenciárias relativas ao objeto da condenação constante das sentenças que proferir e acordos por ela homologados".

Portanto, o STF referendou o entendimento já sumulado pelo TST, no sentido de que não cabe a execução de contribuições previdenciárias na Justiça do Trabalho quando a decisão for unicamente declaratória de relação jurídica laboral, ou quando apenas reconhecer a existência de fatos geradores (como no caso de salários pagos "por fora" da folha de pagamento). Nessas situações, deverá a Receita Federal expedir a notificação de lançamento e iniciar o procedimento administrativo fiscal, culminando com a execução fiscal, se for o caso, na Justiça Federal.

Por derradeiro, a Lei n. 13.467/2017 incorporou à redação do parágrafo único do art. 876 da CLT o entendimento da súmula vinculante antes citada.

3.12.3.3 O procedimento da execução

Necessário se faz analisar como dar cumprimento ao dispositivo constitucional que prevê a execução das contribuições sociais.

O primeiro aspecto que entendemos deva ser abordado é o do comando sentencial, seja condenatório, seja homologatório de acordo judicial. É de bom alvitre que, na sentença, estabeleça-se, com clareza, sobre quem recairá o ônus de pagar as contribuições (se inteiramente pelo empregador, tal como sustentamos, ou se o empregado terá deduzido de seus créditos o valor das contribuições que deveriam ter sido realizadas em época própria). Assim, o juiz da execução não terá dúvidas em fixar os créditos e seus devedores.

Em liquidação, que a nosso ver deveria ser apurada pela Secretaria da RFB, obedecendo às normas do Código Tributário Nacional, o cálculo das contribuições devidas deve observar o disposto no art. 276 do Decreto n. 3.048/1999, considerando-se o seguinte procedimento:

- apura-se o valor do salário de contribuição do segurado à época de cada parcela deferida pela sentença pelo somatório do valor percebido na "época própria" com os valores reconhecidos pela sentença que se enquadrem no conceito legal – art. 28 da Lei n. 8.212/1991 e art. 214 do Decreto n. 3.048/1999;
- recomposto o salário de contribuição, apura-se a contribuição incidente sobre ele (contribuição do segurado), conforme a alíquota vigente na época, obedecidos, mês a mês, os limites mínimo e máximo do salário de contribuição;
- caso o segurado já tenha contribuído sobre o valor-limite do salário de contribuição, caberá somente a exigência da contribuição patronal acaso devida (excluídas as situações de imunidade e substituição);
- encontrada a contribuição devida, chega-se ao valor da contribuição ainda não paga, pela diferença entre o valor devido e o valor já recolhido;

- quanto às contribuições do tomador dos serviços (empregador doméstico, rural ou empresa urbana), obedecerá aos preceitos legais vigentes na época quanto à base de cálculo e alíquotas;
- devem ser respeitadas as hipóteses em que a contribuição patronal não incide sobre pagamentos feitos a pessoas físicas a seu serviço (optantes do Simples, associações desportivas que possuem equipe de futebol profissional) e de imunidade tributária (entidades que tenham obtido tal direito por decisão do órgão competente da Previdência Social), casos em que não haverá cálculo de contribuições senão as do trabalhador (caso este já não tenha contribuído, à época da prestação laboral, sobre o limite máximo do salário de contribuição);
- saliente-se a existência de alíquotas especiais para as instituições financeiras, bem como a contribuição para custeio de prestações acidentárias e aposentadorias especiais, que devem ser observadas quando do cálculo;
- apurados os valores de contribuições devidas, incidentes sobre os valores da condenação, devem ser calculados os juros moratórios e a multa moratória, na forma dos arts. 34 e 35 da Lei n. 8.212/1991, a serem quitados pelo tomador dos serviços, já que é sua a responsabilidade pelo recolhimento fora do vencimento da obrigação tributária (art. 33, § 5.º, da Lei n. 8.212/1991);
- se a decisão de mérito ou acordo homologado em juízo resultar em não reconhecimento de vínculo de emprego, são exigíveis as contribuições de que trata o art. 22, III, da Lei n. 8.212/1991 e a do segurado contribuinte individual (§ 9.º do art. 276 do Decreto n. 3.048/1999), salvo se o demandante for servidor público sujeito a regime próprio de previdência social, ou já tenha contribuído sobre o valor limite máximo, quando então será devida a contribuição da empresa somente.

Como visto, o cálculo é complexo e na prática os profissionais envolvidos na feitura da conta não estão afeitos a esse procedimento, logo, mais um motivo pelo qual defendemos que deveria a RFB proceder à apuração, uma vez que possui pessoal especializado e conhecedor de toda a regulamentação, preparado portanto para realizar tal procedimento, além de ter todas as informações necessárias, como enquadramento da empresa no CNAE, opção pelo Simples Nacional, isenções deferidas, entre outras situações que são totalmente desconhecidas pela contadoria judicial ou pelo perito contábil nomeado pelo Juiz do Trabalho.

A lei, ao contrário, exige que os cálculos sejam feitos pelas partes, ou pelo contador designado pelo juízo, determinando a intimação da União para manifestar-se sobre a conta, em dez dias, com a previsão de preclusão para o silêncio da autarquia.

Duas observações cabem sobre a oportunidade de a União falar nos autos nessa fase processual. Uma, que o fato de a Procuradoria-Geral Federal concordar com o cálculo deveria caracterizar o mesmo efeito da inscrição em dívida ativa, ou seja, a presunção de certeza do valor; todavia, temos visto, na prática, que a União tem concordado com cálculos equivocados realizados por peritos contábeis pouco acostumados com a matéria, ora apurados a maior que o devido, ora indicando valores indevidos, como em casos de empresas optantes pelo Simples. Assim, somos de entendimento de que a concordância não gera tal presunção, por não ter sido a conta efetuada pela autoridade administrativa responsável (art. 142 do CTN).

A segunda observação é a de que a inércia processual não caracteriza "preclusão", como pretendeu o legislador. Assim, se observado o que ocorre com a execução da Lei n. 6.830/1980, permite-se ao ente credor substituir o título executivo (CDA) até a decisão de primeira instância (§ 8.º do art. 2.º da LEF). Por analogia, se o valor indicado em liquidação, perante a Justiça do Trabalho, não for impugnado pela Procuradoria-Geral Federal, mas estiver incorreto, cabe a invocação de diferença, até a decisão de primeiro grau no curso da execução, ou de ofício, quando verificado erro material.

Homologados os cálculos pelo juízo, segue-se a citação do devedor, na forma do art. 880 da CLT, com a redação conferida pela Lei n. 10.035/2000. Pelo modo como foi disciplinada a matéria, está claro que o legislador entendeu ser devedora das contribuições a empresa ou empregadora executada, visto que o mandado é a ordem judicial, "em se tratando de pagamento em dinheiro, incluídas as contribuições sociais devidas, para que pague em 48 (quarenta e oito) horas, ou garanta a execução, sob pena de penhora".

O art. 878-A da CLT prevê, de forma totalmente despicienda, a possibilidade de pagamento voluntário da obrigação tributária, pois nunca houve vedação a respeito. Se a Secretaria da RFB apurar créditos remanescentes, poderá proceder à execução, também por evidente, uma vez que se trata, como já dito, de crédito da Fazenda Pública.

O pagamento, ou indicação de bens para garantia do juízo, deverá ser suficiente para cobrir os créditos do exequente trabalhista e os da Seguridade Social. Em caso de garantia insuficiente, fica impedido o devedor de ingressar com embargos, até que satisfaça tal exigência.

Os embargos à execução, ação incidente no curso da execução, cabem para discutir a conta de liquidação, caso não tenha sido concedida a oportunidade de manifestação, antes da homologação dos cálculos (art. 879, § 2.º, da CLT). Se oportunizada a impugnação, preclui, para o devedor, a possibilidade de fazê-lo.

O prazo para embargos passou a ser de 30 dias (Medida Provisória n. 2.180-35/2001, que se manterá vigente até deliberação do Congresso Nacional sobre a matéria, conforme disposto no art. 2.º da EC n. 32, de 2001), contados da garantia do juízo feita por depósito, da juntada aos autos da prova de fiança bancária, da apresentação de seguro-garantia judicial ou da intimação da penhora (arts. 882/883 da CLT, com redação dada pela Lei n. 13.467/2017 e art. 16 da LEF). Esse é o prazo também concedido ao exequente e à União para impugnar a "sentença de liquidação", não cabendo, pois, recurso contra a decisão que homologa cálculos, e sim contra a decisão que resolve a impugnação feita em fase de execução (o agravo de petição – art. 897 da CLT), mesmo recurso cabível da decisão dos embargos.

Tratando-se de embargos, devem ser citados os exequentes trabalhistas e a União para contestar, querendo, no mesmo prazo (art. 17 da LEF). Havendo prova testemunhal (ou requerimento de depoimento pessoal) deferida pelo juízo, far-se-á audiência para esse fim. Não havendo provas a produzir em audiência, ou ao fim da instrução, o juiz da execução proferirá decisão, na forma do art. 885 da CLT.

Sobre as matérias cabíveis em sede de embargos, parece-nos que, ante a ausência de um contraditório administrativo, a decadência ou a prescrição dos créditos da Seguridade Social são arguíveis nesse momento processual, recordando-se de que esses institutos se referem à data em que o crédito deveria ter sido constituído, ou cobrado em juízo (arts. 45 e 46 da Lei n. 8.212/1991). Como se colhe da jurisprudência:

> [...] as questões acerca da decadência do crédito tributário e da responsabilidade pelos juros e pela multa são ínsitas à fase de liquidação de sentença, não cabendo a sua análise no âmbito do processo de conhecimento. Ante o exposto, dou parcial provimento ao recurso para remeter à fase de liquidação a análise das questões afetas a juros, multa e decadência das contribuições previdenciárias (TRT da 4.ª Região, RO 0021791-45.2017.5.04.0405 ROT, 7.ª Turma, Rel. Juiz Convocado Roberto Antonio Carvalho Zonta, j. 23.02.2022).

O mesmo se diga a respeito das hipóteses de não cabimento da execução, como no caso de opção pelo Simples.

Permite-se a suspensão da execução pelo parcelamento concedido ao devedor, cabendo a este noticiar ao juízo o fato, juntando cópia do documento (§ 1.º do art. 889-A da CLT). Quanto ao mais, aplicam-se as regras do Código Tributário Nacional e da Lei n. 8.212/1991 sobre a moratória de contribuições sociais, inclusive quanto às sanções aplicáveis quando do descumprimento do parcelamento.

O deferimento de imunidade, ou a inscrição no Simples, em data posterior ao do período discutido na lide trabalhista, não permite a liberação do devedor quanto ao pagamento das contribuições devidas anteriormente à opção.

Acerca da condição de entidade que possui imunidade, ou do regime especial de "desoneração da folha", cabe à empresa a comprovação de ter feito a opção correspondente ao período em que as contribuições são devidas:

> Agravo de petição. Contribuições previdenciárias. Cota-parte patronal. Entidade filantrópica. Ausência de comprovação. Encontrando-se a presente matéria regulada pelo disposto na Lei n. 12.101/2009, a qual exige a obtenção do CEBAS – Certificação de Entidade Beneficente de Assistência Social para concessão da isenção de contribuições para a Seguridade Social, e não tendo a executada comprovado nos autos ser beneficiária da referida isenção, não há se falar em reforma do julgado (TRT-12, AP0001652-79.2015.5.12.0030, 3.ª Câmara, Rel. Des. Amarildo Carlos de Lima, assinatura 05.07.2019).

> Contribuições previdenciárias. Desoneração da folha de pagamento. A desoneração da folha de pagamento prevista na Lei n. 12.546/2011, que possibilita o recolhimento previdenciário da cota patronal de forma diferenciada, pressupõe a demonstração inequívoca de que a empresa executada se adéqua numa das alíquotas da contribuição previstas na lei (TRT-12, AP 0002239-48.2017.5.12.0025, 6.ª Câmara, Rel. Des. Mirna Uliano Bertoldi, assinatura 24.08.2020).

Não havendo bens suficientes para quitar créditos trabalhistas e da Seguridade Social, mantém-se o privilégio do primeiro, não tendo sido alterada tal regra do art. 186 do Código Tributário Nacional:

Agravo de petição. Execução. Preferência do crédito trabalhista. Os créditos trabalhistas, superprivilegiados, preferem a quaisquer outros créditos, inclusive os fiscais, não havendo possibilidade de ratear os valores depositados em juízo entre categorias de créditos de naturezas diversas. Seria ilógico e antijurídico permitir que os valores depositados fossem rateados entre os créditos trabalhistas e crédito estatal (INSS), em detrimento do trabalhador, do povo, elemento do próprio Estado que com seu trabalho move e alimenta a máquina estatal e, em consequência, supre as necessidades coletivas, fim último do Estado (Acórdão 8.021/2001, 1.ª Turma, Rel. Juiz Antonio Carlos Facioli Chedid, *DJSC* 20.08.2001).

Uma preocupação fundamental para a concretização dos direitos sociais envolvidos na matéria – além da mera questão arrecadatória fiscal – é o reconhecimento, pela Previdência Social, do tempo de contribuição e da remuneração auferida pelo trabalhador que tenha sua demanda trabalhista julgada procedente. Para que isso aconteça, curial que se exija do empregador-executado nos autos da ação trabalhista que realize os recolhimentos, informando, por meio de GFIP retificadora, a que período laboral se referem, tal como sintetiza, com grande propriedade, a Súmula n. 1 do TRT da 8.ª Região, *verbis*:

> Contribuições previdenciárias e imposto de renda. Incumbe ao devedor, nos autos do processo trabalhista, calcular, reter e recolher: I – As contribuições sociais do período de trabalho reconhecido na decisão judicial, realizadas por meio de GFIP/NIT (Guia de Recolhimento do FGTS e de Informações à Previdência Social; e Número de Identificação do Trabalhador), no caso de pessoa jurídica, e por intermédio de Guia da Previdência Social (GPS) consolidada com vinculação ao NIT (Número de Identificação do Trabalhador), quando o empregador for pessoa natural, comprovadas, em qualquer caso, com a apresentação da regularidade dos recolhimentos através do histórico ou extrato do Cadastro Nacional de Informações Sociais (CNIS). II – A contribuição previdenciária relativa ao período de trabalho terá como base de cálculo as parcelas de natureza remuneratória pagas, apuradas mês a mês, na forma da legislação (art. 35 da Lei n. 8.212/1991 e art. 276, § 4.º, do Decreto n. 2.048/1999). III – As contribuições previdenciárias incidentes sobre o valor do acordo celebrado por mera liberalidade devem ser recolhidas através de Guia da Previdência Social (GPS), consolidada com vinculação ao NIT (Número de Identificação do Trabalhador) em que o trabalhador for cadastrado e que contenha o número do processo trabalhista, na forma do art. 889-A da CLT, mediante comprovação obrigatória nos autos. IV – O Imposto de Renda, incidente sobre parcelas remuneratórias, observadas as normas legais respectivas, inclusive quanto a limites de isenção e deduções por dependentes econômicos, mediante juntada, nos autos, do Documento de Arrecadação de Receitas Federais – DARF.

Em caso de sentença trabalhista que reconheça o vínculo de emprego, não havendo valores a que o empregador tenha sido condenado, são exigíveis as contribuições relativas ao período contratual (§ 7.º do art. 276 do Decreto n. 3.048/1999), porém, se não for competência da Justiça do Trabalho (Súmula Vinculante n. 53 do STF), caberá ao Juiz do Trabalho tão somente a expedição de ofício à RFB e ao MPF, para as medidas fiscalizatórias e judiciais cabíveis, com cópia dos principais atos processuais até a decisão final.

Por fim, cumpre dizer que há novo equívoco do legislador na disposição contida no *caput* do art. 889-A da CLT, ao determinar o recolhimento das contribuições em agências da Caixa Econômica Federal ou do Banco do Brasil S.A., exclusivamente quando a rede bancária não estatal também está autorizada a receber pagamentos de contribuições, além do débito automático em conta bancária do contribuinte ou responsável pelo recolhimento. A nosso ver, o recolhimento feito em estabelecimento bancário diverso dos indicados reveste-se da mesma validade, exonerando o devedor da obrigação.

3.13 CRIMES CONTRA A PREVIDÊNCIA E A SONEGAÇÃO DE CONTRIBUIÇÕES NAS RELAÇÕES DE TRABALHO

O sistema de Seguridade Social brasileiro, moldado sob a forma de regime de repartição, impõe sejam coibidas condutas tendentes a desrespeitar as normas estatais que regem o seu financiamento. Uma vez desobedecida a norma estatal cogente, incorre o indivíduo na prática de ato ilícito. Nem toda conduta ilícita é, todavia, caracterizada como crime, *verbi gratia*, a inadimplência de tributo pelo contribuinte, por não ter recursos financeiros para cumprir a obrigação. Tem-se então que é a norma penal que atribui ao Estado o poder de punir o indivíduo que a descumpra: poder abstrato, que se torna concreto quando ocorre a violação. A possibilidade jurídica de apenar o infrator da lei denomina-se punibilidade[20].

3.13.1 Apropriação indébita previdenciária

O art. 168-A do Código Penal, acrescentado pela Lei n. 9.983/2000, detalha e aumenta o universo de condutas delituosas atribuídas aos contribuintes que, de alguma forma, visam à sonegação fiscal. O legislador buscou aperfeiçoar o tipo legal até então existente (art. 95 da Lei n. 8.212/1991), denominando-o de Apropriação Indébita Previdenciária, o qual possui a seguinte redação:

> Art. 168-A. Deixar de repassar à previdência social as contribuições recolhidas dos contribuintes, no prazo e forma legal ou convencional:
> Pena – reclusão, de 2 (dois) a 5 (cinco) anos, e multa.
> § 1.º Nas mesmas penas incorre quem deixar de:
> I – recolher, no prazo legal, contribuição ou outra importância destinada à previdência social que tenha sido descontada de pagamento efetuado a segurados, a terceiros ou arrecadada do público;
> II – recolher contribuições devidas à previdência social que tenham integrado despesas contábeis ou custos relativos à venda de produtos ou à prestação de serviços;

---

[20] DELMANTO, Celso. *Código Penal comentado*. Rio de Janeiro: Renovar, 1986. p. 159.

III – pagar benefício devido a segurado, quando as respectivas cotas ou valores já tiverem sido reembolsados à empresa pela previdência social.

Da leitura desse dispositivo conclui-se que o legislador pretendeu impor a sanção do crime de apropriação indébita previdenciária a quem deixar de repassar ou de recolher, no prazo estabelecido, contribuição ou qualquer valor destinado à Previdência Social que tenha sido descontado de pagamento efetuado aos segurados, a terceiros ou arrecadado do público, bem como o não recolhimento de contribuições que tenham integrado despesas contábeis ou custos relativos à venda de produtos ou à prestação de serviços. Aplica-se, ainda, a quem deixar de pagar benefício devido a segurado, quando o respectivo valor já tiver sido reembolsado à empresa pela Previdência Social.

Muito embora o segurado obrigatório da Previdência Social seja o sujeito passivo da obrigação tributária, nem sempre é ele o responsável pelo seu recolhimento. Segundo o art. 30, inc. I, da Lei n. 8.212/1991, a empresa é obrigada a: "arrecadar as contribuições dos segurados empregados e trabalhadores avulsos a seu serviço, descontando-as da respectiva remuneração". E pelo art. 4.º da Lei n.º 10.666, de 08.05.2003, a empresa ficou obrigada, também, a coletar a contribuição do segurado contribuinte individual a seu serviço, descontando-a da respectiva remuneração, isto é, cabe à empresa descontar e recolher aos cofres da Previdência Social os valores arrecadados dos segurados.

A obrigação legal da arrecadação das contribuições previdenciárias é atribuída, também, à empresa adquirente, consumidora ou consignatária ou à cooperativa com relação às operações de venda ou consignação da produção rural (art. 30, IV, da Lei n. 8.212/1991). Assim, cabe a essas empresas fazer a retenção e o recolhimento das contribuições devidas pelos produtores rurais sobre a receita bruta proveniente da comercialização de sua produção.

A conduta delituosa prevista no inc. II do § 1.º do art. 168-A diz respeito ao infrator que deixa de recolher as contribuições que integram a escrituração contábil como despesa ou foram repassadas para o custo do produto ou serviço, pois nesse caso o contribuinte de fato é o consumidor final. Justifica-se o tipo penal, pois não se pode admitir que a pessoa que não suportou o encargo da relação econômica se omita em recolher a contribuição para a Previdência Social.

Quanto ao inc. III, a conduta típica é deixar de pagar benefício devido a segurado, quando os respectivos valores já foram reembolsados pela Previdência Social. Essa hipótese ocorre nos casos em que a empresa é responsável, diretamente, pelo pagamento de benefício, tal como na entrega do salário-família, e naqueles em que há convênio com o INSS para tal fim, para pagamento de outros benefícios, inclusive o salário-maternidade, que, a partir da edição da Lei n. 9.876/1999, passou a ser creditado a todas as seguradas diretamente pelo Instituto.

A jurisprudência do STF firmou-se no sentido da constitucionalidade da referida prisão, tendo em vista tratar-se de prisão de natureza criminal, o que não a confunde com a prisão por dívida civil, *v.g.*, AI 800.589 AgR/SC, 2.ª Turma, Rel. Min. Ayres Britto, *DJe* 14.02.2011; ARE 989.735 ED/SP, Rel. Min. Dias Toffoli, *DJe* 21.10.2016.

3.13.1.1 Tipo objetivo

A apropriação indébita previdenciária caracteriza-se como crime omissivo próprio, pois decorre da inércia do sujeito ativo que omite ato que a Lei Penal ordena ou obriga que seja realizado[21].

A respeito do tema, *José Paulo Baltazar Júnior* concluiu que:

a) o crime de não recolhimento de contribuições previdenciárias é omissivo simples, pois o ato de descontar não integra a conduta, apesar de a circunstância de ter sido a contribuição descontada ser elementar do delito;

b) o desconto é presumido, de forma relativa, de modo que a acusação não precisa prová-lo, mas estará afastada a tipicidade quando comprovado pela defesa que os recursos disponíveis eram suficientes apenas para o pagamento do valor líquido dos salários;

c) o delito de omissão no recolhimento de contribuições previdenciárias não se identifica com apropriação indébita[22].

No STF, é firme a jurisprudência de que para a configuração do delito de apropriação indébita previdenciária não é necessário um fim específico, ou seja, o *animus rem sibi habendi*, bastando nesta incidir a vontade livre e consciente de não recolher as importâncias descontadas dos salários dos empregados da empresa pela qual responde o agente. Nesse sentido: HC 113.418/PB, 1.ª Turma, Rel. Min. Luiz Fux, *DJe* 13.10.2013; HC 122.766 AgR/SP, 2.ª Turma, Rel. Min. Cármen Lúcia, *DJe* 13.11.2014.

3.13.1.2 Tipo subjetivo

O elemento subjetivo do tipo é o dolo genérico, ou seja, a vontade livre e consciente de não recolher a contribuição devida à Previdência Social e que foi descontada dos empregados. A destinação dada aos recursos provenientes do ilícito é mero exaurimento, não importando para a caracterização do delito.

Essa é a orientação dada ao tema pelo STF, para o qual:

> O crime de apropriação indébita previdenciária exige apenas a demonstração do dolo genérico, sendo dispensável um especial fim de agir, conhecido como *animus rem sibi habendi* (a intenção de ter a coisa para si). Assim como ocorre quanto ao delito de apropriação indébita previdenciária, o elemento subjetivo animador da conduta típica do crime de sonegação de contribuição previdenciária é o dolo genérico, consistente na intenção de concretizar a evasão tributária (AP 516, Plenário, Rel. Min. Ayres Britto, *DJe* 20.09.2011). No mesmo sentido: HC 113.418/PB, 1.ª Turma, Rel. Min. Luiz Fux, *DJe* 17.10.2013.

---

[21] Nesse sentido, o Enunciado FONACRIM n. 26: "O crime de apropriação indébita previdenciária é crime omissivo próprio e exige apenas dolo genérico para a configuração do tipo subjetivo".

[22] THIESEN, Ana Maria Wickert *et al.*; FREITAS, Vladimir Passos de (coord.). *Direito previdenciário*: aspectos materiais, processuais e penais. 2. ed. Porto Alegre: Livraria do Advogado, 1999. p. 333.

3.13.1.3 Consumação e tentativa

Para a configuração do delito apropriação indébita previdenciária não é necessário qualquer outro elemento subjetivo senão o próprio dolo (deixar de repassar) extraível do tipo (STJ, AGA 200801146417, 5.ª Turma, Rel. Min. Napoleão Nunes Maia Filho, *DJe* 02.02.2009). O STF adotou idêntico entendimento no julgamento do RHC 88.144, 2.ª Turma, Rel. Min. Eros Grau, j. 04.04.2006.

A consumação do delito se dá quando deveria ter ocorrido o recolhimento da contribuição descontada, isto é, na data fixada pela legislação previdenciária para quitação do tributo, que, atualmente, é o dia 20 do mês seguinte ao da competência (art. 30, I, *b*, e III, da Lei n. 8.212/1991, redação dada pela Lei n. 11.933, de 28.04.2009). Nesse sentido, a 6.ª Turma do STJ decidiu que:

> [...] O crime de apropriação indébita previdenciária é instantâneo e unissubsistente. A cada vez que é ultrapassado *in albis* o prazo para o recolhimento dos tributos, há a ocorrência de um novo delito. Assim, não prospera a tese de que a omissão no pagamento de contribuições referentes a meses diversos, mesmo que consecutivos, deve ser considerada como sendo um só crime "cuja consumação de prolongou no tempo", e não como vários delitos em continuidade, como reconheceram a sentença condenatória e o acórdão que a manteve, em apelação (HC 129.641/SC, 6.ª Turma, Rel. Min. Sebastião Reis Júnior, *DJe* 19.09.2012).

Por se cuidar de crime omissivo próprio, não se admite a tentativa, pois a consumação se dá pela ausência de recolhimento das contribuições arrecadadas.

Em conformidade com a orientação jurisprudencial do STF, pode-se extrair que:

a) Estando em curso o procedimento administrativo de apuração de débitos, não há condição de procedibilidade para a instauração da ação penal (AgReg no Inq. 2.537-2/GO, Tribunal Pleno Rel. Min. Marco Aurélio, , *DJe* 13.06.2008).
b) Para a configuração do delito de apropriação indébita previdenciária, não é necessário um fim específico, ou seja, o *animus rem sibi habendi* (HC 96.092-8/SP, Rel. Min. Cármen Lúcia, *DJe* 1.º.07.2009; HC 87.107-1, 2.ª Turma, Rel. Min. Cezar Peluso, *DJe* 25.06.2009).
c) Crimes praticados contra a ordem previdenciária somente são configurados quando findo o procedimento administrativo, com a constituição do crédito tributário (HC 92.002/SP, 2.ª Turma, Rel. Min. Celso de Mello, *DJe* 19.09.2013).
d) Necessidade de esgotamento da via administrativa para deflagração da ação penal e início da contagem do prazo prescricional (RHC 132.706 AgR/SP, 2.ª Turma, Rel. Min. Gilmar Mendes, *DJe* 1.º.08.2016).

3.13.1.4 Sujeito ativo

O sujeito ativo é quem pratica o fato descrito na norma penal incriminadora. Somente a pessoa física tem capacidade de delinquir nesse tipo penal (vide art. 225, § 3.º, da CF). Logo, jamais será a pessoa jurídica o autor do crime, dada sua incapacidade, ou seja, a autoria recai sobre aquele que efetivamente detém o poder de decisão sobre o recolhimento ou não das contribuições previdenciárias descontadas dos segurados.

A nova sistemática de repressão aos delitos dessa natureza, prevista na Lei n. 9.983/2000, não trouxe a expressa previsão de identificação do sujeito ativo do delito. Tal previsão é dispensável, porquanto é sabido que as decisões sobre o recolhimento dos tributos e sobre as demais questões relacionadas à pessoa jurídica competem aos seus administradores.

Em síntese, o sujeito ativo do crime de apropriação indébita previdenciária é a pessoa física responsável ou que tem o dever legal de repassar à Previdência Social as contribuições recolhidas dos contribuintes, no prazo e forma legal ou convencional.

3.13.1.5 Sujeito passivo

O sujeito passivo desse delito passou a ser a União (em substituição ao INSS), desde a criação da RFB pela Lei 11.457/2007, a quem cabem a arrecadação e fiscalização dos valores retidos/arrecadados e não repassados à Seguridade Social.

Não se cogita de ser considerado sujeito passivo o segurado, em face do regime de repartição, no qual as contribuições revertem para os cofres da Seguridade Social, e não para uma conta individualizada do trabalhador. O segurado poderá ser reputado vítima secundária do crime, caso a falta do recolhimento das contribuições traga algum prejuízo ao cálculo do valor do benefício (em regra, para o segurado empregado e trabalhador avulso, o valor das contribuições será considerado, ainda que não recolhido, mas desde que comprovado o valor do salário de contribuição no período considerado para o cálculo – Lei n.º 8.213/1991, arts. 34, I, e 35).

3.13.1.6 Crime continuado

A omissão no recolhimento de contribuições previdenciárias ocorre normalmente pela forma continuada. A ausência de recolhimento na maioria das vezes perdura por vários meses e até anos, incidindo a regra do art. 71 do Código Penal. O aumento de pena previsto pela continuidade delitiva deve ser dosado pelo juiz, levando em consideração o número de meses em que não houve o recolhimento de contribuições.

3.13.1.7 Ação penal

A ação penal nos crimes contra a ordem tributária, de modo geral, e contra a Seguridade Social, em particular, ante o interesse do Estado em tutelar o erário público, é, notadamente, a ação pública incondicionada. Nesse sentido a Súmula n. 609 do STF: "É pública incondicionada a ação penal por crime de sonegação fiscal". Vale ainda lembrar que, segundo o disposto no art. 27 do Código de Processo Penal, sendo caso de ação pública, qualquer pessoa do povo poderá provocar a iniciativa do Ministério Público, fornecendo informações sobre os fatos, autoria e indicando o tempo, o lugar e os elementos de convicção. Essa norma foi repetida pelo art. 16 da Lei n. 8.137/1990.

Cabe ao MPF propor a ação, cuja competência para julgamento é da Justiça Federal, tendo-se em vista o disposto na Constituição Federal, art. 109, IV, segundo o qual compete ao juiz federal julgar crimes cometidos contra entidades autárquicas federais.

A peça acusatória deve conter a exposição do fato delituoso em toda a sua essência e com todas as suas circunstâncias, com uma descrição, ainda que mínima, da participação de cada um dos acusados (administradores ou gestores). Nesse sentido: STF, Inq. 2.049, Plenário, Rel. Min. Carlos Ayres Britto, *DJe* 26.03.2009.

No que tange à necessidade de decisão final, na esfera administrativa, sobre a exigência fiscal do crédito tributário para propor a ação penal, o STF decidiu:

> Ação direta de inconstitucionalidade. 2. Art. 83 da Lei n. 9.430, de 27.12.1996. 3. Arguição de violação ao art. 129, I, da Constituição. *Notitia criminis* condicionada "à decisão final, na esfera administrativa, sobre a exigência fiscal do crédito tributário". 4. A norma impugnada tem como destinatários os agentes fiscais, em nada afetando a atuação do Ministério Público. É obrigatória, para a autoridade fiscal, a remessa da *notitia criminis* ao Ministério Público. 5. Decisão que não afeta orientação fixada no HC 81.611. Crime de resultado. Antes de constituído definitivamente o crédito tributário não há justa causa para a ação penal. O Ministério Público pode, entretanto, oferecer denúncia independentemente da comunicação, dita "representação tributária", se, por outros meios, tem conhecimento do lançamento definitivo. 6. Não configurada qualquer limitação à atuação do Ministério Público para propositura da ação penal pública pela prática de crimes contra a ordem tributária. 7. Improcedência da ação (ADIN 1.571-1/DF, Tribunal Pleno, Rel. Min. Gilmar Mendes, *DJ* 30.04.2004).

Dessa forma, tanto a sonegação tributária da Lei n. 8.137/1990 quanto a sonegação de contribuição previdenciária constituem-se crimes materiais, em que é exigida prévia constituição definitiva do tributo, conforme definido pelo STF ao editar a Súmula Vinculante n. 24: "Não se tipifica crime material contra a ordem tributária, previsto no art. 1.º, incisos I a IV, da Lei n. 8.137/90, antes do lançamento definitivo do tributo".

A Lei n. 12.350, de 20.12.2010, em conformidade com a jurisprudência consolidada pelo STF, deu nova redação ao art. 83 da Lei n. 9.430/1996, para estabelecer que:

> A representação fiscal para fins penais relativa aos crimes contra a ordem tributária previstos nos arts. 1.º e 2.º da Lei n.º 8.137, de 27 de dezembro de 1990, e aos crimes contra a Previdência Social, previstos nos arts. 168-A e 337-A do Decreto-lei n.º 2.848, de 7 de dezembro de 1940 (Código Penal), será encaminhada ao Ministério Público depois de proferida a decisão final, na esfera administrativa, sobre a exigência fiscal do crédito tributário correspondente.

Sobre esse dispositivo, o STF julgou improcedente a ADI 4.980/DF, com fundamento no fato de que apenas estabelece requisito, direcionado ao agente administrativo, quanto ao encaminhamento da representação fiscal para fins penais ao Ministério Público, ou seja, em nada modifica a natureza jurídica do crime de apropriação indébita previdenciária, tampouco trata da justa causa para os delitos contra a ordem tributária (Plenário, Rel. Min. Nunes Marques, *DJe* 17.05.2022).

3.13.1.8 *Extinção da punibilidade*

Há situações em que a norma penal extinguirá a possibilidade jurídica de punição pelo Estado. São as causas de extinção de punibilidade. Os efeitos da extinção da punibilidade aplicam-se conforme o momento em que ela ocorre: se antes da sentença transitada em julgado, extingue-se a pretensão punitiva; se após, apenas a pretensão de execução da pena. Exceções são a anistia e a revogação da lei que tipificam a conduta como antijurídica, que a qualquer tempo retroagem à pretensão punitiva.[23]

Cumpre investigar, nos chamados crimes contra a Previdência Social, as causas de extinção de punibilidade que se apliquem a tais delitos.

A previsão de extinção da punibilidade esteve presente no art. 14 da Lei n. 8.137, de 28.12.1990, para os casos em que o agente promovesse o pagamento do tributo ou contribuição social, inclusive acessórios, antes do recebimento da denúncia. Essa norma foi revogada pelo art. 98 da Lei n. 8.383, de 30.12.1991, porém seus efeitos permaneceram válidos para os fatos ocorridos durante sua vigência, em virtude do princípio da ultratividade da lei mais benigna.

O pagamento anterior ao recebimento da denúncia voltou a ser causa de extinção da punibilidade com o advento da Lei n. 9.249, de 26.12.1995. Esse dispositivo legal, que, pela leitura literal, seria aplicado apenas aos crimes definidos na Lei n. 8.137/1990 e na Lei n. 4.729/1965, teve seu alcance ampliado pela jurisprudência que admitiu seus efeitos também com relação aos delitos previstos no art. 95 da Lei n. 8.212/1991, em virtude da analogia *in bonam partem*. Nesse sentido: STF, HC 73.418-9, Rel. Min. Carlos Velloso, *Informativo STF* n. 28, 05.05.1996.

A extinção da punibilidade pelo parcelamento do débito antes do recebimento da denúncia tem sido aceita pela jurisprudência sob o argumento de que parcelar equivale a promover o pagamento[24].

Essa é a orientação que tem predominado perante o STJ, conforme se verifica na decisão que segue:

> A Terceira Seção desta Egrégia Corte, no julgamento do RHC 11.598/SC, pacificou o entendimento de que, na vigência da Lei n. 9.249/95, ocorrendo o parcelamento do débito antes do recebimento da denúncia, extingue-se a punibilidade do agente, ainda que não se tenha efetuado seu pagamento integral (RHC 51.629/SP, 5.ª Turma, Rel. Min. Jorge Mussi, *DJe* 20.02.2015).

A Lei n. 9.983/2000 inovou no que diz respeito à extinção da punibilidade. O delito de apropriação indébita previdenciária tem agora como causa extintiva de punibilidade o fato de o agente, espontaneamente, declarar, confessar e efetuar o pagamento das contribuições, importâncias ou valores e prestar as informações devidas à Previdência Social, na forma definida em lei ou regulamento, antes do início da ação fiscal (§ 2.º do art. 168-A do CP).

Dessarte, para livrar-se da ação penal, deveria o infrator – aquele que se apropriou indevidamente de contribuição retida, descontada ou repassada, ou de valor de benefício previdenciário de segurado –, antes da "ação fiscal", ou seja, antes que a fiscalização tenha ciência do fato e expeça notificação fiscal de débito (hipóteses do *caput* e incisos I

---

[23] DELMANTO, Celso. *Código Penal comentado*. Rio de Janeiro: Renovar, 1986. p. 160.
[24] Enunciado FONACRIM n. 27: "Em processos penais relativos a crimes tributários, é ônus da acusação diligenciar por informações sobre a exclusão do contribuinte de programas de parcelamento".

e II) ou auto de infração (hipótese do inc. III), fazer a entrega do numerário apropriado a quem de direito (órgão da arrecadação ou segurado, este último na hipótese do inc. III), de forma espontânea, não bastando o termo de confissão de dívida nesse sentido; deve-se admitir também o parcelamento do débito.

Na sequência, o art. 9.º, § 2.º, da Lei n. 10.684/2003 estabeleceu a possibilidade de extinção da punibilidade nos casos de crime de apropriação indébita previdenciária quando o agente "efetuar o pagamento integral dos débitos oriundos de tributos e contribuições sociais, inclusive acessórios", ainda que tal pagamento ocorra depois do oferecimento da denúncia. A respeito da interpretação dessa norma, decidiu o STF:

> *Habeas corpus* substitutivo de recurso ordinário. Apropriação indébita de contribuições previdenciárias descontadas dos empregados. Parcelamento e quitação após o recebimento da denúncia. Extinção da punibilidade, por força da retroação de lei benéfica.
>
> As regras referentes ao parcelamento são dirigidas à autoridade tributária. Se esta defere a faculdade de parcelar e quitar as contribuições descontadas dos empregados, e não repassadas ao INSS, e o paciente cumpre a respectiva obrigação, deve ser beneficiado pelo que dispõe o art. 9.º, § 2.º, da citada Lei n. 10.684/2003. Este preceito, que não faz distinção entre as contribuições previdenciárias descontadas dos empregados e as patronais, limita-se a autorizar a extinção da punibilidade referente aos crimes ali relacionados. Nada importa se o parcelamento foi deferido antes ou depois da vigência das leis que o proíbe: se de qualquer forma ocorreu, deve incidir o mencionado art. 9.º. O paciente obteve o parcelamento e cumpriu a obrigação. Podia fazê-lo, à época, antes do recebimento da denúncia, mas assim não procedeu. A lei nova permite que o faça depois, sendo, portanto, *lex mitior*, cuja retroação deve operar-se por força do art. 5.º, XL, da Constituição do Brasil. Ordem deferida. Extensão a paciente que se encontra em situação idêntica (STF, HC 85.452/SP, 1.ª Turma, Rel. Min. Eros Grau, *DJ* 03.06.2005).

Posteriormente, os arts. 68 e 69 da Lei n. 11.941, de 2009, estabeleceram:

a) a possibilidade de suspensão da "pretensão punitiva do Estado, referente aos crimes previstos [...] nos arts. 168-A e 337-A do Decreto-lei n. 2.848, de 7 de dezembro de 1940 – Código Penal"; e

b) a extinção da "punibilidade dos crimes referidos no art. 68 quando a pessoa jurídica relacionada com o agente efetuar o pagamento integral dos débitos oriundos de tributos e contribuições sociais, inclusive acessórios, que tiverem sido objeto de concessão de parcelamento", sem fazer referência ao efeito do pagamento posterior ao oferecimento da denúncia ou prolação de sentença penal condenatória.

No que se refere aos efeitos da Lei n. 11.941/2009, a jurisprudência do STF admite: *a*) a suspensão da pretensão punitiva "se a inclusão do débito tributário em programa de parcelamento ocorrer em momento anterior ao trânsito em julgado da sentença penal condenatória"; e *b*) a extinção da punibilidade quando o débito previdenciário for incluído – e pago – no programa de parcelamento ordinário de débitos tributários. Nesse sentido:

> 1. A jurisprudência deste Supremo Tribunal é firme no sentido da possibilidade de suspensão da pretensão punitiva e de extinção da punibilidade nos crimes de apropriação indébita previdenciária, admitindo a primeira se a inclusão do débito tributário em programa de parcelamento ocorrer em momento anterior ao trânsito em julgado da sentença penal condenatória e a segunda quando o débito previdenciário for incluído – e pago – no programa de parcelamento ordinário de débitos tributários. Precedentes.

E, ainda, segundo o STF, a Lei n. 12.382/2011, que deu nova redação ao art. 83 da Lei n. 9.430/1996, estabelecendo novo regramento para a matéria relativa à extinção da punibilidade pelo pagamento, vinculando sua ocorrência, novamente, a termo inicial situado antes do recebimento da denúncia, não alterou o panorama referido. Assim, o sistema segue sendo disciplinado, de modo geral, quanto à extinção da punibilidade, pelo pagamento, consoante o disposto no art. 9.º, § 2.º, da Lei n. 10.684/2003, com a possibilidade de o pagamento se dar a qualquer tempo, qualquer que haja sido a modalidade de pagamento (RHC 128.245/SP, 2.ª Turma, Min. Dias Toffoli, *DJe* 21.10.2016).

3.13.1.9 Perdão judicial

A outra causa de extinção de punibilidade desse delito ocorre por meio do *perdão judicial*, conforme previsão do § 3.º do art. 168-A do Código Penal, que admite a não aplicação da pena, ou a sanção meramente pecuniária, ao réu primário e de bons antecedentes, desde que: "tenha promovido, após o início da ação fiscal e antes de oferecida a denúncia, o pagamento da contribuição social previdenciária, inclusive acessórios", ou "o valor das contribuições devidas, inclusive acessórios, seja igual ou inferior àquele estabelecido pela Previdência Social, administrativamente, como sendo o mínimo para o ajuizamento de suas execuções fiscais" (incisos I e II do § 3.º do mencionado dispositivo).

Por conseguinte, o juiz está autorizado, no caso do inc. I, a deixar de punir o infrator, caso este, após a expedição de notificação de débito, mas antes do oferecimento da denúncia pelo órgão do MPF – não mais até antes do recebimento pelo juiz –, realizar o pagamento das contribuições à Seguridade Social, que foram objeto de apropriação, com os acréscimos moratórios. Quanto ao inc. II, a concessão do perdão judicial poderá ocorrer até a sentença, pois não há a limitação temporal na norma legal. Em ambos os casos, poderá o juiz aplicar somente a pena de multa.

A faculdade conferida ao julgador, no sentido de deixar de aplicar a pena, em verdade, é um dever, quando o agente preenche os requisitos exigidos em lei.

Consigna-se, no entanto, que a Lei n. 13.606, de 09.1.2018, acrescentou o § 4.º ao art. 168-A do Código Penal para estabelecer que a faculdade do perdão judicial não se aplica aos casos de parcelamento de contribuições cujo valor, inclusive dos acessórios, seja superior àquele estabelecido, administrativamente, como o mínimo para o ajuizamento de suas execuções fiscais.

Além da primariedade e dos bons antecedentes, o infrator deverá preencher, pelo menos, um dos requisitos dos incisos referidos. O pagamento da contribuição e acessórios deve ocorrer antes de oferecida a denúncia (art. 168-A, § 3.º, inc. I, do CP), e não antes do recebimento da denúncia como previsto no art. 34 da Lei n. 9.249/1995.

Sobre o tema, o STJ decidiu que "[...] o benefício previsto no inc. I do § 3.º do art. 168-A do Código Penal, introduzido pela Lei n. 9.983, de 14.07.2000, é aplicável unicamente à apropriação indébita de contribuições previdenciárias, não se podendo estender a benesse a casos que o legislador expressamente não previu" (HC 2008/0209315-2, 5.ª Turma, Rel. Min. Jorge Mussi, *DJe* 09.11.2009).

3.13.1.10 Dificuldades financeiras

Exclui-se a culpabilidade quando o agente não pode agir de modo diferente, ou seja, não lhe era socialmente exigível atuar conforme a lei. A inexigibilidade de conduta diversa tem sido reconhecida pelos tribunais como forma de afastar a culpabilidade nos crimes de apropriação indébita previdenciária, quando caracterizado nos autos o estado de insolvência ou dificuldades financeiras capazes de autorizar o comportamento contrário ao exigido pela norma legal. Nesse sentido: "[...] A inexigibilidade de conduta diversa exige confiável prova de dificuldades financeiras da empresa, graves e transitórias, com comprometimento do patrimônio da sociedade e da pessoa do controlador. Ausência de elementos suficientes para comprovar a impossibilidade de recolhimento das contribuições incidentes sobre os salários dos empregados. [...]" (TRF/4.ª Região, AC 5009915-93.2016.4.04.7205/SC, 7.ª Turma Rel. Des. Federal Salise Monteiro Sanchotene, j. 11.12.2018).

As dificuldades financeiras afastam a culpabilidade do agente quando não só os bens da empresa se encontram onerados, mas também os dos sócios-gerentes, diretores ou administradores responsáveis pela gestão da empresa. Não basta a mera alegação de dificuldades financeiras; deve o acusado produzir provas contundentes de tal estado. Escreve *José Paulo Baltazar Júnior*:

> A prova se fará, preferencialmente, mediante perícia ou parecer contábil, a cargo do réu acompanhado dos livros comerciais que demonstrem as dificuldades. Como muitas vezes se cuida de pequenas ou microempresas, dispensadas legalmente de manter escrituração comercial, admite-se a comprovação das dificuldades mediante juntada de documentos que comprovem a existência de títulos protestados; ações de execução; reclamatórias trabalhistas; venda de bens da empresa ou dos sócios; outros débitos tributários; pedidos de falência; etc. A prova na matéria é, por excelência, documental. Admite-se, porém, seja ela reforçada através de depoimentos de testemunhas ligadas à empresa, como ex-empregados, contadores, fornecedores ou clientes.[25]

---

[25] THIESEN, Ana Maria Wickert *et al.*; FREITAS, Vladimir Passos de (coord.). *Direito previdenciário*: aspectos materiais, processuais e penais. 2. ed. Porto Alegre: Livraria do Advogado, 1999. p. 365.

No que tange à comprovação das dificuldades financeiras, verifica-se, na prática, que os acusados em processo criminal dessa natureza buscam a realização de perícia técnica contábil, para que seja demonstrada a impossibilidade de caixa para efetuar os recolhimentos devidos e, por consequência, seja reconhecida a causa supralegal da inexigibilidade de conduta diversa. A verdade é que referida prova é usada, muitas vezes, para dilatar a instrução processual, uma vez que, na maioria dos casos, cingir-se-ia a ratificar as dificuldades facilmente identificadas por meio de documentos contábeis.

A tese das dificuldades financeiras reside na culpabilidade do agente (reprovação social do comportamento humano). E, para que o magistrado reconheça a impossibilidade de as obrigações fiscais terem sido cumpridas pelos gestores da empresa, na forma legal e, consequentemente, exclua-os de pena, basta, como regra, a análise da prova documental. Sobre o cabimento de perícia na espécie, o Tribunal Regional Federal da 4.ª Região editou as Súmulas n. 67 e n. 68:

> Súmula n. 67: A prova da materialidade nos crimes de omissão de recolhimento de contribuições previdenciárias pode ser feita pela autuação e notificação da fiscalização, sendo desnecessária a realização de perícia.

> Súmula n. 68: A prova de dificuldades financeiras, e conseguinte inexigibilidade de outra conduta, nos crimes de omissão de recolhimento de contribuições previdenciárias, pode ser feita através de documentos, sendo desnecessária a realização de perícia.

3.13.1.11 Princípio da insignificância

Não obstante a adequação fática da conduta ao tipo penal imputado ao agente, constatando-se como irrisório o valor atualizado do débito, pelo princípio da insignificância jurídica, absolve-se o réu denunciado por crime de natureza fiscal. Nesse sentido, a orientação do STF: HC 92.438/PR, 2.ª Turma, Rel. Min. Joaquim Barbosa, *DJe* 19.12.2008.

Por sua vez, o Fórum Nacional dos Juízes Federais Criminais (FONACRIM) aprovou os seguintes enunciados sobre o tema:

> 31. A reiteração da conduta delitiva, em regra, afasta a aplicação do princípio da insignificância.
>
> 32. Não se aplica o princípio da insignificância aos crimes tributários cometidos mediante fraude.

Entretanto, no que tange ao crime de apropriação indébita previdenciária, o STF vem adotando o entendimento de que não tem aplicação o referido princípio, pois resulta "em prejuízo à arrecadação já deficitária da Previdência Social, configurando nítida lesão a bem jurídico supraindividual". Segue precedente que detalha o referido posicionamento:

> Penal. *Habeas corpus*. Omissão no recolhimento de contribuições previdenciárias (art. 95, *d*, da Lei n. 8.212/1991, atualmente previsto no art. 168-A do Código

Penal). Princípio da insignificância. Requisitos ausentes. Reprovabilidade do comportamento. Delito que tutela a subsistência financeira da previdência social, bem jurídico de caráter supraindividual. Ordem denegada.

1. O princípio da insignificância incide quando presentes, cumulativamente, as seguintes condições objetivas: (a) mínima ofensividade da conduta do agente, (b) nenhuma periculosidade social da ação, (c) grau reduzido de reprovabilidade do comportamento, e (d) inexpressividade da lesão jurídica provocada. Precedentes: HC 104.403/SP, 1.ª Turma, Rel. Min. Cármen Lúcia, *DJ* 1.º.02.2011; HC 104.117/MT, 1.ª Turma, Rel. Min. Ricardo Lewandowski, *DJ* 26.10.2010; HC 96757/RS, 1.ª Turma, Rel. Min. Dias Toffoli, *DJ* 4.12.2009; HC 97.036/RS, 2.ª Turma, Rel. Min. Cezar Peluso, *DJ* 22.05.2009; HC 93.021/PE, 2.ª Turma, Rel. Min. Cezar Peluso, *DJ* 22.05.2009; RHC 96.813/RJ, 2.ª Turma, Rel. Min. Ellen Gracie, *DJ* 24.04.2009.

2. *In casu*, os pacientes foram denunciados pela prática do crime de apropriação indébita de contribuições previdenciárias no valor de R$ 3.110,71 (três mil, cento e dez reais e setenta e um centavos).

3. Deveras, o bem jurídico tutelado pelo delito de apropriação indébita previdenciária é a "subsistência financeira à Previdência Social", conforme assentado por esta Corte no julgamento do HC 76.978/RS, Rel. Min. Maurício Corrêa ou, como leciona Luiz Regis Prado, "o patrimônio da seguridade social e, reflexamente, as prestações públicas no âmbito social" (*Comentários ao Código Penal*. 4. ed. São Paulo: RT, 2007. p. 606).

4. Consectariamente, não há como afirmar-se que a reprovabilidade da conduta atribuída ao paciente é de grau reduzido, porquanto narra a denúncia que este teria descontado contribuições dos empregados e não repassado os valores aos cofres do INSS, em prejuízo à arrecadação já deficitária da Previdência Social, configurando nítida lesão a bem jurídico supraindividual. O reconhecimento da atipicidade material *in casu* implicaria ignorar esse preocupante quadro. Precedente: HC 98.021/SC, 1.ª Turma, Rel. Min. Ricardo Lewandowski, *DJ* 13.08.2010.

5. Parecer do MPF pela denegação da ordem.

6. Ordem denegada (HC 102.550/PR, 1.ª Turma. Rel. Min. Luiz Fux, *DJe* 08.11.2011).

No mesmo sentido: STF: HC 110.124/SP, 1.ª Turma, Rel. Min. Cármen Lúcia, *DJe* 16.03.2012; RHC 132706 AgR/SP, 2.ª Turma, Rel. Min. Gilmar Mendes, *DJe* 1.º.08.2016.

3.13.2 Sonegação de contribuição previdenciária

A sonegação de contribuição previdenciária é tipificada pelas seguintes condutas:

Art. 337-A. Suprimir ou reduzir contribuição social previdenciária e qualquer acessório, mediante as seguintes condutas:

I – omitir de folha de pagamento da empresa ou de documento de informações previsto pela legislação previdenciária segurados empregado, empresário, trabalhador avulso ou trabalhador autônomo ou a este equiparado que lhe prestem serviços;

II – deixar de lançar mensalmente nos títulos próprios da contabilidade da empresa as quantias descontadas dos segurados ou as devidas pelo empregador ou pelo tomador de serviços;

III – omitir, total ou parcialmente, receitas ou lucros auferidos, remunerações pagas ou creditadas e demais fatos geradores de contribuições sociais previdenciárias:

Pena – reclusão, de 2 (dois) a 5 (cinco) anos, e multa.

Trata-se de crime praticado por particular contra a Previdência Social cujo elemento do tipo é a vontade livre e consciente de sonegar contribuição previdenciária, mediante a omissão de procedimentos contábeis obrigatórios.

Sobre a consumação e a competência para julgamento desse delito decidiu a 3.ª Seção do STJ que:

> O delito previsto no art. 337-A do Código Penal consuma-se com a supressão ou redução da contribuição previdenciária e acessórios, sendo o objeto jurídico tutelado a Seguridade Social. A competência para processar e julgar o crime de sonegação de contribuição previdenciária é fixada pelo local da consumação do delito, conforme previsto no art. 70 do Código de Processo Penal (CC 200.901.070.341, Rel. Min. Arnaldo Esteves Lima, *DJe* 29.03.2010).

Por se tratar de crime material, exige-se a constituição definitiva do crédito tributário previamente à propositura da ação penal, aplicando-se, portanto, a Súmula Vinculante n. 24 do STF: "Não se tipifica crime material contra a ordem tributária, previsto no art. 1.º, incisos I a IV, da Lei n.º 8.137/90, antes do lançamento definitivo do tributo". Nesse sentido: "[...] 1. De acordo com a jurisprudência do STJ, o entendimento alinhavado na Súmula Vinculante n. 24 do STF aplica-se ao crime descrito no art. 337-A do Código Penal, cuja caracterização, em razão de sua natureza material, depende da constituição definitiva do valor sonegado. Precedentes" (STJ, RHC 24.876/SC, 5.ª Turma, Rel. Min. Marco Aurélio Belizze, *DJe* 19.03.2012).[26]

Tais condutas eram previstas como criminosas pelo art. 95, letras *a*, *b* e *c*, da Lei n. 8.212/1991, porém sem pena para os infratores. O novo tipo penal veio para corrigir essa distorção, instituindo penalidade rigorosa, que varia de dois a cinco anos de reclusão, além de multa.

Para o delito de *sonegação de contribuição previdenciária*, as causas de extinção de punibilidade são as mesmas que as da conduta tipificada no art. 168-A, à exceção do perdão judicial pelo pagamento após a ação fiscal e antes do oferecimento da denúncia, hipótese vetada pelo Poder Executivo ao sancionar a lei. Logo, é extinta a punibilidade se o agente, espontaneamente, declarar e confessar as contribuições, importâncias ou valores e prestar as informações devidas à Previdência Social, na forma definida em lei ou regulamento, antes do início da ação fiscal, não se exigindo qualquer pagamento.

---

[26] Enunciado FONACRIM n. 37: "No caso dos crimes tributários alcançados pela Súmula Vinculante n. 24, a prescrição tem início com a constituição definitiva do crédito".

Há, também, regras especiais de aplicação da pena, sendo facultado ao juiz deixar de aplicar a pena, ou aplicar somente a de multa, se o agente for primário e de bons antecedentes, desde que o valor das contribuições devidas, inclusive os acessórios, seja igual ou inferior àquele estabelecido pela Previdência Social, administrativamente, como o mínimo para o ajuizamento de suas execuções fiscais (art. 337-A, § 2.º). O limite mínimo para ajuizamento das execuções fiscais, como já salientado, está fixado em R$ 20.000,00 pelo art. 2.º da Portaria MF n. 75, de 22.03.2012, com redação dada pela Portaria MF n. 130, de 19.04.2012.

A pena poderá ser reduzida se o empregador não for pessoa jurídica e sua folha de pagamento mensal não ultrapassar R$ 1.510,00 na data de publicação da Lei n. 9.983/2000. A redução será de um terço até a metade, podendo o juiz aplicar apenas a multa. Esse valor será reajustado nas mesmas datas e nos mesmos índices de reajuste dos benefícios da Previdência Social (art. 337-A, §§ 3.º e 4.º).

O Tribunal Pleno do STF, no julgamento da AP 516/DF, de relatoria do Ministro Ayres Britto (*DJe* 20.09.2011), entendeu pela impossibilidade de se aplicar a continuidade delitiva, na forma do art. 71 do Código Penal, aos crimes do art. 168-A e do art. 337-A, ambos do Código Penal, por entender que os crimes são de espécie distintas, adotando o concurso material.

Não obstante, a 6.ª Turma do STJ reconheceu a possibilidade de aplicar o instituto da continuidade delitiva para os casos em que tenham sido cometidos os delitos tipificados pelos art. 168-A – apropriação indébita previdenciária – e art. 337-A – sonegação de contribuição previdenciária, desde que presentes os requisitos da mencionada ficção jurídica:

> [...] 3. Em função da melhor hermenêutica, os crimes descritos nos arts. 168-A e 337-A, apesar de constarem em títulos diferentes no Código Penal e serem, por isso, topograficamente díspares, refletem delitos que guardam estreita relação entre si, portanto cabível o instituto da continuidade delitiva (art. 71 do CP). 4. O agente cometeu delitos análogos, descritos nos arts. 168-A e 337-A do Código Penal, na administração de empresas diversas, mas de idêntico grupo empresarial, durante semelhante período, no mesmo espaço geográfico (cidade de Porto Alegre/RS) e mediante similar maneira de execução, portanto tem lugar a ficção jurídica do crime continuado (art. 71 do CP). [...] (REsp 1.212.911/RS, 6.ª Turma, Rel. Min. Sebastião Reis Júnior, *DJe* 09.04.2012).

3.13.3 Falsificação de documento público

No art. 297 do Código Penal foi inserido o § 3.º para estabelecer que incorre na pena de reclusão de dois a seis anos, e multa, quem insere ou faz inserir:

> I – na folha de pagamento ou em documento de informações que seja destinado a fazer prova perante a Previdência Social, pessoa que não possua a qualidade de segurado obrigatório;
>
> II – na Carteira de Trabalho e Previdência Social do empregado ou em documento que deva produzir efeito perante a Previdência Social, declaração falsa ou diversa da que deveria ter sido escrita;

III – em documento contábil ou em qualquer outro documento relacionado com as obrigações da empresa perante a Previdência Social, declaração falsa ou diversa da que deveria ter constado.

Tais condutas eram previstas como criminosas pelo art. 95, letras *g, h* e *i*, da Lei n. 8.212/1991, porém sem pena para os infratores. O novo tipo penal veio para corrigir essa distorção, instituindo penalidade rigorosa, que varia de dois a seis anos de reclusão, além de multa.

De acordo com o § 4.º da atual redação do art. 297 do Código Penal, incorre nas mesmas penas quem omite, nos documentos mencionados no § 3.º, nome do segurado e seus dados pessoais, a remuneração, a vigência do contrato de trabalho ou de prestação de serviços.

3.14 CONSIDERAÇÕES FINAIS

A repercussão deste estudo transborda a análise dos direitos sociais, invadindo até mesmo a esfera do direito penal, em razão de delitos típicos dessa matéria, destacando-se a sonegação de contribuições previdenciárias (art. 337-A) e a apropriação indébita previdenciária (art. 167-A).

De outro lado, não se pode limitar a análise ao âmbito estritamente tributário, ou meramente arrecadatório. Há que se ter em mente a relevância do tema no que toca aos direitos do indivíduo trabalhador, segurado do sistema, que possui verbas reconhecidas em juízo laboral e deve tê-las incorporadas ao seu salário de contribuição, visando a um futuro benefício.

Capítulo 4
ACIDENTES DO TRABALHO E DOENÇAS OCUPACIONAIS

Cumpre-nos analisar, no presente capítulo, os infortúnios decorrentes do ambiente de trabalho – os acidentes de trabalho e as doenças ocupacionais.

No ano de 2021, foram gastos R$ 17,7 bilhões com auxílios por incapacidade temporária, sendo R$ 1,8 bilhão com novos benefícios por acidentes do trabalho; e R$ 70,6 bilhões com aposentadorias por incapacidade permanente, dos quais R$ 5,6 bilhões com novos benefícios dessa espécie por causa acidentária.[1] A razão de tais números é, em grande parte, a falta de prevenção, em regra relegada a segundo plano pelas empresas. Sempre cabe lembrar a tragédia de Brumadinho, no início de 2019, que é o maior acidente laboral de nossa história, com mais de 330 mortes confirmadas, além de pessoas ainda desaparecidas.

Há que se destacar, ainda, que é bastante considerável a ocorrência de acidentes e doenças não notificadas, na medida em que grande parte dos trabalhadores da iniciativa privada está no chamado "mercado informal de trabalho", sendo totalmente desprezadas as normas referentes à proteção social. Logo, não temos dúvidas de que a quantidade de infortúnios é bem maior do que as estatísticas oficiais revelam.

Anualmente, segundo estimativas globais da Organização Internacional do Trabalho, a economia perde cerca de 4% do Produto Interno Bruto em razão de doenças e acidentes do trabalho, o que, além das perdas humanas, gera a perda de produtividade provocada por ambientes de trabalho inseguros ou insalubres. A agenda 2030 da Organização das Nações Unidas para o Desenvolvimento Sustentável, em sua meta 8.8, destaca a necessidade de promover ambientes de trabalho seguros e protegidos para todos os trabalhadores, incluindo os trabalhadores migrantes, em particular as mulheres migrantes, e pessoas em empregos precários.

Na Consolidação das Leis do Trabalho, o Capítulo V, "Da Medicina e Segurança do Trabalho", indica diversas disposições que possuem como objetivo a prevenção dos infortúnios laborais. De acordo com o art. 157 da CLT, cabe às empresas:

- cumprir e fazer cumprir as normas de segurança e medicina do trabalho;
- instruir os empregados, através de ordens de serviço, quanto às precauções a tomar no sentido de evitar acidentes do trabalho ou doenças ocupacionais;

---

[1] Conforme o Observatório Saúde e Segurança no Trabalho – SmartLab. Disponível em https://smartlabbr.org/sst/localidade/0?dimensao=despesa. Acesso em: 20 jul. 2022.

- adotar as medidas que lhes sejam determinadas pelo órgão regional competente; e
- facilitar o exercício da fiscalização pela autoridade competente.

Quanto aos empregados em geral, seus deveres se encontram previstos no art. 158 do diploma trabalhista:

- observar as normas de segurança e medicina do trabalho, inclusive as instruções do empregador para a prevenção de acidentes do trabalho ou doenças ocupacionais; e
- colaborar com a empresa na aplicação dos dispositivos do Capítulo da CLT sobre a matéria.

Constitui ato faltoso do empregado a recusa injustificada (parágrafo único do art. 158 da CLT):

a) à observância das instruções expedidas pelo empregador; e
b) ao uso dos equipamentos de proteção individual fornecidos pela empresa.

No que toca ao trabalho remoto, ou teletrabalho, há que se considerar o disposto no art. 75-E da CLT, segundo o qual "o empregador deverá instruir os empregados, de maneira expressa e ostensiva, quanto às precauções a tomar a fim de evitar doenças e acidentes de trabalho"; e, na forma do parágrafo único do mesmo artigo, "o empregado deverá assinar termo de responsabilidade comprometendo-se a seguir as instruções fornecidas pelo empregador".

Como bem ressaltado no Regulamento da Previdência Social, "a empresa é responsável pela adoção e uso de medidas coletivas e individuais de proteção à segurança e saúde do trabalhador sujeito aos riscos ocupacionais por ela gerados" (art. 338, *caput*, do Decreto n. 3.048/1999, redação conferida pelo Decreto n. 4.032/2001).

Apesar da exigência ao empregador e ao empregado de cumprimento de normas de higiene e segurança no trabalho e da imposição de indenização por danos causados, em casos de conduta comissiva ou omissiva do empregador, o número de acidentados é absurdo. O aspecto da prevenção, em regra, é relegado a segundo plano pelas empresas, sendo a razão de tais números.

4.1 NORMAS VIGENTES

A Constituição de 1988 insere o acidente de trabalho como risco social, logo passível de proteção previdenciária (art. 201, I). O seguro para cobertura de acidentes do trabalho é estabelecido como encargo somente do empregador (art. 7.º, XXVIII), independentemente da indenização devida por dolo ou culpa. Adota-se, cumulativamente, a teoria do risco empresarial com a do risco social.

As Leis n. 8.212/1991 e n. 8.213/1991, em seus textos originais, tratam do acidente do trabalho com benefícios diferenciados, regulamentando o custeio pelo empregador (art. 22, II, da Lei de Custeio), mantida a exclusividade de oferecimento da proteção acidentária pela Previdência Social.

A Lei n. 9.032, de 28.04.1995, dispôs que o benefício de prestação continuada de cunho acidentário seria equiparado ao benefício previdenciário, calculando-se a renda mensal com base no salário de benefício não mais pelo salário de contribuição da data do acidente, que, na maioria das vezes, era mais vantajoso. Revogou, outrossim, o art. 123 da Lei n. 8.213/1991, que possibilitava a conversão da aposentadoria por tempo de serviço ou por idade em aposentadoria por invalidez acidentária, sempre que o aposentado apresentasse doença profissional ou do trabalho relacionada com as condições que exercia anteriormente à aposentadoria.

A Lei n. 9.129/1995 alterou a forma de cálculo do auxílio-acidente, que passou a ser em percentual único (50%), em vez dos três patamares de até então.

A EC n. 20/1998 estabeleceu, de forma programática, a possibilidade de que o seguro de acidentes do trabalho a cargo da empresa pudesse ser objeto de cobertura pela Previdência Social e pela iniciativa privada, de forma concorrente; todavia, a matéria não foi regulamentada, mantendo-se a fórmula da proteção acidentária por meio das regras existentes.

A EC n. 72/2013, que ampliou os direitos sociais da categoria dos empregados domésticos, estendeu a estes a cobertura acidentária, remetendo à lei a regulação do tratamento tributário da matéria. A regulamentação da EC n. 72 sobreveio com a promulgação da Lei Complementar n. 150, de 1.º.06.2015, que alterou diversos dispositivos da Lei n. 8.213/1991 a fim de assegurar o devido tratamento ao empregado doméstico, aplicando a essa categoria a proteção acidentária.

A EC n. 103/2019 alterou o art. 201, I, da CF, estabelecendo "cobertura dos eventos de incapacidade temporária ou permanente para o trabalho e idade avançada". Até então, a previsão era de "cobertura de eventos de doença e invalidez".

Outra mudança introduzida pela EC n. 103/2019 se deu com relação ao coeficiente de cálculo. A partir de sua vigência, somente a aposentadoria por incapacidade permanente decorrente de acidente de trabalho, de doença profissional e de doença do trabalho corresponderá a 100% do salário de benefício, que passou a levar em consideração a média aritmética de *todos* os salários de contribuição corrigidos monetariamente, desde julho de 1994 – e não mais os maiores salários de contribuição equivalentes a 80% do período contributivo.

A aposentadoria por incapacidade permanente comum (quando não acidentária), como será mais bem explicitada no capítulo pertinente, passou a corresponder a 60% do salário de benefício, com acréscimo de dois pontos percentuais para cada ano de tempo de contribuição que exceder o tempo de 20 anos de contribuição, no caso dos homens, e de 15 anos, no caso das mulheres.

Daí exsurge o retorno da relevância do tema deste capítulo, na medida em que a diferença entre um benefício de origem acidentária e outro de origem não acidentária pode ser de até 40% do valor da renda em caso de incapacidade permanente (invalidez).

Em acréscimo, o art. 201, § 10, da CF ganhou outra redação pela EC n. 103/2019 para estipular a previsão de que "Lei complementar poderá disciplinar a cobertura de benefícios não programados, inclusive os decorrentes de acidente do trabalho, a ser atendida concorrentemente pelo Regime Geral de Previdência Social e pelo setor privado".

A modificação é mais ampla do que aquela prevista na EC n. 20/1998, possibilitando disciplinar por lei complementar a cobertura de benefícios não programados de maneira geral, não apenas os decorrentes de acidente do trabalho. Por força disso, os benefícios por incapacidade, a pensão por morte, o auxílio-reclusão e até o salário-maternidade poderão ser, uma vez que venha a ser regulamentada a matéria, concedidos também pelo setor privado, com base em planos de cobertura diferenciados e com contribuições que não irão para o RGPS.

4.2 CONCEITO DE ACIDENTE DO TRABALHO

Segundo o conceito legal vigente, "acidente do trabalho é o que ocorre pelo exercício do trabalho a serviço de empresa ou de empregador doméstico ou pelo exercício do trabalho dos segurados referidos no inciso VII do art. 11 desta Lei, provocando lesão corporal ou perturbação funcional que cause a morte ou a perda ou redução, permanente ou temporária, da capacidade para o trabalho" – art. 19 da Lei n. 8.213/1991, com a redação conferida pela LC n. 150/2015.

O conceito do art. 19 da LBPS identifica o acidente típico como aquele sofrido "pelo segurado a serviço da empresa ou de empregador doméstico", ou pelo segurado especial.

Com a promulgação da EC n. 72/2013, impunha-se a alteração do conceito legal para a inclusão dos domésticos. Sobreveio, então, a LC n. 150/2015, com vigência a partir de sua publicação – 1.º.06.2015.

Surge, todavia, daí um debate importante – a partir de quando os domésticos têm proteção acidentária: se apenas a partir de 1.º.06.2015, ou se desde a promulgação da EC n. 72, ante a autoaplicabilidade da norma prevendo um direito fundamental.

Entendemos que a demora na produção da lei não pode subtrair dos segurados a proteção – até porque os benefícios acidentários e toda a disciplina concernente a eles já existem com relação aos demais segurados, bastando que se fizesse a interpretação do texto do art. 19 da Lei n. 8.213/1991 em conformidade com a ordem constitucional erigida pós-EC n. 72, desconsiderando-se o discrímen antes existente –, aliás, nada razoável, pois os empregados domésticos sempre foram vítimas de acidentes durante a atividade laborativa, sendo deveras injusta a ausência de proteção acidentária, especialmente, em termos práticos, pela ausência de concessão de auxílio-acidente a eles, quando vítimas de acidentes com sequelas.

Para se ter um conceito mais próximo do chamado acidente típico, devemos nos socorrer dos estudiosos do tema. *Russomano*, ao tentar defini-lo, busca amparo na doutrina francesa: "é um acontecimento em geral súbito, violento e fortuito, vinculado ao serviço prestado a outrem pela vítima que lhe determina lesão corporal. (Por aproximação, podemos dizer que é esse o pensamento de *Rouast* e *Givord* 'Traité sur Accidents du Travail', p. 98)".[2]

O acidente do trabalho será caracterizado quando verificado, pelo perito médico federal, o nexo técnico entre o trabalho e o agravo.

Segundo o Manual de Perícias Médicas do INSS (2018), acidente "é a ocorrência de um evento casual, fortuito, inesperado, não provocado, imprevisível, de origem

---

[2] RUSSOMANO, Mozart Victor. *Comentários à Consolidação das Leis da Previdência Social*. 2. ed. São Paulo: Revista dos Tribunais, 1981. p. 395.

exógena (externa) e de natureza traumática e/ou por exposição a agentes exógenos físicos, químicos ou biológicos".

Para o Manual de Perícias Médicas do INSS (2018), doenças caracterizadas por surgimento súbito, agudo, imprevisto e incapacitante, mas que não foram geradas por evento energético exógeno traumático, físico, químico ou biológico, *não são consideradas acidentes de qualquer natureza ou causa* (exemplos: Acidente Vascular Cerebral – AVC, apendicite, Infarto Agudo do Miocárdio – IAM, ruptura de aneurisma).

São, portanto, a nosso ver, características do acidente do trabalho típico: a exterioridade da causa do acidente; a violência; a ocorrência súbita; e a relação com a atividade laboral.

Dizer que o acidente do trabalho decorre de um evento causado por agente externo significa que o mal que atinge o indivíduo não lhe é congênito, nem se trata de enfermidade preexistente. Observe-se que, nesse ponto, não entendemos por exterioridade a impossibilidade de que o fato tenha sido provocado pela vítima. A partir da inclusão das prestações por acidente de trabalho no âmbito da Previdência Social, está-se diante da teoria do risco social, segundo a qual é devido o benefício, independentemente da existência de dolo ou culpa da vítima. Vale dizer, mesmo quando esta tenha agido com a intenção de produzir o resultado danoso para a sua integridade física, ainda assim fará jus à percepção do seguro social.

O acidente é um fato violento, no sentido de que produz violação à integridade do indivíduo. É da violência do evento que resulta a lesão corporal ou a perturbação funcional que torna o indivíduo incapaz, provisória ou definitivamente, ou lhe causa a morte. O acidente que não gera danos à integridade do indivíduo não integra, portanto, o conceito.

Ele decorre de um evento súbito. O fato causador do infortúnio é abrupto, acontece durante curto lapso de tempo, embora seus efeitos possam se apresentar tempos depois (as chamadas sequelas).

Por fim, a caracterização do acidente do trabalho impõe tenha ele sido causado pelo exercício de atividade laborativa. Exclui-se, portanto, o acidente ocorrido fora do âmbito dos deveres e das obrigações decorrentes do trabalho. Não é necessário, nesse aspecto, que o fato tenha sucedido no ambiente de trabalho, mas tão somente em decorrência do trabalho. Daí se conclui que os acidentes de trajeto e os sofridos em trabalhos externos também devem ser considerados integrantes do conceito.

Não é requisito para a caracterização do acidente do trabalho a emissão da Comunicação de Acidente do Trabalho (CAT), que se trata de mera formalidade, tampouco é exigida no conceito legal para o reconhecimento do acidente ou doença ligada ao trabalho. Noutras palavras, a perícia do INSS deve avaliar a existência ou não de acidente do trabalho e situações a ele equiparadas independentemente da emissão de CAT. É o que indica o Manual de Acidentes do Trabalho do INSS:

> Em que pese a obrigação da empresa em comunicar o acidente de trabalho por meio da CAT, a falta deste documento não é impedimento para a caracterização técnica do nexo entre o trabalho e o agravo pela perícia médica, quando do afastamento do trabalho superior a quinze dias. [...] o conceito de acidente do trabalho não está vinculado necessariamente à concessão do benefício previ-

denciário por incapacidade, sendo obrigatória a emissão da CAT pela empresa, ainda que o acidente não gere o benefício. Esta comunicação terá efeitos do ponto de vista estatístico, epidemiológico e tributário (Fator Acidentário de Prevenção– FAP).[3]

Retomando o conceito atribuído pelo legislador, também se considera acidente do trabalho o ocorrido no local e no horário de trabalho por agressão, sabotagem ou terrorismo praticado por terceiro ou companheiro de trabalho; ofensa física intencional, inclusive de terceiro, por motivo de disputa relacionada com o trabalho; ato de imprudência, negligência ou imperícia de terceiro ou companheiro de trabalho; ato de pessoa privada do uso da razão; casos fortuitos ou de força maior; em quaisquer local e horário, em caso de contaminação acidental do segurado no exercício de sua atividade; na execução de ordem ou realização de serviço sob a autoridade da empresa; na prestação espontânea de qualquer serviço à empresa para lhe evitar prejuízo ou proporcionar proveito; em viagem a serviço da empresa, inclusive para fins de estudo quando financiada por esta; no percurso residência-local de trabalho e vice-versa; nos períodos destinados à refeição ou descanso intrajornada, ou satisfação de outras necessidades fisiológicas, no local do trabalho ou durante este, sendo nessas oportunidades considerado no exercício do trabalho – art. 21 da Lei n. 8.213/1991.

Vejamos alguns exemplos de identificação pela jurisprudência de acidentes do trabalho por equiparação:

> Contaminação por vírus HTLV-1. Contato acidental com agulha contaminada. Acidente do trabalho. As agulhas utilizadas em hospital ou centro de saúde são foco potencial de contaminação por diversos agentes biológicos patológicos. O contato acidental com agulhas usadas é uma das diversas formas de contaminação com o vírus HTLV e a sua ocorrência durante a prestação de atividades configura acidente de trabalho. [...] (TRT-4, RO no Proc. 0031800-13.2006.5.04.0030, Rel. Maria Cristina Schaan Ferreira, j. 14.04.2010).

> Acidente de trajeto equiparado a acidente do trabalho. Art. 21, inc. IV, *d*, da Lei n. 8.213/1991 vigente à época do contrato de trabalho. Empregado convocado pelo empregador para prestar depoimento como testemunha em juízo. Acidente de trânsito no percurso até sua casa. Prestação de atividade à disposição do empregador. Estabilidade acidentária reconhecida. Art. 118 da Lei n. 8.213/1991. O comparecimento de empregado, convocado pelo empregador, para prestar depoimento como testemunha, em audiência de processo trabalhista realizada em seu dia de folga, configura atividade à disposição do empregador, na forma do art. 4.º da CLT e art. 21, inc. IV, *a*, da Lei n. 8.213/1991. Na forma da alínea *d* do mesmo preceito legal previdenciário, com redação vigente na época do contrato de trabalho, o acidente de trajeto equipara-se a acidente do trabalho para efeitos daquela Lei e, por isso, resta configurado o direito do empregado à

---

[3] BRASIL. INSTITUTO NACIONAL DO SEGURO SOCIAL. Resolução INSS/PRES n. 535, de 5 de maio de 2016. p. 14.

estabilidade acidentária prevista no art. 118 da Lei n. 8.213/1991 (TRT-12, ROT 0000824-52.2017.5.12.0050, 3.ª Câmara, Rel. *Carlos Alberto Pereira de Castro*, data de assinatura: 13.05.2020).

Acidente do trabalho. Filmagem de minissérie veiculada em mídia televisiva. Afogamento de ator figurante em intervalo intrajornada. [...] A permissão para que o empregado, no intervalo das filmagens, ingressasse em rio, sem a devida segurança oferecida pelo empregador e sem informação acerca da periculosidade do local, acabou por criar um risco desnecessário, acarretando a morte da vítima, exatamente na contramão do preceito constitucional que prevê como direito do trabalhador a "redução dos riscos inerentes ao trabalho" [...] É irrelevante o fato de o infortúnio ter ocorrido em intervalo intrajornada, dedicado às refeições dos empregados, porquanto é dicção literal do art. 21, § 1.º, da Lei n. 8.213/1991, a equiparação a acidentes do trabalho os ocorridos "nos períodos destinados a refeição ou descanso, ou por ocasião da satisfação de outras necessidades fisiológicas, no local do trabalho ou durante este" [...] (STJ, REsp 2007/0298877-9, 4.ª Turma, Rel. Min. Luis Felipe Salomão, *DJe* 12.04.2010).

Acidente *in itinere*, ou de trajeto, é expressão utilizada para caracterizar o acidente que, tendo ocorrido fora do ambiente de trabalho, equipara-se ao acidente do trabalho típico.

Segundo o Manual de Acidentes do Trabalho do INSS, é o acidente que ocorre no percurso do segurado de sua residência para o trabalho ou vice-versa, ou de um local de trabalho para outro da mesma empresa, bem como o deslocamento do local de refeição para o trabalho ou deste para aquele, independentemente do meio de locomoção, sem alteração ou interrupção do percurso por motivo pessoal.

Não havendo limite de prazo estipulado para que o segurado atinja o local de residência, refeição ou do trabalho, deve ser observado o tempo necessário compatível com a distância percorrida e o meio de locomoção utilizado.

Conforme a melhor jurisprudência, não há que exigir, para a caracterização do acidente de trajeto, ter o segurado percorrido o "caminho mais curto" entre a sua residência e o local de trabalho. Assim, "ligeiro desvio no percurso, quando o obreiro entra em um estabelecimento comercial para aquisição de um bem, não rompe o nexo entre o acidente e o retorno do trabalho para casa" (*RT* 619/139). Para descaracterizar o acidente de percurso, o desvio de rota deve ser relevante, como no caso em que o trabalhador "passou horas bebendo com amigos (*RT* 588/149) ou quando foge do percurso usual (*RT* 589/168)".[4]

A MP n. 905, de 11.11.2019, havia revogado a alínea *d* do inc. IV do *caput* do art. 21 da Lei n. 8.213/1991, que considerava o acidente de percurso como acidente do trabalho. No entanto, antes mesmo de expirado o prazo para sua apreciação pelo Legislativo, foi revogada pela MP n. 955, de 20.04.2020. Esta, por sua vez, perdeu eficácia em 17.08.2020 sem ter sido apreciada pelo Congresso Nacional (Ato Declaratório do Presidente da Mesa do Congresso Nacional n. 113/2020).

---

[4] OLIVEIRA, José de. *Acidentes do trabalho:* teoria, prática, jurisprudência. 2. ed. São Paulo: Saraiva, 1992. p. 3.

Por conseguinte, questiona-se: *os acidentes de percurso ocorridos entre 11.11.2019 e 20.04.2020 serão ou não equiparados ao acidente típico?*

Pois bem, entendemos que as situações jurídicas consolidadas na vigência da MP n. 905/2019, revogada em abril pela MP n. 955/2020 (que, por sua vez, teve sua eficácia encerrada por não ter sido apreciada pelo Congresso Nacional), regulam-se pela redação original dos dispositivos anteriormente vigentes.

O tema é dos mais polêmicos, mas anotamos que:

a) não teria aplicabilidade o art. 62, § 11, da CF ("não editado o decreto legislativo a que se refere o § 3.º até sessenta dias após a rejeição ou perda de eficácia de medida provisória, as relações jurídicas constituídas e decorrentes de atos praticados durante sua vigência conservar-se-ão por ela regidas"), pois em tese não houve rejeição ou perda de eficácia de medida provisória, mas revogação da MP n. 905/2019;

b) mesmo que fosse adotado o critério da rejeição, o STF tem precedente no sentido de que a rejeição (expressa ou tácita) apaga inteiramente os efeitos da medida provisória do mundo jurídico (AgReg na ADIn 365-8/DF, *DJU* 15.03.1991, I, p. 2.645).

Acrescentamos que o entendimento da ADI 365 foi ratificado pela 1.ª Turma do STF, no julgamento do AI 426.351 AgR, Rel. Min. Luís Barroso, j. 07.04.2015, logo, sob a égide da EC n. 32/2001. Extrai-se de sua ementa que:

> 1. A jurisprudência desta Corte é firme no sentido de que as medidas provisórias não convertidas em lei ou quando têm a eficácia suspensa por decisão em controle concentrado de constitucionalidade perdem sua eficácia desde sua edição. Precedentes.

Espera-se que a controvérsia jurisprudencial seja logo resolvida para que a proteção previdenciária ao trabalhador não seja obstada pela indefinição da Justiça competente para processar e julgar o seu pleito.

Há que presumir o acidente de trajeto quando realizado em horário compatível com o de trabalho e ante a ausência de provas em sentido contrário:

> Previdenciário. Processual civil. Apelações cíveis. Acidente de trabalho *in itinere*. Boletim de ocorrência. Presunção relativa. Inexistência de prova em sentido contrário. Conclusão induvidosa. Concessão do benefício. [...]. Se a prova produzida nos autos guarda verossimilhança com os fatos narrados na peça vestibular, não havendo sequer indícios fáticos capazes de quebrar o nexo de causalidade entre o acidente ocorrido e o trabalho desempenhado pela Autora, é de ser reconhecida a ocorrência de acidente de trabalho [...] (TJES, REOF no Proc. 024079005526, 1.ª Câmara Cível, Rel. Annibal de Rezende Lima, j. 12.02.2009, publ. 18.05.2009).

O elemento objetivo para a caracterização do acidente do trabalho é a existência de lesão corporal ou perturbação funcional que cause a morte ou a perda ou redução, permanente ou temporária, da capacidade para o trabalho. Lesão corporal é aquela que atinge a integridade física do indivíduo, causando um dano físico-anatômico, enquanto a perturbação funcional é a que, sem aparentar lesão física, apresenta dano fisiológico ou psíquico, relacionado com órgãos ou funções específicas do organismo humano.[5]

Não se caracteriza como acidente do trabalho o acidente de trajeto sofrido pelo segurado que, por interesse pessoal, tiver interrompido ou alterado o percurso habitual.

Se o acidente do trabalhador avulso ocorrer no trajeto do órgão gestor de mão de obra ou sindicato para a residência, o INSS entende ser indispensável para caracterização do acidente o registro de comparecimento ao órgão gestor de mão de obra ou ao sindicato.

Quanto ao elemento subjetivo, é irrelevante para a caracterização do acidente do trabalho a existência de culpa do segurado ou de seu contratante. Trata-se da aplicação da teoria do risco social, segundo a qual a sociedade arca com o ônus do indivíduo incapacitado, independentemente de quem causou o infortúnio.

Apenas interessa a existência ou inexistência de culpa do empregador ou tomador do serviço para efeitos de responsabilidade civil. Nem se queira entender em contrário, pelo fato de que a alínea *c* do inc. II do art. 21 da Lei do RGPS aluda apenas a ato de imprudência, negligência ou imperícia de terceiro ou companheiro de trabalho como hipótese de configuração de acidente, e não a atitudes desidiosas do próprio segurado; como bem explica *Russomano*, ainda comentando legislação pretérita, neste tópico intocada, "o legislador de 1944 quis, apenas, acentuar que não somente os atos de imprudência, negligência e brincadeira (*sic*) cometidos pelo próprio empregado servem e bastam para a definição do acidente de trabalho, como, também, possuem o mesmo significado os atos daquela natureza praticados por seus companheiros de serviço ou por terceiros".[6]

Com muito menos cabimento se pode invocar motivo de força maior para evitar o pagamento do benefício ao acidentado. Contudo, ainda na vigência da Lei de Acidentes de Trabalho de 1944, verificada a ocorrência de força maior, o acidente não era indenizável. Retrocedia-se à teoria da responsabilidade com culpa. Esta foi novamente substituída por normas que consagravam a teoria do risco profissional, ou da responsabilidade sem culpa, quando da edição da Lei n. 5.316/1967.

Estabelece o Regulamento da Previdência Social que será considerado agravamento do acidente aquele sofrido pelo acidentado quando estiver sob a responsabilidade da reabilitação profissional – art. 337, § 2.º. Nesse caso, caberá ao técnico da reabilitação profissional comunicar à perícia médica o ocorrido.[7]

4.3 DOENÇAS OCUPACIONAIS

As doenças ocupacionais são aquelas deflagradas em virtude da atividade laborativa desempenhada pelo indivíduo. Valendo-nos do conceito indicado no Manual de Acidentes

---

[5] OLIVEIRA, José de. *Acidentes do trabalho:* teoria, prática, jurisprudência. 2. ed. São Paulo: Saraiva, 1992. p. 1.
[6] RUSSOMANO, Mozart Victor. *Comentários à Consolidação das Leis da Previdência Social.* 2. ed. São Paulo: Revista dos Tribunais, 1981. p. 417.
[7] BRASIL. Instituto Nacional do Seguro Social. *Manual de acidentes do trabalho.* Brasília: Instituto Nacional do Seguro Social, 2016. p. 16. Disponível em https://www.saudeocupacional.org/v2/wp-content/uploads/2016/05/Manual-de-Acidente-de-Trabalho-INSS-2016.pdf. Acesso em: 26 jan. 2023.

do Trabalho, "são estados de doença deflagrados em razão dos processos de trabalho que se estabelecem de forma insidiosa".[8] Dividem-se em doenças profissionais e do trabalho.

Classifica-se como doença profissional aquela decorrente de situações comuns aos integrantes de determinada categoria de trabalhadores, relacionada como tal no Decreto n. 3.048/1999, Anexo II, ou, caso comprovado o nexo causal entre a doença e a lesão, aquela que seja reconhecida pela Previdência, independentemente de constar na relação. São também chamadas de tecnopatias. São comuns aos profissionais de certa atividade, por exemplo, a pneumoconiose entre os mineiros de subsolo.

Denomina-se doença do trabalho aquela adquirida ou desencadeada em função de condições especiais em que o trabalho é realizado e com ele se relacione diretamente, estando elencada no referido Anexo II do Decreto n. 3.048/1999, ou reconhecida pela Previdência. É o caso, *verbi gratia,* de um empregado de casa noturna cujo "som ambiente" supere os limites de tolerância; a atividade profissional que desempenha não geraria nenhuma doença ou perturbação funcional auditiva, porém, pelas condições em que exerce o seu trabalho, está sujeito ao agente nocivo à sua saúde – ruído excessivo. Também é o exemplo dos "Distúrbios do Sistema Osteomuscular Relacionados ao Trabalho" (DORT), dos quais as lesões por esforços repetitivos são o principal evento; são casos em que as condições inadequadas, pelo prisma da ergonomia, desenvolvem os problemas típicos. A prevenção, no caso, deve ser baseada na limitação do tempo de exposição (duração da jornada e concessão de pausas regulares), na alteração do processo e organização do trabalho (evitando excessos de demanda) e na adequação de máquinas, mobília, equipamentos e ferramental do trabalho às características ergonômicas dos trabalhadores.

Nessas doenças, as características são diferenciadas em relação aos acidentes-tipo: a exterioridade da causa permanece. No entanto, pode-se dizer que muitas doenças são previsíveis e, certamente, não dependem de um evento violento e súbito; são as contingências do trabalho desempenhado ao longo do tempo que estabelecem o nexo causal entre a atividade laborativa e a doença.

Independentemente de constar na relação do Regulamento, deve o INSS reconhecer a natureza ocupacional quando for comprovado que a doença foi desencadeada pelas condições especiais de trabalho a que estava submetido o segurado – § 2.º do art. 20 da Lei n. 8.213/1991.

A *Classificação de Schilling,* utilizada no Brasil, divide as causas das doenças ocupacionais em três categorias. No primeiro grupo, em que o trabalho aparece como causa necessária, estariam as doenças legalmente reconhecidas. No grupo II, o trabalho aparece como fator contributivo, mas não necessário, e, no grupo III, o trabalho é considerado um provocador de um distúrbio latente ou agravador de doença já estabelecida. Nos grupos II e III estão aquelas doenças não definidas *a priori* como resultantes do trabalho, mas que podem ser causadas por este.[9]

---

[8] BRASIL. Instituto Nacional do Seguro Social. *Manual de acidentes do trabalho.* Brasília: Instituto Nacional do Seguro Social, 2016. p. 9. Disponível em https://www.saudeocupacional.org/v2/wp-content/uploads/2016/05/Manual-de-Acidente-de-Trabalho-INSS-2016.pdf. Acesso em: 26 jan. 2023.

[9] JACQUES, Maria da Graça. O nexo causal em saúde/doença mental no trabalho: uma demanda para a psicologia. *Psicologia & Sociedade,* v. 19, 2007. Disponível em https://doi.org/10.1590/S0102-71822007000400015. Acesso em: 22 jan. 2023.

A Seção IV do Capítulo III do Título III da Portaria de Consolidação n. 5/GM/MS, de 28.09.2017, elenca, em seu art. 423, a "Lista de Doenças Relacionadas ao Trabalho (LDRT), a ser adotada como referência das doenças e agravos oriundos do processo de trabalho".

A LDRT destina-se, no âmbito da saúde, às seguintes finalidades, entre outras:

> I – orientar o uso clínico-epidemiológico, de forma a permitir a qualificação da atenção integral à saúde do trabalhador;
> II – facilitar o estudo da relação entre o adoecimento e o trabalho;
> III – adotar procedimentos de diagnóstico;
> IV – elaborar projetos terapêuticos mais acurados; e
> V – orientar as ações de vigilância e promoção da saúde em nível individual e coletivo.

A LDRT será atualizada por portaria do Ministro de Estado da Saúde, organizada nas seguintes estruturas:

- Lista A: Agentes e/ou fatores de risco com respectivas doenças relacionadas ao trabalho; e
- Lista B: Doenças relacionadas ao trabalho com respectivos agentes e/ou fatores de risco.

A lista A traz a relação dos agentes ou fatores de risco de natureza ocupacional associados à etiologia das doenças profissionais ou do trabalho e a lista B apresenta as doenças e respectivos agentes etiológicos ou fatores de risco de natureza ocupacional.

A última atualização dessa Lista se deu pela Portaria MS n. 2.309, de 28.08.2020. Importante lembrar que é atribuição do Ministério da Saúde coordenar nacionalmente a política de saúde do trabalhador, conforme o disposto no inc. V do art. 16 da Lei n. 8.080/1990. E como a Seguridade Social é compreendida como "um conjunto integrado de ações de iniciativa dos poderes públicos e da sociedade, destinado a assegurar o direito relativo à saúde, à previdência e à assistência social" (CF, art. 194, *caput*), evidentemente essa Lista deve servir de base para o debate sobre a investigação e conclusão sobre a existência ou não de nexo de causalidade, tal como dispõe o Manual de Acidentes do Trabalho do INSS, o qual indica que as listas são exemplificativas das situações de nexo.

Exige a legislação pátria que uma moléstia, para ser considerada ocupacional, decorra, necessariamente, do trabalho. Assim, "as doenças não profissionais, mesmo quando adquiridas no decurso e no local de trabalho, tecnicamente, não são equiparáveis aos acidentes".[10]

Não são consideradas doenças do trabalho: a doença degenerativa – causada por agentes endógenos, com a perda gradativa da integridade física ou mental; a doença inerente a grupo etário (relacionada à velhice, como a arteriosclerose e a osteoporose); a que não chegou a produzir incapacidade para o trabalho; a doença endêmica ad-

---

[10] RUSSOMANO, Mozart Victor. *Comentários à Consolidação das Leis da Previdência Social*. 2. ed. São Paulo: Revista dos Tribunais, 1981. p. 396.

quirida em função da região territorial em que se desenvolva (malária, febre amarela, dengue, cólera), salvo exposição ou contato direto em virtude do trabalho. Contudo, o agravamento de doença degenerativa, em razão do trabalho, deve ser concebida como doença ocupacional.

Há que se tomar extremo cuidado ao analisar as excludentes do § 1.º do art. 20 da Lei n. 8.213/1991, pois nem toda doença degenerativa está desvinculada do trabalho. Note-se, por exemplo, a hipótese de *neoplasia de cunho ocupacional*, típica de determinadas profissões, em decorrência da exposição a agentes carcinogênicos presentes no ambiente de trabalho, como o amianto, mesmo após a cessação da exposição, o que representa de 2% a 4% dos casos de câncer identificados.[11]

O Instituto Nacional de Câncer (INCA) vem desenvolvendo, desde 2004, o fortalecimento da Área de Vigilância do Câncer Ocupacional e Ambiental, por meio da elaboração e execução de projetos que visam a redução, a eliminação ou o controle de agentes cancerígenos presentes no meio ambiente e nos ambientes de trabalho.[12]

Entre os agentes cancerígenos já constatados pela ciência médica como de origem ocupacional o referido estudo destaca:

> [...] o amianto, a sílica, solventes aromáticos como o benzeno, metais pesados como o níquel e cromo, a radiação ionizante e alguns agrotóxicos, cujo efeito pode ser potencializado se for somada a exposição a outros fatores de risco para câncer como a poluição ambiental, dieta rica em gorduras trans, consumo exagerado de álcool, os agentes biológicos e o tabagismo. Os tipos mais frequentes de câncer relacionados ao trabalho são o câncer de pulmão, os mesoteliomas, o câncer de pele, o de bexiga e as leucemias.[13]

Há, ainda, os efeitos da radiação ultravioleta, sendo a principal fonte a solar, mas não a única, pois "com o surgimento de fontes artificiais de radiação ocorreu um aumento na chance de exposição adicional".[14]

A jurisprudência já tem dado guarida a tais pretensões, inclusive em sede de danos por ricochete, pelo falecimento de trabalhadores e o sofrimento causado a seus familiares:

> Recurso ordinário do demandante. Doença ocupacional. Morte do empregado por câncer. Contato com névoa de ácido sulfúrico. Acidente ambiental do navio

---

[11] RIBEIRO, Fátima Sueli Neto; WÜNSCH FILHO, Victor. Avaliação retrospectiva da exposição ocupacional a cancerígenos: abordagem epidemiológica e aplicação em vigilância em saúde. *Caderno Saúde Pública*, v. 20, n. 4, p. 881-890, jul./ago. 2004. Disponível em: http://pesquisa.bvsalud.org/brasil/resource/pt/mdl-15300280. Acesso em: 2 out. 2017.

[12] BRASIL. Ministério da Saúde. Secretaria de Atenção à Saúde. Instituto Nacional do Câncer. Coordenação de Prevenção e Vigilância. *Vigilância do câncer ocupacional e ambiental*. Rio de Janeiro: INCA, 2005, p. 7.

[13] BRASIL. Ministério da Saúde. Secretaria de Atenção à Saúde. Instituto Nacional de Câncer. Coordenação de Prevenção e Vigilância. *Vigilância do câncer ocupacional e ambiental*. Rio de Janeiro: INCA, 2005. p. 8.

[14] BRASIL. Ministério da Saúde. Secretaria de Atenção à Saúde. Instituto Nacional de Câncer. Coordenação de Prevenção e Vigilância. *Vigilância do câncer ocupacional e ambiental*. Rio de Janeiro: INCA, 2005. p. 45.

"Bahamas" no Porto de Rio Grande. Diante da prova dos autos, conclui-se que o pai do autor (falecido ex-empregado da Superintendência do Porto de Rio Grande, autarquia vinculada ao Estado do Rio Grande do Sul), atuando como guarda portuário, manteve contato com névoa de ácido sulfúrico, por laborar na guarnição do navio "Bahamas", o qual vazou cerca de 12.000 toneladas de ácido sulfúrico para o canal do Porto de Rio Grande. Dois laudos médicos (um deles proveniente de médica oncologista), embasados por estudo patrocinado pela Agência Internacional de Pesquisa do Câncer (IARC), instituição ligada à Organização Mundial de Saúde (OMS), correlacionam a exposição à névoa do ácido sulfúrico ao surgimento de câncer na laringe, espécie de neoplasia que vitimou o pai do reclamante. Ademais, há prova de que outros guardas portuários também desenvolveram câncer de laringe ou de pulmão (outra espécie de neoplasia correlacionada à exposição à substância química em questão). Recurso do autor provido em parte, para condenar os réus ao pagamento de indenização por dano moral por ricochete (TRT-4, RO 0020173-78.2016.5.04.012, 2.ª Turma, Rel. Des. Alexandre Correa da Cruz, publ. 03.08.2018).

Quanto à identificação da causalidade em razão do trabalho, os §§ 1.º e 2.º do art. 21 trazem as seguintes regras:

- nos períodos destinados a refeição ou descanso, ou por ocasião da satisfação de outras necessidades fisiológicas, no local do trabalho ou durante este, o empregado é considerado no exercício do trabalho;
- não é considerada agravamento ou complicação de acidente do trabalho a lesão que, resultante de acidente de outra origem, se associe ou se superponha às consequências do anterior.

Considera-se como dia do acidente, no caso de doença profissional ou do trabalho, a data do início da incapacidade laborativa para o exercício da atividade habitual, ou o dia da segregação compulsória, ou o dia em que for realizado o diagnóstico, valendo para esse efeito o que ocorrer primeiro (art. 23 da Lei n. 8.213/1991).

4.4 NEXO CAUSAL E CONCAUSALIDADE

Como assinala o médico do trabalho *Primo Brandimiller*, para a caracterização do acidente do trabalho requer-se que a enfermidade, além de incapacitante, relacione-se com o exercício do trabalho. A essa necessária relação entre o dano experimentado pela vítima e a atividade laborativa dá-se o nome de nexo causal.[15]

O nexo causal é, portanto, o vínculo fático que liga o efeito (incapacidade para o trabalho ou morte) à causa (acidente de trabalho ou doença ocupacional). Decorre de uma análise técnica a ser realizada, obrigatoriamente, por médico perito ou junta médica formada por peritos nessa matéria.

---

[15] BRANDIMILLER, Primo. *Perícia judicial em acidentes e doenças do trabalho*. São Paulo: Editora Senac, 1996. p. 161.

Quando existir a ação direta do agente como causa necessária à produção do dano, configurar-se-á o nexo causal. Dessa forma, quando determinado fenômeno desencadear uma lesão ou doença de maneira direta, tratar-se-á de causa dessa lesão.[16]

Por outro lado, o nexo também estará caracterizado quando o agente não for a causa necessária para o estabelecimento do dano, mas contribuir para o seu aparecimento ou agravamento. Assim, o agente será considerado concausa, sendo estabelecido um nexo de concausalidade.

Define-se "concausa" o conjunto de fatores, preexistentes ou supervenientes, suscetíveis de modificar o curso natural do resultado de uma lesão. Trata-se da associação de alterações anatômicas, fisiológicas ou patológicas que existiam ou possam existir, agravando determinado processo.[17]

É de *Russomano* a definição que melhor se adéqua à ideia de concausalidade:

> A causa propriamente dita, a causa originária, a causa traumática, como dizem os peritos, gera determinados efeitos, mas não são, por sua vez, resultantes da causa traumática. São concorrentes, e não decorrentes.
>
> A exemplificação dada por Afrânio Peixoto, nesse sentido, elucida o problema: o indivíduo que sofre de hemofilia recebe ferimento e morre esvaído em sangue. Outro indivíduo é atingido, no braço, por objeto cortante, que secciona a artéria umeral, ocasionando-lhe a morte, também por hemorragia.
>
> No primeiro caso, a hemofilia – como uma situação anterior ao acidente – veio contribuir para que o ferimento – causa traumática – determinasse a morte da vítima. A hemofilia, na hipótese, é concausa.
>
> No segundo caso, a hemorragia era consequência natural e previsível do próprio acidente. Não houve concurso de nenhum outro fator e, portanto, não há como falar em concausa (Afrânio Peixoto, Op. cit., p. 226).[18]

Novamente em análise do Manual de Acidentes do Trabalho do INSS, temos a seguinte metodologia ali estabelecida:

> O primeiro critério a ser considerado para definição da concausalidade é a modificação da história natural da doença, aquilo que o próprio conceito chama de curso natural do resultado de uma lesão ou doença.
>
> Assim, quando um determinado agente não levar à modificação da história natural da doença, ou quando forem verificados em seu quadro fatores exclusi-

---

[16] BRASIL. Instituto Nacional do Seguro Social. *Manual de acidentes do trabalho*. Brasília: Instituto Nacional do Seguro Social, 2016. p. 16. Disponível em https://www.saudeocupacional.org/v2/wp-content/uploads/2016/05/Manual-de-Acidente-de-Trabalho-INSS-2016.pdf. Acesso em: 26 jan. 2023.

[17] BRASIL. Instituto Nacional do Seguro Social. *Manual de acidentes do trabalho*. Brasília: Instituto Nacional do Seguro Social, 2016. p. 7. Disponível em https://www.saudeocupacional.org/v2/wp-content/uploads/2016/05/Manual-de-Acidente-de-Trabalho-INSS-2016.pdf. Acesso em: 26 jan. 2023

[18] RUSSOMANO, Mozart Victor. *Comentários à Consolidação das Leis da Previdência Social*. 2. ed. São Paulo: Revista dos Tribunais, 1981. p. 405-406.

vamente ligados ao processo natural de envelhecimento, não será considerada a concausalidade.

Outros pontos importantes a serem considerados na análise da relação concausal são, conforme o referido Manual:

a) o fato da doença ou agravo ser, de fato, multicausal;
b) a existência real do fator de risco ocupacional e que este seja capaz de levar ao dano; e
c) a possibilidade ou a própria existência de atos contrários às normas de proteção à saúde do trabalhador.[19]

As concausas podem ser anteriores, simultâneas ou posteriores ao acidente. A hemofilia do exemplo citado é concausa preexistente; a concausa é simultânea quando, por exemplo, alguém sofre infarto durante um assalto às dependências da empresa; exemplo de concausa superveniente é o de um acidentado que, hospitalizado após o acidente, venha a ser vítima de infecção hospitalar e em razão disso falece.

Incumbe à perícia médica do INSS a investigação do nexo de causalidade ou concausalidade entre a lesão, perturbação ou morte e o acidente ou doença, bem como tipificar o evento como decorrente do trabalho – Regulamento da Previdência Social, art. 337.

A caracterização da natureza acidentária dar-se-á por meio da análise técnica da Perícia Médica Previdenciária que, para realizar a identificação do nexo entre o trabalho e o agravo, deverá se pautar pela história clínica, ocupacional e exame físico do segurado.

A história ocupacional do segurado deve se basear nos quesitos exemplificados no Anexo I do Manual de Acidentes do Trabalho do INSS.

Além da história clínica ocupacional supracitada, a perícia poderá se utilizar, conforme o caso, de outros elementos, tais como:

a) Perfil Profissiográfico Previdenciário (PPP)/Análise de função;
b) Atestados de Saúde Ocupacional (ASO);
c) Programa de Prevenção de Riscos Ambientais (PPRA);
d) Programa de Controle Médico de Saúde Ocupacional (PCMSO);
e) vínculos empregatícios anteriores;
f) exames complementares;
g) atestado médico;
h) dados epidemiológicos;
i) literatura atualizada;
j) depoimento e experiência dos trabalhadores;

---

[19] BRASIL. Instituto Nacional do Seguro Social. *Manual de acidentes do trabalho*. Brasília: Instituto Nacional do Seguro Social, 2016. p. 8. Disponível em https://www.saudeocupacional.org/v2/wp-content/uploads/2016/05/Manual-de-Acidente-de-Trabalho-INSS-2016.pdf. Acesso em: 26 jan. 2023.

k) vistoria no local de trabalho;
l) conhecimentos e práticas de outras disciplinas e de seus profissionais, sejam ou não da área da saúde; e
m) Programa de Condições e Meio Ambiente de Trabalho na Indústria da Construção Civil (PCMAT).

Além dos conhecimentos médicos inerentes à profissão, conforme o Manual de Acidentes do Trabalho do INSS, "o Perito Médico deverá ter conhecimento da legislação previdenciária, em especial das listas A e B do Anexo II do RPS". Com base nessas listas, "deve o Perito ter em mente que o nexo entre os agentes etiológicos presentes nas atividades econômicas das empresas e o agravo apresentado pelo segurado deve ser estabelecido ainda que a exposição tenha sido parcial ou indireta".[20]

Aqui paira uma das constantes críticas dos beneficiários da Previdência Social no Brasil: a caracterização do acidente de trabalho ou da doença ocupacional nem sempre é tarefa fácil, e, pior, ao contrário do que preconiza a melhor doutrina, os profissionais encarregados de fazer o laudo médico de nexo de causalidade oneram o vitimado com a comprovação da correlação entre infortúnio e efeito causado à saúde do segurado.

De acordo com o Manual de Acidentes do Trabalho do INSS,

> Todos os documentos apresentados pelo segurado servirão de base para conclusão médico-pericial, sendo obrigatório o registro destes documentos em laudo pericial, bem como o registro das motivações para a (des)caracterização do benefício em espécie acidentária.
>
> A vistoria técnica ao local de trabalho é mais uma ferramenta para subsidiar a conclusão médico-pericial quando da caracterização do nexo. Entretanto, é importante salientar que a visita técnica não é obrigatória para todos os casos, sendo suficiente, na maioria das vezes, o conhecimento médico da profissiografia associada à coleta da história clínica ocupacional.

Há ainda que se fazer importante menção aos transtornos de ordem mental, pois:

> [...] é crescente o número de trabalhadores acometidos por agravos mentais. Segundo estimativas da World Health Organization ([WHO], 1985), os chamados transtornos mentais menores acometem cerca de 30% dos trabalhadores ocupados e os transtornos mentais graves, cerca de 5 a 10%. No Brasil, segundo estatísticas do INSS, os transtornos mentais ocupam a 3.ª posição entre as causas de concessão de benefícios previdenciários.[21]

---

[20] BRASIL. Instituto Nacional do Seguro Social. *Manual de acidentes do trabalho*. Brasília: Instituto Nacional do Seguro Social, 2016. p. 18. Disponível em https://www.saudeocupacional.org/v2/wp-content/uploads/2016/05/Manual-de-Acidente-de-Trabalho-INSS-2016.pdf. Acesso em: 26 jan. 2023.

[21] JACQUES, Maria da Graça. O nexo causal em saúde/doença mental no trabalho: uma demanda para a psicologia. *Psicologia & Sociedade*, v. 19, 2007. Disponível em https://doi.org/10.1590/S0102-71822007000400015. Acesso em: 22 jan. 2023.

Disso resulta que os aspectos da saúde mental dos indivíduos precisa ser detidamente analisado por médicos peritos. Entretanto, como se sabe, o corpo de servidores no cargo de perito médico federal não é formado exclusivamente por psiquiatras, mas também não somente por ortopedistas, ou qualquer outra especialidade médica.

Segundo Lima (*apud* Jacques),[22]

> [...] a investigação diagnóstica compreende: a busca de evidências epidemiológicas que revele a incidência de alguns quadros em determinadas categorias profissionais ou grupo de trabalhadores, o resgate da história de vida de cada trabalhador e as razões que apontam para o seu adoecimento, o estudo do trabalho real, a identificação dos mediadores que permitem compreender concretamente como se dá a passagem entre a experiência vivida e o adoecimento e uma complementação com informações decorrentes de exames médicos e psicológicos.

Para efeito de reconhecimento do direito ao benefício por acidente de trabalho, é irrelevante se a concausa é simultânea, anterior ou posterior ao evento; em todos os casos, o direito é assegurado.

A investigação da concausalidade é motivo de preocupação por parte de trabalhadores, visto que nem sempre o perito – mesmo o judicial – aprofunda sua análise para verificar a existência de mais de um fator desencadeante da incapacidade.

Nas lides submetidas ao Judiciário, incumbe às partes e ao juiz da causa formular quesitos ao perito no sentido de que este responda, conclusivamente, se há ou não multiplicidade de fatores causadores da incapacidade, e se algum deles está ligado ao trabalho, caracterizando (ou não) concausalidade, como nos casos a seguir:

> Apelação cível. Infortunística. Auxiliar de limpeza. Patologia na coluna e membros superiores. Sentença que julgou improcedente o pedido. Irresignação. Resultado da perícia em total dissonância com exames e declarações médicas contemporâneas ao ato pericial. Doença que, apesar de degenerativa, é agravada pelo labor. Concausa. Dúvida quanto as reais condições de saúde da autora. Aplicação do princípio *in dubio pro misero*. Maior dificuldade em realizar o seu mister. Auxílio-acidente devido. Aplicação da Lei n. 11.960/2009. Sentença reformada. Recurso provido. A legislação acidentária deve ser interpretada e aplicada pelo magistrado atendendo sua finalidade social, voltada principalmente para os menos afortunados (STJ, Rel. Min. Assis Toledo) (TJSC, Apelação Cível 0002128-29.2010.8.24.0024, de Fraiburgo, Rel. Des. Pedro Manoel Abreu, j. 18.10.2016).

> Doença ocupacional. Reparação por danos morais e materiais. Concausa. O Tribunal Regional, instância soberana no exame do conjunto fático-probatório dos autos, consignou que "a concausa, por si só, não enseja a condenação do empregador, sendo necessária a prova incontestável de efetiva 'causa' ligada diretamente ao trabalho". Concluiu, dessa forma, pela ausência do nexo de

---

[22] JACQUES, Maria da Graça. O nexo causal em saúde/doença mental no trabalho: uma demanda para a psicologia. *Psicologia & Sociedade*, v. 19, 2007. Disponível em https://doi.org/10.1590/S0102-71822007000400015. Acesso em: 22 jan. 2023.

causalidade necessário para a configuração da responsabilidade civil do empregador. *Data venia*, é possível haver concurso de causas. Significa atrelar ao desgaste natural outro propiciado pelo trabalho realizado, hipótese denominada de "doença degenerativa não exclusivamente ligada à causa natural". A concausa "trabalho" agrega um componente para que a doença se precipite ou se agrave. Não é, aliás, nenhuma novidade, na medida em que o próprio legislador contempla a incidência de múltiplas causas, ao tratar das concausas antecedentes, concomitantes ou supervenientes (art. 21, I, da Lei n. 8.213/1991). Mesmo que degenerativa ou preexistente a enfermidade, não há dúvida da coincidência de causas, uma delas ligada ao labor, o que faz atrair o dever de reparação dos danos causados. Precedentes desta Corte. Recurso de revista de que se conhece e a que se dá provimento (TST, RR 206-57.2010.5.12.0049, 7.ª Turma, Rel. Min. Cláudio Mascarenhas Brandão, *DEJT* 15.09.2017).

A perícia é, portanto, fundamental para o deslinde das questões ligadas aos benefícios por incapacidade – acidentários ou não – com maior ênfase para os primeiros, ante a necessidade de analisar o nexo de causalidade entre a atividade laboral e a enfermidade. Não há como prescindir da prova técnica em matéria de nexo de causalidade, uma vez que não há outro meio de prova que possa suprir a avaliação médica.

4.5 NEXO EPIDEMIOLÓGICO

A MP n. 316, de 11.08.2006, posteriormente convertida na Lei n. 11.430, de 26.12.2006, alterou significativamente a equação do ônus da prova com relação às doenças ocupacionais. Trata-se da inclusão do art. 21-A na Lei n. 8.213/1991.

A LC n. 150/2015 alterou a redação do *caput* desse dispositivo para inclusão do empregado doméstico, estabelecendo que:

> Art. 21-A. A perícia médica do Instituto Nacional do Seguro Social (INSS) considerará caracterizada a natureza acidentária da incapacidade quando constatar ocorrência de nexo técnico epidemiológico entre o trabalho e o agravo, decorrente da relação entre a atividade da empresa ou do empregado doméstico e a entidade mórbida motivadora da incapacidade elencada na Classificação Internacional de Doenças (CID), em conformidade com o que dispuser o regulamento.

Dessa forma, a Lei de Benefícios passou a considerar a caracterização da natureza acidentária da incapacidade quando constatada ocorrência de nexo entre o trabalho e o agravo decorrente da relação entre a atividade da empresa e a entidade mórbida, elencada na Classificação Internacional de Doenças (CID), sendo, portanto, realizada uma caracterização epidemiológica a ser ou não ratificada pela perícia médica do INSS.

O art. 337, § 3.º, do Decreto n. 3.048/1999, com a redação conferida pelo Decreto n. 6.957, de 09.09.2009, assim dispõe:

> Considera-se estabelecido o nexo entre o trabalho e o agravo quando se verificar nexo técnico epidemiológico entre a atividade da empresa e a entidade mórbida motivadora da incapacidade, elencada na Classificação Internacional

de Doenças – CID em conformidade com o disposto na Lista C do Anexo II deste Regulamento.

Nota-se, a partir de tal redação, que a norma estabelece uma presunção legal de existência da conexão da doença de que for acometido o trabalhador com o trabalho por ele desempenhado, sempre que a atividade da empresa guardar relação com esta, havendo histórico de trabalhadores que já adoeceram pelo mesmo mal.

Convém, por oportuno, transcrever a Exposição de Motivos da Medida Provisória n. 316/2006, na parte que se refere à inovação em matéria acidentária:

> [...] 6. Atualmente, a caracterização de um benefício como acidentário decorre da emissão da Comunicação de Acidentes do Trabalho – CAT por parte da empresa. Se a empresa comunica o acidente e este gera o afastamento do segurado por mais de 15 dias, o benefício concedido pela Previdência Social é tido como acidentário. Não sendo a CAT emitida, mas havendo a necessidade de afastamento do trabalho, normalmente o benefício é tido como previdenciário (ou comum). Tal classificação é crucial para o trabalhador, tendo em vista os correspondentes efeitos. Sendo o benefício caracterizado como acidentário, durante o afastamento do trabalho o segurado faz jus ao depósito do FGTS e goza de estabilidade de 12 meses após a cessação do auxílio-doença. Sendo o benefício caracterizado como comum, tais direitos não lhe são assegurados.
>
> 7. Diante do descumprimento sistemático das regras que determinam a emissão da CAT, e da dificuldade de fiscalização por se tratar de fato individualizado, os trabalhadores acabam prejudicados nos seus direitos, em face da incorreta caracterização de seu benefício. Necessário, pois, que a Previdência Social adote um novo mecanismo de segregue os benefícios acidentários dos comuns, de forma a neutralizar os efeitos da sonegação da CAT.
>
> 8. Para atender a tal mister, e por se tratar de presunção, matéria regulada por lei e não por meio de regulamento, está-se presumindo o estabelecimento do nexo entre o trabalho e o agravo, e consequentemente o evento será considerado como acidentário, sempre que se verificar nexo técnico epidemiológico entre o ramo de atividade da empresa e a entidade mórbida relacionada na CID motivadora da incapacidade.
>
> 9. Essa metodologia está embasada na CID, que se encontra atualmente na 10.ª Revisão. Em cada processo de solicitação de benefício por incapacidade junto à Previdência Social, consta obrigatoriamente o registro do diagnóstico (CID-10) identificador do problema de saúde que motivou a solicitação. Esse dado, que é exigido para a concessão de benefício por incapacidade laborativa, independentemente de sua natureza acidentária ou previdenciária, e cujo registro é de responsabilidade do médico que prestou o atendimento ao segurado, estabelece a relação intrínseca entre a incapacidade laboral e à entidade mórbida que a provocou.
>
> 10. Assim, denomina-se Nexo Técnico Epidemiológico a relação entre Classificação Nacional de Atividades Econômicas – CNAE e o agrupamento CID-10. É, na verdade, uma medida de associação estatística, que serve como um dos requisitos de causalidade entre um fator (nesse caso, pertencer a um determinado

CNAE-classe) e um desfecho de saúde, mediante um agrupamento CID, como diagnóstico clínico. Por meio desse nexo, chega-se à conclusão de que pertencer a um determinado segmento econômico (CNAE-classe) constitui fator de risco para o trabalhador apresentar uma determinada patologia (agrupamento CID-10).

Desde abril de 2007, o INSS mudou seus procedimentos permitindo a caracterização, pela perícia médica, de Nexo Técnico Previdenciário – NTEP (Epidemiológico, Profissional ou do Trabalho e Individual), ainda que o segurado não apresente a CAT no ato do exame pericial, o que será contabilizado como um registro de acidente ou doença do trabalho (equivalerá a uma CAT registrada). O processo de contagem é feito de forma a impossibilitar a duplicação da contagem do evento.

A lista C do Anexo II do RPS refere-se aos intervalos de CID – 10 em que se reconhece o Nexo Técnico Epidemiológico, na forma do § 3.º do art. 337 do Regulamento, entre a entidade mórbida e as classes de CNAE indicadas. Essa correlação é estabelecida automaticamente no sistema de benefícios do INSS por ocasião da perícia médica, cabendo ao perito médico ratificá-la ou não.

De acordo com o Manual de Acidentes do Trabalho do INSS:

> [...] o Nexo Técnico Epidemiológico será descaracterizado somente mediante informações ou elementos circunstanciados e contemporâneos ao exercício da atividade que evidenciem a inexistência do nexo entre o agravo e o trabalho. Para tal, o perito necessitará consignar no laudo sua decisão bem fundamentada. A ausência de uma justificativa adequada no laudo pericial fragiliza a decisão médica quanto a não aplicação do NTEP que poderá ser contestada.

Assim, relativamente à proteção previdenciária, não cabe mais ao perito médico federal duvidar da natureza acidentária da doença, quando não haja emissão de CAT, desde que identificada a doença como ligada à atividade empresarial, diante de um quadro de constantes afastamentos de trabalhadores pelo mesmo motivo (nexo técnico epidemiológico); no campo da responsabilização civil do empregador, transfere-se o ônus de prova em matéria de doença ocupacional quando haja histórico de adoecimentos na empresa por trabalhadores nas mesmas condições: caberá, doravante, ao tomador dos serviços demonstrar que não concorreu para o mal que acometeu o trabalhador, o que só será possível mediante prova robusta (presunção legal).

O nexo técnico previdenciário está, a partir de então, dividido em três espécies:

a) nexo técnico profissional ou do trabalho – fundamentado nas associações entre patologias e exposições constantes das listas A e B do Anexo II do Decreto n. 3.048/1999;

b) nexo técnico por doença equiparada a acidente de trabalho – decorrente de acidentes de trabalho típicos ou de trajeto, bem como de condições especiais em que o trabalho é realizado e com ele relacionado – ocorrência de Nexo Técnico por Doença Equiparada a Acidente do Trabalho (NTDEAT) – implica a análise individual do caso, mediante o cruzamento de todos os elementos

levados ao conhecimento do médico perito da situação geradora da incapacidade e a anamnese;
c) nexo técnico epidemiológico previdenciário (NTEP) – aplicável quando houver significância estatística da associação entre o código da Classificação Internacional de Doenças (CID) e o da Classificação Nacional de Atividade Econômica (CNAE), na parte inserida pelo Decreto n. 6.957/2009, na lista C do Anexo II do Decreto n. 3.048/1999.

Convém frisar que a inexistência de nexo técnico epidemiológico não elide o nexo entre o trabalho e o agravo, cabendo à perícia do INSS a caracterização técnica do acidente do trabalho, fundamentalmente, sendo obrigatórios o registro e a análise do relatório do médico assistente, além dos exames complementares que eventualmente o acompanhem.

Na realização do exame médico-pericial, o perito deverá informar se a doença que motivou o afastamento guarda nexo com o trabalho, conforme orientações contidas no Manual de Acidente de Trabalho, aprovado pela Resolução n. 535/PRES/INSS, de 2016.

Salienta-se que "a Perícia Médica Federal terá acesso aos ambientes de trabalho e a outros locais onde se encontrem os documentos referentes ao controle médico de saúde ocupacional e aqueles que digam respeito ao programa de prevenção de riscos ocupacionais para verificar a eficácia das medidas adotadas pela empresa para a prevenção e o controle das doenças ocupacionais" (§ 2.º do art. 338 do Regulamento da Previdência Social, redação conferida pelo Decreto n. 10.410/2020).

4.6 CONTESTAÇÃO DO NEXO EPIDEMIOLÓGICO

A empresa poderá requerer ao INSS a não aplicação do nexo técnico epidemiológico ao caso concreto mediante a demonstração de inexistência de correspondente nexo entre o trabalho e o agravo (§ 7.º do art. 337 do RPS, com a redação atual fixada pelo Decreto n. 6.939/2009).

O requerimento poderá ser apresentado no prazo de quinze dias da data para a entrega, na forma do inc. IV do art. 225 do RPS, da GFIP que registre a movimentação do trabalhador, sob pena de não conhecimento da alegação em instância administrativa (§ 8.º do art. 337 do RPS, incluído pelo Decreto n. 6.042/2007).

Caracterizada a impossibilidade de atendimento do prazo, motivada pelo não conhecimento tempestivo do diagnóstico do agravo, o requerimento poderá ser apresentado no prazo de quinze dias, contado da data em que a empresa tomar ciência da decisão que concedeu o benefício com reconhecimento de nexo epidemiológico (§ 9.º do art. 337 do RPS, com a redação conferida pelo Decreto n. 10.410/2020).

A informação sobre a concessão de benefícios com aplicação do NTEP será disponibilizada para consulta pela empresa, por meio do portal da Previdência Social na internet ou pela Comunicação de Decisão do requerimento de benefício por incapacidade, entregue ao segurado.

Com o requerimento denominado "contestação de NTEP", a empresa deverá formular as alegações que entender necessárias e apresentará a documentação probatória, para demonstrar a inexistência do nexo técnico entre o trabalho e o agravo (§ 10 do art. 337 do RPS, com redação atual fixada pelo Decreto n. 6.939/2009). A documentação probatória poderá trazer, entre outros meios de prova, evidências técnicas circunstanciadas e tempestivas à exposição do segurado, podendo ser produzidas no âmbito de programas de gestão de risco, a cargo da empresa, que possuam responsável técnico legalmente habilitado (§ 11 do art. 337 do RPS, com redação dada pelo Decreto n. 6.042/2007).

O INSS informará ao segurado sobre a contestação da empresa para que ele, querendo, possa impugná-la, obedecendo, quanto à produção de provas, ao disposto no § 10 do art. 337 do RPS, sempre que a instrução do pedido evidenciar a possibilidade de reconhecimento de inexistência do nexo entre o trabalho e o agravo.

Da decisão do requerimento de contestação de nexo epidemiológico de que trata o § 7.º do art. 337 do RPS cabe recurso, com efeito suspensivo, por parte da empresa ou, conforme o caso, do segurado, a uma das Juntas de Recursos do Conselho de Recursos da Previdência Social, conforme o § 13 do art. 337 do RPS (redação conferida pelo Decreto n. 6.042/2007). O efeito suspensivo, no caso, não importa em suspensão do benefício por incapacidade decorrente de acidente de qualquer natureza, mas apenas dos efeitos do reconhecimento da natureza acidentária, salvo, no caso de doença, se o segurado não tenha a carência mínima e a enfermidade não esteja no rol de que trata o art. 2.º da Portaria Interministerial MTP/MS n. 22, de 31.08.2022 – nesse caso, pode ocorrer, de fato, a suspensão do pagamento.

Acerca desse tema, o art. 10 da Resolução n. 2.323/2022 do Conselho Federal de Medicina prevê:

> Art. 10. Em sua peça de contestação de nexo ao perito médico da Previdência, o médico do trabalho poderá enviar documentação probatória demonstrando que os agravos não têm nexo com o trabalho exercido pelo trabalhador, como:
> I – Programa de Prevenção de Riscos Ambientais (PPRA)/Gerenciamento de Riscos Ocupacionais (GRO);
> II – Programa de Controle Médico de Saúde Ocupacional (PCMSO);
> III – Perfil Profissiográfico Previdenciário (PPP);
> IV – Comunicação de Acidente de Trabalho (CAT);
> V – Laudo Técnico de Condições Ambientais de Trabalho (LTCAT);
> VI – Programa de Gerenciamento de Riscos (PGR);
> VII – Programa de Condições e Meio Ambiente de Trabalho na Indústria da Construção (PCMAT);
> VIII – Análise ergonômica do posto de trabalho, ficha de produtos químicos e outros documentos relacionados às condições de trabalho e pertinentes à contestação poderão ser utilizados, quando necessários.
> Parágrafo único. Por ocasião do encaminhamento do trabalhador à perícia previdenciária, deve o médico do trabalho entregar relatório médico ao trabalhador com a descrição das condições em que se deu o acidente ou a doença.

O requerimento e as provas devem ser encaminhados pela Agência da Previdência Social mantenedora do benefício à perícia médica para análise prévia.

A análise do requerimento e das provas produzidas será realizada pela perícia médica, cabendo ao setor administrativo da Agência da Previdência Social comunicar o resultado da análise à empresa e ao segurado.

O INSS procederá à marcação eletrônica do benefício no Sistema de Administração de Benefícios por Incapacidade (SABI), que estará sob efeito suspensivo, deixando para alterar a espécie após o julgamento do recurso pelo CRPS, quando for o caso.

Há na jurisprudência diversos casos de aplicação do art. 21-A da Lei n. 8.213/1991, favorecendo a presunção da natureza acidentária da incapacidade laborativa e a consequente percepção do auxílio acidentário, em vez do previdenciário:

> Agravo de instrumento. Dano moral. Doença ocupacional. Nexo causal. Presunção. Nexo Técnico Epidemiológico. O Nexo Técnico é ferramenta criada para a caracterização da doença ocupacional a partir de estatísticas existentes no órgão previdenciário. A novidade contida no art. 21-A da Lei n. 8.213/1991 constitui mera técnica destinada a vincular determinadas doenças a determinadas atividades econômicas e gera como resultado apenas a presunção do nexo que, todavia, pode ser ilidida por prova em contrário. Resulta daí que, não havendo prova pericial afastando o nexo causal, afigura-se perfeitamente possível aplicar a presunção que decorre do nexo técnico epidemiológico. Agravo de instrumento a que se nega provimento. [...] (TST, AIRR 343940-55.2007.5.11.0004, 1.ª Turma, Rel. Des. Convocado Marcelo Lamego Pertence, *DEJT* 10.03.2017).

Todavia, convém ressaltar que tal presunção é relativa, comportando prova em sentido contrário:

> Direito previdenciário. Auxílio-doença. Acidente de trabalho. Nexo Técnico Epidemiológico. Presunção relativa. Perícia judicial. Nexo de causalidade. Afastado. I – O Nexo Técnico Epidemiológico Previdenciário (NTEP) presume a doença profissional pela simples associação entre a atividade da empresa e a doença ensejadora da incapacidade. Todavia, trata-se de presunção relativa, a qual pode ser afastada por prova robusta em sentido contrário. II – Comprovada por perícia judicial a inexistência de nexo de causalidade entre a atividade exercida pelo autor e a doença que gerou a incapacidade para o trabalho, não é devida a concessão do auxílio-doença de natureza acidentária. III – Negou-se provimento ao recurso (TJDFT, Acórdão 1.009.744, 00309955720158070015, 6.ª Turma Cível, Rel. Des. José Divino, *DJe* 26.05.2017).

4.7 A COMUNICAÇÃO DO ACIDENTE DE TRABALHO (CAT)

Para que o segurado possa fruir dos benefícios e serviços em face de acidente do trabalho ou doença ocupacional, diante dos princípios que regem a concessão de benefícios, seria certo que a ele fosse imposta a iniciativa de requerer o benefício. Contudo, em vista das particularidades que envolvem o evento em questão, estabeleceu o legislador um modo de eximir o segurado ou seus dependentes desse ônus. Assim, compete à empresa comunicar a ocorrência de acidente de trabalho ou doença profissional ou do trabalho e, dessa maneira, o beneficiário fica desobrigado de tomar a iniciativa de peticionar o benefício a que faça jus.

A CAT é feita por formulário próprio e constitui obrigação da empresa e do empregador doméstico, no prazo até o primeiro dia útil após a ocorrência e, em caso de falecimento, de imediato, à autoridade policial competente, sob pena de multa variável entre os limites mínimo e máximo do salário de contribuição, a ser aplicada pela fiscalização do INSS – art. 22 da Lei n. 8.213/1991 e art. 286 do Decreto n. 3.048/1999.

No caso de o segurado empregado e trabalhador avulso exercerem atividades concomitantes e vierem a sofrer acidente de trajeto entre uma e outra empresa na qual trabalhe, será obrigatória a emissão da CAT pelas duas empresas.

A CAT relativa ao acidente do trabalho ocorrido com o aposentado que permaneceu na atividade como empregado ou a ela retornou também deverá ser registrada.

O emitente deverá entregar cópia da CAT ao acidentado, ao sindicato da categoria e à empresa e, nos casos de óbito, também aos dependentes e à autoridade competente (art. 350 da IN INSS/PRES n. 128/2022).

Na CAT de reabertura de acidente do trabalho, deverão constar as mesmas informações da época do acidente, exceto quanto ao afastamento, último dia trabalhado, atestado médico e data da emissão, que serão relativos à data da reabertura. Não serão consideradas CAT de reabertura para as situações de simples assistência médica ou de afastamento com menos de quinze dias consecutivos.

O óbito decorrente de acidente ou de doença profissional ou do trabalho, ocorrido após a emissão da CAT inicial ou de reabertura, será comunicado ao INSS, por CAT de comunicação de óbito, constando a data do óbito e os dados relativos ao acidente inicial.

São responsáveis pelo preenchimento e encaminhamento da CAT (art. 351 da IN INSS/PRES n. 128/2022):

> I – no caso de segurado empregado, a empresa empregadora;
>
> II – para o segurado especial, o próprio acidentado, seus dependentes, a entidade sindical da categoria, o médico assistente ou qualquer autoridade pública;
>
> III – no caso do trabalhador avulso, a empresa tomadora de serviço e, na falta dela, o sindicato da categoria ou o órgão gestor de mão de obra;
>
> IV – no caso de segurado desempregado, nas situações em que a doença profissional ou do trabalho manifestou-se ou foi diagnosticada após a demissão, as autoridades dos §§ 4.º e 5.º; e
>
> V – tratando-se de empregado doméstico, o empregador doméstico, para acidente ocorrido a partir de 2 de junho de 2015, data da publicação da Lei Complementar n.º 150, de 2015.

A CAT entregue pelo responsável fora do prazo legal, mas anteriormente ao início de qualquer procedimento administrativo ou de medida de fiscalização, exclui a multa prevista no mesmo dispositivo.

No caso do segurado empregado, trabalhador avulso e empregado doméstico exercerem atividades concomitantes e vierem a sofrer acidente de trajeto entre um local de trabalho e outro, será obrigatória a emissão da CAT pelos dois empregadores.

É considerado agravamento do acidente aquele sofrido pelo acidentado quando estiver sob a responsabilidade da reabilitação profissional; nesse caso, caberá ao profissional de referência comunicar à perícia médica o ocorrido.

Na falta de comunicação por parte da empresa, podem formalizá-la o próprio acidentado, seus dependentes, a entidade sindical competente, o médico que o assistiu ou qualquer autoridade pública, não prevalecendo nesses casos o prazo legal. Consideram-se autoridades públicas reconhecidas para tal finalidade os magistrados em geral, os membros do Ministério Público e dos Serviços Jurídicos da União e dos Estados, os comandantes de unidades militares do Exército, da Marinha, da Aeronáutica e das Forças Auxiliares (Corpo de Bombeiros e Polícia Militar), prefeitos, delegados de polícia, diretores de hospitais e de asilos oficiais e servidores da Administração Direta e Indireta Federal, Estadual, do Distrito Federal ou Municipal, quando investidos de função (§§ 4.º e 5.º do art. 351 da IN INSS/PRES n. 128/2022). A CAT formalizada por outra pessoa que não o responsável não exclui a multa.

Não cabe aplicação de multa por não emissão de CAT quando o enquadramento decorrer de aplicação do NTEP.

A falta de emissão da CAT não constitui óbice para o reconhecimento da natureza acidentária da incapacidade, como é cediço na jurisprudência, tanto na Justiça Federal quanto na Justiça do Trabalho:

> Recurso de revista interposto antes da Lei n. 13.015/2014. [...] Acidente de trabalho. Estabilidade. Dano moral. O empregado que sofre acidente de trabalho faz jus à estabilidade. Restou consignado na decisão matriz que a lesão sofrida pelo réu guarda relação de causalidade com a execução do contrato de trabalho, além de ter sido constatada a culpa da autora. *In casu*, a reintegração do reclamante ao emprego foi determinada em virtude do reconhecimento da existência de doença profissional equiparada a acidente de trabalho, muito embora não tenha ocorrido a emissão de CAT. Sendo assim, tem-se que o empregado detém estabilidade provisória independentemente do percebimento de auxílio-doença acidentário, nos termos da parte final do item II da Súmula 378 do TST. Por fim, presentes os requisitos da responsabilidade subjetiva da empregadora o reclamante faz jus a indenização por dano moral. [...] (TST, RR 80600-85.2006.5.02.0464, 2.ª Turma, Rel. Min. Maria Helena Mallmann, *DEJT* 08.09.2017).

Sempre que a Perícia Médica Federal constatar o descumprimento da obrigação de emissão da CAT, comunicará formalmente aos demais órgãos interessados, inclusive para fins de aplicação e cobrança da multa devida (art. 338, § 4.º, do Decreto n. 3.048/1999, com a redação conferida pelo Decreto n. 10.410/2020).

Os pedidos de reabertura de auxílio por incapacidade temporária decorrente de acidente do trabalho deverão ser formulados quando houver reinício do tratamento ou afastamento por agravamento de lesão do acidente ou doença ocupacional, e serão processados nos mesmos moldes do auxílio por incapacidade temporária previdenciário, cadastrando-se a CAT de reabertura, quando apresentada (art. 345 da IN INSS/PRES n. 128/2022).

4.8 O REQUERIMENTO DE TRANSFORMAÇÃO DE BENEFÍCIO COMUM EM ACIDENTÁRIO

Trata-se de um ato revisional que pode ser interposto pelo segurado, no prazo de dez anos, haja vista que, de acordo com art. 103 da Lei n. 8.213, de 1991, esse é o prazo de decadência de todo e qualquer direito ou ação do segurado para a revisão do ato de concessão de um benefício.

Esse requerimento ganha importância na medida em que, como será visto no capítulo sobre os benefícios previdenciários, há significativa diferença na renda mensal a ser auferida se o benefício for reconhecido como de causa (ou concausa) acidentária, em comparação com o benefício de origem não acidentária.

O requerente expressará suas alegações em formulário próprio e acrescentará documentação probatória, se houver.

O processo será encaminhado para análise da perícia médica, que registrará seu parecer no relatório conclusivo de análise da revisão. O registro no sistema informatizado do INSS deverá ser realizado pela ferramenta de revisão médica quando o perito concluir pela alteração da espécie do benefício.

Não há impedimento para a realização da análise pelo mesmo profissional que efetuou o exame pericial inicial.

A perícia médica, se necessário, poderá ouvir testemunhas, efetuar pesquisa ou realizar vistoria do local de trabalho ou solicitar o PPP diretamente ao empregador para o esclarecimento dos fatos, com o objetivo de identificar o nexo entre o trabalho e o agravo.

Para transformação de espécie da pensão por morte previdenciária em pensão por morte acidentária, o reconhecimento técnico do nexo entre a *causa mortis* e o acidente ou doença deverá ser realizado mediante análise documental. Entre os documentos a serem apresentados, podem ser considerados: atestado de óbito, laudo do exame cadavérico ou documento equivalente, se houver, registro policial, CAT e/ou outra documentação médica.

Após análise e parecer da perícia, o processo deverá ser devolvido ao setor administrativo da APS, que comunicará a decisão às partes, abrindo-se prazo de trinta dias para recurso por parte da empresa ou do interessado.

Capítulo 5
A INCAPACIDADE LABORATIVA E SUAS IMPLICAÇÕES NO CAMPO PREVIDENCIÁRIO

5.1 A PROTEÇÃO JURÍDICA AO TRABALHADOR INCAPACITADO

Desde os primórdios da formulação dos direitos sociais constatou-se a necessidade de amparar o trabalhador vitimado por incapacidade laborativa, na medida em que, não podendo trabalhar, nada receberia de seu empregador. O presente capítulo versa sobre a necessária correlação entre a legislação previdenciária concernente a benefícios por incapacidade e repercussões no âmbito da relação de trabalho.

A Constituição Federal estabeleceu no inciso I do art. 201 (anterior à EC n. 103/2019) garantia à cobertura de eventos de doença e invalidez, cuja regulamentação da Lei de Benefícios da Previdência Social (LBPS) previa a concessão de auxílio-doença, aposentadoria por invalidez e auxílio-acidente.

Com a EC n. 103/2019, o referido dispositivo constitucional passou a prever a "cobertura dos eventos de incapacidade temporária ou permanente para o trabalho e idade avançada" e a nomenclatura dos dois primeiros benefícios por incapacidade também sofreu alterações: passaram a ser denominados "auxílio por incapacidade temporária" e "aposentadoria por incapacidade permanente".

As regras de concessão dos benefícios por incapacidade, seja de origem previdenciária (comum, decorrente de acidentes ou doenças não ligadas à atividade laborativa) ou acidentária (decorrente de acidentes do trabalho, doença profissional ou do trabalho) estão previstas na Lei n. 8.213/1991, com a regulamentação do Decreto n. 3.048/1999, em sua redação atual.

Vejamos neste capítulo as características de cada um desses benefícios, seus beneficiários, períodos de carência, a questão da prova da incapacidade laboral, coeficientes de cálculo e duração do pagamento, diante da possibilidade de cessação das prestações em face da recuperação da capacidade laborativa dos segurados, com algumas das importantes conexões dessa matéria com aspectos da relação de trabalho; e, no capítulo seguinte, abordaremos os impactos desses mesmos benefícios no contrato de trabalho.

5.2 AUXÍLIO POR INCAPACIDADE TEMPORÁRIA – COMUM E ACIDENTÁRIO

O auxílio por incapacidade temporária é um benefício concedido ao segurado impedido temporariamente de trabalhar (quando segurado obrigatório) ou de exercer suas atividades habituais (quando segurado facultativo) por doença ou acidente, ou por prescrição médica (por exemplo, no caso de gravidez de risco): no caso de empregados urbanos e rurais, acima do período previsto em lei como de responsabilidade do empregador; e, nos demais casos, a partir do início da incapacidade temporária, desde que o afastamento seja superior a quinze dias.

Com a entrada em vigor da EC n. 103/2019, esse benefício passou a ser denominado "auxílio por incapacidade temporária", tendo em vista que o evento "doença" foi substituído pela "incapacidade temporária para o trabalho".

As regras gerais sobre o auxílio por incapacidade temporária estão disciplinadas nos arts. 59 a 63 da Lei n. 8.213/1991 e nos arts. 71 a 80 do Decreto n. 3.048/1999 (com as alterações introduzidas pelo Decreto n. 10.410/2020).

Na conformidade do que prevê o Manual Técnico de Perícia Médica Previdenciária, incapacidade laborativa "é a impossibilidade de desempenho das funções específicas de uma atividade, função ou ocupação habitualmente exercida pelo segurado, em consequência de alterações morfopsicofisiológicas provocadas por doença ou acidente".[1]

A diferenciação de tratamento legal entre o auxílio previdenciário (espécie B-31) e o auxílio acidentário (espécie B-91) ocorre quanto:

(a) aos segurados abrangidos;
(b) à carência, que no auxílio por incapacidade temporária de cunho acidentário é sempre incabível, em razão de sua causa (acidente de trabalho ou doença ocupacional), enquanto há previsão de prazo carencial no auxílio de cunho previdenciário (12 contribuições mensais), salvo em caso de acidentes de qualquer outra natureza, doenças graves, contagiosas ou incuráveis previstas como situações em que a carência é incabível; e
(c) aos efeitos trabalhistas decorrentes, visto que apenas o auxílio acidentário acarreta ao empregado a garantia de emprego prevista no art. 118 da Lei n. 8.213/1991 (12 meses após a cessação desse benefício, independentemente de percepção de auxílio-acidente) e a manutenção da obrigatoriedade do recolhimento do Fundo de Garantia por Tempo de Serviço (FGTS) mesmo durante o período de afastamento.

Quanto aos requisitos, critério de cálculo, data de início e cessação do benefício, as regras são absolutamente iguais entre o auxílio previdenciário e o auxílio acidentário.

A análise do auxílio por incapacidade temporária deverá observar a data do início da incapacidade para fins de atendimento dos requisitos de acesso ao benefício (art. 335, § 2.º, da IN INSS/PRES n. 128/2022).

A doença do segurado cujo agravamento é progressivo, mas que não impede o exercício de atividades laborativas, não pode ser obstáculo à filiação ao RGPS e, portanto, à concessão dos benefícios por incapacidade (art. 42, § 2.º, da Lei n. 8.213/1991). No entanto, há vedação no reingresso em caso de doença incapacitante preexistente, conforme se observa da Súmula n. 53 da TNU:

---

[1] BRASIL. Instituto Nacional do Seguro Social. *Manual técnico de perícia médica previdenciária.* Brasília: Instituto Nacional do Seguro Social, 2018.

Não há direito a auxílio-doença ou a aposentadoria por invalidez quando a incapacidade para o trabalho é preexistente ao reingresso do segurado no Regime Geral de Previdência Social.

O INSS deve processar de ofício o benefício, quando tiver ciência da incapacidade do segurado sem que este tenha requerido o auxílio (art. 76 do Decreto n. 3.048/1999). O entendimento do INSS a esse respeito é de que somente é cabível nas situações em que a autarquia tiver ciência da incapacidade do segurado por meio de documentos que comprovem essa situação e desde que a incapacidade seja confirmada pela perícia médica do INSS.

Em regra, o segurado, principal interessado, é quem deverá fazer o requerimento do auxílio por incapacidade temporária. Na forma do art. 76-A do RPS, inserido pelo Decreto n. 10.410/2020, entretanto, é facultado à empresa protocolar requerimento de auxílio por incapacidade temporária ou documento dele originário de seu empregado ou de contribuinte individual a ela vinculado ou a seu serviço, na forma fixada pelo INSS, hipótese em que a empresa será comunicada das decisões proferidas pelo INSS, resguardadas as informações consideradas sigilosas, na forma estabelecida em ato do INSS (art. 76-B do RPS, também inserido pelo Decreto n. 10.410/2020).

A Advocacia-Geral da União, visando eliminar a produção de recursos e medidas judiciais e dirimir controvérsias internas na Administração Federal, baixou sobre a matéria os seguintes enunciados:

> **ENUNCIADO 25**
> Será concedido auxílio-doença ao segurado considerado temporariamente incapaz para o trabalho ou sua atividade habitual, de forma total ou parcial, atendidos os demais requisitos legais, entendendo-se por incapacidade parcial aquela que permita sua reabilitação para outras atividades laborais.

> **ENUNCIADO 26**
> Para a concessão de benefício por incapacidade, não será considerada a perda da qualidade de segurado decorrente da própria moléstia incapacitante.

– Segurado recluso

A Lei n. 13.846/2019 passou a restringir o pagamento desse benefício com relação ao segurado preso em regime fechado a partir de 18.01.2019, fixando as seguintes regras no art. 59 da LBPS:

- não será devido o benefício para o segurado recluso em regime fechado;
- o segurado em gozo de auxílio na data do recolhimento à prisão terá o benefício suspenso por até 60 dias, contados da data do recolhimento à prisão, cessado após o referido prazo;
- na hipótese de o segurado ser colocado em liberdade antes do prazo de 60 dias, o benefício será restabelecido a partir da data da soltura;
- em caso de prisão declarada ilegal, o segurado terá direito à percepção do benefício por todo o período devido.

O segurado que estiver cumprindo pena em regime aberto ou semiaberto terá direito ao auxílio por incapacidade temporária, desde que preenchidos os requisitos para a concessão.

5.2.1 Perícia médica

A concessão dos benefícios por incapacidade laboral está sujeita, em regra, à comprovação da incapacidade em exame realizado por médico perito da Previdência Social, cabendo à empresa que dispuser de serviço médico próprio ou em convênio o exame médico e o abono das faltas correspondentes aos primeiros 15 dias de afastamento (art. 75, § 1.º, do Regulamento). Ultrapassado o prazo de 15 dias consecutivos, o segurado será encaminhado ao INSS para avaliação médico-pericial (§ 2.º do art. 75 do Regulamento).

A Lei n. 13.846/2019 criou a carreira de perito médico federal, composta pelos cargos de nível superior, de provimento efetivo, de perito médico federal.[2]

Os atos médico-periciais implicam sempre pronunciamento de natureza médico-legal destinado a produzir um efeito na via administrativa do INSS, passível de contestação na via recursal deste e no Poder Judiciário.

O Sistema de Administração de Benefícios por Incapacidade (SABI) é a ferramenta desenvolvida com o objetivo de agilizar os processos de concessão de benefícios por incapacidade, bem como possibilitar um controle eficiente da qualidade do produto, tanto no aspecto médico quanto no administrativo (Resolução INSS/PRES n. 112, de 18.10.2010).

A fixação da Data do Início da Doença (DID) deve ser obrigatoriamente feita no exame inicial para concessão do benefício por incapacidade, bem como nos recursos à JR/CRPS, em todos os casos de sugestão de limite indefinido.

A Data do Início da Incapacidade (DII) deve ser obrigatória e corretamente fixada nas mesmas situações assinaladas para a DID. É a data em que as manifestações da doença provocaram um volume de alterações morfopsicofisiológicas que impedem o desempenho das funções específicas de uma profissão, obrigando ao afastamento do trabalho. Deve ser fixada em todos os casos de exame inicial para concessão de benefício por incapacidade, bem como nos recursos à JR/CRPS, desde que exista incapacidade para o trabalho.

A DID e a DII serão fixadas utilizando-se, além do exame objetivo, exames complementares, atestado de internação e outras informações de natureza médica. De posse desses elementos, conforme o Manual Técnico de Perícia Médica Previdenciária,[3] a perícia médica poderá, com relativa segurança, fixar as datas prováveis da DID e da DII.

---

[2] A carreira de perito médico federal, quando da sua criação, foi vinculado ao quadro de pessoal do Ministério da Economia. Com o advento da Lei n. 14.261/2021 (conversão da MP n. 1.058/2021), passou a integrar o quadro de pessoal do Ministério do Trabalho e Previdência (art. 10). E com a edição da Medida Provisória n. 1.154/2023, que recria o Ministério da Previdência Social, a tendência é que tais cargos passem a estar vinculados a este último.

[3] BRASIL. Instituto Nacional do Seguro Social. *Manual técnico de perícia médica previdenciária*. Brasília: Instituto Nacional do Seguro Social, 2018.

Para a caracterização da incapacidade do segurado, tanto na via administrativa quanto em juízo, é imprescindível a produção de perícia por médico sobre a patologia em discussão, não sendo possível ao órgão decisório tomar a decisão sem permitir ao segurado a produção de tal prova. Todavia, a Lei n. 14.441/2022 criou exceção a essa regra, a qual estudamos a seguir.

5.2.2 Concessão por análise documental

A Lei n. 14.441, de 2022, inseriu o § 14 no art. 60 da LBPS, que passou a prever que por ato administrativo se pudesse estabelecer as condições de dispensa da emissão de parecer conclusivo da perícia médica federal quanto à incapacidade laboral, "hipótese na qual a concessão do benefício de que trata este artigo será feita por meio de análise documental, incluídos atestados ou laudos médicos, realizada pelo INSS".

A Portaria Conjunta MTP/INSS n. 7, de 28.07.2022, disciplinou a matéria. Conforme a referida regulamentação, a concessão de benefício de auxílio por incapacidade temporária, com dispensa da emissão de parecer conclusivo da Perícia Médica Federal quanto à incapacidade laboral, será realizada por meio de análise documental do INSS quando o tempo de espera para a realização da perícia médica na unidade for superior a 30 dias.

Segundo a Portaria, não caberá a concessão de benefício por incapacidade da natureza acidentária por meio do procedimento de análise documental.

Os beneficiários que tiverem auxílios por incapacidade temporária concedidos na forma da referida Portaria, ainda que de forma não consecutiva, não poderão ter a soma de duração dos respectivos benefícios superior a 90 dias.

Quando não for possível a concessão do benefício de auxílio por incapacidade temporária por meio de análise documental, será facultada ao requerente a opção de agendamento para se submeter a exame médico-pericial.

Não caberá recurso da análise documental realizada pela Perícia Médica Federal, conforme a Portaria.

O requerimento de novo benefício por meio de análise documental somente será possível após 30 dias da última análise realizada.

5.2.3 Concessão por medida judicial

Os benefícios por incapacidade respondem por mais da metade das ações judiciais propostas em face do INSS. E o volume de processos acaba acarretando, também na seara judicial, críticas acerca da prova pericial produzida em juízo.

Dados o caráter alimentar da prestação e a urgência envolvida, pelo provável risco à subsistência de um segurado que esteja impossibilitado de trabalhar e sem o recebimento do benefício, o pleito de concessão na via judicial por vezes é atendido por decisão em tutela antecipada, podendo ou não ser ao final confirmada com o trânsito em julgado da decisão.

De acordo com o art. 344 da IN INSS/PRES n. 128/2022, os benefícios de auxílio por incapacidade temporária sem prazo estimado de duração, concedidos ou restabelecidos por decisão judicial, deverão ser cessados em 120 dias contados da data de concessão ou de reativação do auxílio por incapacidade temporária, exceto se o segurado requerer a sua prorrogação perante o INSS.

Segundo o Juiz Federal José Antônio Savaris:

> Quando a perícia judicial não cumpre os pressupostos mínimos de idoneidade da prova técnica, ela é produzida, na verdade, de maneira a furtar do magistrado o poder de decisão, porque respostas periciais categóricas, porém sem qualquer fundamentação, revestem um elemento autoritário que contribui para o que se chama decisionismo processual.[4]

Importante lembrar que:

– Tratando-se de perícia complexa, que abranja mais de uma área de conhecimento especializado, o juiz poderá nomear mais de um perito e a parte indicar mais de um assistente técnico (art. 475 do CPC/2015).
– O juiz apreciará a prova pericial de acordo com o disposto no art. 371, indicando na sentença os motivos que o levaram a considerar ou a deixar de considerar as conclusões do laudo, levando em conta o método utilizado pelo perito (art. 479 do CPC/2015).

5.2.4 Período de carência e o "limbo carencial"

Período de carência é o número de contribuições mensais indispensáveis para que o beneficiário faça jus ao benefício, consideradas a partir do transcurso do primeiro dia dos meses de suas competências (art. 24 da Lei n. 8.213/1991). No entanto, o Decreto n. 10.410/2020, ao "regulamentar" o § 14 do art. 195 da CF (redação da EC n. 103/2019), acabou modificando em parte o conceito de período de carência em vista da fixação, pela referida norma constitucional, da necessidade de que haja contribuição mínima mensal equivalente à aplicação da alíquota incidente sobre o salário mínimo a partir de 14.11.2019; assim, nos termos do Regulamento, carência "é o tempo correspondente ao número mínimo de contribuições mensais indispensáveis para que o beneficiário faça jus ao benefício, consideradas as competências cujo salário de contribuição seja igual ou superior ao seu limite mínimo mensal" (art. 26 do RPS).

O dia do início da contagem do período de carência é feito observando-se as seguintes regras detalhadas no art. 28 do RPS, com redação do Decreto n. 10.410/2020:

> I – para o segurado empregado, inclusive o doméstico, e o trabalhador avulso, a partir da data de sua filiação ao RGPS; e
>
> II – para o segurado contribuinte individual, observado o disposto no § 4.º do art. 26, e o segurado facultativo, inclusive o segurado especial que contribua na forma prevista no § 2.º do art. 200, a partir da data do efetivo recolhimento da primeira contribuição sem atraso, e não serão consideradas para esse fim as contribuições recolhidas com atraso referentes a competências anteriores, observado, quanto ao segurado facultativo, o disposto nos §§ 3.º e 4.º do art. 11.

---

[4] SAVARIS, José Antonio. *Curso de perícia judicial previdenciária*. São Paulo: Conceito Editorial, 2011. p. 29.

Importante esclarecer que se aplica a regra da data de filiação ao contribuinte individual, a partir de abril de 2003, quando prestar serviços à empresa, que possui a obrigação de retenção e recolhimento das contribuições.

Para efeito de carência, considera-se presumido o recolhimento das contribuições do segurado empregado urbano e rural, do trabalhador avulso e, relativamente ao contribuinte individual, a partir da competência abril de 2003.

Portanto, no caso de indivíduos que não possuem responsabilidade tributária pelo recolhimento das contribuições ao sistema (segurados empregados urbanos, rurais e domésticos, trabalhadores avulsos, contribuintes individuais prestadores de serviço a pessoas jurídicas após a edição da Lei n. 10.666/2003 e segurados especiais cuja contribuição é deduzida da nota fiscal), é de ser computado como tempo de carência todo o período laboral comprovado, independentemente da prova das contribuições, pois não se pode exigir do segurado a prova de obrigação que não lhe cabe cumprir.

No caso de segurado empregado doméstico, o Regulamento da Previdência Social prevê que: a) considera-se presumido o recolhimento das contribuições dele descontadas pelo empregador doméstico, a partir da competência junho de 2015 (vigência da LC n. 150/2015); e b) quando filiado ao RGPS nessa condição até 31 de maio de 2015, o período de carência será contado a partir da data do efetivo recolhimento da primeira contribuição sem atraso.

No entanto, a TNU tem uniformizado o entendimento de que o recolhimento tardio das contribuições devidas à Previdência Social pelo empregador não pode militar em desfavor do empregado doméstico, pois "a responsabilidade do recolhimento da contribuição é do empregador doméstico, razão pela qual o pagamento em atraso não implica o não atendimento da carência por parte do segurado" (PEDILEF 200870500072980, Rel. Paulo Ricardo Arena Filho, *DOU* 19.12.2011).

Por outro lado, como é entendimento pacificado na jurisprudência, o tempo de gozo de benefícios por incapacidade de natureza acidentária conta para todos os fins, e o que não é decorrente de acidente do trabalho "deve ser computado para fins de tempo de contribuição e carência, quando intercalado com períodos de contribuição, independentemente do número de contribuições vertido e o título a que realizadas" (TNU, PUIL 0000805-67.2015.4.03.6317/SP, Sessão de 25.04.2019).

Para ter direito à percepção do auxílio por incapacidade temporária, em regra, o segurado deverá ter cumprido a carência equivalente a doze contribuições mensais, salvo quando for decorrente de acidente de qualquer natureza ou causa, inclusive os acidentes do trabalho e situações a ele equiparadas, ou de alguma das doenças especificadas no art. 151 da Lei n. 8.213/1991, quando então a carência não é exigida.

O rol de doenças graves do art. 151 foi atualizado pela Portaria Interministerial MTPS/MS n. 22, de 31.08.2022, que traz as seguintes enfermidades:

> I – tuberculose ativa; II – hanseníase; III – transtorno mental grave, desde que esteja cursando com alienação mental; IV – neoplasia maligna; V – cegueira; VI – paralisia irreversível e incapacitante; VII – cardiopatia grave; VIII – doença de Parkinson; IX – espondilite anquilosante; X – nefropatia grave; XI – estado avançado da doença de Paget (osteíte deformante); XII – síndrome da deficiência imunológica adquirida (Aids); XIII – contaminação por radiação, com base em

conclusão da medicina especializada; XIV – hepatopatia grave; XV – esclerose múltipla; XVI – acidente vascular encefálico (agudo); e XVII – abdome agudo cirúrgico.

Essa relação de doenças deve ser entendida como exemplificativa, podendo ser incluídas outras situações, por exemplo, a gravidez de alto risco. Nesse sentido, a uniformização da TNU em Representativo de Controvérsia – Tema n. 220, com a fixação da seguinte tese:

1. O rol do inciso II do art. 26 da Lei n. 8.213/1991 é exaustivo. 2. A lista de doenças mencionada no inciso II, atualmente regulamentada pelo art. 151 da Lei n. 8.213/1991, não é taxativa, admitindo interpretação extensiva, desde que demonstradas a especificidade e a gravidade que mereçam tratamento particularizado. 3. A gravidez de alto risco, com recomendação médica de afastamento do trabalho por mais de 15 dias consecutivos, autoriza a dispensa de carência para acesso aos benefícios por incapacidade.

A TNU deu essa interpretação de dispensa da carência para outras situações. Vejamos:

> AVC que cause paralisia irreversível e incapacitante (PUIL 0033626-77.2016.4.01.3300/BA, j. 27.05.2021); esquizofrenia, que cause alienação mental (PUIL 1001346-98.2019.4.01.3504/GO, j. 27.05.2021); cegueira monocular (PUIL 5004134-79.2019.4.04.7110/RS, j. 25.02.2021).

Entende-se como acidente de qualquer natureza o que ocorre provocando lesão corporal ou perturbação funcional, com perda ou redução da capacidade laborativa, permanente ou temporária, seja em decorrência do trabalho ou não.

Sobre a delimitação do acidente de qualquer natureza, a TNU fixou a seguinte tese no Representativo de Controvérsia – Tema n. 269:

> O conceito de acidente de qualquer natureza, para os fins do art. 86 da Lei n. 8.213/1991 (auxílio-acidente), consiste em evento súbito e de origem traumática, por exposição a agentes exógenos físicos, químicos ou biológicos, ressalvados os casos de acidente do trabalho típico ou por equiparação, caracterizados na forma dos arts. 19 a 21 da Lei n. 8.213/1991 (PUIL 0031628-86.2017.4.02.5054/ES).

Quando ocorrer a perda da qualidade de segurado que venha a ficar incapacitado temporariamente para o trabalho, qualquer que seja a época da inscrição ou da filiação no RGPS, as contribuições anteriores a essa data só poderão ser computadas para efeito de carência depois que o segurado contar, a partir da nova filiação ao RGPS, com, no mínimo metade das contribuições exigidas – no caso, seis contribuições mensais. Essa regra se aplica quando o fato gerador do benefício tenha se dado de 18.06.2019 em diante (data da vigência da Lei n. 13.846/2019).

Do conjunto normativo sobre o tema conclui-se que, em grande parte dos casos de benefícios por incapacidade, não se exige prazo mínimo de filiação previdenciária para a obtenção de tais benefícios. O problema está justamente naquelas situações em que o segurado é acometido de doença incapacitante no interregno dos primeiros 12 meses de atividade vinculada ao RGPS. Caso o segurado não possua a carência, mesmo estando incapacitado, o benefício será indeferido por ausência desse requisito, daí surgindo uma espécie de limbo: ultrapassados os primeiros 15 dias de afastamento, o trabalhador não terá direito ao salário, nem fará jus a benefício previdenciário.

Essa regra comporta diversas observações importantes.

A primeira é a falta de atualização do rol de doenças consideradas graves e não contém diversas enfermidades que poderiam assim ser enquadradas, tais como a malária, a febre amarela, a doença de chagas, a esquistossomose, a dengue hemorrágica, entre tantas outras – acarretando grave risco de desproteção social aos vitimados por tais doenças nos primeiros 12 meses de filiação previdenciária.

A segunda envolve a situação dos trabalhadores com vínculo de emprego cujo salário não chegue a um salário mínimo mensal. Conforme o art. 19-E do Decreto n. 3.048, inserido pelo Decreto n. 10.410, ao regulamentar a EC n. 103, não será considerado o tempo quando a contribuição mensal não chegar a alcançar o equivalente ao que incidiria sobre o salário mínimo, devendo o segurado complementar sua contribuição para "salvar" o período. No entanto, há situações em que o trabalhador, em seu primeiro mês de trabalho, sofre acidente ou é acometido de doença, de modo que nem sequer chegou a fazer uma contribuição mensal. Daí por que defendemos não haver cabimento na desconsideração do período contributivo com valores abaixo da previsão do art. 19-E do Decreto.

A terceira diz respeito à própria exigência de carência em situações não programadas pelo segurado – incapacidade laboral não é evento que esteja a critério do trabalhador decidir se vai ou não ocorrer. Por conseguinte, em diversas situações concretas pode um segurado, nos primeiros 12 meses de filiação ao RGPS, ver-se acometido de doença ou ter de se submeter a cirurgias urgentes, com risco de vida, e não ter o benefício deferido por ausência de carência.

Portanto, de forma nada razoável, o legislador estabelece que o segurado que sofra um acidente de qualquer natureza – não ligado ao trabalho, até mesmo tendo sido o próprio culpado pelo infortúnio – terá direito ao benefício sem qualquer exigência de carência. Entretanto, o segurado vítima de doenças graves como a do caso antes mencionado (apendicite) ficará sem qualquer proteção social.

Assim, pode-se defender que a exigência de carência, nesses casos, padeceria de vício de inconstitucionalidade, por estabelecer tratamento diferenciado a situações semelhantes – ou pior, conceder proteção social a situações menos graves e negá-la a problemas de saúde mais graves, ante uma sutil e equivocada diferenciação entre "acidente" e "doença" e entre "doenças graves tipificadas" e "não tipificadas", acarretando violação ao princípio da isonomia (art. 5.º, inc. I, CF).

De outra vertente, pode-se defender que o rol de doenças graves não deve ser considerado taxativo, ante a impossibilidade de completude de o ordenamento jurídico – não cabendo ao legislador aquilo que nem mesmo a medicina é capaz de fazer – arrolar todas as doenças consideradas graves existentes na atualidade e, ainda, manter essa lista atualizada.

Exemplificando, tenha-se por base uma pessoa que, com seis meses de contribuição ao sistema, veja-se acometida de doença de chagas, ou malária, ou febre amarela, ou dengue. Nesses casos, o INSS indeferirá o benefício, por mais grave que seja o estado de saúde da pessoa, ante a falta de contribuições exigidas.

Essa é a razão pela qual se questiona a possível inconstitucionalidade da exigência determinada para tais benefícios. Teria o Texto Constitucional, ao dispor no art. 201 a proteção do segurado quanto ao risco social decorrente da incapacidade para o trabalho, autorizado o legislador a limitar o acesso às prestações pelo estabelecimento de um prazo carencial? Ou, ainda, tal prazo não estaria sendo aplicado em evidente afronta ao princípio da universalidade da cobertura e do atendimento, previsto no art. 194, parágrafo único, inc. I, do Texto Constitucional?

A limitação do acesso a tais direitos deve ser decorrente de fundamentos razoáveis (em face do princípio da razoabilidade). A nosso ver, não parece razoável deixar um segurado acometido de doença grave, porém não identificada dessa forma pelas autoridades públicas, alijado de obter a prestação que seria devida.

Com efeito, a fixação de prazo carencial tem por base a ideia de que o sistema deve estar apto a dar atendimento aos interesses dos segurados, tanto individual quanto coletivamente. Assim, tem sentido exigir carência em caso de aposentadorias voluntárias, cuja programação pelo segurado depende de sua vontade exclusiva. Situação muito diferente, diametralmente oposta, é a do segurado doente ou inválido: ele não optou por ficar incapaz e a ausência da proteção social pode lhe causar a total desproteção estatal, visto que, na condição de trabalhador, não lhe será possível obter renda por seu próprio esforço.

De outro lado, tem-se que a lista de doenças consideradas liberadas de carência é por demais restrita e se encontra desatualizada há décadas.

Dessa forma, sustenta-se incabível negar benefícios por incapacidade a segurados que não tenham cumprido o prazo carencial, quando acometidos de doença, (1) seja pela inconstitucionalidade da regra do art. 25, inc. I, da Lei n. 8.213/1991; (2) seja pela imprestabilidade da lista de doenças de que trata o art. 26, inc. II; (3) ou, ainda, pela inconstitucionalidade da exclusão de períodos em que a contribuição não chegou ao valor decorrente da aplicação da alíquota incidente sobre o salário mínimo – este último aspecto já discutido no Capítulo 3 desta obra.

5.2.5 Data de início do benefício

A data de início do benefício (DIB) leva em consideração: a data de afastamento do trabalho (DAT); a data de início da incapacidade (DII); e a data de entrada do requerimento (DER). A DIB será fixada:

I – para o segurado empregado, exceto doméstico:

a) no 16.º (décimo sexto) dia do afastamento da atividade, quando requerido até o 30.º (trigésimo) dia da DAT, observado que, caso a DII seja posterior ao 16.º (décimo sexto) dia do afastamento, deverá ser na DII; ou

b) na DER, quando o benefício for requerido após 30 (trinta) dias da DAT, observado que, caso a DII seja posterior à DER, deverá ser na DII;

II – para os demais segurados:

a) na DII, desde que o afastamento seja superior a quinze dias, quando o benefício for requerido até 30 (trinta) dias da DAT ou da cessação das contribuições; ou

b) na DER, quando o benefício for requerido após 30 (trinta) dias da DAT ou da cessação das contribuições, observado que, caso a DII seja posterior à DER, deverá ser na DII.

5.2.5.1 Data de início do benefício concedido judicialmente

A respeito desse tema, entendemos que a demanda posta em juízo tem – ou deve ter – o condão de tutelar o direito do indivíduo que sofreu a lesão a bem ou direito desde o seu surgimento. Logo, se há evidências de que o quadro de incapacidade – atestado por médico – acompanha o segurado desde a petição inicial protocolada em juízo, entendemos que a tutela a seu direito individual somente se faz plena se houver retroação da data de início, no mínimo, à data do ajuizamento, quando não à data em que houve o indeferimento pelo órgão previdenciário, frisando-se novamente, desde que estejam presentes evidências do quadro de incapacidade laboral desde lá, como é o entendimento da TNU em sua Súmula n. 22, quanto ao benefício assistencial (BPC).

Assim, mesmo na hipótese de concessão por decisão judicial, a retroação da DIB deve ser de modo a que o segurado obtenha o benefício por incapacidade a contar do indevido indeferimento pelo INSS na via administrativa, observada a data de início da incapacidade ou da cessação indevida do benefício e a data de entrada do requerimento, não sendo concebível que o perito judicial simplesmente declare não poder definir desde quando o segurado estava incapaz e com isso o segurado seja prejudicado em seus direitos (quanto ao lapso de tempo entre o indeferimento administrativo e a realização da perícia em juízo).

5.2.5.2 Restabelecimento do benefício

Havendo cessação do benefício de auxílio por incapacidade temporária, nem sempre o segurado se vê apto a retornar ao trabalho na data fixada pelo INSS. Nesses casos, o segurado pode postular a reabertura do benefício cessado, passando por nova perícia.

Os pedidos de reabertura de auxílio por incapacidade temporária decorrente de acidente do trabalho deverão ser formulados quando houver reinício do tratamento ou afastamento por agravamento de lesão do acidente ou doença ocupacional, e serão processados nos mesmos moldes do auxílio por incapacidade temporária previdenciário, cadastrando-se a CAT de reabertura, quando apresentada (art. 345 da IN INSS/PRES n. 128/2022).

Segundo a Instrução Normativa vigente, em seu art. 346, somente poderá ser realizado novo requerimento de benefício por incapacidade após 30 dias contados da Data de Realização do Exame (DRE), ou da Data de Cessação de Benefício (DCB), ou da Data de Cessação Administrativa (DCA), conforme o caso.

Em caso de novo requerimento, se a perícia médica concluir que se trata de direito à mesma espécie de benefício, decorrente da mesma causa de incapacidade e sendo fixada a DIB até 60 dias contados da DCB do benefício anterior, será indeferido o novo pedido, restabelecido o benefício anterior e descontados os dias trabalhados, quando for o caso. Nessa circunstância, a DIP será fixada no dia imediatamente seguinte ao da cessação do benefício anterior, ficando a empresa, na hipótese de empregado, desobrigada do pagamento relativo aos 15 primeiros dias do novo afastamento.

Quando o restabelecimento do auxílio se opera por decisão judicial, em situações em que não houve melhora do estado de saúde, os efeitos financeiros devem ser retroativos à data da cessação. Nesse sentido, os precedentes da TNU:

> Tem prevalecido, na jurisprudência dominante do Colendo STJ o entendimento de que, na hipótese de restabelecimento de benefício por incapacidade, em que não tenha havido alteração do quadro clínico, a data a partir da qual serão produzidos os efeitos do restabelecimento será aquela em que houve a cessação indevida (Pedilef 200851510059256/RJ, Rel. Juiz Federal Élio Wanderley de Siqueira Filho, *DOU* 15.09.2009).

5.2.6 Renda mensal inicial

O art. 61 da Lei n. 8.213/1991 (com redação conferida pela Lei n. 9.032/1995) estabelece que o auxílio por incapacidade, qualquer que seja a sua causa (acidentária ou não) consistirá numa renda mensal correspondente a 91% do salário de benefício, que por sua vez corresponde, na atualidade, à média de 100% dos salários de contribuição, corrigidos monetariamente, desde a competência julho de 1994 ou do início das contribuições, se posterior a essa competência.

No entanto, a Lei n. 13.135/2015 introduziu regra (art. 29, § 10, da Lei n. 8.213/1991) estabelecendo que o salário de benefício não poderá exceder a média aritmética simples dos últimos 12 salários de contribuição, inclusive no caso de remuneração variável, ou, se não alcançado o número de 12, a média aritmética simples dos salários de contribuição existentes. A regra se aplica aos afastamentos ocorridos após 1.º.03.2015 (art. 5.º, inc. III, da MP n. 664/2014). A limitação da renda mensal inicial refletirá somente no benefício de auxílio incapacidade temporário requerido, não sendo considerada para nenhum fim em benefício futuro ou derivado (art. 233, § 9.º, da IN INSS/PRES n. 128/2022).

Quando não houver contribuições vertidas no período básico de cálculo – como no exemplo de um trabalhador que venha a se acidentar no primeiro mês de atividade como segurado do RGPS –, o valor da renda mensal inicial também será de um salário mínimo (art. 232 da IN INSS/PRES n. 128/2022).

Em qualquer caso, o valor do benefício não poderá ser superior ao limite máximo do salário de contribuição.

Após a cessação do auxílio por incapacidade temporária decorrente de acidente de qualquer natureza ou causa, tendo o segurado retornado ou não ao trabalho, se houver agravamento ou sequela decorrente do mesmo acidente que resulte na reabertura do benefício, a renda mensal será igual a 91% do salário de benefício do auxílio por incapacidade temporária cessado, corrigido até o mês anterior ao da reabertura do benefício, pelos mesmos índices de correção dos benefícios em geral (art. 233, § 7.º, da IN INSS/PRES n. 128/2022).

– Exercício de mais de uma atividade

O auxílio por incapacidade temporária do segurado que exercer mais de uma atividade abrangida pela Previdência Social será devido mesmo no caso de incapacidade apenas para o exercício de uma delas, devendo a perícia médica ser conhecedora de todas as atividades que ele estiver exercendo. Nesse caso, o benefício será concedido com relação à atividade (ou atividades, caso exercida mais de uma, concomitantemente) para a qual o segurado estiver incapacitado, considerando-se para efeito de carência somente as contribuições relativas a essa atividade. Se nas várias atividades o segurado exercer a mesma profissão, será exigido de imediato o afastamento de todas (art. 73 do Decreto n. 3.048/1999). Sempre que o indivíduo se afastar de uma ou mais atividades simultâneas como empregado urbano ou rural, o pagamento dos primeiros quinze dias de afastamento será de responsabilidade de seu empregador.

Quando o segurado que exercer mais de uma atividade incapacitar-se definitivamente para uma delas, o valor do salário de benefício do auxílio por incapacidade temporária será apurado com base no valor dos salários de contribuição das atividades para as quais se incapacitou, sendo mantido indefinidamente, não cabendo sua transformação em aposentadoria por incapacidade permanente enquanto essa incapacidade não se estender às demais atividades. Evidentemente, tal restrição se dá somente quanto à atividade exercida quando da incapacitação, mas não sobre outras atividades exercidas concomitantemente antes da DII.

O § 4.º do art. 73 do Regulamento da Previdência Social, com a redação conferida pelo Decreto n. 10.410/2020, prevê que, ocorrendo a hipótese de auxílio concedido em função de afastamento de apenas uma ou algumas atividades, mas não de todas, o benefício poderá ser pago em valor inferior ao do salário mínimo, desde que, se somado às demais remunerações recebidas, resulte em valor superior ao salário mínimo.

5.2.7 Manutenção do benefício durante o processo de reabilitação

A reabilitação profissional é um serviço do INSS que tem o objetivo de oferecer aos segurados incapacitados para o trabalho, por motivo de doença ou acidente, os meios de reeducação ou readaptação profissional para o seu retorno ao mercado de trabalho.

O atendimento é feito por equipe de médicos, assistentes sociais, psicólogos, sociólogos, fisioterapeutas e outros profissionais.

A reabilitação profissional pode ser prestada também aos dependentes, de acordo com a disponibilidade das unidades de atendimento da Previdência Social.

O auxílio por incapacidade temporária será mantido enquanto o segurado continuar incapaz para o trabalho, podendo o INSS indicar processo de reabilitação profissional, quando julgar necessário. O benefício continua sendo devido durante o processo de reabilitação, cessando somente ao final desse processo, com o retorno do segurado à atividade laboral. O perito deve, além de caracterizar a existência ou não da incapacidade laborativa, correlacionando a doença com a profissão e função que o segurado exerce, avaliar se o segurado é elegível para reabilitação profissional.

Não cessará o benefício por incapacidade do segurado até que este seja dado como habilitado para o desempenho de nova atividade que lhe garanta a subsistência ou, quando considerado não recuperável, for aposentado por incapacidade permanente.

Na hipótese de exercício de atividades concomitantes, e em apenas uma ou algumas delas seja considerado incapaz, se dessa incapacidade advier a insusceptibilidade de recuperação da capacidade laborativa para alguma delas, será pago o auxílio por incapacidade temporária indefinidamente, até que o segurado venha a ser aposentado, ou a falecer.

Não se pode conceder a aposentadoria por incapacidade permanente, uma vez que o segurado, caso esteja exercendo outra atividade, não pode ser declarado totalmente incapaz. A saída legal é, portanto, o pagamento do auxílio por incapacidade temporária até que sobrevenha a incapacidade para todo e qualquer trabalho, ou o falecimento do segurado, quando então será paga a pensão aos eventuais beneficiários do segurado.

O segurado em gozo de auxílio por incapacidade temporária está obrigado, independentemente de sua idade e sob pena de suspensão do benefício, a submeter-se a exame médico a cargo da Previdência Social, processo de reabilitação profissional por ela prescrito e custeado e tratamento dispensado gratuitamente, exceto o cirúrgico e a transfusão de sangue, que são facultativos.

5.2.8 Cessação do benefício

O auxílio por incapacidade temporária cessa pela recuperação da capacidade para o trabalho, pela transformação em aposentadoria por incapacidade permanente, ou auxílio-acidente de qualquer natureza, nesse caso se resultar sequela que implique redução da capacidade para o trabalho que habitualmente exerce.

O § 6.º do art. 60 da Lei de Benefícios, incluído pela Lei n. 13.135/2015, passou a prever que "o segurado que durante o gozo do auxílio-doença vier a exercer atividade que lhe garanta subsistência poderá ter o benefício cancelado a partir do retorno à atividade"; e, conforme o § 7.º, "caso o segurado, durante o gozo do auxílio-doença, venha a exercer atividade diversa daquela que gerou o benefício, deverá ser verificada a incapacidade para cada uma das atividades exercidas".

Durante o período de benefício com fixação de DCA do Benefício por Incapacidade, assim como em outras hipóteses, caso o segurado se sinta apto, poderá retornar ao trabalho sem necessidade de nova perícia médica, formalizando o pedido de cessação do benefício na Agência da Previdência Social de manutenção de seu benefício. A data de cessação do benefício poderá ser antecipada caso a data indicada pelo médico que assiste o segurado para seu regresso ao trabalho seja cronologicamente inferior à data fixada pelo perito médico previdenciário.

5.2.8.1 Sistema "Data Certa" ou Cobertura Previdenciária Estimada (Copes)

O programa Cobertura Previdenciária Estimada (Copes), também conhecido como Sistema "Data Certa", permite que o benefício seja concedido com prazo determinado por evidências médicas. Esse sistema objetiva fazer uma avaliação mais conclusiva evitando que o segurado se submeta a sucessivos exames periciais, eliminando gastos com perícias desnecessárias.

Desde então, o perito médico previdenciário realiza, a partir do diagnóstico, um prognóstico de cessação da incapacidade, com base no tempo supostamente necessário para a reaquisição da capacidade para o trabalho.

Tal procedimento tem fundamento nos §§ 8.º e 9.º do art. 60 da Lei n. 8.213/1991, inseridos pela Lei n. 13.457/2017:

Art. 60. [...]
[...]
§ 8.º Sempre que possível, o ato de concessão ou de reativação de auxílio-doença, judicial ou administrativo, deverá fixar o prazo estimado para a duração do benefício.
§ 9.º Na ausência de fixação do prazo de que trata o § 8.º deste artigo, o benefício cessará após o prazo de cento e vinte dias, contado da data de concessão ou de reativação do auxílio-doença, exceto se o segurado requerer a sua prorrogação perante o INSS, na forma do regulamento, observado o disposto no art. 62 desta Lei.

Nos casos em que o prazo fixado não for suficiente para a recuperação da capacidade de trabalho, a Previdência instituiu o Pedido de Prorrogação. O objetivo é evitar o fim do benefício antes da recuperação efetiva do segurado, submetendo-o a nova avaliação para analisar se é necessária a continuidade da licença e do pagamento.

A TNU decidiu pela validade do mecanismo da "alta programada", sendo fixadas as seguintes teses em Representativo de Controvérsia:

> Tema 164 – Por não vislumbrar ilegalidade na fixação de data estimada para a cessação do auxílio-doença, ou mesmo na convocação do segurado para nova avaliação da persistência das condições que levaram a concessão do benefício na via judicial, a Turma Nacional de Uniformização, por unanimidade, firmou as seguintes teses:
> a) os benefícios de auxílio-doença concedidos judicial ou administrativamente, sem Data de Cessação de Benefício (DCB), ainda que anteriormente a edição da MP n. 739/2016, podem ser objeto de revisão administrativa, na forma e prazos previstos em lei e demais normas que regulamentam a matéria, por meio de prévia convocação dos segurados pelo INSS, para avaliar se persistem os motivos de concessão do benefício;
> b) os benefícios concedidos, reativados ou prorrogados posteriormente a publicação da MP n. 767/2017, convertida na Lei n. 13.457/2017, devem, nos termos da lei, ter a sua DCB fixada, sendo desnecessária, nesses casos, a realização de nova perícia para a cessação do benefício;
> c) em qualquer caso, o segurado poderá pedir a prorrogação do benefício, com garantia de pagamento até a realização da perícia médica (PEDILEF 0500774-49.2016.4.05.8305/PE, j. 19.04.2018).

> Tema 246 – I – Quando a decisão judicial adotar a estimativa de prazo de recuperação da capacidade prevista na perícia, o termo inicial é a data da realização do exame, sem prejuízo do disposto no art. 479 do CPC, devendo ser garantido prazo mínimo de 30 dias, desde a implantação, para viabilizar o pedido administrativo de prorrogação. II – Quando o ato de concessão (administrativa ou judicial) não indicar o tempo de recuperação da capacidade, o prazo de 120 dias, previsto no § 9.º, do art. 60 da Lei n. 8.213/1991, deve ser contado a partir da data da efetiva implantação ou restabelecimento do benefício no sistema de gestão de benefícios da autarquia (PEDILEF 0500881-37.2018.4.05.8204/PB, j. 20.11.2020).

O tema encontra-se pendente de julgamento pelo STF que ao reconhecer a existência de Repercussão Geral deliminou a questão da seguinte forma como Tema n. 1196:

> Constitucionalidade da Medida Provisória n. 739/2016, substituída pela Medida Provisória n. 767/2017 e convertida na Lei n. 13.457/2017, as quais alteraram a Lei n. 8.213/1991, inserindo preceito sobre prazo estimado para a duração do benefício (RE 1.347.526, *DJe* 22.02.2022).

Há que se observar, ainda, na hipótese de concessão judicial, que a cessação pelo INSS deve verificar os parâmetros fixados na sentença.

Cabe ressaltar ainda que é controvertida a questão da exigência ou não do pedido de prorrogação para o ingresso das ações de restabelecimento de auxílio por incapacidade temporária. Entendemos que, diferentemente do que normalmente ocorre nos casos de concessão, em que o segurado deve comprovar o prévio requerimento administrativo, nos casos de restabelecimento, o segurado, mesmo não tendo pedido a prorrogação na via administrativa, pode recorrer à justiça para requerer o reinício de seu benefício. Entretanto, a Lei n. 14.331/2022 acrescentou o art. 129-A na LBPS, estabelecendo como um dos requisitos da petição inicial a comprovação da não prorrogação do benefício:

> Art. 129-A. Os litígios e as medidas cautelares relativos aos benefícios por incapacidade de que trata esta Lei, inclusive os relativos a acidentes do trabalho, observarão o seguinte:
>
> [...] II – para atendimento do disposto no art. 320 da Lei n. 13.105, de 16 de março de 2015 (Código de Processo Civil), a petição inicial, qualquer que seja o rito ou procedimento adotado, deverá ser instruída pelo autor com os seguintes documentos:
>
> a) comprovante de indeferimento do benefício ou de sua não prorrogação, quando for o caso, pela administração pública.

Consequentemente, nas ações de restabelecimento, o autor da demanda buscará a revisão judicial do ato administrativo que decidiu pela cessação do benefício e sua não prorrogação.

Quadro-resumo
AUXÍLIO POR INCAPACIDADE TEMPORÁRIA (ANTIGO AUXÍLIO-DOENÇA)

BENEFÍCIO	AUXÍLIO-DOENÇA (LEI N. 8.213/1991) – AUXÍLIO POR INCAPACIDADE TEMPORÁRIA (EC N. 103/2019) Códigos da Espécie (INSS): B-31 (previdenciário) ou B-91 (acidentário)
Evento Gerador	Incapacidade temporária para a atividade laborativa decorrente de acidente ou doença. – Súmula n. 77 da TNU: "O julgador não é obrigado a analisar as condições pessoais e sociais quando não reconhecer a incapacidade do requerente para a sua atividade habitual".

BENEFÍCIO	**AUXÍLIO-DOENÇA (LEI N. 8.213/1991) – AUXÍLIO POR INCAPACIDADE TEMPORÁRIA (EC N. 103/2019)** Códigos da Espécie (INSS): B-31 (previdenciário) ou B-91 (acidentário)
Beneficiários	– Todos os segurados do RGPS, para o auxílio por incapacidade temporária de tipo previdenciário. No caso do auxílio por acidente do trabalho (B-91), somente o segurado empregado, inclusive o doméstico, o trabalhador avulso e o segurado especial.
Carência	a) não é exigida, em caso de acidente do trabalho, doenças ocupacionais e situações equiparadas, ou acidente de outra natureza, e no caso de doenças tipificadas no art. 151 da Lei n. 8.213/1991 como graves, contagiosas ou incuráveis (rol atualizado pela Portaria Interministerial MPT/MS n. 22/2022); b) 12 contribuições mensais, nos demais casos.
Enfermidade Preexistente à Filiação	– Não será concedido o benefício, caso o segurado já seja portador da enfermidade incapacitante antes de sua filiação ao RGPS, salvo em caso de progressão ou agravamento desta após o início da atividade laboral que o vinculou ao regime. – "Não há direito a auxílio-doença ou a aposentadoria por invalidez quando a incapacidade para o trabalho é preexistente ao reingresso do segurado no Regime Geral de Previdência Social" (Súmula n. 53 da TNU).
Qualidade de Segurado	É devido o benefício, mesmo que a enfermidade seja diagnosticada durante o período de graça de que trata o art. 15 da Lei n. 8.213/1991.
Salário de Benefício	Para benefícios concedidos anteriormente à vigência da EC n. 103/2019: a) para os segurados inscritos na Previdência Social a partir de 29.11.1999 (Lei n. 9.876, de 1999), o salário de benefício consiste na média aritmética simples dos maiores salários de contribuição correspondentes a 80% de todo o período contributivo, corrigidos mês a mês; b) para o segurado filiado à Previdência Social até 28.11.1999, o salário de benefício consiste na média aritmética simples dos 80% maiores salários de contribuição, corrigidos mês a mês, de todo o período contributivo decorrido desde julho de 1994. Para os benefícios concedidos após a entrada em vigor da EC n. 103/2019: o salário de benefício será de 100% da média dos salários de contribuição, corrigidos mês a mês, de todo o período contributivo desde a competência julho de 1994, ou desde o início da contribuição, se posterior àquela competência.
Fator Previdenciário	Não se aplica a esse benefício.
Renda Mensal Inicial	Será de 91% do salário de benefício; consoante art. 29, § 10, da Lei n. 8.213/1991, não poderá exceder a média aritmética simples dos últimos 12 salários de contribuição, inclusive no caso de remuneração variável, ou, se não alcançado o número de 12 salários de contribuição, a média aritmética simples dos salários de contribuição existentes.

BENEFÍCIO	AUXÍLIO-DOENÇA (LEI N. 8.213/1991) – AUXÍLIO POR INCAPACIDADE TEMPORÁRIA (EC N. 103/2019) Códigos da Espécie (INSS): B-31 (previdenciário) ou B-91 (acidentário)
Período Básico de Cálculo	O Período Básico de Cálculo (PBC) é fixado, conforme o caso, de acordo com a: I – Data do Afastamento da Atividade ou do Trabalho (DAT); II – Data de Entrada do Requerimento (DER).
Data de Início do Benefício	I – Para o segurado empregado: a) a partir do 16.º dia de incapacidade, caso requerido até o 30.º dia de incapacidade; b) da data do requerimento, quando requerida após 30 dias do início da incapacidade. II – Para os demais segurados: a) a partir do 1.º dia de incapacidade, desde que o afastamento seja superior a 15 dias, e caso requerido até o 30.º dia do início da incapacidade; b) da data do requerimento, quando requerida após 30 dias do início da incapacidade. III – A previdência social deve processar de ofício o benefício, quando tiver ciência da incapacidade do segurado sem que este tenha requerido auxílio-doença (art. 76 do Decreto n. 3.048/1999).
Recidiva	Após a cessação do benefício decorrente de acidente de qualquer natureza ou causa, tendo o segurado retornado ou não ao trabalho, se houver agravamento ou sequela que resulte na reabertura do benefício, a renda mensal será igual a 91% do salário de benefício do auxílio cessado, corrigido até o mês anterior ao da reabertura do benefício, pelos mesmos índices de correção dos benefícios em geral.
Duração	Indeterminada. Cessa com a recuperação da capacidade laborativa, a transformação em aposentadoria ou a morte do segurado. – Sempre que possível, o ato de concessão ou de reativação desse benefício, judicial ou administrativo, deverá fixar o prazo estimado para a duração do benefício (art. 60, § 8.º, da LBPS). – Na ausência de fixação do prazo, o benefício cessará após 120 dias, contados da data de concessão ou de reativação, exceto se o segurado requerer a sua prorrogação perante o INSS, na forma do regulamento (art. 60, § 9.º, da LBPS).
Observações	As regras gerais sobre o auxílio por incapacidade temporária encontram-se nos arts. 59 a 63 da Lei n. 8.213/1991 e 71 a 80 do Decreto n. 3.048/1999.

5.3 APOSENTADORIA POR INCAPACIDADE PERMANENTE

A Lei n. 8.213/1991 denominou o benefício decorrente da incapacidade laborativa permanente de *aposentadoria por invalidez*. Com a EC n. 103/2019, o nome desse benefício passou a ser *aposentadoria por incapacidade permanente*, consoante nova redação do art. 201, I, da CF.

Nos termos do art. 42 da Lei n. 8.213/1991, tal modalidade de aposentadoria, uma vez cumprida, quando for o caso, a carência exigida, será devida ao segurado que, estando ou não em gozo de benefício por incapacidade temporária, for considerado incapaz e insuscetível de reabilitação para o exercício de atividade que lhe garanta a subsistência, e ser-lhe-á paga enquanto permanecer nessa condição.

Em conformidade com o Manual Técnico de Perícia Médica Previdenciária,[5] a invalidez pode ser conceituada como a incapacidade laborativa total, permanente ou com prazo indefinido, omniprofissional/multiprofissional e insuscetível de recuperação ou reabilitação profissional, em consequência de doença ou acidente.

O perito médico deverá considerar a gravidade e irreversibilidade da doença/lesão, a impossibilidade de se determinar um prazo de recuperação, sua repercussão sobre a capacidade laborativa, bem como a insuscetibilidade à reabilitação profissional.

A aposentadoria por incapacidade permanente pode ter como causa acidente ou doença não relacionada ao trabalho, quando será considerada como previdenciária (espécie B-32). Quando for relacionada a acidente do trabalho ou doença ocupacional, será considerada como acidentária (B-92).

A incapacidade que resulta na insuscetibilidade de reabilitação pode ser constatada de plano em algumas oportunidades, em face da gravidade das lesões à integridade física ou mental do indivíduo. Nem sempre, contudo, a incapacidade permanente é passível de verificação imediata.

Assim, em regra, concede-se inicialmente ao segurado o benefício por incapacidade temporária – antigo auxílio-doença – e, posteriormente, concluindo-se pela impossibilidade de retorno à atividade laborativa, transforma-se o benefício inicial em aposentadoria por incapacidade permanente. Por esse motivo, a lei menciona o fato de que o benefício é devido "estando ou não o segurado em gozo prévio de auxílio-doença".

Cabe ressaltar que a avaliação das condições pessoais e sociais só se mostra necessária quando existente alguma incapacidade laboral. Nesse sentido, a Súmula n. 77 da TNU: "O julgador não é obrigado a analisar as condições pessoais e sociais quando não reconhecer a incapacidade do requerente para a sua atividade habitual".

A concessão de aposentadoria nessa modalidade dependerá da verificação da condição de incapacidade mediante exame médico-pericial a cargo da Previdência Social, podendo o segurado, às suas expensas, fazer-se acompanhar de médico de sua confiança – § 1.º do art. 42 da Lei n. 8.213/1991.

A doença ou lesão de que o segurado já era portador ao filiar-se ao RGPS não lhe conferirá direito à aposentadoria, salvo quando a incapacidade sobrevier por motivo de progressão ou agravamento dessa doença ou lesão. Isso porque a necessidade de ser futuro e incerto o risco faz com que se exclua da proteção o segurado que, ao tempo da vinculação, já era portador da moléstia ou da lesão que venha a ser invocada como suporte material do direito à prestação.[6]

---

[5] BRASIL. Instituto Nacional do Seguro Social. *Manual técnico de perícia médica previdenciária*. Brasília: Instituto Nacional do Seguro Social, 2018.

[6] COIMBRA, J. R. Feijó. *Direito previdenciário brasileiro*. 7. ed. Rio de Janeiro: Edições Trabalhistas, 1997. p. 121.

Sobre a concessão dos benefícios por incapacidade, além da Súmula n. 77, já mencionada, temos importantes orientações da TNU expressas nas seguintes Súmulas:

- 47: Uma vez reconhecida a incapacidade parcial para o trabalho, o juiz deve analisar as condições pessoais e sociais do segurado para a concessão de aposentadoria por invalidez.
- 53: Não há direito a auxílio-doença ou a aposentadoria por invalidez quando a incapacidade para o trabalho é preexistente ao reingresso do segurado no Regime Geral de Previdência Social.
- 78: Comprovado que o requerente de benefício é portador do vírus HIV, cabe ao julgador verificar as condições pessoais, sociais, econômicas e culturais, de forma a analisar a incapacidade em sentido amplo, em face da elevada estigmatização social da doença.

As regras gerais sobre a aposentadoria por incapacidade permanente estão disciplinadas no art. 201, I, da Constituição (com redação conferida pela EC n. 103/2019), nos arts. 42 a 47 da Lei n. 8.213/1991 e no art. 44 do Regulamento da Previdência Social.

5.3.1 Período de carência

O período de carência para a concessão desse benefício é de 12 contribuições mensais. A concessão independe de carência no caso de o segurado ter ficado inválido em razão de acidente de qualquer natureza ou causa (inclusive o ligado ao trabalho), ou ser acometido de doença ocupacional ou alguma das doenças especificadas no art. 151 da Lei n. 8.213/1991, cujo rol foi atualizado pela mencionada Portaria Interministerial MTP/MS n. 22/2022. A regra é idêntica àquela aplicada ao auxílio por incapacidade temporária.

Assim, para a aposentadoria por incapacidade com causalidade acidentária (espécie B-92) nunca se exige carência, bastando a comprovação da qualidade de segurado e do nexo de causalidade entre a invalidez e a atividade laborativa. Já para a aposentadoria previdenciária (espécie B-32) não se exige carência para os acidentes de qualquer natureza e para as doenças consideradas graves, contagiosas ou incuráveis, tipificadas em lei.

Os segurados especiais estão isentos do cumprimento do período de carência – entendida esta como número mínimo de contribuições mensais, devendo, todavia, comprovar o exercício de atividade rural nos 12 meses imediatamente anteriores ao requerimento do benefício.

5.3.2 Data de início do benefício

Quando a aposentadoria decorrer de transformação de auxílio-doença ou auxílio por incapacidade temporária, ela é devida a partir do dia imediato ao da cessação desse benefício.

Quando não decorrer de transformação de benefício por incapacidade de caráter temporário, é devida nas seguintes DIB (art. 43, §§ 1.º e 2.º, da Lei n. 8.213/1991):

– para o segurado empregado (exceto o doméstico): a contar do 16.º dia de afastamento da atividade ou a partir da entrada do requerimento, quando postulado após o 30.º dia do afastamento da atividade (os 15 primeiros dias de afastamento são de responsabilidade da empresa, que deverá pagar ao segurado empregado o salário); e
– para o segurado empregado doméstico, trabalhador avulso, contribuinte individual, especial, facultativo e intermitente: a partir da data do início da incapacidade, ou da data de entrada do requerimento, quando ocorrido após o 30.º dia da incapacidade.

A aposentadoria por incapacidade permanente, inclusive decorrente da transformação de auxílio por incapacidade temporária, quando concedido a segurado com mais de uma atividade, está condicionada ao afastamento por incapacidade de todas as atividades, devendo a DIB ser fixada levando em consideração a data do último afastamento (art. 327, § 2.º, da IN INSS/PRES n. 128/2022). Enquanto não houver incapacidade para todo e qualquer trabalho, o indivíduo recebe auxílio por incapacidade temporária, calculado sobre os salários de contribuição aferidos quanto às atividades para as quais esteja incapacitado.

Em todos os casos, o requerimento do benefício deve ser formulado no prazo fixado de 30 dias a partir da data da incapacidade, sob pena de ser a data do requerimento o termo inicial do benefício.

Na hipótese em que a aposentadoria é solicitada exclusivamente na via judicial, sem prévia postulação administrativa, é a citação válida que deve ser considerada como termo inicial para a implantação do benefício. Nesse sentido, a Súmula n. 576 do STJ: "Ausente requerimento administrativo no INSS, o termo inicial para a implantação da aposentadoria por invalidez concedida judicialmente será a data da citação válida".

Um questionamento faz-se oportuno: quando o segurado acometido de mal incapacitante busca a prestação jurisdicional com o intuito de obter benefício por incapacidade temporária, mas a perícia constata que a incapacidade não é temporária, mas sim permanente, poderá o juiz conceder a aposentadoria?

Entendemos que a perícia deve avaliar, necessariamente, qual a condição de saúde do segurado quando do requerimento administrativo do benefício e, uma vez que o órgão judicial se convença da presença dos requisitos naquela data, é fundamental que seja deferida com efeitos retroativos à data em que deveria ter sido pago pelo INSS, sob pena de cometer-se grave injustiça com o autor da demanda.

5.3.3 Renda mensal inicial

Até o advento da EC n. 103/2019, a aposentadoria por invalidez, inclusive a decorrente de acidente do trabalho, consistia numa renda mensal correspondente a 100% do salário de benefício, apurado com base na média aritmética simples dos maiores salários de contribuição correspondentes a 80% do período contributivo decorrido desde a competência julho de 1994 até a data de início do benefício.

No entanto, a EC n. 103/2019 estabeleceu (art. 26) novos coeficientes de cálculo para a ora denominada *aposentadoria por incapacidade permanente*. Vejamos:

- Aposentadoria por incapacidade permanente (não acidentária): corresponderá a 60% do salário de benefício, com acréscimo de dois pontos percentuais para cada ano de contribuição que exceder o tempo de 20 anos de contribuição, no caso dos homens, e dos 15 anos, no caso das mulheres. Por exemplo:
  - segurado homem:
    - 20 anos de tempo de contribuição = 60% do salário de benefício;
    - 30 anos de tempo de contribuição = 80% do salário de benefício;
    - 40 anos de tempo de contribuição = 100% do salário de benefício;
  - segurada mulher:
    - 15 anos de tempo de contribuição = 60% do salário de benefício;
    - 30 anos de tempo de contribuição = 90% do salário de benefício;
    - 35 anos de tempo de contribuição = 100% do salário de benefício.
- Aposentadoria por incapacidade permanente quando decorrer de acidente de trabalho, de doença profissional e de doença do trabalho: corresponderá a 100% do salário de benefício que leva em consideração todos os salários de contribuição (desde julho de 1994, ou desde o início da contribuição, se posterior àquela competência).

Nota-se, nesse particular, a importância da situação de nexo de causalidade (ou concausalidade) com o trabalho, pois um mesmo trabalhador, quando nas categorias que obtêm proteção acidentária (empregado urbano, rural, doméstico, trabalhador avulso e segurado especial), caso não reconhecido o nexo causal/concausal/epidemiológico, receberá, de modo vitalício, renda mensal inferior a 100% do salário de benefício, salvo se já tiver 40 anos de contribuição, se homem, ou 35 anos de contribuição, se mulher. No caso de pessoas com pouco tempo de contribuição, a diferença pode chegar a 40% menos que a aposentadoria "acidentária". Desse modo, impõe-se verificar com extrema cautela a existência de alguma relação da enfermidade ou acidente causador da invalidez com o trabalho.

No caso da aposentadoria precedida de auxílio por incapacidade temporária e sem o retorno do segurado ao trabalho, deve ser calculada pelo valor do salário de benefício anterior ao início do recebimento do auxílio, corrigido monetariamente. Nesse caso, a limitação do salário de benefício introduzida pelo § 10 do art. 29 da Lei de Benefícios pela Lei n. 13.135/2015 não poderá ser aplicada à aposentadoria.

Para o segurado especial, o benefício será no valor de um salário mínimo; comprovando contribuições para o sistema acima desse valor, terá a renda mensal calculada com base no salário de benefício (100% da média dos valores que serviram de base para a contribuição mensal, corrigidos monetariamente, desde julho de 1994 ou do início das contribuições, se posterior).

O valor da aposentadoria ao segurado que necessitar da assistência permanente de outra pessoa será acrescido de 25%, podendo chegar, assim, a 125% da média dos salários de contribuição do período básico de cálculo (PBC), corrigidos monetariamente. O acréscimo será devido: (1) ainda que o valor da aposentadoria atinja o limite máximo legal (o valor teto dos benefícios do RGPS); (2) será recalculado quando o benefício que lhe deu origem for reajustado; e (3) cessará com a morte do aposentado, não sendo incorporável ao valor da pensão.

> Conforme o art. 328 da IN INSS/PRES n. 128/2022, o acréscimo de 25% (apelidado de "grande invalidez") será devido:
> I – da data do início do benefício, quando comprovada a situação na perícia que sugeriu a aposentadoria por incapacidade permanente; ou
> II – da data do pedido do acréscimo, quando comprovado que a situação se iniciou após a concessão da aposentadoria por incapacidade permanente, ainda que a aposentadoria tenha sido concedida em cumprimento de ordem judicial.

As situações em que o aposentado terá direito a essa majoração estão relacionadas no Anexo I do Regulamento da Previdência Social (Decreto n. 3.048/1999), quais sejam:

> 1) Cegueira total;
> 2) Perda de nove dedos das mãos ou superior a esta;
> 3) Paralisia dos dois membros superiores ou inferiores;
> 4) Perda dos membros inferiores, acima dos pés, quando a prótese for impossível;
> 5) Perda de uma das mãos e de dois pés, ainda que a prótese seja possível;
> 6) Perda de um membro superior e outro inferior, quando a prótese for impossível;
> 7) Alteração das faculdades mentais com grave perturbação da vida orgânica e social;
> 8) Doença que exija permanência contínua no leito;
> 9) Incapacidade permanente para as atividades da vida diária.

Constatado por ocasião da perícia médica que o segurado faz jus à aposentadoria deverá o perito, de imediato, verificar se o segurado necessita da assistência permanente de outra pessoa, fixando-se, se for o caso, o início do pagamento na data do início da aposentadoria. Trata-se de situação em que o INSS deve conhecer de ofício do direito, independentemente de requerimento. Caso não seja concedido de imediato, ou deferido por via judicial, deve retroagir à data de início da aposentadoria, portanto – visto que não há prazo para o requerimento do acréscimo – obedecida, quando for o caso, a prescrição.

5.3.4 Suspensão e cessação do benefício

A aposentadoria concedida nessa modalidade tem duração indeterminada, suspende o contrato de trabalho (CLT, art. 475) e cessa com a recuperação da capacidade de trabalho, ou com o óbito do segurado.

O segurado em gozo de aposentadoria por incapacidade permanente está obrigado, sob pena de suspensão do benefício, a submeter-se a exame médico a cargo da Previdência Social, a processo de reabilitação profissional por ela prescrito e custeado, e a tratamento dispensado gratuitamente, exceto o cirúrgico e a transfusão de sangue, que são facultativos, independentemente de idade.

Situação deveras comum é a da pessoa que, recebendo aposentadoria nessa modalidade, volta a exercer atividade remunerada, porém "sem carteira assinada", com o intuito de continuar recebendo o benefício previdenciário e, paralelamente, salários. Trata-se de conduta não albergada pela ordem jurídica, de modo que, identificada a situação, a relação de emprego deve ser reconhecida, inclusive por atuação da fiscalização dos órgãos competentes (Auditores Fiscais do Trabalho ou da Receita Federal do Brasil), e o efeito será o enquadramento da conduta como ilícito penal (do empregador, pela sonegação de contribuições e pelo empregado, de apropriação indébita do benefício), e o cancelamento da aposentadoria, como veremos adiante.

Na hipótese de o segurado se julgar apto a retornar à atividade deverá solicitar a realização de nova avaliação médico-pericial e, concluindo-se na perícia pela recuperação da capacidade laborativa, a aposentadoria será cessada. Pode daí advir que ele passe a fazer a auxílio-acidente, caso esteja enquadrado nas categorias de empregado urbano ou rural, doméstico, trabalhador avulso ou segurado especial, na medida em que, mesmo considerado apto para o trabalho, resultem ainda sequelas que lhe reduzam a capacidade.

Entretanto, caso o aposentado por incapacidade permanente retorne voluntariamente à atividade sem solicitar a avaliação médico-pericial prévia, o benefício de aposentadoria por incapacidade passa a ter sua manutenção indevida e será cessado administrativamente na data do retorno, sendo assegurada, em todo caso, para o cancelamento, a oportunização de ampla defesa e do contraditório (art. 46 da Lei n. 8.213/1991 e parágrafo único do art. 332 da IN INSS/PRES n. 128/2022).

A atual redação do art. 101 da Lei n. 8.213/1991, conferida pela Lei n. 14.441/2022, prevê a avaliação periódica dos segurados aposentados por incapacidade permanente, entre outros benefícios, com o intuito de verificar eventuais ocorrências de concessão ou manutenção indevida:

> Art. 101. O segurado em gozo de auxílio por incapacidade temporária, auxílio-acidente ou aposentadoria por incapacidade permanente e o pensionista inválido, cujos benefícios tenham sido concedidos judicial ou administrativamente, estão obrigados, sob pena de suspensão do benefício, a submeter-se a:
> I – exame médico a cargo da Previdência Social para avaliação das condições que ensejaram sua concessão ou manutenção;
> II – processo de reabilitação profissional prescrito e custeado pela Previdência Social; e
> III – tratamento oferecido gratuitamente, exceto o cirúrgico e a transfusão de sangue, que são facultativos.

De outra vertente, o art. 330 da IN INSS/PRES n. 128/2022 prevê que a Perícia Médica Federal deverá rever o benefício de aposentadoria por incapacidade permanente, inclusive o decorrente de acidente do trabalho, a cada dois anos, contados da data de seu início, para avaliar a persistência, atenuação ou o agravamento da incapacidade para o trabalho.

Constatada a capacidade para o trabalho, o segurado ou seu representante legal deverá ser notificado e o benefício cessado, independentemente da existência de interdição judicial ou exercício de atividade pelo indivíduo quando da constatação pericial.

A aposentadoria por incapacidade permanente, concedida ou restabelecida por decisão judicial, inclusive decorrente de acidente do trabalho, em manutenção, deverá também ser revista a cada dois anos, na forma e condições fixadas em ato conjunto com a Procuradoria Federal Especializada no INSS.

Estão dispensados da avaliação pericial os aposentados por incapacidade:

I – com HIV/AIDS;

II – após completarem 60 (sessenta) anos de idade; e

III – após completarem 55 (cinquenta e cinco) anos ou mais de idade, tendo decorridos 15 (quinze) anos da data da concessão da aposentadoria por incapacidade permanente ou auxílio por incapacidade temporária que a precedeu.

A dispensa do comparecimento à perícia periódica em questão não se aplica nos seguintes casos (§ 2.º do art. 101 da Lei n. 8.213/1991):

I – quando tiver havido retorno à atividade laboral remunerada;

II – quando for requerida a assistência permanente de outra pessoa para a concessão do acréscimo de 25% (vinte e cinco por cento) sobre o valor do benefício do aposentado;

III – quando for necessária a verificação da recuperação da capacidade de trabalho, mediante solicitação do aposentado que se julgar apto ao retorno à atividade laboral; e

IV – quando for preciso subsidiar a autoridade judiciária na concessão de curatela.

Estabelece o art. 331 da IN INSS/PRES n. 128/2022 que o benefício de aposentadoria por incapacidade permanente será suspenso quando:

I – o segurado não comparecer à convocação para realização de exame médico pericial pela Perícia Médica Federal com objetivo de avaliar as condições que ensejaram sua concessão ou manutenção; e

II – o segurado recusar ou abandonar tratamentos ou processo de reabilitação profissional proporcionados pelo RGPS, exceto o tratamento cirúrgico e a transfusão de sangue, devendo ser restabelecido a partir do momento em que deixar de existir o motivo que ocasionou a suspensão, desde que persista a incapacidade.

A convocação disposta no inciso I pode ocorrer a qualquer tempo, salvo quando houver a dispensa de comparecimento nas hipóteses do art. 330 da mencionada Instrução Normativa.

Dessa forma, a aposentadoria nessa modalidade não é concedida em caráter irrevogável. Como a incapacidade para o trabalho pode deixar de existir, em face de uma série de fatores, a lei prevê a possibilidade de cessação do pagamento quando ocorrer o retorno ao trabalho.

5.3.5 Mensalidades de recuperação

A cessação do recebimento do benefício, uma vez constatada a recuperação da capacidade de trabalho do aposentado, obedece às regras do art. 47 da Lei n. 8.213/1991, procurando permitir ao segurado o retorno gradual ao mercado de trabalho para tornar a prover os meios necessários à manutenção de sua subsistência.

Para os segurados empregados, urbanos ou rurais, uma vez suspenso o contrato de trabalho, na forma do art. 475 da Consolidação das Leis do Trabalho, e tendo sido verificada a recuperação total da capacidade de trabalho, o benefício cessará de imediato, caso não tenham se passado cinco anos entre a concessão do benefício e a recuperação.

Se a recuperação do segurado empregado for apenas parcial, e ele for considerado apto para função diversa da que exerce, ou aquele cuja "alta" sobrevier em tempo posterior a cinco anos da concessão do benefício, então a estes será assegurada a percepção do benefício por mais 18 meses, sem prejuízo do retorno à atividade. Nos primeiros seis meses da volta à ativa, o benefício será pago integralmente, do sétimo ao décimo segundo mês será pago com redução de 50% em seu valor e, nos seis últimos meses, do décimo terceiro ao décimo oitavo mês, será pago o benefício com redução de 75%.

Aos empregados aplicam-se as regras do art. 475 da Consolidação das Leis do Trabalho. Para tanto, o INSS emitirá certificado de capacidade para o empregado postular seu emprego de volta. Segundo ainda o referido artigo, o empregado aposentado por incapacidade permanente, recuperando a capacidade de trabalho e sendo a aposentadoria cancelada, terá direito a retornar para a função que ocupava ao tempo da aposentadoria, facultado, porém, ao empregador o direito de indenizá-lo em resilição contratual sem justa causa, salvo na hipótese de ser o empregado portador de estabilidade, quando esta deverá ser respeitada.

Não discrepa o entendimento jurisprudencial trabalhista a respeito, preconizado na Súmula n. 160 do TST: "Cancelada a aposentadoria por invalidez, mesmo após cinco anos, o trabalhador terá direito de retomar ao emprego, facultado, porém, ao empregador, indenizá-lo na forma da lei".

Aos demais segurados aplica-se o seguinte procedimento, denominado "mensalidade de recuperação" (art. 49 do Regulamento da Previdência Social): sobrevindo a recuperação plena nos primeiros cinco anos subsequentes à concessão do benefício, a eles será concedido o benefício ainda por tantos meses quantos foram os anos de duração do auxílio ou da aposentadoria por incapacidade. Por sua vez, se a recuperação for parcial, ocorrer após os cinco anos, ou o segurado for declarado apto para o exercício de função diversa da que exerce antes da aposentação, aplicar-se-á a mesma regra da supressão gradativa do benefício, em 18 meses.

A mensalidade de recuperação será considerada como tempo de contribuição, observado o inciso II do art. 55 da Lei n. 8.213/1991, inclusive o período com redução da renda previsto no *caput* (§ 5.º do art. 333 da IN INSS/PRES n. 128/2022).

É garantido ao segurado que retornar à atividade que ele possa requerer, a qualquer tempo, novo benefício, tendo esse processamento normal. Caso haja requerimento de novo benefício, durante o período de recebimento de mensalidades de recuperação, caberá ao segurado escolher um dos benefícios, sempre assegurada a opção pelo mais vantajoso. No caso de opção pelo recebimento do novo benefício a que se refere o *caput*, cuja duração encerre antes da cessação do benefício decorrente do *caput*, seu pagamento poderá ser restabelecido pelo período remanescente, respeitando-se as reduções correspondentes (art. 334 da IN INSS/PRES n. 128/2022).

Portanto, o aposentado que volte a trabalhar, caso seja vítima de nova incapacidade, ou implemente direito a outro benefício de aposentadoria, poderá requerê-lo a qualquer tempo, não havendo obrigação de prazo carencial entre os dois benefícios, ou compensação de valores percebidos a título de aposentadoria por incapacidade.

Comprovados os requisitos para a aposentadoria por incapacidade e sobrevindo o óbito do autor no curso do processo, é possível a conversão daquele benefício em pensão por morte, não caracterizando julgamento *ultra* ou *extra petita*, por ser esse benefício consequência daquele. Nesse sentido: STJ, REsp 1.108.079/PR, 6.ª Turma, Rel. Min. Maria Tereza de Assis Moura, *DJe* 03.11.2011.

Quadro-resumo
APOSENTADORIA POR INCAPACIDADE PERMANENTE

BENEFÍCIO	Códigos da Espécie (INSS): B-32 (previdenciária); B-92 (acidentária)
Evento Gerador	Incapacidade permanente para toda e qualquer atividade laborativa, insuscetível de reabilitação. – Súmula n. 47 da TNU: "Uma vez reconhecida a incapacidade parcial para o trabalho, o juiz deve analisar as condições pessoais e sociais do segurado para a concessão de aposentadoria por invalidez". – Súmula n. 77 da TNU: "O julgador não é obrigado a analisar as condições pessoais e sociais quando não reconhecer a incapacidade do requerente para a sua atividade habitual".
Beneficiários	Todos os segurados do RGPS para a aposentadoria por incapacidade previdenciária. No caso de aposentadoria por acidente do trabalho (B-92), somente o segurado empregado, inclusive o doméstico, o trabalhador avulso e o segurado especial.
Carência	a) Não é exigida, em caso de acidente do trabalho (e situações equiparadas) ou acidente de outra natureza, e no caso de doenças tipificadas no art. 151 da Lei n. 8.213/1991 como graves, contagiosas ou incuráveis. b) Doze contribuições mensais, nos demais casos.
Enfermidade Preexistente à Filiação	– Não será concedido o benefício, caso o segurado já seja portador da enfermidade incapacitante antes de sua filiação ao RGPS, salvo em caso de progressão ou agravamento desta após o início da atividade laboral que o vinculou ao Regime. – "Não há direito a auxílio-doença ou a aposentadoria por invalidez quando a incapacidade para o trabalho é preexistente ao reingresso do segurado no Regime Geral de Previdência Social" (Súmula n. 53 da TNU).
Qualidade de Segurado	É devido o benefício, mesmo que a enfermidade seja diagnosticada durante o período de graça de que trata o art. 15 da Lei n. 8.213/1991.

BENEFÍCIO	Códigos da Espécie (INSS): B-32 (previdenciária); B-92 (acidentária)
Salário de Benefício	Para benefícios concedidos anteriormente à vigência da EC 103/2019: a) para os segurados inscritos na Previdência Social a partir de 29.11.1999 (Lei n. 9.876, de 1999), o salário de benefício consiste na média aritmética simples dos maiores salários de contribuição correspondentes a 80% de todo o período contributivo, corrigidos mês a mês; b) para o segurado filiado à Previdência Social até 28.11.1999, o salário de benefício consiste na média aritmética simples dos 80% maiores salários de contribuição, corrigidos mês a mês, de todo o período contributivo decorrido desde julho de 1994 (art. 29, I, da Lei n. 8.213/1991, incluído pela Lei n. 9.876/1999). Para os benefícios concedidos após a entrada em vigor da EC n. 103/2019: o salário de benefício será de 100% da média dos salários de contribuição, corrigidos mês a mês, de todo o período contributivo desde a competência julho de 1994, ou desde o início da contribuição, se posterior àquela competência (art. 26 da EC n. 103/2019).
Fator Previdenciário	Não se aplica a esse benefício.
Renda Mensal Inicial	– Até o advento da EC n. 103/2019: 100% do salário de benefício, em todos os casos. – Para os fatos geradores ocorridos após a publicação da EC n. 103/2019: – **aposentadoria por incapacidade permanente (não acidentária)**: 60% do salário de benefício, com acréscimo de dois pontos percentuais para cada ano de contribuição que exceder o tempo de 20 anos de contribuição no caso dos homens e dos 15 anos, no caso das mulheres; – **aposentadoria por incapacidade permanente quando decorrer de acidente de trabalho, de doença profissional e de doença do trabalho**: 100% do salário de benefício.
Período Básico de Cálculo	O Período Básico de Cálculo (PBC) é fixado, conforme o caso, de acordo com a: I – Data do Afastamento da Atividade ou do Trabalho (DAT); II – Data de Entrada do Requerimento (DER).
Data de Início do Benefício	I – Quando precedido de auxílio-doença/incapacidade temporária: a partir do dia seguinte ao da cessação daquele, por força de conclusão da perícia do INSS. II – Quando não precedido de auxílio-doença/incapacidade temporária: Para o segurado empregado: a) a partir do 16.º dia de incapacidade, caso requerido até o 30.º dia de incapacidade; b) da data do requerimento, quando requerida após 30 dias do início da incapacidade.

BENEFÍCIO	Códigos da Espécie (INSS): B-32 (previdenciária); B-92 (acidentária)
Data de Início do Benefício	Para os demais segurados: a) a partir do 1.º dia de incapacidade, caso requerido até o 30.º dia de incapacidade; b) da data do requerimento, quando requerida após 30 dias do início da incapacidade.
Duração	– Indeterminada. Cessa com a recuperação da capacidade laborativa (podendo ser cancelada a qualquer tempo) ou com a morte do segurado. – O segurado aposentado por invalidez/incapacidade permanente poderá ser convocado a qualquer momento para avaliação das condições que ensejaram o afastamento ou a aposentadoria, concedida judicial ou administrativamente, observado o disposto nos arts. 43, § 4.º, e 101 da LBPS.
Observações	As regras gerais da aposentadoria por incapacidade permanente encontram-se no art. 201, I, da CF, nos arts. 42 a 47 da Lei n. 8.213/1991 e nos arts. 43 a 50 do RPS.

5.4 AUXÍLIO-ACIDENTE

O auxílio-acidente é um benefício previdenciário pago mensalmente pelo INSS ao segurado acidentado como forma de indenização, sem caráter substitutivo do salário, pois pode ser recebido até cumulativamente com ele, quando, após a consolidação das lesões decorrentes de acidente de qualquer natureza – e não somente de acidentes de trabalho –, resultarem sequelas que impliquem redução da capacidade para o trabalho que habitualmente exerce – Lei n. 8.213/1991, art. 86, *caput*.

Não há por que confundi-lo com o auxílio por incapacidade temporária (antigo auxílio-doença): este somente é devido enquanto o segurado se encontra incapaz, temporariamente, para o trabalho; o auxílio-acidente, por seu turno, é devido após a consolidação das lesões ou perturbações funcionais de que foi vítima o acidentado, ou seja, após a "alta médica", somente com a cessação do benefício por incapacidade anterior – Lei n. 8.213/1991, art. 86, § 2.º.

O benefício em questão passou a ser devido com relação a acidentes de qualquer natureza (e não só acidentes do trabalho) desde 29.04.1995, independentemente da DIB do auxílio por incapacidade temporária que o precedeu (art. 352, § 1.º, da IN INSS/PRES n. 128/2022).

De um acidente ocorrido com o segurado podem resultar danos irreparáveis, insuscetíveis de cura, para a integridade física do segurado. Tais danos, por sua vez, podem assumir diversos graus de gravidade; para a Previdência Social, o dano que enseja direito ao auxílio-acidente é o que acarreta perda ou redução na capacidade de trabalho (redução esta qualitativa ou quantitativa), sem caracterizar a incapacidade permanente para todo e qualquer trabalho. Exemplificando, um motorista de ônibus, vítima de acidente de trânsito, do qual resultem sequelas em seus membros inferiores que o impossibilitem de continuar dirigindo, estará incapaz definitivamente para a função que exercia, mas não totalmente incapaz para toda e qualquer atividade (podendo desenvolver atividades manuais, que não exijam o uso dos membros inferiores). Na hipótese, o segurado terá direito a receber o auxílio-acidente.

O STJ estabeleceu que o segurado que tenha adquirido lesão caracterizada como causadora de incapacidade parcial e permanente tem direito a receber auxílio-acidente, mesmo que essa lesão tenha caráter reversível. A tese firmada em sede de recursos repetitivos no STJ foi a de que:

> **Tema 156:** Será devido o auxílio-acidente quando demonstrado o nexo de causalidade entre a redução de natureza permanente da capacidade laborativa e a atividade profissional desenvolvida, sendo irrelevante a possibilidade de reversibilidade da doença.

No entanto, a redação do *caput* do art. 104 do Regulamento trazida pelo Decreto n. 10.410/2020 dá a entender que a Previdência Social considerará somente as sequelas definitivas, o que poderá gerar novas discussões judiciais.

As regras que disciplinam o auxílio-acidente estão previstas nos arts. 86 e 101 da Lei n. 8.213/1991 e no art. 104 do Decreto n. 3.048/1999.

5.4.1 Beneficiários

Têm direito ao recebimento do auxílio-acidente apenas o segurado empregado (urbano, rural e doméstico), o trabalhador avulso e o segurado especial, conforme se observa dos arts. 18, § 1.º, com a redação conferida pela LC n. 150/2015, e 39, I, da Lei n. 8.213/1991.

A concessão de auxílio-acidente ao segurado empregado doméstico é reconhecida pelo INSS para fatos geradores ocorridos a partir de 02.06.2015, data da publicação da LC n. 150/2015 (art. 352, § 4.º, da IN INSS/PRES n. 128/2022).

Contribuintes individuais e segurados facultativos não fazem jus a esse benefício, segundo a interpretação dominante, por não estarem enquadrados na proteção acidentária (art. 19 da Lei n. 8.213/1991). Como ressalta a atual redação do art. 104 do Regulamento:

> Art. 104. O auxílio-acidente será concedido, como indenização, ao segurado empregado, inclusive o doméstico, ao trabalhador avulso e ao segurado especial quando, após a consolidação das lesões decorrentes de acidente de qualquer natureza, resultar sequela definitiva que, a exemplo das situações discriminadas no Anexo III, implique redução da capacidade para o trabalho que habitualmente exercia.

Os médicos-residentes, apesar de serem contribuintes individuais, tinham direito à proteção acidentária por força da Lei n. 6.932/1981, e o Regulamento da Previdência Social previu a concessão do auxílio-acidente a eles até a alteração da redação do art. 104 do Decreto n. 3.048/1999 pelo Decreto n. 4.032/2001. Logo, o médico-residente fará jus ao benefício em questão quando o acidente tiver ocorrido até 26.11.2001.

É devido esse benefício a partir do dia seguinte ao da cessação do auxílio por incapacidade temporária, independentemente de qualquer remuneração ou rendimento auferido pelo acidentado, vedada a sua acumulação com qualquer aposentadoria (§ 2.º do art. 104 do Regulamento, redação conferida pelo Decreto n. 10.410/2020). No entanto, o INSS também reconhece a possibilidade de concessão do auxílio-acidente sem prévio benefício de auxílio por incapacidade temporária a partir de 29.05.2013, data da publicação da Portaria Ministerial/MPS n. 264/2013, independentemente da data do acidente (art. 352, § 2.º, da IN INSS/PRES n. 128/2022).

Cabe a concessão de auxílio-acidente oriundo de acidente de qualquer natureza quando ocorrido durante o período de manutenção da qualidade de segurado (o "período de graça"), desde que atendidas as condições inerentes à espécie (§ 7.º do art. 104 do Regulamento).

Para verificação do direito ao benefício de auxílio-acidente, o INSS considera a atividade exercida na data do acidente (§ 8.º do art. 104 do Regulamento). Se o segurado trabalhou vários anos como empregado, mas no dia do acidente estava exercendo atividade como contribuinte individual, ou era apenas segurado facultativo, o benefício será indeferido.

5.4.2 A sequela definitiva como fato gerador do direito ao benefício

Como visto na redação do art. 104 do Regulamento, para o deferimento do benefício o segurado deve ser portador de "sequela definitiva que, a exemplo das situações discriminadas no Anexo III, implique redução da capacidade para o trabalho que habitualmente exerça".

Dessa forma, algumas situações podem ser consideradas pelo INSS como não geradoras do direito, conforme consta do § 4.º do art. 104 do RPS:

> § 4.º Não dará ensejo ao benefício a que se refere este artigo o caso:
> I – que apresente danos funcionais ou redução da capacidade funcional sem repercussão na capacidade laborativa; e
> II – de mudança de função, mediante readaptação profissional promovida pela empresa, como medida preventiva, em decorrência de inadequação do local de trabalho.

Incumbe ao perito médico federal estabelecer a existência ou não de redução da capacidade de trabalho quando a consolidação das lesões decorrentes de acidente de qualquer natureza resultar em sequela definitiva para o segurado (art. 354 da IN INSS/PRES n. 128/2022).

Sobre a necessidade ou não de que a sequela seja de maior grau, o STJ firmou tese em recurso repetitivo com o seguinte teor:

> Exige-se, para concessão do auxílio-acidente, a existência de lesão, decorrente de acidente do trabalho, que implique redução da capacidade para o labor habitualmente exercido. O nível do dano e, em consequência, o grau do maior esforço, não interferem na concessão do benefício, o qual será devido ainda que mínima a lesão (Tema n. 416).

A perda da audição, em qualquer grau, somente proporcionará a concessão do auxílio-acidente quando, além do reconhecimento do nexo entre o trabalho e o agravo, resultar, comprovadamente, na redução ou perda da capacidade para o trabalho que o segurado habitualmente exerça.

As sequelas constarão em lista, a exemplo das constantes no Anexo III do RPS, elaborada e atualizada a cada três anos, de acordo com critérios técnicos e científicos (art. 354, § 1.º, da IN INSS/PRES n. 128/2022).

5.4.3 Período de carência

A concessão do auxílio-acidente independe de carência (art. 26, I, da Lei n. 8.213/1991), mas é preciso ter a qualidade de segurado na data do acidente. Dessarte, cabe a concessão de auxílio-acidente oriundo de acidente de qualquer natureza ocorrido durante o período de manutenção da qualidade de segurado, desde que atendidas as condições inerentes à espécie (§ 7.º do art. 104 do Regulamento).

Vale dizer, pessoas que nunca tenham contribuído para o RGPS, ou tenham perdido a qualidade de segurado na data do acidente, não fazem jus a esse benefício.

5.4.4 Data de início do benefício

O benefício tem início a partir do dia seguinte ao da cessação do benefício por incapacidade, independentemente de qualquer remuneração ou rendimento auferido pelo acidentado, ou, na data da entrada do requerimento (DER), quando não precedido de auxílio por incapacidade.

O segurado em gozo de auxílio por incapacidade temporária insuscetível de recuperação para sua atividade habitual deverá submeter-se a processo de reabilitação profissional para o exercício de outra atividade (art. 79 do RPS, red. Decreto n. 10.410/2020). O benefício por incapacidade temporária será mantido até que o segurado seja considerado reabilitado para o desempenho de atividade que lhe garanta a subsistência ou, quando considerado não recuperável, seja aposentado por incapacidade permanente. Desse modo, o pagamento do auxílio-acidente deve coincidir, no caso de empregados, com o retorno ao posto de trabalho após a reabilitação profissional, e até que isso aconteça é devido o auxílio por incapacidade temporária (antigo auxílio-doença), comum (B-31) ou acidentário (B-91).

Ao empregado, inclusive o doméstico, caberá a concessão do auxílio-acidente mesmo na hipótese de demissão durante o período em que estava recebendo auxílio por incapacidade temporária decorrente de acidente de qualquer natureza, desde que preenchidos os demais requisitos (§ 5.º do art. 352 da IN INSS/PRES 1n. 28/2022).

Quanto ao momento em que ocorre a lesão incapacitante em casos de doença profissional ou do trabalho, deve ser observada a definição do art. 23 da Lei n. 8.213/1991, segundo o qual se considera "como dia do acidente, no caso de doença profissional ou do trabalho, a data do início da incapacidade laborativa para o exercício da atividade habitual, ou o dia da segregação compulsória, ou o dia em que for realizado o diagnóstico, valendo para este efeito o que ocorrer primeiro" (STJ, REsp 1.296.673/MG, Rel. Min. Herman Benjamin, *DJe* 03.09.2012).

5.4.5 Renda mensal inicial

O auxílio-acidente mensal passou a corresponder a 50% do salário de benefício a partir da Lei n. 9.032/1995, sendo devido até a véspera de qualquer aposentadoria ou até a data do óbito do segurado.

Portanto:

a) para os segurados inscritos na Previdência Social a partir de 29.11.1999 (Lei n. 9.876/1999), o salário de benefício consistia em 50% da média aritmética simples dos maiores salários de contribuição correspondentes a 80% de todo o período contributivo, corrigidos mês a mês;

b) para o segurado filiado à Previdência Social até 28.11.1999, o salário de benefício consistia em 50% da média aritmética simples dos 80% maiores salários de contribuição, corrigidos mês a mês, de todo o período contributivo decorrido desde julho de 1994;

c) para os benefícios requeridos após a publicação da EC n. 103/2019: 50% do salário de benefício que serviu de base para o cálculo da renda mensal do auxílio incapacidade temporária, reajustado pelos mesmos índices de correção dos benefícios em geral (art. 233, inc. X, da IN INSS/PRES n. 128/2022).

O valor da renda mensal do auxílio-acidente não precedido de auxílio por incapacidade temporária deverá corresponder a 50% do salário de benefício daquele a que teria direito se fosse reconhecido o auxílio por incapacidade temporária. E, quando decorrente de reajustamento, não poderá ser inferior ao respectivo percentual de benefício aplicado sobre o salário mínimo vigente (art. 243, § 3.º, da IN INSS/PRES n. 128/2022).

Na redação original do art. 86, § 1.º, da Lei n. 8.213/1991, o auxílio-acidente, mensal e vitalício, correspondia, dependendo da gravidade das sequelas, a 30%, 40% ou 60% do salário de contribuição do segurado vigente no dia do acidente, não podendo ser inferior a esse percentual do seu salário de benefício. No caso de pessoa que tenha o benefício deferido desde o período em que vigoravam esses percentuais, a alteração posterior (para 50%) não afeta o benefício, que permanece no mesmo valor, corrigido anualmente pelo INPC.

5.4.6 Suspensão e cessação do benefício

O auxílio-acidente deixou de ser vitalício e passou a integrar o salário de contribuição para fins de cálculo do salário de benefício de qualquer aposentadoria. Essa disposição, contida no art. 31 da Lei n. 8.213/1991, foi restabelecida pela Lei n. 9.528, de 10.12.1997. A disciplina do benefício em comento retirou-lhe a vitaliciedade, porém manteve sua percepção até a concessão de aposentadoria – § 1.º do art. 86 da Lei n. 8.213/1991.

A Súmula n. 507 do STJ consolidou o entendimento do INSS: "A acumulação de auxílio-acidente com aposentadoria pressupõe que a lesão incapacitante e a aposentadoria sejam anteriores a 11.11.1997, observado o critério do artigo 23 da Lei 8.213/1991 para definição do momento da lesão nos casos de doença profissional ou do trabalho".

O valor mensal do auxílio-acidente integrará o PBC para fins de apuração do salário de benefício de qualquer aposentadoria, nos termos do art. 31 da Lei n. 8.213/1991, o qual será somado ao salário de contribuição existente no PBC, salvo nas hipóteses em que houver permissão de acumulação do benefício de auxílio-acidente com aposentadoria (benefícios cujo direito foi adquirido antes de 11.11.1997).

O auxílio-acidente cessado para fins de concessão de aposentadoria poderá ser restabelecido, observadas as orientações a seguir (constantes do art. 355 da IN INSS/PRES n. 128/2022):

> I – em se tratando de aposentadoria por incapacidade permanente, a partir do dia seguinte da DCB da aposentadoria;
>
> II – em se tratando de desistência de aposentadoria na forma do art. 181-B do RPS, a partir do dia seguinte da DCB do auxílio-acidente; ou
>
> III – em se tratando de benefício cessado na DIB por apuração de irregularidade, a partir do dia seguinte da DCB do auxílio-acidente.

Quando o auxílio-acidente for cessado para fins de emissão de CTC, poderá ser restabelecido na hipótese de cancelamento da CTC emitida e não utilizada para nenhum fim em Regime Próprio de Previdência Social, e a reativação será a partir do dia seguinte da DCB do auxílio-acidente.

O auxílio-acidente não cessa pela percepção de salários, muito menos pela condição de desemprego do beneficiário, podendo ser recebido cumulativamente com os rendimentos do trabalho, dada a sua natureza indenizatória.

Na hipótese de reabertura de auxílio por incapacidade temporária pelo mesmo acidente de qualquer natureza que tenha dado origem a auxílio-acidente (recidiva), este último benefício será suspenso até a cessação do auxílio por incapacidade temporária reaberto, quando será reativado (§ 6.º do art. 104 do Regulamento).

No caso de novo benefício por incapacidade temporária, porém ocasionado por outra enfermidade que não a causadora da sequela que deu origem ao auxílio-acidente, o segurado receberá os dois benefícios (auxílio-acidente e auxílio por incapacidade temporária) cumulativamente.

Quando o segurado em gozo de auxílio-acidente fizer jus a um novo auxílio-acidente, em decorrência de outro acidente ou de doença, serão comparadas as rendas mensais dos dois benefícios e mantido o benefício mais vantajoso.

O art. 129 do Decreto n. 3.048/1999 dispõe que "o segurado em gozo de auxílio-acidente, auxílio-suplementar ou abono de permanência em serviço terá o benefício encerrado na data da emissão da certidão de tempo de contribuição".

A Lei n. 9.528, de 10.12.1997, ao vedar a acumulação do auxílio-acidente com qualquer aposentadoria, estabeleceu como compensação que: "O valor mensal do auxílio-acidente integra o salário de contribuição, para fins de cálculo do salário de benefício de qualquer aposentadoria, observado, no que couber, o disposto no art. 29 e no art. 86, § 5.º" (art. 31 da Lei n. 8.213/1991, restabelecido com nova redação conferida pela Lei n. 9.528, de 10.12.1997).

Dessa forma, o legislador procurou amenizar os efeitos da nova norma – que afastou o caráter de vitaliciedade ao auxílio-acidente –, possibilitando ao segurado recuperar parte do prejuízo com a elevação do valor da aposentadoria a ser concedida pelo RGPS.

A Lei n. 14.441/2022, alterando o art. 101 da Lei n. 8.213/1991, passou a prever que o segurado em gozo de auxílio-acidente está obrigado, sob pena de suspensão do benefício, a submeter-se a:

> I – exame médico a cargo da Previdência Social para avaliação das condições que ensejaram sua concessão ou manutenção;
> II – processo de reabilitação profissional por ela prescrito e custeado; e
> III – tratamento oferecido gratuitamente, exceto o cirúrgico e a transfusão de sangue, que são facultativos.

Assim, é possível que, como resultado da perícia, seja constatado eventual desaparecimento da sequela redutora da incapacidade laboral, e o benefício nesse caso será cancelado, o que pode todavia ser objeto de discussão em sede judicial.

Quadro-resumo
AUXÍLIO-ACIDENTE

BENEFÍCIO	AUXÍLIO-ACIDENTE Códigos da Espécie (INSS): B-36 (previdenciário) ou B-94 (acidentário)
Evento Gerador	– Reconhecimento de sequelas que reduzem a capacidade de trabalho após acidente de qualquer natureza. – Requisitos para a concessão do auxílio-acidente: (a) qualidade de segurado beneficiário; (b) superveniência de acidente de qualquer natureza; (c) redução parcial e definitiva da capacidade para o trabalho habitual (sequela) após o acidente; e (d) nexo causal entre o acidente e a redução da capacidade.
Beneficiários	Segurados empregados, inclusive o doméstico, trabalhadores avulsos e segurados especiais.
Carência	Não é exigida.
Cumulatividade	O auxílio-acidente, por ter caráter de indenização, pode ser acumulado com outros benefícios pagos pela Previdência Social exceto aposentadoria. – Súmula n. 507 do STJ: "A acumulação de auxílio-acidente com aposentadoria pressupõe que a lesão incapacitante e a aposentadoria sejam anteriores a 11.11.1997, observado o critério do artigo 23 da Lei n. 8.213/1991 para definição do momento da lesão nos casos de doença profissional ou do trabalho".
Suspensão do Benefício	O auxílio-acidente será suspenso quando da concessão ou da reabertura do auxílio por incapacidade temporária, em razão do mesmo acidente ou de doença que lhe tenha dado origem, sendo restabelecido quando da cessação do benefício por incapacidade. O segurado em gozo de auxílio-acidente está obrigado, sob pena de suspensão do benefício, a submeter-se a:

BENEFÍCIO	AUXÍLIO-ACIDENTE Códigos da Espécie (INSS): B-36 (previdenciário) ou B-94 (acidentário)
Suspensão do Benefício	I – exame médico a cargo da Previdência Social para avaliação das condições que ensejaram sua concessão ou manutenção; II – processo de reabilitação profissional por ela prescrito e custeado; e III – tratamento dispensado gratuitamente, exceto o cirúrgico e a transfusão de sangue, que são facultativos.
Salário de Benefício	Para benefícios anteriores à vigência da EC n. 103/2019: a) para os segurados inscritos na Previdência Social a partir de 29.11.1999 (Lei n. 9.876, de 1999), o salário de benefício consistia na média aritmética simples dos maiores salários de contribuição correspondentes a 80% de todo o período contributivo, corrigidos mês a mês; b) para o segurado filiado à Previdência Social até 28.11.1999, o salário de benefício consistia na média aritmética simples dos 80% maiores salários de contribuição, corrigidos mês a mês, de todo o período contributivo decorrido desde julho de 1994; Para os benefícios requeridos após a publicação da EC n. 103/2019: a média aritmética de todos os salários de contribuição do período contributivo desde a competência julho de 1994, ou desde o início da contribuição, se posterior àquela competência, corrigidos monetariamente.
Fator Previdenciário	Não se aplica a esse benefício.
Renda Mensal Inicial	– 50% do salário de benefício que deu origem ao auxílio-doença ou por incapacidade temporária, corrigido até o mês anterior ao do início do auxílio-acidente, pelos índices de atualização dos benefícios do RGPS.
Período Básico de Cálculo	O Período Básico de Cálculo (PBC) é fixado, conforme o caso, de acordo com a: I – Data do Afastamento da Atividade ou do Trabalho (DAT); II – Data de Entrada do Requerimento – (DER).
Data de Início do Benefício	– O dia seguinte ao da cessação do benefício por incapacidade quando precedido deste; ou – A partir da entrada do requerimento, quando não for precedido de benefício por incapacidade.
Duração	– O auxílio-acidente será devido até a véspera do início de qualquer aposentadoria, até a data da emissão da CTC ou até a data do óbito do segurado, observadas as hipóteses de acumulação permitida. - Com a Lei n. 14.441/2022, o segurado em gozo de auxílio-acidente está obrigado, sob pena de suspensão do benefício, a submeter-se a exame médico a cargo da Previdência Social para avaliação das condições que ensejaram sua concessão ou manutenção. Desse modo, é possível que haja cessação do benefício pela constatação, em perícia, do desaparecimento de sequela redutora da incapacidade laborativa.
Observações	As regras gerais do auxílio-acidente encontram-se no art. 201 da CF, nos art. 86 e 101 da Lei n. 8.213/1991 e art. 104 do Decreto n. 3.048/1999.

5.5 PAGAMENTO DOS HONORÁRIOS PERICIAIS E REQUISITOS DA PETIÇÃO INICIAL EM AÇÕES DE BENEFÍCIOS POR INCAPACIDADE

A Lei n. 14.331, de 04.05.2022, alterou a Lei n. 13.876/2019 e a Lei n. 8.213/1991, para dispor sobre o pagamento de honorários periciais e sobre os requisitos da petição inicial em litígios e em medidas cautelares relativos a benefícios assistenciais e previdenciários por incapacidade.

Quanto ao pagamento dos honorários periciais, foi dada nova redação ao art. 1.º da Lei n. 13.876/2019, contendo as seguintes definições:

a) o ônus pelos encargos relativos ao pagamento dos honorários referentes às perícias judiciais realizadas em ações em que o INSS figure como parte e se discuta a concessão de benefícios assistenciais à pessoa com deficiência ou benefícios previdenciários decorrentes de incapacidade laboral ficará a cargo do vencido, nos termos da legislação processual civil, em especial do § 3.º do art. 98 do CPC;

b) o pagamento dos honorários periciais limita-se a uma perícia médica por processo judicial, e, excepcionalmente, caso determinado por instâncias superiores do Poder Judiciário (leia-se segundo grau de jurisdição), outra perícia poderá ser realizada;

c) a partir de 2022, fica invertido o ônus da antecipação da perícia, cabendo ao réu, qualquer que seja o rito ou procedimento adotado, antecipar o pagamento do valor estipulado para a realização da perícia, exceto com relação aos autores que comprovadamente disponham de condição suficiente para arcar com os custos de antecipação das despesas referentes às perícias médicas judiciais;

d) o ônus da antecipação de pagamento da perícia recairá sobre o Poder Executivo federal (dotação orçamentária liberada para esse fim – Lei n. 14.411/2022) e será processado via CJF, nas ações de competência da Justiça Federal, incluídas as que tramitem na Justiça Estadual por delegação de competência, e pelo INSS, nas ações de acidente do trabalho, de competência da Justiça Estadual.

No que se refere aos requisitos da petição inicial, a Lei n. 8.213/1991 foi acrescida do art. 129-A, dispondo que os litígios e as medidas cautelares relativos aos benefícios por incapacidade, inclusive os relativos a acidentes do trabalho, observarão o seguinte:

I – quando o fundamento da ação for a discussão de ato praticado pela perícia médica federal, a petição inicial deverá conter, em complemento aos requisitos previstos no art. 319 do CPC:

a) descrição clara da doença e das limitações que ela impõe;
b) indicação da atividade para a qual o autor alega estar incapacitado;
c) possíveis inconsistências da avaliação médico-pericial discutida; e
d) declaração quanto à existência de ação judicial anterior com o objeto de que trata este artigo, esclarecendo os motivos pelos quais se entende não haver litispendência ou coisa julgada, quando for o caso;

II – para atendimento do disposto no art. 320 do CPC, a petição inicial, qualquer que seja o rito ou procedimento adotado, deverá ser instruída pelo autor com os seguintes documentos:

a) comprovante de indeferimento do benefício ou de sua não prorrogação, quando for o caso, pela administração pública;
b) comprovante da ocorrência do acidente de qualquer natureza ou do acidente do trabalho, sempre que houver um acidente apontado como causa da incapacidade;
c) documentação médica de que dispuser relativa à doença alegada como a causa da incapacidade discutida na via administrativa.

Quanto à produção da prova pericial em juízo, o art. 129-A estabeleceu:

a) determinada pelo juízo a realização de exame médico-pericial por perito do juízo, este deverá, no caso de divergência com as conclusões do laudo administrativo, indicar em seu laudo de forma fundamentada as razões técnicas e científicas que amparam o dissenso, especialmente no que se refere à comprovação da incapacidade, sua data de início e a sua correlação com a atividade laboral do periciando;
b) quando a conclusão do exame médico-pericial realizado por perito designado pelo juízo mantiver o resultado da decisão proferida pela perícia realizada na via administrativa, poderá o juízo, após a oitiva da parte autora, julgar improcedente o pedido;
c) se a controvérsia versar sobre outros pontos além do que exige o exame médico-pericial, o juízo dará seguimento ao processo, com a citação do réu.

Essas inovações poderão inviabilizar ou criar novos obstáculos ao acesso à justiça, dadas as dificuldades dos segurados em conseguir a cópia integral do processo administrativo, a realização de exames e a obtenção de um laudo médico que indiquem as possíveis inconsistências da avaliação médico-pericial feita pela Perícia Médica Federal.

Capítulo 6
OS EFEITOS DOS BENEFÍCIOS POR INCAPACIDADE NO CONTRATO DE TRABALHO

Cumpre analisar neste capítulo os efeitos da concessão e cessação de benefícios por incapacidade (auxílio por incapacidade temporária, aposentadoria por incapacidade permanente e auxílio-acidente) nos contratos de trabalho, especialmente quanto às obrigações das partes, empregador e empregado, visto que o contrato não se pode extinguir no interregno de recebimento de benefício dessa natureza.

Assinale-se, de imediato, que a simples prova da incapacidade laboral é suficiente para o reconhecimento de que o contrato de trabalho se manteve suspenso, "inclusive, em caso de aposentadoria por invalidez, sendo vedado ao empregador promover a rescisão nesse período" (TST, Ag-AIRR-10009-77.2020.5.03.0174, 8.ª Turma, Rel. Min. Delaíde Alves Miranda Arantes, *DEJT* 21.11.2022).

Conforme o entendimento pacificado no âmbito do TST (Súmula n. 371):

> A projeção do contrato de trabalho para o futuro, pela concessão do aviso prévio indenizado, tem efeitos limitados às vantagens econômicas obtidas no período de pré-aviso, ou seja, salários, reflexos e verbas rescisórias. No caso de concessão de auxílio-doença no curso do aviso prévio, todavia, só se concretizam os efeitos da dispensa depois de expirado o benefício previdenciário.

Isso significa que a fruição de benefício por incapacidade no curso do aviso prévio suspende o prazo de sua execução, somente podendo ser concretizada a dispensa ou demissão voluntária, ou até mesmo a cessação do contrato a prazo certo, após a alta médica. Tal entendimento se aplica à concessão de auxílio previdenciário. Quanto ao auxílio acidentário, o entendimento não é pacífico, conforme se observa adiante.

Logo, é nula a dação de aviso prévio visando ao despedimento do empregado, durante a fruição do auxílio, em face de estar o contrato de trabalho suspenso. E, nos casos em que há a concessão ou o restabelecimento de benefício por incapacidade com retroação à data anterior à da cessação do contrato de trabalho, reconhecida a incapacidade na data da ruptura contratual, também se reputa inválida a dispensa, pois "a decisão na esfera judicial previdenciária que reconheceu a incapacidade laborativa do empregado, de forma retroativa ao último dia do contrato, gera a nulidade da dispensa. É que a demora na prestação jurisdicional não pode acarretar prejuízo a quem dela depende para fazer ver seus direitos reconhecidos. Ademais, não há como validar dispensa quando, na data da rescisão, o trabalhador estava incapacitado para o trabalho, como no caso dos autos" (TRT 12, ROT 0000674-91.2019.5.12.0053, 3.ª Câmara, Rel. Carlos Alberto Pereira de Castro, publ. 12.05.2020).

Da mesma forma, é inválido o pedido de demissão voluntária do empregado em gozo de benefício por incapacidade, "ainda que manifestada a vontade do obreiro de rescindir o pacto laboral, por expressa vedação legal" (TRT 3, ROT 0010943-95.2019.5.03.0036, 1.ª Turma, Rel. Des. Maria Cecilia Alves Pinto, publ. 19.12.2022).

6.1 EFEITOS DA CONCESSÃO DA PRESTAÇÃO PREVIDENCIÁRIA POR INCAPACIDADE

O segurado empregado, inclusive o doméstico, quando em gozo do benefício por incapacidade, deve ser considerado pela empresa ou pelo empregador doméstico como licenciado (art. 63 da Lei n. 8.213/1991). Trata-se, portanto, de hipótese de *suspensão do contrato de trabalho*.

Para o segurado empregado urbano ou rural, o auxílio por incapacidade temporária é devido a contar do 16.º dia de afastamento da atividade, ou seja, durante os 15 primeiros dias de afastamento, incumbe à empresa pagar o salário (art. 60, § 3.º, da LBPS). A regra se aplica, também, ao empregado intermitente de que trata o art. 452-A da CLT, pois não há como diferenciar essa espécie de empregado urbano dos demais, por falta de amparo legal. O problema, no caso do intermitente, é o entendimento acerca da materialização do pagamento dos primeiros quinze dias, uma vez que não há trabalho em dias fixos.

Quando a incapacidade ultrapassar o período de 15 dias consecutivos, o segurado será encaminhado pela empresa ao INSS para avaliação médico-pericial (art. 75, § 2.º, do RPS, red. Decreto n. 10.410/2020).

Tratando-se de segurado empregado doméstico, seu empregador não tem a obrigação de pagar os primeiros 15 dias de incapacidade, pois não há previsão legal nesse sentido, sendo tal ônus da Previdência Social (art. 60 da Lei n. 8.213/1991).

Quando o requerimento do segurado afastado da atividade for protocolado depois do prazo fixado (que é de até 30 dias após o início da incapacidade), o benefício será devido apenas a contar da data da entrada do requerimento, não retroagindo ao 16.º dia, no caso de segurado empregado, nem ao primeiro dia de afastamento, para os demais segurados. Penaliza-se, dessa forma, a inércia do segurado em buscar o benefício. No caso do empregado, se o encaminhamento de que trata o § 2.º do art. 75 do RPS não for realizado no interregno em questão, entendemos que cabe à empresa, além do pagamento relativo aos primeiros 15 dias, ressarcir o período em que o benefício não for pago.

Na hipótese de concessão de novo benefício decorrente da mesma doença ou acidente dentro de 60 dias contados da cessação do benefício anterior, a empresa fica desobrigada do pagamento relativo aos 15 primeiros dias de afastamento, prorrogando-se o benefício anterior e descontando-se os dias trabalhados, se for o caso (art. 75, § 3.º, do Decreto n. 3.048/1999).

Caso o segurado empregado tenha ficado afastado do trabalho por até 15 dias e tornar a se afastar dentro de 60 dias, caberá à empresa pagar apenas os dias faltantes para completar os 15 dias de afastamento, devendo o segurado ser encaminhado ao INSS para a concessão do benefício no 16.º dia de afastamento, computados ambos os períodos.

No caso de a DII do segurado ser fixada quando este estiver em gozo de férias ou licença-prêmio ou qualquer outro tipo de licença remunerada, o prazo de 15 dias de responsabilidade da empresa será contado a partir do dia seguinte ao término das férias ou da licença (art. 336, § 2.º, da IN INSS/PRES n. 128/2022).

A empresa que garantir ao segurado licença remunerada por força do contrato de trabalho, regulamento de empresa, convenção coletiva ou acordo coletivo, ficará obrigada a lhe pagar durante o período de auxílio a eventual diferença entre o valor deste e a importância garantida pela licença. Sobre esse valor não incide contribuição à Seguridade Social, pois a natureza jurídica desse pagamento é de mero complemento do benefício pago pela Previdência Social.

Nessa linha de raciocínio, a jurisprudência do TST se consolidou no sentido de que, "durante a suspensão contratual operada pela aposentadoria por invalidez, não é devido o pagamento do auxílio-alimentação previsto em norma coletiva, a não ser que haja expressa previsão de garantia do benefício na norma que o instituiu ou caso a doença que ensejou a aposentadoria tenha surgido em razão do trabalho prestado ou seja decorrente de acidente de trabalho" (RRAg-10965-02.2019.5.03.0054, 2.ª Turma, Rel. Min. José Roberto Freire Pimenta, *DEJT* 17.12.2021).

Além disso, como o contrato permanece hígido, estando suspensa apenas a sua execução, prevalece a necessidade de preservação dos direitos do empregado a outras vantagens que não o salário, sendo o principal exemplo o relativo à manutenção de planos de saúde e afins, conforme a Súmula n. 440 do TST: "Assegura-se o direito à manutenção de plano de saúde ou de assistência médica oferecido pela empresa ao empregado, não obstante suspenso o contrato de trabalho em virtude de auxílio-doença acidentário ou de aposentadoria por invalidez". Em que pese a redação da súmula, os julgados em casos concretos são no sentido de que o plano de saúde deve ser mantido qualquer que seja a causa do benefício – acidentária ou não (*v.g.*, AIRR-912-25.2016.5.10.0004, 3.ª Turma, Rel. Min. Alexandre de Souza Agra Belmonte, *DEJT* 08.02.2019).

O art. 15, § 5.º, da Lei n. 8.036/1990 determina ainda a continuidade dos depósitos do FGTS durante os afastamentos do empregado em virtude de acidente do trabalho (e, por consequência, doenças ocupacionais e situações equiparadas ao acidente típico). A regra não se aplica quando não reconhecida a natureza acidentária da incapacidade, mas pode haver deferimento em sede judicial, quando somente por sentença for reconhecido o nexo com o trabalho:

> A jurisprudência desta Corte vem se firmando no sentido de que são devidos os depósitos para o FGTS, quando reconhecido o nexo de causalidade entre a doença e as atividades laborais do trabalhador, mesmo que tenha sido concedido auxílio-doença comum. Agravo de instrumento desprovido (TST, Ag-AIRR-100122-20.2017.5.01.0342, 2.ª Turma, Rel. Min. Jose Roberto Freire Pimenta, *DEJT* 06.05.2022).

Na forma do Decreto n. 3.048/1999, art. 72, § 3.º, "O auxílio por incapacidade temporária será devido durante o curso de reclamação trabalhista relacionada com a rescisão do contrato de trabalho, ou após a decisão final, desde que implementadas as condições mínimas para a concessão do benefício, observado o disposto nos § 2.º e § 3.º do art. 36". A regra decorre do fato de que, mesmo com a perda do emprego, mantém o trabalhador a qualidade de segurado por alguns meses, dependendo da quantidade de contribuições vertidas até então (o denominado período de graça).

Importante correlação se dá nas situações em que o trabalhador é dispensado do emprego enquanto pendente decisão – administrativa ou judicial – no que respeita ao pleito de benefício por incapacidade. A matéria foi enfrentada pelo TST, *verbis*:

> O reclamante foi dispensado quando ainda pendia decisão administrativa na Autarquia Previdenciária acerca da prorrogação de auxílio-doença, decisão essa que viria a deferir-lhe a prorrogação do benefício retroativamente à data anterior à dispensa. Cinge-se, portanto, a controvérsia em saber se a superveniência de concessão administrativa de prorrogação do benefício pode implicar a nulidade da dispensa ocorrida no lapso compreendido entre o indeferimento inicial e a posterior reconsideração. Ora, a *ratio* da previsão de suspensão do contrato de trabalho contida no art. 475 da CLT é de que ao empregado deve ser assegurada a manutenção do vínculo de emprego enquanto estiver incapacitado para colocar sua força de trabalho à disposição do empregador. Portanto, se a Autarquia Previdenciária, no regular exercício de seu mister, vem a concluir que desde determinada data o empregado já estava incapacitado, o termo inicial da suspensão do contrato de trabalho coincidirá de forma necessária com aquela data, dado que ambas as condições estão umbilical e indissoluvelmente associadas. Inviável, assim, cogitar de afronta ao princípio da intangibilidade do ato jurídico perfeito ou de violação do art. 5.º, XXXVI, da Constituição Federal de 1988. Agravo de instrumento não provido (AIRR-101525-18.2019.5.01.0483, 3.ª Turma, Rel. Min. José Roberto Freire Pimenta, *DEJT* 18.11.2022).

No tocante às férias, a percepção de benefício por incapacidade por período superior a seis meses dentro do período aquisitivo afastaria esse direito (CLT, art. 133, inc. IV), situação que se aplicaria também quando o trabalhador já é aposentado, sem que possa usufruir, portanto, de outro benefício cumulativamente, como decidiu o TST, confirmando decisão do TRT 4:

> A Corte Regional registrou que o autor permaneceu por mais de seis meses afastado de suas atividades para tratamento médico, em condições que lhe dariam direito à percepção de auxílio-doença, o que somente não ocorreu ante a vedação legal à cumulação de dois benefícios previdenciários, uma vez que é aposentado. Incide, portanto, no caso, a regra de perda do direito as férias, prevista no art. 133, IV, da CLT. Agravo de instrumento conhecido e desprovido (RR-20840-87.2018.5.04.0123, 3.ª Turma, Rel. Min. Alberto Luiz Bresciani de Fontan Pereira, *DEJT* 05.11.2021).

No entanto, a Convenção n. 132 da Organização Internacional do Trabalho, promulgada pelo Decreto n. 3.197, de 05.10.1999, assim estabelece:

> Artigo 5.4. Nas condições a serem determinadas pela autoridade competente ou pelo órgão apropriado de cada país, as faltas ao trabalho por motivos independentes da vontade individual da pessoa empregada interessada, tais como faltas devidas a doenças, a acidente, ou a licença para gestante, não poderão ser computadas como parte das férias remuneradas anuais mínimas previstas no parágrafo 3 do Artigo 3 da presente Convenção.

Desse modo, consideramos ser discutível a permanência em vigor do dispositivo da CLT acerca da supressão do direito às férias, pois em franca colisão com norma de direito internacional incorporada ao ordenamento jurídico pátrio, pelo que não haveria perda do direito a férias em caso de incapacidade superior a seis meses do período aquisitivo.

6.2 INDEFERIMENTO DO BENEFÍCIO POR INCAPACIDADE E SEUS EFEITOS NO CONTRATO DE TRABALHO

Como visto no capítulo pertinente aos benefícios por incapacidade, a concessão destes depende de alguns requisitos, além da própria condição de inaptidão para o trabalho: a qualidade de segurado; o cumprimento da carência, quando exigida; a formulação do requerimento dentro do prazo legal; e a inexistência de recebimento de outro benefício de prestação continuada.

A falta de um desses requisitos acarreta o indeferimento e coloca o trabalhador numa espécie de lacuna de proteção social, pois, apesar de existente o risco social a ser protegido (a incapacidade para o trabalho), a prestação correspondente não será entregue pela Previdência Social, com gravames à subsistência do indivíduo e de seus dependentes.

Há um agravamento dessa situação quanto aos trabalhadores com renda inferior a um salário mínimo, ante a exigência, criada pela EC n. 103/2019, de que a contribuição mensal seja calculada sobre um salário mínimo mensal, sob pena de não ser computado o período laboral para efeito algum na Previdência Social – regra que reputamos de flagrante inconstitucionalidade, como já afirmado.

Outro tema pouco explorado na doutrina e, no entanto, relativamente frequente no cotidiano das relações laborais é o fenômeno da incapacidade laborativa de pessoa que já é beneficiária de aposentadoria no RGPS, mas permanece trabalhando.

Como a aposentadoria voluntária é benefício irrenunciável e impede o recebimento cumulativo de outro benefício de prestação continuada (entre os quais os devidos em razão de incapacidade laborativa), o trabalhador que se encontra aposentado e, ao mesmo tempo, é empregado com contrato de trabalho em curso, caso fique incapacitado, mesmo por motivo de acidente do trabalho, terá indeferido o requerimento de benefício por incapacidade.

Daí surgem questionamentos importantes: (1) o empregador urbano ou rural permanece com a obrigação de pagar os primeiros 15 dias de incapacidade? (2) caso a incapacidade seja superior a 15 dias, o empregador deverá arcar com todo o período de afastamento? (3) o empregador doméstico possui obrigação de pagar o período de afastamento de seu empregado doméstico, caso este já seja aposentado? (4) em caso de incapacidade gerada por acidente do trabalho ou situação equiparada, há alguma mudança nas obrigações do empregador?

Nosso entendimento é de que o empregador permanece com as mesmas obrigações trabalhistas em caso de afastamento por incapacidade não acidentária do trabalhador aposentado, bem como nas demais hipóteses de indeferimento anteriormente citadas, ou seja, mantém-se o ônus de pagamento dos primeiros 15 dias de ausência. Após isso, não há amparo legal para se exigir do empregador o pagamento de período maior. Quanto ao empregador doméstico, nem sequer há o ônus de pagamento dos primeiros

15 dias, pois, como visto, é da Previdência Social a obrigação pela cobertura plena da incapacidade dos domésticos.

Entretanto, quando o indivíduo sofreu acidente do trabalho ou situação equiparada ao acidente típico, teve o benefício indeferido por alguma das razões esposadas e seja caracterizada a culpa do empregador, inclusive o doméstico, compreendemos que o acidentado pode exigir, no âmbito da reparação de danos (materiais), o pagamento pelos dias de afastamento, em razão da aplicação do princípio da *restitutio in integrum*.

6.3 REABILITAÇÃO PROFISSIONAL E REPERCUSSÕES TRABALHISTAS

A reabilitação profissional é serviço previdenciário previsto no art. 89 da Lei n. 8.213/1991 e no art. 136 do Decreto n. 3.048/1999 e conceituada como a assistência educativa ou reeducativa e de adaptação ou readaptação profissional, instituída sob a denominação genérica de habilitação e reabilitação profissional (RP), visando proporcionar aos beneficiários incapacitados parcial ou totalmente para o trabalho, em caráter obrigatório, independentemente de carência, e às pessoas com deficiência os meios indicados para o reingresso no mercado de trabalho e no contexto em que vivem.

O STJ possui o entendimento de que o INSS é o responsável pela habilitação e reabilitação do segurado incapacitado para o trabalho, pois sua atribuição constitucional é colocar em prática a previdência e a assistência social, "fornecendo aos segurados a prestação dos serviços de forma necessária ao seu desenvolvimento social, atendendo, da melhor maneira, o princípio constitucional da dignidade da pessoa humana" (TJAM, AC 0639533-96.2018.8.04.0001, 1.ª Câmara Cível, Rel. Des. Joana dos Santos Meirelles, publ. 24.11.2021).

Logo a seguir ao advento da Constituição Federal de 1988, o Brasil ratificou a Convenção n. 159 da OIT (Decreto Legislativo n. 129/1991), que estipulou, em seu art. 1.º, item 2, que "todo país-membro deverá considerar que a finalidade da reabilitação profissional é a de permitir que a pessoa deficiente obtenha e conserve um emprego e progrida no mesmo, e que se promova, assim, a integração ou a reintegração dessa pessoa na sociedade".

A Convenção n. 161 da OIT, por sua vez, exige como princípio de política nacional "a adaptação do trabalho às capacidades dos trabalhadores, levando em conta seu estado de sanidade física e mental".

O trabalho de reabilitação profissional inclui:

– Avaliação do potencial laborativo, com o objetivo de definir a real capacidade de retorno de segurados ao trabalho.
– Orientação e acompanhamento do programa profissional: condução do reabilitando para a escolha consciente de uma nova função/atividade a ser exercida no mercado de trabalho.
– Articulação com a comunidade para parcerias, convênios e outros, visando ao reingresso do segurado, todavia não caracterizando obrigatoriedade por parte do INSS a sua efetiva inserção.
– Pesquisa de fixação no mercado de trabalho.

O art. 5.º da Portaria DIRBEN/INSS n. 999, de 28.03.2022, estabelece que poderão ser encaminhados para o Programa de Reabilitação Profissional:

> I – o segurado em gozo de auxílio por incapacidade temporária, acidentário ou previdenciário;
>
> II – o segurado sem carência para benefício por incapacidade temporária, incapaz para as atividades laborais habituais;
>
> III – o segurado em gozo de aposentadoria por incapacidade permanente;
>
> IV – o pensionista inválido;
>
> V – o segurado em gozo de aposentadoria programada, especial ou por idade do trabalhador rural, que voltar a exercer atividade abrangida pelo regime geral de previdência social, e tenha reduzido a sua capacidade funcional em decorrência de doença ou acidente de qualquer natureza ou causa;
>
> VI – o segurado em atividade laboral mas que necessite de reparo ou substituição de Órteses, Próteses, meios auxiliares de locomoção e outros recursos de tecnologia assistiva (OPM/TA), desde que estes tenham sido previamente concedidos pelo INSS;
>
> VII – o dependente do segurado; e
>
> VIII – as Pessoas com Deficiência – PcD.

É obrigatório o atendimento pela Reabilitação Profissional do INSS aos beneficiários descritos nos incisos I, II, III, IV, V e VI do *caput* do art. 5.º da aludida Portaria. Nota-se, portanto, que, mesmo na hipótese de um segurado ter indeferido o requerimento de benefício por incapacidade, por falta de carência ou por já se encontrar aposentado, mas exercendo atividade, é prestado o serviço de reabilitação.

O ingresso do segurado no serviço de reabilitação profissional depende do encaminhamento pela perícia médica, o que em geral ocorre no exame de avaliação de benefício por incapacidade.

A reabilitação deve observar o trabalho que o segurado exercia em momento anterior à incapacidade, levando em consideração os aspectos socioeconômicos, profissionais e culturais do segurado.

Para beneficiários com vínculo empregatício, o Profissional de Referência da Reabilitação Profissional (PR/RP) deve entrar em contato com a empresa de vínculo, enviando ofício, na forma do art. 36 da Portaria DIRBEN/INSS n. 999/2022, a fim de esclarecer os objetivos do Programa de Reabilitação Profissional e avaliar a possibilidade de readaptação, podendo solicitar:

> I – descrição de função/atividade da função proposta;
>
> II – descrição de função/atividade exercida pelo beneficiário na empresa; e
>
> III – cadastro de funções da empresa.

O prazo de resposta da empresa será de 30 dias, a contar da data do recebimento, prorrogáveis por mais 15 dias por meio de reiteração da solicitação. Caso a função proposta pela empresa seja considerada incompatível por não atender às restrições ou às condições mínimas para proporcionar ao beneficiário os meios para retorno e fixação no mercado de trabalho, o PR deverá comunicar ao beneficiário que a função proposta pela empresa foi considerada incompatível e deverá solicitar à empresa a indicação de nova função para readaptação, com novo prazo de 30 dias para a resposta.

Nos casos de beneficiários que possuam dois vínculos empregatícios, devem-se adotar os procedimentos de solicitação de indicação de nova função/atividade nas duas empresas. O treinamento profissional poderá ser realizado em apenas um dos vínculos. Nesse caso, a empresa que não ofertou o treinamento receberá o beneficiário posteriormente reabilitado para função diversa, assim como ocorre nos casos em que frequenta curso profissionalizante (art. 38 e parágrafo único da Portaria DIRBEN/INSS n. 999/2022).

Na ausência de resposta da empresa, o PR/RP deverá registrar o fato no sistema do INSS e seguir o Programa de Reabilitação Profissional adotando os procedimentos descritos para os casos de beneficiários sem vínculo empregatício (art. 39 da Portaria DIRBEN/INSS n. 999/2022).

Quando a empresa se recusa a cumprir as determinações do INSS em matéria de reabilitação, a situação configura ato ilícito, cujo dano é reputado como *in re ipsa*, independentemente de prova. Nesse sentido:

> A conduta da ré ao obstar o retorno do autor ao trabalho, em função compatível com a sua debilidade, sujeitando-o ao desamparo trabalhista e previdenciário, fere a dignidade da pessoa humana (art. 1.º, III, da Constituição Federal), configurando abuso de direito e ensejando o pagamento de indenização pelo ato ilícito perpetrado, nos termos dos arts. 186 e 187 do Código Civil. Diante do exposto, correta a decisão regional que manteve a indenização por danos morais. Precedentes. Recurso de revista não conhecido. [...] (TST, RR-134300-24.2010.5.17.0009, Rel. Min. Alexandre de Souza Agra Belmonte, 3.ª Turma, *DEJT* 15.09.2017).

É dever do INSS conceder o benefício por incapacidade e submeter a pessoa a processo de reabilitação profissional, nos termos do art. 62 da Lei n. 8.213/1991, mantendo o benefício enquanto a reabilitação não é levada a termo.

Interessante pontuar que, como bem ressaltado pelo julgado a seguir, não pode o INSS cessar o benefício por incapacidade sem permitir a análise da situação de capacidade laboral reduzida e consequente encaminhamento à reabilitação profissional da entidade:

> Previdenciário. Mandado de segurança. Suspensão do benefício. Reabilitação profissional. Devido processo administrativo. Ordem concedida. 1. Para que possa ser cessado ou suspenso o pagamento do benefício de auxílio-doença, é imprescindível a notificação do segurado para que seja oportunizado o contraditório e a ampla defesa. 2. Há violação ao devido processo legal, se o INSS, no procedimento administrativo, não obedeceu ao devido processo legal, uma vez que não oportunizou a parte impetrante meio hábil para o agendamento de entrevista de avaliação para o encaminhamento à reabilitação profissional. 3. Mantida a sentença, que concedeu a segurança para determinar que a autoridade impetrada proceda ao restabelecimento provisório do benefício de auxílio-doença

– NB 611.789.320-9, desde a DCB 31.10.2019, que deverá ser mantido até que o INSS proceda ao encaminhamento do autor à reabilitação profissional, em atividade compatível com sua limitação funcional (TRF-4, Remessa Necessária Cível 5018739-36.2019.4.04.7205, Turma Regional Suplementar de SC, Rel. Celso Kipper, j. 20.08.2020).

A possibilidade de reabilitação profissional deve ser apreciada no contexto das condições pessoais do segurado, observados a sua experiência profissional, o seu grau de instrução, a sua idade e, ainda, as limitações provocadas pelo estado da incapacidade (TRF-4, AC 5024515-40.2020.4.04.9999, 5.ª Turma, Rel. Des. Osni Cardoso Filho, j. 11.02.2021).

Para a avaliação do mesmo nível de subsistência podem ser utilizadas, como parâmetro geral, as faixas de contribuição dos segurados empregados, empregados domésticos e trabalhadores avulsos, previstas em Portaria Interministerial (TRF 4, Recurso Cível 5001995-91.2018.4.04.7110, 3.ª Turma Recursal do RS, Rel. Fábio Vitório Mattiello, j. 17.07.2019).

Por outro lado, também é dever do segurado participar dos programas de reabilitação disponibilizados pelo INSS. O não cumprimento injustificado de Programa de Reabilitação Profissional legitima a suspensão administrativa do benefício, mas não a sua cassação, podendo ser reativado se o segurado manifestar seu interesse em participar do programa e, quando convocado, efetivamente voltar a frequentá-lo (TRF-4, Remessa Necessária Cível 5000529-48.2021.4.04.7016, Turma Regional Suplementar do PR, Rel. Artur César de Souza, j. 29.06.2021).

Conforme o art. 92 da Lei n. 8.213/1991, concluído o processo de habilitação ou reabilitação profissional, o INSS emitirá certificado individual, indicando as atividades que poderão ser exercidas pelo beneficiário, nada impedindo que este exerça outra atividade para a qual se julgue capacitado. O segurado certificado como reabilitado pelo INSS está apto à contratação pela reserva de vagas, conforme disposto no art. 93 da Lei n. 8.213/1991.

De acordo com o § 2.º do art. 62 da Lei de Benefícios (incluído pela Lei n. 13.846/2019), a alteração das atribuições e responsabilidades do segurado compatíveis com a limitação que tenha sofrido em sua capacidade física ou mental não configura desvio de cargo ou função do segurado reabilitado ou que estiver em processo de reabilitação profissional a cargo do INSS.

A jurisprudência do TST admite, como medida excepcional, que a designação do empregado público, submetido a processo de reabilitação profissional perante o INSS, para desempenhar atividades distintas daquelas para as quais foi inicialmente contratado não traduz ilegalidade:

> Vale lembrar que a CLT, no § 4.º do art. 461, admite expressamente a "readaptação em nova função" em razão da deficiência física ou mental do trabalhador no curso da relação de emprego, atestada pelo órgão responsável da Previdência Social. E o § 2.º do art. 62 da Lei n. 8.213/1991 dispõe que "A alteração das atribuições e responsabilidades do segurado compatíveis com a limitação que tenha sofrido em sua capacidade física ou mental não configura desvio de cargo ou função do segurado reabilitado ou que estiver em processo de reabilitação profissional

a cargo do INSS" (ROT-672-83.2021.5.06.0000, Subseção II Especializada em Dissídios Individuais, Rel. Min. Douglas Alencar Rodrigues, *DEJT* 24.06.2022).

A jurisprudência do TST é firme, ademais, no sentido de que o empregado readaptado profissionalmente em decorrência de acidente de trabalho/doença ocupacional não pode ter a sua gratificação ou adicional suprimidos, ainda que constitua salário-condição, sob pena de violação dos princípios constitucionais da dignidade da pessoa humana e da irredutibilidade salarial:

> A decisão regional proferida no sentido de suprimir o adicional de atividade quando cessado o labor externo pelo empregado, mesmo em razão da readaptação profissional decorrente de acidente de trabalho, por se tratar de salário-condição, mostra-se dissonante da atual e notória jurisprudência desta Corte Superior e configura violação do art. 7.º, VI, da Constituição Federal, restando, consequentemente, divisada a transcendência política do debate proposto. Recurso de revista conhecido e provido (RR-450-34.2020.5.09.0658, 5.ª Turma, Rel. Min. Douglas Alencar Rodrigues, *DEJT* 02.12.2022).

No tocante à garantia provisória indireta de emprego para pessoas reabilitadas e com deficiência, dispõe o § 1.º do art. 93 da Lei n. 8.213/1991 (na redação conferida pela Lei n. 13.146/2015):

> A dispensa de pessoa com deficiência ou de beneficiário reabilitado da Previdência Social ao final de contrato por prazo determinado de mais de 90 (noventa) dias e a dispensa imotivada em contrato por prazo indeterminado somente poderão ocorrer após a contratação de outro trabalhador com deficiência ou beneficiário reabilitado da Previdência Social.

A legislação previdenciária, assim, agregou restrição indireta à dispensa de empregados com necessidades especiais ou que estejam em reabilitação funcional: estipulou um sistema imperativo de cotas, entre 2% e 5%, no *caput* do art. 93, e, visando a garantir a máxima efetividade à cota de inclusão social, determinou que o obreiro portador de deficiência ou beneficiário reabilitado somente pode ser dispensado mediante a correlata contratação de outro trabalhador em situação semelhante (art. 93, § 1.º, da Lei n. 8.213/1991).

Trata-se, portanto, de norma autoaplicável, que traz uma limitação ao poder potestativo do empregador, de modo que, uma vez não cumprida a exigência legal, devida é a reintegração no emprego do reabilitado, sob pena de se esvaziar o conteúdo constitucional a que visa dar efetividade:

> Com efeito, o *caput* do art. 93 da Lei n. 8.213/1991 tem por finalidade promover a inclusão da pessoa humana com deficiência e/ou reabilitada. Esta é a norma geral, que realiza a teleologia da Constituição e dos diplomas internacionais ratificados. Já o disposto no § 1.º do mesmo artigo estabelece, sim, uma forma indireta de se criar uma garantia provisória de emprego aos trabalhadores com necessidades especiais já contratados, ao impor ao empregador a contratação de empregado substituto em condição semelhante, na hipótese de dispensa de tra-

balhador reabilitado ou deficiente, sempre objetivando ser mantido o percentual estabelecido no *caput* do artigo. Nessa lógica, conclui-se que o cumprimento da exigência estabelecida no § 1.º do art. 93 da Lei n. 8.213/1991 não afasta a obrigação de observância da regra geral disposta no *caput* do referido artigo. Aliás, a implementação da contratação substitutiva tem como objetivo justamente a manutenção permanente da reserva de vagas para os trabalhadores com deficiência, conteúdo substancial da norma em comento. Ademais, a jurisprudência do TST é firme no sentido de que a dispensa de trabalhador portador de deficiência e/ou reabilitado está condicionada ao preenchimento dos requisitos dispostos no *caput* e § 1.º do art. 93 da Lei 8.213/1991 (Ag-AIRR-1001907-69.2016.5.02.0060, 3.ª Turma, Rel. Min. Mauricio Godinho Delgado, *DEJT* 07.10.2022).

Ainda a respeito desse tema, a Subseção I Especializada em Dissídios Individuais do TST, no julgamento do ED-E-ED-RR-658200-89.2009.5.09.0670, cujo relator foi o Ministro João Batista Brito Pereira (*DEJT* 19.12.2016), manifestou-se no sentido de ser da empregadora o ônus de cumprir as exigências do art. 93 da Lei n. 8.213/1991, não devendo ser responsabilizada apenas se comprovado o seu insucesso em contratar pessoas com deficiência, em que pese tenha empenhado esforços fáticos na busca pelos candidatos a essas vagas.

6.4 A ESTABILIDADE ACIDENTÁRIA DO TRABALHADOR VÍTIMA DE ACIDENTE

O segurado que sofreu acidente do trabalho tem garantida, pelo prazo mínimo de 12 meses, a manutenção do seu contrato de trabalho na empresa, após a cessação do benefício acidentário, independentemente de percepção de auxílio-acidente (art. 118 da Lei n. 8.213/1991).

O direito à estabilidade no emprego (ou garantia de emprego contra despedida sem justa causa) pode ser tido como o direito do empregado de ver reconhecida e intocável a relação de emprego até, no mínimo, o fim do período da estabilidade, sendo nula de pleno direito a ruptura contratual praticada sem um justo motivo (art. 482 da CLT).

Trata-se de um importante marco de preservação da dignidade do trabalhador, na medida em que, por necessitar do emprego para sobreviver, não pode ficar ao desamparo em situação tão complexa, como bem ressalta o julgado a seguir:

> [...] o rompimento do vínculo empregatício na constância do tratamento da doença implica dano de difícil reparação para o trabalhador, porquanto soma à situação, por si só delicada, um prejuízo financeiro que atinge a sua própria subsistência. Destarte, a jurisprudência desta Corte é no sentido de que inexiste direito líquido e certo a ser oposto contra ato de juiz que, antecipando a tutela jurisdicional, determina a reintegração de empregado protegido por estabilidade provisória decorrente de lei ou norma coletiva (OJ 142 da SBDI-2 desta Corte). (TST, ROMS 1020869.2015.5.01.0000, Subseção II Especializada em Dissídios Individuais, Rel. Min. Maria Helena Mallmann, *DEJT* 24.02.2017).

A inexistência de culpa afasta a responsabilidade civil da empresa, mas não o direito à estabilidade provisória quando evidenciado o acidente do trabalho (TST,

RR-3555-33.2012.5.12.0038, 1.ª Turma, Rel. Min. Hugo Carlos Scheuermann, *DEJT* 29.09.2017). Trata-se o art. 118 da Lei de Benefícios de regra que se aplica de modo objetivo em caso de infortúnio laboral, independentemente da existência de dolo, culpa exclusiva ou concorrente, e mesmo em situações de caso fortuito ou força maior.

Quando a enfermidade equiparada a acidente de trabalho somente é reconhecida após o rompimento do vínculo de emprego, mostra-se inviável exigir que tenha havido a concessão de auxílio-doença na modalidade acidentária no curso do liame. Nesse sentido, é o entendimento jurisprudencial do TST, na Súmula n. 378, *in verbis*:

> Estabilidade provisória. acidente do trabalho. art. 118 da Lei n. 8.213/1991.
> [...] II – São pressupostos para a concessão da estabilidade o afastamento superior a 15 dias e a consequente percepção do auxílio-doença acidentário, salvo se constatada, após a despedida, doença profissional que guarde relação de causalidade com a execução do contrato de emprego.

O simples fato de ter sido emitida a CAT não é suficiente para caracterizar o infortúnio sofrido pelo trabalhador como tendo nexo com o trabalho, uma vez que a perícia do INSS pode concluir de modo diverso e, ainda, pode haver decisão judicial em matéria previdenciária que reconheça a existência (ou não) de nexo de causalidade ou concausalidade:

> Recurso de revista interposto antes da Lei n. 13.015/2014. [...] Acidente de trabalho. Estabilidade. Dano moral. O empregado que sofre acidente de trabalho faz jus à estabilidade. Restou consignado na decisão matriz que a lesão sofrida pelo réu guarda relação de causalidade com a execução do contrato de trabalho, além de ter sido constatada a culpa da autora. *In casu*, a reintegração do reclamante ao emprego foi determinada em virtude do reconhecimento da existência de doença profissional equiparada a acidente de trabalho, muito embora não tenha ocorrido a emissão de CAT. Sendo assim, tem-se que o empregado detém estabilidade provisória independentemente do percebimento de auxílio-doença acidentário, nos termos da parte final do item II da Súmula 378 do TST. Por fim, presentes os requisitos da responsabilidade subjetiva da empregadora o reclamante faz jus à indenização por dano moral. [...] (TST, RR 80600-85.2006.5.02.0464, 2.ª Turma, Rel. Min. Maria Helena Mallmann, *DEJT* 08.09.2017).

Dúvida bastante presente no cotidiano forense trabalhista é aquela que resulta da concessão de um benefício por incapacidade comum, em que a perícia judicial na ação trabalhista conclui haver nexo de causalidade ou concausalidade com o trabalho, bem como, no sentido oposto, quando o autor obteve benefício acidentário (espécie 91) e a perícia judicial nos autos da demanda trabalhista conclui pela inexistência de nexo. O órgão jurisdicional trabalhista poderia deferir (ou indeferir) o pleito de reconhecimento da estabilidade em oposição ao já decidido pelo INSS?

Na jurisprudência, encontramos diversas situações em que o órgão julgador, com base no princípio do convencimento motivado, afastou a conclusão do INSS e decidiu em sentido oposto:

Vale ressaltar que a decisão do INSS, que concedeu ao autor auxílio-doença acidentário, não vincula o juízo trabalhista, devendo prevalecer o princípio da verdade real, em detrimento da forma. Portanto, ainda que tenha sido constatada a incapacidade laborativa parcial e permanente, não há como atribuir a responsabilidade civil ao reclamado, não havendo, pois, direito à reintegração e às indenizações por danos materiais e moral pretendidas pelo autor (TRT17, ROT 0000238-30.2021.5.17.0181, 3.ª Turma, Rel. Des. Sonia das Dores Dionisio Mendes, j. 23.01.2023).

Quanto à estabilidade, alega [a ré] que a espécie B31 não confere ao segurado todos os direitos que são assegurados aos que recebem o benefício B91, sendo indevida a estabilidade provisória no emprego [...] o fato gerador para a determinação da estabilidade provisória é a existência e reconhecimento de acidente de trabalho ou de doença ocupacional a ele equiparada, confirmado pela perícia médica, após a demissão do trabalhador, mesmo que não tenha havido a concessão do benefício previdenciário, condição essa que daria ao trabalhador o direito ao período estabilitário de 12 meses após a cessação da incapacidade (TRT 24, ROT 0025236-75.2019.5.24.0007, 2.ª Turma, Rel. Des. João de Deus Gomes de Souza, publ. 19.12.2022).

Em síntese, a compreensão é de que a Justiça Especializada não está vinculada ao enquadramento realizado pela autarquia previdenciária (TST, RR-10054-20.2016.5.08.0130, 5.ª Turma, Rel. Min. Breno Medeiros, *DEJT* 09.11.2018).

Embora o texto do art. 118 da Lei n. 8.213/1991 não faça referência à situação de acidentes ou doenças com nexo causal que levam à incapacidade permanente, compreendemos que a situação do trabalhador aposentado por invalidez (ou incapacidade permanente) acidentária (espécie B-92), caso venha a recuperar sua capacidade laborativa e tenha sua aposentadoria cessada, também faz jus ao mesmo período estabilitário, pois a situação dele é ainda mais grave que a de outro trabalhador que tenha sido apenas incapacitado temporariamente para o trabalho.

Da mesma forma, se após reconhecida a nulidade da dispensa em face do art. 118 da Lei n. 8.213/1991 o trabalhador vier a se aposentar por incapacidade permanente, o fato não interfere no direito à reintegração e pagamento dos direitos do período, reconhecendo-se, tão somente, a suspensão do contrato a partir da data de concessão da aposentadoria. Nesse sentido: TST, RR-1608100-28.2001.5.09.0013, 8.ª Turma, Rel. Min. Maria Cristina Irigoyen Peduzzi, *DEJT* 31.07.2009.

É de salientar, portanto, que somente a incapacidade que tenha nexo de causalidade com o labor (acidente do trabalho típico, doença ocupacional ou situações equiparadas, como o acidente *in itinere*) gera o direito à estabilidade provisória. O empregado em tais condições não poderá sofrer dispensa sem justa causa, sob pena de nulidade (absoluta) do ato (pela inteligência do art. 9.º da CLT). Poderá o empregado sofrer dispensa por justa causa (art. 482 da CLT) e, evidentemente, desligar-se do emprego voluntariamente, caso assim seja de seu interesse.

Na hipótese de o empregado não ter usufruído do benefício por incapacidade por conduta ilícita do empregador (por exemplo, a falta de registro do contrato de trabalho), também deve ser reconhecido o direito à estabilidade acidentária, uma vez caracterizados a incapacidade superior a 15 dias e o nexo de causalidade com a atividade laborativa, ou alguma das situações equiparadas ao acidente típico, sem prejuízo da reparação por outros danos causados pela ação ou omissão patronal.

De outra vertente, uma vez cessado o benefício por incapacidade, o segurado empregado deve se reapresentar no dia seguinte ao seu empregador, a fim de não caracterizar, com a continuidade de sua ausência, agora injustificada, abandono de emprego, o que acarreta a perda da estabilidade em caso de benefício acidentário, além de não fazer jus a qualquer salário da cessação em diante, pois não se apresentou para trabalhar. É como está pacificado na Súmula n. 32 do TST: "Presume-se o abandono de emprego se o trabalhador não retornar ao serviço no prazo de 30 (trinta) dias após a cessação do benefício previdenciário nem justificar o motivo de não o fazer".

Em casos de não comparecimento do empregado após a alta previdenciária, o empregador pode se valer da ação de consignação em pagamento para quitar eventuais haveres trabalhistas remanescentes:

> Tendo transitado em julgado a ação trabalhista que nega à trabalhadora o reconhecimento de estabilidade acidentária, assinalando, ainda, que jamais retornou a obreira ao trabalho após a alta previdenciária, procedentes os pedidos da ação de consignação em pagamento, fundados em dispensa por justa causa, em face do abandono de emprego (TRT 12, RO 0001837-61.2016.5.12.0005, 5.ª Câmara, Rel. Des. Gisele Pereira Alexandrino, j. 08.09.2017).

Interessante situação é a da pessoa que, já aposentada, sofre acidente do trabalho ou situação a ele equiparada, em contrato de trabalho em curso após a aposentadoria. Nesse caso, como visto, há impossibilidade de recebimento cumulativo da aposentadoria com outro benefício de prestação continuada (no caso, o auxílio por incapacidade temporária). Haveria direito à proteção contra despedida fixada no art. 118 da Lei n. 8.213/1991?

Na jurisprudência, há decisões para ambos os lados:

> [...] a impossibilidade de percepção do auxílio-doença acidentário em razão da aposentadoria oficial já recebida pelo trabalhador (art. 124, I, da Lei n. 8.213/1991) não afasta, por si só, a estabilidade provisória decorrente de doença ocupacional [...] constitui pressuposto à concessão da estabilidade provisória sob comento a ocorrência concreta de uma situação similar àquela que ocorreria se a trabalhadora não fosse aposentada pela previdência oficial, ou seja, que a doença não apenas seja de cunho ocupacional, mas que tenha proporcionado uma situação de incapacidade laboral em qualquer grau, com duração superior a quinze dias, em condições similares àquelas que respaldariam, no caso de empregado não aposentado, o gozo do benefício acidentário (TRT-13, ROT 0000123-46.2020.5.13.0022, 2.ª Turma, Rel. Des. Herminegilda Leite Machado, publ. 23.01.2023).

O empregado que sofreu acidente do trabalho entrando em gozo de auxílio-doença acidentário faz jus à garantia provisória de emprego nos doze meses seguintes ao término do benefício previdenciário, conforme disposto no art. 118

da Lei n. 8.213/1991 e na Súmula n. 396 do TST. Contudo, se no curso da garantia de emprego o trabalhador se aposentar, cessa o direito à garantia provisória, por se tratar de benefícios incompatíveis, nos termos do art. 18, § 2.º, da mesma norma. E isso ocorre porque o objetivo do legislador foi amparar o trabalhador acidentado para que após a alta médica pudesse se recuperar completamente sem perder o seu salário, impedindo que ingressasse no concorrido mercado de trabalho sem se encontrar com sua saúde totalmente restabelecida. O aposentado já recebe benefício, não estando desamparado. Desse modo, a dispensa imotivada ocorrida após a jubilação é lícita (TRT-1, ROT 0000977-45.2012.5.01.0025, 9.ª Turma, Rel. Des. Celio Juaçaba Cavalcante, *DEJT* 19.01.2023).

A nosso ver, o fato de a pessoa estar usufruindo de aposentadoria não influencia a proteção contra a despedida por acidente do trabalho. Efetivamente, a legislação brasileira não impede o exercício de atividade remunerada após a aposentadoria, e a perda do emprego, mesmo para uma pessoa aposentada, interfere em sua subsistência. Ademais, não há por que considerar que o seguro social tenha por finalidade proteger o indivíduo de uma despedida imotivada. Noutras palavras, a pessoa aposentada, quando dispensada sem justa causa, faz jus aos mesmos direitos que a pessoa não aposentada: aviso prévio, férias indenizadas e gratificação natalina e a indenização compensatória de 40% dos depósitos de FGTS devidos durante o vínculo laboral, bem como mantém o direito ao saque desses mesmos depósitos – frisamos novamente, ainda que já esteja aposentada.

Quanto aos empregados domésticos, paira dúvida a respeito da extensão da proteção contra despedida no período pós-benefício acidentário. Isso porque a regulamentação da EC n. 72, de 2013 pela LC n. 150, de 1.º.06.2015, alterou diversos dispositivos da Lei n. 8.213/1991, porém não houve modificação da redação do art. 118, que continua com sua redação original, segundo a qual "O segurado que sofreu acidente do trabalho tem garantida, pelo prazo mínimo de doze meses, a manutenção do seu contrato de trabalho *na empresa*, após a cessação do auxílio-doença acidentário, independentemente de percepção de auxílio-acidente".

Há precedentes entendendo que a estabilidade acidentária é extensiva aos domésticos, *v.g.*, TRT-3, ROT 00108410220215030134, 10.ª Turma, Rel. Des. Ana Maria Amorim Rebouças, j. 18.10.2022.

Há posições doutrinárias, de outro jaez, defendendo que houve "silêncio eloquente" do legislador, pelo que a estabilidade acidentária não teria sido estendida aos domésticos.[1]

De nossa parte, o entendimento é de que a estabilidade acidentária é direito dos domésticos. A Convenção n. 189 da OIT, ratificada pelo Brasil (Decreto Legislativo n. 172/2017), estabelece que "Todo membro deverá adotar as medidas apropriadas, com a devida atenção às características específicas do trabalho doméstico e atuando em conformidade com a legislação e a prática nacionais, para assegurar que os trabalhadores domésticos se beneficiem de condições não menos favoráveis que aquelas aplicadas aos trabalhadores em geral, com relação à proteção da seguridade social, inclusive no

---

[1] *V.g.*, KERTZMAN, Ivan *et al*. *Prática empresarial previdenciária*. Salvador: JusPodivm, 2020.

que diz respeito à maternidade" (art. 14). Dessa forma, a interpretação no sentido da negação do direito à estabilidade contraria a aludida norma de DI.

Outro tema deveras candente envolve a proteção acidentária aplicável ao empregado contratado como "intermitente". Em precedente importante, o TRT da 2.ª Região acolheu a pretensão autoral, mantendo a decisão de primeiro grau (4.ª Vara de Cubatão), que condenou a empresa a pagar o equivalente ao período de 12 meses, tendo em conta a remuneração calculada pela média percebida entre a contratação do autor e a data do acidente (26.03 até 18.04.2018), acrescida das férias com 1/3, 13.º salário e FGTS (art. 452-A, §§ 6.º e 8.º, da CLT). O acórdão registra que:

> No caso de um contrato especial como o aqui enfocado (contrato de trabalho intermitente), caracterizado por períodos de atividade e inatividade, na dependência de convocações do empregador para o trabalho, a garantia de emprego em questão se traduz na prioridade de convocação do trabalhador intermitente para as oportunidades de trabalho oferecidas. Assim, mantendo-se para a empresa a necessidade de recorrer ao trabalho intermitente com a finalidade de execução do contrato celebrado com a Usiminas, a garantia de emprego do art. 118 da Lei n. 8.213/1991, decorrente de acidente para o qual o trabalhador não concorreu com nenhum tipo de culpa, implica sua obrigação de oferecer o trabalho disponível, de forma prioritária, ao empregado detentor da garantia legal, procedimento esse não adotado pela ora recorrente, que o conservou em inatividade a partir da alta previdenciária. A simples manutenção do contrato em estado de latência, sem convocações ao trabalho e remunerações correspondentes, não concretiza a garantia legal prevista em favor do trabalhador intermitente acidentado (TRT-2, RORSum 1000086-54.2021.5.02.0254, 6.ª Turma, Rel. Des. Jane Granzoto Torres da Silva, publ. 03.02.2022).

Outro aspecto importante da proteção acidentária se dá quanto aos atletas profissionais. Não há dúvida de que o art. 118 da Lei n. 8.213/1991 não excepciona quaisquer empregados regidos pela CLT. Todavia, há casos em que o jogador de futebol profissional postula indenização pelo período estabilitário, mas já se encontra vinculado a outra agremiação esportiva. Nesses casos, a jurisprudência considera indevida a pretensão, pois:

> [...] se o instituto da garantia provisória é a proteção ao emprego e estando o obreiro em plena atividade em outro clube, não há que se falar em indenização do período restante, pois houve desinteresse do autor em manter o seu contrato, pois o demandante obteve nova colocação no mercado como jogador de futebol, mesmo antes do ajuizamento da presente ação [...] (TRT 1, RO 0101319-11.2016.5.01.0062, Rel. Des. Enoque Ribeiro dos Santos, publ. 18.05.2018).

No caso de despedida injusta do empregado nessa situação, cumpre ao advogado do segurado postular a declaração, por sentença, de nulidade da dispensa, com a condenação do empregador na reintegração ao emprego, ou o pagamento dos salários do período estabilitário (e não a indenização). Veja-se, a propósito, a Súmula n. 396 do TST:

> Estabilidade provisória. Pedido de reintegração. Concessão do salário relativo ao período de estabilidade já exaurido. Inexistência de julgamento *extra petita*.
>
> I – Exaurido o período de estabilidade, são devidos ao empregado apenas os salários do período compreendido entre a data da despedida e o final do período de estabilidade, não lhe sendo assegurada a reintegração no emprego (ex-OJ n. 116 da SBDI-1 – inserida em 01.10.1997).
>
> II – Não há nulidade por julgamento *extra petita* da decisão que deferir salário quando o pedido for de reintegração, dados os termos do art. 496 da CLT (ex-OJ n. 106 da SBDI-1 – inserida em 20.11.1997).

Portanto, a inteligência a respeito dessa conduta deve ser tal que permita ao trabalhador a plenitude de seus direitos sociais:

> A Súmula n. 396 do C. TST define que, transcorrido o prazo da reintegração quando da prolação da sentença, não mais é possível o retorno ao emprego do acidentado, sendo devidos, então, os salários do período entre a data da despedida nula e o final do período de estabilidade. O ato eivado de nulidade absoluta não pode produzir efeitos quaisquer, sob pena de prosseguir prejudicando direitos violados. Assim é que, se não há mais a possibilidade jurídica de reintegração, nem por isso pode haver prejuízo material à pessoa lesada com a dispensa. E a *restitutio in integrum*, na hipótese, somente se perfectibiliza com o pagamento de todos os haveres trabalhistas como se o trabalhador acidentado tivesse permanecido no emprego. Dá-se provimento ao recurso da autora para acrescer à condenação do período estabilitário, além dos salários, o pagamento das verbas reflexas relativas ao período de estabilidade provisória (férias com 1/3, 13.º salário e FGTS com 40%) (TRT-12, ROT 0000830-78.2016.5.12.0055, 3.ª Câmara, Rel. Carlos Alberto Pereira de Castro, publ. 17.07.2020).

Concluímos este tópico registrando o entendimento constante da OJ n. 399 da SDI-1 do C. TST:

> Estabilidade provisória. Ação trabalhista ajuizada após o término do período de garantia no emprego. Abuso do exercício do direito de ação. Não configuração. Indenização devida. O ajuizamento de ação trabalhista após decorrido o período de garantia de emprego não configura abuso do exercício do direito de ação, pois este está submetido apenas ao prazo prescricional inscrito no art. 7.º, XXIX, da CF/1988, sendo devida a indenização desde a dispensa até a data do término do período estabilitário.

6.5 APOSENTADORIA POR INCAPACIDADE PERMANENTE: EFEITOS NO CONTRATO DE TRABALHO

A CLT dispõe em seu art. 475, *caput*, que "O empregado que for aposentado por invalidez terá suspenso o seu contrato de trabalho durante o prazo fixado pelas leis de previdência social para a efetivação do benefício".

O § 1.º do referido artigo dispõe: "Recuperando o empregado a capacidade de trabalho e sendo a aposentadoria cancelada, ser-lhe-á assegurado o direito à função que ocupava ao tempo da aposentadoria, facultado, porém, ao empregador, o direito de indenizá-lo por rescisão do contrato de trabalho, nos termos dos arts. 477 e 478, salvo na hipótese de ser ele portador de estabilidade, quando a indenização deverá ser paga na forma do art. 497".

Caso o aposentado por incapacidade permanente retorne voluntariamente à atividade sem solicitar a avaliação médico-pericial prévia, o benefício passa a ter sua manutenção indevida e será cessado administrativamente na data do retorno, sendo assegurados a ampla defesa e o contraditório (art. 46 da Lei n. 8.213/1991 e parágrafo único do art. 332 da IN INSS/PRES n. 128/2022).

Para os segurados empregados, urbanos ou rurais, uma vez estando suspenso o contrato de trabalho, na forma do art. 475 da Consolidação das Leis do Trabalho, e tendo sido verificada a recuperação total da capacidade de trabalho, o benefício cessará de imediato, caso não tenham se passado cinco anos entre a concessão do benefício e a recuperação.

Se a recuperação do segurado empregado for apenas parcial, e este for considerado apto para função diversa da que exercia, ou aquele cuja "alta" sobrevier em tempo posterior a cinco anos da concessão do benefício, então a estes será assegurada a percepção do benefício por mais 18 meses, sem prejuízo do retorno à atividade, e, nos primeiros seis meses da volta à ativa, o benefício será pago integralmente; do sétimo ao décimo segundo mês será pago com redução de 50% em seu valor e, nos seis últimos meses – do décimo terceiro ao décimo oitavo mês, será pago o benefício com redução de 75%.

Ante a inaplicabilidade dos arts. 477, 478 e 497 da Consolidação das Leis do Trabalho, a partir da adoção do FGTS como regime único de proteção do emprego contra a despedida imotivada, há de se interpretar que o empregador que desejar dispensar o empregado não estável pagará a indenização compensatória da dispensa imotivada igual a 40% do montante dos depósitos do FGTS devidos no curso do contrato de trabalho e, no caso de estável, pagará a indenização equivalente ao período de garantia de emprego, mais a indenização de 40% dos depósitos de FGTS devidos durante o contrato de trabalho.

Não discrepa o entendimento jurisprudencial trabalhista a respeito, preconizado no Enunciado n. 160 do TST: "Cancelada a aposentadoria por invalidez, mesmo após cinco anos, o trabalhador terá direito de retomar ao emprego, facultado, porém, ao empregador, indenizá-lo na forma da lei".

Sobre os depósitos de FGTS em caso de invalidez acidentária, a Subseção I Especializada em Dissídios Individuais do TST, no julgamento do E-ED-RR 133900-84.2009.5.03.0057, sendo relator o Ministro Horácio Raymundo de Senna Pires (*DEJT* 05.10.2012), pacificou o entendimento de que, não obstante o art. 475 da CLT disponha acerca da suspensão do contrato de trabalho do empregado aposentado por invalidez, é inaplicável, nesse caso, o disposto no art. 15, § 5.º, da Lei n. 8.036/1990 quanto à continuidade de pagamento dos depósitos do FGTS, o qual tem a seguinte redação: "O depósito de que trata o *caput* deste artigo é obrigatório nos casos de afastamento para prestação do serviço militar obrigatório e licença por acidente do trabalho".

6.6 SITUAÇÃO TRABALHISTA E PROBLEMAS LIGADOS AO "LIMBO" JURÍDICO

A correlação entre os aspectos trabalhistas e previdenciários no campo da incapacidade laborativa ganha um contorno especial quando se está diante daquilo que costumeiramente passou a ser denominado "limbo previdenciário".

Explica-se.

Para o retorno ao trabalho depois de cessado o benefício por incapacidade, o médico da empresa, ou por ela credenciado, realiza obrigatoriamente um "exame de retorno". Neste podem surgir diversas situações, sem contar com aquela situação "normal" em que o segurado volta ao trabalho sem maiores percalços.

O problema mais frequente se dá quando há descompasso entre o entendimento da perícia pela cessação do benefício (INSS) e o entendimento do médico da empresa (ou do próprio empregador) sobre a permanência da incapacidade laborativa, embora haja outras situações que merecem ser comentadas.

Colhe-se da jurisprudência que a consequência é bastante gravosa ao trabalhador e *não constitui situação de suspensão ou interrupção do contrato de trabalho*:

> [...] afirma-se que o segurado se encontra em um "limbo previdenciário": enquanto não é solucionada a discordância entre o INSS e a empresa empregadora, relativamente à existência ou não da incapacidade para o trabalho, o empregado não recebe nem o seu salário, nem o auxílio-doença [...] Considerando-se que não houve demissão ou outra forma de extinção do vínculo de trabalho da autora, a mesma continuou a ser empregada da empresa "Irmandade da Santa Casa de Presidente Venceslau", mantendo, portanto, a sua condição de segurada obrigatória da Previdência Social, na forma do art. 11, inc. I, *a*, da Lei n. 8.213/1991. [...] Cabe observar que a hipótese descrita como "limbo jurídico previdenciário" não provoca nem a suspensão nem a interrupção do contrato de trabalho, de modo que este continua a produzir plenos efeitos, tanto em seara trabalhista quanto previdenciária.[...] Na situação descrita como "limbo jurídico previdenciário", há duas possibilidades: a) ou o INSS recusou indevidamente o auxílio-doença, caso em que o segurado faz jus ao benefício, mantendo a sua qualidade de segurado por força do art. 15, inc. I, da Lei n. 8.213/1991; b) ou a empresa, diante da alta do empregado, recusou-se injustamente a reintegrá-lo a seu posto de trabalho, caso em que o contrato de trabalho permanece vigente, persistindo a qualidade de segurado na forma do art. 11, inc. I, *a*, da Lei n. 8.213/1991. [...] Em ambas as hipóteses, portanto, há a manutenção da qualidade de segurado, independentemente de como o impasse entre o INSS e a empresa empregadora venha a ser resolvido, seja em âmbito administrativo ou judicial (TRF-3, AR 50073113920174030000, 3.ª Seção, Rel. Des. Fed. Newton de Lucca, e-DJF3 Judicial 1, 03.03.2020).

A situação em comento se agravou após a adoção do mecanismo de "alta programada" (por Decreto, cuja legalidade é discutível) em 2006 e, posteriormente, com a edição da Lei n. 13.457/2017, que inseriu, nos §§ 8.º e 9.º do art. 60 da Lei de Benefícios, a cessação automática após 120 dias, mesmo quando de benefícios deferidos judicialmente, caso não haja data de cessação expressamente prevista. Ademais, desde a vigência da Lei 13.457/2017, com a criação do Programa de Revisão dos Benefícios por Incapacidade (PRBI), o segurado em gozo de benefícios por incapacidade poderá ser convocado a qualquer momento para avaliação das condições que ensejaram o afastamento, a manutenção ou a aposentadoria, concedida judicial ou administrativamente, observado o disposto no art. 101 (redação conferida ao § 4.º do art. 43 e ao § 10 do art. 60, ambos da Lei n. 8.213/1991), de modo que até aposentadorias por invalidez/incapacidade cessadas após longos anos têm de ser revistas a cada dois anos, com possibilidade de acarretar a cessação de benefícios de empregados afastados do emprego nesse mesmo lapso.

Em 2019, foi retomado o PRBI com a edição da MP n. 871, de 18.01.2019 (convertida na Lei n. 13.846/2019), com o objetivo de revisar: (1) os benefícios por incapacidade mantidos sem perícia pelo INSS, por período superior a seis meses e que não possuam data de cessação estipulada ou indicação de reabilitação profissional; (2) os benefícios de prestação continuada sem revisão por período superior a dois anos; e (3) outros benefícios de natureza previdenciária, assistencial, trabalhista ou tributária (art. 10, § 1.º, da Lei n. 13.846/2019).

Consequentemente, o benefício pode ser cessado, além das situações de "alta programada", se houver o entendimento, pelo INSS, de que houve concessão ou manutenção de benefício de forma irregular ou indevida (art. 11 da Lei n. 10.666/2003).

No entanto, é importante salientar que, nos casos em que a pessoa do trabalhador intenta demanda trabalhista em face de seu empregador e obtém êxito na reintegração, não se pode considerar haver ilicitude em postular o restabelecimento do benefício por incapacidade cessado:

> No que concerne à alegação de que a recorrida interpôs ação trabalhista em face da sua empregadora, em razão da empresa não ter aceitado o seu retorno, não impede que receba o benefício de incapacidade no mesmo período. Veja-se que no período o recorrido ficou num limbo. O INSS deixou de conceder o benefício devido e a empresa não aceitou seu retorno ao trabalho em razão do seu estado de saúde. Aliás, ficou comprovado pelas razões da ação trabalhista que não houve o efetivo trabalho. Não há que se falar em prejuízo ao INSS, uma vez que o cômputo no prazo de futuro benefício do recolhimento não onera o sistema securitário na medida em que as contribuições foram vertidas em período em que o trabalhador deveria ter recebido benefício. Acresça-se que o fato de a parte autora manter-se em atividade laborativa mesmo depois de atestada sua incapacidade pelo perito judicial não é óbice ao recebimento do benefício (TRF-3, Proc. 00035833520134036105, 5.ª TR/SP, Rel. Juíza Federal Luciana Zanoni, *e-DJF3 Judicial*, 08.06.2015).

Por se tratar de fato constitutivo do direito da parte autora, cabe à empregada comprovar em juízo que o "limbo previdenciário" decorreu da recusa da empregadora em recebê-la na empresa ou em readaptá-la em função compatível, conforme julgados do TST nesse sentido (*v.g.*, TST, RRAg 612-39.2019.5.12.0057, 3.ª Turma, Rel. Min. Mauricio Godinho Delgado, *DEJT* 17.12.2021). Trata-se de uma prova de difícil produção, mas que pode ser suprida com as chamadas "provas digitais", especialmente quando negado o comparecimento ao exame médico de retorno, bastando ao trabalhador juntar aos autos da ação sua geolocalização no dia e hora em que compareceu ao serviço médico.

Por outro lado, nos casos em que a empresa tenha ficado ciente da alta previdenciária do trabalhador, verifica-se que é da empresa o ônus de provar que o reclamante se negou a retornar às suas atividades laborais, ou mesmo se recusou a assumir função compatível com suas limitações físicas, diante do princípio da continuidade da relação empregatícia, que constitui presunção favorável ao reclamante: "Assim, correta a decisão do Tribunal Regional de inversão do ônus probatório, no sentido de que 'a ré não demonstrou por qualquer meio de prova convincente que o autor, de fato, tenha se negado a retornar às suas atividades laborais, ou mesmo se recusado a assumir função compatível com suas limitações físicas' [...]" (TST, RR 10858-39.2019.5.03.0027, 2.ª Turma, Rel. Min. Delaíde Miranda Arantes, *DEJT* 27.11.2020).

Presume-se a validade do entendimento do INSS, em caso de não haver inconformismo do empregado, de modo que o entendimento predominante é o de que cabe à empresa devolver o posto de trabalho ao empregado que se apresente ao trabalho após a cessação do benefício. Não o fazendo, a empresa responde pelos salários e demais direitos do período em que foi obstado o retorno ao trabalho, como se nota da farta jurisprudência a respeito do tema:

> Recurso ordinário em mandado de segurança. Alta previdenciária. Inaptidão para o trabalho declarada pelo empregador. Limbo jurídico trabalhista-previdenciário. De acordo com a jurisprudência firmada nesta Corte Superior, a discussão quanto ao acerto ou não da alta previdenciária não afasta o fato de que o empregado, com o fim do benefício, se encontra à disposição do empregador, nos termos do art. 4.º da CLT, cabendo a este, caso considere o trabalhador inapto ao serviço, responder pelo pagamento dos salários devidos, até que possa reinseri-lo nas atividades laborais ou que o auxílio previdenciário seja restabelecido. Recurso ordinário conhecido e desprovido (TST, ROMS TST-ROT-3-08.2021.5.14.0000, Subseção II Especializada em Dissídios Individuais, Rel. Min. Douglas Alencar Rodrigues, publ. 19.04.2022).

> De acordo com a jurisprudência firmada nesta Corte Superior, a discussão quanto ao acerto ou não da alta previdenciária não afasta o fato de que o empregado, com o fim do benefício, se encontra à disposição do empregador, nos termos do art. 4.º da CLT, cabendo a este, caso considere o trabalhador inapto ao serviço, responder pelo pagamento dos salários devidos, até que possa reinseri-lo nas atividades laborais ou que o auxílio previdenciário seja restabelecido (TST, ROMS-00003-08.2021.5.14.0000, Subseção II Especializada em Dissídios Individuais, Rel. Min. Amaury Rodrigues Pinto Junior, publ. 19.04.2022).

A colocação da pessoa do trabalhador em limbo acarreta, segundo julgados do TST, não só o pagamento das verbas devidas no interregno, mas também o cabimento da ruptura contratual na forma do art. 483 da CLT:

> Pagamento dos salários relativos ao "limbo jurídico". Rescisão indireta do contrato de trabalho. [...] Com efeito, esta Corte Superior tem entendido que em situações

de "limbo previdenciário" – como a retratada nos autos – deve ser garantido o pagamento da remuneração integral do empregado. Isso porque, conforme se infere do art. 476 da CLT, o contrato de trabalho volta a gerar seus efeitos após o encerramento do benefício previdenciário, sendo irrelevante o fato de a moléstia do empregado não possuir origem ocupacional. Ora, se a empresa deixou de cumprir com suas obrigações contratuais, correta a decisão que declarou a rescisão indireta do contrato de trabalho (TST, AIRR 1187-07.2016.5.19.0009, 2.ª Turma, Rel. Min. Maria Helena Mallmann, *DEJT* 13.04.2018).

O TRT da 2.ª Região tem precedente que correlaciona a negativa da empresa a uma suposta redução da capacidade laborativa do trabalhador, o que tornaria incompatível seu retorno ao posto de trabalho, no sentido de que, "havendo a alta previdenciária e tendo entendido a reclamada pela inaptidão do reclamante para a função anteriormente exercida, com reencaminhamento do obreiro ao INSS, faz jus ao recorrido à reintegração em função compatível com sua limitação ocupacional, até decisão final do órgão previdenciário", decisão que foi mantida pelo TST (Ag-ED--AIRR-1000209-31.2016.5.02.0059, 1.ª Turma, Rel. Min. Hugo Carlos Scheuermann, *DEJT* 11.11.2022).

Importante frisar, entretanto, que a jurisprudência se inclina em considerar que o indeferimento do auxílio não acidentário por falta de carência ou qualquer outro fundamento utilizado pelo INSS ou pelo Judiciário que considere ser indevido o benefício, sem qualquer conduta patronal ensejadora do indeferimento, não gera, para o empregador, o dever de pagar salários do período de afastamento:

> Recurso de revista interposto sob a égide das Leis n. 13.015/2014 e 13.105/2015. Indeferimento de auxílio-doença comum pelo INSS ante o não preenchimento do requisito carência. Inexistência de responsabilidade do empregador. Pagamento de salários indevido. A ausência de cobertura previdenciária oficial, por determinação legal, pelo não preenchimento de requisito que depende exclusivamente do segurado (satisfação das doze contribuições mensais), não tem o condão de transferir ao empregador qualquer tipo de responsabilidade, como espécie de segurador supletivo e universal. Recurso de revista conhecido e provido (TST, RR 10949-58.2015.5.12.0015, 3.ª Turma, Rel. Min. Alberto Luiz Bresciani de Fontan Pereira, *DEJT* 22.09.2017).

Não se considera em limbo o trabalhador que não retorna ao trabalho, apresentando atestado de médico assistente, ajuizando demanda de concessão ou restabelecimento de benefício em face do INSS:

> [...] se o próprio empregado recorreu da decisão do órgão previdenciário – porque dela tem ciência, inclusive do prazo no qual deve recorrer –, não há que se exigir que a empresa também recorra daquela decisão. O empregado é interessado direto na decisão do órgão previdenciário e se dela recorre, é porque entende que efetivamente, como no presente caso, não se encontrava apto para o retorno ao trabalho. E, se ao se apresentar à empresa fornece atestado médico particular no sentido de sua incapacidade para o trabalho (Id aad0b43), qualquer comando empresarial em sentido contrário seria, aí sim, irregular [...] (decisão do TRT-1

mantida pelo TST, RR 0100162-27.2020.5.01.0041, Rel. Min. Mauricio Godinho Delgado, publ. 07.11.2022).

Nos contratos temporários, regidos pela Lei n. 6.019/1974, não se considera limbo a ausência de conversão do liame em contrato por prazo indeterminado, pois a própria norma regente não autoriza tal entendimento:

> Inexistência de limbo previdenciário. Contrato a termo. Inocorrência de conversão em prazo indeterminado. Se a trabalhadora padecia de doença altamente contagiosa, e ela própria reconhece que o tratamento se estendeu por período superior àquele no qual vigoraria o contrato por prazo determinado, firmado com base na Lei n. 6.019/1974, e apenas não houve o deferimento de benefício previdenciário por questão de carência, ou seja, situação alheia à empresa, não há se falar em recusa patronal para o retorno ao trabalho. Destarte, se quando a obreira convalesceu, já havia expirado o termo contratual, a dispensa não pode ser considerada ilícita, e nem mesmo há como cogitar da conversão em pacto laboral por prazo indeterminado, por incidir no contexto, *a contrario sensu*, o disposto no § 2.º do art. 472 da CLT (TRT-1, RO 0100799-44.2020.5.01.0019, 2.ª Turma, Rel. Claudia Maria Samy Pereira da Silva, publ. 27.07.2021).

A inércia ou recalcitrância do trabalhador em caso de decisão desfavorável do seu pleito de restabelecimento de benefício previdenciário ou acidentário acarreta, como consequência, a perda do direito a receber os haveres trabalhistas, pois, se não houve apresentação para o retorno ao trabalho, não há que falar em conduta ilícita do empregador:

> Consignou aquela c. Corte que "apenas depois ter sido julgado improcedente a ação ajuizada contra o INSS e mantido o cancelamento do benefício, ou seja, mais de um ano após a determinação de retorno ao trabalho, o obreiro ajuizou a presente demanda alegando a vivência do "limbo previdenciário" e requerendo o "pagamento dos salários do período" e que "em audiência conciliatória, foi ofertada ao empregado a oportunidade de retornar ao emprego, tendo sido por ele recusado. De todo o exposto, não se verifica o chamado "limbo previdenciário", mas a recusa deliberada do empregado de retornar ao emprego, a despeito de ter sido considerado apto para tanto. A hipótese dos autos não guarda pertinência com o disposto nas Súmulas n. 378 e n. 396 do TST, tendo em vista que não houve a dispensa do autor, tampouco o desrespeito ao período de estabilidade provisória garantido ao empregado que, por livre e espontânea vontade, optou por não retornar ao emprego. Recurso de revista não conhecido (TST, RR 11486-41.2019.5.18.0017, 3.ª Turma, Rel. Min. Alexandre de Souza Agra Belmonte, publ. 18.02.2022).

No que concerne aos requisitos configuradores do abandono de emprego em tais casos, orienta-se o Judiciário Trabalhista no sentido de se presumir a ausência de *animus abandonandi* nas hipóteses de o trabalhador ser portador de doença que comprometa sua capacidade física (mobilidade, por exemplo) ou mental (pleno discernimento) ou encontrar-se no curso de processo de restabelecimento e/ou renovação de benefício, o chamado "limbo previdenciário". Desse modo, há nulidade da dispensa perpetrada por justa causa, convertendo-a em despedida sem justo motivo, e deve ser deferido o pagamento das verbas rescisórias, observado o limite temporal do período estabilitário (TST, RR 11328-08.2015.5.12.0012, 5.ª Turma, Rel. Min. Douglas Alencar Rodrigues, *DEJT* 05.06.2020).

Para o retorno ao trabalho, o médico da empresa, ou por ela credenciado, realiza um "exame de retorno". Neste, o indivíduo passa por novos exames – considerando que o INSS concede "alta programada" – e daí podem surgir diversas situações, sem contar com aquela situação "normal" em que o segurado volta ao trabalho sem maiores percalços.

A primeira delas é que o próprio trabalhador pode se declarar inapto para retornar ao trabalho. Nesse caso, o médico da empresa geralmente pede que o trabalhador consulte um médico assistente, que tenha acompanhado seu quadro de saúde, para, se for o caso, sugerir que o indivíduo postule a continuação do auxílio-doença (Pedido de Prorrogação) ou a concessão de benefício com base em recidiva. Logo, se é essa a conclusão do médico que assiste o segurado, a demanda efetivamente é contra a Previdência, para o restabelecimento do auxílio (e não contra o empregador).

Numa segunda hipótese, apesar de o segurado declarar ao médico da empresa que se sente apto para retornar, o médico da empresa recusa o retorno, impedindo que aquele volte ao seu posto de trabalho. No entanto, o indivíduo não deseja postular novo benefício – uma vez que ele se sente apto e seu médico assistente assim também entende, além de o INSS ter lhe concedido "alta", ainda que por prognóstico. Nesse caso, a ação a ser ajuizada é trabalhista, movida contra o empregador, para que este seja condenado a devolver o posto de trabalho e pagar os salários do interregno entre a alta previdenciária e o efetivo retorno:

> Limbo jurídico trabalhista previdenciário. Caracterização. Efeitos nas obrigações contratuais. Salários devidos pelo empregador. Caracteriza-se "limbo jurídico trabalhista previdenciário" a situação jurídica na qual o empregado, que teve suspensos os efeitos do seu contrato de trabalho, por força de auxílio-doença concedido pelo INSS, vem a receber, em momento posterior, alta previdenciária da autarquia federal, com a cessação do pagamento do benefício, por ser considerado apto ao trabalho, sem obter, contudo, o mesmo reconhecimento de tal aptidão pelo setor de medicina do empregador, que o impede de retornar às suas atividades laborais. Resulta de tal situação a falta de percepção de salários e de importes relativos ao benefício cessado, ficando, o trabalhador, sem renda para sua subsistência no interregno em que não solvido o impasse. Em tal quadro, porque afastada a causa suspensiva do pacto trabalhista, o decidido pela autarquia previdenciária, acerca da aptidão laboral do empregado, se impõe em face do entendimento contrário do setor médico da empregadora, por se tratar de ato administrativo dotado de presunção de veracidade, cujos efeitos infletem na esfera jurídica de todos interessados enquanto não elididos por outra decisão proferida no âmbito administrativo do órgão autárquico ou em provimento judicial. Assim, ante a ausência de óbice à produção dos efeitos do pacto laboral e da decisão previdenciária pela alta médica da parte autora, cabe à reclamada atender a sua obrigação de manter o pagamento dos salários

correspondentes aos períodos do aludido limbo jurídico a que ficou submetido o trabalhador nos termos reconhecidos na sentença (TRT-12, Ac. Proc. 0000805-31.2016.5.12.0034, 6.ª Câmara, Rel. Des. Trab. Ligia Maria Teixeira Gouvêa, j. 04.09.2017).

Importante realçar, entretanto, que o indeferimento do auxílio não acidentário por falta de carência ou qualquer outro fundamento utilizado pelo INSS ou pelo Judiciário que considere ser indevido o benefício, sem qualquer conduta patronal ensejadora do indeferimento, não gera, para o empregador, o dever de pagar salários do período de afastamento:

> Recurso de revista interposto sob a égide das Leis n. 13.015/2014 e n. 13.105/2015. Indeferimento de auxílio-doença comum pelo INSS ante o não preenchimento do requisito carência. Inexistência de responsabilidade do empregador. Pagamento de salários indevido. A ausência de cobertura previdenciária oficial, por determinação legal, pelo não preenchimento de requisito que depende exclusivamente do segurado (satisfação das doze contribuições mensais), não tem o condão de transferir ao empregador qualquer tipo de responsabilidade, como espécie de segurador supletivo e universal. Recurso de revista conhecido e provido (TST, RR 10949-58.2015.5.12.0015, 3.ª Turma, Rel. Min. Alberto Luiz Bresciani de Fontan Pereira, *DEJT* 22.09.2017).

Sobre o limbo trabalhista e o início do período de graça, cabe referir tese fixada pela TNU em Representativo de Controvérsia:

> Tema 300: Quando o empregador não autorizar o retorno do segurado, por considerá-lo incapacitado, mesmo após a cessação de benefício por incapacidade pelo INSS, a sua qualidade de segurado se mantém até o encerramento do vínculo de trabalho, que ocorrerá com a rescisão contratual, quando dará início a contagem do período de graça do art. 15, II, da Lei n. 8.213/1991 (PEDILEF 0513030-88.2020.4.05.8400/RN, j. 07.12.2022).

6.7 PAGAMENTO DE VERBAS TRABALHISTAS VENCIDAS EM CASO DE INCAPACIDADE DE LONGA DURAÇÃO

Situação a ser observada com cuidado é a que decorre dos afastamentos de longa duração durante o contrato de trabalho. Em tais circunstâncias, é comum que o empregado deixe de auferir alguns direitos, como as férias cujo período aquisitivo já foi cumprido ,mas não houve tempo hábil para a fruição. Caso esse trabalhador venha a ser aposentado por incapacidade permanente (invalidez), não terá como usufruir tal direito, e como não há rescisão contratual (o contrato permanecerá suspenso, na forma do art. 475 da CLT), o pagamento de tal período, de forma indenizada, por vezes não acontece, embora se trate, inequivocamente, de direito adquirido.

Restaria ao trabalhador, caso não ocorra o pagamento espontâneo pelo empregador, o ajuizamento de ação trabalhista para o recebimento desses haveres pendentes. No entanto, muitas vezes o credor só se movimenta anos após, o que acarreta o debate sobre a incidência do prazo prescricional do art. 11 da CLT.

A esse respeito, a Orientação Jurisprudencial n. 375 da SBDI-1 do TST aponta que:

> "A suspensão do contrato de trabalho, em virtude da percepção do auxílio-doença ou da aposentadoria por invalidez, não impede a fluência da prescrição quinquenal, ressalvada a hipótese de absoluta impossibilidade de acesso ao Judiciário." Tal entendimento decorre da impossibilidade de concessão de interpretação extensiva do art. 199 do Código Civil, por tratar de matéria de ordem pública e natureza cogente, salvo quando demonstrada a absoluta impossibilidade de a parte ter acesso ao Poder Judiciário (TST, Ag-RRAg-795-78.2016.5.13.0027, 5.ª Turma, Rel. Min. Breno Medeiros, *DEJT* 11.11.2022).

Observe-se que, durante o período de afastamento, o empregado não está impedido de produzir os atos relativos ao ajuizamento da ação, salvo se a incapacidade seja tal que obste a realização de atos jurídicos.

O referido verbete é restrito à prescrição quinquenal, pois a prescrição bienal somente se aplica quando da extinção do contrato de trabalho, o que não pode ocorrer validamente enquanto perdurar o afastamento previdenciário, por estar suspenso o contrato de trabalho.

Conjugando-se as duas situações – suspensão do contrato e incapacidade para os atos da vida civil –, o TRT da 15.ª Região anulou pedido de demissão que teria sido assinado por pessoa absolutamente incapaz, refutando, ainda, a fluência do prazo prescricional tanto bienal (da suposta extinção contratual) quanto quinquenal, pois registrou que "contra tal incapaz não corre a prescrição, já que ele está impossibilitado de agir em defesa das suas pretensões, conforme está expresso no art. 198, I, do Código Civil". O Colegiado entendeu, no mérito, que "o pedido de demissão feito pela incapaz não surte qualquer efeito para a terminação do contrato, já que é ato sem vontade consciente, conforme art. 3.º, II, do Código Civil". Nesse passo, "o contrato deve ser considerado íntegro e suspenso, já que a incapacidade da trabalhadora para o serviço também existiu", decisão que foi confirmada integralmente pelo TST (AIRR 000316-94.2011.5.15.0095, 5.ª Turma, Rel. Min. Antonio José de Barros Levenhagen, *DEJT* 05.08.2016).

6.8 BENEFÍCIO DA LEI MARIA DA PENHA

A Lei Maria da Penha (Lei n. 11.340/2006) prevê, como medida de proteção da mulher vítima de violência doméstica, a manutenção do vínculo trabalhista, por até seis meses, em razão de afastamento do trabalho da vítima – art. 9.º, § 2.º, inc. II.

Trata-se de uma das medidas protetivas que o juiz pode tomar em favor da mulher vítima de violência, mas paira controvérsia a respeito de ser responsabilidade do empregador ou do INSS o pagamento pelo período de afastamento – a lei não esclarece se é caso de suspensão ou de interrupção do contrato de trabalho.

A matéria foi levada ao STJ cuja 6.ª Turma decidiu que o INSS deverá arcar com a subsistência da mulher que tiver de se afastar do trabalho para se proteger de violência doméstica. Para o colegiado – que acompanhou o voto do relator, Ministro Rogerio Schietti Cruz –, tais situações ofendem a integridade física ou psicológica da vítima e são equiparáveis à enfermidade da segurada, o que justifica o direito ao auxílio por incapacidade temporária.

No mesmo julgamento, a turma definiu que o juiz da vara especializada em violência doméstica e familiar – e, na falta deste, o juízo criminal – é competente para julgar o pedido de manutenção do vínculo trabalhista, por até seis meses, em razão de afastamento do trabalho da vítima.

Quanto ao ônus da medida protetiva, o magistrado ressaltou que o legislador não incluiu o período de afastamento previsto na Lei Maria da Penha entre as hipóteses de benefícios previdenciários listadas no art. 18 da Lei n. 8.213/1991, o que deixou ao desamparo as vítimas de violência.

"A vítima de violência doméstica não pode arcar com danos resultantes da imposição de medida protetiva em seu favor. Ante a omissão legislativa, devemos nos socorrer da aplicação analógica, que é um processo de integração do direito em face da existência de lacuna normativa" – afirmou, justificando a adoção do então denominado auxílio-doença. Conforme o entendimento da Turma, os primeiros 15 dias de afastamento devem ser pagos diretamente pelo empregador e os demais, pelo INSS.

O colegiado definiu também que, para comprovar a impossibilidade de comparecer ao local de trabalho, em vez do atestado de saúde, a vítima deverá apresentar o documento de homologação ou a determinação judicial de afastamento em decorrência de violência doméstica. Os Ministros estabeleceram ainda que a empregada terá direito ao período aquisitivo de férias, desde o afastamento – que, segundo a própria Lei, não será superior a seis meses.

"Em verdade, ainda precisa o Judiciário evoluir na otimização dos princípios e das regras desse novo subsistema jurídico introduzido em nosso ordenamento com a Lei n. 11.340/2006, vencendo a timidez hermenêutica", disse Schietti.

Com o provimento do recurso, o juízo da vara criminal que fixou as medidas protetivas a favor da vítima deverá apreciar seu pedido retroativo de afastamento. Caso reconheça que a mulher tem direito ao afastamento previsto na Lei Maria da Penha, deverá determinar a retificação do ponto e expedir ofício à empresa e ao INSS para que providenciem o pagamento dos dias.

6.9 A COVID-19 E AS SITUAÇÕES DE AFASTAMENTO DO TRABALHO

O tema da pandemia ainda acarreta diversas discussões em sede de afastamentos do trabalho e repercussões tanto trabalhistas quanto previdenciárias.

Interessante, nesta quadra, registrar o debate acerca da MP n. 927/2020 (que teve seu prazo de vigência encerrado no dia 19.07.2020, sem ser transformada em lei), que em seu art. 29 preceituava:

> Os casos de contaminação pelo coronavírus (covid-19) não serão considerados ocupacionais, exceto mediante comprovação do nexo causal.

A matéria foi levada ao STF em ações diretas de inconstitucionalidade, tendo o Plenário, em sessão por videoconferência de 29.04.2020, por maioria, após a divergência aberta pelo Ministro Alexandre de Moraes, proferido decisão no sentido suspender a eficácia do referido artigo, pois, ao prever que casos de contaminação pelo coronavírus não serão considerados ocupacionais, exceto mediante comprovação de nexo causal, ofende inúmeros trabalhadores de atividades essenciais que continuam expostos ao risco.

A decisão foi proferida no julgamento de medida liminar em sete ações diretas de inconstitucionalidade ajuizadas contra a medida provisória. As ações foram apresentadas pelo Partido Democrático Trabalhista (ADI 6.342), pela Rede Sustentabilidade (ADI 6.344), pela Confederação Nacional dos Trabalhadores Metalúrgicos (ADI 6.346), pelo Partido Socialista Brasileiro (ADI 6.348), pelo Partido Comunista do Brasil (PCdoB), pelo Partido Socialismo e Liberdade (PSOL) e pelo Partido dos Trabalhadores (PT), conjuntamente (ADI 6.349), pelo Partido Solidariedade (ADI 6.352) e pela Confederação Nacional dos Trabalhadores da Indústria (ADI 6.354).

O entendimento do STF, é importante frisar, não leva em conta todo e qualquer trabalhador acometido de Covid-19 como vítima de doença ocupacional; apenas afasta a presunção ali disposta – de que tal enfermidade **não** guarda nexo com o trabalho, prevalecendo dessa maneira as regras até aqui existentes, e já comentadas, na Lei n. 8.213/1991.

Antes mesmo da malfadada MP n. 927, a Lei n. 13.979, de 06.02.2020, vigente desde a referida data, disciplinou as situações decorrentes de medidas emergenciais a serem tomadas enquanto perdurar o estado de emergência internacional pelo coronavírus responsável pelo surto de 2019.

A aludida lei deixa claro que as disposições ali contidas envolvem uma questão de "emergência de saúde pública de relevância internacional (art. 1.º, *caput*) e que "as medidas estabelecidas nesta Lei objetivam a proteção da coletividade" (§ 1.º do art. 1.º).

Pois bem, é relevante observar as definições contidas no art. 2.º da Lei:

> Art. 2.º Para fins do disposto nesta Lei, considera-se:
> I – isolamento: separação de pessoas doentes ou contaminadas, ou de bagagens, meios de transporte, mercadorias ou encomendas postais afetadas, de outros, de maneira a evitar a contaminação ou a propagação do coronavírus; e
> II – quarentena: restrição de atividades ou separação de pessoas suspeitas de contaminação das pessoas que não estejam doentes, ou de bagagens, contêineres, animais, meios de transporte ou mercadorias suspeitos de contaminação, de maneira a evitar a possível contaminação ou a propagação do coronavírus.

Prosseguindo, o art. 3.º prevê que, para o enfrentamento da emergência de saúde pública de importância internacional decorrente do coronavírus, poderão ser adotadas, entre outras, medidas como o isolamento e a quarentena. E no § 4.º deste artigo há regra impositiva: "[a]s pessoas deverão sujeitar-se ao cumprimento das medidas previstas neste artigo, e o descumprimento delas acarretará responsabilização, nos termos previstos em lei".

No entanto, quanto aos aspectos ligados às relações de trabalho, limita-se o § 3.º do art. 3.º a afirmar que será considerada falta justificada ao serviço público ou à atividade laboral privada "o período de ausência decorrente das medidas previstas neste artigo".

Silencia o legislador, contudo, quanto ao fato de que há implicações previdenciárias nas medidas de saúde pública que são previstas e, evidentemente, precisam ser adotadas em caráter compulsório.

Chama-se a atenção para o fato de que o Decreto n. 10.410/2020 passou a denominar o até então "auxílio-doença" de "auxílio por incapacidade temporária" (art. 25, inc. I, *e*, do Regulamento, nova redação). A mudança é até bem-vinda, na medida em que a nomenclatura anterior causava certa confusão entre os leigos, pois, em caso de acidentes, havia quem chamasse o benefício por incapacidade, equivocadamente, de auxílio-acidente, quando este somente se aplica a segurados que, após a cessação da incapacidade, permaneçam com sequelas redutoras da capacidade laboral. Ainda, guardando relação com o que será dito a seguir, nem toda "doença" é incapacitante, tampouco toda incapacidade para o trabalho decorre de uma "doença".

Primeiramente, vejamos a questão do adoecimento causado pela Covid-19. Apenas quando caracterizada a incapacidade decorrente da enfermidade, com sintomas graves, seria devido algum benefício (auxílio por incapacidade temporária, no caso)? Entendemos que não. A Covid-19 se configura como doença de segregação compulsória, impondo o isolamento de pessoas doentes ou contaminadas (ou seja, ainda que assintomáticas, ou com sintomas leves). Ora, caso o isolamento ultrapassar os 15 dias (isso no caso dos empregados urbanos e rurais, cuja regra é diferenciada), será cabível o benefício (para os demais segurados, desde o primeiro dia de isolamento, se não houve afastamento anterior).

Não bastasse tal situação, tem-se pela Lei em comento que há imposição de quarentena a pessoas que, embora não contaminadas, sejam "suspeitas de contaminação", de maneira a evitar a possível contaminação ou a propagação do coronavírus. Pessoas nessa condição também poderiam ser consideradas com direito a auxílio por incapacidade temporária? Compreendemos novamente que sim, em termos. Há, na hipótese, também segregação compulsória, que impede o labor que exija contato com outras pessoas – tanto quanto a pessoa que já foi constatada com a enfermidade. Assim, por medida de saúde pública, protegendo toda a coletividade, como bem explana a lei, não se pode arriscar que uma pessoa suspeita de estar contaminada possa transmitir o vírus. Dessa forma, impondo-se o afastamento do convívio social, há incapacidade (impossibilidade) de prestar trabalho, se este mister exigir o contato com outras pessoas – por exemplo, um comerciário, bancário, motorista de transporte coletivo etc.

Por fim, convém assinalar que, seja em razão do isolamento, seja em virtude de quarentena, a hipótese constitui período de graça (com manutenção da qualidade de segurado, mesmo sem verter contribuições), na forma do art. 15, inc. III, da Lei n. 8.213/1991, pelo lapso de "12 (doze) meses após cessar a segregação".

Capítulo 7

RESPONSABILIDADE DO EMPREGADOR POR DANOS CAUSADOS AO TRABALHADOR

Mencionou-se anteriormente que a proteção previdenciária não é plena, pois tarifada pela Lei de Benefícios. Não cobre, por exemplo, lucros cessantes e danos emergentes. Não há imposição de reparação do *status quo ante*, aliás, de impossibilidade material facilmente constatável, pois o que se encontra em discussão não são bens materiais, mas a vida ou a integridade física e psíquica do indivíduo.

Por essa razão, o constituinte de 1988 manteve a responsabilidade pessoal do empregador, independentemente do seguro de acidentes de trabalho, e a consequente proteção pelo regime previdenciário. Havendo culpa do empregador, o indivíduo pode postular em juízo uma reparação maior, com pretensão de *restitutio in integrum* – incluindo então as perdas e danos decorrentes da morte, lesão corporal ou perturbação funcional.

Para a proteção previdenciária, não há necessidade de existência de dolo ou culpa do empregador, sendo devido o benefício por incapacidade inclusive nos casos de culpa da vítima. Impõe-se que haja, sim, nexo causal entre o acidente ou a doença e a lesão ou a morte; caracteriza-se o nexo de causalidade se, abstraído o evento, a incapacidade para o trabalho não se tivesse verificado.

No caso da reparação dos danos pelo empregador, pode o empregado obter indenização quando a empresa, por seus prepostos, ou o empregador doméstico, ou ainda o tomador de serviços terceirizados tenha incorrido em conduta dolosa ou culposa que tenha causado o infortúnio (ou quando seja o caso de responsabilização objetiva), cabendo ao demandado provar a inexistência de dolo ou culpa.

A matéria, por via de regra, exige prova pericial, pois cumpre investigar a existência de dano e o nexo de causalidade entre o acidente ou doença e o trabalho, no acidente típico ou doença ocupacional. Sobre a prova pericial trataremos ao final deste capítulo.

A jurisprudência tem admitido a responsabilização do empregador doméstico, mesmo antes da promulgação da EC n. 72 e da LC n. 150:

> Acidente do trabalho. Empregador doméstico. Possibilidade de responsabilização. É plenamente possível o empregador doméstico ser responsabilizado pela reparação de danos morais e materiais decorrentes de acidente do trabalho que tenha vitimado algum empregado da residência. Não há cogitar que o empregador doméstico possa exigir que o trabalhador exerça atividades que coloquem em risco a sua incolumidade física e mental e não seja responsabilizado em caso de sinistros ou doenças que venham a atingir o obreiro em razão da sua labuta, mormente quando submetido a atividades de risco acentuado ou em decorrên-

cia de dolo ou de manifesta culpa do empregador. Se lhe faltar o conhecimento técnico para evitar a exposição do empregado a situação de risco, espera-se, no mínimo, o bom senso do empregador nas suas determinações. Controvérsia que deve ser dirimida à luz da teoria da responsabilidade civil (TRT-12, RO 0000931-60.2010.5.12.0012, 1.ª Câmara, Rel. Des. Águeda Maria L. Pereira. TRTSC/*DOE* 10.07.2014).

A ação de indenização é de competência material da Justiça do Trabalho a partir da EC n. 45/2004, observando-se o rito processual trabalhista, como será visto adiante neste mesmo capítulo.

7.1 DANOS REPARÁVEIS

Os danos materiais envolvem todos os prejuízos sofridos pelo trabalhador, seja pela redução de seu rendimento (a diferença entre a remuneração auferida e o valor do benefício previdenciário), bem como o que deixou de auferir e todas as despesas decorrentes de tratamentos, medicamentos e outros gastos. As regras do Código Civil dispõem sobre a reparação material, cumulativamente com a reparação de danos morais, tanto em caso de lesão corporal (com ou sem sequelas) quanto na hipótese de morte do trabalhador (quando será devida aos familiares do trabalhador falecido).

Portanto, a proteção acidentária visa a garantir aos segurados a tutela mínima de sua subsistência, pois independe da situação financeira de quem contratava os serviços do segurado. Caso fosse estabelecida exclusivamente a proteção em âmbito de reparação pelo empregador, ou tomador da mão de obra, muitos trabalhadores teriam dificuldades de obter o bem jurídico tutelado, seja pela inadimplência, seja pela recalcitrância do devedor. Por conseguinte, o regime previdenciário concede o benefício por incapacidade (ou pensão por morte) de modo a reparar imediatamente o risco à subsistência, mas isso não exclui, de forma alguma, a *restitutio in integrum*, esta devida pelo causador dos danos – patrimoniais e extrapatrimoniais.

A prestação previdenciária decorre do enquadramento do evento acidente nas regras de proteção acidentária, sem que haja integral reparação do dano (uma dita tarifada, pois calculada conforme a Lei de Benefícios).

A indenização à vítima de acidente ou doença ligada ao trabalho decorre de ato ou omissão ilícitos (por exemplo, falta de aplicação das normas de higiene e segurança no trabalho), que caracterizem conduta dolosa ou culposa do empregador, ou em casos de responsabilidade objetiva (teoria do risco da atividade) e visa à restituição integral do dano.

Os danos experimentados, por sua vez, podem ser de índole patrimonial ou extrapatrimonial. No campo patrimonial, visam a compensar despesas decorrentes, como as de internação hospitalar, procedimentos médicos, tratamentos de saúde diversos, medicamentos, próteses e órteses, bem como as perdas causadas pelo infortúnio, como ocorre com a queda de rendimentos gerada, por via de regra, pela diferença aferida entre o benefício previdenciário e a remuneração do acidentado, durante o período de afastamento do trabalho, ou de modo permanente, na invalidez acidentária. Por sua vez, os danos extrapatrimoniais são aqueles que não guardam relação com bens economicamente mensuráveis, mas sim com os bens imateriais, como a integridade física, estética e psíquica, ou o sofrimento causado pelo fato trágico.

Há que lembrar, ainda, a situação do trabalhador sem registro formal em CTPS que, por conseguinte, acaba por ter seu benefício indeferido pelo INSS, o que, portanto, revela o dever do empregador-sonegador de indenizar a totalidade dos valores que deveria o trabalhador receber a título de benefício, além dos danos morais decorrentes da penúria experimentada por ter ficado sem rendimentos do trabalho e sem outra fonte de sustento:

> Na hipótese em que o empregado, por culpa exclusiva de seu empregador, fica impossibilitado de receber o benefício previdenciário do auxílio-doença, por culpa exclusiva do empregador que cadastrou PIS diverso daquele da trabalhadora junto à Caixa Econômica Federal, o dano não precisa sequer ser provado, pois trata-se de dano *in re ipsa*, ou seja, é aquele que a presunção da sua ocorrência é bastante, em situação na qual há suficiente indício de que haja ocorrido, em razão de ser consequência necessária e inevitável da conduta praticada, bastando tão somente a comprovação do fato (TRT-1, RO 000000680.2011.5.01.0062, 5.ª Turma, Rel. Des. Evandro V. Lopes, publ. 02.09.2014).

7.2 AS DISPOSIÇÕES LEGAIS SOBRE A REPARAÇÃO DE DANOS

Pertinente observar, a respeito dos danos morais, ou extrapatrimoniais, as alterações trazidas pela Lei n. 13.467/2017 à Consolidação das Leis do Trabalho, nos arts. 223-A e seguintes, que visam a dispor sobre tais danos no âmbito das relações de trabalho.

Pretende a aludida Lei, em substituição ao Código Civil, disciplinar as situações de dano extrapatrimonial, identificando quais os bens juridicamente tutelados, tanto quando o ofendido é o trabalhador quanto para as situações em que o empregador é o lesado – este último não envolve a discussão nesta obra.

De plano, cumpre refutar a tese de que regras novas sobre reparação de danos possam ser aplicadas a fatos pretéritos à sua vigência. Nesse sentido: TRT 12, RO 0000580-51.2016.5.12.0353, 6.ª Câmara, Rel. Carlos Alberto Pereira de Castro, publ. 1.º.08.2018.

O art. 223-B da CLT, vigente a partir de 11.11.2017, prevê: "Causa dano de natureza extrapatrimonial a ação ou omissão que ofenda a esfera moral ou existencial da pessoa física ou jurídica, as quais são as titulares exclusivas do direito à reparação".

Nota-se a intenção do legislador de evitar o reconhecimento de direito à reparação moral ou estética quando o trabalhador, já falecido, não tenha obtido a reparação em vida e a ação venha a ser intentada pelo espólio, ou assumida por este, quando a ação já tiver sido ajuizada e o falecimento se dê no curso do processo, quando ocorre o fenômeno da habilitação.

No entanto, peca a regra em questão ao se contrapor à jurisprudência pacificada dos Tribunais, no sentido de que tais situações não acarretam a perda do direito à reparação. Nesse sentido, "o espólio pode propor ação própria de reparação de danos morais sofridos pelo *de cujus* e, com mais razão, pode suceder no direito de receber a indenização por dano moral requerida pelo *de cujus* em ação por ele mesmo iniciada" (STJ, AgRg no Agravo em REsp 195.019/SP, Rel. Min. Sidnei Beneti, j. 16.10.2012).

Da mesma forma, não há como interpretar tal regra como tendo causado a extinção dos chamados "danos por ricochete", relacionados especialmente aos familiares do trabalhador falecido, pelo sofrimento causado a estes diretamente.[1] Como bem exemplifica Goldschmidt,

> [...] num acidente em que, por culpa do empregador, o trabalhador acabou ficando tetraplégico, necessitando, doravante, de toda uma sorte de cuidados especiais e tendo sua vida sexual ceifada, afetando irremediavelmente a vida de sua esposa, [...] sofrendo, com isso, danos "por ricochete" [...].[2]

Em seguida, preceitua o art. 223-C: "A honra, a imagem, a intimidade, a liberdade de ação, a autoestima, a sexualidade, a saúde, o lazer e a integridade física são os bens juridicamente tutelados inerentes à pessoa física". Todavia, como já afirmado, também a integridade estética e psíquica são bens imateriais protegidos, pelo que se compreende o rol como meramente taxativo, como está presente em âmbito doutrinário[3] e em pacificada jurisprudência.

Entretanto, a regra que desperta maior polêmica é a do art. 223-G, em especial o seu § 1.º:

> Art. 223-G. Ao apreciar o pedido, o juízo considerará:
> I – a natureza do bem jurídico tutelado;
> II – a intensidade do sofrimento ou da humilhação;
> III – a possibilidade de superação física ou psicológica;
> IV – os reflexos pessoais e sociais da ação ou da omissão;
> V – a extensão e a duração dos efeitos da ofensa;
> VI – as condições em que ocorreu a ofensa ou o prejuízo moral;
> VII – o grau de dolo ou culpa;
> VIII – a ocorrência de retratação espontânea;
> IX – o esforço efetivo para minimizar a ofensa;
> X – o perdão, tácito ou expresso;
> XI – a situação social e econômica das partes envolvidas;
> XII – o grau de publicidade da ofensa.

---

[1] No mesmo sentido, o Enunciado n. 20 aprovado na 2.ª Jornada de Direito Material e Processual do Trabalho: "O art. 223-B da CLT, inserido pela Lei n. 13.467, não exclui a reparação de danos sofridos por terceiros (danos em ricochete), bem como a de danos extrapatrimoniais ou morais coletivos, aplicando-se, quanto a estes, as disposições previstas na Lei n. 7.437/1985 e no título III do Código de Defesa do Consumidor".

[2] GOLDSCHMIDT, Rodrigo. Comentários ao art. 223-B da CLT. In: LISBÔA, Daniel; MUNHOZ, José Lucio (org.). *Reforma trabalhista comentada por juízes do trabalho*: artigo por artigo. São Paulo: LTr/AMATRA 12, 2018. p. 127.

[3] CASSAR, Vólia Bomfim. *Direito do trabalho*. 14. ed. de acordo com a Reforma Trabalhista – Lei 13.467/2017. Rio de Janeiro: Forense, 2017. p. 897.

§ 1.º Se julgar procedente o pedido, o juízo fixará a indenização a ser paga, a cada um dos ofendidos, em um dos seguintes parâmetros, vedada a acumulação:
I – ofensa de natureza leve, até três vezes o último salário contratual do ofendido;
II – ofensa de natureza média, até cinco vezes o último salário contratual do ofendido;
III – ofensa de natureza grave, até vinte vezes o último salário contratual do ofendido; IV – ofensa de natureza gravíssima, até cinquenta vezes o último salário contratual do ofendido.
§ 2.º Se o ofendido for pessoa jurídica, a indenização será fixada com observância dos mesmos parâmetros estabelecidos no § 1.º deste artigo, mas em relação ao salário contratual do ofensor.
§ 3.º Na reincidência entre partes idênticas, o juízo poderá elevar ao dobro o valor da indenização.

O legislador pretende, dessarte, tarifar ou "tabelar a reparação de danos"[4] nas relações de trabalho (incluindo, evidentemente, os de origem acidentária) que não sejam os patrimoniais, estabelecendo uma base de cálculo equivalente a múltiplos do "salário contratual" do empregado. Além disso, os danos extrapatrimoniais no âmbito das relações de trabalho passariam a contar com um valor máximo, que seria de 50 vezes o valor do salário – ou 100 vezes, caso aplicada a regra do § 3.º. A regra, conforme a melhor doutrina, com a qual concordamos, fere frontalmente o princípio da igualdade, ao tentar, a um só tempo, fixar limites à mensuração (sem identificar o que seriam danos de natureza "leve", "média", "grave" ou "gravíssima" e, ainda, mais gravemente, considerar que o dano sofrido por um trabalhador mais bem remunerado deve ser maior que o de outro, menos bem retribuído.[5]

O STF possui precedente importante sobre o tema:

> Responsabilidade civil. Lei de Imprensa. Dano moral. Publicação de notícia inverídica, ofensiva à honra e à boa fama da vítima. Ato ilícito absoluto. Responsabilidade civil da empresa jornalística. Limitação da verba devida, nos termos do art. 52 da Lei n. 5.250/1967. Inadmissibilidade. Norma não recebida pelo ordenamento jurídico vigente. Interpretação do art. 5.º, IV, V, IX, X, XIII e XIV, e art. 220, *caput* e § 1.º, da CF de 1988. Recurso extraordinário improvido. Toda limitação, prévia e abstrata, ao valor de indenização por dano moral, objeto de juízo de equidade, é incompatível com o alcance da indenizabilidade irrestrita assegurada pela atual Constituição da República. Por isso, já não vige o disposto no art. 52 da Lei de Imprensa, o qual não foi recebido pelo ordenamento jurídico vigente (RE 447.584, 2.ª Turma, Rel. Min. Cezar Peluso, publ. 16.03.2017).

---

[4] Expressão também utilizada por Sebastião Geraldo de Oliveira (O dano extrapatrimonial trabalhista após a Lei n. 13.467/2017. *In*: DALLEGRAVE NETO, José Affonso; KAJOTA, Ernani (coord.). *Reforma trabalhista ponto a ponto*. São Paulo: LTr, 2018. p. 109.

[5] OLIVEIRA, Sebastião Geraldo de. O dano extrapatrimonial trabalhista após a Lei n. 13.467/2017. *In*: DALLEGRAVE NETO, José Affonso; KAJOTA, Ernani (coord.). *Reforma trabalhista ponto a ponto*. São Paulo: LTr, 2018. p. 110.

A Constituição Federal (art. 7.º, XXII e XXVI), as Convenções da Organização Internacional do Trabalho – OIT 155 (arts. 4.º, 5.º e 6.º) e 161 (art. 6.º), bem como os arts. 18, II, *c*, e 19, §§ 1.º e 2.º, da Lei n. 8.213/1991, impõem aos empregadores o cumprimento das regras de segurança, higiene e saúde laboral. Assim:

> Se a lei, taxativamente, considera o descumprimento como contravenção penal, com mais razão a possibilidade de configurar um ilícito civil, punível por previsão da Constituição Federal em seus arts. 5.º, V e X. Se aludido ato ilícito teve ou não como consequência o agravamento da doença ocupacional objeto da reabilitação, trata-se de fato jurídico a ser avaliado na dosimetria do valor indenizatório atribuído ao dano provocado por este ilícito. Se o dano for puramente moral, certamente o valor será menor que naqueles casos nos quais o dano é moral e físico, tendo causado o agravamento da doença. Logo, a determinação de readaptação, oriunda do órgão previdenciário deve ser cumprida pelo empregador e seu descumprimento configura, por si só, ato ilícito (TST, RR-260-08.2019.5.17.0004, 6.ª Turma, Rel. Min. Augusto Cesar Leite de Carvalho, *DEJT* 02.09.2022).

7.3 PRESSUPOSTOS PARA A REPARAÇÃO DE DANOS

A reparação de danos morais, em caso de acidente do trabalho ou situação equiparada, depende tão somente da comprovação do infortúnio laboral, do nexo de causalidade ou concausalidade e da existência de alguma das hipóteses de responsabilização (objetiva ou subjetiva) do empregador.

Para a caracterização da responsabilidade do empregador ou tomador do trabalho, hão que se ter em conta os seguintes aspectos: a) o acidente é fato humano; b) causa prejuízo, ou dano; c) configura-se como violação a um direito da vítima; d) caracteriza-se com a noção de culpa (*lato sensu*) do empregador ou tomador, em regra.

Assim, não será devida indenização pelo empregador em todo e qualquer acidente do trabalho; há que se identificar algum fundamento para que este seja responsabilizado pelo infortúnio sofrido pelo trabalhador. Para tanto, terá de ser analisado, em cada caso concreto, se a conduta do empregador (ou de seus prepostos) influenciou o resultado danoso.

Hipótese bastante comum de reconhecimento da ausência de responsabilização do empregador envolve os chamados acidentes de percurso, que se equiparam ao acidente de trabalho, regra geral, apenas no que se refere a repercussões de ordem previdenciária (benefícios e estabilidade acidentária). Assim, "via de regra, inexiste responsabilização civil da empregadora nessa situação, caso não haja liame entre a conduta patronal e o acidente de percurso ocorrido" (TST, AIRR 905-49.2015.5.10.0010, 3.ª Turma, Rel. Min. Mauricio Godinho Delgado, *DEJT* 20.10.2017).

Assim, resulta certo que ao empregador, em caso de dolo ou culpa (grave, leve ou levíssima), cabe a reparação ao empregado, mediante indenização por perdas e danos, materiais e/ou morais, inclusive estéticos (art. 186 do Código Civil atual), como veremos a seguir.

7.4 A PROVA DOS DANOS A REPARAR

A jurisprudência pacífica do TST é no sentido da possibilidade de cumulação de indenizações por danos morais e estéticos, uma vez que tais reparações decorrem de violações a bens jurídicos distintos (*v.g.*, RR 862-74.2012.5.04.0531, Rel. Min. Morgana de Almeida Richa, publ. 18.01.2023).

Como na apreciação de pleito de indenização por danos morais de pessoa vitimada por assalto em seu ambiente de trabalho (instituição financeira), a seguir, prevalece o entendimento de que o abalo moral se considera *in re ipsa*, sem necessidade de provar o sofrimento:

> A atividade exercida pela segunda reclamada, instituição financeira, é de risco, pois submete o empregado à exposição a assaltos que visam, exclusivamente, à subtração do produto monetário acumulado em tais locais. Nessa hipótese, o dano moral decorre do sofrimento psicológico advindo do alto nível de estresse a que é submetida a vítima de assalto, sendo considerado *in re ipsa*, ou seja, não se faz necessária a prova objetiva do sofrimento ou do abalo psicológico, mesmo porque é praticamente impossível a sua comprovação material na instrução processual (TST, RR 1494-30.2011.5.04.0016, 7.ª Turma, Rel. Min. Luiz Philippe Vieira de Mello Filho, *DEJT* 22.11.2019).

Quanto ao dano estético, consubstanciado na alteração morfológica do indivíduo, também é despicienda a prova do abalo, que constitui modalidade de dano *in re ipsa*, sendo presumido do próprio evento danoso e de suas consequências (TST, Ag--AIRR-744- 29.2015.5.02.0441, 8.ª Turma, Rel. Min. Delaíde Alves Miranda Arantes, *DEJT* 02.07.2021).

A reparação material corresponde ao ressarcimento de "despesas de tratamento e dos lucros cessantes até o fim da convalescença" (art. 949 do CCB), podendo abranger, também, segundo o referido Código, a reparação de "algum outro prejuízo que o ofendido prove haver sofrido". É possível que tal indenização envolva, ainda, "pensão correspondente à importância do trabalho, para que se inabilitou, ou da depreciação que ele sofreu" (art. 950 do CCB).

Os lucros cessantes prescindem de comprovação do valor exato do prejuízo material, cabendo ao julgador analisar o grau de redução da capacidade laborativa e o salário recebido pela autora, a fim de arbitrar valor suficiente para reparar o prejuízo sofrido. Os danos emergentes, por sua vez, exigem a comprovação do efetivo prejuízo material sofrido pelo autor, não podendo ser presumidos (TST, AIRR 682-50.2021.5.11.0013, Rel. Min. Morgana de Almeida Richa, publ. 16.12.2022). Deve a parte autora, portanto, indicar na petição inicial os valores a título de danos emergentes, comprovando-os (com notas fiscais, recibos, orçamentos etc.).

7.5 INDENIZAÇÃO E PENSIONAMENTO VITALÍCIO

A reparação pode atingir os danos patrimoniais (despesas com assistência médica, exames, medicação e internação; lucros cessantes e danos emergentes), assim como os danos morais (dano moral propriamente dito, dano funcional e estético). Não se aplica mais a Súmula n. 229 do Supremo Tribunal Federal, que exigia, no mínimo, a culpa grave, em face da redação do inc. XXVIII do art. 7.º.

O caráter da ação é indenizatório, visando restabelecer a situação existente antes do dano – *restitutio in integrum* – ou impor condenação equivalente, diferentemente da concessão do benefício previdenciário, em que se visa à compensação mediante a prestação previdenciária.

Constatada a incapacidade permanente do empregado, total ou parcial, em virtude de acidente de trabalho ou doença a ele equiparada, incumbe ao magistrado proceder à apuração do valor da indenização devida, além da forma de sua execução, a fim de assegurar real efetividade à condenação.

Sobre o art. 950 do CCB, a compreensão é de que a pensão tem como finalidade reparar o dano que impossibilitou o empregado de exercer sua profissão, ou que lhe diminuiu a capacidade de trabalho, a qual corresponderá à importância do trabalho para o qual se inabilitou ou da depreciação por ele sofrida. Dessarte, "traduz a intenção do legislador com a edição da norma e dá efetividade ao princípio da *restitutio in integrum*, no sentido da natureza jurídica reparatória da pensão mensal" (TST, RRAg-267-14.2012.5.05.0122, 6.ª Turma, Rel. Min. Augusto Cesar Leite de Carvalho, *DEJT* 11.11.2022).

Em outras palavras, o TST não corrobora julgados regionais que deferem apenas percentuais proporcionais à redução da capacidade laborativa, geralmente indicados em laudo pericial, entendimento com o qual concordamos, seja porque o laudo pericial produz mero prognóstico a respeito dos danos funcionais, seja porque não há previsão legal para que o valor da pensão seja fixado em proporção da redução da capacidade laborativa. A ressalva a esse entendimento se dá nos casos em que se constata a atuação do trabalho apenas como elemento concorrente (concausalidade).

Registre-se, conforme a lição de Maurício Godinho Delgado, que

> [...] as lesões acidentárias podem causar perdas patrimoniais significativas ao trabalhador. Em primeiro lugar, quanto aos próprios gastos implementados para sua recuperação (além daqueles previdenciariamente acobertados, se for o caso). Em segundo lugar, podem produzir restrição relevante ou, até mesmo, inviabilização da atividade laborativa do empregado, conforme a gravidade da lesão sofrida. Tais perdas patrimoniais traduzem dano material, que envolve, desse modo, duas dimensões, segundo o Direito Civil: aquilo que efetivamente se perdeu (dano emergente) e aquilo que razoavelmente se deixou ou deixar-se-á de ganhar (lucro cessante: por exemplo, redução ou perda da capacidade laborativa).

Assim, quanto aos parâmetros fixados para o pensionamento mensal, quando cabível, a jurisprudência do TST deduz que a incapacidade é total nos períodos de afastamento previdenciário, uma vez que o empregado fica impossibilitado de exercer suas atividades, de forma que o pensionamento, em tais períodos, deve corresponder a 100% da última remuneração recebida antes do afastamento, do início até o fim da convalescença.

Saliente-se que o fato de a pessoa acidentada poder vir a exercer outra atividade compatível com a sua depreciação não lhe retira o direito de ser ressarcido pela diminuição da sua força de trabalho – principal meio de afirmação e manutenção da vida digna do ser humano, o que evidencia o seu interesse de agir [...] (TST, Ag-AIRR-11003-88.2017.5.18.0014, 3.ª Turma, Rel. Min. Mauricio Godinho Delgado, *DEJT* 03.06.2022).

Além disso, é devida a inclusão de cálculo das férias acrescidas de um terço e gratificação natalina, uma vez que, caso a pessoa permanecesse com sua capacidade laborativa, perceberia tais parcelas no curso do contrato de trabalho. No entanto, a jurisprudência pugna pela exclusão do FGTS da base de cálculo da pensão, porquanto tal parcela não possui natureza remuneratória (*v.g.*, RRAg-1364-02.2014.5.17.0007, 8.ª Turma, Rel. Min. Dora Maria da Costa, *DEJT* 24.09.2021).

O montante de 100% da remuneração, devido a título de pensão nos períodos de afastamento previdenciário, deve observar ainda os reajustes salariais que seriam devidos ao obreiro, e "é aplicado ainda que se trate de nexo de concausalidade, sendo incabível a redução". E, quando reconhecida a incapacidade apenas temporária, o pagamento em cota única é indevido, pois, "nos termos do art. 949 do CCB, a indenização será paga até o fim da convalescença, cuja comprovação cabe à reclamada, incumbindo ao Juízo da execução decidir qualquer questão incidental no processo" (RR 1185-03.2017.5.19.0009, 3.ª Turma, Rel. Min. Mauricio Godinho Delgado, *DEJT* 21.10.2022). Destaca-se, ainda, do aludido acórdão, no tocante à alegação defensiva de compensação de valores com o que auferido pelo trabalhador a título de benefício junto ao INSS:

> Os lucros cessantes ou a pensão indenizatória resultam da incapacidade decorrente da doença ocupacional, envolvendo a culpa do empregador, evidenciada na decisão recorrida. A parcela não se confunde, portanto, com o benefício previdenciário, que tem natureza distinta porque decorre do dever de prestação assistencial pelo Estado de forma ampla. Assim, se o Obreiro está totalmente incapacitado para o trabalho, ainda que venha a se aposentar por tempo de contribuição, e ainda que se trate de nexo de concausalidade, é devida, nos termos do art. 950 do Código Civil, a reparação integral pelos danos materiais por ele sofridos, sob a forma de pensão mensal vitalícia. Desse modo, a indenização mensal devida deve corresponder à remuneração percebida em atividade, em percentual proporcional à perda laboral e à participação do empregador, independentemente do valor recebido a título de benefício previdenciário, a fim de garantir a reparação pelo dano sofrido.

A constituição de capital, à vista do disposto no art. 533 do Código de Processo Civil, visa à garantia do cumprimento de prestação alimentar, decorrente de indenização por ato ilícito. O referido dispositivo confere ao magistrado a possibilidade de substituir a constituição de capital, quando necessária, pela inscrição da prestação em folha de pagamento ou, a requerimento do devedor, por fiança bancária ou garantia real. Nesse particular, no que se refere à necessidade de constituição do capital para assegurar o pagamento da dívida, o TST entende que se trata de questão afeta ao poder discricionário do julgador após análise do caso e suas peculiaridades (RR 1860100-63.2007.5.09.0028, 2.ª Turma, Rel. Min. Delaíde Miranda Arantes, *DEJT* 14.12.2018).

Contudo, em caso de reparação por danos materiais, deferida na forma de pensionamento, cujo pagamento foi autorizado em parcela única, nos moldes do art. 950, parágrafo único, do Código Civil o *quantum* indenizatório resultante da incapacidade deve, ainda, considerar os efeitos da antecipação das parcelas. Desse modo,

[...] não pode ser limitada ao mero somatório do valor correspondente às pensões mensais a que faria jus o empregado, porquanto indispensável, também, a adequação da condenação à modalidade de sua execução. Atento a esta situação, o legislador atribui ao julgador a responsabilidade pelo arbitramento, a fim de atender o objetivo da reparação integral do dano sofrido pela vítima (art. 944, Código Civil), sem ocasionar excessivo prejuízo ao empregador, ante a vedação do enriquecimento sem causa. Contudo, a utilização de um percentual único, a ser aplicado indistintamente em todos os casos, como tem ocorrido na jurisprudência desta Corte, inclusive desta Turma e em acórdãos da minha relatoria, não parece ser a solução mais adequada, uma vez que dissociada do conceito de justiça, tendo em vista os diferentes períodos de apuração do montante devido, resultante do interregno entre a data do pagamento antecipado e o termo final a que se refere o cálculo. Ressalte-se também que a antecipação do valor pago em cota única também tem consequências financeiras, pois não se pode deixar de considerar as vantagens econômicas propiciadas ao credor, ao receber a quantia total de uma única vez e antecipadamente, situação mais vantajosa do que recebê-la de forma parcelada, ao longo de vários anos (TST, RR 676-97.2010.5.15.0019, 7.ª Turma, Redator Min. Cláudio Mascarenhas Brandão, *DEJT* 09.12.2022).

De todo modo, a fixação do valor da indenização ou da pensão é matéria que, em regra, não admite reapreciação em recurso de revista; o TST vem se direcionando no sentido de rever o valor fixado nas instâncias ordinárias a título de indenização apenas para reprimir valores estratosféricos ou excessivamente módicos.

7.6 RESPONSABILIDADE OBJETIVA

Muito se discute, no campo da responsabilidade civil do empregador em razão de acidente do trabalho, a respeito da aplicabilidade da regra do art. 927, parágrafo único, do Código Civil, que prevê a objetivação da responsabilidade nas hipóteses em que a atividade desempenhada seja, por sua natureza, causadora de risco à saúde ou integridade física de outrem.

A matéria tornou-se definitivamente pacificada pelo STF quando do julgamento, em 05.09.2019, do Tema n. 932 de Repercussão Geral, sufragando a tese de aplicabilidade do parágrafo único do art. 927 do Código Civil a situações de indenização por acidente do trabalho e hipóteses a ele equiparadas.

Logo, "tratando-se de atividade empresarial, ou de dinâmica laborativa (independentemente da atividade da empresa), fixadoras de risco para os trabalhadores envolvidos, desponta a exceção ressaltada pelo parágrafo único do art. 927 do Código Civil, tornando objetiva a responsabilidade empresarial por danos acidentários (responsabilidade em face do risco)" (TST, RRAg-1046-43.2015.5.06.0022, 3.ª Turma, Rel. Min. Mauricio Godinho Delgado, *DEJT* 19.12.2022).

Temos sustentado que o entendimento se aplica a todas as atividades consideradas pela lei trabalhista como perigosas (ensejando o direito do empregado à percepção do adicional de periculosidade), bem como as atividades tidas como de alto risco de vida (empregados de empresas de vigilância, segurança e transporte de valores, por exemplo).

> Agravo de instrumento em recurso de revista interposto em face de decisão publicada na vigência da Lei n. 13.015/2014. 1. Acidente do trabalho. Recurso de revista. Danos morais. Responsabilidade objetiva. Atividade de risco. Aplica-se a responsabilidade civil objetiva quando a atividade do trabalhador é de risco, como no caso dos autos, em que o autor era vigilante de carro-forte e foi alvejado durante tentativa de assalto. Precedentes da SBDI-I. Recurso de revista não conhecido (TST, RR 400-16.2008.5.03.0134, 8.ª Turma, Rel. Maria Cristina Irigoyen Peduzzi, *DEJT* 11.02.2011).

> Responsabilidade civil objetiva. Atividade de risco. Agente de segurança metroviário. Agressões efetuadas por terceiros. Redução parcial e definitiva da capacidade laboral. Danos morais e materiais. A insuficiência da teoria da culpabilidade para dar solução aos inúmeros casos de vítimas de acidentes levou à criação da teoria do risco, que sustenta que o dono do negócio é o responsável por riscos ou perigos que sua atividade promova, ainda que empregue toda diligência para evitar o dano. Trata-se da denominada teoria do risco criado, segundo a qual, em sendo o empregador responsável pela organização da atividade produtiva, beneficiando-se do lucro do empreendimento, nada mais razoável e justo do que lhe imputar a responsabilidade pelo ressarcimento ao obreiro dos danos decorrentes de sua exposição ao foco de risco, independentemente de cogitação acerca da imprudência, negligência ou imperícia. Assim, fixada a premissa pelo TRT de que o trabalhador, no exercício de sua função de segurança de agente metroviário da reclamada, foi vítima de acidente de trabalho, consistente em agressões efetuadas por terceiros, que lhe ocasionaram lesões na região lombar, pescoço e joelho direito, acarretando a redução, parcial e definitiva, de sua capacidade laboral, a situação autoriza a responsabilização objetiva da empregadora, nos termos da regra inserta no parágrafo único do art. 927 do Código Civil. Nessa esteira, o Tribunal Regional – ainda que tenha revelado que o acidente ocorreu por culpa de terceiros –, ao condenar à reclamada ao pagamento de indenização por danos morais e materiais, amparado na teoria da responsabilidade objetiva, proferiu decisão em conformidade com a atual e notória jurisprudência desta Corte (TST, AIRR 1015-52.2013.5.02.0071, 5.ª Turma, Rel. Min. Douglas Alencar Rodrigues, *DEJT* 27.10.2017).

Não se defende a objetivação de responsabilidade em todo e qualquer acidente, mas a aplicação criteriosa do instituto, de forma a verificar, no caso concreto, o seu cabimento. Um exemplo também recorrente é o acidente sofrido pelo trabalhador em transporte fornecido pelo empregador:

> Discute-se se a responsabilidade objetiva, nos casos de acidente em transporte fornecido pela empregadora, pode ser afastada por fato de terceiro. Esta Corte Superior tem entendimento de que, **ao fornecer transporte aos seus empregados, a empresa se equipara ao transportador**, assumindo o ônus e os riscos do transporte, razão pela qual se aplica a esses casos a responsabilidade **objetiva** quanto à reparação de danos, independentemente da culpa de terceiros. Precedentes. Transcendência política reconhecida, recurso de revista conhecido e provido (TST, RR 0011075-93.2015.5.15.0090, 8.ª Turma, Rel. Min. Aloysio Correa da Veiga, publ. 24.10.2022).

A existência de nexo técnico epidemiológico (art. 21-A da Lei n. 8.213/1991) também pode ser vista como passível de reconhecimento da responsabilidade objetiva do empregador, uma vez que ineficiente a empresa quanto a medidas de prevenção de enfermidades laborativas.

> Agravo de instrumento em recurso de revista. Dano moral. Nexo de causalidade. Responsabilidade objetiva. O recurso de revista merece ser admitido por divergência jurisprudencial. Agravo de instrumento a que se dá provimento para determinar o processamento do recurso de revista. Recurso de revista. Dano moral. Nexo de causalidade. Empresa de transporte coletivo. Estresse pós-traumático constatado por perícia médica. Responsabilidade objetiva do empregador. Teoria do risco criado. Aplicabilidade do art. 927 do Código Civil de 2002. Embora o art. 436 do CPC disponha que o juiz não está adstrito ao laudo pericial, ele deverá formar sua convicção com outros elementos constantes dos autos. Na hipótese vertente, o TRT não indicou outras provas que desconstituíssem o seguinte registro: trata-se de ação laboral de risco ambiental grave, conforme prevê o art. 22, inc. II, da Lei n. 8.212/1991. A legislação vigente tende a agasalhar a responsabilidade objetiva em tema de reparação civil, especialmente quando as atividades exercidas são de risco, conforme dispõe o art. 927 e parágrafo único do Código Civil de 2002, admitindo, assim, no âmbito do Direito do Trabalho, a teoria da responsabilidade objetiva do empregador, nos casos de acidente de trabalho. E na hipótese releva a circunstância, anotada pelo acórdão do TRT, da presença de nexo técnico-epidemiológico entre a enfermidade do trabalhador e sua atividade laborativa, no exercício da qual e por força do cumprimento do dever funcional, fora agredido. Aí também caracterizada culpa presumida, com ônus probatório da reclamada. Recurso de revista conhecido e provido (TST, AIRR 1195-30.2010.5.18.0006, 3.ª Turma, Rel. Min. Horácio Raymundo de Senna Pires, *DEJT* 25.11.2011).

A nosso ver, também é caso de responsabilidade objetiva do empregador o acidente envolvendo trabalhadores com idade inferior a 18 anos, ante a impossibilidade jurídica de se sustentar a culpabilidade de pessoa ainda incapaz para os atos da vida civil. O empregador que contrata adolescentes assume o risco integral por acidentes no trabalho.

> Responsabilidade civil. Trabalhador adolescente. Acidente com máquina colheitadeira/trituradora. É fato incontroverso que o autor, menor de idade à época do acidente, operava máquina colheitadeira/trituradora e tinha ainda, por função, introduzir a cana na máquina, a qual triturou sua mão e antebraço esquerdos, resultando na amputação do antebraço e em ferimentos no braço. A culpa do réu advém do descumprimento das normas de proteção ao trabalho infantil e de segurança, higiene e saúde do trabalho, evidenciando sua negligência quanto à observação dessas normas, o que propiciou o acidente ocorrido, porquanto expôs menor de idade aos perigos da operação de uma máquina agrícola. Como bem asseverou o juízo *a quo*, o uso de tais máquinas agrícolas é considerado, pela legislação, prejudicial à saúde e à segurança da criança, conforme Convenção 182 da OIT, que trata das piores formas de trabalho infantil, e Convenção sobre os Direitos da Criança da ONU, ambas ratificadas pelo Brasil. Diante do

exposto, mantém-se incólume a sentença que reconheceu o dever de indenizar. [...] (TRT da 23.ª Região, RO no Proc. 01157.2009.071.23.00-0, 1.ª Turma, Rel. Des. Osmair Couto, publ. 27.6.2012).

A responsabilidade do empregador ocorre também em função da conduta de seus prepostos e empregados, quando estes tenham dado causa, por ação ou omissão, dolosa ou culposa, ao acidente (arts. 932, inc. III, e 933 do Código Civil atual – Súmula n. 341 do STF); é a chamada culpa presumida *in eligendo*. Na jurisprudência, entende-se cabível a responsabilização pela falta de fiscalização ou cuidado sobre coisa (culpa presumida *in vigilando* ou *in custodiendo*), em aplicação parcimoniosa das teorias da responsabilidade subjetiva e objetiva.

Admite-se, além do empregador, a responsabilidade de tomadores de serviços terceirizados, quando haja concorrido para o infortúnio, como se nota da redação do art. 223-E da CLT: "São responsáveis pelo dano extrapatrimonial todos os que tenham colaborado para a ofensa ao bem jurídico tutelado, na proporção da ação ou da omissão". Da mesma forma, o § 1.º do art. 9.º da Lei n. 6.019/1974 dispõe atualmente que: "É responsabilidade da empresa contratante garantir as condições de segurança, higiene e salubridade dos trabalhadores, quando o trabalho for realizado em suas dependências ou em local por ela designado" (parágrafo incluído pela Lei n. 13.429/2017).

No julgamento da ADPF n. 324, o relator, Min. Roberto Barroso, ao proceder a leitura da ementa de seu voto, assim proferiu a tese sufragada:

> 1. É lícita a terceirização de toda e qualquer atividade, meio ou fim, não se configurando relação de emprego entre a contratante e o empregado da contratada.
> 2. Na terceirização, compete à tomadora do serviço: I) zelar pelo cumprimento de todas as normas trabalhistas, de segurança social e de proteção à saúde e segurança do trabalho incidentes na relação entre a empresa terceirizada e o trabalhador terceirizado; II) assumir a responsabilidade subsidiária pelo descumprimento de obrigações trabalhistas e *pela indenização por acidente de trabalho*, bem como a responsabilidade previdenciária, nos termos do art. 31 da Lei 8.212/1993.

Somente as hipóteses excludentes do art. 188 do Código Civil (legítima defesa, exercício regular de direito ou estado de necessidade), o dolo do empregado, ou a força maior, afastam a responsabilidade civil do empregador.[6]

A culpa exclusiva da vítima é uma modalidade de exclusão do nexo causal, que se caracteriza quando a única causa do acidente de trabalho tiver sido a conduta do agente. Por obstar o direito à reparação, o fato deve ser objeto de prova irrefutável (TRT-12, ROT 0001540-29.2017.5.12.0002, 3.ª Câmara, Rel. Juiz Carlos Alberto Pereira de Castro, j. 20.07.2020).

Convém frisar que, na forma do art. 223-F da CLT: "A reparação por danos extrapatrimoniais pode ser pedida cumulativamente com a indenização por danos

---

[6] OLIVEIRA, Sebastião Geraldo de. O dano extrapatrimonial trabalhista após a Lei n. 13.467/2017. In: DALLEGRAVE NETO, José Affonso; KAJOTA, Ernani (coord.). *Reforma trabalhista ponto a ponto*. São Paulo: LTr, 2018. p. 202.

materiais decorrentes do mesmo ato lesivo", e, "se houver cumulação de pedidos, o juízo, ao proferir a decisão, discriminará os valores das indenizações a título de danos patrimoniais e das reparações por danos de natureza extrapatrimonial" e, também, como já era cediço em sede jurisprudencial, "a composição das perdas e danos, assim compreendidos os lucros cessantes e os danos emergentes, não interfere na avaliação dos danos extrapatrimoniais" (§§ 1.º e 2.º do art. 223-F).

Em casos de morte, bem como quando há invalidez ou ainda dano estético, funcional ou psíquico, cabível a aplicação dos arts. 948 a 951 do Código Civil, devendo, dentro do prudente critério de mensuração do juiz, fixar o direito dos familiares do trabalhador falecido a alimentos provisionais, danos emergentes e despesas com internação, tratamento e, em caso de morte, as despesas com o luto/funeral.

A Súmula Vinculante n. 4 do STF, que determinou a impossibilidade de utilização do salário mínimo como indexador de outros direitos, não veda que se estabeleçam condenações (por exemplo, indenizações por danos ou fixação de valores de pensão alimentícia) em número de salários mínimos. O entendimento do STF sobre esse tema, desde antes da edição da súmula, já era pacífico: "A jurisprudência desta Corte admite a possibilidade de condenação em salários mínimos, desde que a atualização seja feita de acordo com índices oficiais de correção monetária" (AI-AgR 603.843/RJ, 1.ª Turma, Rel. Min. Ricardo Lewandowski, 29.04.2008).

Em qualquer caso, o pedido constante da petição inicial dirigida ao juiz do trabalho deve sempre indicar o *quantum* pleiteado em juízo, a fim de que se estabeleçam os limites da litiscontestação (CLT, art. 840, § 1.º, com redação dada pela Lei n. 13.467/2017; e art. 324 do CPC/2015).

7.7 A REPARAÇÃO DE DANOS EM CASO DE ÓBITO

Quanto às ações de indenização movidas pelos dependentes do trabalhador acidentado, quando vítima de acidente fatal, o STJ editou a Súmula n. 366, em novembro de 2008: "Compete à Justiça estadual processar e julgar ação indenizatória proposta por viúva e filhos de empregado falecido em acidente de trabalho". No entanto, a referida súmula foi cancelada, em setembro de 2009, por contrariar orientação jurisprudencial do STF, segundo a qual, o ajuizamento da ação de indenização pelos sucessores não altera a competência da Justiça especializada, pois a transferência do direito patrimonial em decorrência do óbito do empregado é irrelevante (CC 7.545/SC – DJe 14.08.2009). Assim, os familiares do trabalhador falecido devem ajuizar a ação de indenização por perda do ente querido também na Justiça do Trabalho, devendo ser assinalado que, nesse caso, a demanda é ajuizada tendo como autores cada um dos familiares a serem indenizados, e não o espólio do trabalhador falecido, pois, tratando-se de indenização devida pelo falecimento deste último, o direito à reparação é de cada um dos familiares, não fazendo parte do patrimônio do trabalhador que veio a óbito.

O art. 113 do Código de Processo Civil indica a possibilidade de *litisconsórcio facultativo* quando a lide se fundar no mesmo fato. Daí decorre que, quando o pedido de indenização por danos morais e materiais tem como fundamento o acidente que vitimou o filho, "o pleito em que o pai e a mãe litigam em nome próprio é passível de formação litisconsorcial" (TST, RR 119800-93.2008.5.04.0102, 3.ª Turma, Rel. Min. Alexandre de Souza Agra Belmonte, *DEJT* 17.06.2016).

O dano moral pela perda do ente querido é considerado *in re ipsa*, independentemente de prova do abalo, como se nota de julgado em caso concreto envolvendo a tragédia de Mariana (MG):

> Discutem-se os pressupostos da responsabilidade civil das rés pelos danos extrapatrimoniais, em ricochete, sofridos pela viúva e pelo filho único do Sr. Edmirson José Pessoa, empregado da Samarco, cuja vida foi ceifada pelos rejeitos de minério de ferro provenientes do rompimento da barragem de Fundão, em Mariana/MG. As regras de experiência comum, subministradas pela observação do que ordinariamente acontece, indicam que a morte de um dos membros do núcleo familiar íntimo desencadeia sentimentos de profunda tristeza, angústia e sofrimento no seu cônjuge, nos seus filhos, nos seus pais. Assim, os prejuízos extrapatrimoniais dos parentes mais próximos de trabalhador falecido em acidente do trabalho, notadamente daqueles posicionados na linha reta, devem ser considerados *in re ipsa*, sendo desnecessária a sua comprovação em juízo (TST, RRAg 10080-88.2016.5.03.0184, 8.ª Turma, Rel. Min. Alexandre de Souza Agra Belmonte, *DEJT* 19.12.2022).

O dano moral pela perda de cônjuge, companheiro(a), filho(a), pai ou mãe "prolonga-se de forma trágica na memória familiar, indefinidamente, cada qual experimentando, também, dor própria, daí por que não cabe invocar a 'soma' dos valores, pura e simplesmente, com vistas à pretendida diminuição individual da reparação devida a cada um dos ofendidos" (TST, AIRR 10813-90.2018.5.15.0106, 6.ª Turma, Rel. Des. Convocado José Pedro de Camargo Rodrigues de Souza, *DEJT* 16.12.2022).

A reparação, em caso de óbito, obedece exclusivamente ao Código Civil. Neste, o art. 948 prevê que a indenização consistirá, sem excluir outras reparações: no pagamento das despesas com o tratamento da vítima, seu funeral e o luto da família; na prestação de alimentos às pessoas a quem o morto os devia, levando-se em conta a duração provável da vida da vítima.

O nexo de causalidade entre a enfermidade e o óbito, por vezes, pode ser um ônus probatório difícil de ser vencido, mas é fundamental a análise pericial, aliada à documentação médica da pessoa falecida, como no caso a seguir:

> Recurso ordinário do demandante. Doença ocupacional. Morte do empregado por câncer. Contato com névoa de ácido sulfúrico. Acidente ambiental do navio "Bahamas" no Porto de Rio Grande.
>
> Diante da prova dos autos, conclui-se que o pai do autor (falecido ex-empregado da Superintendência do Porto de Rio Grande, autarquia vinculada ao Estado do Rio Grande do Sul), atuando como guarda portuário, manteve contanto com névoa de ácido sulfúrico, por laborar na guarnição do navio "Bahamas", o qual vazou cerca de 12.000 toneladas de ácido sulfúrico para o canal do Porto de Rio Grande. Dois laudos médicos (um deles proveniente de Médica Oncologista), embasados por estudo patrocinado pela Agência Internacional de Pesquisa do Câncer (IARC), instituição ligada à Organização Mundial de Saúde (OMS), correlacionam a exposição à névoa do ácido sulfúrico ao surgimento de câncer na laringe, espécie de neoplasia que vitimou o pai do reclamante. Ademais, há prova

de que outros guardas portuários também desenvolveram câncer de laringe ou de pulmão (outra espécie de neoplasia correlacionada à exposição à substância química em questão). Recurso do autor provido em parte, para condenar os réus ao pagamento de indenização por dano moral por ricochete (TRT da 4.ª Região, RO 0020173-78.2016.5.04.012, 2.ª Turma, Rel. Des. Alexandre Correa da Cruz, publ. 03.08.2018).

7.8 PRESCRIÇÃO DA PRETENSÃO INDENIZATÓRIA

Acerca do instituto da prescrição na ação de indenização por danos morais, a questão tem sido tormentosa para as partes litigantes, pois, além da alteração da regra do Código Civil, a fixação da competência trabalhista vem apresentando novas nuances dos entendimentos até então existentes.

> Indenização por danos morais e materiais decorrentes de acidente do trabalho. Ação ajuizada perante a Justiça Comum. Prescrição. Legislação aplicável. 1. Orienta-se o entendimento recente da SBDI-I desta Corte superior no sentido de que a regra prescricional aplicável à pretensão relativa à indenização por danos morais e materiais decorrentes de acidente do trabalho é definida a partir da data em que a parte tem ciência inequívoca do evento danoso. Ocorrido o acidente ou cientificada a parte da incapacitação ou redução da sua capacidade laboral em ocasião posterior ao advento da Emenda Constitucional n. 45/2004, por meio da qual se definiu a competência da Justiça do Trabalho para processar e julgar tais demandas, a prescrição incidente é a prevista no art. 7.º, XXIX, da Constituição da República, porquanto indiscutível a natureza trabalhista reconhecida ao evento. Contrariamente, verificado o infortúnio anteriormente à entrada em vigor da referida emenda constitucional, prevalece a prescrição civil, em face da controvérsia que pairava nas Cortes quanto à natureza do pleito – circunstância que não pode ser tomada em desfavor da parte. 2. Na presente hipótese, resulta incontroverso que a ciência inequívoca da lesão se deu em 1.º.09.1997, época em que vigia o Código Civil de 1916, que previa a incidência da prescrição vintenária na hipótese. 3. Ajuizada a presente ação, perante a Justiça Comum, em 09.01.2003, ou seja, dois dias antes da entrada em vigor do Código Civil de 2002, não há prescrição a ser decretada no tocante à pretensão à reparação por danos morais e materiais decorrentes de acidente do trabalho, não havendo falar sequer na aplicação da regra de transição consagrada no art. 2.028 do atual diploma civil. 4. Destaque-se, ainda, que, no que tange aos herdeiros de empregado falecido, menores de 16 (dezesseis) anos, tem aplicação nesta Justiça Especializada a causa impeditiva da prescrição prevista no art. 198, I, do Código Civil, ante a lacuna da Consolidação das Leis do Trabalho, além de ser compatível com seus princípios. Precedentes. 5. Recurso de revista não conhecido. [...] (TST, RR 87100-92.2005.5.03.0071, 1.ª Turma, Rel. Des. Convocado Marcelo Lamego Pertence, *DEJT* 02.06.2017).

Digno de registro, ainda, que a prescrição bienal (ou total) de que trata o art. 7.º da CF/1988 (e o art. 11 da CLT) deve ser aplicada (ou não) com o devido sopesamento em cada caso concreto, com a verificação de quando efetivamente nasce a lesão ao direito (*actio nata*), que pode em certos casos superar o lapso de dois anos após o fim do contrato, como se nota do julgado a seguir:

> Recurso de revista. Prescrição aplicável. Doença ocupacional. Lesão posterior à EC n. 45/2004. Prescrição trabalhista. *Actio nata*. Data da ciência inequívoca da extensão da lesão. Perícia judicial. Afastamento da prescrição bienal. Aplicação da prescrição quinquenal. A SbDI-1 do TST, ao julgar o Processo E-RR-2700-23.2006.5.10.0005, em 22.05.2014, de relatoria do Ministro Aloysio Corrêa da Veiga, publicado no *DEJT* em 22.08.2014, em sua composição completa, após amplo debate, decidiu que o marco prescricional será a data da ciência inequívoca da lesão e que a prescrição trabalhista é aplicável para as ações em que se pleiteia o pagamento de indenização por danos morais e materiais decorrentes de acidente do trabalho quando a lesão ocorreu após a entrada em vigor da EC n. 45/2004. Sendo assim na hipótese dos autos, mesmo com o afastamento da prescrição civil aplicada pelo Tribunal Regional, não há que se falar na aplicação da prescrição bienal a partir da concessão do auxílio-doença (27.06.2003, nem da rescisão do contrato, uma vez que a *actio nata* apenas se dá em momento da perícia judicial, quando o empregado toma ciência da extensão da lesão. Isto porque, se aplicada a prescrição bienal ao caso, a pretensão já nasceria fulminada pelo instituto, nas hipóteses em que a ciência inequívoca se desse por perícia judicial realizada no curso da ação. Recurso de revista conhecido e provido (TST, RR 380-59.2011.5.02.0033, 2.ª Turma, Rel. Min. Delaíde Miranda Arantes, *DEJT* 31.08.2018).

A respeito do início da contagem da prescrição, o TST consolidou entendimento de que a ciência inequívoca da lesão, para fins de *actio nata*, não é a data do infortúnio, e sim o momento da cessação do benefício previdenciário, seja por alta médica, por reconhecimento da possibilidade de reabilitação profissional ou, ainda, por aposentadoria por invalidez (Ag-RR 14-46.2010.5.15.0048, 1.ª Turma, Rel. Min. Luiz José Dezena da Silva, *DEJT* 05.09.2022).

Sobre a interrupção da contagem do prazo de prescrição, esta se dá pelo ajuizamento de ação anterior com o mesmo objeto e que tenha sido extinta sem resolução do mérito, bem como, como indica a doutrina do Ministro do TST Ives Gandra Martins Filho, "o ajuizamento do protesto judicial também tem sido considerado causa interruptiva da prescrição, independentemente da ciência do empregador acerca da medida adotada (OJ 392 da SBDI-1 do TST)".[7] Esse entendimento se mantém mesmo nas situações verificadas após a vigência da Lei n. 13.467/2017 (TST, RR 00490-53.2019.5.17.0003, 4.ª Turma, Rel. Min. Alexandre Luiz Ramos, publ. 26.11.2021).

7.9 A PROVA PERICIAL NAS AÇÕES DE INDENIZAÇÃO POR ACIDENTE

Uma vez que o processo judicial tenha chegado à fase de instrução, o juiz determinará a realização da perícia, nomeando perito de sua confiança e que possa cumprir

---

[7] MARTINS FILHO, Ives Gandra. *Manual esquemático de direito e processo do trabalho*. 27. ed. São Paulo: Saraiva, 2019. p. 308.

o mister de avaliar cientificamente o caso, a partir de seus conhecimentos especializados – art. 465 do Código de Processo Civil: "O juiz nomeará o perito especializado no objeto da perícia e fixará de imediato o prazo para entrega do laudo".

A esse respeito dispõem os §§ 2.º a 4.º do art. 464 do Código de Processo Civil:

> Art. 464. A prova pericial consiste em exame, vistoria ou avaliação.
> [...]
> § 2.º De ofício ou a requerimento das partes, o juiz poderá, em substituição à perícia, determinar a produção de prova técnica simplificada, quando o ponto controvertido for de menor complexidade.
> § 3.º A prova técnica simplificada consistirá apenas na inquirição de especialista, pelo juiz, sobre ponto controvertido da causa que demande especial conhecimento científico ou técnico.
> § 4.º Durante a arguição, o especialista, que deverá ter formação acadêmica específica na área objeto de seu depoimento, poderá valer-se de qualquer recurso tecnológico de transmissão de sons e imagens com o fim de esclarecer os pontos controvertidos da causa.

O juiz, nomeado o perito (ou peritos), abre prazo às partes (autor e réu) para arguir o impedimento ou a suspeição do perito, se for o caso; indicar assistente técnico; e para a formulação de quesitos, os quais, caso sejam pertinentes, deverão ser respondidos pelo perito. Os assistentes técnicos são profissionais da mesma ciência que o perito, que possam acompanhar a perícia e elaborar, eventualmente, laudos em ratificação ou oposição às conclusões do perito do juízo.

Importante lembrar que, tratando-se de perícia complexa, que abranja mais de uma área de conhecimento especializado, o juiz poderá nomear mais de um perito e a parte indicar mais de um assistente técnico (art. 475 do CPC).

Papel relevante possui o advogado da parte em juízo quando da formulação dos quesitos a serem respondidos pelo perito do juízo. Podemos dizer que os quesitos são as perguntas de caráter técnico-científico que envolvem o caso concreto e precisam ser esclarecidas para a solução do litígio.

O art. 465, § 1.º, do Código de Processo Civil prevê que, quando a parte autora requerer a produção de prova pericial, deve, dentro de 15 dias contados da intimação do despacho de nomeação do perito: I – arguir o impedimento ou a suspeição do perito, se for o caso; II – indicar assistente técnico; III – apresentar quesitos.

Recomendamos, no entanto, que os quesitos sejam apresentados com a petição inicial para maior celeridade do feito.

No tocante à comunicação da data, hora e local da perícia a ser executada, serão necessários certos cuidados quanto a esses aspectos, pois podem ter interferência – negativa – no resultado da perícia. A perícia deve ser realizada de modo que possa aferir as reais condições de trabalho da pessoa.

Exemplificando, se houve alteração do *layout* do meio ambiente laboral, isso deve ser objeto de quesitação e investigação pericial; se o que se pretende provar é a sujeição a esforços repetitivos em épocas de maior produção industrial, não adianta a realização da perícia em períodos de férias coletivas da indústria a ser periciada. Se a perícia for feita em turno diverso daquele em que o trabalhador cumpria sua jornada, também pode haver prejuízo da análise das condições do trabalho.

Quanto aos quesitos em si, a Recomendação Conjunta CNJ/AGU/MPS n. 1, de 2015, traz um anexo em que são sugeridos questionamentos que podem ser aplicados a demandas envolvendo benefícios por incapacidade, e que pode ser aproveitado, em parte, em ações em que se discute a reparação de danos acidentários.

O próprio juiz da causa também pode (e algumas vezes o faz) formular quesitos a serem respondidos após o exame pericial, com base no art. 470, II, do Código de Processo Civil de 2015.

Expirado o prazo para quesitos e indicação de assistentes técnicos, o juiz determina a intimação do perito para que realize o exame pericial, fixando-lhe um prazo para a elaboração do laudo. O perito, então, deve informar a data, horário e local do exame pericial, se já não foram marcados pelo juiz (art. 474 do CPC/2015).

Ato contínuo, serão comunicadas as partes e os assistentes técnicos para que compareçam (o autor, principalmente, sem o qual o exame clínico não pode ser realizado). Uma vez fixado o momento do exame, o perito pode modificá-lo, por motivo de força maior, dele próprio ou de algum dos sujeitos envolvidos no exame, mas sempre informando previamente o juízo e as partes e assistentes técnicos, sob pena de violar o direito à ampla defesa, como prevê o § 2.º do art. 466, que impõe ao perito "assegurar aos assistentes das partes o acesso e o acompanhamento das diligências e dos exames que realizar, com prévia comunicação, comprovada nos autos, com antecedência mínima de cinco dias".

É relativamente comum a anulação de perícias porque não se permitiu que os assistentes técnicos acompanhassem o exame clínico e outras diligências do perito judicial. Por tal razão, chamamos a atenção para a necessidade de cumprimento dessa regra fundamental, decorrente do direito à ampla defesa e à publicidade dos atos processuais, para que não se tenha eventual destituição de perito por esse motivo.

Se o perito, por motivo justificado, não puder apresentar o laudo dentro do prazo, o juiz poderá conceder-lhe, por uma vez, prorrogação pela metade do prazo originalmente fixado – art. 476 do Código de Processo Civil de 2015.

Realizado o exame, o perito deve expedir laudo conclusivo, em que responda às indagações do juízo sobre a (in)capacidade laborativa do segurado, bem como aos quesitos pertinentes.

Deve ser evitada a utilização desmesurada de expressões como "vide laudo" ou "já respondido no laudo", porquanto a função do perito é esclarecer os aspectos científicos a respeito do caso, na medida em que os seus "leitores" são leigos em medicina.

Entregue o laudo, por petição ou em audiência, pode haver quesitos complementares, que têm cabimento quando algum ponto possa precisar de esclarecimentos e que deverão ser apresentados pelas partes no prazo firmado pelo juiz. A resposta a tais quesitos é feita no mesmo formato que o laudo original, sendo despicienda a marcação de nova perícia, salvo se houver necessidade de novo exame clínico no segurado.

Entendemos cabível a realização de questionamentos após a entrega do laudo pericial, na medida em que dúvidas podem surgir quanto à análise do perito, o que, em face do direito à ampla defesa, somente pode ser discutido após o conhecimento do laudo.

A impugnação ao laudo pericial é medida processual que tem por finalidade discutir eventuais incongruências do parecer técnico exarado – seja (a) pelo incumprimento de normas processuais; (b) pela falta de conhecimento especializado do perito; (c) por fundamentação ausente ou insuficiente; (d) pela incoerência da conclusão com os documentos dos autos ou com apontamentos existentes nos laudos de assistentes técnicos; e, ainda, (e) pela indicação de que o procedimento para realização da perícia não obedeceu às normas metodológicas e ético-profissionais, por exemplo, a Resolução n. 2.323/2022 do CFM, como será visto no tópico a seguir.

A impugnação bem realizada é aquela que se pauta pela divergência de caráter técnico, sendo totalmente equivocado tecer comentários (ataques) pessoais a respeito do profissional envolvido, que apenas retiram a credibilidade da peça processual.

Da impugnação o juiz tem a faculdade de abrir vista ao perito judicial, para que se manifeste sobre seus fundamentos, mas não é obrigado a dar vista à parte contrária, a não ser que sejam juntados documentos com a impugnação, quando então é necessário obedecer ao contraditório.

Também é possível que o perito seja chamado a prestar esclarecimentos em audiência designada pelo juízo, respondendo, na ocasião, às indagações do juiz e àquelas que, feitas pelas partes, o juiz deferir – art. 477, § 3.º, do Código de Processo Civil. Nesse caso, as respostas do perito são tomadas a termo na própria ata de audiência, sendo desnecessário expedir laudo complementar.

Após tais atos processuais, encerra-se o trabalho do perito, em regra, naquele caso concreto – a exceção se dá quando, por algum motivo, anula-se a perícia realizada (por exemplo, por ausência de alguma formalidade legal, como a informação da data, local e hora da perícia, ou em razão de o laudo não ter sido conclusivo).

Convém apontar que o perito poderá ser substituído no processo, por ato do juiz, nas hipóteses do art. 468 do Código de Processo Civil:

> Art. 468. O perito pode ser substituído quando:
> I – faltar-lhe conhecimento técnico ou científico;
> II – sem motivo legítimo, deixar de cumprir o encargo no prazo que lhe foi assinado.

No caso previsto no inciso II, o juiz comunicará a ocorrência à corporação profissional respectiva, podendo, ainda, impor multa ao perito, fixada tendo em vista o valor da causa e o possível prejuízo decorrente do atraso no processo.

Para a elaboração do laudo o perito deve, além de examinar a parte autora, analisar a documentação médica do segurado, seja aquela já juntada aos autos, seja outra que porventura venha a ser solicitada. Além disso, a parte deve levar à perícia judicial todos os laudos, exames e diagnósticos que possuir e que sejam posteriores ao ajuizamento da ação para facilitar a constatação da incapacidade e de suas sequelas pelo perito.

Salientamos ainda que, caso a parte autora possua uma doença psiquiátrica e uma doença física, é interessante requerer a realização de duas perícias, visto que a perícia psiquiátrica deve ser efetuada por médico especialista. Segundo Bachur, "a análise psicológica deve considerar o estado mental e psicológico do paciente que tem ou não consciência de sua doença, mas que sofre com ela e com suas consequências, bem como dos sentimentos que desenvolve durante o tratamento".[8]

7.10 A METODOLOGIA PARA INVESTIGAÇÃO DE NEXO CAUSAL – RESOLUÇÃO N. 2.323/2022 DO CONSELHO FEDERAL DE MEDICINA

Sobre o procedimento para a realização da perícia técnica, ante a necessidade de se analisar o nexo causal entre os transtornos de saúde e as atividades do segurado, deve o profissional de medicina observar os ditames da Resolução n. 2.323/2022, do Conselho Federal de Medicina, que dispõe sobre normas específicas para o atendimento do trabalhador e sobre a metodologia aplicada pela Medicina do Trabalho para identificação (ou não) da existência de nexo de causalidade ou concausalidade entre enfermidades e o labor desempenhado. Citem-se, por relevantes à matéria, os arts. 2.º, 14, 15 e 16 da aludida Resolução:

> Art. 2.º Para o estabelecimento do nexo causal entre os transtornos de saúde e as atividades do trabalhador, além da anamnese, do exame clínico presencial (físico e mental), de relatórios e dos exames complementares, é dever do médico considerar:
>
> I – A história clínica e ocupacional atual e pregressa, decisiva em qualquer diagnóstico e/ou investigação de nexo causal;
>
> II – O estudo do local de trabalho;
>
> III – O estudo da organização do trabalho;
>
> IV – Os dados epidemiológicos;
>
> V – A literatura científica;
>
> VI – A ocorrência de quadro clínico ou subclínico em trabalhadores expostos a riscos semelhantes;
>
> VII – A identificação de riscos físicos, químicos, biológicos, mecânicos, estressantes e outros;
>
> VIII – O depoimento e a experiência dos trabalhadores;
>
> IX – Os conhecimentos e as práticas de outras disciplinas e de seus profissionais, sejam ou não da área da saúde.
>
> [...]
>
> Art. 14. São atribuições e deveres do médico perito judicial e assistentes técnicos:
>
> I – Examinar clinicamente o trabalhador e solicitar os exames complementares, se necessários;
>
> II – O médico perito judicial e os assistentes técnicos, ao vistoriarem o local de trabalho, devem estar acompanhados, se possível, pelo próprio trabalhador objeto da perícia, para melhor conhecimento do seu ambiente de trabalho e função;
>
> III – Estabelecer o nexo causal, considerando o exposto no artigo 2.º e incisos e como determina a Lei n. 12.842/2013, ato privativo do médico.

---

[8] BACHUR, Tiago Faggioni. *Manual prático do direito previdenciário*. Edição especial. Leme: Lemos e Cruz, 2014. p. 59.

Art. 15. Conforme artigo 465 do Código de Processo Civil, o juiz nomeará perito especializado no objeto e na natureza da perícia. A perícia com fins de determinação de nexo causal, avaliação de capacidade laborativa/aptidão, avaliação de sequela/valoração do dano corporal, requer atestação de saúde e definição do prognóstico referente ao diagnóstico nosológico, o que é, legalmente, ato privativo do médico.

§ 1.º É vedado ao médico participar como assistente técnico de perícia privativa de outra profissão regulamentada em lei.

§ 2.º É vedado ao médico realizar perícia médica na presença de assistente técnico não médico. Nesse caso, o médico perito deve suspender a perícia e informar imediatamente ao magistrado o seu impedimento.

Art. 16. Em ações judiciais, o médico perito poderá peticionar ao Juízo que oficie o estabelecimento de saúde ou o médico assistente para anexar cópia do prontuário do periciado, em envelope lacrado e em caráter confidencial."

Em ações judiciais, a cópia do prontuário médico, de exames complementares ou outros documentos poderá ser liberada por autorização do paciente ou dever legal (art. 11 da Resolução CFM n. 2.323/2022). É vedado ao médico que atenda ao trabalhador deixar de fazer constar no prontuário médico "todas as informações referentes aos atos médicos praticados" (art. 6.º, inc. IV, da Resolução CFM n. 2.323/2022). Pelo que se nota dos dispositivos da Resolução, pode-se concluir que:

a) a perícia realizada em Juízo não difere, em termos de deveres do profissional que a realiza, daquelas que devam ser realizadas por médicos de empresas ou do órgão previdenciário, seja quanto aos aspectos técnico-procedimentais, seja quanto aos aspectos ético-profissionais;

b) para uma adequada análise do possível nexo de causalidade, torna-se necessário, em regra, vistoriar o local de trabalho, a fim de observar os agentes que possam ter ocasionado a patologia do segurado (art. 2.º, inciso II, da Resolução), não sendo crível que um perito possa, sem sombra de dúvidas, avaliar a relação de causalidade com o labor sem saber exatamente de que forma a atividade laboral era cumprida;

c) o exame pericial não se esgota no exame clínico sobre a situação "presente" do segurado, devendo ser apreciada a histórica clínica e ocupacional, item que a Resolução considera decisivo para qualquer diagnóstico de nexo de causalidade;

d) para que se leve a efeito o direito à privacidade do segurado, impõe-se que este autorize a liberação de seu(s) prontuário(s) médicos para o exame pericial, cabendo ao advogado do segurado juntar a autorização, ou o Juiz obtê-la do segurado, lembrando-o de que tais elementos servem para a comprovação de sua situação de saúde à época discutida;

e) pelo teor da Resolução, parece inadmissível a realização de perícias em locais onde não se resguarde a intimidade do segurado, visto que o exame clínico pode trazer constrangimento ao indivíduo pela sua exposição indevida, por exemplo, numa sala de audiências.

7.11 O JUIZ E A PROVA PERICIAL

O juiz apreciará a prova pericial de acordo com o disposto no art. 371 do Código de Processo Civil, indicando na sentença os motivos que o levaram a considerar ou a deixar de considerar as conclusões do laudo, levando em conta o método utilizado pelo perito (art. 479 do CPC).

A jurisprudência atual, assim como as Diretrizes do Programa Trabalho Seguro do CSJT, vêm rechaçando a realização de laudos periciais em desconformidade com as exigências identificadas na aludida Resolução e nas que a antecederam, pois em nada colaboram para a descoberta da verdade real quanto ao nexo de causalidade/concausalidade entre a enfermidade e o trabalho. Conforme a hipótese dos autos, havendo outros elementos de prova, pode-se avançar ao mérito, mas, sendo a perícia a única prova, ou se é considerada imprescindível, deve ser anulado o laudo e refeita a perícia *in loco*:

> Nulidade da perícia médica. Ausência de diligência *in loco*. Fragilidade do suporte fático da análise técnica. Configuração. É nula a perícia médica que, não realizando a verificação *in loco* do ambiente de trabalho, equipamentos, ergonomia e forma de realização do serviço, atesta a existência de relação concausal entre a patologia e o labor mediante prognóstico genérico de concausalidade, não individualmente dimensionada para a realidade fática vivenciada pelo trabalhador. Preliminar de nulidade processual acolhida (TRT-12, ROT 0000763-18.2020.5.12.0009, 5.ª Câmara, Rel. Des. Trab. Ligia Maria Teixeira Gouvea, 18.05.2022).

> Doença equiparada a acidente de trabalho. Nexo de causalidade ou concausalidade. Perícia judicial inconsistente. Comprovação pelo laudo do perito do INSS. A perícia judicial não analisou o histórico clínico, "decisivo em qualquer diagnóstico de nexo causal", [...] pelo que inútil para fins probantes. Mas, por força do laudo médico pericial previdenciário, quanto ao benefício pago pelo INSS, face a inexistência de outras provas técnicas válidas em sentido oposto, conclui-se que há nexo de causalidade entre o trabalho e a enfermidade, sendo certo que o dano experimentado não foi de natureza grave, pois o trabalhador se encontra, após a cessação do benefício, apto para o trabalho. Responsabilidade mantida, porém reduzido o valor da indenização por danos imateriais, sendo indevida a pretensão de custeio de tratamento e medicação pós-alta (TRT-12, ROT 0001707-49.2017.5.12.0001, 3.ª Câmara, Rel. Juiz convocado Carlos Alberto Pereira de Castro, data de assinatura 20.07.2020).

A solução quando o feito já se encontra em grau de recurso, no caso, é converter o julgamento em diligência para a produção de nova perícia, na forma do art. 938, § 3.º, do Código de Processo Civil:

> Art. 938. [...]
> § 3.º Reconhecida a necessidade de produção de prova, o relator converterá o julgamento em diligência, que se realizará no tribunal ou em primeiro grau de jurisdição, decidindo-se o recurso após a conclusão da instrução.

Muitas vezes a prova produzida em ações trabalhistas também pode ser aproveitada para formar o convencimento do julgador para a demanda em que se postula a concessão ou restabelecimento do benefício. Nesse sentido, colhe-se da jurisprudência:

> Previdenciário. Auxílio-acidente. Problemas ortopédicos. Perícia que não reconhece redução da capacidade laboral. Contradição com laudo produzido em ação trabalhista, que atesta diminuição da *performance*. Contexto probatório insuficiente à formação de um juízo seguro de convicção. Necessidade de realização de nova prova. Conversão do julgamento em diligência para a produção de perícia. CPC, art. 938, § 3.º (TJSC, AC 0317979-51.2014.8.24.0038, 1.ª Câmara de Direito Público, Rel. Des. Paulo Henrique Moritz Martins da Silva, j. 30.01.2020).

EXEMPLOS DE QUESITOS PARA PERÍCIA MÉDICA

Para utilização em processos envolvendo a matéria acidentária, segue lista de quesitos que podem ser formulados ao perito.

Considerando a matéria objeto de perícia, bem como a Resolução n. 2.323/2022 do Conselho Federal de Medicina, que disciplina o procedimento de verificação de possível nexo de causalidade entre a entidade mórbida e a atividade laboral, com base no exame clínico (e exames complementares, se for o caso) e no histórico ocupacional do periciando, decisivo em qualquer diagnóstico dessa natureza (art. 2.º da Resolução CFM 2.323/2022), queira o(a) Sr(a). *expert* responder aos quesitos a seguir:

- Qual a atividade/profissão do(a) periciando(a) e quais as suas atribuições?
- Em que data se afastou do emprego ou atividade?
- O(A) periciando(a) é portador(a) de doença, lesão ou moléstia que o(a) incapacite para o exercício de sua atividade? Em caso positivo, qual(is) a(s) CID(s)? Desde quando?
- O(A) periciando(a) é portador(a) de doença, lesão ou moléstia que o(a) incapacite para a vida independente? Em caso positivo, qual(is) a(s) CID(s)? Desde quando?
- Quais as características das doenças ou enfermidades de que está acometido(a) o(a) periciando(a)?
- Caso o(a) periciando(a) esteja incapacitado(a), com base no histórico ocupacional, tal situação já se observava quando do indeferimento (ou cessação) do benefício requerido junto ao INSS ou foi posterior?
- A incapacidade laborativa do(a) periciando(a) sobreveio por motivo de progressão ou agravamento de sua doença, moléstia ou lesão?
- Caso o(a) periciando(a) esteja incapacitado(a), essa incapacidade é temporária ou permanente? Total ou parcial?
- Há nexo de causalidade entre o trabalho e a enfermidade?
- Tratando-se de doença degenerativa, há concausalidade pelo agravamento de seu estado de saúde em razão do trabalho desempenhado?
- O(A) periciando(a) exerce atividade com esforços repetitivos ou exposto(a) a agentes nocivos à saúde acima dos limites de tolerância?

- Havia cobrança de metas de produtividade? Tais metas eram exequíveis em condições normais de trabalho, ou havia sobrecarga de atividade?
- Qual o grau de redução da capacidade laborativa do(a) periciando(a)?
- Qual o comprometimento sofrido pelo(a) periciando(a) em sua rotina e hábitos diários (não atinentes a sua vida laboral)?
- O(A) periciando(a) necessita de acompanhamento de terceiros para a realização de suas atividades habituais (higiene pessoal, alimentação etc.)?
- Caso o(a) periciando(a) esteja temporariamente incapacitado(a), qual seria a data sugerida para a reavaliação do benefício por incapacidade temporária?
- Caso o(a) periciando(a) esteja incapacitado(a) temporariamente, é possível que essa incapacidade aumente e venha a se tornar permanente?

Capítulo 8

DIREITOS RELATIVOS À FILIAÇÃO BIOLÓGICA E AFETIVA

A proteção à gestante e à pessoa adotante é garantida, no Brasil, tanto no âmbito do direito do trabalho quanto no do direito previdenciário.

No campo das relações de trabalho, a proteção da maternidade se dá:

a) pela estabilidade conferida, na forma do art. 10 do Ato das Disposições Constitucionais Transitórias, à empregada urbana ou rural, desde a confirmação da gravidez até cinco meses após o parto, até que venha a ser disciplinada a matéria disposta no inciso I do art. 7.º do Texto Constitucional (a Lei Complementar n. 146/2014 estendeu a estabilidade provisória prevista na alínea *b* do inciso II do art. 10 do ADCT, no caso de morte da gestante, a quem detiver a guarda de seu filho);[1]

b) pela licença, de 120 dias, prevista no art. 7.º, XVIII, inclusive em caso de adoção (arts. 392 e 392-A da CLT);

c) pela possibilidade de alteração do local de trabalho ou função, por prescrição médica, a fim de evitar problemas na gestação e pela liberação do trabalho, para fins de consultas médicas e exames, num mínimo de seis vezes, durante o período de gravidez – § 4.º do art. 392 da CLT;

d) pela autorização legal para rompimento do vínculo de emprego quando prejudicial à gestação, sem que seja devido qualquer desconto ou indenização – art. 394 da CLT;

e) pela vedação expressa à discriminação da mulher no tocante ao seu estado de fertilidade e gravidez, caracterizada a conduta discriminatória do empregador como ilícito penal, além de trabalhista – Lei n. 9.029/1995;

f) pelo direito a ser afastada, enquanto durar a gestação e a lactação, de atividades consideradas insalubres, em qualquer grau (CLT, art. 394-A e decisão do STF na ADI n. 5.938);

g) ao pagamento do adicional de insalubridade em caso de afastamento da atividade, efetivando-se a compensação, observado o disposto no art. 248 da Constituição Federal, por ocasião do recolhimento das contribuições incidentes sobre a folha de salários e demais rendimentos pagos ou creditados,

---

[1] A estabilidade provisória aplica-se também ao empregado ou empregada adotante ao qual tenha sido concedida guarda provisória para fins de adoção, como veremos no decorrer do capítulo (Lei n. 13.509/2017).

a qualquer título, à pessoa física que lhe preste serviço (§ 2.º do art. 394-A da CLT).

No campo previdenciário, evidencia-se a proteção da maternidade pela concessão do benefício denominado salário-maternidade com duração em regra geral de 120 dias.

8.1 O SALÁRIO-MATERNIDADE BIOLÓGICO E POR ADOÇÃO

O salário-maternidade é o benefício devido aos segurados (de ambos os gêneros) do RGPS, inclusive aqueles em prazo de manutenção dessa qualidade (período de graça), que cumprirem a carência, quando exigida, por motivo de parto, aborto não criminoso, adoção ou guarda judicial para fins de adoção (art. 357 da IN INSS/PRES n. 128/2022).

A Lei n. 13.467/2017, embora trate da denominada "reforma trabalhista", prevê a percepção de salário-maternidade durante todo o período de afastamento (e não apenas por 120 dias) quando não for possível que a gestante ou a lactante afastada exerça suas atividades em local salubre na empresa, hipótese em que será considerada como gravidez de risco (§ 3.º do art. 394-A da CLT).

Ruprecht, mencionando a posição de *Chantal Paòli*, do *Bureau* Internacional do Trabalho, sustenta a magnitude da proteção social da mulher gestante: "Trata-se de preservar sua função fisiológica no processo da criação, facilitar o cuidado dos filhos e a atenção à família, garantindo seus interesses profissionais e sua renda no mercado de trabalho, sem diminuir nem deteriorar sua condição feminina".[2]

A Consolidação das Leis do Trabalho foi o primeiro normativo legal a garantir o descanso remunerado da gestante, antes e depois do parto, sem prejuízo do emprego e do salário, pelo período de quatro semanas antes do parto e oito semanas após (art. 392). Posteriormente, a Constituição de 1967 garantiu esse direito (art. 165, inc. XI), estabelecendo também a proteção da Previdência Social com relação à maternidade (art. 157, inc. XVI).

Com a Lei n. 6.136, de 07.11.1974, o salário-maternidade passou a ser pago como prestação previdenciária, desonerando-se o empregador de pagar o salário da empregada gestante no período em que lhe era garantido o afastamento do serviço, na época, de 12 semanas. Desde então, a empresa adiantava o salário integral à empregada em gozo de licença-maternidade e depois era reembolsada desse valor quando dos recolhimentos devidos ao INSS.

A Constituição de 1988 garantiu proteção à maternidade, especialmente à gestante, no art. 201, III, estendendo a duração da licença para 120 dias, sem prejuízo do emprego e do salário, consoante disposição contida no art. 7.º, inc. XVIII.

No Plano de Benefícios da Previdência Social, as regras para concessão desse benefício foram disciplinadas nos arts. 71 a 73, sendo concedido inicialmente às seguradas empregada, trabalhadora avulsa e empregada doméstica, sem exigência de carência, com duração de 120 dias, podendo ter início no período entre 28 dias antes do parto e a data de ocorrência deste.

---

[2] RUPRECHT, Alfredo J. *Direito da seguridade social*. São Paulo: LTr, 1996. p. 259.

A Lei n. 8.861, de 25.03.1994, estendeu à segurada especial o direito à percepção do benefício, fixando o valor em um salário mínimo, desde que comprovado o exercício da atividade rural nos últimos 12 meses imediatamente anteriores à data do início do benefício, mesmo que de forma descontínua (carência posteriormente reduzida para dez meses).

Na sequência, a Lei n. 9.876, de 26.11.1999, estendeu o salário-maternidade à segurada contribuinte individual e facultativa, criando regras próprias relativamente ao valor e ao prazo de carência.

Em seguida, a Lei n. 11.770, de 09.09.2008, possibilitou a extensão do benefício para 180 dias, mas apenas para as seguradas empregadas cuja empresa faça adesão ao Programa Empresa Cidadã.

Por sua vez, a Lei n. 10.421, de 15.04.2002, que alterou a CLT e a LBPS, estendeu o direito à segurada que adotar ou obtiver guarda judicial para fins de adoção de criança com idade até 8 anos. Por sua vez, a Lei n. 12.873, de 24.10.2013, entre outras medidas, passou a proteger *o segurado ou segurada* que adotar ou obtiver guarda judicial para fins de adoção, considerando devido o salário-maternidade por adoção.

Cabe referir também que o STF reconheceu a existência de repercussão geral à controvérsia relativa ao reconhecimento do direito de gestante, contratada por prazo determinado ou ocupante de cargo em comissão não ocupante de cargo efetivo, à licença--maternidade e à estabilidade provisória, quando a gravidez tenha ocorrido durante a prestação dos serviços (art. 7.º, inc. XVIII, da CF; art. 10, inc. II, *b*, do ADCT): *Tema n. 542* – ARE 674.103, *DJe* 18.06.2013.[3]

Embora pendente o julgamento do mérito dessa repercussão geral, entendemos que o salário-maternidade é devido em tais hipóteses, pois até mesmo o contrato por prazo determinado gera direito à estabilidade provisória e, caso não respeitada a estabilidade, a qualidade de segurada perdura em face do período de graça previsto no art. 15 da Lei n. 8.213/1991.

O STF, aplicando a técnica do *distinguish*, entendeu que: "É infraconstitucional, a ela se aplicando os efeitos da ausência de repercussão geral, a controvérsia relativa à prorrogação de licença-maternidade a servidoras estaduais contratadas em caráter

---

[3] "As gestantes – quer se trate de servidoras públicas, quer se cuide de trabalhadoras, qualquer que seja o regime jurídico a elas aplicável, não importando se de caráter administrativo ou de natureza contratual (CLT), mesmo aquelas ocupantes de cargo em comissão ou exercentes de função de confiança ou, ainda, as contratadas por prazo determinado, inclusive na hipótese prevista no inciso IX do art. 37 da Constituição, ou admitidas a título precário – têm direito público subjetivo à estabilidade provisória, desde a confirmação do estado fisiológico de gravidez até cinco (5) meses após o parto (ADCT, art. 10, II, *b*), e, também, à licença--maternidade de 120 dias (CF, art. 7.º, XVIII, c/c o art. 39, § 3.º), sendo-lhes preservada, em consequência, nesse período, a integridade do vínculo jurídico que as une à Administração Pública ou ao empregador, sem prejuízo da integral percepção do estipêndio funcional ou da remuneração laboral. Doutrina. Precedentes. Convenção OIT n. 103/1952. Se sobrevier, no entanto, em referido período, dispensa arbitrária ou sem justa causa de que resulte a extinção do vínculo jurídico-administrativo ou da relação contratual da gestante (servidora pública ou trabalhadora), assistir-lhe-á o direito a uma indenização correspondente aos valores que receberia até cinco (5) meses após o parto, caso inocorresse tal dispensa. Precedentes" (STF, RE 634.093 AgR, 2.ª Turma, Rel. Min. Celso de Mello, *DJe* 07.12.2011).

temporário" e afastou, no caso, a incidência do Tema n. 542 de Repercussão Geral (Rel. Min. Luiz Fux, Plenário Virtual, publ. 07.04.2022).

Quanto à natureza jurídica do salário-maternidade, não há que se confundir com a noção de salário *stricto sensu*, pois é benefício cujo ônus é integral da Previdência Social. Ainda que o empregador urbano ou rural tenha por obrigação adiantá-lo à trabalhadora em licença, o reembolso do valor adiantado é total, de modo que o INSS é o único responsável pelo efetivo pagamento do benefício.

De acordo com a redação original do art. 97 do Decreto n. 3.048/1999, o salário-maternidade da segurada empregada era devido enquanto existia a relação de emprego. Todavia, essa orientação foi alterada pelos Decretos n. 6.122/2007 e n. 10.410/2020, que deram redação diversa ao art. 97 do Regulamento da Previdência Social, para dispor que: (a) será devido pela Previdência Social enquanto existir relação de emprego, observadas as regras quanto ao pagamento desse benefício pela empresa; (b) durante o período de graça, a segurada desempregada fará jus ao recebimento do salário-maternidade, situação em que o benefício será pago diretamente pela Previdência Social.

Com a edição do Decreto n. 10.410/2020, caiu a restrição quanto à necessidade de a gestante ter sido despedida sem justa causa para fazer jus ao benefício, uma vez que a pessoa não pode ser compelida a ajuizar ação contra seu ex-empregador, e o direito ao benefício previdenciário é irrenunciável.

Acerca da situação da segurada empregada que teve seu vínculo de emprego rompido durante a gravidez, qualquer que seja a causa do rompimento (fim do contrato a termo, demissão voluntária, dispensa por justa causa ou mesmo imotivada), é mantido o direito ao benefício, visto que "o fato de ser atribuição da empresa pagar o salário-maternidade no caso da segurada empregada não afasta a natureza de benefício previdenciário da prestação em discussão, que deve ser pago, no presente caso, diretamente pela Previdência Social" (STJ, REsp 2012/0030825-8, 2.ª Turma, Rel. Min. Mauro Campbell Marques, *DJe* 28.05.2013).

A Turma Nacional de Uniformização (TNU), por sua vez, fixou tese no sentido de que: "o pagamento de indenização trabalhista à empregada demitida sem justa causa, em valor comprovadamente correspondente a todos os salários relativos ao período em que a gestante gozaria de estabilidade, exclui a necessidade de concessão do benefício de salário-maternidade" (PEDILEF 5010236-43.2016.4.04.7201/SC, j. 18.09.2017).

É de destacar que, de acordo com o art. 103 do Decreto n. 3.048/1999, a segurada aposentada que retornar à atividade fará jus ao pagamento do salário-maternidade (o art. 357, § 8.º, da IN INSS/PRES n. 128/2022 vai além e indica o entendimento do INSS de que a aposentada faz jus ao benefício mesmo quando não tenha deixado de exercer a atividade).

Raros são os casos de seguradas aposentadas na condição de mães biológicas (embora uma pessoa aposentada por incapacidade permanente possa estar ainda em idade fértil), no entanto esse dispositivo tem relevância nos casos de adoção.

A análise do direito ao salário-maternidade deverá observar o fato gerador correspondente, para fins de atendimento dos requisitos de acesso ao benefício, que poderá ser a data do afastamento, o parto, o aborto não criminoso ou a adoção ou guarda judicial para fins de adoção, conforme o caso (art. 357, § 6.º, da IN INSS/PRES n. 128/2022).

8.1.1 Período de carência

A concessão do salário-maternidade independe do número de contribuições pagas por pessoas nas categorias de segurado empregado, inclusive doméstico, e trabalhador avulso.

Para pessoas seguradas nas categorias contribuinte individual, especial e facultativo, o prazo de carência é de dez contribuições mensais, assim como para os que estiverem em período de manutenção da qualidade de segurado decorrente dessas categorias.

Com relação a segurados especiais que não contribuíram facultativamente, o período de carência é contado a partir do início do efetivo exercício da atividade rural, mediante comprovação. Logo, para estes, considera-se como período de carência o tempo de efetivo exercício de atividade rural, ainda que de forma descontínua, correspondente ao número de meses necessários à concessão do benefício requerido.

No tocante ao cumprimento da carência, a TNU uniformizou que:

> A concessão de salário-maternidade à trabalhadora rural depende da comprovação do trabalho rural no período de carência mediante a apresentação de início de prova material contemporânea ao período de carência (PEDILEF 2004.81.10.027622-3/CE, *DJ* 24.06.2010).

> Tendo perdido a qualidade de segurada, a interessada pode reingressar no RGPS após o início de gravidez; nesse caso, as contribuições respectivas podem ser consideradas para efeitos de carência do salário-maternidade (PUIL 0001305-34.2017.4.01.3500/GO, j. 18.03.2020).

A Lei n. 9.876/1999, ao criar o prazo de carência para a concessão do salário--maternidade, estabeleceu que, em caso de parto antecipado, o período de dez meses será reduzido em número de contribuições equivalente ao número de meses em que o parto foi antecipado. Dessarte, a segurada que concebeu dez meses após sua filiação ao RGPS e teve parto antecipado involuntariamente mantém o direito ao benefício.

8.1.2 Data de início e duração do salário-maternidade

O salário-maternidade, em caso de gestação, é devido à pessoa segurada da previdência social durante 120 dias, com início até 28 dias anteriores ao parto e término 91 dias depois dele, considerando, inclusive, o dia do parto. Ocorrendo parto antecipado, o benefício é pago por 120 dias após o parto.

Tratando-se de parto antecipado ou não, ainda que ocorra parto de natimorto, este último comprovado mediante certidão de óbito, a segurada terá direito aos 120 dias previstos em lei, sem necessidade de avaliação médico-pericial pelo INSS. Para fins de concessão do salário-maternidade, considera-se parto o evento que gerou a certidão de nascimento ou certidão de óbito da criança.

Quando houver efetivo risco para a vida do feto, da criança ou da mãe, os períodos de repouso anteriores e posteriores ao parto poderão ser prorrogados, excepcionalmente, por duas semanas, mediante atestado médico específico submetido à avaliação médico-pericial (art. 93, § 3.º, do Decreto n. 3.048/1999, com redação dada pelo Decreto n. 10.410/2020).

No caso de gravidez múltipla (gêmeos, trigêmeos etc.), será devido um único benefício.

O STF, apreciando o mérito da ADI n. 6.327, ratificando a medida cautelar, julgou procedente o pedido formulado para conferir interpretação conforme à Constituição ao art. 392, § 1.º, da CLT, assim como ao art. 71 da Lei n. 8.213/1991 e, por arrastamento, ao art. 93 do seu Regulamento (Decreto n. 3.048/1999), de modo a se considerar como termo inicial da licença-maternidade e do respectivo salário-maternidade a alta hospitalar do recém-nascido e/ou de sua mãe, o que ocorrer por último, prorrogando-se em todo o período o benefício, quando o tempo de internação exceder as duas semanas previstas no art. 392, § 2.º, da CLT, e no art. 93, § 3.º, do Decreto n. 3.048/1999, nos termos do voto do relator (Rel. Min. Edson Fachin, Plenário, Sessão Virtual de 14.10.2022 a 21.10.2022).

Por força da decisão liminar proferida na ADI n. 6.327, há julgados de TRTs no sentido de deferir o pagamento, pelo empregador, da prorrogação da licença considerando-se o seu início após a alta hospitalar (*v.g.*, TRT-4, ROT 0021004-46.2018.5.04.0028, 3.ª Turma, j. 19.04.2021).

Em caso de aborto não criminoso, comprovado mediante atestado médico, a segurada terá direito ao salário-maternidade correspondente a duas semanas.

O benefício tem início com o afastamento do trabalho pela segurada, seja antecipadamente ou na data do parto, o qual é determinado com base em atestado médico ou certidão de nascimento do filho. Compete à interessada instruir o requerimento do benefício com os atestados médicos necessários.

O recebimento do salário-maternidade está condicionado ao afastamento das atividades laborais, sob pena de suspensão de benefício (art. 357, § 2.º, da IN INSS/PRES n. 128/2022).

Questão inovadora é a previsão de pagamento de salário-maternidade – durante todo o período de afastamento do trabalho – nos casos em que a gestante ou a lactante não puder exercer atividade insalubre e não for possível a mudança de local de trabalho para ambiente salubre. Essa previsão consta da Lei n. 13.467, de 2017, que alterou a CLT, estabelecendo:

> Art. 394-A. Sem prejuízo de sua remuneração, nesta incluído o valor do adicional de insalubridade, a empregada deverá ser afastada de:
> I – atividades consideradas insalubres em grau máximo, enquanto durar a gestação;
> II – atividades consideradas insalubres em grau médio ou mínimo, durante a gestação;
> III – atividades consideradas insalubres em qualquer grau, durante a lactação.
> [...] § 2.º Cabe à empresa pagar o adicional de insalubridade à gestante ou à lactante, efetivando-se a compensação, observado o disposto no art. 248 da Constituição Federal, por ocasião do recolhimento das contribuições incidentes sobre a folha de salários e demais rendimentos pagos ou creditados, a qualquer título, à pessoa física que lhe preste serviço.

§ 3.º Quando não for possível que a gestante ou a lactante afastada nos termos do *caput* deste artigo exerça suas atividades em local salubre na empresa, a hipótese será considerada como gravidez de risco e ensejará a percepção de salário-maternidade, nos termos da Lei n. 8.213, de 24 de julho de 1991, durante todo o período de afastamento.

Muito embora a Lei de Benefícios não tenha sido alterada para contemplar essa hipótese de salário-maternidade, com base na solução de Consulta firmada pela Receita Federal/COSIT n. 287, de 14.10.2019, ficou esclarecido que pode haver a compensação das contribuições referente ao pagamento de salário-maternidade em casos de gravidez de risco por exposição à insalubridade:

> Salário-maternidade. Atividade insalubre. Gravidez de risco por insalubridade. Compensação (dedução). Possibilidade.
> Segundo a previsão legal objeto do art. 394-A, e § 3.º, da CLT, ao contribuinte é permitido o direito à dedução integral do salário-maternidade, durante todo o período de afastamento, quando proveniente da impossibilidade de a gestante ou lactante, afastada em face de atividades consideradas insalubres, e esta não possa exercer suas atividades em local salubre na empresa, restando caracterizada a hipótese como gravidez de risco.

No caso de terceirização, a empregadora precisa comprovar a impossibilidade de exercício de função em ambiente salubre de seu(s) estabelecimento(s) ou de outra contratante de seus serviços de terceirização, e não somente no estabelecimento da empresa onde a gestante estava alocada.

8.1.3 Benefício em caso de adoção e guarda judicial

O salário-maternidade, como visto, também é devido em caso de adoção ou obtenção de guarda judicial de criança para fins de adoção (art. 71-A da Lei n. 8.213/1991, com redação atual da Lei n. 12.873/2013).

Esse benefício é devido para o segurado ou segurada que adotar ou obtiver a guarda judicial para fins de adoção de criança (assim entendida a pessoa de até 12 anos de idade), pelo período de 120 dias, ainda que a mãe biológica do adotado ou da criança sob guarda já tenha percebido salário-maternidade quando do nascimento (art. 93-A, § 1.º, do Decreto n. 3.048/1999, redação conferida pelo Decreto n. 10.410/2020).

Nesse caso, havendo adoção por pessoas do sexo masculino, de caráter monoparental ou em união homoafetiva, o benefício poderá ser pago, obedecidos os demais requisitos, à pessoa do segurado.

O benefício na situação de adoção ou guarda judicial para fins de adoção passou a ser devido ao segurado do sexo masculino, a partir de 25.10.2013, data da publicação da Lei n. 12.873/2013.

Em caso de múltiplas adoções ou guardas judiciais de crianças, pela mesma segurada, na mesma data, somente será devido o valor de um salário-maternidade, a exemplo do que ocorre quando a segurada, mãe biológica, dá à luz a gêmeos.

8.1.4 Extensão em casos de falecimento da gestante ou da pessoa adotante

O benefício também passou a ser pago ao cônjuge ou companheiro(a) sobrevivente, em caso de falecimento do(a) primeiro(a) beneficiário(a), condicionado ao afastamento do beneficiário do trabalho ou da atividade desempenhada, sob pena de suspensão do benefício (art. 71-B e 71-C, da Lei n. 8.213/1991, incluídos pela Lei n. 12.873/2013).

A transferência do pagamento do benefício em caso de óbito da gestante não se aplica, conforme o art. 360 da IN INSS/PRES n. 128/2022:

- às situações em que houve realização de aborto não criminoso;
- no caso de falecimento do filho, ou seu abandono; ou
- nas hipóteses de perda ou destituição do poder familiar, decorrente de decisão judicial. O benefício será pago pelo tempo restante a que teria direito a pessoa do(a) falecido(a), que poderá ser, inclusive, total (óbito no dia do parto, sem que o período de 120 dias tenha sequer iniciado).

O pagamento do benefício deverá ser requerido até o último dia do prazo previsto para o término do salário-maternidade originário.

8.1.5 Prorrogação do salário-maternidade por mais sessenta dias – Programa Empresa Cidadã

A Lei n. 11.770, de 09.09.2008, ampliou a licença-maternidade de 120 para 180 dias. Para oferecer o benefício, a empresa precisa aderir voluntariamente a um programa e, em troca, recebe incentivos fiscais. A empregada pode optar se quer ou não a licença ampliada. A mãe deve requerer a ampliação até o final do primeiro mês após o parto. Os dois meses adicionais serão concedidos imediatamente após o prazo constitucional de 120 dias.

Para as pessoas beneficiárias que estejam em período de graça, a prorrogação em questão caberá apenas para repouso posterior ao fim do benefício (art. 358, § 2.º, da IN INSS/PRES n. 128/2022).

A prorrogação será garantida, na mesma proporção, também à empregada que adotar ou obtiver guarda judicial para fins de adoção de criança. No entanto, somente é devida a prorrogação às seguradas cujos empregadores aderirem ao Programa Empresa Cidadã.[4]

---

[4] "Maternidade. Prorrogação. Lei n. 11.770/2008. Programa Empresa Cidadã. Não empregada de empresa que não aderiu ao programa. Ausência de custeio.
1. Condicionada pelo legislador a prorrogação do benefício de salário-maternidade à adesão da empregadora ao Programa Empresa Cidadã, mediante benefício fiscal, somente os 120 dias de benefício possuem caráter eminentemente previdenciário, pois a segurada não contribui especificamente para fazer-lhe jus, de modo que não se pode associar fonte prévia de custeio para prorrogação do salário-maternidade às seguradas empregadas das empresas que não aderiram ao Programa Empresa Cidadã.
2. Somente é devida a prorrogação às seguradas cujas empregadoras aderiram ao Programa Empresa Cidadã, não havendo como equiparar situações distintas.

Durante o período de prorrogação da licença-maternidade, a empregada terá direito à sua remuneração integral, nos mesmos moldes devidos no período de percepção do salário-maternidade pago pelo RGPS.

Nesse período, a empregada não poderá exercer nenhuma atividade remunerada e a criança deverá ser mantida sob seus cuidados. Se houver descumprimento dessa regra, a empregada perderá o direito à prorrogação.

A prorrogação poderá ser compartilhada entre a mãe e o pai, desde que ambos sejam empregados de pessoa jurídica aderente ao Programa e que a decisão seja adotada conjuntamente, na forma estabelecida em regulamento. Nessa hipótese, a prorrogação poderá ser usufruída pelo empregado da pessoa jurídica que aderir ao Programa somente após o término da licença-maternidade, desde que seja requerida com 30 dias de antecedência (§§ 3.º e 4.º do art. 1.º da Lei n. 11.770/2008, incluídos pela Lei n. 14.457/2022).

Ainda a esse respeito, o § 1.º do art. 10 do ADCT garantiu a licença-paternidade de cinco dias. Por outro lado, a Lei 13.257/2016 estabeleceu a possibilidade de prorrogação da licença-paternidade por quinze dias, além dos cinco dias estabelecidos no ADCT, ao empregado de pessoa jurídica que aderir ao Programa Empresa Cidadã. Todavia, "não há na legislação pátria qualquer previsão no sentido de ampliar a licença-paternidade para 180 dias, ainda que sob a justificativa de nascimento de gêmeos" (TRT-3, RO 0010980-68.2017.5.03.0012, 11.ª Turma, Rel. Des. Marco Antonio Paulinelli Carvalho, publ. 09.11.2017).

Fica a empresa participante do Programa Empresa Cidadã autorizada a substituir o período de prorrogação da licença-maternidade pela redução de jornada de trabalho em 50% pelo período de 120 dias (art. 1.º-A da Lei n. 11.770/2008, incluído pela Lei n. 14.457/2022).

São requisitos para efetuar a substituição:

I – pagamento integral do salário à empregada ou ao empregado pelo período de 120 (cento e vinte) dias; e

II – acordo individual firmado entre o empregador e a empregada ou o empregado interessados em adotar a medida.

A pessoa jurídica que aderir ao Programa, desde que tributada com base no lucro real, poderá deduzir do imposto devido, em cada período de apuração, o total da remuneração integral pago nos 60 dias de prorrogação da licença-maternidade, vedada a dedução como despesa operacional.

No âmbito da Administração Pública federal direta, autárquica e fundacional, o Decreto n. 6.690, de 11.12.2008, institui o Programa de Prorrogação da Licença à Gestante e à Adotante. Nesse caso, a prorrogação da licença será custeada com recursos do Tesouro Nacional e aplica-se inclusive às servidoras públicas que tenham o seu

---

3. Não deve a prorrogação ser estendida às seguradas que trabalham em empresas que não aderiram ao programa da Lei n. 11.770, de 09.09.2008, sob pena de violação ao princípio da legalidade" (TRF-4, AI 5014573-47.2016.404.0000, 6.ª Turma, Des. Fed. Salise Monteiro Sanchotene, *DE* 27.06.2016).

período de licença-maternidade concluído entre 10.09.2008 e a data de publicação do referido Decreto.

A respeito do tema, o TRF da 4.ª Região em julgamento proferido em setembro de 2017 confirmou sentença em MS que determinou que o INSS conceda 180 dias de licença-maternidade a uma perita médica que adotou uma criança de 11 anos. Conforme a decisão da 3.ª Turma, não se pode diminuir o período de licença com base na idade da criança adotada.

Segundo a relatora do caso, Desembargadora Federal Marga Inge Barth Tessler, o STF tem decidido nesse sentido, citando jurisprudência do órgão em seu voto: "Os prazos da licença-adotante não podem ser inferiores aos prazos da licença-gestante, o mesmo valendo para as respectivas prorrogações. Em relação à licença-adotante, não é possível fixar prazos diversos em função da idade da criança adotada".[5]

No âmbito da jurisdição trabalhista, já se decidiu que as seguradas contratadas por autarquias sob o regime celetista fazem jus ao mesmo direito de extensão da licença:

> Conselhos de fiscalização de atividades profissionais. Licença e salário-maternidade. Estando a ré inserida no conceito de autarquia, sujeita-se ao disposto no Decreto n. 6.690/2008, que instituiu o programa de prorrogação da licença-maternidade para 180 dias (TRT-12, RO 0001368-88.2017.5.12.0034, 6.ª Câmara, Rel. Juiz convocado Carlos Alberto Pereira de Castro, publ. 21.08.2018).

8.1.6 Renda mensal inicial

O salário-maternidade consistirá numa renda mensal igual à remuneração integral da pessoa segurada, nas categorias de empregado e trabalhador avulso. Para as demais categorias de pessoas seguradas, a renda consistirá, segundo o art. 73 da LBPS, em:

– valor correspondente ao do seu último salário de contribuição, para a pessoa segurada empregada doméstica;[6]
– em um salário mínimo, para a pessoa segurada especial;
– em um doze avos da soma dos doze últimos salários de contribuição, apurados em período não superior a quinze meses, para as pessoas seguradas enquadradas nas categorias de contribuinte individual, facultativa e para as que mantenham a qualidade de segurado durante o período de graça.

A pessoa segurada que exerça atividades concomitantes fará jus ao salário-maternidade relativo a cada atividade para a qual tenha cumprido os requisitos exigidos. Nesse caso, o salário-maternidade relativo a uma ou mais atividades poderá ser inferior ao salário mínimo mensal, mas o valor global do salário-maternidade, consideradas

---

[5] Notícia constante do site do TRF-4. Disponível em: https://www2.trf4.jus.br/trf4/controlador.php?acao=noticia_visualizar&id_noticia=13176. Acesso em: 30 set. 2017.

[6] O art. 19-E do RPS prevê que, a partir de 13.11.2019, para fins de aquisição e manutenção da qualidade de segurado, de carência, de tempo de contribuição e de cálculo do salário de benefício exigidos para o reconhecimento do direito aos benefícios do RGPS e para fins de contagem recíproca, somente serão consideradas as competências cujo salário de contribuição seja igual ou superior ao limite mínimo mensal do salário de contribuição.

todas as atividades, não poderá ser inferior ao salário mínimo mensal (art. 98 do RPS, com redação dada pelo Decreto n. 10.410/2020).

Na hipótese de empregos intermitentes concomitantes, a média aritmética será calculada com relação a todos os empregos e será pago somente um salário-maternidade (art. 100-B, § 2.º, do RPS, incluído pelo Decreto n. 10.410/2020).

A respeito das parcelas que integram o salário-maternidade, tem-se na jurisprudência que o pagamento da gratificação de função deve ser assegurado à empregada nos casos de afastamento da função em razão da gestação, a fim de garantir os direitos da gestante e do nascituro, conforme o art. 392, § 4.º, inc. I, da CLT e os arts. 5.º, inc. I, 6.º e 7.º, inc. XX, da Constituição, pois deve ser mantido o padrão remuneratório da empregada nesse período (TRT-4, ROT 0020790-68.2018.5.04.0541, 7.ª Turma, Rel. Des. Wilson Carvalho Dias, j. 18.05.2020).

O salário-maternidade devido à pessoa empregada com jornada parcial, cujo salário de contribuição seja inferior ao seu limite mínimo mensal, será de um salário mínimo (art. 100-C, § 5.º, do RPS, incluído pelo Decreto n. 10.410/2020).

A Lei n. 13.846/2019 estabeleceu que se aplica à pessoa segurada desempregada, que estiver no período de graça, a regra de cálculo baseada na média dos 12 últimos salários de contribuição, apuradas em período não superior a 15 meses. Essa é também a orientação da TNU:

> Representativo de Controvérsia – Tema n. 202: O cálculo da renda mensal do salário maternidade devido à segurada que, à época do fato gerador da benesse, se encontre no período de graça, com a última vinculação ao RGPS na qualidade de segurada empregada, deve observar a regra contida no art. 73, inciso III, da Lei n. 8.213/91 (Processo 5075016-04.2016.4.04.7100/RS, j. 23.05.2019).

Aplicam-se mesmas regras de cálculo ao benefício de salário-maternidade devido ao segurado sobrevivente em caso de óbito da pessoa originariamente beneficiária, de acordo com sua última categoria de filiação no fato gerador (art. 240, § 4.º, da IN INSS/PRES n. 128/2022).

Se a segurada empregada percebe remuneração variável (como no caso das que recebem por comissões), o valor do benefício será apurado com base na média aritmética corrigida dos últimos seis salários de contribuição.

Em qualquer caso, é garantido o pagamento do salário-maternidade no valor de um salário mínimo.

O benefício de salário-maternidade devido a pessoas seguradas na condição de trabalhador avulso e empregado, exceto o doméstico, terá a renda mensal sujeita ao teto do subsídio em espécie dos Ministros do STF, em observância ao art. 248 da Constituição Federal (art. 240, § 3.º, da IN INSS/PRES n. 128/2022).

8.1.7 Pagamento pelo empregador e restituição

Na redação original do art. 72 da Lei n. 8.213/1991, o pagamento do salário-maternidade à segurada empregada era feito pela empresa, efetivando-se a compensação quando do recolhimento das contribuições sobre a folha de salários. Era pago diretamente pela Previdência Social somente para a empregada doméstica, em valor correspondente ao do seu último salário de contribuição; e, para a segurada especial, no valor de um salário mínimo.

Em face das alterações promovidas pela Lei n. 9.876/1999, o pagamento do salário-maternidade de todas as seguradas passou a ser feito diretamente pelo INSS ou mediante convênio pela empresa, sindicato ou entidade de aposentados devidamente legalizada, na forma do art. 311 do Decreto n. 3.048/1999.

A Lei n. 10.710, de 05.08.2003, retomou a forma antiga de procedimento: o art. 72, em seu § 1.º, prevê caber à empresa adiantar à segurada o valor do salário-maternidade, compensando o valor deste com o das contribuições patronais incidentes sobre folha de pagamento de salários e demais rendimentos das pessoas físicas que lhe prestaram serviços. Assim, o INSS continua pagando diretamente o benefício às demais seguradas (trabalhadoras avulsas, empregadas domésticas, contribuintes individuais e seguradas especiais) e, mediante compensação, às seguradas empregadas urbanas e rurais – art. 73 da Lei n. 8.213/1991.

Cabe reembolso dos valores adiantados pelo empregador a título de quotas do salário-família e do salário-maternidade e a compensação do adicional de insalubridade a que se refere o § 2.º do art. 394-A da Consolidação das Leis do Trabalho (no período de afastamento da função da empregada gestante e/ou lactante que labora em atividades insalubres) – art. 255 do RPS, com a redação dada pelo do Decreto n. 10.410/2020.

Atualmente, o procedimento administrativo mediante o qual o sujeito passivo postula restituição ou compensação pela RFB deve ser feito *on-line*, por meio de programa (PER/DCOMP) próprio disponibilizado no *site* da Receita Federal, e realizado na forma da IN RFB n. 2.055/2021. O interessado deve observar os prazos prescricionais, além de ter em mãos a comprovação do recolhimento ou do pagamento do valor a ser requerido, como requisito para que se efetue a restituição.

O salário-maternidade em caso de adoção é pago diretamente pela Previdência Social (art. 93-A, § 6.º, do RPS, com redação atual conferida pelo Decreto n. 10.410/2020).

O salário-maternidade não poderá ser acumulado com benefício por incapacidade, o qual deverá ser suspenso enquanto perdurar o referido pagamento.

O valor pago adiantadamente pelo empregador a título de salário-maternidade sofria a incidência da contribuição devida por esta. No entanto, esse tema foi objeto da Repercussão Geral n. 72 no STF, que afastou essa contribuição: "É inconstitucional a incidência de contribuição previdenciária a cargo do empregador sobre o salário maternidade" (*Leading Case*: RE 576967, Tribunal Pleno, Sessão Virtual, j. 05.08.2020).

8.1.8 Cessação do benefício

O pagamento do salário-maternidade pela Previdência Social cessa após o período de 120 dias, caso não haja prorrogação na maternidade biológica (duas semanas), ou, ainda, pelo falecimento da segurada.

Na hipótese de falecimento, todavia, o pagamento pode ser concedido, pelo tempo restante, à pessoa do cônjuge ou companheiro(a) sobrevivente, desde que possua a qualidade de segurado do RGPS e, caso receba benefício com o qual não se pode acumular o salário-maternidade, cabe a opção pelo benefício mais vantajoso.

8.1.9 Despedimento e pagamento pelo INSS

Problemas surgem quando o empregador despede de forma imotivada a pessoa gestante, medida que é nula de pleno direito, em matéria de legislação do trabalho, como será visto adiante, mas repercute também na relação da pessoa com a Previdência Social. Veja-se, a respeito de como a matéria deve ser tratada pelo INSS, a orientação do CRPS, expresso no Enunciado n. 6:

> Cabe ao INSS conceder o salário-maternidade à gestante demitida sem justa causa no curso da gravidez, preenchidos os demais requisitos legais, pagando-o diretamente.
> I – É vedado, em qualquer caso, o pagamento do salário-maternidade em duplicidade, caso a segurada tenha sido indenizada pelo empregador.
> II – Poderá ser solicitada diligência a fim de comprovar se houve pagamento do valor correspondente ao salário-maternidade pelo ex-empregador, enquanto não transcorrer o prazo prescricional para pretensão de créditos trabalhistas.

A TNU uniformizou o entendimento no sentido de que a má-fé do empregador não impede o pagamento do salário-maternidade. Segundo decidido no Pedido de Uniformização 2011.72.55.000917-0, publicado no *DOU* de 08.06.2012:

> Em tal situação, cabe ao INSS suportar diretamente o pagamento do salário-maternidade, não sendo razoável impor à empregada demitida buscar da empresa a satisfação pecuniária, quando, ao final, quem efetivamente suportará o pagamento do benefício é o INSS, em face do direito do empregador à compensação.

Ademais, o Colegiado ratificou esse entendimento ao julgar o Representativo de Controvérsia – Tema n. 113, fixando a seguinte tese jurídica: "O salário-maternidade é devido mesmo nos casos de desemprego da gestante, hipótese em que deverá ser pago diretamente pela Previdência Social" (PEDILEF 2010.71.58.004921-6/RS, Sessão de 13.11.2013).

No mesmo sentido a orientação do STJ:

> Dispensa arbitrária. Manutenção da condição de segurada. Pagamento pelo INSS de forma direta. Cabimento no caso. Proteção à maternidade. [...] O fato de ser atribuição da empresa pagar o salário-maternidade no caso da segurada empregada não afasta a natureza de benefício previdenciário da prestação em discussão, que deve ser pago, no presente caso, diretamente pela Previdência Social (REsp 1.309.251/RS, 2.ª Turma, Rel. Min. Mauro Campbell Marques, *DJe* 28.05.2013).

O salário-maternidade poderá ser requerido no prazo de cinco anos, a contar da data do fato gerador, exceto na situação do cônjuge ou companheiro(a) sobrevivente, que deverá requerer até o último dia do prazo previsto para o término do benefício originário (art. 357, § 5.º, da IN n. 128/2022).

É de observar que, tratando-se de demanda contra o empregador em que se postula direito assegurado pela CLT, como o direito ao afastamento do trabalho, ou diferenças do salário-maternidade adiantado pelo empregador, o que tem origem e incidência no contrato de trabalho mantido entre as partes, resta evidente a natureza laboral da demanda, o que atrai a competência da Justiça do Trabalho para apreciá-la, na forma do art. 114, I, da Constituição Federal (TRT-1, RO 0100024-83.2018.5.01.0056, 7.ª Turma, Rel. Des. Rogerio Lucas Martins, publ. 07.11.2018). Nas hipóteses em que o pagamento for feito diretamente pelo INSS, a ação deve ser intentada contra a Autarquia, sendo de competência da Justiça Federal.

8.2 GARANTIA DE EMPREGO DA GESTANTE, DA PESSOA ADOTANTE E DO SUPÉRSTITE

O art. 10, inc. II, *b*, da Carta Magna estabelece:

> Art. 10. Até que seja promulgada a Lei Complementar a que se refere o artigo 7.º, I, da Constituição:
> [...]
> II – Fica vedada a dispensa arbitrária ou sem justa causa:
> [...]
> b) da empregada gestante, desde a confirmação da gravidez até cinco meses após o parto.

Como salientado na jurisprudência do STF (RE 629.053/SP) a respeito da importância desse tema:

> A proteção contra dispensa arbitrária da gestante caracteriza-se como importante direito social instrumental protetivo tanto da mulher, ao assegurar-lhe o gozo de outros preceitos constitucionais licença-maternidade remunerada, princípio da paternidade responsável, quanto da criança, permitindo a efetiva e integral proteção ao recém-nascido, possibilitando sua convivência integral com a mãe, nos primeiros meses de vida, de maneira harmônica e segura econômica e psicologicamente, em face da garantia de estabilidade no emprego, consagrada com absoluta prioridade, no art. 227 do texto constitucional, como dever inclusive da sociedade (empregador).

Quanto à interpretação do dispositivo do ADCT em comento, o TST possui a Súmula n. 244, nos seguintes termos:

> Gestante. Estabilidade provisória (redação do item III alterada na sessão do Tribunal Pleno realizada em 14.09.2012) – Res. 185/2012, *DEJT* divulgado em 25, 26 e 27.09.2012
> I – O desconhecimento do estado gravídico pelo empregador não afasta o direito ao pagamento da indenização decorrente da estabilidade (art. 10, II, "b", do ADCT).
> II – A garantia de emprego à gestante só autoriza a reintegração se esta se der durante o período de estabilidade. Do contrário, a garantia restringe-se aos salários e demais direitos correspondentes ao período de estabilidade.

III – A empregada gestante tem direito à estabilidade provisória prevista no art. 10, inciso II, alínea "b", do Ato das Disposições Constitucionais Transitórias, mesmo na hipótese de admissão mediante contrato por tempo determinado.

O STF, no RE 629.053, em 10.10.2018, ao apreciar o Tema n. 497 de Repercussão Geral, confirmou o entendimento do item I da Súmula n. 244 do TST e fixou a seguinte tese: "A incidência da estabilidade prevista no art. 10, inc. II, do ADCT, somente exige a anterioridade da gravidez à dispensa sem justa causa".

Portanto, segundo a Suprema Corte, a incidência da estabilidade provisória da gestante depende da existência de dois requisitos cumulativos, quais sejam: a anterioridade da gravidez e a dispensa sem justa causa, ou seja, consolidou-se que, para fins de proteção contra despedida da gestante, não há necessidade de que a gravidez tenha sido comunicada ao empregador. Acrescente-se que a previsão constante de instrumento normativo, no sentido de limitar ou exigir condição do conhecimento do estado gravídico não se coaduna com o espírito da norma constitucional garantidora da estabilidade, pelo que se torna inválida (AIRR 879-65.2008.5.10.0020, 3.ª Turma, Rel. Min. Alexandre de Souza Agra Belmonte, *DEJT* 31.03.2017).

Surge daí mais uma questão relevante: a identificação da data da concepção não se dá com precisão plena, pois os exames gestacionais possuem uma "margem de erro". A solução para os casos em que há dúvida se a concepção ocorreu antes ou após o fim do contrato é resolvida da seguinte forma pelo TST:

> 1. No caso dos autos, consta no acórdão do TRT que: a) a contagem retroativa da gravidez a partir da data de nascimento indica a concepção em 07.10.2016, quando ainda vigente o contrato de trabalho, extinto em 24.10.2016; b) o exame de idade gestacional, por sua vez, indica concepção provável em 25.10.2016, um dia após extinto o vínculo. Porém, como esse segundo exame tem uma margem de erro de uma semana a mais ou a menos, e diante da contagem retroativa a partir do nascimento indicar concepção bem anterior a 25.10.2016, os dois exames em conjunto, embora não conclusivos, autorizam o reconhecimento do direito postulado.
>
> 2. Ainda que assim não fosse, a jurisprudência desta Corte, em casos como o dos autos, em que há dúvida acerca do momento exato da concepção para fins de estabilidade, vem se firmando que deve ser reconhecido o direito que visa à tutela do nascituro, da família e da dignidade do ser humano. Julgados.
>
> 3. Recurso de revista de que se conhece e a que se dá provimento (RR 236-58.2017.5.09.0008, 6.ª Turma, Redatora Min. Kátia Magalhães Arruda, *DEJT* 16.12.2022).

Quanto aos aspectos trabalhistas da licença-adoção, importante relembrar o disposto nos arts. 392-A a 392-C da CLT:

> Art. 392-A. À empregada que adotar ou obtiver guarda judicial para fins de adoção de criança ou adolescente será concedida licença-maternidade nos termos do art. 392 desta Lei. (Redação dada pela Lei n. 13.509, de 2017.)
>
> § 4.º A licença-maternidade só será concedida mediante apresentação do termo judicial de guarda à adotante ou guardiã. (Incluído pela Lei n. 10.421, 15.04.2002.)

§ 5.º A adoção ou guarda judicial conjunta ensejará a concessão de licença-maternidade a apenas um dos adotantes ou guardiães empregado ou empregada. (Incluído pela Lei n. 12.873, de 2013.)

Art. 392-B. Em caso de morte da genitora, é assegurado ao cônjuge ou companheiro empregado o gozo de licença por todo o período da licença-maternidade ou pelo tempo restante a que teria direito a mãe, exceto no caso de falecimento do filho ou de seu abandono. (Incluído pela Lei n. 12.873, de 2013.)

Art. 392-C. Aplica-se, no que couber, o disposto nos arts. 392-A e 392-B ao empregado que adotar ou obtiver guarda judicial para fins de adoção. (Incluído pela Lei n. 12.873, de 2013.)

Entretanto, a norma previdenciária a respeito do benefício devido em caso de adoção tem redação (dada pela Lei n. 12.873, de 2013) um tanto diferente:

Art. 71-A. Ao segurado ou segurada da Previdência Social que adotar ou obtiver guarda judicial **para fins de adoção de** *criança* é devido salário-maternidade pelo período de 120 (cento e vinte) dias (grifamos).

Nota-se, assim, que a Lei de Benefícios não sofreu alteração quando da edição da Lei n. 13.509/2017, que alterou o art. 394-A da CLT, causando diferenciação entre a licença (de natureza trabalhista, hipótese de suspensão do contrato de trabalho) e o benefício (de cunho previdenciário, ainda que adiantado pelo empregador).

Ao não prever o pagamento do salário-maternidade em caso de adoção de *adolescente*, mas apenas em situações de adoção de criança, entendemos que o legislador agiu em evidente violação do princípio isonômico, bem como contrariou o princípio da proteção integral ao adolescente (art. 227 da CF), pelo que reputamos comportar a regra interpretação conforme, de tal modo que também é devido o salário-maternidade em caso de adoção de adolescente.

Trazem-se à baila, por tal motivo, as ponderações do Ministro Roberto Barroso, representativas da mutação da interpretação constitucional sobre o tema ocorrida no âmbito do STF, em voto condutor proferido no julgamento pelo Plenário do STF, em 10.03.2016, do Recurso Extraordinário autuado sob o n. 778.889/PE, com repercussão geral, em que, analisando situação envolvendo servidora pública federal em regime estatutário, fixou-se tese no sentido de que os prazos da licença adotante não podem ser inferiores aos prazos da licença-gestante, o mesmo valendo para as respectivas prorrogações, bem como que, com relação à licença-adotante, não é possível fixar prazos diversos em função da idade da criança adotada.

O Min. Barroso assentou o caráter constitucional da questão não só nos "princípios fundamentais" elencados nos quatro primeiros artigos da Lei Maior, mas também nos enunciados do *caput* do art. 227 sobre os deveres da família, da sociedade e do Estado com relação à criança, e do § 6.º do mesmo artigo: "Os filhos, havidos ou não relação do casamento, ou por adoção, terão os mesmos direitos e qualificações, proibidas quaisquer designações discriminatórias relativas à filiação".

O Ministro-Relator ressaltou que a Constituição de 1988 "mudou a própria noção de família, superando aquela tradicional, hierarquizada, na qual o homem era o chefe, e criando a família mais igualitária, e não apenas a que resulta do casamento, mas também de uniões estáveis e até homoafetivas".

Em seu entender, o tratamento mais gravoso conferido ao adotado de maior idade pela redação anterior das normas legais sobre a matéria (especialmente a CLT, posteriormente alterada nesse particular, como visto) violava o princípio da proporcionalidade, pois, quanto maior a idade da criança, maior a dificuldade de adaptação da criança à nova família. Assim, não se poderia "desequiparar" a mãe adotante da mãe gestante, concedendo a esta licença máxima de 180 dias e àquela período máximo de 90 dias, conforme a idade da criança. "Não há justificativa para licença maior para quem gera o bebê e bem menor para quem aceita o desafio de adotar criança com mais idade, mais difícil de ser educada."

Assim, deu-se provimento ao recurso extraordinário para reconhecer – no caso concreto – o direito da recorrente à licença idêntica àquela conferida às mães biológicas e independentemente da idade da pessoa do adotado.

É certo que o direito assegurado às trabalhadoras, mães biológicas ou adotivas, não se restringe à concessão do prazo de 120 dias de afastamento do posto de trabalho, concernente à licença correspondente ao afastamento do trabalho, mas deve abranger, necessariamente, a estabilidade provisória a ela atrelada, como já decidiu o TST (AIRR 746-14.2012.5.10.0010, 7.ª Turma, Rel. Min. Claudio Mascarenhas Brandão, *DEJT* 26.08.2016). Colhem-se de outro julgado importantes fundamentos para a prevalência desse entendimento:

> Estabilidade provisória. Empregado adotante. Dispensa anterior à Lei 13.509/2017. Possibilidade. Analogia ao art. 391-A da CLT.
> Em que pese a omissão legal, até então, relativamente à estabilidade da/do adotante, seguindo a evolução legislativa e atendendo às novas unidades familiares que estão se formando na sociedade, seria discriminatório entender que à gestante seria garantida à estabilidade, mas não à/ao adotante. Embora distintas as situações (em razão da alteração fisiológica que sofre a mulher com a gestação e o parto), tanto a gestante quanto a adotante terão sob seus cuidados seus filhos, que dela precisarão para sobreviver. Sem mencionar o tempo de adaptação que se faz necessário tanto para uma quanto para outra. Não foi por outro motivo que a licença-maternidade foi estendida expressamente à mulher adotante desde 2002, conforme previsão do art. 392-A da CLT (Lei n. 10.421/2002), e em 2013 ao empregado adotante. Ora, mas como garantir à percepção da licença-maternidade se não houver também a estabilidade provisória? Se ao patrão for permitida a dispensa da/do adotante, a lei que prevê o benefício não teria grande efetividade. Portanto, o período de afastamento é mais um motivo para que se reconheça que a situação da/do adotante se equipara à da gestante (TRT-1, RO 0101012-77.2017.5.01.0044, 10.ª Turma, Rel. Des. Leonardo Dias Borges, publ. 29.03.2019).

No caso de adoção, a estabilidade tem, evidentemente, marcos inicial e final distintos da gestante. Consta da jurisprudência a seguinte definição:

> Enquanto a desta [gravidez] tem início a partir da confirmação da gravidez e se estende até cinco meses após o parto, a daquela [adoção] se situa no período

de cinco meses após a concretização do interesse na adoção, em que inserido o período de licença-adotante, de cento e vinte dias.
[...] Assim como a confirmação da gravidez é fato objetivo, a confirmação do interesse em adotar, quer por meio da conclusão do processo de adoção, quer por meio da guarda provisória em meio ao processo de adoção, quer por meio de requerimento judicial, condicionado à concretização da guarda provisória, é também fato objetivo, a ensejar a estabilidade durante o prazo de cinco meses após a guarda provisória e a fruição da licença correspondente, de cento e vinte dias.
[...] Verifica-se, portanto, que a empresa obstou o gozo da licença-adotante, assegurado à empregada a partir do momento em que expressou interesse em adotar a criança oferecida, ou seja, do ajuizamento do processo de adoção. Recurso de revista conhecido, por violação do art. 392-A da CLT, e provido (RR 200600-19.2008.5.02.0085, 3.ª Turma, Rel. Min. Alexandre de Souza Agra Belmonte, *DEJT* 07.08.2015).

Tendo em conta os arts. 70, 71-A e 71-B da Lei n. 8.213/1991 e 392-A, § 5.º, e 392-B da CLT, a licença-maternidade é concedida à mãe biológica, à pessoa adotante ou àquela que obtiver a guarda judicial para fins de adoção de criança ou adolescente, não havendo a previsão de concessão simultânea a mais de uma pessoa, seja o par formado por homem e mulher, por duas mulheres ou por dois homens.

Desse modo, como já decidido, "eventual determinação de deferimento de dupla licença-maternidade, pelo Judiciário, em situações nas quais ausente pactuação específica com a empresa empregadora, seja por acordo individual ou coletivo, cria uma distinção não prevista em lei e vai de encontro à decisão tomada pelo STF ao julgamento da ADI 4.277 e da ADPF 132, terminando por violar os princípios da isonomia e da legalidade" (TRT-6, ROT 0000183-54.2018.5.06.0193, 4.ª Turma, Red. Des. Ana Claudia Petruccelli de Lima, publ. 03.09.2020).

Um precedente de alta relevância foi julgado no âmbito do TRT de São Paulo, envolvendo a situação denominada "gestação por substituição", ou, no jargão popular, "barriga de aluguel". A parte reclamante (pessoa do gênero masculino) apresentou o "gestational surrogacy agreement" firmado com a gestante nos EUA por substituição a lhe garantir todos os direitos sobre a criança gestada. No mesmo sentido, a ordem judicial pré-natal para declaração de paternidade expedida pelo Poder Judiciário estadunidense. A sentença de procedência do pedido foi mantida, por comprovada a gravidez por substituição do reclamante no momento da rescisão do contrato, com o reconhecimento da garantia provisória de emprego gestacional e a consequente condenação da ré à retificação da CTPS e ao pagamento das verbas do período estabilitário (TRT-2, RORSum 1000343-16.2019.5.02.0718, 8.ª Turma, Rel. Des. Maria Cristina Xavier Ramos Di Lascio, publ. 04.03.2020). Destaca-se do corpo do acórdão:

> Friso que, embora trate-se de matéria relativamente nova, a Corregedoria Nacional de Justiça já reconheceu a inexistência de vínculo entre a gestante sub-rogada e o nascituro, no art. 17, § 1.º, do Provimento 63, de 17 de novembro de 2017, *in verbis:*
>
> "§ 1.º Na hipótese de gestação por substituição, não constará do registro o nome da parturiente, informado na declaração de nascido vivo, devendo ser apresentado

termo de compromisso firmado pela doadora temporária do útero, esclarecendo a questão da filiação".

Isso reforça a certidão de nascimento apresentada (fl. 77), a indicar ser o autor, pai unilateral, único responsável legal pela criança gestada.

[...]

Isso se deve ao fato de que a garantia provisória de emprego gestacional visa à proteção do nascituro, e não da gestante. Trata-se da efetivação do princípio da proteção integral da criança, nos moldes da Convenção da OIT n. 103, de 1952, e do quanto estabelecido nos arts. 226 e 227 da CRFB.

Justamente por isso, é irrelevante ser o reclamante pertencente ao sexo masculino, uma vez que, conforme já supra-assentado, ele é o único responsável legal pela criança.

Ora, a teor do art. 5.º, § 1.º, da CRFB, a garantia provisória de emprego gestacional possui aplicação imediata e efetividade plena. Não pode sofrer qualquer restrição à sua efetividade, sob pena de ser declarado inconstitucional todo e qualquer ato, interpretação ou aplicação de lei que não observe esse parâmetro.

Logo, sendo a tese ventilada em recurso, com esteio em interpretação gramatical do texto constitucional, evidentemente discriminatória, contrariando as disposições dos arts. 3.º, IV, e 5.º, I, da CRFB, a estabelecerem a igualdade de homens e mulheres em direitos e obrigações, não se há falar em seu acolhimento, sob pena de inconstitucionalidade do provimento jurisdicional.

Aplica-se, no particular, o mesmo raciocínio contido na Lei n. 12.873/2013, que incluiu os arts. 392-A a 392-C da CLT, a conferir aos empregados do sexo masculino adotantes o direito à fruição da licença-maternidade. O que importa é, reitero, a proteção da criança e da família, e não o sexo biológico do seu responsável.

Tampouco servem como óbice para a aquisição do direito a essa garantia provisória de emprego os requisitos estabelecidos pela legislação brasileira para o procedimento de gravidez por substituição. Essa matéria escapa aos autos e não altera a condição de pai unilateral do autor, nem retira ou mitiga a proteção a ser dada à criança recém-nascida.

Quanto à aplicação da regra aos casos de guarda judicial, há outro importante precedente no TRT da 15.ª Região, em que uma avó obteve guarda judicial de seu neto. Consta da sentença, que foi confirmada pela segunda instância (ROT 0010720-72.2019.5.15.0113, 5.ª Câmara, Rel. Des. Samuel Hugo Lima, publ. 30.06.2020):

> Embora a legislação proíba a adoção por avós (art. 42, parágrafo primeiro, do ECA), é admitida a possibilidade de guarda judicial, se encontrando a guardiã em situação semelhante à mãe adotante, ainda mais no presente caso, em que o paradeiro da mãe biológica é desconhecido, conforme decisão de ID 91bd1fd. Verifica-se também que, por ocasião do nascimento do menor, a mãe biológica já havia manifestado interesse de mantê-lo sob os cuidados dos avós paternos [...].
> Apesar do caráter provisório da guarda concedida à empregada, resta claro nos autos que se trata de uma situação consolidada, assemelhando-se à própria adoção. Ademais, o que se pretende prestigiar com a licença-maternidade, além

da relação mãe e filho, é a proteção da criança, sua fragilidade e os cuidados que ela precisa, o que se reveste de maior importância quando sua mãe biológica não está presente.

Portanto, deve ser concedido à reclamante, que atua em substituição à mãe natural, com vedação legal para a adoção, o direito de se afastar do trabalho e dedicar-se à criança, no período estabelecido na lei.

O fato de a pessoa ser despedida imotivadamente e obter nova colocação no mercado de trabalho não obsta o direito à estabilidade do art. 10, inc. II, *b*, do ADCT (ED-RRAg-1913-68.2015.5.02.0015, 8.ª Turma, Rel. Min. Delaíde Alves Miranda Arantes, *DEJT* 19.12.2022). Isso porque pressupõe-se a necessidade de a trabalhadora trabalhar para subsistir, não podendo aguardar a solução da lide trabalhista para receber seus haveres.

Dúvidas há ainda quanto à extensão da estabilidade a pessoas em contrato a termo.

O TST, no julgamento do Incidente de Assunção de Competência 5639-31.2013.5.12.0051, em sessão do dia 18.11.2019, consolidou a tese jurídica de que "é inaplicável ao regime de trabalho temporário, disciplinado pela Lei n. 6.019/1974, a garantia de estabilidade provisória à empregada gestante, prevista no art. 10, II, *b*, do Ato das Disposições Constitucionais Transitórias".

Para alguns julgados, a partir das decisões anteriormente citadas (do STF e do TST), encontrar-se-ia superado o entendimento esposado no item III da Súmula n. 244 do TST, uma vez que o contrato a termo não preenche todos os requisitos estabelecidos pelo STF, notadamente o pressuposto da "dispensa sem justa causa", tendo em vista que o seu término ocorre no prazo já ajustado pelas partes. Dessarte, na hipótese de admissão mediante contrato por prazo determinado (como as modalidades de experiência, ou de aprendizagem), não há direito à garantia provisória de emprego prevista no art. 10, inc. II, *b*, do ADCT (TRT-1, RO 01003318620215010038, 5.ª Turma, Rel. Des. Jorge Orlando Sereno Ramos, publ. 28.01.2022).

No entanto, há julgados do TST no sentido de que o contrato de experiência, "em sua essência, é um contrato por prazo indeterminado, com uma cláusula de experiência". Assim, "estando grávida a empregada à época do encerramento do contrato de trabalho, mesmo na hipótese de contrato por prazo determinado, tem direito à estabilidade provisória desde a confirmação da gravidez até cinco meses após o parto" (RR 1000083-41.2022.5.02.0068, 3.ª Turma, Rel. Min. Alberto Bastos Balazeiro, *DEJT* 19.12.2022).

No campo trabalhista, as gestantes e os adotantes despedidos injustamente podem ajuizar ação contra o empregador para exigir, além da reintegração e pagamento dos salários e demais direitos do período estabilitário, incluindo o período do salário-maternidade, a indenização pela despedida discriminatória. Nesse caso, por questão de boa-fé, não cabe postular o pagamento do benefício também pelo INSS, sob pena de caracterização de *bis in idem*. Todavia, frisamos novamente que não há uma obrigação em postular o pagamento pelo lapso da licença-maternidade em demanda contra seu empregador, pois estamos diante de um direito de ação, e não de um dever.

Assim, a despedida sem justa causa operada pelo empregador nesses casos é nula de pleno direito (art. 9.º da CLT), de modo que deve ser cancelada a anotação de dispensa na CTPS e no eSocial, restaurando-se o *status quo ante*, de empregado, para todos os efeitos.

Uma vez que o período estabilitário ainda se encontre em curso, cabe a reintegração ao emprego, na mesma função, salário, jornada e local de trabalho, o que em juízo em regra se pleiteia em âmbito de tutela de urgência, *inaudita altera parte*, com a emissão do competente mandado de reintegração. Além disso, faz jus a pessoa indevidamente despedida aos salários do período compreendido entre a dispensa nula e a reintegração, como preconiza a Súmula n. 396 do TST, mesmo quando já exaurido o período de estabilidade: "Exaurido o período de estabilidade, são devidos ao empregado apenas *os salários* do período compreendido entre a data da despedida e o final do período de estabilidade, não lhe sendo assegurada a reintegração no emprego".

Se, em caso de exaurimento do lapso temporal da garantia de emprego, o pagamento devido corresponde aos salários de todo o período, evidentemente também é devido o montante salarial de parte do período estabilitário, quando a reintegração ocorra ainda dentro de seu lapso temporal. A natureza jurídica desse pagamento não é indenizatória, pois, como alude a súmula, trata-se de salários devidos e não pagos por conduta ilícita patronal, nula de pleno direito, acarretando a necessidade de *restitutio in integrum*, sendo devidas também as proporcionalidades de férias, 13.º salários e FGTS do período e incidência das contribuições à Seguridade Social, para que o tempo correspondente seja computado na Previdência Social.

A prova a ser produzida aqui é fundamentalmente documental, comprovando-se pela documentação médica a gravidez, o parto (ou o aborto não criminoso, se for o caso), ou a adoção.

Não há sentido algum em assegurar os salários e vantagens do período garantido e, por outro lado, desconsiderar o tempo como de contribuição. Ademais, o pagamento de tais salários, quando não ocorra a reintegração, é parcela que sempre sofrerá incidência da contribuição à Seguridade Social, visto que a parcela não perde seu caráter salarial pelo mero fato de ter sido quitada em juízo e após o término do liame empregatício. No mesmo sentido, a atual redação do § 12 do art. 214 do RPS: "o valor pago à empregada gestante, inclusive à doméstica, em função do disposto na alínea 'b' do inciso II do art. 10 do Ato das Disposições Constitucionais Transitórias da Constituição Federal, integra o salário de contribuição, excluídos os casos de conversão em indenização previstos nos arts. 496 e 497 da Consolidação das Leis do Trabalho". Se integra o salário de contribuição, o período respectivo deve ser levado em conta.

No que concerne à circunstância de ter havido interrupção da gravidez por aborto, a jurisprudência do TST pacificou-se no sentido de que o período estabilitário corresponde somente ao período de duração da gravidez, considerando-se, ainda, o prazo de duas semanas referentes ao repouso remunerado previsto no art. 395 da CLT (*v.g.*, AIRR 10177-22.2020.5.15.0085, 3.ª Turma, Rel. Min. Mauricio Godinho Delgado, *DEJT* 19.12.2022).

O falecimento de empregador doméstico constitui hipótese de extinção involuntária da relação de emprego, em razão da impossibilidade da continuidade da prestação dos serviços. Assim sendo, "não há que se falar em despedida arbitrária ou sem justa causa, a que se refere o art. 10, II, *b*, do ADCT, quando a rescisão contratual decorre do falecimento do empregador doméstico" (TST, RR 112221-03.2016.5.03.0101, 4.ª Turma, Rel. Min. Alexandre Luiz Ramos, *DEJT* 29.06.2018).

Em que pese ser a pessoa detentora de proteção contra despedida, nada impede que, espontaneamente, peça demissão. No entanto, nessa hipótese, o TST consolidou entendimento de que a validade do ato demissional está condicionada à assistência sindical, nos termos do art. 500 da CLT (RRAg 11117-66.2019.5.15.0070, 8.ª Turma, Rel. Min. Guilherme Augusto Caputo Bastos, *DEJT* 19.12.2022).

8.3 O DIREITO DE AFASTAMENTO DE ATIVIDADE INSALUBRE DA GESTANTE E DA LACTANTE

Quanto ao exercício de atividades especiais destacamos a existência de restrição em relação aos menores de 18 anos, às gestantes e lactantes, consoante o art. 7.º, inc. XXXIII, da CF e o art. 394-A da CLT (redação conferida pela Lei n. 13.467/2017).

O STF, ao julgar a ADIn 5.938, declarou a inconstitucionalidade da expressão "quando apresentar atestado de saúde, emitido por médico de confiança da mulher, que recomende o afastamento", contida nos incs. II e III do art. 394-A da Consolidação das Leis do Trabalho, inseridos pelo art. 1.º da Lei n. 13.467/2017 (STF, ADIn 5.938, Plenário, Rel. Min. Alexandre de Moraes, j. 29.05.2019).

O fato de a trabalhadora deixar de realizar a atividade insalubre em grau máximo, por força do dispositivo em comento, não retira o direito desta à percepção dos valores referentes ao adicional respectivo, tendo em vista que a norma do art. 392, § 4.º, da CLT, que permite a transferência da função da gestante, tem como escopo a garantia de sua dignidade e de sua saúde. Logo, a gestante não pode sofrer qualquer prejuízo em decorrência da necessidade de permanecer afastada, transitoriamente, das atribuições que lhe garantem adicional salarial (TRT-4, RO 0020215-71.2015.5.04.0733, 6.ª Turma, Rel. Des. Brígida Joaquina Charão Barcelos Toschi, j. 16.11.2017).

Por outro lado, compreende-se que "a permanência da gestante ou da mãe durante o período de aleitamento materno nos serviços antes executados normalmente em ambiente de trabalho insalubre no grau máximo e sob contato diário com agentes nocivos à saúde e segurança importa em riscos à normalidade da gestação e da amamentação capazes de ofender a dignidade e os direitos da personalidade da trabalhadora e do nascituro/recém-nascido, caracterizando dano moral indenizável, por violação ao art. 394-A da CLT" (TRT-15, ROT 0012032-65.2019.5.15.0022, 8.ª Câmara, Rel. Des. Erodite Ribeiro dos Santos, publ. 22.07.2021).

8.4 SALÁRIO-FAMÍLIA

Criado pela Lei n. 4.266/1963, o salário-família é um benefício previdenciário pago, mensalmente, ao trabalhador de baixa renda, filiado na condição de segurado empregado (incluído o doméstico, este a partir de 1.º.06.2015, pela redação conferida ao art. 65 da Lei n. 8.213/1991) e de trabalhador avulso, na proporção do respectivo número de filhos ou equiparados de até 14 anos de idade, ou inválidos.

O RPS, nos arts. 81 e 83 (redação dada pelo Decreto n. 10.410/2020), equipara a filhos somente os enteados e os menores tutelados, desde que comprovada a dependência econômica, deixando indevidamente de fora os menores sob guarda.

A finalidade desse benefício é bem definida por *Alfredo Ruprecht*: "[...] a constituição ou o desenvolvimento normal da família, com o aporte de uma contribuição regular e permanente para a manutenção das pessoas cujo encargo é assumido pelo chefe de família".[7]

O benefício é concedido por cotas, de modo que o segurado perceba tantas cotas quantas sejam os filhos, enteados ou tutelados, com idade até 14 anos incompletos, ou inválidos, com qualquer idade.

Entendemos que deva ser estendido também para os filhos maiores de 14 anos com deficiência intelectual ou mental ou deficiência grave, a exemplo da previsão contida no art. 16, inc. I, da LBPS (com redação da Lei n. 13.146/2015), com relação aos dependentes do segurado que busca pensão por morte ou auxílio-reclusão.

Inicialmente pago somente aos empregados urbanos, o benefício foi estendido aos trabalhadores avulsos pela Lei n. 5.480/1968.

Para a concessão de cota de salário-família por filho ou equiparado inválido com idade superior a 14 anos, a invalidez deve ser verificada em exame médico-pericial realizado pela Perícia Médica Federal.

O direito à cota do salário-família é definido em razão da remuneração que seria devida ao empregado no mês, independentemente do número de dias efetivamente trabalhados. Todas as importâncias que integram o salário de contribuição serão consideradas como parte integrante da remuneração do mês, exceto o 13.º salário e a remuneração total de férias – inc. XVII do art. 7.º da Constituição, para efeito de definição do direito à cota de salário-família. O benefício é devido proporcionalmente aos dias trabalhados nos meses de admissão e de rompimento do contrato de trabalho do empregado.

O aposentado por invalidez ou por idade e os demais aposentados com 65 anos ou mais de idade, se do sexo masculino, ou 60 anos ou mais, se do feminino, terão direito ao salário-família, pago com a aposentadoria. No caso do trabalhador rural, será devido ao aposentado por idade aos 60 anos, se do sexo masculino, ou 55 anos, se do sexo feminino.

Sua natureza jurídica é de benefício previdenciário, pois não é um encargo direto do empregador em decorrência da contraprestação dos serviços prestados pelo segurado; apesar do nome, não tem natureza salarial. Embora o pagamento seja efetuado pelo empregador (incluído o doméstico a partir de 1.º.06.2015) com o salário, este tem o direito de reembolsar-se integralmente do valor adiantado, efetuando a compensação quando do recolhimento das contribuições devidas à Previdência Social (art. 68 da Lei n. 8.213/1991, com a redação conferida pela LC n. 150/2015).

Em que pese ser pago em função da existência de dependentes, o benefício é devido ao segurado, e não ao dependente. Uma vez desempregado, o segurado não mais faz jus às cotas.

A Constituição de 1988 concedeu o salário-família como direito social dos trabalhadores urbanos e rurais, devido em função dos seus dependentes (art. 7.º, inc. XII). É devido como ajuda à manutenção dos dependentes dos segurados empregados e trabalhadores avulsos de baixa renda (art. 201, inc. II, da Constituição).

Com a EC n. 20/1998, a redação do inc. XII do art. 7.º da Constituição foi alterada para estabelecer que o salário-família será pago em razão do dependente do

---

[7] RUPRECHT, Alfredo J. *Direito da seguridade social*. São Paulo: LTr, 1996. p. 274.

trabalhador de baixa renda nos termos da lei. Igual alteração se deu no inc. IV do art. 201 da Constituição.

A EC n. 103/2019 fez modificações também com relação ao salário-família, mantendo a limitação de acesso apenas àqueles que tenham renda bruta mensal igual ou inferior a R$ 1.364,43, que será corrigida pelos mesmos índices aplicados aos benefícios do RGPS (art. 27). Ademais, estabeleceu um único valor de cota por dependente (R$ 46,54) até que lei discipline a matéria.

A limitação do benefício perpetrada pelas Emendas n. 20/1998 e n. 103/2019 afigura-se como inconstitucional, em razão de não haver razoabilidade no *discrímen* utilizado pelo constituinte derivado.

A cota do salário-família não será incorporada, para qualquer efeito, ao salário ou ao benefício.

Conforme o entendimento do INSS sobre o tema, considera-se remuneração mensal do segurado o valor total do respectivo salário de contribuição, ainda que resultante da soma dos salários de contribuição correspondentes a atividades simultâneas.

O direito à cota do salário-família é definido em razão da remuneração que seria devida ao empregado no mês, independentemente do número de dias efetivamente trabalhados.

Todas as importâncias que integram o salário de contribuição serão consideradas como parte integrante da remuneração do mês para efeito de definição do direito à cota do salário-família, exceto a gratificação de natal (13.º salário) e o adicional de férias previsto no inciso XVII do art. 7.º da Constituição.

No caso do trabalhador avulso, independe do número de dias trabalhados no mês, devendo o seu pagamento corresponder ao valor integral da cota.

O salário-família correspondente ao mês de afastamento do trabalho será pago integralmente pela empresa, pelo empregador doméstico ou pelo sindicato ou órgão gestor de mão de obra, conforme o caso, e o do mês da cessação de benefício pelo INSS, independentemente do número de dias trabalhados ou em benefício (art. 86 do Regulamento, com redação dada pelo Decreto n. 10.410/2020).

Quando o pai e a mãe são segurados empregados, inclusive os domésticos, ou trabalhadores avulsos de baixa renda, ambos têm direito ao benefício, em função dos mesmos dependentes. Na hipótese de divórcio, separação judicial ou de fato dos pais, ou em caso de abandono legalmente caracterizado ou perda do pátrio poder, o salário-família passará a ser pago diretamente àquele a cujo cargo ficar o sustento do menor, ou à outra pessoa, se houver determinação judicial nesse sentido.

A Lei n. 9.876/1999 deu outra redação ao art. 67 da Lei n. 8.213/1991, para estabelecer que o pagamento do salário-família é condicionado à apresentação da certidão de nascimento do filho ou da documentação relativa ao equiparado ou ao inválido, e à apresentação anual de atestado de vacinação obrigatória e de comprovação de frequência à escola do filho ou equiparado. Regras que foram mantidas pelo STF no julgamento da ADI 2.110 MC/DF, Pleno, Rel. Min. Sydney Sanches, *DJ* 05.12.2003.

As regras gerais sobre o salário-família estão disciplinadas no art. 27 da EC n. 103/2019, nos arts. 65 a 70 da Lei n. 8.213/1991 e nos arts. 81 a 92 do Decreto n. 3.048/1999 (com as alterações introduzidas pelo Decreto n. 10.410/2020).

8.4.1 Período de carência

A concessão do salário-família independe do número de contribuições pagas pelo segurado, pois, em face de seu caráter nitidamente alimentar, não seria justo exigir carência para a percepção do benefício.

8.4.2 Data de início do benefício

O pagamento do salário-família será devido a partir do mês em que houve a apresentação da certidão de nascimento do filho ou da documentação relativa ao equiparado. Não há fracionamento do valor da cota devida, individualmente, por filho ou equiparado menor de 14 anos ou inválido.

Como a situação relacionada ao pagamento é resolvida, em regra, no curso de uma relação de emprego, por vezes torna-se complexa a discussão quanto ao descumprimento da regra pelo empregador, que muitas vezes alega (especialmente em juízo) que o empregado não forneceu a certidão.

O TST, com o fito de pacificar a matéria, definiu que: "O termo inicial do direito ao salário-família coincide com a prova da filiação. Se feita em juízo, corresponde à data de ajuizamento do pedido, salvo se comprovado que anteriormente o empregador se recusara a receber a respectiva certidão" (Súmula n. 254).

Todavia, a fórmula adotada prejudica sensivelmente o obreiro, violando, de certo modo, o princípio da aptidão para a prova.

Admite-se, por conseguinte, que, se a trabalhadora teve o parto durante a vigência do contrato de trabalho, ou o trabalhador do sexo masculino usufruiu a licença-paternidade, o conhecimento pelo empregador já existia, atraindo o pagamento do benefício.

8.4.3 Renda mensal inicial

Os valores das cotas do salário-família, bem como o valor considerado como limite de renda mensal bruta para a obtenção do benefício, constam de tabela anexa ao final desta obra.

Destaca-se que a EC n. 103/2019 optou por manter apenas uma faixa de renda (R$ 1.364,43) e um único valor de benefício até esse limite de renda: R$ 46,54. Esses valores deverão ser corrigidos anualmente pelos índices de reajustes dos benefícios do RGPS.

O pagamento é feito mensalmente, a partir da apresentação da certidão de nascimento do filho ou da documentação relativa ao equiparado ou inválido, sendo efetuado (art. 82 do RPS, com redação dada pelo Decreto n. 10.410/2020):

- ao empregado, inclusive o doméstico, pela empresa ou pelo empregador doméstico, juntamente com o salário, e ao trabalhador avulso, pelo sindicato ou órgão gestor de mão de obra, por meio de convênio;
- ao empregado, inclusive o doméstico, e ao trabalhador avulso aposentados por incapacidade permanente ou em gozo de auxílio por incapacidade temporária, pelo INSS, juntamente com o benefício;
- ao trabalhador rural aposentado por idade aos 60 anos, se do sexo masculino, ou 55 anos, se do sexo feminino, pelo INSS, juntamente com a aposentadoria; e

– aos demais empregados, inclusive os domésticos, e aos trabalhadores avulsos aposentados aos 65 anos de idade, se homem, ou aos 60 anos, se mulher, pelo INSS, juntamente com a aposentadoria.

O reembolso à empresa ou empregador doméstico dos valores das quotas de salário-família, pagos a segurados a seu serviço, será deduzido quando do recolhimento das contribuições.

A falta de pagamento do salário-família pelo empregador enseja direito ao empregado de buscar a indenização correspondente, perante a Justiça do Trabalho, na forma do art. 186 do Código Civil – Lei n. 10.406/2002.

8.4.4 Perda do direito

A perda do direito ao recebimento do benefício ocorre nas seguintes hipóteses:

– por morte do filho ou equiparado, a contar do mês seguinte ao do óbito;
– quando o filho ou equiparado completar 14 anos de idade, salvo se inválido, a contar do mês seguinte ao desta data de aniversário;
– pela recuperação da capacidade do filho ou equiparado inválido, a contar do mês seguinte ao da cessação da incapacidade;
– pelo desemprego do segurado, a partir do dia seguinte ao término do contrato de trabalho.

Para efeito de concessão e manutenção do salário-família, o segurado deve firmar termo de responsabilidade, no qual se comprometa a comunicar à empresa, ao empregador doméstico ou ao INSS qualquer fato ou circunstância que determine a perda do direito ao benefício, ficando sujeito, em caso do não cumprimento, às sanções penais e trabalhistas.

8.4.5 Aspectos trabalhistas

Como visto, para a percepção do salário-família, além de receber remuneração inferior ao teto previsto na Portaria Interministerial do ano em questão, o empregado deve apresentar certidão de nascimento, atestado anual de vacinação obrigatória e de comprovação de frequência à escola do filho ou equiparado.

Cabe ao obreiro, na ocasião de sua admissão, informar à sua empregadora e comprovar a existência de dependentes (filho ou equiparado de até 14 anos ou inválido de qualquer idade) a fim de perceber salário-família.

À luz da Súmula n. 254 do C. TST, é do trabalhador o ônus de comprovar que, em momento anterior ao ajuizamento da ação e, portanto, à extinção do contrato de trabalho, apresentara ao empregador os documentos exigidos pelo art. 67 da Lei n. 8.213/1991 (certidão de nascimento do filho, atestado de vacinação anual obrigatória e frequência do filho à escola, quando for o caso).

Compreendemos que, havendo nascimento ou adoção durante o contrato de trabalho, com a concessão da respectiva licença-paternidade ou maternidade, presume-se que o empregador recebeu a certidão de nascimento, caso contrário a licença não seria autorizada por ele, ou seja, "há presunção favorável ao ex-empregado que demonstra a existência de filho menor no curso do contrato, quanto ao preenchimento dos requisitos de fato para receber o benefício em questão" (TRT-4, RO 0020857-57.2016.5.04.0103, 7.ª Turma, Rel. Des. Carmen Izabel Centena Gonzalez, j. 08.02.2018).

De todo modo, em face do entendimento sumular do TST, permanece o posicionamento majoritário de que, não havendo comprovação de comunicação ao empregador sobre o nascimento do filho, ônus que competia ao empregado, a condenação em juízo é indevida (TRT-6, ROT 0001125-37.2016.5.06.0232, 3.ª Turma, Red. designada Maria das Graças de Arruda Franca, publ. 22.05.2017).

Para desvencilhar-se desse ônus, sugere-se que o empregado se utilize das "provas digitais": desse modo, uma mensagem de *e-mail*, ou encaminhada por aplicativo de conversas, com os referidos documentos (certidão de nascimento, adoção, cartão de vacinação e comprovante de frequência escolar, quando for o caso) supriria o ônus probatório.

Capítulo 9
A APOSENTADORIA E SEUS EFEITOS NO CONTRATO DE TRABALHO

9.1 INTRODUÇÃO AO TEMA

Os benefícios previstos pelo RGPS possuem características distintas e regras próprias de concessão, que merecem atenção especial e estudo detalhado, em face dos aspectos relacionados com os efeitos no contrato de trabalho.

Neste capítulo, são analisadas as *aposentadorias voluntárias* ou também conhecidas como *aposentadorias programáveis*, quais sejam, a aposentadoria programada das regras permanentes (art. 201, § 7.º, da CF), as aposentadorias por idade por tempo de contribuição consoante regras de transição estabelecidas pela EC n. 103/2019, a aposentadoria especial e a aposentadoria destinada aos segurados com deficiência e, ainda, as regras específicas sobre aposentadoria de empregados públicos, voluntária ou compulsória, com suas diversas implicações nos contratos de trabalho.

A aposentadoria é a prestação por excelência da Previdência Social, com a pensão por morte. Ambas substituem, em caráter permanente (ou pelo menos duradouro), os rendimentos do indivíduo segurado e asseguram sua subsistência, assim como daqueles que dela dependem. É uma garantia constitucional, minuciosamente tratada no art. 201 da Constituição de 1988, com as alterações das Emendas Constitucionais n. 20/1998, n. 47/2005 e n. 103/2019.

O RPS prevê, no art. 181-B, que as aposentadorias são irrenunciáveis, dado seu caráter alimentar, atribuindo-lhe o caráter de irreversibilidade, por considerar-se a aposentadoria um ato jurídico perfeito e acabado, só podendo ser desfeito pelo Poder Público em caso de erro ou fraude na concessão.

Ressalte-se que, por aplicação da definição de direito adquirido, a perda da qualidade de segurado não prejudica o direito à aposentadoria para cuja concessão tenham sido preenchidos todos os requisitos antes dessa perda, segundo a legislação em vigor à época em que esses requisitos foram atendidos, nos termos do art. 102, § 1.º, da Lei n. 8.213/1991.

Quanto à constatação do direito adquirido à forma de concessão da aposentadoria de qualquer espécie, deve-se anotar o que dispõe o art. 122 da Lei n. 8.213/1991, que assegura essa prestação com base nas condições legalmente previstas na data do cumprimento de todos os requisitos necessários à obtenção do benefício, quando o segurado optar por permanecer em atividade, e observada a condição mais vantajosa. É dizer, pouco importa quando o segurado ingresse com o requerimento: se já possuía, ao tempo da legislação pretérita, o direito à aposentação, conserva esse direito nas mesmas condições vigentes à época em que implementou os requisitos previstos nas normas então regentes da matéria.

Para as aposentadorias em estudo neste capítulo, sempre é exigido um prazo de carência de 180 contribuições mensais, sem que tenha havido a perda da qualidade de segurado. Esse aspecto é de suma importância, pois, dada a característica marcante de alta informalidade do mercado de trabalho brasileiro, muitas vezes o indivíduo, mesmo tendo exercido atividades de modo ininterrupto, ou com breves lapsos de descontinuidade, tem dificuldades de comprovar o cumprimento da carência, frisando-se que, desde 2017, com a revogação do parágrafo único do art. 24 (Lei n. 13.457) e com a atual regra do art. 27-A da Lei n. 8.213/1991, não há mais possibilidade de o segurado contar períodos anteriores à perda da qualidade de segurado para somar ao período atual, de modo a completar as 180 contribuições mensais, pois desde então somente é possível recuperar contribuições anteriores à perda para a concessão de benefícios por incapacidade, salário-maternidade e auxílio-reclusão.

Disso resulta – mais uma vez – a crucial importância da repercussão de todos os períodos de labor do indivíduo para fins previdenciários, a fim de que não haja reconhecimento de eventual perda da qualidade de segurado e seja garantida a plenitude dos direitos fundamentais sociais deste.

Vejamos a seguir as aposentadorias – exceto a por incapacidade permanente, já estudada nos Capítulos 5 e 6 – e suas implicações no contrato de trabalho.

9.2 O SALÁRIO DE BENEFÍCIO E A RENDA MENSAL INICIAL DAS APOSENTADORIAS

Com as mudanças promovidas pelas Emendas Constitucionais n. 20/1998 e n. 103/2019, assim como pela Lei n. 9.876/2019, as normas de concessão e de apuração do benefício vão depender da época em que o segurado adquiriu o direito à aposentadoria, pois a legislação posterior não pode alterar a forma de cálculo dos benefícios cujo direito já foi adquirido.

A esse respeito, o art. 3.º, § 2.º, da EC n. 103/2019 estabelece que os proventos de aposentadoria devidos ao segurado e as pensões por morte devidas aos seus dependentes serão apurados de acordo com a legislação em vigor à época em que foram atendidos os requisitos nela estabelecidos para a concessão desses benefícios.

Vale ressaltar que não assiste direito ao segurado às regras de cálculo revogadas quando pretender somar o tempo trabalhado após as reformas. Nesse sentido, a Repercussão Geral Tema n. 70, cuja tese fixada pelo STF foi a seguinte: "Na sistemática de cálculo dos benefícios previdenciários, não é lícito ao segurado conjugar as vantagens do novo sistema com aquelas aplicáveis ao anterior, porquanto inexiste direito adquirido a determinado regime jurídico".

O salário de benefício, valor que serve de base de cálculo para a renda mensal inicial dos benefícios de aposentadoria, é expressão que deve ser de conhecimento daqueles que atuam no âmbito dos direitos sociais, por sua estreita correlação tanto com os ganhos do indivíduo trabalhador quanto com os proventos dos beneficiários da Previdência Social.

Isso posto, é importante fixar alguns marcos temporais e critérios de apuração, notadamente em face das modificações introduzidas pela EC n. 103/2019.

Desse modo, para situações cujo direito à aposentadoria foi adquirido até 13.11.2019, o salário de benefício equivale à média aritmética simples dos maiores salários de contribuição correspondentes a 80% de todo o período contributivo (art. 29, II, da Lei n. 8.213/1991, com redação conferida pela Lei n. 9.876, de 26.11.1999).

Por sua vez, para o segurado filiado ao RGPS até 28.11.2019 (véspera da publicação da Lei n. 9.876/1999), caso tenha implementado as condições para a concessão do benefício após 28.11.1999, será considerada a média aritmética simples dos maiores salários de contribuição, correspondentes a, no mínimo, 80% de todo o período contributivo decorrido desde a competência julho de 1994 (art. 3.º, *caput*, da Lei n. 9.876/1999). Nessa hipótese, incide o "mínimo divisor", que não poderá ser inferior a 60% do período decorrido da competência julho de 1994 até a data de início do benefício, limitado a cem por cento de todo o período contributivo (art. 3.º, § 2.º).

Para situações de direito adquirido a partir de 14.11.2019, a renda mensal das aposentadorias programáveis, exceto a do portador de deficiência, será de 60% do salário de benefício, com acréscimo de 2% para cada ano de contribuição que exceder 15 anos de contribuição, no caso da mulher, e 20 anos de contribuição, no caso do homem (art. 26 da EC n. 103/2019).

O salário de benefício, a partir de então, é obtido com base na média aritmética simples dos salários de contribuição, atualizados monetariamente, correspondentes a 100% do período contributivo desde a competência julho de 1994 ou desde o início da contribuição, se posterior a essa competência. A partir de 05.05.2022, com a incidência do divisor mínimo de 108 meses previsto no art. 135-A da LBPS (incluído pela Lei n. 14.331/2022).

9.3 A APOSENTADORIA PROGRAMADA

A EC n. 103/2019 deu nova redação ao art. 201, § 7.º, da CF substituindo as aposentadorias por tempo de contribuição e por idade pela aposentadoria programada.

Para o segurado trabalhador urbano, essa aposentadoria exige 65 anos de idade, se homem, e 62 se mulher, observado tempo mínimo de contribuição, o qual foi fixado pelas regras transitórias em 20 anos para o homem e 15 anos para a mulher (art. 19, *caput*, da EC n. 103/2019).

Essa aposentadoria teve regulamentação pelos arts. 51 a 53 do RPS (na redação conferida pelos Decretos n. 10.410/2020 e n. 10.491/2020), incluindo também a exigência do cumprimento do período de carência de 180 meses.

Tratando-se de professores, a idade exigida é de 60 anos de idade, se homem, e 57 anos, se mulher, desde que comprovados 25 anos de contribuição exclusivamente em efetivo exercício das funções de magistério na educação infantil e no ensino fundamental e médio (art. 19, § 1.º, inc. II, da EC n. 103/2019).

No caso dos trabalhadores rurais, foram mantidas as regras que vigoravam antes da EC n. 103/2019, cuja idade mínima é de 60 anos, se homem, e 55 anos, se mulher.

Os detalhamentos da aposentadoria programada do professor e da aposentadoria por idade do trabalhador rural serão objeto de análise em tópicos específicos deste capítulo.

9.3.1 Beneficiários e Data de Início do Benefício (DIB)

A regulamentação desse ponto foi dada pelo art. 52 do RPS (*caput* alterado pelo Decreto n. 10.410/2020) como:

> I – ao segurado empregado, inclusive o doméstico:
>
> a) a partir da data do desligamento do emprego, quando requerida até noventa dias depois dela; ou
>
> b) a partir da data do requerimento, quando não houver desligamento do emprego ou quando for requerida após o prazo da alínea "a"; e
>
> II – para os demais segurados, a partir da data da entrada do requerimento.

Portanto, todos os segurados do RGPS são elegíveis a essa nova aposentadoria, desde que a contribuição mensal seja igual ou superior a contribuição mínima mensal exigida para sua categoria, assegurado o agrupamento de contribuições.

Assim, até mesmo os que contribuem com alíquota reduzida de 11% ou 5% sobre o salário mínimo poderão se beneficiar dessa aposentadoria, conforme se depreende do art. 51, § 2.º, do RPS (redação conferida pelo Decreto n. 10.410/2020).

O valor da aposentadoria programada, como visto, corresponderá a 60% do salário de benefício definido na forma prevista no art. 26 da EC n. 103/2019 (média aritmética simples dos salários de contribuição atualizados monetariamente, correspondentes a cem por cento do período contributivo desde a competência julho de 1994 ou desde o início da contribuição, se posterior àquela competência), com acréscimo de dois pontos percentuais para cada contribuição que exceder o tempo de 20 anos de contribuição, para os homens, ou de 15 anos de contribuição, para as mulheres.

Para aumentar o coeficiente de cálculo também poderão ser utilizados os períodos reconhecidos como tempo de contribuição pelas regras vigentes até o advento da EC n. 103/2019, conforme se depreende do art. 188-G do RPS (incluído pelo Decreto n. 10.410/2020).

No cálculo do salário de benefício aplica-se a regra do descarte de contribuições que excederem o tempo de contribuição mínimo exigido, conforme previsão contida no art. 26, § 6.º, da EC n. 103/2019, Lembrando-se que os períodos descartados não geram coeficiente de cálculo.

Nessa aposentadoria não havia a incidência da regra do mínimo divisor, o qual era restrito aos benefícios concedidos com base na regra de direito adquirido até 13.11.2019, conforme estabelecido no art. 188-E, § 1.º, do RPS (redação conferida pelo Decreto n. 10.410/2020). No entanto, para as concessões a partir de 05.05.2022, voltou a incidir o divisor mínimo, que não poderá ser inferior a 108 meses, com base no art. 139-A da LBPS (incluído pela Lei n. 14.331/2022).

As regras gerais sobre a aposentadoria programada estão disciplinadas no art. 201, § 7.º, da CF, no art. 19 da EC n. 103/2019 e nos arts. 51 a 53 do Decreto n. 3.048/1999 (com nova redação conferida pelos Decretos n. 10.410/2020 e n. 10.491/2020).

APOSENTADORIA PROGRAMADA – art. 201, § 7.º, I, da CF			
Beneficiário	Idade Mínima	Tempo de Contribuição	Carência
Homem	65 anos	20 anos	180 meses
Mulher	62 anos	15 anos	180 meses

RMI: 60% do salário de benefício (média integral) + dois pontos percentuais para cada ano de contribuição que exceder a 20 anos, se homem, e 15 anos, se mulher.

9.4 APOSENTADORIA POR IDADE: URBANA, RURAL E HÍBRIDA

A aposentadoria por idade foi estabelecida como um benefício baseado na idade mínima do segurado e no cumprimento de um período de carência, podendo ser concedida a quem trabalha na área urbana ou no meio rural e, a partir da Lei n. 11.718/2008, de forma mista ou híbrida, isto é, com a soma dos períodos urbano e rural para o implemento da carência.

Na Constituição Federal de 1988 (art. 202, inc. I) constou como requisito a exigência de 65 anos, para o homem, e 60 anos, para a mulher, reduzido em cinco anos o limite de idade para os trabalhadores rurais de ambos os sexos.

O art. 51 da Lei n. 8.213/1991 previa ainda que a aposentadoria por idade poderia ser requerida pela empresa, desde que o segurado tivesse cumprido a carência, após completar 70 anos de idade, se do sexo masculino, ou 65, se do sexo feminino, sendo reputada compulsória, caso em que seria garantida ao empregado a indenização prevista na legislação trabalhista, considerada como data da rescisão do contrato de trabalho a imediatamente anterior à do início da aposentadoria. Evidentemente, a existência dessa regra tinha cabimento quando da vigência da estabilidade decenal prevista na CLT, que deixou de existir com a promulgação da Constituição de 1988, para que o empregador pudesse romper o contrato de trabalho de empregados estáveis sem que houvesse cometimento de falta grave, ou motivo de força maior.

Essa "compulsoriedade", entretanto, perde o sentido quando conjugada com a hipótese de desistência prevista no § 2.º do art. 188-B do RPS (incluído pelo Decreto n. 10.410, de 2020): "O segurado poderá desistir do seu pedido de aposentadoria desde que manifeste essa intenção e requeira o arquivamento definitivo do pedido antes da ocorrência de um dos seguintes atos: I – recebimento do primeiro pagamento do benefício; ou II – efetivação do saque do FGTS ou do PIS".

Na EC n. 20/1998 (art. 201, § 7.º, II) foram mantidas as regras sobre essa modalidade de aposentadoria e também não houve alterações com a EC n. 41/2003.

Entretanto, a EC n. 103/2019 substituiu a aposentadoria por idade urbana pela aposentadoria programada, elevando a idade mínima da mulher para 62 anos e aumentando o tempo de contribuição exigido do homem para 20 anos, além de diminuir os coeficientes de cálculo. A EC n. 103/2019 preserva as condições de direito adquirido para quem já havia implementado os requisitos da aposentadoria por idade até 13.11.2019 (art. 3.º) e, também, cria regras de transição para quem era filiado ao RGPS até essa data e não chegou a implantar os requisitos antes da vigência da aludida Emenda (art. 18).

Quanto à aposentadoria por idade rural, não ocorreram alterações com a EC n. 103/2019, sendo mantida a idade mínima de 60 anos, para o homem, e 55 anos, para a mulher. A aposentadoria híbrida não foi tratada pela EC n. 103/2019, mas permanece válida consoante regramento infraconstitucional a ser analisado na sequência.

9.4.1 Aposentadoria por idade urbana

A concessão dessa aposentadoria pode ocorrer com base nas regras de direito adquirido até 13.11.2019, data da publicação da EC n. 103/2019, e com observância das regras de transição para quem era filiado ao RGP até essa data. Vejamos os requisitos.

– Regra de direito adquirido até 13.11.2019

Está consagrado no art. 3.º da EC n. 103/2019 o direito à concessão da aposentadoria, a qualquer tempo, desde que tenham sido cumpridos os requisitos para obtenção desse benefício até a data de entrada em vigor da referida emenda (13.11.2019).

No caso da aposentadoria por idade urbana, os requisitos eram o cumprimento da carência exigida e a idade mínima de 60 anos, se mulher, e 65 anos de idade, se homem. A carência a ser considerada deverá observar:

> I – **se segurado inscrito até 24.07.1991**, véspera da publicação da Lei n. 8.213/1991, inclusive no caso de reingresso: o período de carência constante da tabela progressiva do art. 142 da LBPS, sendo exigida a do ano em que for preenchido o requisito etário, ainda que a carência seja cumprida em ano posterior ao que completou a idade; e
>
> II – **se segurado inscrito a partir de 25.07.1991:** 180 contribuições mensais.

– Regra de transição com relação à aposentadoria por idade – EC n. 103/2019

Para quem não havia cumprido todos os requisitos para a concessão da aposentadoria por idade e era filiado ao RGPS até 13.11.2019, está previsto no art. 18 da EC n. 103/2019 o direito à aposentadoria, quando preenchidos, cumulativamente, os seguintes requisitos:

> I – 60 anos de idade, se mulher, e 65 anos de idade, se homem; e
>
> II – 15 anos de contribuição, para ambos os sexos.

A partir de 1.º.01.2020, por força do art. 18, § 1.º, da EC n. 103/2019, a idade de 60 anos da mulher passou a ser acrescida em seis meses a cada ano, até atingir 62 anos de idade (em 2023). Para os homens, a idade mínima continua como era antes da Reforma, 65 anos.

O tempo mínimo de contribuição também foi mantido para ambos os sexos em 15 anos. Em conformidade com o art. 188-H do RPS (com redação conferida pelo Decreto n. 10.410/2020), será exigida também a carência de 180 contribuições mensais, para ambos os sexos.

– Comprovação dos requisitos e perda da qualidade de segurado

No que diz respeito à comprovação dos requisitos para obtenção da aposentadoria por idade urbana, a jurisprudência é assente no sentido de que a idade e a carência não necessitam ser preenchidas simultaneamente. Nesse sentido: TNU, PEDILEF 200872650011307, Juiz Federal Paulo Ricardo Arena Filho, j. 05.05.2011, *DOU* 30.08.2011; STJ, REsp 1412566/RS, 2.ª Turma, Rel. Min. Mauro Campbell Marques, *DJe* 02.04.2014.

Cabe mencionar que a Lei n. 10.666/2003 (art. 3.º, § 1.º) estabelece que, para a concessão da aposentadoria por idade, a perda da qualidade de segurado não será considerada, desde que o segurado conte com, no mínimo, o tempo de contribuição correspondente ao exigido para efeito de carência na data do requerimento do benefício.

As regras gerais sobre a aposentadoria por idade urbana estão disciplinadas no art. 18 da EC n. 103/2019 (regra de transição), nos arts. 48 a 51 da Lei n. 8.213/1991 (naquilo que não colidam com as novas regras da EC n. 103/2019).

9.4.2 Aposentadoria por idade do trabalhador rural

A aposentadoria por idade voltada aos trabalhadores rurais recebeu tratamento diferenciado na Constituição Federal de 1988, com a previsão de redução de cinco anos da idade mínima com relação aos demais trabalhadores, a qual foi preservada pela EC n. 20/1998 (art. 202, inc. I – redação original; art. 201, § 7.º, inc. II – redação da EC n. 20/1998).

A distinção na idade foi mantida pela EC n. 103/2019, ao dar nova redação ao art. 201, § 7.º, inc. II, permanecendo a exigência de 60 anos para o homem e 55 anos para a mulher para essa aposentadoria voltada aos trabalhadores rurais e aos que exerçam suas atividades em regime de economia familiar, nestes incluídos o produtor rural, o garimpeiro e o pescador artesanal.

Dessa forma, a concessão da aposentadoria por idade do trabalhador rural, prevista no art. 48 da Lei n. 8.213/1991 e regulamentada pelo art. 56 do RPS (redação dada pelo Decreto n. 10.410/2020), está condicionada ao preenchimento de dois requisitos:

a) idade mínima de 60 anos para o homem e de 55 anos para a mulher; e
b) comprovação do exercício de atividade rural por 15 anos, ainda que descontínua, no período imediatamente anterior ao requerimento do benefício ou ao implemento da idade exigida.

Por se tratar de uma espécie de aposentadoria por idade, independe da manutenção da qualidade de segurado, exceto a aposentadoria por idade do trabalhador rural do segurado especial que não contribui facultativamente, devendo o segurado estar no exercício da atividade ou em prazo de qualidade de segurado nesta categoria no momento do preenchimento dos requisitos necessários ao benefício pleiteado, ressalvado o direito adquirido. Nesse sentido, o art. 245, § 1.º, da IN INSS n. 128/2022.

Consoante orientação firmada pelo STJ, a regra da não simultaneidade dos requisitos não tem validade no caso da aposentadoria por idade rural, sendo necessário que o segurado especial comprove o cumprimento da carência no período que antecede o implemento da idade ou o requerimento (STJ, PET 7.476, 3.ª Seção, Rel. p/ acórdão Min. Jorge Mussi, *DJe* 25.04.2011). Ademais, o STJ, ao julgar recurso repetitivo (Tema n. 642), confirmou a tese de que:

O segurado especial tem que estar laborando no campo, quando completar a idade mínima para se aposentar por idade rural, momento em que poderá requerer seu benefício. Ressalvada a hipótese do direito adquirido, em que o segurado especial, embora não tenha requerido sua aposentadoria por idade rural, preenchera de forma concomitante, no passado, ambos os requisitos carência e idade (REsp 1.354.908/SP, 1.ª Seção, Rel. Min. Mauro Campbell Marques, j. 09.09.2015, *DJ* 10.02.2016).

A LBPS considera como segurado especial o produtor rural e o pescador artesanal ou a este assemelhado, desde que exerçam a atividade rural individualmente ou em regime de economia familiar, ainda que com o auxílio eventual de terceiros, consoante previsão do art. 11, VII, da Lei n. 8.213/1991.

Sobre a aposentadoria por idade rural, destacamos ainda as seguintes súmulas do STJ e da TNU:

- STJ – Súmula n. 577: É possível reconhecer o tempo de serviço rural anterior ao documento mais antigo apresentado, desde que amparado em convincente prova testemunhal colhida sob o contraditório.
- TNU – Súmula n. 14: Para a concessão de aposentadoria rural por idade, não se exige que o início de prova material corresponda a todo o período equivalente à carência do benefício.
- TNU – Súmula n. 41: A circunstância de um dos integrantes do núcleo familiar desempenhar atividade urbana não implica, por si só, a descaracterização do trabalhador rural como segurado especial, condição que deve ser analisada no caso concreto.
- TNU – Súmula n. 46: O exercício de atividade urbana intercalada não impede a concessão de benefício previdenciário de trabalhador rural, condição que deve ser analisada no caso concreto.
- TNU – Súmula n. 54: Para a concessão de aposentadoria por idade de trabalhador rural, o tempo de exercício de atividade equivalente à carência deve ser aferido no período imediatamente anterior ao requerimento administrativo ou à data do implemento da idade mínima.

Na mesma esteira da Súmula n. 41 da TNU, a tese firmada em sede de recurso repetitivo pelo STJ: "O trabalho urbano de um dos membros do grupo familiar não descaracteriza, por si só, os demais integrantes como segurados especiais, devendo ser averiguada a dispensabilidade do trabalho rural para a subsistência do grupo familiar, incumbência esta das instâncias ordinárias (Súmula 7/STJ)" – Tema n. 532.

Entende o STJ, entretanto, que: "Em exceção à regra geral [...], a extensão de prova material em nome de um integrante do núcleo familiar a outro não é possível quando aquele passa a exercer trabalho incompatível com o labor rurícola, como o de natureza urbana" (Tema n. 533).

Ainda com base no RPS (art. 9.º, § 21 – redação dada pelo Decreto n. 10.410/2020), a utilização de empregados pode ser superior aos 120 dias no ano civil, caso haja percepção de auxílio por incapacidade temporária. Outra mudança nessa questão foi a possibilidade de transformar os 120 dias em horas, à razão de 8 horas por dia e 44 horas semanais. Assim, poderiam ser pagos 240 dias, pelo tempo de 4 horas.

A EC n. 103/2019 não modificou os coeficientes de cálculo da aposentadoria do trabalhador rural e manteve a garantia de um salário mínimo para a aposentadoria dos segurados especiais. A regulamentação da matéria está no art. 56 do RPS (redação dada pelo Decreto n. 10.410/2020) e no art. 233 da IN INSS n. 128/2022.

Dessa forma, a RMI da aposentadoria por idade do trabalhador rural será calculada da seguinte forma:

a) para os segurados especiais que não contribuem facultativamente, a RMI será de um salário mínimo; e
b) para os demais trabalhadores rurais (empregados rurais, contribuintes individuais e trabalhadores avulsos), bem como para o segurado especial que contribui facultativamente: 70% do salário de benefício, com acréscimo de 1% para cada ano de contribuição.

9.4.3 Aposentadoria por idade "mista" ou "híbrida" da Lei n. 11.718/2008

A Lei n. 11.718/2008 criou espécie de aposentadoria por idade ao trabalhador rural que não tiver como comprovar o efetivo exercício de atividade rural, ainda que de forma descontínua, no período imediatamente anterior ao cumprimento da idade mínima ou ao requerimento da aposentadoria originalmente prevista na Lei n. 8.213/1991.

De acordo com o disposto no § 3.º do art. 48 da LBPS (incluído pela Lei n. 11.718/2008), os trabalhadores rurais poderão somar tempo rural e urbano para cumprimento da carência. No entanto, a idade mínima a ser considerada é de 65 anos de idade, se homem, e 60 anos, se mulher, ou seja, equiparando-se ao trabalhador urbano no requisito etário.

Mesmo após a Reforma da Previdência efetivada pela EC n. 103/2019, entendemos que permanece válida a hipótese de concessão da aposentadoria híbrida, pois não houve revogação expressa nem tácita desse modelo de benefício. No entanto, as regras deverão ser ajustadas para contemplar as mudanças trazidas pela EC n. 103/2019, quais sejam a elevação da idade mínima para a mulher (62 anos) e a carência de 20 anos para os segurados homens ingressantes no RGPS após a publicação da Reforma da Previdência.

A interpretação literal do § 3.º do art. 48 da LBPS pode conduzir o intérprete a entender que somente os trabalhadores rurais farão jus à aposentadoria "híbrida" ao completarem a idade mínima exigida.

Entretanto, essa não é a melhor interpretação para as normas de caráter social.

As normas previdenciárias devem ser interpretadas com base nos princípios constitucionais que regem o sistema, especialmente aqueles contidos nos arts. 194, parágrafo único, e 201 da CF/1988.

Assim, em respeito ao princípio da uniformidade e da equivalência dos benefícios e serviços às populações urbanas e rurais, previsto no art. 194, parágrafo único, inc. II, da Constituição Federal, é possível a concessão de aposentadoria por idade para qualquer espécie de segurado mediante a contagem, para fins de carência, de períodos de contribuição, tanto como segurado urbano quanto rural, e de períodos de atividade, com ou sem a realização de contribuições facultativas, de segurado especial.

Consigna-se que o STJ, ao referendar o direito da aposentadoria híbrida em favor dos trabalhadores rurais e urbanos, assentou que é permitido ao segurado mesclar o período urbano ao período rural e vice-versa para implementar a carência mínima necessária e obter o benefício etário híbrido. A tese fixada no Repetitivo n. 1.007 foi a seguinte:

> O tempo de serviço rural, ainda que remoto e descontínuo, anterior ao advento da Lei 8.213/1991, pode ser computado para fins da carência necessária à obtenção da aposentadoria híbrida por idade, ainda que não tenha sido efetivado o recolhimento das contribuições, nos termos do art. 48, § 3.º da Lei 8.213/1991, seja qual for a predominância do labor misto exercido no período de carência ou o tipo de trabalho exercido no momento do implemento do requisito etário ou do requerimento administrativo.

Para efetivação dessa interpretação na via administrativa, o Ministério Público Federal ajuizou ação civil pública tendo por objetivo compelir o INSS, ao examinar a viabilidade da concessão do benefício de aposentadoria por idade híbrida de que trata o art. 48, § 3.º, da Lei n. 8.213/1991, considerar, inclusive para fim de carência, o tempo de serviço rurícola exercido anteriormente a novembro de 1991, bem como para conceder o referido benefício independentemente da natureza, urbana ou rural, do último labor desenvolvido pelo segurado, seja na época do preenchimento dos requisitos legais, seja na época de seu requerimento.

A referida ação civil pública foi julgada procedente pelo TRF da 4.ª Região, com *alcance para todo o território nacional* (TRF-4, ACP 5038261-15.2015.404.7100, 5.ª Turma, Rel. Des. Fed. Taís Schilling Ferraz, j. 12.06.2017). E, em cumprimento dessa decisão, foi editado o Memorando Circular Conjunto n. 1/DIRBEN/PFE/INSS, de 04.01.2018, para fins de assegurar o direito à aposentadoria por idade na modalidade híbrida, independentemente de qual tenha sido a última atividade profissional desenvolvida – rural ou urbana.

Na sequência, o Decreto n. 10.410/2020 (que alterou o RPS) tratou no art. 57 da aposentadoria híbrida aplicando as novas regras permanentes da aposentadoria programada (homem: 65 anos de idade e 20 anos de tempo de contribuição; mulher: 62 anos de idade e 15 anos de tempo de contribuição). Esse decreto também reconheceu: a) que para fins de cálculo do valor da renda mensal, deve ser considerado como salário de contribuição mensal do período como segurado especial o salário mínimo (§ 1.º do art. 57); b) o direito ao benefício, ainda que, na oportunidade do requerimento da aposentadoria, o segurado não se enquadre como trabalhador rural (§ 2.º do art. 57).

No entanto, o Decreto n. 10.410/2020 não disciplinou a concessão com base nas regras de transição da aposentadoria por idade em que o tempo de contribuição é de 15 anos (para homens e mulheres) e a idade da mulher tem aumento gradativo (começando em 60 anos até chegar em 62 em 2023). Contudo, na sequência, essa omissão foi suprida pela IN INSS n. 128/2022, que no art. 257, § 3.º, previu a aplicação das regras de transição da aposentadoria por idade também para a aposentadoria híbrida, quais sejam:

> Art. 317. Ao segurado filiado ao RGPS até 13 de novembro de 2019, data da publicação da Emenda Constitucional n. 103, de 2019, será devida a aposentadoria por idade, cumprida a carência exigida, quando preencher cumulativamente, os seguintes requisitos:

I – 60 (sessenta) anos de idade, se mulher, e 65 (sessenta e cinco) anos de idade, se homem; e

II – 15 (quinze) anos de tempo de contribuição, para ambos os sexos.

§ 1.º A partir de 1.º de janeiro de 2020, a idade de 60 (sessenta) anos da mulher, prevista no inciso I do *caput*, será acrescida em 6 (seis) meses a cada ano, até atingir 62 (sessenta e dois) anos de idade.

§ 2.º O disposto neste artigo se aplica aos trabalhadores rurais que não atendam os requisitos para a aposentadoria por idade do trabalhador rural, dispostos no art. 256, mas que satisfaçam a carência exigida computando-se os períodos de contribuição sob outras categorias, inclusive urbanas.

Destaca-se, ainda, da IN n. 128/2022 a seguinte previsão que se mostra adequada à jurisprudência uniformizada pelo STJ sobre o tema:

Art. 220. Considera-se período contributivo:

[...] § 2.º Para fins de concessão da aposentadoria híbrida, prevista no art. 257, o período de exercício de atividade como segurado especial, ainda que não recolha facultativamente, é considerado contributivo.

Essas normativas representam um grande avanço no reconhecimento do direito à aposentadoria híbrida no âmbito administrativo.

9.4.3.1 Renda Mensal Inicial (RMI)

As regras de cálculo da aposentadoria por idade urbana aplicam-se integralmente à aposentadoria por idade híbrida, considerando-se como salário de contribuição mensal do período como segurado especial o salário mínimo (art. 57, § 1.º, do RPS, com redação conferida pelo Decreto n. 10.410/2020).

9.4.4 Data de início do benefício

A aposentadoria por idade é devida ao segurado empregado, inclusive o doméstico, a partir da data do desligamento do emprego (quando requerida até 90 dias depois desse) ou da data do requerimento (quando não houve desligamento do emprego ou quando requerida após 90 dias). Para os demais segurados, tem-se como devida desde a data da entrada do requerimento.

Quadro-resumo
APOSENTADORIA POR IDADE

BENEFÍCIO	APOSENTADORIA POR IDADE Código da Espécie (INSS): B-41
Evento Gerador	a) URBANA: Homem: 65 anos + 15 anos de tempo de contribuição para quem era filiado até a EC n. 103/2019; b) URBANA: Mulher: 60 anos + tempo de contribuição de 15 anos (Regra de Direito Adquirido até 13/11/2019. Na regra de transição da EC 103, a idade passou a ser acrescida em seis meses a cada ano, até atingir 62 anos em 2023); c) RURAL: 60 anos, se homem, e 55 anos, se mulher + tempo de atividade rural: 15 anos para ambos.

BENEFÍCIO	APOSENTADORIA POR IDADE Código da Espécie (INSS): B-41
Beneficiários	Todos os segurados do RGPS.
Carência	a) 180 contribuições mensais para os segurados inscritos após 24.07.1991; b) Tabela Progressiva do art. 142 da Lei n. 8.213/1991: para os segurados inscritos antes de 24.07.1991; c) o trabalhador rural deve comprovar o efetivo exercício de atividade rural, ainda que de forma descontínua, no período imediatamente anterior ao requerimento do benefício ou, conforme o caso, ao mês em que cumpriu o requisito etário, por tempo igual ao número de meses de contribuição correspondente à carência do benefício pretendido (15 anos).
Carência Congelada	"Para efeito de aposentadoria urbana por idade, a tabela progressiva de carência prevista no art. 142 da Lei n. 8.213/1991 deve ser aplicada em função do ano em que o segurado completa a idade mínima para concessão do benefício, ainda que o período de carência só seja preenchido posteriormente" (Súmula n. 44 da TNU).
Aposentadoria por Idade Híbrida ou Mista – Lei n. 11.718/2008	– Os trabalhadores rurais e urbanos que não atendam os requisitos gerais, mas que satisfaçam essa condição, se forem considerados períodos de contribuição sob outras categorias do segurado, farão jus ao benefício ao completarem 65 anos de idade, se homem, e 60 anos, se mulher (a partir da EC n. 103/2019: 62 anos, se mulher). – Para fins de cálculo do valor da renda mensal, deve ser considerado como salário de contribuição mensal do período como segurado especial o salário mínimo (§ 1.º do art. 57 do RPS). – O direito ao benefício, ainda que, na oportunidade do requerimento da aposentadoria, o segurado não se enquadre como trabalhador rural (§ 2.º do art. 57 do RPS). – Em face do princípio constitucional da uniformidade e equivalência dos benefícios e serviços às populações urbanas e rurais (art. 194, parágrafo único, inc. II), aplicável essa regra também em favor do trabalhador urbano. Nesse sentido: STJ, Repetitivo Tema n. 1.007 e art. 57, § 2.º, do RPS (Redação dada pelo Decreto n. 10.410/2020).
Qualidade de Segurado	– A perda da qualidade de segurado não será considerada para a concessão desse benefício, desde que o segurado conte com, no mínimo, o tempo de contribuição correspondente ao exigido para efeito de carência na data do requerimento do benefício (art. 3.º da Lei n. 10.666/2003). – Essa regra não se aplica ao segurado especial, pois a aposentadoria rural tem requisito adicional específico: o efetivo exercício da atividade rural em período logo antecedente ao requerimento administrativo (arts. 39, I; 48, § 2.º; e 143, todos da Lei n. 8.213, de 1991). – A concessão do benefício de aposentadoria por idade, nos termos do art. 3.º da Lei n. 10.666/2003, observará, para os fins de cálculo do valor do benefício, o disposto no art. 3.º, caput e § 2.º, da Lei n. 9.876/1999, ou, não havendo salários de contribuição recolhidos no período a partir da competência julho de 1994, será de um salário mínimo.

BENEFÍCIO	APOSENTADORIA POR IDADE Código da Espécie (INSS): B-41
Salário de Benefício	a) Para os segurados filiados na Previdência Social a partir de 29.11.1999 (Lei n. 9.876/1999) e que implementaram os requisitos até a EC n. 103/2019, o salário de benefício consiste: – na média aritmética simples dos maiores salários de contribuição correspondentes a 80% de todo o período contributivo, corrigidos mês a mês, multiplicado pelo fator previdenciário, se positivo b) Para os segurados filiados à Previdência Social até 28.11.1999 e que implementaram os requisitos até a EC n. 103/2019, o salário de benefício consiste: – na média aritmética simples dos 80% maiores salários de contribuição, corrigidos mês a mês, de todo o período contributivo decorrido desde julho de 1994, multiplicado pelo fator previdenciário; – o divisor considerado no cálculo da média não poderá ser inferior a 60% do período decorrido da competência julho de 1994 até a data de início do benefício, limitado a 100% de todo o período contributivo (art. 3.º, § 2.º, da Lei n. 9.876/1999). c) Para os benefícios concedidos com cômputo de tempo trabalhado após a EC n. 103/2019: média aritmética simples dos salários de contribuição atualizados monetariamente, correspondentes a 100% do período contributivo desde a competência julho de 1994 ou desde o início da contribuição, se posterior àquela competência. E, a partir de 05.05.2022, com a incidência do divisor mínimo de 108 meses previsto no art. 135-A da LBPS (incluído pela Lei n. 14.331/2022).
Fator Previdenciário (aplicável até o advento da EC n. 103/2019)	– Será calculado considerando-se a idade, a expectativa de sobrevida e o tempo de contribuição do segurado ao se aposentar. – Ao segurado com direito à aposentadoria por idade é assegurada a opção pela aplicação ou não do fator previdenciário, considerando o que for mais vantajoso.
Renda Mensal Inicial	a) Até a entrada em vigor da EC n. 103/2019: – Proporcional ao tempo de contribuição, consistindo numa renda mensal correspondente a 70% do salário de benefício, mais 1% a cada grupo de 12 contribuições mensais, até 100% do salário de benefício. b) Após a entrada em vigor da EC n. 103/2019: – 60% do valor do salário de benefício (média integral de todos os salários de contribuição), com acréscimo de dois pontos percentuais para cada ano de contribuição que exceder o tempo de 20 anos de contribuição para os homens e de 15 anos para as mulheres. – Segurado especial: é igual a um salário mínimo, salvo quando contribua, facultativamente, como contribuinte individual, quando então terá a aposentadoria calculada com base na regra geral. – Trabalhador rural empregado, bem como do segurado especial que contribua facultativamente e dos contribuintes individuais que verteram contribuições, será calculada pela média integral dos salários de contribuição (conforme art. 26 da EC n. 103/2019), mas será multiplicada pelo coeficiente de cálculo da aposentadoria por idade previsto no art. 50 da LBPS: 70% + 1% a cada ano de contribuição, até o limite de 100% do salário de benefício (art. 56, § 2.º, do RPS – redação do Decreto n. 10.410/2020).

BENEFÍCIO	APOSENTADORIA POR IDADE Código da Espécie (INSS): B-41
Período Básico de Cálculo	O Período Básico de Cálculo (PBC) é fixado, conforme o caso, de acordo com a: I – Data do Afastamento da Atividade ou do Trabalho (DAT); II – Data de Entrada do Requerimento (DER); III – Data da Publicação da Lei n. 9.876/1999 (DPL); IV – Data da Publicação da EC n. 103/2019; V – Data de Implementação das Condições Necessárias à Concessão do Benefício (DICB).
Data de Início do Benefício	– Segurado empregado, inclusive o doméstico: a) a partir da data do desligamento do emprego, quando requerida até essa data ou até 90 dias depois; b) da data do requerimento, quando não houver desligamento do emprego ou quando requerida após 90 dias. – Para os demais segurados: a partir da data da entrada do requerimento.
Aposentadoria Compulsória	– A aposentadoria por idade pode ser requerida pela empresa, desde que o segurado tenha cumprido a carência, quando este completar 70 anos de idade, se do sexo masculino, ou 65, se do sexo feminino, sendo compulsória, caso em que será garantida ao empregado a indenização prevista na legislação trabalhista, considerada como data da rescisão do contrato de trabalho a imediatamente anterior à do início da aposentadoria (art. 51 da LBPS). – Os empregados dos consórcios públicos, das empresas públicas, das sociedades de economia mista e das suas subsidiárias serão aposentados compulsoriamente, observado o cumprimento do tempo mínimo de contribuição, ao atingir a idade máxima de 75 anos (art. 201, § 16, da CF, incluído pela EC n. 103/2019).
Duração	Indeterminada. Cessa com a morte do segurado, transformando-se em pensão por morte, caso tenha dependentes.
Desistência	Depois que receber o primeiro pagamento, ou sacar o PIS e/ou o FGTS (o que ocorrer primeiro), o segurado não poderá desistir do benefício (art. 181-B – Decreto n. 3.048/1999).
Observações	As regras gerais da aposentadoria por idade encontram-se no art. 201 da CF (com redação conferida pela EC n. 103/2019), no art. 18 da EC n. 103/2019 (regra de transição), nos arts. 48 a 51 da Lei n. 8.213/1991 (naquilo que não colidam com as novas regras da EC n. 103/2019) e nos arts. 51-53 e 56-57 do Decreto n. 3.048/1999 (redação dada pelos Decretos n. 10.410/2020 e n. 10.491/2020).

9.5 APOSENTADORIA POR TEMPO DE CONTRIBUIÇÃO (EXTINTA PELA EC N. 103/2019)

Embora criticada por muitos doutrinadores, era da tradição da Previdência Social brasileira a aposentadoria por tempo de atividade laborativa, razão pela qual, em que pese ter sido extinta a aposentadoria por tempo de serviço, permaneceu a noção de aposentadoria por tempo de atividade, com o surgimento de nova modalidade de jubilação.

Com a Reforma da Previdência efetivada pela Emenda Constitucional n. 20/1998, o tempo de serviço deixou de ser considerado para a concessão da aposentadoria, passando a valer o tempo de contribuição efetiva para o regime previdenciário. A partir de então, para aqueles que se filiaram ao RGPS após a EC n. 20, não mais havia possibilidade de concessão de aposentadoria proporcional ao tempo de serviço.

A exigência da combinação do tempo de contribuição com uma idade mínima foi eliminada durante a tramitação do texto principal da EC n. 20/1998, constando apenas das regras de transição.

Com a entrada em vigor da EC n. 103/2019, a aposentadoria por tempo de contribuição foi substituída pela aposentadoria programada, mas, em respeito às expectativas de direito, foram criadas quatro regras de transição para quem era filiado à Previdência Social até 13.11.2019, as quais serão examinadas na sequência.

Conforme a regulamentação dada à matéria pelo RPS e pela IN n. 128/2022,[1] a aposentadoria por tempo de contribuição ficou assegurada nas seguintes condições:

- **SEGURADOS FILIADOS AO NO RGPS ATÉ 16.12.1998 (DATA DA PUBLICAÇÃO DA EC N. 20/1998)**, inclusive oriundos de outro regime de previdência social desde que cumprida a carência exigida, possuem direito à aposentadoria por tempo de contribuição, **desde que tenham cumprido os seguintes requisitos até 13.11.2019**:

    I – **aposentadoria por tempo de contribuição, com renda mensal no valor de 100% do salário de benefício**, desde que cumpridos:

    a) 35 anos de contribuição, se homem;

    b) 30 anos de contribuição, se mulher;

    II – **aposentadoria por tempo de contribuição com renda mensal proporcional**, desde que cumpridos os seguintes requisitos, cumulativamente:

    a) idade: 53 anos para o homem; 48 anos para a mulher;

    b) tempo de contribuição: 30 anos, se homem, e 25 anos de contribuição, se mulher;

    c) um período adicional de contribuição equivalente a 40% (quarenta por cento) do tempo que, em 16.12.1998, faltava para atingir o tempo de contribuição estabelecido (30 anos, se homem, e 25 anos de contribuição, se mulher);

- **SEGURADOS FILIADOS AO RGPS A PARTIR DE 17.12.1998**, inclusive os oriundos de outro regime de Previdência Social, desde que cumprida a carência exigida, possuem direito à aposentadoria por tempo de contribuição desde que comprovassem até 13.11.2019:

    a) 35 anos de contribuição, se homem;

    b) 30 anos de contribuição, se mulher.

---

[1] Arts. 187 e 188 do Decreto n. 3.048/1999 (com alterações do Decreto n. 10.410/2020), e arts. 319 a 324 da IN n. 128/2022.

Importa atentar que, aos segurados filiados até 16.12.1998, foi garantida regra de transição que vigorou até 13.11.2019. Aos que se filiaram a partir de 17.12.1998, a regra de transição foi aquela trazida na nova redação da EC n. 20/1998, que vigorou até 13.11.2019.

A Constituição assegurava ao professor que comprovasse exclusivamente tempo de efetivo exercício das funções de magistério na educação infantil e no ensino fundamental e médio a redução de cinco anos no tempo de contribuição (art. 201, § 8.º). Com o advento da EC n. 103/2019, a redução deixou de ser no tempo de contribuição e passou a ser na idade (cinco anos menos em relação à idade mínima da aposentadoria voluntária). Por conseguinte, passou-se a exigir idade mínima de 60 anos para o professor e de 57 anos para a professora, desde que comprove tempo de efetivo exercício das funções de magistério na educação infantil e no ensino fundamental e médio fixado em lei complementar.

As regras de transição previstas para os segurados filiados ao RGPS até 16.12.1998 estavam contidas no art. 9.º da Emenda Constitucional n. 20/1998, o qual foi revogado pela EC n. 103/2019.

A perda da qualidade de segurado não será considerada para a concessão da aposentadoria por tempo de contribuição, regra prevista na Lei n. 10.666/2003 (art. 3.º).

– Substituição da aposentadoria por tempo de contribuição pela aposentadoria programada: EC n. 103/2019

Segundo a Exposição de Motivos da PEC n. 06/2019, as mudanças decorrentes da EC n. 20/1998 e da Lei n. 9.876/1999, que ampliou o período básico de cálculo e criou o chamado fator previdenciário, não foram suficientes para reduzir o déficit do sistema, pois a média de idade nas aposentadorias por tempo de contribuição estava em 54,22 anos.

Portanto, a solução proposta e aprovada, constante da EC n. 103/2019, foi a extinção da previsão de aposentadoria por tempo de contribuição (sem a previsão de uma idade mínima) das regras permanentes da Constituição.

Temos, assim, a partir da EC n. 103/2019, somente a possibilidade de concessão de aposentadoria programada com o cumprimento de tempo de contribuição e de idade mínima. No entanto, foram previstas quatro regras de transição para a aposentadoria por tempo de contribuição para quem era filiado ao RGPS em 13.11.2019.

9.5.1 Beneficiários

Os segurados do RGPS que cumprirem a carência e o tempo de contribuição exigidos, observadas as seguintes exceções:

a) Segurado especial:

A contribuição com base na comercialização da produção rural, não dá direito à aposentadoria por tempo de contribuição, mas apenas à aposentadoria por idade e por incapacidade permanente, de um salário mínimo. Caso optasse por efetuar contribuições mensais, de forma voluntária, passaria a ter reconhecido o direito à concessão desse benefício.

b) Contribuinte individual e segurado facultativo:

Os contribuintes individuais e segurados facultativos que optaram pela sistemática de contribuição, na forma estabelecida na LC n. 123, de 14.12.2006 (alíquota de

11% sobre o valor mínimo mensal do salário de contribuição, ou seja, 11% sobre o salário mínimo), não podem desfrutar do benefício da aposentadoria por tempo de contribuição, salvo se complementarem as contribuições feitas em alíquota menor que a regra geral (mais 9% sobre o mesmo salário de contribuição).

c) Microempreendedor Individual (MEI):

A contribuição reduzida (5% do salário mínimo) não assegura ao MEI a aposentadoria programada. Caso pretenda contar o tempo de contribuição correspondente para fins de obtenção da aposentadoria programada ou da contagem recíproca do tempo de contribuição a que se refere o art. 94 da Lei n. 8.213/1991, deve complementar a contribuição mensal mediante recolhimento, sobre o valor correspondente ao limite mínimo mensal do salário de contribuição em vigor na competência a ser complementada, da diferença entre o percentual pago e o de 20%, acrescido dos juros moratórios equivalentes à taxa Selic.

d) Segurado facultativo com contribuição reduzida (CadÚnico):

A Lei n. 12.470/2011 reduziu para 5% do salário mínimo a contribuição do segurado facultativo sem renda própria que se dedique exclusivamente ao trabalho doméstico no âmbito de sua residência homem ou mulher, desde que pertencente à família de baixa renda (art. 21, § 2.º, inc. II, b, da Lei n. 8.212/1991), assim considerada a família inscrita no Cadastro Único para Programas Sociais do Governo Federal (CadÚnico), cuja renda mensal seja de até dois salários mínimos, com situação atualizada nos últimos dois anos. A inscrição é feita junto ao Centro de Referência e Assistência Social (CRAS) do município onde reside a pessoa.

Nesse caso, aplicam-se as mesmas regras indicadas para o MEI sobre a necessidade de complementação da contribuição para obtenção de aposentadoria que não seja por incapacidade permanente.

Síntese dos segurados que efetuam contribuição reduzida

Alíquota 11%	Alíquota 5%
Somente pode pagar sobre o salário mínimo de cada competência.	Somente pode pagar sobre o salário-mínimo de cada competência.
Não tem direito à aposentadoria por tempo de contribuição.	Não tem direito à aposentadoria por tempo de contribuição.
Disponível para segurado facultativo ou segurado contribuinte individual, que trabalhe por conta própria, sem relação de trabalho com empresa ou equiparado.	Disponível para MEI e segurado facultativo sem renda própria que se dedique exclusivamente ao trabalho doméstico no âmbito de sua residência, desde que pertencente à família de baixa renda registrada no CadÚnico.
Se quiser se aposentar por tempo de contribuição ou obter Certidão de Tempo de Contribuição (CTC) para contagem recíproca, deve complementar a contribuição mensal com a diferença de 9%.	Se quiser se aposentar por tempo de contribuição ou obter CTC para contagem recíproca, deve complementar a contribuição mensal com a diferença de 15%.

9.5.2 Período de carência

O período de carência é de 180 contribuições mensais, com a aplicação da tabela progressiva do art. 142 da Lei n. 8.213/1991 aos segurados que se filiaram antes de 24.07.1991.

Entendemos compatível a continuidade da exigência do período de carência de 180 meses nas regras de transição da EC n. 103/2019, as quais permitem a aposentadoria por tempo de contribuição associado a outros requisitos.

O RPS adota a regra de que os períodos de carência (180 meses) foram mantidos para a concessão das aposentadorias programáveis anteriores e posteriores à EC n. 103/2019 (art. 29 do Decreto n. 3.048/1999, com redação conferida pelo Decreto n. 10.410/2020).

9.5.3 Data de início do benefício

A aposentadoria por tempo de contribuição é devida ao segurado empregado, inclusive ao doméstico, que cumpriu os requisitos antes da EC n. 103/2019, ou pelas regras de transição dessa Emenda, a partir da data do desligamento do emprego (quando requerida até essa data ou até 90 dias depois), ou da data do requerimento (quando não houver desligamento do emprego ou quando for requerida após 90 dias). Para os demais segurados, que também tenham cumprido os requisitos até a EC n. 103/2019 ou das regras de transição, é devida a partir da data da entrada do requerimento.

As regras relativas à DIB permanecem válidas para as situações que envolvem direitos adquiridos (preenchimento dos requisitos antes da vigência da EC n. 103/2019) e para quem se aposentar pelas regras de transição doravante aplicáveis.

De acordo com o Regulamento da Previdência Social, a aposentadoria por tempo de contribuição é irreversível e irrenunciável depois que o segurado receber o primeiro pagamento, sacar o PIS ou o Fundo de Garantia (o que ocorrer primeiro).

O STF, ao julgar a Repercussão Geral Tema n. 503, que tratou da desaposentação, validou esse entendimento, fixando a tese de que, por ausência de norma legal, não é possível a renúncia da aposentadoria para a concessão de outra mais vantajosa, sendo constitucional a regra do art. 18, § 2.º, da Lei n. 8.213/1991[2] (RE 661.256/SC, Tribunal Pleno, Min. Roberto Barroso, j. 26.10.2016, *DJe* 29.09.2016).

9.5.4 Renda mensal inicial

A apuração da renda mensal inicial da aposentadoria por tempo de contribuição observará as seguintes regras:

a) **para direito adquirido até 13.11.2019, data da publicação da EC n. 103/2019, com tempo integral, inclusive do professor:** 100% do salário de benefício, multiplicado pelo fator previdenciário;

b) **para direito adquirido até 13.11.2019, data da publicação da EC n. 103/2019, com tempo proporcional (somente segurados filiados até 16.12.1998/ EC n. 20/1998 possuem direito a essa regra):** 70% do salário de benefício acrescido de 5% por grupo de 12 contribuições que ultrapassar o período

---

[2] Tese n. 503: "No âmbito do Regime Geral de Previdência Social (RGPS), somente lei pode criar benefícios e vantagens previdenciárias, não havendo, por ora, previsão legal do direito à 'desaposentação', sendo constitucional a regra do artigo 18, § 2.º, da Lei n. 8.213/1991" (j. 26.10.2016).

adicional exigido, limitado a 100% do salário de benefício, multiplicado pelo fator previdenciário.

Nessas duas hipóteses:

- o cálculo do salário de benefício será composto pela média aritmética simples de 80% dos maiores salários de contribuição constantes no PBC;
- para os filiados até 28.11.1999 (publicação da Lei n. 9.876/1999) que vierem a cumprir os requisitos necessários à concessão da aposentadoria até 13.11.2019, deverá ser observado que o divisor a ser considerado na média não poderá ser inferior a 60% do período decorrido de julho de 1994 até a DIB;
- não será aplicado o fator previdenciário, quando o total resultante da soma entre a idade e o tempo de contribuição atender ao disposto do art. 29-C da Lei n. 8.213/1991 (fórmula 85/95 progressiva – estava em 86/96 em 13.11.2019).

c) **para direito adquirido a partir de 14.11.2019, com implementação do acesso pelas regras de transição com pontuação ou idade mínima, inclusive do professor:** 60% do salário de benefício, com acréscimo de 2% para cada ano de contribuição que exceder 15 anos de contribuição, no caso da mulher, e 20 anos de contribuição, no caso do homem;

d) **para direito adquirido a partir de 14.11.2019, com implementação do acesso pela regra de transição com período adicional de 50% do tempo faltante (aplicável somente para segurados que faltavam até dois anos de tempo de contribuição em 13.11.2019):** 100% do salário de benefício, multiplicado pelo fator previdenciário (sem aplicação da fórmula 85/95 progressiva); e

e) **para direito adquirido a partir de 14.11.2019, com implementação do acesso pela regra de transição com idade mínima e período adicional de 100% do tempo faltante em 13.11.2019, inclusive a do professor:** 100% do salário de benefício.

Nessas três últimas hipóteses, por força do art. 26 da EC n. 103/2019, o salário de benefício é obtido com base na média aritmética simples dos salários de contribuição, atualizados monetariamente, correspondentes a 100% do período contributivo desde a competência julho de 1994 ou desde o início da contribuição, se posterior a essa competência. A partir de 05.05.2022, com a incidência do divisor mínimo de 108 meses previsto no art. 135-A da LBPS (incluído pela Lei n. 14.331/2022).

Quadro-resumo
APOSENTADORIA POR TEMPO DE CONTRIBUIÇÃO

BENEFÍCIO	APOSENTADORIA POR TEMPO DE CONTRIBUIÇÃO (Benefício extinto pela EC n. 103/2019, mas com previsão em regras de transição) Código da Espécie (INSS): B-42
Evento Gerador	– **Até a entrada em vigor da EC n. 103/2019:** a) homem: 35 anos de contribuição + carência de 180 meses; b) mulher: 30 anos de contribuição + carência de 180 meses; c) professores (na educação infantil e no ensino fundamental e médio): cinco anos a menos no período de contribuição.

BENEFÍCIO	APOSENTADORIA POR TEMPO DE CONTRIBUIÇÃO (Benefício extinto pela EC n. 103/2019, mas com previsão em regras de transição) Código da Espécie (INSS): B-42
Aposentadoria Proporcional pelas Regras de Transição da Emenda Constitucional n. 20/1998 (regra revogada pela EC n. 103/2019)	– O segurado que em 16.12.1998 não havia completado o tempo mínimo exigido para aposentadoria por tempo de contribuição tinha direito à aposentadoria proporcional, desde que cumpridos a carência e os seguintes requisitos de forma cumulativa: a) idade: 53 anos para o homem e 48 anos para a mulher; b) tempo de contribuição: 30 anos de contribuição para o homem e 25 anos de contribuição para a mulher; c) tempo de contribuição adicional: equivalente a 40% do tempo que, em 16.12.1998, faltava para atingir o limite de contribuição. – Quando mais vantajoso, os segurados podiam optar pelas regras permanentes alteradas pela EC n. 20/1998, quais sejam, 35 anos de tempo de contribuição – homem; 30 anos de tempo de contribuição, mulher, sem idade mínima (art. 9.º da EC n. 20/1998).
Beneficiários	– Todos os segurados do RGPS, exceto o segurado especial, salvo se optar por efetuar contribuições mensais, de forma voluntária. – O contribuinte individual, o microempreendedor individual e o segurado facultativo (inclusive a dona de casa de baixa renda) que optaram pela contribuição reduzida não fazem jus à aposentadoria por tempo de contribuição, salvo se complementarem as contribuições feitas em alíquota menor que a regra geral (20% sobre o salário de contribuição).
Carência	a) 180 contribuições mensais para os segurados inscritos após 24.07.1991. b) Tabela progressiva do art. 142 da Lei n. 8.213/1991: para os segurados inscritos antes de 24.07.1991.
Qualidade de Segurado	A perda da qualidade de segurado na data do requerimento não será considerada, desde que já implementados todos os requisitos para a concessão do benefício.
Salário de Benefício (válido para os segurados que implementaram os requisitos para a aposentadoria até a entrada em vigor da EC n. 103/2019)	a) Para os segurados filiados na Previdência Social a partir de 29.11.1999 (Lei n. 9.876/1999), o salário de benefício consistia: – na média aritmética simples dos maiores salários de contribuição correspondentes a 80% de todo o período contributivo, corrigidos mês a mês, multiplicado pelo fator previdenciário. b) Para o segurado filiado à Previdência Social até 28.11.1999, o salário de benefício consistia: – na média aritmética simples dos 80% maiores salários de contribuição, corrigidos mês a mês, de todo o período contributivo decorrido desde julho de 1994, multiplicado pelo fator previdenciário;

BENEFÍCIO	APOSENTADORIA POR TEMPO DE CONTRIBUIÇÃO (Benefício extinto pela EC n. 103/2019, mas com previsão em regras de transição) Código da Espécie (INSS): B-42
Salário de Benefício (válido para os segurados que implementaram os requisitos para a aposentadoria até a entrada em vigor da EC n. 103/2019)	– o divisor considerado no cálculo da média não poderia ser inferior a 60% do período decorrido da competência julho de 1994 até a data de início do benefício, limitado a 100% de todo o período contributivo.
Fator Previdenciário	– Calculado considerando-se a idade, a expectativa de sobrevida e o tempo de contribuição do segurado ao se aposentar. – Aplicado para fins de cálculo da RMI da aposentadoria por tempo de contribuição, inclusive de professor. – A Lei n. 13.183/2015 permitiu a opção de não incidência do fator previdenciário, quando o total resultante da soma da idade e do tempo de contribuição do segurado for de, respectivamente, 95 e 85 pontos (fórmula 95/85 progressiva) para o homem e mulher.
Renda Mensal Inicial (válida para os segurados que implementaram os requisitos para a aposentadoria até a entrada em vigor da EC n. 103/2019)	– Aposentadoria pela média integral: 100% do salário de benefício. – Aposentadoria proporcional prevista na EC n. 20/1998 (segurados filiados até 16.12.1998): 70% do salário de benefício acrescido de 5% por ano de contribuição que supere a soma do tempo de 30 anos (h), ou 25 anos (m) + tempo adicional do pedágio.
Data de Início do Benefício	– Segurado empregado: a) a partir da data do desligamento do emprego, quando requerida até essa data; b) da data do requerimento, quando não houver desligamento do emprego ou quando requerida após 90 dias. – Para os demais segurados: a partir da data da entrada do requerimento.
Duração	Indeterminada. Cessa com a morte do segurado, quando o benefício é transformado em pensão por morte caso existam dependentes previdenciários.
Desistência/Renúncia	– Depois que receber o primeiro pagamento, ou sacar o PIS e/ou o FGTS (o que ocorrer primeiro), o segurado não poderá desistir do benefício (art. 181-B – Decreto **n.** 3.048/1999). – O STF, ao julgar a repercussão geral que tratou da desaposentação, fixou a tese de que por ausência de norma legal não é possível a renúncia da aposentadoria para a concessão de outra mais vantajosa, sendo constitucional a regra do art. 18, § 2.º, da Lei n. 8.213/1991 (Tema n. 503 – RE 661.256/SC, Tribunal Pleno, j. 27.10.2016, *DJe* 28.09.2017).

BENEFÍCIO	APOSENTADORIA POR TEMPO DE CONTRIBUIÇÃO (Benefício extinto pela EC n. 103/2019, mas com previsão em regras de transição) Código da Espécie (INSS): B-42
Regra do Melhor Benefício	– Se mais vantajoso, fica assegurado o direito à aposentadoria, nas condições legalmente previstas na data do cumprimento de todos os requisitos necessários à obtenção do benefício, ao segurado que, tendo completado 35 anos de serviço, se homem, ou 30 anos, se mulher, optou por permanecer em atividade (art. 122 da Lei n. 8.213/1991). – Caberá ao INSS conceder o benefício mais vantajoso ao requerente ou benefício diverso do requerido, desde que os elementos constantes do processo administrativo assegurem o reconhecimento desse direito (art. 176-E do RPS).
Observações	As regras gerais da aposentadoria por tempo de contribuição encontravam-se no art. 201 da CF, na EC n. 20/1998, nos arts. 52 a 56 da Lei n. 8.213/1991 e nos arts. 56 a 63 do Decreto n. 3.048/1999.

9.6 REGRAS DE TRANSIÇÃO COM RELAÇÃO À APOSENTADORIA POR TEMPO DE CONTRIBUIÇÃO (EC N. 103/2019)

A Reforma da Previdência estabeleceu quatro novas regras de transição para os segurados filiados ao RGPS até a data de entrada em vigor da EC n. 103/2019 (13.11.2019). Quanto ao valor da aposentadoria devida em razão de tais regras de transição, prevê a EC n. 103/2019 que, futuramente, o cálculo poderá ser modificado na forma de lei ordinária a ser aprovada pelo Congresso Nacional. Vejamos a seguir quais são essas regras e o embasamento legal.

– Regra de Transição 1: SISTEMA DE PONTOS

Está prevista no art. 15 da EC n. 103/2019, tendo por destinatários os segurados filiados ao RGPS até a entrada em vigor dessa emenda constitucional (13.11.2019), assegurando o direito à aposentadoria quando preenchidos, cumulativamente, os seguintes requisitos:

I – 30 (trinta) anos de contribuição, se mulher, e 35 (trinta e cinco) anos de contribuição, se homem; e

II – somatório da idade e do tempo de contribuição, incluídas as frações, equivalente a 86 (oitenta e seis) pontos, se mulher, e 96 (noventa e seis) pontos, se homem.

De acordo com o art. 188-I do RPS (com redação conferida pelo Decreto n. 10.410/2020), será exigida também a carência de 180 contribuições mensais, para ambos os sexos.

A partir de 1.º de janeiro de 2020, a pontuação que se iniciou em 86/96 tem acréscimo de um ponto a cada ano para o homem e para a mulher, até atingir o limite de 100 pontos, se mulher (em 2033), e de 105 pontos, se homem (em 2028). A idade e o tempo de contribuição são apurados em dias para o cálculo do somatório de pontos.

Importante destacar que o requisito de pontos (estabelecido por meio do somatório de idade e de tempo de contribuição) impõe um mecanismo de incremento gradual dos requisitos, especialmente a partir de 1.º de janeiro de 2020, quando essas pontuações vão aumentando gradativamente ano após ano.

Pode-se dizer que essa regra fragiliza a concepção da previsibilidade de data estimada de aposentadoria, estipulando requisitos mutáveis e que, com o passar do tempo, vão se revelando cada vez mais difíceis de cumprir e exigindo uma idade ainda mais avançada de aposentação.

Nos termos da EC n. 103/2019, e enquanto a matéria não é disciplinada por lei posterior, o valor da aposentadoria corresponderá a 60% do valor do salário de benefício (média integral de todos os salários de contribuição desde julho de 1994), com acréscimo de dois pontos percentuais para cada ano de contribuição que exceder o tempo de 20 anos de contribuição para os homens e de 15 anos para as mulheres.

Aposentadoria por Tempo de Contribuição
Regra de transição – Art. 15 da EC n. 103
(Filiados antes da emenda constitucional – Requisitos cumpridos após a emenda constitucional)
Requisitos: TC mínimo (mulher: 30 anos – homem: 35 anos) + Pontuação (Idade + TC)

Ano	Pontuação necessária		Ano	Pontuação necessária	
	Mulher	Homem		Mulher	Homem
2019	86	96	2027	94	104
2020	87	97	2028	95	105
2021	88	98	2029	96	105
2022	89	99	2030	97	105
2023	90	100	2031	98	105
2024	91	101	2032	99	105
2025	92	102	2033	100	105
2026	93	103			

Fonte: Anexo V da Portaria DIRBEN/INSS n. 991, de 28.03.2022.

– Regra de Transição 2: TEMPO DE CONTRIBUIÇÃO + IDADE MÍNIMA

Está prevista no art. 16 da EC n. 103/2019, tendo por destinatários os segurados filiados ao RGPS até a entrada em vigor dessa emenda constitucional (13.11.2019), assegurando o direito à aposentadoria, quando preenchidos, cumulativamente, os seguintes requisitos:

I – 30 (trinta) anos de contribuição, se mulher, e 35 (trinta e cinco) anos de contribuição, se homem; e

II – idade de 56 (cinquenta e seis) anos, se mulher, e 61 (sessenta e um) anos, se homem.

De acordo com o art. 188-J do RPS (incluído pelo Decreto n. 10.410/2020), será exigida também a carência de 180 contribuições mensais, para ambos os sexos.

A partir de 1.º de janeiro de 2020, a idade passou a ser acrescida de seis meses a cada ano e seguirá até atingir 62 anos de idade, se mulher (em 2031), e 65 anos de idade, se homem (em 2027). Em 12 anos acaba a transição para as mulheres e em 8 anos para os homens.

Nos termos da EC n. 103/2019, e enquanto a matéria não é disciplinada por lei posterior, o valor da aposentadoria corresponderá a 60% do valor do salário de benefício (média integral de todos os salários de contribuição desde julho de 1994), com acréscimo de dois pontos percentuais para cada ano de contribuição que exceder o tempo de 20 anos de contribuição para os homens e de 15 anos para as mulheres.

Aposentadoria por Tempo de Contribuição
Regra de transição – Art. 16 da EC n. 103/2019
(Filiados antes da emenda constitucional – Requisitos cumpridos após a emenda constitucional)
TC mínimo (mulher: 30 anos – homem 35 anos) + Idade

Ano	Idade necessária		Ano	Idade necessária	
	Mulher	Homem		Mulher	Homem
2019	56	61	2026	59,5	64,5
2020	56,5	61,5	2027	60	65
2021	57	62	2028	60,5	65
2022	57,5	62,5	2029	61	65
2023	58	63	2030	61,5	65
2024	58,5	63,5	2031	62	65
2025	59	64			

Fonte: Anexo VII da Portaria DIRBEN/INSS n. 991, de 28.03.2022

– Regra de Transição 3: PEDÁGIO DE 50% DO TEMPO FALTANTE

Está prevista no art. 17 da EC n. 103/2019, tendo por destinatários os segurados filiados ao RGPS até a entrada em vigor dessa emenda constitucional (13.11.2019) e que na referida data contavam com mais de 28 anos de contribuição, se mulher, e 33 anos de contribuição, se homem, ficando assegurado o direito à aposentadoria quando preenchidos, cumulativamente, os seguintes requisitos:

I – 30 (trinta) anos de contribuição, se mulher, e 35 (trinta e cinco) anos de contribuição, se homem; e

II – cumprimento de período adicional correspondente a 50% (cinquenta por cento) do tempo que, na data de entrada em vigor da EC n. 103/2019, faltava para atingir 30 (trinta) anos de contribuição, se mulher, e 35 (trinta e cinco) anos de contribuição, se homem.

Em conformidade com o art. 188-K do RPS (com redação conferida pelo Decreto n. 10.410/2020), será exigida também a carência de 180 contribuições mensais, para ambos os sexos.

De acordo com o parágrafo único do art. 17, o benefício concedido com base nessa regra terá seu valor apurado de acordo com a média aritmética simples dos salários de contribuição e das remunerações calculadas na forma da lei, multiplicada pelo fator previdenciário, calculado na forma do disposto nos §§ 7.º a 9.º do art. 29 da Lei n. 8.213/1991.

A renda mensal inicial deverá corresponder a 100% do salário de benefício, que deverá ser apurado com base na média aritmética simples dos salários de contribuição correspondentes a todo o período contributivo (desde julho de 1994), multiplicada pelo fator previdenciário. Pela falta de previsão expressa, não deverá ser aplicada a fórmula 86/96 progressiva para exclusão do fator previdenciário, constante do art. 29-C da Lei n. 8.213/1991.

Esse novo critério de apuração do valor da renda mensal inicial redundará em perda significativa para os segurados que estavam perto de preencher os requisitos da aposentadoria.

Outro aspecto polêmico dessa regra, que não exige idade mínima, é a exclusão dos segurados com menor tempo de contribuição. É possível imaginar segurados que não serão beneficiados por terem faltado dois anos e um mês de tempo de contribuição na data da publicação da EC n. 103/2019.

A título de comparação, podemos citar a EC n. 20/1998, que fixou o pedágio de 20% e de 40% do tempo faltante quando substituiu a aposentadoria por tempo de serviço pela de tempo de contribuição e extinguiu a possibilidade da aposentadoria proporcional. De acordo com aquela emenda constitucional, todos os segurados poderiam, em tese, optar pelas regras de transição, desde que cumpridos o pedágio e a idade mínima exigida de 53 anos, se homem, e de 48 anos, se mulher. Contudo, com o passar do tempo, as regras permanentes tornaram-se mais atrativas por não exigirem pedágio nem idade mínima.

Aposentadoria por Tempo de Contribuição
Regra de transição – Art. 17 da EC n. 103/2019
(Filiados antes da emenda constitucional
– Requisitos cumpridos após a emenda constitucional)
Tempo mínimo antes da emenda constitucional + Tempo mínimo total + Pedágio

Requisitos	Mulher	Homem
Tempo mínimo antes da emenda constitucional	30	35
Tempo mínimo total	28	33
Pedágio	50 % do TC que faltava para 30 anos na emenda constitucional	50% do TC que faltava para 35 anos na emenda constitucional

Fonte: Anexo IX da Portaria DIRBEN/INSS n. 991, de 28.03.2022.

– **Regra de Transição 4: PEDÁGIO DE 100% DO TEMPO FALTANTE**

Está prevista no art. 20 da EC n. 103/2019, tendo por destinatários os segurados até a data de entrada em vigor dessa emenda constitucional, assegurando o direito à aposentadoria quando preenchidos, cumulativamente, os seguintes requisitos:

> I – 57 (cinquenta e sete) anos de idade, se mulher, e 60 (sessenta) anos de idade, se homem;
>
> II – 30 (trinta) anos de contribuição, se mulher, e 35 (trinta e cinco) anos de contribuição, se homem;
>
> III – período adicional de contribuição correspondente ao tempo que, na data de entrada em vigor da EC n. 103/2019, faltaria para atingir o tempo mínimo de contribuição referido no inciso II (pedágio de 100% do tempo faltante).

Em conformidade com o art. 188-L do RPS (incluído pelo Decreto n. 10.410/2020), será exigida também a carência de 180 contribuições mensais, para ambos os sexos.

Como exemplo dessa regra, podemos considerar que um segurado que já tenha a idade mínima de 60, mas tiver 30 anos de tempo de contribuição quando a reforma entrou em vigor, terá que trabalhar os cinco anos que faltam para completar os 35 anos, mais cinco anos de pedágio.

Nessa regra, o que mais atrai em relação às demais é o coeficiente de cálculo do benefício, que será de 100% do salário de benefício, calculado com base na média integral de todos os salários de contribuição desde julho de 1994.

No entanto, considerando o tempo de pedágio a ser cumprido, é bem provável que, para a grande maioria das pessoas, as regras permanentes sejam mais vantajosas que as de transição.

Aposentadoria por Tempo de Contribuição Regra de transição – Art. 20 da EC n. 103/2019 (Filiados antes da emenda constitucional – Requisitos cumpridos após a emenda constitucional) Tempo + Idade + Pedágio		
Requisitos	Mulher	Homem
Tempo mínimo	30	35
Idade	57	60
Pedágio	100% do que faltava para 30 anos na emenda constitucional	100% do que faltava para 35 anos na emenda constitucional

Fonte: Anexo X da Portaria DIRBEN/INSS n. 991, de 28.03.2022.

9.7 APOSENTADORIA PROGRAMADA DO PROFESSOR

A função de magistério era regulada pelo Decreto n. 53.831/1964 com direito à aposentadoria especial após 25 anos de serviço, por ser considerada atividade penosa.

Na sequência, considerando-se o reconhecimento da importância da educação no cenário nacional, foi promulgada a EC n. 18, de 1981, para definir os critérios desse benefício. Com a alteração, garantiu-se a aposentadoria para o professor após 30 anos e, para a professora, após 25 anos de efetivo exercício em funções de magistério, com salário integral (art. 165, inc. XX, da CF).

Em consequência da EC n. 18/1981, segundo o STF, a aposentadoria do professor deixou de ser considerada aposentadoria especial: "1. No regime anterior à Emenda Constitucional n. 18/1981, a atividade de professor era considerada como especial (Decreto n. 53.831/1964, Anexo, Item 2.1.4). Foi a partir dessa Emenda que a aposentadoria do professor passou a ser espécie de benefício por tempo de contribuição, com o requisito etário reduzido, e não mais uma aposentadoria especial" (ARE 742.005 AgR/PE, Rel. Min. Teori Zavascki, DJe 1.º.04.2014).

Por sua vez, a Constituição de 1988 fixou que, pelo exercício das funções de magistério (entenda-se aqui professores de todos os níveis de ensino: infantil, fundamental, médio e universitário), era assegurada a aposentadoria ao professor, após 30 anos, e à professora, após 25 anos, de efetivo exercício da atividade (art. 202, inc. III).

Em face da EC n. 20/1998, para o segurado se aposentar como professor, passou a ter que comprovar exclusivamente tempo de efetivo exercício das funções de magistério na educação infantil e nos ensinos fundamental e médio, tendo direito ao benefício a partir dos 30 anos de contribuição, se homem, e 25 anos de contribuição, se mulher (art. 201, § 8.º, da Constituição).

Logo, foi extinta, a partir de 16.12.1998, a aposentadoria com requisitos diferenciados para professores universitários, aos 30 ou 25 anos, respectivamente, de efetivo exercício de magistério. Eles ficaram sujeitos a ter de cumprir o tempo de contribuição previsto na regra geral (35 anos para o professor, 30 anos para as professoras). Todavia, os que haviam ingressado no magistério até antes daquela reforma podiam ainda se aposentar pela regra de transição prevista na EC n. 20/1998, e o tempo de efetivo exercício de funções de magistério tinha o acréscimo de 17% (para o homem) ou 20% (para a mulher) sobre os tempos de serviço já exercidos.

A regulamentação da definição de funções de magistério, prevista no texto constitucional, ocorreu com a Lei n. 11.301/2006, que estabeleceu:

> [...] são consideradas funções de magistério as exercidas por professores e especialistas em educação no desempenho de atividades educativas, quando exercidas em estabelecimento de educação básica em seus diversos níveis e modalidades, incluídas, além do exercício da docência, as de direção de unidade escolar e as de coordenação e assessoramento pedagógico.

Contra essa norma foi ajuizada a ADI 3.772-2, decidida pelo STF nos termos que seguem:

> Ação direta de inconstitucionalidade manejada contra o art. 1.º da Lei Federal n. 11.301/2006, que acrescentou o § 2.º ao art. 67 da Lei n. 9.394/1996. Carreira de magistério. Aposentadoria especial para os exercentes de funções de direção, coordenação e assessoramento pedagógico. Alegada ofensa aos arts. 40, § 5.º, e

201, § 8.º, da Constituição Federal. Inocorrência. Ação julgada parcialmente procedente, com interpretação conforme.

I – A função de magistério não se circunscreve apenas ao trabalho em sala de aula, abrangendo também a preparação de aulas, a correção de provas, o atendimento aos pais e alunos, a coordenação e o assessoramento pedagógico e, ainda, a direção de unidade escolar.

II – As funções de direção, coordenação e assessoramento pedagógico integram a carreira do magistério, desde que exercidos, em estabelecimentos de ensino básico, por professores de carreira, excluídos os especialistas em educação, fazendo jus aqueles que as desempenham ao regime especial de aposentadoria estabelecido nos arts. 40, § 5.º, e 201, § 8.º, da Constituição Federal.

III – Ação direta julgada parcialmente procedente, com interpretação conforme, nos termos *supra* (Tribunal Pleno, Rel. p/ Acórdão Min. Ricardo Lewandowski, *DJe* 27.03.2009).

Essa decisão modificou o entendimento anterior da Corte Suprema expressa na Súmula n. 726, que previa: "Para efeito de aposentadoria especial de professores, não se computa o tempo de serviço prestado fora da sala de aula". Muito embora a referida súmula não tenha sido cancelada ou alterada, ela caiu em desuso.

Em outubro de 2017, o STF ratificou a orientação firmada na ADI 3.772-2 na análise da Repercussão Geral – Tema n. 965, firmando a seguinte tese:

Tema 965: Para a concessão da aposentadoria especial de que trata o artigo 40, parágrafo 5.º, da Constituição, conta-se o tempo de efetivo exercício, pelo professor, da docência e das atividades de direção de unidade escolar e de coordenação e assessoramento pedagógico, desde que em estabelecimentos de educação infantil ou de ensino fundamental e médio.

Com a EC n. 103/2019, o art. 201, § 8.º, da Constituição passou a prever que o requisito de idade a que se refere o inciso I do § 7.º (65 anos, homem – 62 anos, mulher) será reduzido em cinco anos, para o professor que comprove tempo de efetivo exercício das funções de magistério na educação infantil e no ensino fundamental e médio fixado em lei complementar.

Além da idade mínima de 60 anos, se homem, e de 57 anos, se mulher, são exigidos doravante 25 anos de função de magistério, tanto para homens quanto para mulheres, consoante regra contida no art. 19, § 1.º, inc. II, da EC n. 103/2019. De acordo com o art. 54 do RPS (redação dada pelo Decreto n. 10.410/2020), será exigido o cumprimento da carência de 180 meses.

Assim, a aposentadoria do professor do RGPS, pela primeira vez, passou a exigir idade mínima, gerando novo obstáculo ao acesso à aposentadoria dessa classe de segurados já penalizada e desmotivada em razão dos baixos salários pagos pelas redes de ensino.

– A EC n. 103/2019 e a nova fórmula de cálculo

Essa aposentadoria também é afetada pela nova fórmula de cálculo do salário de benefício (integralidade da média aritmética de todos os salários de contribuição desde julho de 1994) e do coeficiente de cálculo. Inicialmente, corresponderá a 60% do valor do salário de benefício (média integral de todos os salários de contribuição), com acréscimo de dois pontos percentuais para cada ano de contribuição que exceder o tempo de 20 anos de contribuição, para os homens, e de 15 anos, para as mulheres.

Os homens poderão obter o percentual de 100% do salário de benefício somente com 40 anos de tempo de contribuição e as mulheres, com 35 anos de contribuição. Para obter um coeficiente de cálculo mais elevado, poderão ser utilizados períodos contributivos diversos da função de magistério.

Futuramente, o valor da aposentadoria concedida nesses termos poderá ser apurado na forma de lei ordinária a ser aprovada pelo Congresso Nacional.

APOSENTADORIA PROGRAMADA DO PROFESSOR – art. 201, § 7.º, I, da CF			
Beneficiário	Idade Mínima	Tempo de Magistério	Carência
Homem	60 anos	25 anos	180 meses
Mulher	57 anos	25 anos	180 meses

RMI: 60% do salário de benefício (média integral) + dois pontos percentuais para cada ano de contribuição que exceder a 20 anos, se homem, e 15 anos, se mulher.

9.7.1 EC n. 103/2019 – Regras de transição da aposentadoria dos professores

Para os professores em efetivo exercício das funções de magistério na educação infantil e no ensino fundamental e médio na data da entrada em vigor da EC n. 103/2019 (13.11.2019), foram aprovadas três regras de transição. Quanto ao valor da aposentadoria devida em razão de tais regras de transição, prevê a EC n. 103/2019 que, futuramente, o cálculo poderá ser modificado na forma de lei ordinária a ser aprovada pelo Congresso Nacional.

– **Regra de Transição 1: SISTEMA DE PONTOS**

Está prevista no art. 15, § 3.º, da EC n. 103/2019, tendo por destinatários os professores em efetivo exercício das funções de magistério na educação infantil e no ensino fundamental e médio, na data da entrada em vigor dessa emenda constitucional (13.11.2019), quando preenchidos, cumulativamente, os seguintes requisitos:

I – 25 (vinte e cinco) anos de contribuição, se mulher, e 30 (trinta) anos de contribuição, se homem (em efetivo exercício das funções de magistério na educação infantil e no ensino fundamental e médio); e

II – somatório da idade e do tempo de contribuição, incluídas as frações, equivalente a 81 (oitenta e um) pontos, se mulher, e 91 (noventa e um) pontos, se homem.

Em conformidade com o art. 188-M do RPS (incluído pelo Decreto n. 10.410/2020), será exigida também a carência de 180 contribuições mensais, para ambos os sexos.

A partir de 1.º de janeiro de 2020, a pontuação que se iniciou em 81/91 passou a ter o acréscimo de um ponto a cada ano para o homem e para a mulher, e prosseguirá até atingir o limite de 92 pontos, se mulher (em 2030), e de 100 pontos, se homem (em 2028).

A idade e o tempo de contribuição serão apurados em dias para o cálculo do somatório de pontos.

Inicialmente, o valor da aposentadoria corresponderá a 60% do valor do salário de benefício (média integral de todos os salários de contribuição desde julho de 1994), com acréscimo de dois pontos percentuais para cada ano de contribuição que exceder o tempo de 20 anos de contribuição, para os homens, e de 15 anos, para as mulheres.

Aposentadoria por Tempo de Contribuição do Professor
Regra de transição – Art. 15, § 3.º, da EC n. 103/2019
(Filiados antes da emenda constitucional – Requisitos cumpridos após a EC n. 103/2019)
Requisitos: TC mínimo na Educação Básica
(mulher: 25 anos – homem: 30 anos) + Pontuação (Idade + TC)

Ano	Pontuação necessária	
	Mulher	Homem
2019	81	91
2020	82	92
2021	83	93
2022	84	94
2023	85	95
2024	86	96
2025	87	97
2026	88	98
2027	89	99
2028	90	100
2029	91	100
2030	92	100

Fonte: Anexo VI da Portaria DIRBEN/INSS n. 991, de 28.03.2022

– Regra de Transição 2: TEMPO DE CONTRIBUIÇÃO + IDADE MÍNIMA

Está prevista no art. 16, § 2.º, da EC n. 103/2019, tendo por destinatários os professores em efetivo exercício das funções de magistério na educação infantil e no ensino fundamental e médio, na data da entrada em vigor dessa emenda constitucional (13.11.2019), quando preenchidos, cumulativamente, os seguintes requisitos:

I – 25 (vinte e cinco) anos de contribuição, se mulher, e 30 (trinta) anos de contribuição, se homem (em efetivo exercício das funções de magistério na educação infantil e no ensino fundamental e médio); e

II – idade de 51 (cinquenta e um) anos, se mulher, e 56 (cinquenta e seis) anos, se homem.

Em conformidade com o art. 188-N do RPS (incluído pelo Decreto n. 10.410/2020), será exigida também a carência de 180 contribuições mensais, para ambos os sexos.

A partir de 1.º.01.2020, a idade passou a ser acrescida de seis meses a cada ano e prosseguirá até atingir 57 anos de idade, se mulher (em 2031), e 60 anos de idade, se homem (em 2027). Em 12 anos acaba a transição para as mulheres e em 8 anos para os homens.

Inicialmente, o valor da aposentadoria corresponderá a 60% do valor do salário de benefício (média integral de todos os salários de contribuição desde julho de 1994), com acréscimo de dois pontos percentuais para cada ano de contribuição que exceder o tempo de 20 anos de contribuição, para os homens, e de 15 anos, para as mulheres.

Aposentadoria por Tempo de Contribuição do Professor
Regra de transição – Art. 16, § 2.º, da EC n. 103/2019
(Filiados antes da emenda constitucional
– Requisitos cumpridos após a emenda constitucional)
TC mínimo como professor na Educação Básica
(mulher: 25 anos – homem 30 anos) + Idade mínima

Ano	Idade necessária Mulher	Idade necessária Homem	Ano	Idade necessária Mulher	Idade necessária Homem
2019	51	56	2026	54,5	59,5
2020	51,5	56,5	2027	55	60
2021	52	57	2028	55,5	60
2022	52,5	57,5	2029	56	60
2023	53	58	2030	56,5	60
2024	53,5	58,5	2031	57	60
2025	54	59			

Fonte: Anexo VIII da Portaria DIRBEN/INSS n. 991, de 28.03.2022

– Regra de Transição 3: PEDÁGIO DE 100% DO TEMPO FALTANTE

Está prevista no art. 20, § 1.º, da EC n. 103/2019, tendo por destinatários os professores em efetivo exercício das funções de magistério na educação infantil e no ensino fundamental e médio, na data da entrada em vigor dessa emenda constitucional (13.11.2019), quando preenchidos, cumulativamente, os seguintes requisitos:

I – 52 (cinquenta e dois) anos de idade, se mulher, e 55 (sessenta) anos de idade, se homem;

II – 25 (vinte e cinco) anos de contribuição, se mulher, e 30 (trinta) anos de contribuição, se homem;

III – período adicional de contribuição correspondente ao tempo que, na data de entrada em vigor da EC no 103/2019, faltaria para atingir o tempo mínimo de contribuição referido no inciso II (pedágio de 100% do tempo de magistério faltante).

Em conformidade com o art. 188-O do RPS (incluído pelo Decreto n. 10.410/2020), será exigida também a carência de 180 contribuições mensais, para ambos os sexos.

Nessa regra, o coeficiente de cálculo do benefício será de 100% do salário de benefício, calculado com base na média integral de todos os salários de contribuição desde julho de 1994.

Considerando o tempo de pedágio a ser cumprido, é bem provável que as regras permanentes sejam mais vantajosas que as de transição.

Aposentadoria por Tempo de Contribuição do Professor Regra de transição – Art. 20, § 1.º, da EC n. 103/2019 (Filiados antes da emenda constitucional – Requisitos cumpridos após a emenda constitucional) Tempo de Magistério na Educação Básica + Idade + Pedágio		
Requisitos	Mulher	Homem
Tempo mínimo	25	30
Idade	52	55
Pedágio	100% do que faltava para 25 anos na emenda constitucional	100% do que faltava para 30 anos na emenda constitucional

Fonte: Anexo XI da Portaria DIRBEN/INSS n. 991, de 28.03.2022

9.8 APOSENTADORIA ESPECIAL

A aposentadoria especial é uma espécie de aposentadoria programada, com redução do tempo necessário à inativação, concedida exclusivamente em favor dos segurados cujas atividades sejam exercidas com efetiva exposição a agentes químicos, físicos e biológicos prejudiciais à saúde, ou associação desses agentes, vedada a caracterização por categoria profissional ou ocupação (art. 201, § 1.º inc.II, da Constituição – redação conferida pela EC n. 103/2019).

Quanto ao enquadramento por periculosidade, o Senado Federal aprovou destaque excluindo do texto originário da PEC n. 6/2019 o trecho que reconhecia o direito à aposentadoria especial para quem trabalha em situação perigosa, como vigilantes, motoristas de caminhão-tanque, eletricitários e *motoboys*. Por conseguinte, tal questão terá de ser regulamentada por meio de lei complementar.

O tempo mínimo de exercício da atividade geradora do direito à aposentadoria especial foi estipulado em – 15, 20 ou 25 anos – pelo art. 31 da Lei n. 3.807/1960, que instituiu o benefício, sendo mantido esse período pelas legislações subsequentes (atualmente art. 57 da Lei n. 8.213/1991).[3]

A definição da idade mínima para a concessão da aposentadoria especial constou do art. 19, § 1.º da EC n. 103/2019, sendo fixada provisoriamente em 55, 58 ou 60 anos, a depender do tempo de exposição de 15, 20 ou 25 anos, respectivamente. No futuro, esses requisitos serão disciplinados por lei complementar.

Entendemos que não se mostra condizente com a natureza dessa aposentadoria a exigência de idade mínima para a inativação, uma vez que esse benefício se presta a proteger o trabalhador sujeito a condições de trabalho inadequadas e a um limite máximo de tolerância com exposição nociva à saúde.

Basta imaginar um mineiro de subsolo em frente de escavação que começa a trabalhar com 21 anos de idade e, após 15 anos de atividade, cumpre o tempo necessário para a aposentadoria. Como estará com 36 anos de idade, terá que aguardar até os 55 anos. Com mais alguns anos de trabalho, além dos 15 previstos como limite de tolerância, estará inválido ou irá a óbito, em virtude das doenças respiratórias ocupacionais, tais como asma ocupacional, pneumoconiose e pneumonia de hipersensibilidade.

Tramita no STF a ADI 6.309 contra dispositivos da EC n. 103/2019 que criaram requisito etário para a concessão da aposentadoria especial, vedaram a conversão do tempo especial para comum do período cumprido após 13.11.2019 e reduziram o coeficiente de cálculo da renda mensal inicial.[4]

9.8.1 Caracterização do tempo de atividade especial

A redação original do art. 57 da Lei n. 8.213/1991 admitia duas formas de se considerar o tempo de serviço como especial:

a) **enquadramento por categoria profissional:** conforme a atividade desempenhada pelo segurado, presumia a lei a sujeição a condições insalubres, penosas ou perigosas;

b) **enquadramento por agente nocivo:** independentemente da atividade ou profissão exercida, o caráter especial do trabalho decorria da exposição a agentes insalubres arrolados na legislação de regência.[5]

A Lei n. 9.032, de 29.04.1995, excluiu a possibilidade de enquadramento por categoria profissional e impôs a necessidade de comprovação, pelo segurado, da efetiva

---

[3] A regra geral é conceder o benefício aos 25 anos de exposição. As exceções podem ser conferidas no anexo IV do RPS, quais sejam: I – vinte anos: a) trabalhos com exposição ao agente químico asbestos (amianto); ou b) trabalhos em mineração subterrânea, afastados das frentes de produção, com exposição à associação de agentes físicos, químicos ou biológicos; II – quinze anos: trabalhos em atividades permanentes no subsolo de minerações subterrâneas em frente de produção.

[4] Notícia disponível em: https://portal.stf.jus.br/noticias/verNoticiaDetalhe.asp?idConteudo =436033&ori=1. Acesso em: 22 jul. 2022.

[5] Aplica-se para o enquadramento da especialidade a Súmula n. 198 do extinto TFR: "Atendidos os demais requisitos, é devida a aposentadoria especial, se perícia judicial constata que a atividade exercida pelo segurado é perigosa, insalubre ou penosa, mesmo não inscrita em regulamento".

exposição aos agentes agressivos, exigindo ainda que essa exposição fosse habitual e permanente.

A exigência de exposição aos agentes nocivos é salutar, pois existiam categorias inteiras que eram beneficiadas com aposentadorias precoces sem que os trabalhadores tivessem sido efetivamente expostos aos agentes nocivos à saúde e aos riscos do trabalho.

Dessa forma, não terá direito à aposentadoria especial o segurado que trabalhou ocasionalmente ou de maneira intermitente em condições prejudiciais à saúde. Assim, por exemplo, o dirigente sindical que está desempenhando o mandato respectivo, mas não está exercendo atividade em condições prejudiciais à sua saúde, a partir de 29.04.1995, não terá esse tempo contado para a concessão desse benefício (art. 57, §§ 3.º e 4.º, da Lei n. 8.213/1991, com a redação dada pela Lei n. 9.032/1995).

Segundo o art. 65, *caput*, do Decreto n. 3.048/1999, considera-se tempo de trabalho permanente aquele exercido de forma não ocasional nem intermitente, no qual a exposição do segurado ao agente nocivo seja indissociável da produção do bem ou da prestação do serviço.

De qualquer forma, não pode o INSS exigir comprovação de exposição permanente no período antecedente ao da Lei n. 9.032/1995, como sumulou a TNU:

> – 49: Para reconhecimento de condição especial de trabalho antes de 29.04.1995, a exposição a agentes nocivos à saúde ou à integridade física não precisa ocorrer de forma permanente.

Quanto à eletricidade e aos agentes biológicos, consolidou-se o entendimento de que os conceitos de habitualidade e permanência são diversos daqueles utilizados para outros agentes nocivos, pois o que se protege não é o tempo de exposição, mas sim o risco de exposição. Nesse sentido, os Representativos de Controvérsia da TNU que seguem:

> Tema n. 210: Para aplicação do artigo 57, § 3.º, da Lei n. 8.213/1991 à tensão elétrica superior a 250 V, exige-se a probabilidade da exposição ocupacional, avaliando-se, de acordo com a profissiografia, o seu caráter indissociável da produção do bem ou da prestação do serviço, independente de tempo mínimo de exposição durante a jornada.
>
> Tema n. 211: Para aplicação do artigo 57, § 3.º, da Lei n. 8.213/1991 a agentes biológicos, exige-se a probabilidade da exposição ocupacional, avaliando-se, de acordo com a profissiografia, o seu caráter indissociável da produção do bem ou da prestação do serviço, independente de tempo mínimo de exposição durante a jornada.

São computados como tempo de trabalho exercido sob condições especiais: os períodos de descanso determinados pela legislação trabalhista, inclusive férias; os de afastamento decorrentes de gozo de benefícios de auxílio-doença ou aposentadoria por invalidez acidentários; bem como os de percepção de salário-maternidade, desde que, à data do afastamento, o segurado estivesse exposto aos fatores de risco de que trata o art. 68 do Decreto n. 3.048/1999 (parágrafo único do art. 65 do Decreto, com a redação conferida pelo Decreto n. 8.123/2013). A partir da nova redação dada a esse dispositivo pelo Decreto n. 10.410/2020, foram excluídos dessa contagem os períodos de recebimento de benefício por incapacidade, mesmo que acidentários.

A alteração da redação do parágrafo único do art. 65 do RPS representa uma afronta ao que foi uniformizado pelo STJ no Repetitivo n. 998. A 1.ª Seção do STJ decidiu que o segurado que exerce atividades em condições especiais, quando em gozo de auxílio-doença, seja acidentário ou previdenciário, faz jus ao cômputo desse período como especial. Como não houve alteração legislativa, não poderia o decreto mudar de redação, pois esse tema só poderia ser tratado por meio de lei complementar (art. 201, § 1.º, da CF).

– **Agentes Nocivos**

A Lei n. 9.528, de 10.12.1997, ao modificar a Lei de Benefícios da Previdência Social, estabeleceu que a relação dos agentes nocivos químicos, físicos e biológicos ou associação de agentes prejudiciais à saúde ou à integridade física, considerados para fins de concessão da aposentadoria especial, poderá ser definida pelo Poder Executivo. Fixou, também, a obrigatoriedade de as empresas manterem laudo técnico atualizado, sob pena de multa, assim como elaborar e manter perfil profissiográfico abrangendo as atividades desenvolvidas pelo trabalhador (art. 58, *caput* e §§ 3.º e 4.º, da Lei n. 8.213/1991).

Conforme o § 2.º do art. 64 do RPS (redação conferida pelo Decreto n. 10.410/2020), "a exposição aos agentes químicos, físicos e biológicos prejudiciais à saúde, ou a associação desses agentes, deverá superar os limites de tolerância estabelecidos segundo critérios quantitativos ou estar caracterizada de acordo com os critérios da avaliação qualitativa de que trata o § 2.º do art. 68".

A classificação dos agentes nocivos e o tempo de exposição considerado para fins de concessão de aposentadoria especial constam do Anexo IV do Decreto n. 3.048/1999.

Para verificação do exercício da atividade especial deve-se entender por agentes nocivos aqueles que possam trazer ou ocasionar danos à saúde ou à integridade física do trabalhador nos ambientes de trabalho, em função de natureza, concentração, intensidade e fator de exposição, considerando-se:

- físicos: os ruídos, as vibrações, o calor, as pressões anormais, as radiações ionizantes etc.;
- químicos: os manifestados por névoas, neblinas, poeiras, fumos, gases, vapores de substâncias nocivas presentes no ambiente de trabalho etc.;
- biológicos: os micro-organismos como bactérias, fungos, parasitas, bacilos, vírus etc.

– **Atividades perigosas e penosas**

Desde a edição do Decreto n. 2.172, de 06.03.1997, não se consideram mais como especiais em âmbito de decisões do INSS as atividades perigosas e penosas, mas somente as insalubres.

No entanto, conforme a jurisprudência dos tribunais, essa relação não pode ser considerada exaustiva, mas enumerativa. Segundo a Súmula n. 198 do extinto Tribunal Federal de Recursos, é devida a aposentadoria especial se a perícia judicial constatar que a atividade exercida pelo segurado é perigosa, insalubre ou penosa, mesmo não inscrita em regulamento.

No mesmo sentido é a orientação do STJ, a qual foi estabelecida no julgamento do Repetitivo Tema n. 534, cuja tese fixada foi a seguinte: "As normas regulamentadoras que estabelecem os casos de agentes e atividades nocivos à saúde do trabalhador são exemplificativas, podendo ser tido como distinto o labor que a técnica médica e a legislação correlata considerarem como prejudiciais ao obreiro, desde que o trabalho seja permanente, não ocasional, nem intermitente, em condições especiais (art. 57, § 3.º, da Lei 8.213/1991)".

Na sequência, a Primeira Seção do STJ, em julgamento sob o rito dos recursos repetitivos (**Tema n. 1.031**), fixou a seguinte tese: "É possível o reconhecimento da especialidade da atividade de vigilante, mesmo após EC n. 103/2019, com ou sem o uso de arma de fogo, em data posterior à **Lei n. 9.032/1995** e ao **Decreto n. 2.172/1997**, desde que haja a comprovação da efetiva nocividade da atividade, por qualquer meio de prova, até 5 de março de 1997, momento em que se passa a exigir apresentação de laudo técnico ou elemento material equivalente para comprovar a permanente, não ocasional nem intermitente, exposição à atividade nociva, que coloque em risco a integridade física do segurado" (REsp 1.831.371, Rel. Min. Napoleão Nunes Maia Filho, j. 09.12.2020, ED *DJe* 02.03.2021).

Essa matéria chegou ao STF que admitiu a existência de Repercussão Geral, fixando a seguinte questão controvertida, pendente de julgamento: Tema n. 1.209 – "Reconhecimento da atividade de vigilante como especial, com fundamento na exposição ao perigo, seja em período anterior ou posterior à promulgação da Emenda Constitucional 103/2019" (RE 1.368.225, Rel. Min. Nunes Marques, *DJe* 26.04.2022).

A definição das atividades ou operações consideradas perigosas está prevista no art. 193 da CLT:

> Art. 193. São consideradas atividades ou operações perigosas, na forma da regulamentação aprovada pelo Ministério do Trabalho e Emprego, aquelas que, por sua natureza ou métodos de trabalho, impliquem risco acentuado em virtude de exposição permanente do trabalhador a:
> I – inflamáveis, explosivos ou energia elétrica;
> II – roubos ou outras espécies de violência física nas atividades profissionais de segurança pessoal ou patrimonial.
> [...] § 4.º São também consideradas perigosas as atividades de trabalhador em motocicleta. (Incluído pela Lei n. 12.997, de 2014.)

Quanto ao reconhecimento da especialidade das atividades penosas, o TRF da 4.ª Região tem precedentes em favor dos motoristas de caminhão e de ônibus. Nesse sentido, a tese fixada em Incidente de Assunção de Competência:

> Tema n. 5: Deve ser admitida a possibilidade de reconhecimento do caráter especial das atividades de motorista ou de cobrador de ônibus em virtude da penosidade, ainda que a atividade tenha sido prestada após a extinção da previsão legal de enquadramento por categoria profissional pela Lei n. 9.032/1995, desde que tal circunstância seja comprovada por meio de perícia judicial individualizada, possuindo o interessado direito de produzir tal prova (5033888-90.2018.4.04.0000/TRF4, Corte Especial, j. 25.11.2020).

9.8.2 Beneficiários

De acordo com o regramento adotado pelo INSS (art. 64, *caput*, do Decreto n. 3.048/1999), a aposentadoria especial será devida ao segurado empregado, trabalhador avulso e contribuinte individual, este último somente quando filiado à cooperativa de trabalho ou de produção.

Com relação ao contribuinte individual que presta serviço em caráter eventual e sem relação de emprego, o INSS tem adotado a interpretação de que, a partir de 29.04.1995, a sua atividade não poderá ser enquadrada como especial, uma vez que não existe forma de comprovar a exposição a agentes nocivos prejudiciais à saúde e a integridade física, de forma habitual e permanente, não ocasional nem intermitente. Também entende que falta fonte de custeio específica, pois a Lei n. 9.732/1998 não contempla o contribuinte individual.

Avaliamos como equivocada essa exclusão de segurados, visto que a Lei de Benefícios não estabelece qualquer restrição nesse sentido, e a especialidade da atividade decorre da exposição aos agentes nocivos, e não da relação de emprego. Tenha-se, por exemplo, um fabricante de cristais que exerce a atividade de forma autônoma: pela norma interna do INSS, não faria jus a benefício de aposentadoria especial; da mesma forma, os demais profissionais que atuam expostos a agentes nocivos e que não possuem vínculo empregatício.

Outrossim, a falta de previsão legal de contribuição adicional para aposentadoria especial sobre o salário de contribuição do contribuinte individual não pode impedir o reconhecimento de tempo especial. Do contrário, não seria possível reconhecer condição especial de trabalho para nenhuma categoria de segurado antes da Lei n. 9.732/1998, que criou a contribuição adicional.

Precedentes jurisprudenciais admitem o reconhecimento do tempo especial e o direito à aposentadoria especial para o contribuinte individual a qualquer tempo, tendo em vista que o art. 57 da Lei n. 8.213/1991 não estabelece restrição. A título de exemplo:

> [...] é ilegal a determinação do art. 64 do Decreto n. 3.048/1999 que limita o direito à aposentadoria especial ao segurado empregado, ao trabalhador avulso e ao contribuinte individual cooperado, uma vez que restringiu direitos conferidos por lei, extrapolando, assim, os limites do Poder Regulamentar dado à Administração (STJ, AgInt no AREsp 1.697.600/PR, 2.ª Turma, Min. Mauro Campbell, *DJe* 29.04.2021).

No mesmo sentido, foi editada a Súmula n. 62 da TNU: "O segurado contribuinte individual pode obter reconhecimento de atividade especial para fins previdenciários, desde que consiga comprovar exposição a agentes nocivos à saúde ou à integridade física".

9.8.3 Comprovação do exercício de atividade especial

O tempo de serviço/contribuição deve ser disciplinado pela lei vigente à época em que efetivamente prestado, passando a integrar, como direito autônomo, o patrimônio jurídico do trabalhador. A lei nova que venha a estabelecer restrição a esse cômputo não pode ser aplicada retroativamente, em razão da intangibilidade do direito adquirido. Nesse sentido: REsp 1.151.363/MG, 3.ª Seção, Rel. Min. Jorge Mussi, *DJe* 05.04.2011.[6]

---

[6] RPS – Art. 188-P: "§ 6.º A caracterização e a comprovação do tempo de atividade sob condições especiais obedecerão ao disposto na legislação em vigor à época da prestação do serviço" (NR – Decreto n. 10.410/2020).

A Lei n. 9.732/1998 deu nova redação aos §§ 1.º e 2.º do art. 58 da Lei n. 8.213/1991, estabelecendo que a comprovação da efetiva exposição do segurado aos agentes nocivos será feita mediante formulário – na forma estabelecida pelo INSS –, emitido pela empresa ou seu preposto, com base em laudo técnico de condições ambientais do trabalho expedido por médico do trabalho ou engenheiro de segurança do trabalho nos termos da legislação trabalhista. Do laudo técnico deverá constar informação sobre a existência de tecnologia de proteção coletiva ou individual que diminua a intensidade do agente agressivo a limites de tolerância e recomendação sobre a sua adoção pelo estabelecimento respectivo.

Considera-se Perfil Profissiográfico Previdenciário (PPP) o documento histórico-laboral do trabalhador, segundo modelo instituído pelo INSS, que, entre outras informações, deve conter dados administrativos da empresa e do trabalhador; registros ambientais; e responsáveis pelas informações.

A partir de 1.º.01.2004, a empresa ou equiparada à empresa deverá preencher o formulário PPP de forma individualizada para seus empregados, trabalhadores avulsos e contribuintes individuais cooperados, que trabalhem expostos a agentes prejudiciais à saúde, ainda que não presentes os requisitos para fins de enquadramento de atividade especial, seja pela eficácia dos equipamentos de proteção, coletivos ou individuais, seja por não se caracterizar a permanência (art. 284 da IN n. 128/2022).

Importante observar que o PPP é obrigatório para todas as situações de exposição a agentes nocivos, independentemente da percepção ou não de adicionais de insalubridade ou periculosidade.

A empresa que desenvolve atividades em condições especiais que exponham os trabalhadores a riscos ambientais está obrigada a elaborar e manter atualizado o PPP de segurados com exposição a agentes nocivos, ainda que não se encontrem presentes os requisitos para concessão de aposentadoria especial, seja pela eficácia dos equipamentos de proteção, coletivos ou individuais, seja por não se caracterizar a permanência, pois tal análise incumbe exclusivamente ao INSS, e não ao empregador.

A exigência do PPP tem como finalidade ainda identificar os trabalhadores expostos a agentes nocivos relativamente aos quais será cobrada a respectiva alíquota adicional de contribuição para o custeio do benefício da correspondente aposentadoria especial, caso implementados os demais requisitos a esse direito.

O PPP deverá ser atualizado sempre que houver alteração que implique mudança das informações contidas nas suas seções.

Segundo o RPS (art. 68, § 8.º), a empresa deverá elaborar e manter atualizado o perfil profissiográfico previdenciário, ou o documento eletrônico que venha a substituí-lo, no qual deverão ser contempladas as atividades desenvolvidas durante o período laboral, garantido ao trabalhador o acesso às informações nele contidas, sob pena de sujeição às sanções previstas na alínea *h* do inc. I do *caput* do art. 283.

O trabalhador ou o seu preposto terá acesso às informações prestadas pela empresa sobre o seu perfil profissiográfico previdenciário e poderá, inclusive, solicitar a retificação de informações que estejam em desacordo com a realidade do ambiente de trabalho (art. 68, § 10, do RPS).

Com relação ao PPP, será válida a apresentação de documento eletrônico previsto no eSocial para essa finalidade (§ 2.º do art. 272 da IN PRES/INSS n. 128/2022).

A emissão do PPP deve ser realizada na forma do art. 273 da IN PRES/INSS n. 128/2022:

> I – pela empresa, no caso de segurado empregado;
> II – pela cooperativa de trabalho ou de produção, no caso de cooperado filiado;
> III – pelo órgão gestor de mão de obra – OGMO – ou pelo sindicato da categoria no caso de trabalhador avulso portuário a ele vinculado que exerça suas atividades na área dos portos organizados;
> IV – pelo sindicato da categoria no caso de trabalhador avulso portuário a ele vinculado que exerça suas atividades na área dos terminais de uso privado; e
> V – pelo sindicato da categoria no caso de trabalhador avulso não portuário a ele vinculado.

Quando houver prestação de serviço mediante cessão ou empreitada de mão de obra de cooperativa de trabalho ou empresa contratada, os formulários emitidos por elas terão como base os laudos técnicos de condições ambientais de trabalho emitidos pela empresa contratante, quando o serviço for prestado em estabelecimento da contratante.

Embora o PPP, em princípio, seja documento hábil e suficiente para a comprovação das condições especiais da atividade laboral, havendo irregularidade formal no seu preenchimento e, por conseguinte, fundadas dúvidas acerca da sua legitimidade, bem como acerca das informações dele constantes, mostra-se justificável a produção de prova pericial.

E, caso impossível a realização da perícia no local onde o serviço foi prestado, porque não mais existente, admite-se a perícia indireta ou por similitude, realizada mediante o estudo técnico em outro estabelecimento, que apresente estrutura e condições de trabalho semelhantes às daquele em que a atividade foi exercida. Nesse sentido:

- **STJ** – É possível, em virtude da desconfiguração da original condição de trabalho da ex-empregadora, a realização de laudo pericial em empresa do mesmo ramo de atividade, com o exame de local com características similares ao daquele laborado pelo obreiro, a fim de apurar a efetiva exposição do segurado aos agentes nocivos, para reconhecimento do direito à contagem de tempo especial de serviço (REsp 1.428.183/RS, 1.ª Turma, Rel. Sérgio Kukina, DJe 06.03.2014).
- **TRF4 – Súmula n. 106:** Quando impossível a realização de perícia técnica no local de trabalho do segurado, admite-se a produção desta prova em empresa similar, a fim de aferir a exposição aos agentes nocivos e comprovar a especialidade do labor.

Destaque-se, também, que o Tribunal Superior do Trabalho reconheceu a competência da Justiça do Trabalho para declarar que a atividade laboral prestada por empregado é nociva à saúde e obrigar o empregador a fornecer a documentação hábil ao requerimento da aposentadoria especial, bem como a inexistência de prazo prescricional para postular o PPP ou a retificação de laudos:

> Obrigação de fazer. Entrega do perfil profissiográfico previdenciário pelo empregador.

Nos termos do § 4.º do art. 58 da Lei n. 8.213/1991, o reclamado deve fornecer o Perfil Profissiográfico Previdenciário ao reclamante, obrigação que decorre do reconhecimento da periculosidade no ambiente de trabalho, independentemente de tal condição ter sido deferida apenas em juízo, como no caso dos autos. Precedentes. Recurso de revista conhecido e provido (ARR 225600-36.2007.5.02.0059, 1.ª Turma, Rel. Min. Luiz José Dezena da Silva, *DEJT* 30.05.2019).

Em razão de o Perfil Profissiográfico Previdenciário (PPP) atestar as condições em que se deu a prestação de serviços, sendo necessário para fins de prova perante a Previdência Social, a pretensão de retificação não se sujeita aos prazos prescricionais previstos no art. 7.º, XXIX, da CF, invocado pela recorrente. Incidência do art. 11, § 1.º, da CLT (TST, AIRR 10074-88.2013.5.15.0043, 3.ª Turma, Rel. Min. Alexandre Belmonte, *DEJT* 1.º.03.2019).

9.8.3.1 Laudo Técnico de Condições Ambientais do Trabalho (LTCAT)

O Laudo Técnico de Condições Ambientais do Trabalho (LTCAT) é um documento com caráter pericial, de iniciativa da empresa, com a finalidade de propiciar elementos ao INSS para caracterizar ou não a presença dos agentes nocivos à saúde ou à integridade física relacionados no Anexo IV do Decreto n. 3.048/1999. O LTCAT deverá ser assinado por engenheiro de segurança do trabalho ou por médico do trabalho.

A partir de 1.º.01.2004, foi dispensada a apresentação do LTCAT ao INSS, mas o documento deverá permanecer na empresa, à disposição da Previdência Social. Na hipótese de dúvida quanto às informações contidas no Laudo Técnico e nos documentos que fundamentaram a sua elaboração, o INSS poderá efetuar diligência prévia para conferência dos dados.

Para complementar ou substituir o LTCAT, quando for o caso, serão aceitos, desde que informem os elementos básicos, os seguintes documentos, segundo o art. 277 da IN PRES/INSS n. 128/2022):

> I – laudos técnico-periciais realizados na mesma empresa, emitidos por determinação da Justiça do Trabalho, em ações trabalhistas, individuais ou coletivas, acordos ou dissídios coletivos, ainda que o segurado não seja o reclamante, desde que relativas ao mesmo setor, atividades, condições e local de trabalho;
>
> II – laudos emitidos pela Fundação Jorge Duprat Figueiredo de Segurança e Medicina do Trabalho – FUNDACENTRO;
>
> III – laudos emitidos por órgãos da Secretaria de Trabalho do Ministério do Trabalho e Previdência – MTP;
>
> IV – laudos individuais acompanhados de:
>
> a) autorização escrita da empresa para efetuar o levantamento, quando o responsável técnico não for seu empregado;
>
> b) nome e identificação do acompanhante da empresa, quando o responsável técnico não for seu empregado; e
>
> c) data e local da realização da perícia.
>
> V – demonstrações ambientais:

a) Programa de Prevenção de Riscos Ambientais – PPRA, previsto na NR 9, até 02 de janeiro de 2022;

b) Programa de Gerenciamento de Riscos – PGR, previsto na NR 1, a partir de 3 de janeiro de 2022;

c) Programa de Gerenciamento de Riscos – PGR, na mineração, previsto na NR 22;

d) Programa de Condições e Meio Ambiente de Trabalho na Indústria da Construção – PCMAT, previsto na NR 18;

e) Programa de Controle Médico de Saúde Ocupacional – PCMSO, previsto na NR 7; e

f) Programa de Gerenciamento de Riscos no Trabalho Rural – PGRTR, previsto na NR 31.

Com relação ao período a partir do qual é obrigatória a apresentação do LTCAT, o Conselho de Recursos da Previdência Social (CRPS) editou o Enunciado n. 11, cuja redação atual é a seguinte:

> O Perfil Profissiográfico Previdenciário (PPP) é documento hábil à comprovação da efetiva exposição do segurado a todos os agentes nocivos, sendo dispensável o Laudo Técnico de Condições Ambientais de Trabalho (LTCAT) para requerimentos feitos a partir de 1.º.012004, inclusive abrangendo períodos anteriores a esta data.
>
> I – Poderá ser solicitado o LTCAT em caso de dúvidas ou divergências em relação às informações contidas no PPP ou no processo administrativo.
>
> II – O LTCAT ou as demonstrações ambientais substitutas extemporâneos que informem quaisquer alterações no meio ambiente do trabalho ao longo do tempo são aptos a comprovar o exercício de atividade especial, desde que a empresa informe expressamente que, ainda assim, havia efetiva exposição ao agente nocivo.
>
> III – Não se exigirá o LTCAT para períodos de atividades anteriores 14.10.1996, data da publicação da Medida Provisória 1.523/1996, facultando-se ao segurado a comprovação da efetiva exposição a agentes nocivos por qualquer meio de prova em direito admitido, exceto em relação a ruído»

Na via judicial foi pacificado o entendimento de que a exigência do laudo técnico é válida somente após o advento do Decreto n. 2.172, de 05.03.1997, salvo para o agente nocivo ruído que deve existir independentemente da época trabalhada. Nesse sentido:

> Este egrégio Superior Tribunal de Justiça firmou entendimento segundo o qual a atividade que tenha sido exercida com efetiva exposição a agentes nocivos até 05.03.1997 pode ser comprovada por qualquer meio de prova e, a partir de 06.03.1997, com o advento da Lei n. 9.528/1997, por meio de laudo técnico (STJ, AgInt no AREsp 1.703.209/RS, 1.ª Turma, *DJe* 24.02.2022).
>
> O fato de o laudo pericial ter sido elaborado após o término do período laborado em condições prejudiciais à saúde e/ou à integridade física não impede o reconhecimento da atividade especial, até porque como as condições do ambiente

de trabalho tendem a aprimorar-se com a evolução tecnológica, sendo razoável supor que em tempos pretéritos a situação era pior ou quando menos igual à constatada na data da elaboração.

Da mesma forma, o laudo pode valer para períodos futuros desde que presentes informações sobre a manutenção do *layout* e demais condições de trabalho. Nesse sentido, a Súmula n. 68 da TNU: "O laudo pericial não contemporâneo ao período trabalhado é apto à comprovação da atividade especial do segurado".

9.8.4 Uso de Equipamento de Proteção Individual (EPI)

Considera-se Equipamento de Proteção Individual (EPI) todo dispositivo ou produto, de uso individual, utilizado pelo trabalhador, destinado à proteção de riscos suscetíveis de ameaçar a segurança e a saúde no trabalho (NR 6 do Ministério do Trabalho e Emprego).

Em conformidade com a NR 6: "O equipamento de proteção individual, de fabricação nacional ou importado, só poderá ser posto à venda ou utilizado com a indicação do Certificado de Aprovação – CA, expedido pelo órgão nacional competente em matéria de segurança e saúde no trabalho do Ministério do Trabalho e Emprego".[7]

Cabe destacar que o STF reconheceu a existência de repercussão geral com relação à validade do "uso de EPI" para afastar a especialidade do labor (Tema n. 555 – ARE 664.335, j. 04.12.2014),[8] fixando duas teses jurídicas a respeito:

> I – O direito à aposentadoria especial pressupõe a efetiva exposição do trabalhador a agente nocivo à sua saúde, de modo que, se o EPI for realmente capaz de neutralizar a nocividade não haverá respaldo constitucional à aposentadoria especial;
>
> II – Na hipótese de exposição do trabalhador a ruído acima dos limites legais de tolerância, a declaração do empregador, no âmbito do Perfil Profissiográfico Previdenciário (PPP), no sentido da eficácia do Equipamento de Proteção Individual – EPI, não descaracteriza o tempo de serviço especial para aposentadoria.

No âmbito trabalhista, com base nesse entendimento do STF, o Tribunal Superior do Trabalho passou a compreender que a entrega de EPIs não elimina a insalubridade gerada pelo agente "ruído":

> Esta Corte já se manifestou acerca da matéria julgada no referido precedente do STF, entendendo que, "embora aquela Corte estivesse no exame dos pressupostos para a concessão do benefício previdenciário relativo à aposentadoria especial, adentrou na análise do 'ruído' como agente insalubre, bem como dos efeitos dos equipamentos de proteção individual – EPIs como insuscetíveis de

---

[7] A consulta dos CAs está disponível no Portal: www.mte.gov.br – *link*: http://caepi.mte.gov.br/internet/ConsultaCAInternet.aspx.
[8] Disponível em: http://www.stf.jus.br/portal/cms/verNoticiaDetalhe.asp?idConteudo=281259&caixaBusca=N. Acesso em: 1.º jan. 2015.

neutralizar as implicações que esse agente insalubre gera no corpo humano'" (RR 348-70.2013.5.15.0082, 3.ª Turma, Red. Min. Mauricio Godinho Delgado, *DEJT* 11.09.2015).

Quanto aos demais agentes nocivos, somente a utilização de EPI eficaz poderá afastar o direito à contagem do tempo trabalhado como especial. Nesse sentido, o STJ tem posicionamento de que:

> O fato de a empresa fornecer equipamento de proteção individual – EPI para neutralização dos agentes agressivos não afasta, por si só, a contagem do tempo especial, pois cada caso deve ser examinado em suas peculiaridades, comprovando-se a real efetividade do aparelho e o uso permanente pelo empregado durante a jornada de trabalho (REsp 1.662.171/RJ, 2.ª Turma, Rel. Min. Herman Benjamin, *DJe* 12.09.2017).

Quando os níveis de ruído são variáveis, o STJ definiu em Repetitivo – Tema n. 1.083 – a seguinte tese a ser observada:

> O reconhecimento do exercício de atividade sob condições especiais pela exposição ao agente nocivo ruído, quando constatados diferentes níveis de efeitos sonoros, deve ser aferido por meio do Nível de Exposição Normalizado (NEN). Ausente essa informação, deverá ser adotado como critério o nível máximo de ruído (pico de ruído), desde que perícia técnica judicial comprove a habitualidade e a permanência da exposição ao agente nocivo na produção do bem ou na prestação do serviço (REsp 1.886.795/RS, 1.ª Seção, Rel. Min. Gurgel de Faria, *DJe* 25.11.2021).

Ainda, quanto ao ruído, a TNU passou a exigir o LTCAT para fins de demonstrar a técnica utilizada na medição, bem como a respectiva norma, quando essa informação não constar do PPP. Veja-se a respeito a tese fixada no Representativo de Controvérsia n. 174:

> (a) A partir de 19 de novembro de 2003, para a aferição de ruído contínuo ou intermitente, é obrigatória a utilização das metodologias contidas na NHO-01 da FUNDACENTRO ou na NR-15, que reflitam a medição de exposição durante toda a jornada de trabalho, vedada a medição pontual, devendo constar do Perfil Profissiográfico Previdenciário (PPP) a técnica utilizada e a respectiva norma; (b) Em caso de omissão ou dúvida quanto à indicação da metodologia empregada para aferição da exposição nociva ao agente ruído, o PPP não deve ser admitido como prova da especialidade, devendo ser apresentado o respectivo laudo técnico (LTCAT), para fins de demonstrar a técnica utilizada na medição, bem como a respectiva norma.

Considerando que, por via de regra, o PPP não informa a técnica utilizada, deve a parte interessada demonstrar que a empresa não forneceu cópia do LTCAT e solicitar que o juiz intime a empresa para apresentá-la ou que então seja realizada a perícia técnica no local do trabalho ou em empresa similar.

Assinalamos que, a nosso ver, o PPP e o LTCAT não podem ser considerados provas suficientes do cumprimento da eficácia do EPI para todo o lapso temporal do empregado, pois refletem uma situação estática, ou seja, a verificação em determinado momento. Assim, entendemos que, em juízo, cabe ao INSS o ônus de demonstrar que houve fiscalização sobre a observância da NR-6 ou diligenciar para buscar no empregador os documentos que comprovem essa realidade.

Pende de julgamento no STJ o Repetitivo Tema n. 1.090, que possui a seguinte questão controvertida:

1) se para provar a eficácia ou ineficácia do EPI (Equipamento de Proteção Individual) para a neutralização dos agentes nocivos à saúde e integridade física do trabalhador, para fins de reconhecimento de tempo especial, basta o que consta no PPP (Perfil Profissiográfico Previdenciário) ou se a comprovação pode ser por outros meios probatórios e, nessa última circunstância, se a prova pericial é obrigatória;
2) se é possível impor rito judicial instrutório rígido e abstrato para apuração da ineficácia do EPI, como fixado pelo Tribunal de origem, ou se o rito deve ser orientado conforme os elementos de cada contexto e os mecanismos processuais disponíveis na legislação adjetiva;
3) se a Corte Regional ampliou o tema delimitado na admissão do IRDR e, se positivo, se é legalmente praticável a ampliação;
4) se é cabível fixar de forma vinculativa, em julgamento de casos repetitivos, rol taxativo de situações de ineficácia do EPI e, sendo factível, examinar a viabilidade jurídica de cada hipótese considerada pelo Tribunal de origem (enquadramento por categoria profissional, ruído, agentes biológicos, agentes cancerígenos e periculosidade);
5) se é admissível inverter, inclusive genericamente, o ônus da prova para que o INSS demonstre ausência de dúvida sobre a eficácia do EPI atestada no PPP (REsp 1.828.606/RS, 1.ª Seção, afetado em 07.05.2021).

9.8.5 Período de carência

O período de carência para a concessão da aposentadoria especial previsto na LBPS é de 180 contribuições mensais, conforme previsão contida no art. 25, inc. II, da Lei n. 8.213/1991 e no art. 29, inc. II, do RPS (com redação conferida pelo Decreto n. 10.410/2020).

Para o segurado inscrito na Previdência Social Urbana até 24.07.1991, bem como para o trabalhador e o empregador rurais cobertos pela Previdência Social Rural, a carência das aposentadorias por idade, por tempo de serviço e especial obedece à tabela prevista no art. 142 da Lei n. 8.213/1991, a qual leva em conta o ano em que o segurado implementou ou implementará as condições necessárias à obtenção do benefício.

Além da carência, que diz respeito ao número mínimo de contribuições mensais feitas pelo segurado, é necessária a comprovação do tempo exigido (15, 20 ou 25), em atividades prejudiciais à saúde ou à integridade física.

A manutenção da qualidade de segurado para a concessão da aposentadoria especial deixou de ser obrigatória por força da Lei n. 10.666/2003 (art. 3.º).

Importante ressaltar que, a partir da entrada em vigor da EC n. 103/2019, além do tempo de exercício de atividade especial, foi introduzida a idade mínima, a qual constou do art. 19, § 1.º, sendo fixada em 55, 58 ou 60 anos, a depender do tempo de exposição de 15, 20 ou 25 anos, respectivamente.

9.8.6 Data de início do benefício

A aposentadoria especial será devida ao segurado empregado a partir da data do desligamento do emprego (quando requerida até essa data ou até 90 dias depois dessa), ou da data do requerimento (quando não houver desligamento do emprego ou quando for requerida após 90 dias desse). Para os demais segurados, será a data da entrada do requerimento.

A TNU tem reafirmado a tese consolidada na sua Súmula n. 33, para estabelecer a data de início do benefício previdenciário na data do requerimento administrativo, destacando que o momento da confecção ou de apresentação do PPP no qual se baseou o juízo para acolher o pleito de aposentação é indiferente para esse fim (*v.g.*, Processo 0535799-85.2009.4.05.8300, j. 22.06.2017).

O segurado aposentado de forma especial que continuar ou retornar ao exercício de atividades ou operações que o sujeitem aos agentes nocivos terá cessado o pagamento da sua aposentadoria, conforme ficou determinado pela Lei n. 9.732/1998 (art. 57, § 8.º, da Lei n. 8.213/1991).

O STF, ao julgar o Recurso Extraordinário com Repercussão Geral – Tema n. 709, validou o referido dispositivo, fixando as seguintes teses:

I) É constitucional a vedação de continuidade da percepção de aposentadoria especial se o beneficiário permanece laborando em atividade especial ou a ela retorna, seja essa atividade especial aquela que ensejou a aposentação precoce ou não.

II) Nas hipóteses em que o segurado solicitar a aposentadoria e continuar a exercer o labor especial, a data de início do benefício será a data de entrada do requerimento, remontando a esse marco, inclusive, os efeitos financeiros; efetivada, contudo, seja na via administrativa, seja na judicial, a implantação do benefício, uma vez verificada a continuidade ou o retorno ao labor nocivo, cessará o pagamento do benefício previdenciário em questão (RE 788.092, Tribunal Pleno, sessão virtual, Rel. Min. Dias Toffoli, *DJe* 16.06.2020).

Nos julgamentos dos embargos de declaração, o STF modulou os efeitos do Tema n. 709, para: a) preservar os segurados que tiveram o direito reconhecido por decisão judicial transitada em julgado até a data do julgamento dos embargos de declaração (23.02.2021); b) declarar a irrepetibilidade dos valores alimentares recebidos de boa-fé, por força de decisão judicial ou administrativa, até a proclamação do resultado dos embargos de declaração (Plenário, sessão virtual de 12.02.2021 a 23.02.2021).

Por fim, diante do grave cenário decorrente da crise sanitária de abrangência mundial, o STF acolheu pedido apresentado pelo Procurador-Geral da República com relação aos profissionais de saúde constantes do rol do art. 3.º-J da Lei n. 13.979/2020 que estejam trabalhando diretamente no combate à epidemia da Covid-19 ou prestando serviços de atendimento a pessoas atingidas pela doença em hospitais ou instituições congêneres, públicos ou privados, ficando suspensos os efeitos do acórdão proferido no Tema n. 709 enquanto estiver vigente referida lei, a qual dispõe sobre as medidas de emergência de saúde pública de importância internacional decorrente do coronavírus (sessão virtual de 24.09.2021 a 1.º.10.2021)

Ainda quanto ao julgamento do Tema n. 709 pelo STF, deve ser considerado que não atinge situações em que houve conversão de tempo de atividade especial em atividade comum e concessão de aposentadoria por tempo de contribuição ou aposentadoria por idade, pois o art. 57, § 8.º, da Lei n. 8.213/1991 refere-se expressa e unicamente à aposentadoria especial.

9.8.7 Renda mensal inicial

A aposentadoria especial, a partir de 29.04.1995, tinha renda mensal equivalente a 100% do salário de benefício (Lei n. 9.032/1995).

Para os que passaram a ter direito ao benefício após a vigência da Lei n. 9.876/1999, o cálculo se deu sobre a média dos maiores salários de contribuição equivalentes a 80% do período contributivo, a partir de julho de 1994, nesse caso sem a incidência do fator previdenciário.

A partir da entrada em vigor da EC n. 103/2019, ou seja, para quem não implementou os requisitos antes de sua vigência, o valor da aposentadoria especial corresponderá a 60% do valor do salário de benefício (média integral de todos os salários de contribuição), com acréscimo de dois pontos percentuais para cada ano de contribuição que exceder o tempo de 20 anos de contribuição para os homens e de 15 anos para as mulheres. Nos casos de atividades especiais de 15 anos (atualmente apenas mineiros em subsolo em frente de escavação), o percentual de 60% inicia após cumprido esse tempo mínimo, tanto para homens quanto para mulheres.

Por força do art. 26 da EC n. 103/2019, o salário de benefício é obtido com base na média aritmética simples dos salários de contribuição, atualizados monetariamente, correspondentes a 100% do período contributivo desde a competência julho de 1994 ou desde o início da contribuição, se posterior a essa competência. A partir de 5 de maio de 2022, com a incidência do divisor mínimo de 108 meses previsto no art. 135-A da LBPS (incluído pela Lei n. 14.331/2022).

9.8.8 Conversão do tempo especial

A conversão de tempo de serviço trabalhado em condições especiais para tempo de atividade comum consiste na transformação daquele período com determinado acréscimo compensatório em favor do segurado, pois esteve sujeito a trabalho (perigoso, penoso ou insalubre) prejudicial à sua saúde.[9]

A Lei n. 9.032/1995 vedou a conversão de tempo de serviço comum em especial. Antes era possível a conversão de especial para comum e deste para especial, restando ao segurado que dispõe de tempo especial insuficiente a aposentadoria comum.

---

[9] "Não é possível a conversão de tempo especial em comum para fins de carência do benefício previdenciário de aposentadoria por idade, uma vez que, para o preenchimento do referido requisito, exige-se efetiva contribuição pelo segurado" (STJ, AgRg nos EDcl no REsp 1.558.762/SP, *DJe* 26.04.2016, TNU, Pedilef 512612-09.2013.4.05.8300, j. 25.05.2017).

O STJ validou essa restrição ao firmar a tese de que não é possível a conversão em especial do tempo de serviço comum, quando o referido requerimento tenha ocorrido na vigência da Lei n. 9.032/1995 (EDcl no Recurso Especial 1.310.034/PR, 1.ª Seção, *DJe* 02.02.2015).

Para o segurado que houver exercido sucessivamente duas ou mais atividades sujeitas a condições especiais prejudiciais à saúde ou à integridade física, sem completar em qualquer delas o prazo mínimo exigido (15, 20 ou 25 anos), os respectivos períodos serão somados após a conversão, considerando para esse fim a atividade preponderante, cabendo, dessa forma, a concessão da aposentadoria especial com o tempo exigido para a atividade não convertida.

Há de ressaltar que, até o advento da EC n. 103/2019, o tempo de trabalho exercido sob condições especiais consideradas prejudiciais à saúde ou à integridade física, conforme a legislação vigente à época, será somado, após a respectiva conversão, ao tempo de trabalho exercido em atividade comum. Esse entendimento está contemplado no Decreto n. 4.827, de 03.12.2003.

A orientação do STJ foi pacificada admitindo-se a possibilidade de converter o tempo especial em comum, independentemente da época em que foi prestado: REsp julgado como Repetitivo 1.151.363/MG, 3.ª Seção, Rel. Min. Jorge Mussi, *DJe* 05.04.2011.

– **A EC n. 103/2019 e a vedação da conversão do tempo especial em comum**

Com a entrada em vigor da EC n. 103/2019, foi vedada a conversão do tempo especial em comum para períodos trabalhados após a entrada em vigor dessa emenda. Consta do art. 25, § 2.º, *in verbis*:

> § 2.º Será reconhecida a conversão de tempo especial em comum, na forma prevista na Lei n. 8.213, de 24 de julho de 1991, ao segurado do Regime Geral de Previdência Social que comprovar tempo de efetivo exercício de atividade sujeita a condições especiais que efetivamente prejudiquem a saúde, cumprido até a data de entrada em vigor desta Emenda Constitucional, vedada a conversão para o tempo cumprido após esta data.

Observando a regra de direito adquirido à conversão do tempo especial exercido até 13.11.2019, o RPS no art. 188-P, §§ 5.º e 6.º (redação dada pelo Decreto n. 10.410/2020), autoriza a conversão sem qualquer impeditivo e reconhece que a caracterização e a comprovação do tempo de atividade sob condições especiais obedecerão ao disposto na legislação em vigor à época da prestação do serviço.

A tabela de conversão consta do art. 188-P, § 5.º, do RPS (com redação conferida pelo Decreto n. 10.410/2020), cujos multiplicadores são os seguintes:

TEMPO A CONVERTER	MULHER (30 ANOS DE CONTRIBUIÇÃO)	HOMEM (35 ANOS DE CONTRIBUIÇÃO)
De 15 anos	2,0	2,33
De 20 anos	1,5	1,75
De 25 anos	1,2	1,4

Destaca-se que a conversão de tempo em especial não foi vedada pela EC n. 103/2019, continuando válida para qualquer período. Nesse sentido, o RPS:

> Art. 66. Para o segurado que houver exercido duas ou mais atividades sujeitas a agentes químicos, físicos e biológicos prejudiciais à saúde, ou a associação desses agentes, sem completar em quaisquer delas o prazo mínimo exigido para a aposentadoria especial, os respectivos períodos de exercício serão somados após conversão, hipótese em que será considerada a atividade preponderante para efeito de enquadramento. (Redação dada pelo Decreto n. 10.410, de 2020.)

Por atividade preponderante entende-se aquela pela qual o segurado tenha contribuído por mais tempo, antes da conversão, e servirá como parâmetro para definir o tempo mínimo necessário para a aposentadoria especial e para a conversão, segundo os multiplicadores da tabela constante do § 2.º do art. 66 do RPS:

Tempo a Converter	Para 15	Para 20	Para 25
De 15 anos	–	1,33	1,67
De 20 anos	0,75	–	1,25
De 25 anos	0,60	0,80	–

9.9 REGRAS DE TRANSIÇÃO PARA A APOSENTADORIA ESPECIAL (EC N. 103/2019)

As regras de transição para a aposentadoria especial foram fixadas pelo art. 21 da EC n. 103/2019, cujos requisitos contemplam uma soma mínima de idade e tempo de contribuição, além de tempo mínimo de trabalho com exposição a esses agentes.

De acordo com o citado dispositivo, o segurado que tenha se filiado ao RGPS até a data de entrada em vigor da EC n. 103/2019 (13.11.2019), cujas atividades tenham sido exercidas com efetiva exposição a agentes nocivos químicos, físicos e biológicos prejudiciais à saúde, ou associação desses agentes, vedada a caracterização por categoria profissional ou ocupação, na forma dos arts. 57 e 58 da Lei n. 8.213/1991, poderá aposentar-se quando o total da soma resultante da sua idade e do tempo de contribuição e o tempo de efetiva exposição forem, respectivamente, de:

> I – 66 (sessenta e seis) pontos e 15 (quinze) anos de efetiva exposição;
>
> II – 76 (setenta e seis) pontos e 20 (vinte) anos de efetiva exposição; e
>
> III – 86 (oitenta e seis) pontos e 25 (vinte e cinco) anos de efetiva exposição.

Afora o tempo especial e os pontos, exige-se o cumprimento de 180 meses de carência (art. 29, inc. II, do RPS – redação conferida pelo Decreto n. 10.410/2020).

A idade e o tempo de contribuição serão apurados em dias para o cálculo do somatório de pontos. E não há qualquer diferenciação entre homem e mulher, sendo exigidos a mesma pontuação e o mesmo tempo de atividade especial.

Sendo assim, a partir da entrada em vigor da EC n. 103/2019, para condições de trabalho menos gravosas (exemplo: exposição ao ruído acima dos limites de tolerância), passou a ser exigido um mínimo de 25 anos de atividade especial e a soma de 86 pontos (idade + tempo de contribuição).

Logo, são necessários 61 anos de idade para se chegar aos 86 pontos somados aos 25 anos de atividade especial, ou tempo trabalhado superior a 25 anos para reduzir a idade. Nada impede que seja utilizado tempo comum acima dos 25 anos de tempo especial para chegar à pontuação requerida. Exemplo: 25 anos de tempo especial + 10 anos de tempo comum + 51 anos de idade = 86 pontos.

Mesmo nas regras de transição, o valor da aposentadoria corresponderá a 60% do valor do salário de benefício (média integral de todos os salários de contribuição), com acréscimo de dois pontos percentuais para cada ano de contribuição que exceder o tempo de 20 anos de contribuição para os homens e de 15 anos para as mulheres. O acréscimo de dois pontos percentuais será aplicado a partir dos 15 anos, inclusive para homens, em caso de atividades que geram aposentadoria com esse tempo (mineiros de subsolo em frentes de produção). O valor da aposentadoria concedida nesses termos poderá ser alterado na forma de lei ordinária a ser aprovada pelo Congresso Nacional.

Quadro-resumo
APOSENTADORIA ESPECIAL

BENEFÍCIO	APOSENTADORIA ESPECIAL Código da Espécie (INSS): B-46
Evento Gerador	Trabalho em condições prejudiciais à saúde ou à integridade física, por 15, 20 ou 25 anos, conforme o caso (anexo IV do RPS): I – 15 anos: trabalhos em mineração subterrânea, em frentes de produção, com exposição à associação de agentes físicos, químicos ou biológicos; II – 20 anos: a) trabalhos com exposição ao agente químico asbestos (amianto); ou b) trabalhos em mineração subterrânea, afastados das frentes de produção, com exposição à associação de agentes físicos, químicos ou biológicos; III – 25 anos: demais hipóteses.
Beneficiários	– Será devida ao segurado empregado, trabalhador avulso e contribuinte individual, este somente quando cooperado filiado a cooperativa de trabalho ou de produção (art. 64, caput, do Decreto n. 3.048/1999). – Contribuinte individual: INSS limita o reconhecimento até 29.04.1995. Jurisprudência autoriza: Súmula n. 62 da TNU: "O segurado contribuinte individual pode obter reconhecimento de atividade especial para fins previdenciários, desde que consiga comprovar exposição a agentes nocivos à saúde ou à integridade física".
Carência	a) 180 contribuições mensais para os segurados inscritos após 24.07.1991; b) tabela progressiva do art. 142 da Lei n. 8.213/1991: para os segurados inscritos antes de 24.07.1991.

BENEFÍCIO	APOSENTADORIA ESPECIAL Código da Espécie (INSS): B-46
Idade Mínima	– A definição da idade mínima constou do art. 19, § 1.º, da EC n. 103/2019, sendo fixada em: 55, 58 ou 60 anos, a depender do tempo de exposição de 15, 20 ou 25 anos, respectivamente. Aplicável apenas para os pedidos de aposentadoria especial concedidos nas novas regras fixadas pela EC n. 103/2019.
Qualidade de Segurado	A perda da qualidade de segurado não será considerada para a concessão desse benefício, desde que, na data do requerimento, tenham sido preenchidos todos os requisitos para a concessão do benefício (art. 3.º da Lei n. 10.666/2003).
Comprovação de Exposição aos Agentes Nocivos	– A caracterização e a comprovação do tempo de atividade sob condições especiais obedecerão ao disposto na legislação em vigor na época da prestação do serviço. – Será feita por formulário denominado Perfil Profissiográfico Previdenciário (PPP), preenchido pela empresa ou seu preposto, com base em Laudo Técnico de Condições Ambientais de Trabalho (LTCAT) expedido por médico do trabalho ou engenheiro de segurança do trabalho.
Perfil Profissiográfico Previdenciário (PPP)	– O PPP é o documento histórico-laboral do trabalhador que reúne dados administrativos, registros ambientais e resultados de monitoração biológica, entre outras informações, durante todo o período em que este exerceu suas atividades. – A empresa é obrigada a fornecer cópia autêntica do PPP ao trabalhador em caso de rescisão do contrato de trabalho ou de desfiliação da cooperativa, sindicato ou Órgão Gestor de Mão de Obra.
Demonstração Indireta dos Riscos	– A prova da atividade especial não pode ser considerada tarifada. Permite-se utilizar os diversos meios de prova. – É possível ainda a verificação da especialidade da atividade no caso concreto, por meio de perícia técnica, nos termos da Súmula n. 198 do extinto Tribunal Federal de Recursos.
Critérios de Enquadramento da Atividade Especial – Orientação Jurisprudencial	**a) no período de trabalho até 28.04.1995:** – possível o reconhecimento da especialidade por categoria profissional e por agente nocivo. Laudo pericial somente para calor e ruído; **b) a partir de 29.04.1995 até 05.03.1997:** – necessária a demonstração efetiva de exposição, de forma permanente, não ocasional nem intermitente, a agentes prejudiciais à saúde ou à integridade física, por qualquer meio de prova, considerando-se suficiente, para tanto, a apresentação de formulário-padrão preenchido pela empresa, sem a exigência de embasamento em laudo técnico (salvo calor e ruído); **c) a partir de 06.03.1997 (Decreto n. 2.172/1997):** – passou-se a exigir a comprovação da efetiva sujeição do segurado a agentes agressivos por meio da apresentação de formulário-padrão, embasado em laudo técnico, ou por meio de perícia técnica, para todos os agentes nocivos.

BENEFÍCIO	APOSENTADORIA ESPECIAL Código da Espécie (INSS): B-46
Enquadramento por Categorias Profissionais	Período trabalhado: em regra até 28.04.1995. Enquadramento: Decreto n. 53.831/1964 (Quadro Anexo – 2.ª Parte) e Decreto n. 83.080/1979 (Anexo II).
Habitualidade e Permanência	– Apenas a partir da Lei n. 9.032/1995, que alterou a redação do § 3.º do art. 57 da Lei n. 8.213/1991, passou a ser exigida, para fins de configuração da atividade em condições especiais, a comprovação do seu exercício em caráter permanente. – Súmula n. 49 da TNU:"Para reconhecimento de condição especial de trabalho antes de 29.04.1995, a exposição a agentes nocivos à saúde ou à integridade física não precisa ocorrer de forma permanente".
Atividades de Risco após o Decreto n. 2.172/1997	– INSS não reconhece. – Há precedentes jurisprudenciais favoráveis: STJ (AgRg no REsp/RS, *DJe* 28.06.2012); TNU (PEDILEF 0008265-54.2008.4.04.7051, em 18.06.2015; PEDILEF: 5007749-73.2011.4.04.7105, em 11.09.2015).
Equipamento de Proteção Coletiva (EPC) e Equipamento de Proteção Individual (EPI)	**EPC:** Será considerada desde que elimine ou neutralize a nocividade e asseguradas as condições de funcionamento ao longo do tempo, conforme especificação técnica do fabricante e respectivo plano de manutenção, estando essas devidamente registradas pela empresa. **EPI:** Somente será considerada a adoção de EPI em demonstrações ambientais emitidas a partir de 03.12.1998 (MP n. 1.729/1998, convertida na Lei n. 9.732/1998), e desde que comprovadamente elimine ou neutralize a nocividade e seja respeitado o disposto na NR 6 do MTE. – O STF reconheceu a existência de repercussão geral com relação ao tema "uso de EPI" para afastar a especialidade do labor: Tema n. 555, ARE 664.335, j. 04.12.2014, fixando duas teses: a) "o direito à aposentadoria especial pressupõe a efetiva exposição do trabalhador a agente nocivo a sua saúde, de modo que, se o Equipamento de Proteção Individual (EPI) for realmente capaz de neutralizar a nocividade, não haverá respaldo à concessão constitucional de aposentadoria especial"; b) "na hipótese de exposição do trabalhador a ruído acima dos limites legais de tolerância, a declaração do empregador no âmbito do Perfil Profissiográfico Previdenciário (PPP), no sentido da eficácia do Equipamento de Proteção Individual (EPI), não descaracteriza o tempo de serviço especial para a aposentadoria".
Conversão do Tempo Especial	As regras de conversão de tempo de atividade sob condições especiais em tempo de atividade comum aplicam-se ao trabalho prestado até o advento da EC n. 103/2019.

BENEFÍCIO	APOSENTADORIA ESPECIAL Código da Espécie (INSS): B-46
Fator de Conversão: Especial em Comum	– **Homens:** Tempo a converter: 25 anos p/ 35 anos Multiplicador: 1,4 (Qualquer período – PET 7521/PR – STJ, 31.03.2011) – **Mulheres:** Tempo a converter: 25 anos p/ 30 anos multiplicador: 1,2 Tabela prevista no Decreto n. 4.827, de 03.12.2003.
Salário de Benefício	a) Para os segurados filiados na Previdência Social a partir de 29.11.1999 (Lei n. 9.876, de 1999), o salário de benefício (caso implementados os requisitos até a entrada em vigor da EC n. 103/2019) consiste: – na média aritmética simples dos maiores salários de contribuição correspondentes a 80% de todo o período contributivo, corrigidos mês a mês. b) Para o segurado filiado à Previdência Social até 28.11.1999, o salário de benefício (caso implementados os requisitos até a entrada em vigor da EC n. 103/2019) consiste: – na média aritmética simples dos 80% maiores salários de contribuição, corrigidos mês a mês, de todo o período contributivo decorrido desde julho de 1994; – o divisor considerado no cálculo da média não poderá ser inferior a 60% do período decorrido da competência julho de 1994 até a data de início do benefício, limitado a 100% de todo o período contributivo. c) Para os benefícios concedidos com tempo trabalhado após a EC n. 103/2019: corresponderá a 100% do período contributivo desde a competência julho de 1994 ou desde o início da contribuição, se posterior àquela competência. A partir de 05.05.2022, com a incidência do divisor mínimo de 108 meses previsto no art. 135-A da LBPS (incluído pela Lei n. 14.331/2022).
Fator Previdenciário	Não é aplicado na aposentadoria especial.
Renda Mensal Inicial	– Até a entrada em vigor da EC n. 103/2019: 100% do salário de benefício. – Com cômputo de tempo especial após a EC n. 103/2019: 60% do valor do salário de benefício, com acréscimo de dois pontos percentuais para cada ano de contribuição que exceder o tempo de 20 anos de contribuição, para os homens, e de 15 anos, para as mulheres, e nos casos de atividades especiais de 15 anos.
Data de Início do Benefício	– Segurado empregado: a) a partir da data do desligamento do emprego, quando requerida até essa data ou até 90 dias depois; b) da data do requerimento, quando não houver desligamento do emprego ou quando requerida após 90 dias. – Para os demais segurados: a partir da data da entrada do requerimento.

Capítulo 9 • A APOSENTADORIA E SEUS EFEITOS NO CONTRATO DE TRABALHO | 311

BENEFÍCIO	APOSENTADORIA ESPECIAL Código da Espécie (INSS): B-46
Duração	Indeterminada. Cessa com a morte do segurado, transformando-se em pensão por morte, caso tenha dependentes.
Cessação do Pagamento do Benefício	– A aposentadoria especial requerida e concedida a partir de 29.04.1995 (Lei n. 9.032/1995) terá seu pagamento cessado pelo INSS, caso o beneficiário permaneça ou retorne à atividade que ensejou a concessão desse benefício, na mesma ou em outra empresa (art. 57, § 8.º, da Lei n. 8.213/1991 – redação atual conferida pela Lei n. 9.732/1998). – A matéria foi objeto da Repercussão Geral – Tema n. 709, cujas teses fixadas foram as seguintes: "I) É constitucional a vedação de continuidade da percepção de aposentadoria especial se o beneficiário permanece laborando em atividade especial ou a ela retorna, seja essa atividade especial aquela que ensejou a aposentação precoce ou não. II) Nas hipóteses em que o segurado solicitar a aposentadoria e continuar a exercer o labor especial, a data de início do benefício será a data de entrada do requerimento, remontando a esse marco, inclusive, os efeitos financeiros; efetivada, contudo, seja na via administrativa, seja na judicial, a implantação do benefício, uma vez verificada a continuidade ou o retorno ao labor nocivo, cessará o pagamento do benefício previdenciário em questão".
Desistência	– Depois que receber o primeiro pagamento, ou sacar o PIS e/ou o FGTS (o que ocorrer primeiro), o segurado não poderá desistir do benefício (art. 181-B do Decreto n. 3.048/1999).
Custeio do Benefício	A Lei n. 9.743/1998 criou adicional sobre a remuneração dos empregados que exercem atividades especiais (nocivas à saúde ou à integridade física): 6,9% ou 12% – art. 57, §§ 6.º e 7.º, da Lei n. 8.213/1991.
Observações	As regras gerais da aposentadoria especial encontram-se no art. 201 da CF (com redação dada pela EC n. 103/2019), nos arts. 57 e 58 da Lei n. 8.213/1991 e nos arts. 64 a 70 do Decreto n. 3.048/1999.

APOSENTADORIA ESPECIAL: NOVA REGRA PERMANENTE (EC 103/2019)	
Idade Mínima **(aplicável a novos segurados)**	**Tempo Mínimo de Atividade Especial**
55 anos	15 anos
58 anos	20 anos
60 anos	25 anos
RMI: 60% do valor do salário de benefício (média integral de todos os salários de contribuição), com acréscimo de dois pontos percentuais para cada ano de contribuição que exceder o tempo de 20 anos de contribuição para os homens e de 15 anos para as mulheres. O aumento de dois pontos percentuais será aplicado a partir dos 15 anos, inclusive para homens, em caso de atividades que geram aposentadoria com esse tempo (mineiros de subsolo em frente de produção).	

APOSENTADORIA ESPECIAL: REGRA DE TRANSIÇÃO (EC n. 103/2019)	
Tempo Mínimo de Atividade Especial (aplicável aos segurados que não implementaram os requisitos até a entrada em vigor da EC n. 103/2019)	**Pontos** (soma da idade + tempo de contribuição)
15 anos	66 pontos
20 anos	76 pontos
25 anos	86 pontos
RMI: 60% do valor do salário de benefício (média integral de todos os salários de contribuição), com acréscimo de dois pontos percentuais para cada ano de contribuição que exceder o tempo de 20 anos de contribuição para os homens e de 15 anos para as mulheres. O aumento de dois pontos percentuais será aplicado a partir dos 15 anos, inclusive para homens, em caso de atividades que geram aposentadoria com esse tempo (mineiros de subsolo em frentes de produção).	

9.10 APOSENTADORIA DOS SEGURADOS COM DEFICIÊNCIA

A aposentadoria voltada aos segurados com deficiência surgiu com a EC n. 47/2005, que deu nova redação ao art. 201, § 1.º, da CF e estabeleceu a necessidade de lei complementar para regulamentar os critérios de concessão.

Com o advento da EC n. 103/2019, foi mantida a possibilidade de lei complementar definir critérios diferenciados de idade e tempo de contribuição para a concessão de aposentadoria em favor dos segurados com deficiência, previamente submetidos à avaliação biopsicossocial realizada por equipe multiprofissional e interdisciplinar. É o que consta do art. 201, § 1.º, I:

> § 1.º É vedada a adoção de requisitos ou critérios diferenciados para concessão de benefícios, ressalvada, nos termos de lei complementar, a possibilidade de previsão de idade e tempo de contribuição distintos da regra geral para concessão de aposentadoria exclusivamente em favor dos segurados:
> I – com deficiência, previamente submetidos à avaliação biopsicossocial realizada por equipe multiprofissional e interdisciplinar;

A novidade é a previsão no texto constitucional da necessidade de avaliação biopsicossocial realizada por equipe multiprofissional e interdisciplinar.

Enquanto a nova lei complementar exigida pela Reforma da Previdência não for aprovada, a aposentadoria da pessoa com deficiência será concedida na forma da LC n. 142/2013, inclusive quanto aos critérios de cálculo dos benefícios (art. 22 da EC n. 103/2019). Segundo o relator da PEC n. 06/2019 na Câmara, Deputado Samuel Moreira (PSDB/SP):

> [...] não há necessidade de reforma das regras de aposentadoria, uma vez que a norma que determina os requisitos de acesso a este benefício, a Lei Comple-

mentar n. 142, de 8 de maio de 2013, é recente em nosso ordenamento jurídico e foi amplamente debatida pelo Congresso Nacional.

A LC n. 142, de 08.05.2013, adotou o conceito de pessoa com deficiência como aquela que tem impedimentos de longo prazo de natureza física, mental, intelectual ou sensorial, os quais, em interação com diversas barreiras, podem obstruir sua participação plena e efetiva na sociedade em igualdade de condições com as demais pessoas (art. 2.º).

No mesmo sentido está a Lei n. 13.146, de 06.07.2015, que instituiu a Lei Brasileira de Inclusão da Pessoa com Deficiência (Estatuto da Pessoa com Deficiência), destinada a assegurar e a promover, em condições de igualdade, o exercício dos direitos e das liberdades fundamentais por pessoa com deficiência, visando à sua inclusão social e cidadania.

Trata-se de reprodução do art. 1.º da Convenção de Nova York e que se encontra também no art. 20, § 2.º, da Lei n. 8.742/1993, com redação dada pela Lei n. 13.146/2015, para fins de concessão do benefício assistencial à pessoa com deficiência. A referida Convenção integrou-se ao ordenamento jurídico do Brasil como *status* de emenda constitucional, em face da previsão contida na EC n. 45/2004 e no Decreto n. 6.949, de 25.08.2009.

O evento gerador desse novo benefício está definido no art. 3.º da LC n. 142/2013, qual seja a deficiência do segurado que pode ser de três graus: leve, moderada ou grave, ensejando aposentadoria com base nas seguintes hipóteses:

Por tempo de contribuição:

Grau	Homem	Mulher
Leve	33 anos	28 anos
Moderada	29 anos	24 anos
Grave	25 anos	20 anos

Por idade:

Carência	Homem	Mulher	Tempo com deficiência	Grau
15 anos	60 anos de idade	55 anos de idade	15 anos	Não há diferenciação

A definição dos graus de deficiência para os fins da LC n. 142/2013 foi delegada para regulamentação pelo Poder Executivo. No entanto, o Decreto n. 8.145/2013, que dispôs sobre a aposentadoria da pessoa com deficiência, remeteu o tema para ato conjunto do Ministro de Estado Chefe da Secretaria de Direitos Humanos da Presidência da República, dos Ministros de Estado da Previdência Social, da Fazenda, do Planejamento, Orçamento e Gestão e do Advogado-Geral da União (Portaria Interministerial SDH/MPS/MF/MOG/AGU n. 1, de 27.01.2014).

A avaliação médica e funcional engloba a perícia médica e o serviço social, objetivando examinar o segurado e fixar a data provável do início da deficiência e o respectivo grau, assim como identificar a ocorrência de variação no grau de deficiência e indicar os respectivos períodos em cada grau.

A comprovação da deficiência somente se dará depois de finalizadas as avaliações médica e do serviço social, sendo seu grau definido pelo somatório das duas avaliações e sua temporalidade subsidiada pela data do impedimento e alterações fixadas pela perícia médica (art. 305, § 3.º, da IN n. 128/2022).

O Estatuto da Pessoa com Deficiência estabelece no art. 2.º, § 1.º, que a avaliação da deficiência, quando necessária, será biopsicossocial, realizada por equipe multiprofissional e interdisciplinar e considerará:

I – os impedimentos nas funções e nas estruturas do corpo;
II – os fatores socioambientais, psicológicos e pessoais;
III – a limitação no desempenho de atividades; e
IV – a restrição de participação.

No que diz respeito à avaliação funcional, sua realização será com base no conceito de funcionalidade disposto na Classificação Internacional de Funcionalidade, Incapacidade e Saúde (CIF), da Organização Mundial de Saúde e mediante a aplicação do Índice de Funcionalidade Brasileiro Aplicado para Fins de Aposentadoria (IFBrA). A avaliação das barreiras externas será efetuada por meio de entrevista com o segurado e, se necessário, com as pessoas que convivem com ele. Se ainda restarem dúvidas, poderão ser feitas visitas ao local de trabalho e/ou residência do avaliado, bem como a solicitação de informações médicas e sociais (laudos médicos, exames, atestados, laudos do Centro de Referência de Assistência Social – CRAS, entre outros).

Importante referir que a existência de deficiência anterior à data da vigência da LC n. 142/2013 (novembro/2013) deverá ser certificada, inclusive quanto ao seu grau, por ocasião da primeira avaliação, sendo obrigatória a fixação da data provável do início da deficiência, não sendo admitida por meio de prova exclusivamente testemunhal (art. 6.º da LC n. 142/2013).

Dessa forma, será perfeitamente possível ao segurado utilizar o tempo de contribuição com deficiência anterior a novembro de 2013 e somar com os períodos posteriores a essa data para postular a concessão do benefício pretendido. Por exemplo, uma segurada portadora de deficiência moderada que foi contratada em 10.11.2000, com base na cota para deficientes (art. 93 da Lei n. 8.213/1991), poderá em 10.11.2024 requerer a aposentadoria prevista no art. 3.º, II, da LC n. 142/2013.

No caso de deficiência superveniente à filiação ao RGPS, ou em caso de alteração do grau de deficiência, os parâmetros para a concessão da aposentadoria serão proporcionalmente ajustados, considerando-se o número de anos em que o segurado exerceu atividade laboral sem deficiência e com deficiência, observado o grau de deficiência correspondente, nos termos do regulamento da lei complementar em comento.

Vejamos um caso prático para melhor visualização dessa situação. Um segurado que contribuiu 17 anos para o RGPS e, depois de ser acometido de deficiência moderada, trabalhou mais 15 anos. Certamente ele não poderá se aposentar com 32 anos de contribuição, pois trabalhou apenas 15 anos com deficiência moderada e a redução de seis anos é para aquele segurado que laborou 29 anos integrais com tal deficiência. Quais as soluções possíveis?

De acordo com o Regulamento da Previdência Social em sua atual redação, será possível converter o tempo trabalhado de duas formas. A primeira possibilidade é a conversão do tempo exercido como deficiente (tempo qualificado) em tempo comum (art. 70-E do RPS), com fator de conversão positivo (1,21 = acréscimo de 3 anos). Nesse caso, o segurado passa a ter: 17 anos "comuns" + 15 anos "qualificados" + 3 anos (resultantes da conversão do tempo qualificado em comum), totalizando 35 anos de tempo "comum". Esse tempo é suficiente para a aposentadoria por tempo de contribuição pelas regras de transição da EC n. 103/2019, que exige 35 anos de contribuição, porém com a necessidade de demonstrar o cumprimento de outros requisitos, como a pontuação progressiva que combina idade mais tempo de contribuição. Entretanto, o valor do benefício pelas regras da EC n. 103/2019 é menor quando comparado com as regras de cálculo da LC n. 142/2013, aplicáveis à aposentadoria de PCD.

A segunda possibilidade é a conversão do tempo comum (exercido sem deficiência) em tempo qualificado, com fator de conversão negativo (0,83 = redução de 2,89 anos). Nessa hipótese, o segurado passa a ter: 14,11 anos de tempo qualificado (conversão do tempo comum em qualificado) + 15 anos de tempo qualificado, totalizando 29,11 anos de tempo qualificado. Tempo suficiente para a aposentadoria por tempo qualificado, que exige 29 anos de atividade em caso de deficiência moderada. Nesse caso, o fator previdenciário será aplicado somente se gerar ganho no valor do benefício.

A possibilidade de conversão do tempo comum em tempo qualificado está em conformidade com o texto constitucional (art. 201, § 1.º), pois garante a aposentadoria por tempo de contribuição com as vantagens do cálculo em favor do segurado com deficiência.

Quando o segurado comprovar a deficiência durante todo o tempo de contribuição exigido, com alteração no grau de deficiência, a conversão deverá ser feita de tempo qualificado para tempo qualificado, levando-se em consideração a atividade de maior duração.

Mesmo após a EC n. 103/2019, entendemos que foi mantida a possibilidade de conversão do tempo comum em tempo qualificado e vice-versa, não se aplicando a vedação prevista na novel disposição do § 14 do art. 201: "É vedada a contagem de tempo de contribuição fictício para efeito de concessão dos benefícios previdenciários e de contagem recíproca".

Essa conclusão tem dois fundamentos. Primeiro, porque houve a recepção integral pelo art. 22 da EC n. 103/2019 em relação ao disposto na LC n. 142/2013, a qual regulamenta a possibilidade de conversão de tempos trabalhados para a concessão das aposentadorias aos segurados com deficiência. Segundo, porque o art. 25 da EC n. 103/2019, ao dispor sobre o tempo ficto trabalhado até a publicação dessa emenda, não menciona o tempo de atividade como deficiente. A restrição está ligada ao tempo especial, trabalhado sob condições prejudiciais à saúde, e aos períodos de serviço sem o recolhimento da respectiva contribuição.

Esse entendimento foi observado na atualização do RPS pelo Decreto n. 10.410/2020, que manteve a redação do art. 70-E, que define as tabelas de conversão.

Caso o segurado com deficiência venha a exercer de forma simultânea atividades consideradas prejudiciais à saúde ou à integridade física, não será possível conseguir as duas reduções para a obtenção da aposentadoria. Logo, a redução do tempo de contribuição prevista na LC n. 142/2013 não poderá ser acumulada, no tocante ao mesmo período contributivo, com a redução assegurada aos casos de atividades exercidas sob condições especiais (art. 10).

A vedação é apenas sobre o mesmo período. Sendo períodos diferentes, não há qualquer proibição em converter um ou mais períodos pela atividade especial e outro pelo exercício laboral como deficiente. No caso de simultaneidade, cabe ao segurado a opção de escolha entre a redução da atividade sob condições especiais ou a redução da atividade como deficiente, conforme a mais vantajosa no caso concreto.

O art. 9.º, III, da LC n. 142/3013 prevê que são aplicáveis as regras de pagamento e de recolhimento das contribuições previdenciárias contidas na Lei n. 8.212, de 24.07.1991. Isso não significa que seja necessário comprovar contribuição adicional para gerar direito a esse benefício.

9.10.1 Beneficiários

A LC n. 142/2013 não define quais segurados são beneficiários dessa espécie diferenciada de aposentadoria.

O tema foi regulado pelo Decreto n. 8.145/2013, que nominou os benefícios como hipóteses de aposentadoria por tempo de contribuição e por idade.

Relativamente à primeira, fixou que é devida ao segurado empregado, inclusive o doméstico, o trabalhador avulso, o contribuinte individual, ao segurado facultativo e ao segurado especial que contribua facultativamente sobre o salário de contribuição (art. 70-B do RPS).

O segurado que tenha contribuído de forma reduzida (contribuinte individual, MEI, segurado facultativo e dona de casa de baixa renda) e pretenda contar o tempo de contribuição correspondente, para fins de obtenção da aposentadoria por tempo de contribuição ou de contagem recíproca do tempo de contribuição, deverá complementar a contribuição mensal (art. 199-A, § 2.º, do Decreto n. 3.048/1999 – redação conferida pelo Decreto n. 10.410/2020).

No que tange à aposentadoria por idade, ela é devida a todas as categorias de segurados (art. 70-C). De acordo com o art. 311 da IN n. 128/2022, faz parte do rol de beneficiários o trabalhador rural com deficiência, desde que também comprovada a condição de trabalhador rural na DER ou na data do preenchimento dos requisitos. Para esse fim, considera-se trabalhador rural: o empregado rural, o contribuinte individual, o trabalhador avulso e o segurado especial. Para atingir o tempo necessário poderão ser computados os períodos de contribuição sob outras categorias, inclusive urbanas.

Aplica-se aos beneficiários a contagem recíproca do tempo de contribuição na condição de segurado com deficiência relativa à filiação ao RGPS, ao regime próprio de previdência do servidor público ou ao regime de previdência militar, devendo os regimes compensar-se financeiramente (art. 9.º, inc. II, da LC n. 142/2013).

9.10.2 Período de carência

A LC n. 142/2013 não especificou o período de carência para as aposentadorias com redução do tempo de contribuição (art. 3.º, incs. I, II e III), devendo ser aplicada a regra geral da Lei n. 8.213/1991, que estabelece a exigência de 180 contribuições.

A aplicação subsidiária da Lei de Benefícios do RGPS está prevista no art. 9.º, inc. IV, da LC n. 142/2013. Nesse sentido, o art. 29 do RPS, com redação conferida pelo Decreto n. 10.410/2020.

A IN n. 128/2022 reconhece que a carência não exige concomitância com a condição de pessoa com deficiência (arts. 311, § 1.º, e 314, § 2.º).

9.10.3 Renda mensal inicial

De acordo com o art. 8.º da LC n. 142/2013, a renda mensal da aposentadoria devida ao segurado com deficiência será calculada aplicando-se sobre o salário de benefício, apurado em conformidade com o disposto no art. 29 da Lei n. 8.213/1991, os seguintes percentuais:

> I – 100%, no caso da aposentadoria por tempo de contribuição de que tratam os incisos I, II e III do art. 3.º (com redução de 10, 6 ou 2 anos no tempo de contribuição); ou
>
> II – 70% mais 1% do salário de benefício por grupo de 12 contribuições mensais até o máximo de 30%, no caso de aposentadoria por idade.

A apuração do salário de benefício seguia a média dos 80% maiores salários de contribuição desde julho de 1994, com observância do "mínimo divisor", para os segurados filiados antes da Lei n. 9.876/1999.

No entanto, o Decreto n. 10.410/2020, que atualizou o RPS (art. 70-J), estabeleceu que deve ser aplicada a regra do art. 26 da EC n. 103/2019, ou seja, a média de todos os salários de contribuição desde julho de 1994 ou desde o início do período contributivo, se após tal competência.

Continuam válidos os coeficientes de cálculo referidos (100% e 70% + 1% por grupo de 12 contribuições) mesmo após as modificações geradas pela EC n. 103/2019. Nesse ponto, o RPS (atualizado pelo Decreto n. 10.410/2020) foi fiel aos ditames da EC n. 103/2019.

A manutenção dos critérios de apuração da RMI da aposentadoria da pessoa com deficiência deve-se ao fato de que na EC n. 103/2019 (art. 22, *caput*) foi estabelecido que: "Será concedida na forma da Lei Complementar n. 142, de 8 de maio de 2013, inclusive quanto aos critérios de cálculo dos benefícios".

9.10.4 Data de início do benefício

Como a LC n. 142/2013 não fixou regra específica, deve ser adotada a regra geral da Lei de Benefícios, qual seja, é devida ao segurado empregado, inclusive o doméstico, a partir da data do desligamento do emprego (quando requerida até 90 dias depois desse) ou da data do requerimento (quando não houve desligamento do emprego ou quando requerida após 90 dias). Para os demais segurados, tem-se como devida desde a data da entrada do requerimento.

Importante referir que a concessão da aposentadoria da pessoa com deficiência está condicionada à comprovação dessa condição na DER ou na data da implementação dos requisitos para o benefício.

Quadro-resumo
APOSENTADORIA DOS SEGURADOS COM DEFICIÊNCIA

BENEFÍCIO	APOSENTADORIA DOS SEGURADOS COM DEFICIÊNCIA LC n. 142/2013
Evento Gerador	a) Aposentadoria por tempo de contribuição: – 25 anos de tempo de contribuição, se homem, e 20 anos, se mulher, no caso de segurado com deficiência grave; – 29 anos de tempo de contribuição, se homem, e 24 anos, se mulher, no caso de segurado com deficiência moderada; – 33 anos de tempo de contribuição, se homem, e 28 anos, se mulher, no caso de segurado com deficiência leve; ou b) Aposentadoria por idade: – 60 anos de idade, se homem, e 55 anos de idade, se mulher, independentemente do grau de deficiência, desde que cumprido tempo mínimo de contribuição de 15 anos e comprovada a existência de deficiência durante igual período. – Em ambos os casos, comprovar a condição de segurado com deficiência na DER ou na data da implementação dos requisitos.
Beneficiários	– Todos os segurados do RGPS, no caso da aposentadoria por idade. – No caso da aposentadoria por tempo de contribuição há limitações: a) segurado especial: só é devida caso contribua mensalmente na alíquota de 20% sobre o salário de contribuição; b) segurados que fazem contribuição reduzida (contribuinte individual, MEI, dona de casa de baixa renda): somente é devida em caso de complementação das contribuições pagas para atingir os 20% sobre o salário de contribuição, acrescido de juros moratórios.
Carência	180 contribuições mensais.
Qualidade de Segurado	A perda da qualidade de segurado não será considerada, desde que, na data do requerimento, tenham sido preenchidos todos os requisitos para a concessão do benefício (art. 3.º da Lei n. 10.666/2003).
Comprovação da Deficiência	– Considera-se pessoa com deficiência aquela que tem impedimentos de longo prazo de natureza física, mental, intelectual ou sensorial, os quais, em interação com diversas barreiras, podem obstruir sua participação plena e efetiva na sociedade em igualdade de condições com as demais pessoas. – O grau de deficiência será atestado por perícia médica e funcional, mediante instrumentos desenvolvidos para esse fim.

BENEFÍCIO	APOSENTADORIA DOS SEGURADOS COM DEFICIÊNCIA LC n. 142/2013
Comprovação da Deficiência	– Compete à Perícia Médica Federal e ao Serviço Social do INSS, para efeito de concessão da aposentadoria da pessoa com deficiência, reconhecer o grau de deficiência, que pode ser leve, moderado ou grave, bem como fixar a data provável do início da deficiência e identificar a ocorrência de variação no grau de deficiência.
Deficiência Anterior	– A existência de deficiência anterior à data da vigência da LC n. 142/2013 deverá ser certificada, inclusive quanto ao seu grau, por ocasião da primeira avaliação, sendo obrigatória a fixação da data provável do início da deficiência. – A comprovação de tempo de contribuição na condição de segurado com deficiência em período anterior à entrada em vigor da LC n. 142/2013 não será admitida por meio de prova exclusivamente testemunhal.
Deficiência Superveniente e Alteração do Grau de Deficiência	Se o segurado, após a filiação ao RGPS, tornar-se pessoa com deficiência, ou tiver seu grau de deficiência alterado, os parâmetros mencionados para concessão da aposentadoria serão proporcionalmente ajustados, considerando-se o número de anos em que o segurado exerceu atividade laboral sem deficiência e com deficiência, observado o grau de deficiência correspondente, nos termos do regulamento.
Simultaneidade com Atividade Especial	A redução do tempo de contribuição prevista na LC n. 142/2013 não poderá ser acumulada, no tocante ao mesmo período contributivo, com a redução assegurada aos casos de atividades exercidas sob condições especiais que prejudiquem a saúde ou a integridade física.
Contagem Recíproca	Aplica-se a contagem recíproca do tempo de contribuição na condição de segurado com deficiência relativo à filiação ao RGPS, ao regime próprio de previdência do servidor público ou a regime de previdência militar, devendo os regimes compensar-se financeiramente (art. 9, inc. II, LC n. 142/2003).
Salário de Benefício	a) Para os segurados filiados à Previdência Social a partir de 29.11.1999 (Lei n. 9.876/1999), o salário de benefício consiste: – na média aritmética simples dos maiores salários de contribuição correspondentes a 80% de todo o período contributivo, corrigidos mês a mês. b) Para o segurado filiado à Previdência Social até 28.11.1999, o salário de benefício consiste: – na média aritmética simples dos 80% maiores salários de contribuição, corrigidos mês a mês, de todo o período contributivo decorrido desde julho de 1994; – o divisor considerado no cálculo da média não poderá ser inferior a 60% do período decorrido da competência julho de 1994 até a data de início do benefício, limitado a 100% de todo o período contributivo.

BENEFÍCIO	APOSENTADORIA DOS SEGURADOS COM DEFICIÊNCIA LC n. 142/2013
Salário de Benefício	c) De acordo com o RPS (redação conferida pelo Decreto n. 10.410/2020), a partir da entrada em vigor da EC n. 103/2019 (13.11.2019), os salários de contribuição corresponderão à média integral dos salários de contribuição desde julho de 1994. A partir de 05.05.2022, com a incidência do divisor mínimo de 108 meses previsto no art. 135-A da LBPS (incluído pela Lei n. 14.331/2022).
Fator Previdenciário	De acordo com a LC n. 142/2013, aplica-se o fator previdenciário, se resultar em renda mensal de valor mais elevado. O RPS (na redação dada pelo Decreto n. 10.410/2020) suprimiu essa previsão.
Renda Mensal Inicial	– Aposentadoria por tempo de contribuição: 100% do salário de benefício. – Aposentadoria por idade: 70% mais 1% do salário de benefício por grupo de 12 contribuições mensais até o máximo de 30%, no caso de aposentadoria por idade.
Data de Início do Benefício	1 – Segurado empregado: a) a partir da data do desligamento do emprego, quando requerida até essa data ou até 90 dias depois; b) da data do requerimento, quando não houver desligamento do emprego ou quando requerida após 90 dias. 2 – Para os demais segurados: a partir da data da entrada do requerimento. – O segurado aposentado, de acordo com as regras da LC n. 142/2013, poderá permanecer na mesma atividade que exerce na condição de pessoa com deficiência ou desempenhar qualquer outra (art. 306 da IN n. 128/2022).
Observações	As regras gerais da aposentadoria aos segurados portadores de deficiência encontram-se no art. 201 da CF (com redação conferida pela EC n. 103/2019), na LC n. 142/2013, no RPS – arts. 70-A a 70-J (redação dada pelo Decreto n. 10.410/2020).

9.11 APOSENTADORIA DOS SEGURADOS DE BAIXA RENDA

A EC n. 103/2019 manteve importante regra de inclusão previdenciária e de redistribuição de renda ao prever no art. 201, § 12, que "lei instituirá sistema especial de inclusão previdenciária, com alíquotas diferenciadas, para atender aos trabalhadores de baixa renda, inclusive os que se encontram em situação de informalidade, e àqueles sem renda própria que se dediquem exclusivamente ao trabalho doméstico no âmbito de sua residência, desde que pertencentes a famílias de baixa renda".

Antes da Reforma da Previdência, essa sistemática já vinha sendo adotada em favor da dona de casa de baixa renda, desde que inscrita no CadÚnico, e ao MEI. Esses segurados tinham a possibilidade de recolher com uma alíquota de 5% sobre o salário mínimo e, consequentemente, contar com a proteção previdenciária.

Até a regulamentação da nova redação do art. 201, § 12, da CF, entendemos que poderão se inscrever como trabalhadores de baixa renda e recolher com alíquota de 5% sobre o salário mínimo (art. 21, § 4.º, da Lei n. 8.212/1991) os segurados com renda familiar de até dois salários mínimos (Bolsa Família não entra para o cálculo) e cuja família esteja inscrita no CadÚnico.

A aposentadoria concedida com base em contribuições reduzidas para os segurados de baixa renda terá valor de um salário mínimo. Portanto, as mudanças nas regras de cálculo efetivadas pela EC n. 103/2019 com relação às aposentadorias não gerarão consequências para esses segurados, pois já recebem benefício de valor mínimo.

Cabe referir que dos benefícios destinados aos segurados de baixa renda o que deve sofrer impacto é o da aposentadoria por idade destinada às mulheres em face da elevação da idade para 62 anos.

Entretanto, deverá ser aplicada a regra de transição prevista para a aposentadoria por idade já referida em tópico anterior para as seguradas já filiadas ao RGPS na data da publicação da EC n. 103/2019, qual seja a elevação gradual da idade mínima da mulher.

APOSENTADORIA POR IDADE DOS TRABALHADORES DE BAIXA RENDA	
HOMEM	**MULHER**
IDADE: 65 anos	**IDADE:** Regra permanente: 62 anos
TEMPO DE CONTRIBUIÇÃO: Regra permanente: 20 anos Regra de transição: 15 anos	**TEMPO DE CONTRIBUIÇÃO:** 15 anos **Regra de transição:** 2019 – 60 anos; 2020 – 60,5 anos; 2021 – 61 anos; 2022 – 61,5 anos 2023 – 62 anos

9.12. APOSENTADORIA E CONTINUIDADE (OU NÃO) DO VÍNCULO DE EMPREGO

A questão do suposto rompimento do vínculo de emprego em função de aposentadoria que não a concedida por motivo de invalidez (hoje, incapacidade permanente) sempre causou controvérsia, em grande parte em face da impropriedade técnica de permitir que o segurado requeira aposentadoria e permaneça trabalhando para o mesmo empregador, sem solução de continuidade, como o faz a regra vigente desde a Lei n. 8.213/1991, vista neste capítulo.

Entendemos que a discussão não se aplica às ora denominadas aposentadorias por incapacidade permanente (invalidez), que suspendem (e não extinguem) o contrato de trabalho, como prevê o art. 475 da CLT, cabendo o debate apenas com relação às demais modalidades de aposentadorias, observadas suas particularidades.

Heresia jurídica ou não, o problema é que a lei assim dispõe – não há obrigação de o trabalhador romper o vínculo de emprego para se aposentar. Portanto, sob o ângulo do direito previdenciário, não há dúvidas de que o segurado pode, nos termos da lei vigente, requerer a aposentadoria e continuar trabalhando, sem solução de continuidade, para o mesmo empregador, ou para outrem.

No âmbito trabalhista, contudo, havia duas teorias: (1) a que considerava que a aposentadoria extinguia o primeiro contrato de trabalho e, a partir daí, surgia um segundo contrato de trabalho entre as mesmas partes; ou (2) a que preconizava que, não existindo ruptura do vínculo, havia que se considerar o contrato como único, desde a admissão até a efetiva extinção da relação contratual entre as partes.

Nesse ponto, a doutrina e a jurisprudência se dividiam. Apenas para ilustrar, juslaboralistas como *Délio Maranhão*,[10] *Evaristo de Moraes Filho*,[11] *Valentin Carrion*,[12] *Sergio Pinto Martins*[13] e *José Martins Catharino*[14] sustentavam o fim do contrato com a aposentadoria. Em posição oposta, *Antonio Carlos de Oliveira*[15] pretendia o reconhecimento do *vínculo* único.

Valendo-nos da notícia histórica meticulosamente realizada por *Sergio Pinto Martins*,[16] eis que, antes do Decreto-lei n. 66/1966, que alterou a Lei n. 3.807/1960, não se exigia a saída do emprego para a concessão da aposentadoria. Foi com a Lei n. 6.887/1980 que surgiu novamente a não exigibilidade do "desligamento" da atividade laboral para a jubilação. Logo em seguida, a Lei n. 6.950/1981 voltou a requerer a ruptura do liame empregatício. E assim permaneceu até a edição da Lei n. 8.213/1991, hoje vigente, que não faz tal exigência.

Em matéria de legislação do trabalho, a CLT dispunha na redação original do art. 453 que era reconhecida a unicidade do contrato de trabalho toda vez que houvesse prestação laboral contínua para o mesmo empregador, salvo se o obreiro tivesse sido dispensado e recebido indenização ou tivesse sido despedido por justa causa. O Enunciado n. 21 do TST interpretava as normas – trabalhista e previdenciária – no sentido de que se somavam os períodos anterior e posterior à aposentadoria se o empregado não tivesse deixado de prestar serviços, ou retornado em seguida.

A Lei n. 6.204/1975, anterior às Leis n. 6.887 e n. 6.950, alterou o texto do art. 453 para incluir a expressão "ou se aposentado espontaneamente". Assim, o TST entendeu por bem cancelar o Enunciado n. 21, terminando, naquela oportunidade, com as divergências. Entretanto, a polêmica está de volta com a legislação ora vigente. *Sergio Pinto Martins,* por exemplo, entende que o art. 49 da Lei do RGPS não revogou o art. 453 da CLT na parte em que menciona a aposentadoria espontânea como restrição à contagem unificada do contrato de trabalho.

---

[10] MARANHÃO, Délio. *Direito do trabalho.* 17. ed. Rio de Janeiro: Fundação Getulio Vargas, 1993. p. 271.

[11] MORAES FILHO, Evaristo de. *A justa causa na rescisão do contrato de trabalho.* 2. ed. Rio de Janeiro: Forense. 1960. p. 31.

[12] CARRION, Valentin. *Comentários à Consolidação das Leis do Trabalho.* 19. ed. São Paulo: Saraiva, 1999. p. 289.

[13] MARTINS, Sergio Pinto. *Direito da seguridade social.* 8. ed. São Paulo: Atlas, 1997; 11. ed., 1999. p. 291.

[14] CATHARINO, José Martins. *Compêndio de direito do trabalho.* São Paulo: LTr, 1990. p. 31.

[15] OLIVEIRA, Antonio Carlos de. *Direito do trabalho e previdência social:* estudos. São Paulo: LTr, 1996. p. 176; *Temas de previdência social.* São Paulo: LTr, 1999. p. 39.

[16] MARTINS, Sergio Pinto. *Direito da seguridade social.* 8. ed. São Paulo: Atlas, 1997; 11. ed., 1999. p. 291.

Contudo, a melhor exegese encontrada na doutrina pátria a respeito do tema, a nosso ver, é do insigne previdenciarista *Wladimir Novaes Martinez*, cujas ilações, por totalmente esclarecedoras da questão, preferimos transcrever *in verbis*:

> Vale lembrar, o empregado, segurado obrigatório, mantém dois vínculos distintos: a) contrato individual de trabalho com o empregador; e b) filiação compulsória com o órgão gestor da Previdência Social.
>
> A relação empregatícia nasce do contrato de trabalho. Este, do acordo de vontades entre a pessoa física e a jurídica. A lei prevê a origem, as formas e as causas de finalização desse ajuste de intenções e procedimentos futuros, entre os quais, conforme a teoria dos contratos, a volição livre e manifesta de uma das partes. Florescendo o elo laboral do desejo do trabalhador e ele não dando causa para o seu desaparecimento, somente por meio dessa vontade será possível a sua morte.
>
> O Direito do Trabalho admite formas oblíquas do fim do liame empregatício, caso dos procedimentos conducentes à rescisão indireta e das justas causas. Em tempo algum a legislação trabalhista contemplou a hipótese do rompimento por meio da aposentação. Autorizado a afirmá-lo, quando da modificação do art. 453, operada pela Lei n. 6.204/75, o elaborador da norma preferiu abster-se de reger o assunto. Quando quis, impôs a cessação do vínculo empregatício por iniciativa do empregador, isto é, a empresa pode requerer a aposentadoria por idade do obreiro, pagando-lhe os direitos inerentes (PBPS, art. 51). Nos demais casos (e não se trata de lacuna), salta à vista, não pretendeu, como o fez no interregno entre as Leis ns. 6.950/81 e 8.213/91, a necessidade de extinção prévia da relação jurídica laboral para fins de Previdência Social.[17]

Na lição de *Martinez* talvez se encontre o grande problema de discernimento da questão: num regime de repartição, como é o nosso RGPS, não se pode querer vincular definitivamente o contrato de trabalho à relação previdenciária, até porque, como bem salientado, as partes das duas relações são diferentes.

Deve-se lembrar, também, a opinião de *Eduardo Gabriel Saad*, ao deixar de fazer coro com a maioria dos doutrinadores no que tange à modificação da interpretação do art. 453 da CLT, após a redação da Lei n. 6.204/1975:

> Ora, quem se aposenta não sai da empresa e, portanto, não existe a readmissão de que fala o artigo sob comentário. A relação de emprego não é cortada; a prestação de serviços não é interrompida; o contrato de trabalho mantém-se íntegro antes e depois da aposentadoria. Logo, o tempo anterior à aposentadoria tem de ser considerado para todos os efeitos legais.[18]

Ainda a respeito do tema, a MP n. 1.523 (e suas reedições, convalidadas pela Lei n. 9.528/1997) incluía dois parágrafos no já mencionado art. 453 da CLT: o primeiro, declarando extinto o contrato de trabalho de empregados de empresas públicas e so-

---

[17] MARTINEZ, Wladimir Novaes. *Comentários à lei básica da previdência social.* São Paulo: LTr. 2009. p. 288.
[18] SAAD, Eduardo Gabriel. *CLT comentada.* 26. ed. São Paulo: LTr, 1993. p. 260.

ciedades de economia mista, ao determinar que, após aposentar-se, o empregado só poderia ser readmitido mediante concurso público; o segundo, simplesmente dispondo no sentido de impor a extinção do contrato de trabalho aos empregados de qualquer empresa que obtivessem aposentadoria proporcional por tempo de serviço (que seria extinta pela EC n. 20, em 1998).

No entanto, o STF suspendeu liminarmente, até decisão final, a eficácia dos dois dispositivos, nas ADIs 1.721-3 e 1.770-4, esta última com decisão liminar publicada no *DJU* de 06.11.1998.

Finalmente, no julgamento do mérito das duas ações diretas de inconstitucionalidade antes referidas, o STF confirmou as liminares concedidas, apreciando a (in)constitucionalidade do art. 453, § 2.º, da CLT – "o ato de concessão de benefício de aposentadoria a empregado que não tiver completado 35 (trinta e cinco) anos de serviço, se homem, ou trinta, se mulher, importa em extinção do vínculo empregatício" –, e entendeu que o referido dispositivo violou a Constituição, ao argumento de que a aposentadoria voluntária não tem por efeito extinguir, instantânea e automaticamente, o vínculo de emprego (ADI 1.721, Rel. Min. Carlos Ayres Britto, *DJ* 29.06.2007).

Destacamos do corpo do acórdão em questão: "O Ordenamento Constitucional não autoriza o legislador ordinário a criar modalidade de rompimento automático do vínculo de emprego, em desfavor do trabalhador, na situação em que este apenas exercita o seu direito de aposentadoria espontânea, sem cometer deslize algum".

Na sequência, a Seção Especializada em Dissídios Individuais 1 do TST houve por bem cancelar sua OJ n. 177, que preconizava exatamente a tese oposta, com a produção de outra OJ sobre a matéria (n. 361), reconhecendo o direito à indenização de 40% do FGTS de todo o período, antes e após a aposentadoria, em caso de dispensa do empregado aposentado, quando este tenha permanecido no emprego após o ato de concessão do benefício por idade ou por tempo de serviço/contribuição. De salientar-se, nesse particular, que o TST considera cabível, inclusive, ação rescisória para desconstituição de julgados que se basearam no entendimento antes existente:

> 1. Decisão rescindenda na qual o Tribunal Regional reconheceu a aposentadoria do autor como causa de extinção do contrato de trabalho e, em consequência, indeferiu o pedido de multa de 40% do FGTS em relação ao período anterior à concessão do benefício previdenciário. 2. No julgamento das ADIs 1.721-3/DF e 1.770-4/DF, o STF declarou a inconstitucionalidade dos §§ 1.º e 2.º do art. 453 da CLT. Na esteira dessa decisão, esta Corte alterou o entendimento até então prevalecente sobre a matéria, cancelando a OJ n. 177 da SBDI-1 e editando a OJ n. 361 da SBDI-1 [...]. 3. Assim, não sendo a aposentadoria espontânea causa de extinção do contrato de trabalho, aos autores é devida a multa de 40% do FGTS sobre todos os depósitos efetuados no curso do pacto laboral. 4. Constatação de afronta ao art. 7.º, I, da Constituição Federal (RO 1003629-27.2016.5.02.0000, SDI-II, Rel. Min. Delaíde Miranda Arantes, *DEJT* 19.12.2019).

De nossa parte, antes mesmo da decisão prolatada pela Suprema Corte, vínhamos nos posicionando no sentido de que a aposentadoria voluntária, sem rompimento espontâneo da relação de emprego, não importava ruptura contratual. E assim pensamos por dois motivos: em primeiro lugar, porque, sendo o contrato de trabalho um acordo de vontades, somente pela manifestação de uma das partes, ou pelo falecimento, ou por força maior, pode-se dar a ruptura da relação jurídica. O Estado não pode intervir para extinguir contratos entre particulares, pois aí não chega o poder coercitivo estatal. Em segundo lugar, o direito do trabalho rege-se por princípios, entre os quais o da primazia da realidade e o da continuidade da relação de emprego.

Pelo primeiro dos princípios citados, tem-se que prevalecem os fatos que ocorreram na relação jurídica em detrimento de qualquer ajuste escrito. Daí decorre que, não existindo, na realidade dos fatos, a ruptura da relação jurídica, não há que cogitar de readmissão. Só se pode falar em readmitir aquele que deixou a empresa; não tendo deixado o empregado o seu posto de trabalho, não se lhe aplica o art. 453 da CLT.

Quanto ao segundo princípio, norteia o ramo do direito laboral a ideia de que, *a priori*, os contratos de trabalho devem durar o tempo que as partes quiserem que durem, e, assim, dá-se preferência aos contratos por prazo indeterminado, sendo os contratos a termo exceções à regra.

No caso da aposentadoria sem desligamento do empregado, nem este desejou findar o vínculo de emprego, nem o empregador agiu dessa forma. Por via de regra, não se formaliza sequer uma rescisão contratual. Ora, se não há rescisão, como podemos afirmar estarmos diante de dois contratos, um antes e outro depois da concessão do benefício? Se não há ânimo, intenção manifesta de romper o liame, não se pode cogitar de extinção contratual.

Dessa forma, consolidou-se a jurisprudência do TST:

> Não mais se discute a possibilidade de extinção dos contratos de trabalho pela aposentadoria espontânea, por força da decisão emanada do excelso STF (ADI 1.721-3/DF) [...]. Não se pode confundir requerimento de aposentadoria com pedido expresso de demissão. Na hipótese, depreende-se que o afastamento não se deu por vontade espontânea da reclamante, mas por iniciativa da reclamada, razão pela qual resta caracterizada, assim, a dispensa imotivada da reclamante. Logo, é devido o pagamento da multa de 40% do FGTS e aviso prévio indenizado (AIRR 1570-42.2017.5.20.0002, 4.ª Turma, Rel. Min. Guilherme Augusto Caputo Bastos, *DEJT* 03.09.2021).

Ressaltamos que, com relação à circunstância de o participante de previdência complementar precisar se afastar do trabalho para receber a complementação de aposentadoria, o entendimento do STJ é pela necessidade de o segurado se desligar do emprego para receber benefício. Essa orientação está firmada no fato de que, "embora a relação contratual de previdência privada não se confunda com a relação de emprego mantida pelo participante com a patrocinadora, a vedação ao recebimento de benefício de previdência complementar sem que tenha havido rompimento do vínculo trabalhista, em vista das mudanças operadas no ordenamento jurídico, não é desarrazoada, pois refletirá no período médio de recebimento de benefícios pela coletividade de beneficiários do plano de benefícios. Ademais, o fundamento dos planos de benefícios de previdência privada não é o enriquecimento, mas permitir uma continuidade no padrão devido ao participante, na ocasião em que se torna assistido" (REsp 1.415.501/SE, 4.ª Turma, Rel. Min. Luis Felipe Salomão, *DJe* 04.08.2014).

No entanto, novas abordagens exsurgem desde a promulgação da EC n. 103/2019 e da mais recente jurisprudência do STF, em que algumas situações de concessão de aposentadorias são novamente confrontadas com a suposta extinção automática do contrato de trabalho, como veremos a seguir.

9.12.1 Aposentadoria especial e o contrato de trabalho

No que tange à aposentadoria especial, o art. 57, § 8.º, da Lei n. 8.213/1991 impede o segurado de continuar ou retornar exercendo atividade ou operações que o sujeitem aos agentes nocivos, sob pena de cessação do pagamento do benefício. A constitucionalidade dessa norma foi reconhecida pelo STF no julgamento em sede de Repercussão Geral, Tema n. 709 (RE 791.961, Tribunal Pleno, sessão virtual, Rel. Min. Dias Toffoli, *DJe* 16.06.2020).

Cabe referir que na modulação de efeitos, em embargos de declaração, ficou preservada a situação dos segurados que tiveram o direito reconhecido por decisão judicial transitada em julgado até a data do julgamento dos embargos de declaração (que ocorreu em 23.02.2021) e a irrepetibilidade dos valores alimentares recebidos de boa-fé, por força de decisão judicial ou administrativa, até 23.02.2021 (Plenário, sessão virtual de 12.02.2021 a 23.02.2021).

Em caráter excepcional, afastou-se a incidência do acórdão, no tocante aos profissionais de saúde constantes do rol do art. 3.º-J da Lei n. 13.979/2020, e que estejam trabalhando diretamente no combate à epidemia da Covid-19, ou prestando serviços de atendimento a pessoas atingidas pela doença em hospitais ou instituições congêneres, situação em que não seria imposto a esses profissionais deixarem os postos de trabalho para continuarem recebendo a aposentadoria especial (Plenário, sessão virtual de 24.09.2021 a 1.º.10.2021).

A norma constante da Lei de Benefícios da Previdência Social merece algumas considerações no que toca a aspectos ligados à manutenção ou não do contrato de trabalho.

Observa-se que a norma previdenciária em comento não é proibitiva do trabalho após a concessão da aposentadoria especial: caso o indivíduo continue a se expor a agente nocivo após a aposentadoria concedida, a única consequência prevista no § 8.º do art. 57 da Lei em questão é a cessação do benefício, mas não há referência alguma ao encerramento de seu vínculo empregatício, que, por conseguinte, mantém-se hígido (como corolário do princípio da primazia da realidade), como vimos no tópico anterior.

Nada impede, por exemplo, que uma pessoa, recebendo aposentadoria especial, seja mantida no mesmo emprego, mas afastada da atividade nociva, como o caso de profissionais da saúde que passem a trabalhar em atividades meramente administrativas, sem contato com pacientes, ou de um trabalhador em mina de carvão que passe a trabalhar no setor de recursos humanos da empresa.

Por outro lado, a pessoa pode ser admitida em outro emprego, exercer atividade como profissional liberal, ou prestar concurso público para cargo em situações de exposição a agentes nocivos, apenas tendo por consequência (em face desse retorno à atividade) a cessação da aposentadoria, a qual, gize-se, pode ser novamente requerida a qualquer tempo, pois já preenchidos os requisitos desde a primeira concessão (ou seja, trata-se de direito adquirido).

Ressaltamos, no entanto, que o tema envolvendo o vínculo de emprego após a concessão de aposentadoria especial permanece controvertido na jurisprudência trabalhista, com decisões em sentidos opostos, como se observa a seguir:

> Conclui-se que a aposentadoria, neste caso, é compulsória, na medida em que é dever do Estado impedir que o trabalhador permaneça trabalhando em condições comprovadamente prejudiciais à sua saúde. Tanto é assim que o legislador previu expressamente o seu cancelamento na hipótese de o empregado continuar no exercício de atividade nociva. [...] Diante dessa peculiaridade e do previsto no art. 46 da Lei n. 8.213/1991, a que faz remissão o art. 57, § 8.º, desta mesma lei, adota-se o entendimento de que a aposentadoria especial põe fim ao contrato de trabalho e, caso não ponha fim, deve ser automaticamente cancelada. [...] Dessa forma, o acórdão regional, ao entender que a aposentadoria especial enseja a resilição contratual por iniciativa do empregado, mantendo a r. sentença, está em conformidade com a iterativa jurisprudência do TST (Ag-AIRR-915-82.2017.5.07.0018, 3.ª Turma, Rel. Min. Alexandre Agra Belmonte, j. 21.10.2020).

> A aposentadoria especial é uma espécie de aposentadoria espontânea, razão pela qual não é causa de extinção do contrato de trabalho, desde que haja a intenção do empregado em permanecer laborando, conforme decisão do STF, na ADI 1.721-3, que declarou a inconstitucionalidade do § 2.º do art. 453 da CLT. Por conseguinte, se o empregador coloca fim ao contrato, sem a existência de renúncia expressa do empregado à garantia de emprego a que faz jus, configura-se a dispensa sem justa causa. A simples concessão da aposentadoria especial não implica a renúncia tácita ao direito à garantia de emprego, estabelecida no art. 10, II, *a*, do ADCT c/c o art. 165 da CLT. Esse cenário não se altera nos casos em que o trabalhador labora em ambiente insalubre. Afinal, havendo a concessão de aposentadoria especial, o obreiro fica impedido de permanecer na mesma atividade insalubre, mas inexiste óbice para que ele desempenhe outra atividade na empresa. [...] (TRT-3, RO 0010771-47.2017.5.03.0094, 4.ª Turma, Rel. Des. Paula Oliveira Cantelli, *DEJT* 20.03.2020).

No entanto, colhe-se dos votos do Ministro Relator e de outros Ministros que o acompanharam o entendimento de que não há fundamento para impedir o trabalho do aposentado "especial", mesmo que sujeito a agentes nocivos, em razão do direito fundamental ao trabalho:

> Voto do Relator, Ministro Dias Toffoli, p. 17: O dispositivo em tela não introduz proibição total ao trabalho após a obtenção da aposentadoria especial. O aposentado é absolutamente livre para laborar no que desejar, sendo colocados obstáculos apenas no que tange aos serviços tidos como prejudiciais à saúde cujo desempenho justamente ensejou sua aposentação antecipada. [...] Adicionalmente, é de se ter em vista que, mesmo em relação ao labor especial, não há propriamente proibição, mas sim a colocação de uma escolha ao obreiro[...].
> Idem, o voto do Ministro Alexandre de Moraes: E não se diga que há violação ao artigo 5.º, XIII, da Constituição Federal. Efetivamente, não há proibição a que o segurado exerça alguma profissão. Ao contrário: ao segurado beneficiado com

a aposentadoria especial é permitido o exercício de qualquer atividade profissional. Todavia, na hipótese de exercer atividade que se enquadre no conceito de atividade nociva à saúde, seu benefício será cancelado[...].

Por fim, no âmbito do TST, há julgados que consideram ser aplicável o entendimento da OJ n. 361 da SDI-1 a todas as modalidades de aposentadoria, incluindo a especial e mesmo após o julgamento do Tema n. 606 de Repercussão Geral pelo STF (*v.g.*, RR 58-10.2010.5.15.0131, 3.ª Turma, Rel. Min. Dora Maria da Costa, publ. 27.05.2022).

Quanto à aposentadoria especial, portanto, entendemos que não gera a ruptura automática do contrato de trabalho, pois:

a) a aposentadoria especial caracteriza-se como uma aposentadoria voluntária, é dizer, o segurado pode continuar trabalhando acima dos prazos e idades fixadas como requisitos, caso assim deseje, não se justificando tratamento anti-isonômico deste em relação aos outros aposentados de forma voluntária, cujo vínculo, é certo, não se desfaz pela mera concessão da aposentadoria; e

b) nada impede que, ante a necessidade do afastamento da atividade especial para que o benefício não seja cessado, o empregador possa transferir o empregado para o exercício de atividade sem exposição a agentes nocivos, e sem solução de continuidade, mantendo-se assim o contrato em curso de forma ininterrupta.

9.12.2 Aposentadoria dos segurados com deficiência e o contrato de trabalho

Acerca da aposentadoria concedida a portadores de deficiência, entendemos não ser aplicável o disposto no art. 57, § 8.º, da Lei n. 8.213/1991, que veda a continuidade do exercício de atividade ou operação sujeita a agentes nocivos por parte do segurado que obtém aposentadoria especial. Não sendo regra geral, não pode ser adotada para as aposentadorias da LC n. 142/2013. Assim, o segurado beneficiado pela aposentadoria à pessoa com deficiência poderá continuar trabalhando e acumulando os proventos com a remuneração da sua atividade. Nesse sentido, andou bem a IN n. 128/2022, ao reconhecer essa hipótese:

> Art. 306. O segurado aposentado de acordo com as regras da LC n. 142, de 2013, poderá permanecer na mesma atividade que exerce na condição de pessoa com deficiência ou desempenhar qualquer outra.

Consequentemente, também quanto a essa modalidade de aposentadoria, consideramos não haver fundamento que justifique o entendimento de que sua concessão gera a ruptura do liame empregatício de modo automático e sem ônus para o empregador.

Convém lembrar, ademais, que o rompimento contratual de pessoa com deficiência se sujeita ao disposto no § 1.º do art. 93 da Lei n. 8.213/1991, segundo o qual "a dispensa de pessoa com deficiência ou de beneficiário reabilitado da Previdência Social ao final de contrato por prazo determinado de mais de 90 (noventa) dias e a dispensa imotivada em contrato por prazo indeterminado somente poderão ocorrer após a contratação de outro trabalhador com deficiência ou beneficiário reabilitado da Previdência Social".

O efeito do descumprimento dessa norma é a nulidade da dispensa, com a reintegração do indivíduo ao emprego e pagamento dos salários e demais direitos do período entre a dispensa nula e a efetiva reintegração (Súmula n. 396 do TST).

9.12.3 Aposentadoria voluntária de empregados públicos e servidores regidos pela CLT

Outro ponto que merece destaque é o efeito da aposentadoria com relação aos empregados públicos e servidores vinculados ao RGPS nos seus respectivos vínculos laborais. De acordo com o art. 37, § 14, da CF, com a redação dada pela EC n. 103/2019, "a aposentadoria concedida com a utilização de tempo de contribuição decorrente de cargo, emprego ou função pública, inclusive do Regime Geral de Previdência Social, acarretará o rompimento do vínculo que gerou o referido tempo de contribuição". No entanto, segundo a Emenda, o rompimento do vínculo não se aplica a aposentadorias *concedidas* pelo RGPS até a data de sua entrada em vigor (art. 6.º da EC n. 103/2019).

A respeito desse tema, o RPS (redação conferida pelo Decreto n. 10.410/2020) disciplinou que:

> Art. 153-A. A concessão de aposentadoria requerida a partir de 14 de novembro de 2019 com utilização de tempo de contribuição decorrente de cargo, emprego ou função pública acarretará o rompimento do vínculo que gerou o referido tempo de contribuição.
>
> Parágrafo único. Para fins do disposto no *caput*, após a consolidação da aposentadoria, nos termos do disposto no art. 181-B, o INSS notificará a empresa responsável sobre a aposentadoria do segurado e constarão da notificação as datas de concessão e de início do benefício.

Mesmo diante dessa previsão, parece questionável a validade do rompimento do vínculo de forma compulsória, ao menos com relação aos segurados que haviam implementado todos os requisitos para a aposentadoria até 13.11.2019, mas não realizaram o requerimento do benefício, por serem detentores de direito adquirido e, nessa condição, não poderem sofrer prejuízo pelo simples fato de não terem formulado o requerimento.

Diga-se, ainda, que a regra do art. 6.º da EC n. 103/2019 estabelece discrímen que fere o princípio da proteção da confiança, na medida em que o agente público detentor de direito adquirido e que não formulou o requerimento de aposentadoria não teria como supor que, assim agindo, seria prejudicado, e não tinha qualquer possibilidade de antever a situação estabelecida pelo constituinte derivado, grife-se novamente, em flagrante atentado ao princípio da segurança jurídica, por desconsiderar os efeitos da incorporação do direito adquirido à aposentadoria ao patrimônio jurídico do indivíduo.

Defendemos que, embora não seja reconhecida a inconstitucionalidade, a regra trazida pela EC n. 103/2019 só poderá ser aplicada para aqueles que não preencherem todas as condições para se aposentarem. Segundo orientação de precedente do STF, a existência do direito adquirido não depende da formalização do requerimento, ou seja, os benefícios concedidos (ou que poderiam ser concedidos e não o foram) antes da entrada em vigor de uma lei nova são regidos pela "lei antiga", a lei vigente na época dos fatos (*tempus regit actum*), sendo irrelevante a data do requerimento (vide Súmula n. 359 do STF, RE 269.407-AgR; e ADI 3.104, *DJ* 09.11.2007).

No entanto, o STF, ao enfrentar o tema trazido pela EC n. 103/2019, considerou as regras válidas e na tese fixada não fez a diferenciação em favor daqueles que tinham implementados os requisitos e não apresentaram o pedido de aposentadoria até 13.11.2019 – talvez por não ser objeto do *leading case*. A decisão foi proferida na Repercussão Geral Tema n. 606, em 16.06.2021, com a seguinte definição:

> A natureza do ato de demissão de empregado público é constitucional-administrativa e não trabalhista, o que atrai a competência da Justiça comum para julgar a questão. A concessão de aposentadoria aos empregados públicos inviabiliza a permanência no emprego, nos termos do art. 37, § 14, da CRFB, salvo para as aposentadorias concedidas pelo Regime Geral de Previdência Social até a data de entrada em vigor da Emenda Constitucional n. 103/19, nos termos do que dispõe seu art. 6.º.

Por conseguinte, duas consequências são observadas: primeira, a exclusão da competência material da Justiça do Trabalho quanto à apreciação de mandados de segurança e demandas que versem sobre a ruptura contratual de empregados públicos por força de normas ditadas na Constituição ou na legislação; segunda, o entendimento, diametralmente oposto ao que até então se tinha no STF, de que pode o legislador constituinte derivado estabelecer a ruptura do contrato de trabalho pela mera concessão de aposentadoria, ao menos a empregados de empresas públicas, sociedades de economia mista e suas subsidiárias.

Oportuno salientar que o *leading case* dizia respeito a empregado público da Empresa de Correios e Telégrafos (ECT) que impetrou mandado de segurança em face de ato mediante o qual o Secretário Executivo do Conselho de Coordenação de Empresas Estatais e o Presidente da ECT determinaram o desligamento dos empregados aposentados que se mantinham na ativa, nos termos da MP n. 1523/1996, ou seja, não havia correlação alguma com os preceitos da EC n. 103/2019, e o ato tido como coator foi praticado antes da promulgação desta. No entanto, o fato é que o STF adentrou a análise de matéria que nem sequer estava *sub judice* – o art. 6.º da EC n. 103/2019.

Quanto aos servidores públicos detentores de cargos efetivos, mas vinculados ao RGPS, o STF, no julgamento da Repercussão Geral – Tema n. 1.150, fixou a seguinte tese:

> O servidor público aposentado pelo Regime Geral de Previdência Social, com previsão de vacância do cargo em lei local, não tem direito a ser reintegrado ao mesmo cargo no qual se aposentou ou nele manter-se, por violação à regra do concurso público e à impossibilidade de acumulação de proventos e remuneração não acumuláveis em atividade (RE 1.302.501, Plenário Virtual, Rel. Min. Luiz Fux, j. 18.06.2021).

9.12.4 Aposentadoria compulsória dos empregados públicos

Os segurados do RGPS na condição de empregados dos consórcios públicos, das empresas públicas, das sociedades de economia mista e das suas subsidiárias, segundo o disposto no art. 201, § 16, da Constituição, introduzido pela EC n. 103/2019, "serão aposentados compulsoriamente, observado o cumprimento do tempo mínimo de contribuição, ao atingir a idade máxima de que trata o inciso II do § 1.º do art. 40, na forma estabelecida em lei".

Essa norma visa à unificação de regras do serviço público, uma vez que os comandos em questão já prevaleciam no âmbito dos RPPS.

O inc. II do § 1.º do art. 40 da CF estabelece que a aposentadoria compulsória dos agentes públicos titulares de cargos efetivos ocorre aos 70 anos de idade, ou aos 75 anos de idade, na forma de lei complementar. Essa aposentadoria é concedida com proventos proporcionais ao tempo de contribuição.

Por sua vez, a Lei Complementar n. 152/2015, ao dispor sobre a aposentadoria compulsória por idade no âmbito da União, dos Estados, do Distrito Federal e dos Municípios, estendeu a idade de 75 anos para todos os agentes públicos aos quais se aplica o inc. II do § 1.º do art. 40 da Constituição Federal.

No entanto, há evidente colisão dessa norma, em matéria de RGPS, com o disposto no art. 51 da Lei n. 8.213/1991, *verbis*: "A aposentadoria por idade pode ser requerida pela empresa, desde que o segurado empregado tenha cumprido o período de carência e completado 70 (setenta) anos de idade, se do sexo masculino, ou 65 (sessenta e cinco) anos, se do sexo feminino, sendo compulsória, caso em que será garantida ao empregado a indenização prevista na legislação trabalhista, considerada como data da rescisão do contrato de trabalho a imediatamente anterior à do início da aposentadoria".

Além disso, trata-se de outra norma que pode esbarrar no entendimento consolidado na jurisprudência do STF. Como se nota de diversos julgados daquela Corte proferidos já após a promulgação da EC n. 103/2019, permanece aplicada em ambas as turmas da Suprema Corte a tese de que empregados públicos não são titulares de cargo efetivo, possuem relação contratual e, por via de consequência, não se submetem ao limite etário da aposentadoria compulsória do art. 40 da CF: *v.g.*, ARE 1.113.285-AgR, Rel. Min. Marco Aurélio, 1.ª Turma, *DJe* 18.05.2020, o que passou a ser seguido também no TST:

> Aposentadoria compulsória do art. 40, § 1.º, II, da CF/1988. Servidor público celetista. Inaplicabilidade. Transcendência jurídica reconhecida. Por muitos anos prevaleceu neste Tribunal o entendimento de que o empregado público celetista se submete à aposentadoria compulsória prevista no art. 40, § 1.º, II, da CF/1988, de modo a autorizar sua dispensa sem o pagamento de nenhuma verba rescisória. No entanto, tendo o STF cassado algumas decisões do TST sobre a matéria, na esteira da ADI 2.602 e do RE 786.540, esta Corte tem adaptado sua jurisprudência para o sentido de que ao empregado público celetista não se aplica a regra constitucional da aposentadoria compulsória do art. 40, § 1.º, II, da CF/1988. [...] Nesse passo, devem ser conferidas às reclamantes, em razão da dispensa por idade, as indenizações decorrentes do desligamento com base no art. 51 da Lei n. 8.213/1991. Precedentes. Recurso de revista conhecido e provido em juízo de retratação (TST, ED-RR 00009909320175060004, 8.ª Turma, Rel. Min. Aloysio Correa da Veiga, *DJe* 14.11.2022).

Portanto, deve-se aguardar a posição do STF quando provocado em razão de aposentadorias compulsórias a empregados públicos cujo fundamento invocado pelo empregador seja o § 16 do art. 40 da CF com a redação conferida pela EC n. 103/2019.

Do exame do novel dispositivo criado pela EC n. 103/2019, caso não seja considerado inconstitucional, pode-se chegar às seguintes conclusões:

- a regra constitucional ainda depende, para sua aplicação, de regulamentação legal específica (como exige a parte final do dispositivo), não sendo autoaplicável;
- uma vez que venha a ser regulamentada, a aposentadoria compulsória será aos 75 anos para ambos os gêneros aos empregados referidos no art. 201, § 16, da CF; e
- para ter direito à aposentadoria será necessário ter cumprido a carência de 180 contribuições mensais sem perda da qualidade de segurado e o tempo mínimo de contribuição, que no caso de segurados que ingressam no RGPS após a EC n. 103/2019 será de 20 anos para homens e 15 anos para mulheres (pois apenas na regra de transição valem os 15 anos para ambos os sexos).

Deste último aspecto teremos que verificar como o legislador tratará a hipótese de o empregado em questão não ter cumprido o tempo mínimo de contribuição até os 75 anos de idade, pois, apesar de ter cumprido o requisito etário, não terá como ser aposentado (pelo INSS).

Acreditamos que, nesse caso, ele poderá ser dispensado do emprego (sem justa causa) e não receberá aposentadoria, salvo se continuar contribuindo após essa idade de forma voluntária ou por força de outra atividade.

E não de modo diverso, o empregado público que venha a ser aposentado compulsoriamente terá de receber as parcelas rescisórias cabíveis na dispensa imotivada, como já previsto no art. 51 da Lei de Benefícios da Previdência Social.

9.13 A ESTABILIDADE PRÉ-APOSENTADORIA

Situação deveras comum é a dos empregados amparados por acordo coletivo ou convenção coletiva de trabalho por se encontrarem bem próximo de cumprir os requisitos para a aposentadoria e, por essa razão, não poderem ser dispensados sem justa causa. Trata-se de situação não prevista em lei, mas apenas em normas coletivas, decorrentes da negociação coletiva entre sindicatos de empregados e empregadores, ou com as empresas. Desse modo, o trabalhador que não pertença a alguma categoria amparada por norma neste sentido não faz jus à proteção contra despedida pelo simples fato de estar às vésperas de preencher todos os requisitos para a jubilação.

Para aquisição do direito à estabilidade convencional pré-aposentadoria, em regra, é necessário o cumprimento dos requisitos elencados na norma coletiva, quais sejam: o de caráter temporal (encontrar-se próximo do implemento ao direito à aposentadoria, no lapso indicado na cláusula do instrumento coletivo) e o de índole formal (comunicar ao empregador por escrito no prazo previsto na norma coletiva instituidora).

Não há dúvidas de que o intento de tal cláusula de negociação coletiva, quando instituído pelas partes negociantes, é o de preservar o emprego daquele que está em vias de obter aposentadoria voluntária.

Para tanto, o trabalhador deve comprovar, por meio idôneo, que se encontra no período pré-aposentadoria indicado na cláusula convencionada. O documento mais hábil a esse fim é o *Extrato de Contribuições no CNIS*, que é o documento que informa todos os vínculos, remunerações e contribuições previdenciárias constantes no Cadastro Nacional de Informações Sociais, pois permite saber se o indivíduo está perto ou não de se aposentar.

Esse documento não tem como ser solicitado pelo empregador, mas apenas pela pessoa com cadastro no CNIS e valendo-se de *login* e senha, no site *Meu INSS* ou aplicativo de mesmo nome.

No *Meu INSS* é possível, também, utilizar-se do serviço "simular aposentadoria". No menu "Do que você precisa?", optando por "simular aposentadoria", incluir dados como data de nascimento e vínculos laborais, e depois em "recalcular", com obtenção do resultado de forma imediata.

Vale mencionar que algumas instituições bancárias disponibilizam diretamente a consulta ao extrato previdenciário pelo terminal de autoatendimento, bem como pelos portais e aplicativos do Banco do Brasil e da Caixa Econômica Federal.

Note-se que a emissão do extrato não necessariamente guarda precisão quanto ao histórico do indivíduo, pois períodos "sem carteira assinada" ou que deveriam ser considerados para fins de aposentadoria especial podem estar em desacordo com a realidade, de modo que o trabalhador tenha de postular, no INSS, a inclusão de dados faltantes no CNIS para que o documento traga todo o verdadeiro período contributivo.

No entanto, frisamos que, a respeito do cumprimento desse requisito formal, o TST vem entendendo que a dificuldade de cumprimento da condição – geralmente imposta na norma coletiva – de comunicação ao empregador sobre a proximidade da aposentadoria acabaria por afastar, na prática, a concessão do que foi negociado:

> [...] a jurisprudência da SBDI-1 desta Corte consolidou-se, a partir do julgamento do E-ED-RR 968000-08.2009.5.09.0011, no sentido de considerar configurado, à luz do art. 129 do Código Civil, o abuso do direito potestativo do empregador quando ocorre a dispensa do empregado no período que antecede a aquisição da estabilidade pré-aposentadoria garantida em norma coletiva, ainda que o trabalhador tenha inobservado disposição, também prevista em instrumento coletivo, de comunicação por escrito ao empregador sobre a proximidade da jubilação [...] (RRAg 1000487-52.2020.5.02.0007, 6.ª Turma, Rel. Min. Katia Magalhães Arruda, *DEJT* 09.09.2022).

Quanto às modalidades de aposentadoria, trata-se, a toda evidência, de amparar aqueles que tenham direito a alguma espécie de aposentadoria programada, ou voluntária, pelo que inaplicável à aposentadoria por incapacidade permanente.

Por fim, cumpre relembrar a mudança perpetrada pela EC n. 103/2019: para as aposentadorias programadas, a partir da vigência da referida Emenda, em 14.11.2019, nas regras transitórias vigentes e em diversas regras de transição, passou a ser exigida uma idade mínima, além do requisito "tempo de contribuição", o que vale para aqueles que não possuíam direito adquirido à aposentadoria até então, de maneira que o lapso pré-aposentadoria por vezes terá como requisito pendente não o *tempo de atividade e contribuição*, mas a *idade do indivíduo*, quando este, já tendo o tempo mínimo exigido, não tenha atingido ainda a idade mínima. No entanto, notamos cláusulas negociadas e redigidas após a aludida alteração e que ainda não estão ajustadas a essa nova configuração, o que certamente causará discussões em sede judicial.

Capítulo 10

DIREITOS RELACIONADOS AO ÓBITO E À RECLUSÃO DO TRABALHADOR

A pensão por morte é um dos benefícios nascidos desde a origem das primeiras regras de seguro social no mundo, a fim de amparar a família do trabalhador em caso de óbito deste.

No âmbito das relações de trabalho, há relevantes implicações, especialmente no que toca ao recebimento de haveres que eram de direito do trabalhador falecido, uma vez que o pagamento deverá ser feito aos dependentes habilitados perante o INSS que façam jus à pensão. Também no campo processual, hão que se observar os ditames da Lei n. 6.858/1980 e do Decreto n. 85.845/1981.

Por seu turno, a proteção previdenciária voltada à proteção da família do trabalhador em caso de restrição da liberdade por cumprimento de pena se dá pelo benefício denominado auxílio-reclusão, porém com limitações decorrentes da remuneração do trabalhador, pois desde a EC n. 20/1998 esse benefício somente é devido a "segurados de baixa renda". No âmbito trabalhista, esses eventos também geram consequências práticas.

O empregador tem ainda outras responsabilidades quando o óbito decorra de acidente do trabalho, pois a Lei de Benefícios da Previdência Social impõe-lhe a emissão de uma Comunicação de Acidente do Trabalho específica se, após a emissão da CAT no dia do acidente, sobrevier o óbito. Assim, no ambiente eSocial, em caso de morte do empregado, superveniente ao envio da CAT, deve ser registrada uma CAT de Óbito, enviado um novo evento S-2210, preenchendo o campo {tpCat} com o código '3 – Comunicação de óbito'. Por outro lado, os acidentes com morte imediata devem ser comunicados por CAT inicial com indicação de óbito no campo {indCatObito}.

No presente capítulo, analisamos as questões relativas aos riscos sociais decorrentes, mantido o enfoque de indissociabilidade entre os direitos sociais envolvidos.

10.1 DEPENDENTES NO RGPS E O RECEBIMENTO DE HAVERES TRABALHISTAS

Incumbe iniciar a análise da correlação entre os direitos sociais decorrentes do óbito ou reclusão do trabalhador a partir de quem são os potenciais beneficiários de direitos perante a Previdência Social.

O conhecimento dessa matéria é relevante até mesmo para aqueles profissionais que não lidam com o direito previdenciário, pois a partir deste conteúdo é possível ao empregador saber a quem deve fazer a quitação das verbas remanescentes devidas ao trabalhador até o óbito e, de outra vertente, o eventual ajuizamento de ações trabalhistas por pessoas que tenham a legitimidade para discussão sobre direitos porventura violados durante o contrato de trabalho do *de cujus* – inclusive o próprio reconhecimento do vínculo de emprego quando mantido na informalidade.

Dependentes são as pessoas que, embora não contribuindo para a Seguridade Social,[1] a Lei de Benefícios elenca como possíveis beneficiários do RGPS, podendo fazer jus às seguintes prestações: pensão por morte, auxílio-reclusão, serviço social e reabilitação profissional.

Como aduz Feijó Coimbra, "em boa parte, os dependentes mencionados na lei previdenciária coincidem com aqueles que a lei civil reconhece credores de alimentos a serem prestados pelo segurado. É bem lógico que assim o seja, pois que a prestação previdenciária – conteúdo material da pretensão do dependente – é, acima de tudo, uma reposição de renda perdida: aquela renda que o segurado proporcionaria, caso não o atingisse um risco social".[2]

Cumpre evidenciar a existência de situações previstas em lei nas quais não há necessariamente dependência econômica: por exemplo, mesmo que ambos os cônjuges exerçam atividade remunerada, um é considerado dependente do outro, para fins previdenciários, fazendo jus a benefícios, mesmo que aufiram ganhos decorrentes de atividade laborativa. A dependência, em tais casos, dá-se como presunção *juris et de jure*, absoluta, nem sequer comportando prova em contrário.

Os critérios para a fixação do quadro de dependentes são vários, e não somente o da dependência puramente econômica. São os vínculos familiares, dos quais decorre a solidariedade civil e o direito dos necessitados à provisão da subsistência pelos mais afortunados (CF, art. 229), a nosso ver, o principal critério norteador da fixação da dependência no campo previdenciário.

Esse critério da familiaridade, em alguns casos, será conjugado com o da necessidade econômica, vale dizer, quando se estende a dependência a pessoas que estão fora da célula familiar básica – cônjuge e filhos. É o caso dos menores sob tutela, enteados, pai e mãe do segurado, bem como irmãos.

Os dependentes são divididos em três classes, de acordo com os parâmetros previstos no art. 16 da Lei n. 8.213/1991, tendo a redação atual dos incs. I e III dada pela Lei n. 13.146, de 06.07.2015:

> I – o cônjuge, a companheira, o companheiro e o filho não emancipado, de qualquer condição, menor de 21 (vinte e um) anos ou inválido ou que tenha deficiência intelectual ou mental ou deficiência grave;
>
> II – os pais;
>
> III – o irmão não emancipado, de qualquer condição, menor de 21 (vinte e um) anos ou inválido ou que tenha deficiência intelectual ou mental ou deficiência grave.

---

[1] Cabe esclarecer que o dependente também pode ter filiação como segurado obrigatório ou facultativo da Previdência sem que isso implique quaisquer prejuízos às prestações do RGPS.

[2] COIMBRA, Feijó. *Direito previdenciário brasileiro*. 7. ed. Rio de Janeiro: Edições Trabalhistas, 1997. p. 95.

Atualmente, como será mais bem explicitado nos tópicos seguintes, a inscrição do dependente do segurado será promovida quando do requerimento do benefício a que tiver direito, e não mais quando de sua admissão a um emprego.

A regra anterior exigia que a inscrição do cônjuge e filho do segurado fosse feita na empresa, caso fosse empregado, no sindicato ou órgão gestor da mão de obra, se fosse trabalhador avulso, e no INSS, nas demais hipóteses, e incumbia ao segurado a inscrição do dependente, no ato da inscrição do próprio segurado quando empregado doméstico ou contribuinte individual. Nada impede, todavia, que o empregador tenha o cuidado de solicitar tais informações para eventual necessidade de alguma providência.

Feitas essas considerações iniciais, cabe trazer à baila a questão relativa aos pagamentos de haveres trabalhistas devidos à pessoa falecida.

A respeito da matéria, o Código Civil de 2002 estabelece acerca da sucessão legítima de forma geral, definindo uma ordem de preferência. Entretanto, o dispositivo civilista não dispôs, especificamente, sobre a sucessão trabalhista de empregado falecido, estando o tema, portanto, a cargo da Lei n. 6.858/1980, que se considera não tendo sido revogada pelo Código Civil de 2002, e que determina, em seu art. 1.º:

> Art. 1.º Os valores devidos pelos empregadores aos empregados e os montantes das contas individuais do Fundo de Garantia do Tempo de Serviço e do Fundo de Participação PIS-PASEP, não recebidos em vida pelos respectivos titulares, serão pagos, em quotas iguais, aos dependentes habilitados perante a Previdência Social ou na forma da legislação específica dos servidores civis e militares, e, na sua falta, aos sucessores previstos na lei civil, indicados em alvará judicial, independentemente de inventário ou arrolamento.
>
> § 1.º As quotas atribuídas a menores ficarão depositadas em caderneta de poupança, rendendo juros e correção monetária, e só serão disponíveis após o menor completar 18 (dezoito) anos, salvo autorização do juiz para aquisição de imóvel destinado à residência do menor e de sua família ou para dispêndio necessário à subsistência e educação do menor.
>
> § 2.º Inexistindo dependentes ou sucessores, os valores de que trata este artigo reverterão em favor, respectivamente, do Fundo de Previdência e Assistência Social, do Fundo de Garantia do Tempo de Serviço ou do Fundo de Participação PIS-PASEP, conforme se tratar de quantias devidas pelo empregador ou de contas de FGTS e do Fundo PIS PASEP.

Regulamentada a matéria pelo Decreto n. 85.845/1981, esse diploma previu a existência de declaração a ser lavrada pelo órgão previdenciário acerca dos dependentes habilitados à pensão (art. 2.º do Decreto). À vista da apresentação da declaração de que trata o art. 2.º, "o pagamento das quantias devidas será feito aos dependentes do falecido pelo empregador, repartição, entidade, órgão ou unidade civil ou militar, estabelecimento bancário, fundo de participação ou, em geral, por pessoa física ou jurídica, quem caiba efetuar o pagamento" (art. 3º do Decreto).

As quotas atribuídas a menores, segundo o art. 6.º do aludido Decreto, ficarão depositadas em caderneta de poupança, rendendo juros e correção monetária, e só serão disponíveis após o menor completar 18 anos, salvo autorização do juiz para aquisição de imóvel destinado a residência do menor e de sua família ou para dispêndio necessário à subsistência e educação do menor.

Para que o empregador tenha conhecimento, em caso de óbito de empregado, de quem são os dependentes habilitados perante a Previdência Social, deve solicitar que estes deem entrada no requerimento de pensão por morte, a fim de que se habilitem e possam constar da certidão emitida pelo INSS para esse fim.

A certidão é emitida pela internet, podendo ser solicitada pelo telefone 135 ou pelo aplicativo Meu INSS. Para tanto, é necessário ter os números do CPF da pessoa falecida e da pessoa que está solicitando a certidão, bem como certidão de óbito. Se o requerimento for feito por procurador ou representante legal, também se exige a procuração ou termo de representação legal (tutela, curatela, termo de guarda) e documento de identificação com foto (RG, CNH ou CTPS) e CPF do procurador ou representante.

Cumpre salientar que, desde 15.10.2021, os beneficiários de pensão por morte e salário podem solicitar esses benefícios diretamente nos Cartórios de Registro Civil, em razão de um termo de cooperação entre o INSS e a Associação Nacional dos Registradores de Pessoas Naturais (Arpen-Brasil). Nos casos em que a documentação não esteja completa, ou seja necessário comprovar alguma situação (casos de união estável ou homoafetiva, ou dependência não presumida), o cartório enviará os dados e documentos da pessoa ao INSS e os requerentes serão notificados sobre eventuais exigências, cuja análise fica a cargo de servidores da Autarquia.

Na falta de dependentes, farão jus ao recebimento dos haveres trabalhistas os sucessores do titular, previstos na lei civil, indicados em alvará judicial, expedido a requerimento do interessado, independentemente de inventário ou arrolamento (art. 5.º do Decreto n. 85.845/1981).

Inexistindo dependentes ou sucessores, os valores reverterão em favor, respectivamente, do Fundo de Previdência e Assistência Social, do Fundo de Garantia do Tempo de Serviço ou do Fundo de Participação PIS-PASEP, conforme se tratar de quantias devidas pelo empregador ou de contas de FGTS e do Fundo PIS-PASEP (art. 7.º do Decreto n. 85.845/1981).

Quando o empregador tem dúvidas sobre a quem deve realizar o pagamento das verbas trabalhistas após o óbito da pessoa empregada, deve fazer uso da ação de consignação em pagamento, pois incerto o credor, com fundamento nos arts. 539 a 549 do CPC, com o objetivo de extinguir a obrigação e eximir-se da multa por atraso na quitação das obrigações rescisórias de que trata o art. 477, § 8.º, da CLT. O requerido/consignado, no caso, será o "espólio" do *de cujus*. E, recebida a notificação pelos dependentes, estes devem comparecer em juízo e demonstrar sua condição de dependentes, a fim de que a decisão judicial libere os valores a quem de direito.

O órgão judicial pode consultar o INSS para obter o rol de dependentes habilitados, o que até recentemente era feito por ofício, e com a implantação do serviço PrevJud passará a ter acesso ao "Dossiê Previdenciário", podendo consultar, por meio da Plataforma Digital do Poder Judiciário Brasileiro (PDPJ-Br), tais informações.

A questão tem ainda outros contornos quando os dependentes precisam postular direitos perante o Poder Judiciário. O art. 18, *caput*, do CPC prevê que somente o titular do direito pode pleitear em juízo a sua satisfação, salvo nos casos autorizados por lei.

Daí decorre a necessidade de identificar como se dá o procedimento de substituição do falecido em ações trabalhistas.

Em âmbito processual trabalhista, ocorrido o óbito do trabalhador após o ajuizamento de ação judicial por este, dá-se, automaticamente, a suspensão do processo, na forma do inc. I do § 1.º e o inc. II do § 2.º do art. 313 do CPC, para a regularização do polo ativo, com a substituição processual do *de cujus* pelos seus dependentes, na forma da Lei n. 6.858/1980 c/c o art. 110 do CPC, sob pena de nulidade dos atos processuais praticados após o falecimento. Os dependentes terão de lavrar, ainda, nova procuração a quem os represente em juízo. Caso o trabalhador venha a falecer e seus dependentes entendam que o *de cujus* tinha ainda direitos não satisfeitos pelo empregador, poderão ajuizar a ação trabalhista postulando a condenação deste, sendo o polo ativo, no caso, o "espólio" do falecido.

O TST possui entendimento pacificado no sentido de que o ajuizamento da ação pelo espólio pode ser realizado independentemente de inventário ou arrolamento, e a falta de habilitação dos herdeiros perante a Previdência Social, por si só, não autoriza a extinção do processo sem julgamento do mérito, na medida em que a habilitação pode ser feita até mesmo quando da liquidação da sentença (TST, RR 13200-66.2009.5.06.0002, 2.ª Turma, Rel. Min. Guilherme Augusto Caputo Bastos, *DEJT* 25.05.2012).

Além disso, existe a possibilidade de ações movidas na Justiça do Trabalho em que os dependentes do trabalhador falecido pretendem indenização pelo sofrimento causado pela perda do ente querido em acidente do trabalho. Nesse caso, a competência é, sim, da Justiça Especializada, mas o polo ativo da demanda deve ser composto pelos próprios dependentes, em nome próprio, e não pelo "espólio", pois não se discutem direitos do falecido, mas o direito a reparação de danos sofridos pelos dependentes, como no precedente abaixo:

> Agravo de instrumento em recurso de revista. 1. Competência da Justiça do Trabalho em razão da matéria. Acidente de trabalho. Danos morais e materiais. Ação ajuizada pela genitora do de *cujus*. Esta Corte já se manifestou em diversas oportunidades quanto à manutenção da competência da Justiça Especializada do Trabalho para o processamento e julgamento de ações propostas pelos herdeiros de empregado falecido, em que se postula direito subjetivo próprio alusivo ao pagamento de indenização decorrente da perda do ente familiar. 2. Ilegitimidade ativa. Indenização por danos morais e materiais decorrentes de acidente de trabalho que ocasionou a morte do empregado. Segundo o entendimento deste Tribunal Superior, os herdeiros ou sucessores do empregado falecido são partes legítimas para figurar no polo ativo de ação de indenização por danos morais e materiais resultantes de sofrimento a eles causados em decorrência do óbito em acidente de trabalho [...] (TST, AIRR 11084-80.2017.5.15.0059, 8.ª Turma, Rel. Min. Dora Maria da Costa, *DEJT* 25.10.2019).

Os dependentes de um trabalhador falecido têm o direito de receber do empregador:

- saldo do salário equivalente aos dias trabalhados;
- 13.º salário proporcional aos meses já trabalhados no ano vigente;

- férias proporcionais acrescidas de 1/3 constitucional;
- férias vencidas acrescidas de 1/3, válido quando o empregado tem mais de um ano de trabalho e ainda não tenha gozado desse direito;
- salário-família proporcional aos dias trabalhados, válido quando o empregado tem filhos menores de 14 anos e o salário estiver dentro do teto fixado pelo INSS;
- direitos adquiridos no mês da demissão por falecimento, como comissões, horas extras, adicional noturno e outros.

Vejamos a seguir algumas questões que envolvem a dependência para fins previdenciários e, por conseguinte, o acesso a valores devidos em razão da relação de trabalho do *de cujus*.

10.1.1 Relações conjugais e afetivas com intuito de constituir família

Em conformidade com as normas previdenciárias que vigoraram no período que antecedeu a Constituição de 1988, a pensão por morte era concedida sempre ao cônjuge feminino e, quanto ao cônjuge masculino, somente na hipótese de ser inválido, é dizer, não havendo tal restrição quando a pensionista fosse mulher.

Em interpretação mais ampla, o STF passou a admitir como autoaplicável a norma constitucional, e foi ainda mais adiante ao entender como devida a concessão da pensão por morte ao cônjuge varão, até mesmo para óbitos ocorridos na vigência da Constituição de 1967, independentemente da comprovação da invalidez (STF, RE 880.521 AgR/SP, 2.ª Turma, Rel. Min. Teori Zavascki, *DJe* 28.03.2016).

No tocante à situação de cônjuges como dependentes para fins previdenciários durante a constância do casamento, não há dúvidas a respeito. O problema se dá quando ocorre separação – de fato ou judicial – ou divórcio. O Decreto n. 10.410/2020, ao alterar o inc. I do art. 17 do Regulamento da Previdência Social (conforme já previsto na redação atual da Lei n. 8.213/1991 sobre o assunto), prevê a cessação da dependência "para o cônjuge, pelo divórcio ou pela separação judicial ou de fato, enquanto não lhe for assegurada a prestação de alimentos, pela anulação do casamento, pelo óbito ou por sentença judicial transitada em julgado", ou seja, passando a identificar a *separação de fato* também como fator determinante da perda da qualidade de dependente.

No entanto, em que pese a relação conjugal ser rompida em definitivo somente com a dissolução pelo divórcio, a dependência para fins previdenciários não obedece às mesmas regras do direito civil.

Quanto ao vínculo afetivo não convertido em casamento, em uma interpretação restritiva e superada pela jurisprudência, era considerada união estável (com fundamento no art. 226, § 3.º, da Constituição Federal, e art. 1.º da Lei n. 9.278/1996) apenas aquela verificada entre homem e mulher como entidade familiar, quando solteiros, separados judicialmente, divorciados ou viúvos, ou tenham prole em comum, enquanto não se separassem.

O RPS, no art. 16, §§ 5.º e 6.º (este com redação dada pelo Decreto n. 10.410/2020), considera por *companheira ou companheiro* a pessoa que mantém união estável com o segurado ou a segurada, sendo esta configurada na convivência pública, contínua e duradoura entre pessoas (incluindo-se as uniões homoafetivas),[3] estabelecida com intenção de constituição de família, observado o disposto no § 1.º do art. 1.723 do Código Civil, desde que comprovado o vínculo na forma estabelecida no § 3.º do art. 22 do RPS (com redação dada pelo Decreto n. 10.410/2020).[4]

O STF, em decisão de vanguarda, equiparou as uniões homoafetivas às uniões heteroafetivas no âmbito previdenciário e sucessório. Vejam-se, a respeito, a ADI 4.277 e a ADPF 132, que reconheceram a união estável para pessoas conviventes do mesmo gênero e a decisão em Repercussão Geral – Tema n. 498, em que foi fixada a seguinte tese: "É inconstitucional a distinção de regimes sucessórios entre cônjuges e companheiros prevista no art. 1.790 do CC/2002, devendo ser aplicado, tanto nas hipóteses de casamento quanto nas de união estável, o regime do art. 1.829 do CC/2002".

Apesar dessa orientação, foi editada norma de discutível constitucionalidade (Lei n. 13.135/2015) ao dispor (no art. 77.º, § 2.º, V, *b*, da Lei de Benefícios) que a duração da pensão será de apenas quatro meses, se o óbito ocorrer sem que o segurado tenha vertido 18 contribuições mensais ou se o casamento ou a união estável tiverem sido iniciados em menos de dois anos antes do óbito do segurado. Não se aplica essa exigência, conforme a regra em comento, somente se o óbito do segurado decorrer de acidente de qualquer natureza ou de doença profissional e nos casos de cônjuge e companheiro inválido ou com deficiência.

Entendemos que a exigência dos dois anos de relacionamento para continuidade do recebimento da pensão por morte por período maior que os quatro meses representa um obstáculo ilegítimo, pois cria uma presunção de fraude contra os cônjuges e companheiros e, portanto, não pode ser acolhida como norma válida. Ademais, fere o princípio isonômico, na medida em que não se vislumbra qualquer razoabilidade na discriminação feita pelo legislador entre pessoas com vínculo afetivo – convertido em casamento ou não – com duração maior ou menor que dois anos.

Destaca-se que a prova da união estável não exigia, até então, prova documental. Nesse sentido, a Súmula n. 104 do TRF da 4.ª Região: "A legislação previdenciária não faz qualquer restrição quanto à admissibilidade da prova testemunhal, para comprovação da união estável, com vista à obtenção de benefício previdenciário".

Portanto, é nosso entendimento de que deve prevalecer apenas a regra (constante da Lei n. 13.135/2015) que prevê a perda do direito à pensão caso comprovada, a qualquer tempo, simulação ou fraude no casamento ou na união estável, ou sua formalização com o fim exclusivo de constituir benefício previdenciário, apuradas em

---

[3] Considerando determinação judicial constante da Ação Civil Pública 2000.71.00.009347-0, da 3.ª Vara Federal Previdenciária de Porto Alegre/RS, decisão esta confirmada pelo STJ (REsp 395.904 – *Informativo* STJ de 15.12.2005), o INSS estabeleceu os procedimentos a serem adotados para concessão de benefícios previdenciários ao companheiro ou à companheira homossexual, fazendo jus aos benefícios de pensão por morte ou auxílio-reclusão, independentemente da data do óbito (pensão) ou da perda da liberdade (auxílio-reclusão) do segurado.

[4] O § 3.º do art. 22 do Regulamento prevê que, para comprovação do vínculo e da dependência econômica, conforme o caso, deverão ser apresentados, no mínimo, dois documentos daqueles constantes do rol que se encontra nos incisos do referido parágrafo.

processo judicial no qual será assegurado o direito ao contraditório e à ampla defesa (§ 2.º do art. 74 da Lei n. 8.213/1991).

A jurisprudência do STJ posiciona-se no sentido de que é possível o rateio de pensão entre a viúva e a companheira com quem o instituidor da pensão mantinha união estável, assim entendida aquela na qual *inexiste impedimento para a convolação do relacionamento em casamento*, que somente não se concretiza pela vontade dos conviventes. Nos casos em que o instituidor da pensão falece no estado de *casado*, necessário se faz que estivesse separado de fato, convivendo unicamente com a companheira, para que esta possa fazer jus ao recebimento da pensão (STJ, AgRg no REsp 2012/0195969-7, 2.ª Turma, Rel. Min. Humberto Martins, *DJe* 14.12.2012).

Comprovada a dependência econômica em relação ao *de cujus*, o cônjuge separado judicialmente ou divorciado faz jus ao benefício de pensão pós-morte do ex-cônjuge, sendo irrelevante o não recebimento de pensão alimentícia anterior (nesse sentido: STJ, AgRg no REsp 2011/0287716-0, 2.ª Turma, Rel. Min. Cesar Asfor Rocha, *DJe* 28.06.2012).

Entretanto, a comprovação da dependência do ex-cônjuge para com o *de cujus* passa a ter regra diferenciada após a promulgação da Lei n. 13.846/2019 (conversão da MP n. 871/2019). Assim, *para óbitos posteriores a 18.01.2019*, é necessário o início de prova material. Isso porque foi incluído o § 5.º no art. 16 da Lei n. 8.213/1991, nos seguintes termos:

> § 5.º A prova de união estável e de dependência econômica exigem início de prova material contemporânea dos fatos, produzido em período não superior a 24 (vinte e quatro) meses anterior à data do óbito ou do recolhimento à prisão do segurado, não admitida a prova exclusivamente testemunhal, exceto na ocorrência de motivo de força maior e ou caso fortuito, conforme disposto no regulamento.[5]

Considere-se, ainda, em termos práticos, a dificuldade de produzir prova de um *tempo de vínculo afetivo com objetivo de constituir família*, como ora exigido, inclusive com as draconianas exigências da MP n. 871/2019, posteriormente convertida na Lei n. 13.846/2019 – violadoras do princípio da aptidão para a prova – de que, para comprovar a união, haja prova documental contemporânea, com vedação da prova exclusivamente testemunhal, pois a realidade social vivida por grande parte da população é de não formalização desse tipo de união.[6]

Nos casos em que o cônjuge falecido mantinha, ao mesmo tempo, relação conjugal e em concubinato, o STF decidiu que a concubina não tem direito a dividir a pensão com a viúva, em face de a Constituição proteger somente o núcleo familiar passível de se converter em casamento. No caso, a segunda união desestabiliza a primeira (RE

---

[5] A disciplina da matéria quanto à comprovação da dependência econômica, como visto, consta do § 3.º do art. 22 do Regulamento (redação dada pelo Decreto n. 10.410/2020).

[6] "§ 5.º As provas de união estável e de dependência econômica exigem início de prova material contemporânea dos fatos, produzido em período não superior a 24 (vinte e quatro) meses anterior à data do óbito ou do recolhimento à prisão do segurado, não admitida a prova exclusivamente testemunhal, exceto na ocorrência de motivo de força maior ou caso fortuito, conforme disposto no regulamento" (Incluído pela Lei n. 13.846, de 2019).

397.762, *DJe* 13.08.2008). Na sequência, o STF confirmou esse entendimento ao julgar com repercussão geral os seguintes temas:

> **Tema n. 526** – Possibilidade de concubinato de longa duração gerar efeitos previdenciários.
>
> **Tese firmada:** É incompatível com a Constituição Federal o reconhecimento de direitos previdenciários (pensão por morte) à pessoa que manteve, durante longo período e com aparência familiar, união com outra casada, porquanto o concubinato não se equipara, para fins de proteção estatal, às uniões afetivas resultantes do casamento e da união estável (RE 883.168, Plenário – sessão virtual, Rel. Min Dias Toffoli, j. 02.08.2021).
>
> **Tema n. 529** – Possibilidade de reconhecimento jurídico de união estável e de relação homoafetiva concomitantes, com o consequente rateio de pensão por morte.
>
> **Tese firmada:** A preexistência de casamento ou de união estável de um dos conviventes, ressalvada a exceção do art. 1.723, § 1.º, do Código Civil, impede o reconhecimento de novo vínculo referente ao mesmo período, inclusive para fins previdenciários, em virtude da consagração do dever de fidelidade e da monogamia pelo ordenamento jurídico-constitucional brasileiro (RE 1.045.273, Plenário – sessão virtual, Rel. Alexandre de Moraes, j. 30.04.2021).

10.1.2 Filhos e equiparados

São considerados "filhos de qualquer condição" aqueles havidos ou não da relação de casamento, ou adotados, que possuem os mesmos direitos e qualificações dos demais, proibidas quaisquer designações discriminatórias relativas à filiação.

Tema que merece atenção é o do parentesco socioafetivo, reconhecido largamente pela jurisprudência como gerador de direitos de natureza alimentar e, por que não, previdenciários também. Nesse sentido, decisão do TRF3 reconheceu o direito ao benefício de pensão por morte a uma filha socioafetiva de segurado. Na análise do recurso interposto pelo INSS, a relatora, Desembargadora Federal Marisa Santos, afirmou que, com o reconhecimento da paternidade socioafetiva, a criança é, portanto, herdeira, na forma dos arts. 1.596 e 1.829, I, do Código Civil. "Assim também com a união homoafetiva, que, embora ainda não expressamente coberta pela legislação, já é largamente reconhecida pela sociedade civil e, via de consequência, pela jurisprudência. E é o que agora ocorre com a denominada filiação/paternidade/parentalidade socioafetiva." A paternidade socioafetiva, reconhecida, no caso, por decisão transitada em julgado, tem reflexos favoráveis à agravada na esfera previdenciária (AI 0028979-25.2015.4.03.0000/SP, *e-DJF3* 18.07.2016).

Até mesmo os nascituros são reconhecidos como dependentes. A Portaria DIRBEN/INSS n. 991, de 28.03.2022 (art. 14) estabelece que: "Os nascidos dentro dos 300 (trezentos) dias subsequentes à dissolução da sociedade conjugal por morte são considerados filhos concebidos na constância do casamento, conforme inciso II do art. 1.597 do Código Civil". No mesmo sentido, "se o autor ainda não era nascido quando do óbito do segurado – pai –, o benefício é devido desde a data do nascimento.

O art. 4.º do Código Civil põe a salvo os direitos do nascituro (TRF-4, AC 5004159-27.2016.4.04.7004, Turma Regional Suplementar/PR, Rel. Des. Federal Luiz Fernando Wowk Penteado, juntado aos autos em 24.09.2018).

Quanto à cessação da menoridade, o atual Código Civil, Lei n. 10.406, de 10.01.2002, reduziu-a para 18 anos completos, ficando a pessoa a partir dessa idade habilitada à prática de todos os atos da vida civil (art. 5.º, *caput*). Diminuiu, também, para 16 anos, a idade para a emancipação (art. 5.º, parágrafo único, inc. I).

No entanto, prevalece o entendimento de que a redução do limite etário para a definição da capacidade civil aos 18 anos não altera o disposto no art. 16, I, da Lei n. 8.213/1991, que regula específica situação de dependência econômica para fins previdenciários e outras situações similares de proteção, previstas em legislação especial.

Segundo o Regulamento, equiparam-se a filho, na condição de dependentes de que trata o inciso I do *caput*, exclusivamente o enteado e o menor tutelado, desde que comprovada a dependência econômica na forma estabelecida no § 3.º do art. 22 do Regulamento (§ 3.º do art. 16 do Decreto n. 3.048/1999, com a redação conferida pelo Decreto n. 10.410/2020). Para comprovação do vínculo do enteado e da dependência econômica, conforme o caso, deverão ser apresentados, no mínimo, dois documentos daqueles que o INSS admite como comprobatórios da situação (a regra anterior exigia declaração do segurado e, no mínimo, três documentos). Com relação ao menor sob tutela, é necessária, também, a apresentação do termo de tutela.

No entanto, cumpre destacar os aspectos relativos ao menor sob guarda, que já constou expressamente no rol de dependentes e agora não mais; matéria, todavia, ainda discutida no campo jurisprudencial, como será visto a seguir.

10.1.3 EC n. 103/2019 e o menor sob guarda

Os menores sob guarda, que constavam originalmente da Lei n. 8.213/1991, foram excluídos do rol de dependentes com a redação dada pela Lei n. 9.528/1997.

Essa restrição, todavia, representa uma vulneração aos arts. 6.º e 227 da Constituição Federal e às disposições protetivas inseridas no Estatuto da Criança e do Adolescente – ECA (Lei n. 8.069/1990), especialmente porque a guarda, segundo dispõe o art. 33 do Estatuto, obriga à prestação de assistência global e, sobretudo, assegura à criança ou ao adolescente a condição de dependente, para todos os fins e efeitos, inclusive previdenciários.

O STJ reconheceu a prevalência do disposto no art. 33, § 3.º, do ECA sobre norma previdenciária de natureza restritiva. Nesse sentido, o julgamento do Repetitivo – Tema n. 732, no qual foi fixada a seguinte tese:

> O menor sob guarda tem direito à concessão do benefício de pensão por morte do seu mantenedor, comprovada sua dependência econômica, nos termos do art. 33, § 3.º, do Estatuto da Criança e do Adolescente, ainda que o óbito do instituidor da pensão seja posterior à vigência da Medida Provisória 1.523/1996, reeditada e convertida na Lei 9.528/1997. Funda-se essa conclusão na qualidade de lei especial do Estatuto da Criança e do Adolescente (8.069/1990), frente à legislação previdenciária.

Há de se verificar se prevalecerá o referido entendimento jurisprudencial diante da alteração constitucional trazida pela EC n. 103/2019, que no § 6.º do art. 23 passou a prever expressamente que "equiparam-se a filho, para fins de recebimento da pensão por morte, exclusivamente o enteado e o menor tutelado, desde que comprovada a dependência econômica".

No nosso entendimento, a vedação introduzida pela EC n. 103/2019 (com *status* de norma ordinária) é inconstitucional por afrontar o art. 227, *caput*, da Constituição Federal que determina que: "É dever da família, da sociedade e do Estado assegurar à criança, ao adolescente e ao jovem, com absoluta prioridade, o direito à vida, à saúde, à alimentação, à educação, ao lazer, à profissionalização, à cultura, à dignidade, ao respeito, à liberdade e à convivência familiar e comunitária, além de colocá-los a salvo de toda forma de negligência, discriminação, exploração, violência, crueldade e opressão."

No julgamento da ADI n. 4.878 e ADI n. 5.083, o Ministro Edson Fachin destacou: "Os pedidos formulados nas ADIs n. 5.083 e n. 4.878, contudo, não contemplaram a redação do art. 23 da EC n. 103/2019, razão pela qual, ao revés do e. Ministro Relator, não procedo à verificação da constitucionalidade do dispositivo, em homenagem ao princípio da demanda. De toda sorte, os argumentos veiculados na presente manifestação são em todo aplicáveis ao art. 23 referido".

Por fim, não há que confundir, contudo, a guarda de filho por pai ou mãe biológicos (decorrente de separação de fato ou judicial, ou divórcio dos cônjuges) com a guarda de menor em processo de tutela ou adoção. Nos processos de adoção e de tutela, a guarda serve para conceder provisoriamente o poder familiar a alguém que não é o pai nem a mãe biológicos, até a decisão judicial final.

10.1.4 EC n. 103/2019 e o dependente inválido ou com deficiência

O dependente inválido desde o texto original da Lei n. 8.213/1991 foi considerado, independentemente do quesito etário, para os fins de concessão de benefício de pensão e auxílio-reclusão. Posteriormente, a Lei n. 13.146/2015 estendeu essa presunção de dependência à pessoa do cônjuge, companheiro(a), filhos e equiparados ou irmãos do segurado com deficiência intelectual, mental ou grave.

Acertadamente, estabeleceu a EC n. 103/2019, no art. 23, § 5.º, que para o dependente inválido ou com deficiência intelectual, mental ou grave, sua condição pode ser reconhecida previamente ao óbito do segurado, por meio de avaliação biopsicossocial realizada por equipe multiprofissional e interdisciplinar, observada revisão periódica na forma da legislação. Por outra vertente, o Decreto n. 10.410/2020 passa a prever a perda da condição de dependente, uma vez que cessada a invalidez *ou a deficiência intelectual* (alínea *a* do inc. IV do art. 17 do Regulamento). Paira dúvida, todavia, acerca da condição de invalidez (incapacidade permanente) ou deficiência quando anterior ao óbito do segurado, mas posterior ao atingimento da idade de 21 anos para os filhos, equiparados e irmãos do segurado. O entendimento do INSS é o de que somente quando tais condições sejam também antecedentes à idade de 21 anos é que a incapacidade ou deficiência permitirão a permanência no rol de dependentes. No entanto, a jurisprudência se inclina pelo direito ao benefício:

A dependência econômica no caso do filho maior inválido é presumida, por força da lei. É despiciendo que a condição tenha se implementado após sua maioridade civil, ou 21 anos de idade, sendo essencial apenas que ocorra antes do momento em que o direito passa a ser devido, ou seja, quando do óbito do instituidor. [...] (TRF-4, Proc.

5006437-40.2012.4.04.7004, TRS/PR, Rel. Des. Federal Fernando Quadros da Silva, j. 28.03.2018).

Cumpre frisar, ademais, que a EC n. 103/2019 (art. 23, § 5.º) inova ao possibilitar o cadastramento prévio do dependente inválido ou com deficiência intelectual, mental ou grave, mediante avaliação biopsicossocial realizada por equipe multiprofissional e interdisciplinar, observada revisão periódica na forma da legislação.

10.1.5 Estudante universitário até os 24 anos

A jurisprudência do STJ é pacífica no sentido de que não cabe estender o benefício da pensão devida pelo RGPS ao filho com mais de 21 anos de idade, salvo quando inválido, não se admitindo a pretensão de continuidade do pagamento de sua cota-parte pelo fato de estar na condição de estudante. Nesse sentido, o Repetitivo do STJ – Tema n. 643, no qual foi fixada a seguinte tese:

Não há falar em restabelecimento da pensão por morte ao beneficiário, maior de 21 anos e não inválido, diante da taxatividade da lei previdenciária, porquanto não é dado ao Poder Judiciário legislar positivamente, usurpando função do Poder Legislativo.

10.1.6 Outras hipóteses de perda da qualidade de dependente

Acerca da situação de invalidez do filho para fins de dependência, o art. 17, inc. III, do Decreto n. 3.048/1999, na redação conferida pelo Decreto n. 6.939/2009, passou a adotar o entendimento de que somente a invalidez adquirida antes do implemento da idade de 21 anos geraria direitos.

O Decreto n. 3.048/1999, com a redação atual do inc. III do art. 17 conferida pelo Decreto n. 10.410/2020, indica as hipóteses de perda da condição de dependente, quando o fato ocorrer antes de completar 21 anos:

a) casamento;
b) início do exercício de emprego público efetivo;
c) constituição de estabelecimento civil ou comercial ou pela existência de relação de emprego, desde que, em função deles, o menor com dezesseis anos completos tenha economia própria; ou
d) concessão de emancipação, pelos pais, ou por um deles na falta do outro, por meio de instrumento público, independentemente de homologação judicial, ou por sentença judicial, ouvido o tutor, se o menor tiver dezesseis anos completos; e [...].

No § 1.º do mesmo art. 17, com nova redação, passa a constar que "o filho, o irmão, o enteado e o menor tutelado, desde que comprovada a dependência econômica dos três últimos, se inválidos ou se tiverem deficiência intelectual, mental ou grave, não perderão a qualidade de dependentes desde que a invalidez ou a deficiência intelectual, mental ou grave tenha ocorrido antes de uma das hipóteses previstas no inciso III do *caput*".

Essa restrição, a nosso ver, e como já visto, não tem base legal, pois o art. 16 da Lei n. 8.213/1991 não distingue se a invalidez ou deficiência que enseja referida dependência deve ser ou não precedente aos 21 anos de idade, mas apenas que, ao tempo do óbito do segurado, a pessoa esteja inválida ou seja portadora de deficiência intelectual ou mental ou deficiência grave. Entretanto, a jurisprudência do STJ firmou-se no sentido de que "a comprovação da invalidez do filho maior do instituidor do benefício não o exime da demonstração da relação de dependência econômica que mantinha com o segurado. Isso porque a presunção estabelecida no art. 16, § 4.º, da Lei n. 8.213/1991 não é absoluta, admitindo-se prova em sentido contrário, especialmente quando o filho maior inválido já recebe outro amparo previdenciário" (AgInt no AREsp 1167371/RJ, 2.ª Turma, Rel. Min. Francisco Falcão, DJe 15.03.2021).

10.1.7 Dependente designado

Originalmente, a Lei n. 8.213/1991 previa a possibilidade de, na falta de dependentes das demais classes, a pessoa do segurado eleger um dependente. A pessoa cuja designação como dependente do segurado tenha sido feita até 28.04.1995, véspera da publicação da Lei n. 9.032/1995,[7] que revogou tal possibilidade, fará jus à pensão por morte ou ao auxílio-reclusão, se o fato gerador do benefício – o óbito ou a prisão – ocorreu até aquela data, desde que comprovadas as condições exigidas pela legislação vigente. Nesse sentido, a Súmula n. 4 da Turma Nacional de Uniformização dos JEFs.

10.1.8 Divisão do benefício entre os dependentes

Os dependentes de uma mesma classe concorrem em igualdade de condições. De acordo com Feijó Coimbra, "a existência de vários dependentes arrolados na mesma classe decreta a concorrência entre eles e a partilha da prestação previdenciária".[8] Todos os arrolados como dependentes da mesma classe possuem igualdade de direitos perante a Previdência Social.

A eventual concessão de alimentos provisionais a algum dependente ex-cônjuge ou filho, decorrente de separação ou divórcio, não garante direito a percentual semelhante ao que vinha sendo pago pelo segurado alimentante, vale dizer, a divisão de cotas de todos os beneficiários perante a Previdência, na condição de dependentes, é sempre em igualdade de condições.

Entretanto, com a alteração do § 3.º do art. 76 da Lei n. 8.213/1991 pela Lei n. 13.846/2019, de duvidosa constitucionalidade, a duração do benefício de pensão por morte pode variar no caso de ex-cônjuge ou ex-companheiro se a pensão alimentícia for *provisória, fixada por determinação judicial*. Nesses casos, especialmente, prevê o dispositivo em comento que o percentual é idêntico, mas a duração da pensão previdenciária será também provisória, pelo prazo remanescente, na data do óbito, daquele fixado para a pensão alimentícia judicial.

Compreendemos o tema, todavia, tal como tem reiteradamente decidido o STJ: "o rateio do valor referente à pensão por morte deixada pelo varão, entre a ex-cônjuge

---

[7] O art. 16, inc. IV, da Lei n. 8.213/1991, revogado pelo art. 8.º da Lei n. 9.032/1995, possibilitava ao segurado incluir como dependentes: "a pessoa designada, menor de 21 (vinte e um) anos ou maior de 60 (sessenta) anos ou inválida".

[8] COIMBRA, Feijó. *Direito previdenciário brasileiro*. 7. ed. Rio de Janeiro: Edições Trabalhistas, 1997. p. 97.

divorciada e a viúva, deve ocorrer em partes iguais, independentemente do percentual que vinha sendo recebido pela ex-esposa a título de pensão alimentícia" (REsp 1.449.968/RJ, 1.ª Turma, Rel. Min. Sérgio Kukina, *DJe* 20.11.2017).

Por força do disposto no § 1.º do art. 16 da Lei n. 8.213/1991, a existência de dependentes de qualquer das classes exclui do direito às prestações os das classes seguintes. Há no direito previdenciário, tal como no direito das sucessões, uma ordem de vocação entre dependentes para o recebimento de benefício, embora as classes elencadas na Lei de Benefícios não sejam as mesmas indicadas no Código Civil. Inicialmente, devem ser beneficiários os que estão na célula familiar do segurado; depois, não existindo esta, fazem jus os genitores; por fim, seus irmãos ainda menores ou incapazes para prover a sua própria subsistência.

A regra, todavia, aplica-se na ocasião de cada evento capaz de estabelecer direito à prestação pelo conjunto de dependentes do segurado. Por exemplo, se o segurado vem a ser recolhido à prisão, acarretando o direito ao auxílio-reclusão, o INSS vai averiguar quais os dependentes que se encontram inscritos, para determinar quem serão os beneficiários do auxílio. Se, no momento da prisão, o segurado possuir como dependentes apenas o cônjuge e seu pai, o benefício será pago a sua consorte. Saindo da prisão, contudo, o segurado vem a ficar viúvo. Se novamente for recolhido à prisão após sua viuvez, o auxílio será pago ao genitor da pessoa segurada.

10.1.9 Comoriência

Questão interessante, com efeito semelhante ao do direito das sucessões, é a análise da comoriência entre segurado e dependentes, visando à pensão por falecimento daquele. Suponha-se que um segurado possua como dependentes apenas sua esposa e um irmão inválido e venha ele a sofrer acidente em companhia daquela, no qual vem a falecer. Se a morte do segurado e a de sua esposa forem simultâneas, a pensão caberá ao irmão inválido, pois não haverá dependente de classe privilegiada; no entanto, se o segurado falecer e a esposa sobreviver ao acidente, a ela caberá a pensão. Por fim, se a viúva não resistir e falecer logo depois, o benefício da pensão será extinto, não se transmitindo ao irmão inválido, pois este pertence a outra classe menos privilegiada na ordem legal.

10.1.10 Dependência econômica presumida ou comprovada

A dependência econômica do cônjuge, do companheiro ou da companheira e do filho é presumida e a dos demais (pais e irmãos) deve ser comprovada.

Segundo Wladimir Martinez, "a presunção da lei é absoluta e, portanto, não comporta prova em contrário".[9] Somente se o casal estivesse separado e o marido tivesse uma companheira, ou a mulher tivesse um companheiro, a viúva ou o viúvo precisaria comprovar que, apesar disso, dependia do *de cujus*, pelo menos em parte.

A prova da dependência econômica no INSS, a partir da nova redação do Regulamento, conferida pelo Decreto n. 10.410/2020, é feita mediante a apresentação de,

---

[9] MARTINEZ, Wladimir Novaes. *Comentários à Lei Básica da Previdência Social*. 4. ed. São Paulo: LTr, 1997. t. II, p. 137.

ao menos, dois documentos que comprovem a dependência, ou, então, mediante justificação administrativa ou judicial, havendo força maior ou caso fortuito que impeça a produção probatória nos termos exigidos.

Segundo o art. 180 da IN n. 128/2022, são exigidas duas provas materiais contemporâneas dos fatos, e pelo menos uma delas deve ter sido produzida em período não superior a 24 meses anterior ao fato gerador. "Caso o dependente só possua um documento emitido em período não superior a 24 (vinte e quatro) meses anteriores à data do fato gerador, a comprovação de vínculo ou de dependência econômica para esse período poderá ser suprida mediante justificação administrativa."

Tratando-se de comprovação de união estável ou homoafetiva, o que se exige do dependente é a prova da união, mas não da dependência econômica, que é presumida, como é estabelecido pelo § 1.º do art. 16 da Lei n. 8.213/1991, sendo ilegal exigir comprovação de renda ou qualquer outra forma de indicação de que um dependia economicamente do outro. Tais relações se equiparam, em tratamento, à relação conjugal, na qual também se considera presumida a dependência, ou seja, independentemente da renda auferida pelo(a) cônjuge falecido(a) ou supérstite. Nesse sentido, a Tese fixada pela TNU no Representativo de Controvérsia Tema n. 226: "A dependência econômica do cônjuge ou do companheiro relacionados no inciso I do art. 16 da Lei 8.213/91, em atenção à presunção disposta no § 4.º do mesmo dispositivo legal, é absoluta" (PEDILEF 0030611-06.2012.4.03.6301/SP, j. 25.03.2021).

Quanto aos pais, continua sendo aplicada a Súmula n. 229, do extinto Tribunal Federal de Recursos, que diz: "A mãe do segurado tem direito a pensão previdenciária, em caso de morte do filho, se provada a dependência econômica, mesmo não exclusiva". Embora o enunciado fale em mãe, após a Constituição de 1988 interpreta-se também em favor do pai.

Segundo orientação do STJ, é preciso que os pais comprovem a dependência econômica com relação ao filho, sendo certo que esta não é presumida, isto é, deverá ser corroborada, seja na via administrativa, seja perante o Poder Judiciário. E o fato de o pai ter sido nomeado "curador provisório" de seu falecido filho, no processo de interdição deste, não tem o condão de, cumpridas todas as condições impostas pelas regras de direito previdenciário atinentes à espécie, afastar-lhe o direito à pensão por morte pleiteada (REsp 1.082.631/RS, 5.ª Turma, Rel. Min. Laurita Vaz, *DJe* 26.03.2013).

A exigência de início de prova documental para comprovação da dependência econômica, embora importante para demonstrá-la, não obstou até 18.01.2019 a pretensão da pessoa do postulante, conforme se observa do enunciado da Turma Regional de Uniformização dos JEFs da 4.ª Região:

– Súmula n. 8: A falta de prova material, por si só, não é óbice ao reconhecimento da dependência econômica, quando por outros elementos o juiz possa aferi-la.

Entretanto, a comprovação da dependência econômica passa a ter regra diferenciada após a promulgação da MP n. 871/2019 (convertida na Lei n. 13.846/2019). Assim, para óbitos posteriores a 18.01.2019, a lei considera necessário o início de prova material, o que já foi objeto de nossos comentários no tópico antecedente, ao qual remetemos o leitor.

10.1.11 Renúncia

Não há previsão de renúncia, no RGPS, à condição de dependente. Tal ausência tem fundamento na irrenunciabilidade dos direitos fundamentais sociais. Todavia, a Lei n. 13.135/2015 alterou o art. 222 da Lei n. 8.112/1990, que trata do direito à pensão no RPPS da União, para prever, no inc. VI, de forma inédita (e discutível) a renúncia expressa como forma de perda da qualidade de beneficiário. E, no âmbito do RGPS, há precedentes admitindo a renúncia da cota da pensão por morte para obtenção do BPC/LOAS. Nesse sentido:

> **TNU RC n. 284:** Os dependentes que recebem ou que têm direito à cota de pensão por morte podem renunciar a esse direito para o fim de receber benefício assistencial de prestação continuada, uma vez preenchidos os requisitos da Lei n. 8.742/1993 (PEDILEF 0004160-11.2017.4.01.4300/TO, j. 18.08.2022).

10.2 AUXÍLIO-RECLUSÃO E O CONTRATO DE TRABALHO

Sendo a Previdência Social um sistema que garante não só ao segurado, mas também a sua família, a subsistência em caso de eventos que não permitam a manutenção por conta própria, é justo que, da mesma forma que ocorre com a pensão por falecimento, os dependentes tenham direito ao custeio de sua sobrevivência pelo sistema de seguro social, diante do ideal de solidariedade.

O auxílio-reclusão é um benefício destinado aos dependentes do segurado (e não a este) e está previsto no inciso IV do art. 201 da Constituição Federal de 1988, que teve nova redação dada pela EC n. 20/1998, para limitar a concessão aos dependentes dos segurados que possuam baixa renda. O critério de baixa renda foi mantido pela EC n. 103/2019 e ainda houve a limitação da renda em um salário mínimo.

Houve também o disciplinamento de quais segurados são considerados de baixa renda, conforme se observa na redação do art. 27 da EC n. 103/2019: "Até que lei discipline o acesso ao salário-família e ao auxílio-reclusão de que trata o inciso IV do art. 201 da Constituição Federal, esses benefícios serão concedidos apenas àqueles que tenham renda bruta mensal igual ou inferior a R$ 1.364,43 (mil trezentos e sessenta e quatro reais e quarenta e três centavos), que serão corrigidos pelos mesmos índices aplicados aos benefícios do Regime Geral de Previdência Social".

Assim, os segurados do RGPS que percebam renda bruta mensal superior ao limite estabelecido não geram, aos seus dependentes, o direito ao benefício do auxílio-reclusão. O valor-limite é reajustado periodicamente e se encontra em tabela anexa à presente obra.

Nesse sentido, o STF fixou tese de que deve ser observada a renda do segurado recluso, e não a do dependente que postula a concessão do benefício:

> **Repercussão Geral – Tema n. 89:** Segundo decorre do art. 201, IV, da Constituição Federal, a renda do segurado preso é a que deve ser utilizada como parâmetro para a concessão do auxílio-reclusão e não a de seus dependentes.

Ainda segundo o entendimento do INSS, que foi adotado até o advento da Lei n. 13.846/2019, se o segurado, embora mantendo essa qualidade, não estivesse em atividade no mês da reclusão, ou nos meses anteriores, seria considerado como remuneração o seu último salário de contribuição.

Esse critério não foi aceito no âmbito judicial, visto que a condição do segurado desempregado é de ausência total de renda, não se podendo retroagir no tempo para buscar a remuneração que o segurado tinha meses antes de ser recolhido à prisão. Nesse sentido, a tese fixada pelo STJ no Repetitivo n. 896 (REsp 1.485.416/SP, 1.ª Seção, Rel. Min. Herman Benjamin, j. 22.11.2017, *DJe* 02.02.2018). Na sequência, a tese do Tema n. 896 foi alterada para:

> Para a concessão de auxílio-reclusão (art. 80 da Lei n. 8.213/1991) **no regime anterior à vigência da MP n. 871/2019,** o critério de aferição de renda do segurado que não exerce atividade laboral remunerada no momento do recolhimento à prisão é a ausência de renda, e não o último salário de contribuição (REsp 1.842.985/PR , *DJe* 1.º.07.2021).

Até a entrada em vigor da Lei n. 13.846/2019 (conversão da MP n. 871/2019), era considerada pena privativa de liberdade, para fins de reconhecimento do direito ao benefício de auxílio-reclusão, aquela cumprida em:

a) regime fechado – sujeito à execução da pena em estabelecimento de segurança máxima ou média;
b) regime semiaberto – sujeito à execução da pena em colônia agrícola, industrial ou estabelecimento similar.

A Lei n. 13.846/2019 (conversão da MP n. 871/2019) alterou substancialmente as regras de concessão do auxílio-reclusão para estabelecer a necessidade de:

– cumprimento de carência de vinte e quatro meses;
– prova do recolhimento do segurado à prisão em regime fechado;
– não receber remuneração da empresa nem estar em gozo de auxílio-doença (atual auxílio por incapacidade temporária), pensão por morte, salário-maternidade, aposentadoria ou abono de permanência em serviço.

Ainda segundo o art. 80 da Lei n. 8.213/1991 (redação dada pela Lei n. 13.846/2019), deve ser observado que:

a) o requerimento do auxílio-reclusão será instruído com certidão judicial que ateste o recolhimento efetivo à prisão, obrigatória, para a manutenção do benefício, a apresentação de prova de permanência na condição de presidiário;
b) o INSS celebrará convênios com os órgãos públicos responsáveis pelo cadastro dos presos para obter informações sobre o recolhimento à prisão;
c) a aferição da renda mensal bruta para enquadramento do segurado como de baixa renda ocorrerá pela média dos salários de contribuição apurados no período de doze meses anteriores ao mês do recolhimento à prisão;
d) a certidão judicial e a prova de permanência na condição de presidiário poderão ser substituídas pelo acesso à base de dados, por meio eletrônico, a ser

disponibilizada pelo Conselho Nacional de Justiça, com dados cadastrais que assegurem a identificação plena do segurado e da sua condição de presidiário;

e) em caso de morte de segurado recluso que tenha contribuído para a previdência social durante o período de reclusão, o valor da pensão por morte será calculado levando-se em consideração o tempo de contribuição adicional e os correspondentes salários de contribuição, facultada a opção pelo valor do auxílio-reclusão.

No aspecto trabalhista, segundo o art. 482, *d*, da CLT, constitui justa causa para rescisão do contrato de trabalho pelo empregador a condenação criminal do empregado, passada em julgado, caso não tenha havido suspensão da execução da pena. Diante disso, a prisão preventiva do empregado não implica necessariamente a rescisão por justa causa, salvo se a conduta do empregado puder ser enquadrada em outra das faltas graves tipificadas no art. 482 da CLT.

Durante a prisão do empregado, enquanto mantido o vínculo empregatício, o empregador deve lançar no e-Social o afastamento com código 11 (Cárcere) informando que o empregado ficará afastado por motivo de prisão. Nesse intervalo, o empregado não terá direito a pagamento salarial, pois estará afastado, sendo oportuno o empregador acompanhar a situação do empregado recluso.

Caso ocorra o trânsito em julgado da decisão condenatória, o empregador poderá demitir o empregado sem justa causa, pagando apenas o saldo de salário e férias vencidas se houver. O empregado não terá direito ao depósito de FGTS referente ao período do afastamento nem ao saque do saldo de FGTS, pois a demissão por justa causa não dá esse direito.

Importante frisar que o fato de estar recolhido à prisão não enseja interrupção ou suspensão de prazos prescricionais, uma vez que o encarceramento não impede o ajuizamento da demanda (TRT-15, RORSum 0011763-61.2017.5.15.0130, 7.ª Câmara, Rel. Des. Luciane Storel, *DJe* 05.08.2020).

Noutra vertente, a situação de trabalho sem registro, quando presentes todas as características inerentes ao contrato de trabalho, quando venha a impedir o recebimento do auxílio-reclusão pelos dependentes, comporta a reparação dos danos materiais correspondentes ao valor que deveria ter sido pago pela Previdência a este título (*restitutio in integrum*) se o benefício for indeferido pelo INSS sob a alegação de ausência da qualidade de segurado do recluso, e causada esta pela sonegação do registro do contrato. O direito à indenização, contudo, é dos dependentes, e não do trabalhador, de modo que no polo ativo da demanda devem figurar aqueles que fariam jus ao recebimento do benefício (TRT-3, ROPS 0002052-20.2014.5.03.0082, 10.ª Turma, Rel. Des. Vitor Salino de Moura Eça, *DJe* 05.08.2016).

10.2.1 Período de carência

A concessão do auxílio-reclusão, a partir da Lei n. 8.213/1991, não dependia de número mínimo de contribuições pagas pelo segurado. Bastava comprovar a situação de segurado para gerar direito ao benefício. A carência exigida pela legislação anterior era de 12 contribuições mensais.

Com o advento da Lei n. 13.846/2019 (conversão da MP n. 871/2019), voltou ao cenário jurídico a necessidade de ser comprovada a carência de 24 meses.

Dessa forma, deverá ser observado o que segue:

I – para fatos geradores ocorridos até 17.01.2019, véspera da vigência da MP n. 871, o benefício é isento de carência; e

II – para fatos geradores ocorridos a partir de 18.01.2019, exigem-se 24 contribuições mensais como carência.

O período de 24 meses de carência mostra-se elevado, pois supera o exigido para outros benefícios de natureza temporária, como o auxílio por incapacidade temporária e o salário-maternidade. Além disso, a população carcerária do Brasil é constituída, em grande parte, por pessoas de baixa renda e com reduzido período contributivo, inviabilizando a concessão do benefício na maioria dos casos.

10.2.2 Data de início do benefício

O benefício tem início na data do efetivo recolhimento do segurado à prisão, se requerido até 90 dias desse, e a partir da data do requerimento, se posterior a 90 dias, prazo estabelecido pela Lei n. 13.183, de 04.11.2015.

Quando for requerido após o prazo de 90 dias do recolhimento à prisão, a data de início do benefício será a do requerimento, devendo ser ressalvada a situação do beneficiário menor.

No entanto, a Lei n. 13.846/2019 fixou prazo de 180 dias para que os filhos menores de 16 anos possam requerer o benefício com retroação da DIP à data da prisão. Transcorrido tal prazo, o benefício será devido somente a partir da data do requerimento.

10.2.3 Beneficiários

Aplicam-se ao auxílio-reclusão as normas referentes à pensão por morte (art. 80 da Lei n. 8.213/1991). São beneficiários os dependentes do segurado recolhido à prisão das classes 1, 2 ou 3, consoante regra definida no art. 16 da Lei n. 8.213/1991, aplicando-se aqui os mesmos comentários realizados com relação à pensão por morte.

Conforme entendimento do INSS, interpretando a norma legal de modo a estabelecer o critério mais favorável aos dependentes, o filho nascido durante o recolhimento do segurado à prisão terá direito ao benefício de auxílio-reclusão a partir da data do seu nascimento, não se considerando para esse fim apenas o rol de dependentes existentes na data do recolhimento inicial à prisão.

10.2.4 Renda mensal inicial

O valor da renda mensal era igual a 100% do salário de benefício (arts. 75 e 80 da Lei n. 8.213/1991), cujo valor poderia ser superior ao limite de baixa renda. Logo, o salário de contribuição, quando acima do limite de baixa renda, impedia a concessão do auxílio-reclusão, mas o valor da renda mensal não sofria a referida limitação.

Para os dependentes do segurado especial, o valor do benefício era de um salário mínimo.

Com a EC n. 103/2019, o que se destaca é a limitação do valor do auxílio-reclusão a um salário-mínimo, independentemente da categoria do segurado. Nesse sentido, a regulamentação dada pelo art. 117 do RPS (redação do Decreto n. 10.410/2020) e pelo art. 236 da IN n. 128/2022, que prevê:

> Art. 236. A renda mensal inicial do auxílio-reclusão será calculada na forma daquela aplicável à pensão por morte, limitado ao valor de 1 (um) salário mínimo para fatos geradores a partir de 14 de novembro de 2019, e será rateada em partes iguais aos dependentes habilitados.

Como visto, o valor do auxílio-reclusão, a exemplo do da pensão por morte, quando houver mais de um pensionista, será rateado entre todos em partes iguais, e as cotas do rateio poderão ser inferiores ao salário mínimo. De resto, aplicam-se ao auxílio-reclusão as demais regras da pensão por morte.

A partir da previsão contida na EC n. 103/2019, haverá uma cota familiar de 50% do valor do salário mínimo, acrescida de cotas de dez pontos percentuais por dependente, até o máximo de 100%.

As cotas por dependente cessam com a perda dessa qualidade e não serão reversíveis aos demais dependentes, preservado o valor de 100%, quando o número de dependentes remanescente for igual ou superior a cinco.

Na hipótese de existir dependente inválido ou com deficiência intelectual, mental ou grave, o valor será equivalente a 100% do salário mínimo.

Em tese, a regra de cálculo por cotas fica sem aplicabilidade, pois o valor do benefício será sempre de um salário mínimo, e não levará em consideração quantos são os dependentes.

10.2.5 Causas de suspensão e extinção do auxílio-reclusão

Consoante detalhamento constante do art. 391 da IN n. 128/2022, o auxílio-reclusão será suspenso:

> I – se o dependente deixar de apresentar atestado trimestral, firmado pela autoridade competente, para prova de que o segurado permanece recolhido à prisão em regime fechado;
>
> II – se o segurado recluso possuir vínculo empregatício de trabalho empregado, inclusive de doméstico, avulso ou contribuição como contribuinte individual (O exercício de atividade remunerada do segurado recluso que contribuir na condição de segurado facultativo, em cumprimento de pena em regime fechado, não acarreta a perda do direito ao recebimento do auxílio-reclusão para seus dependentes);
>
> III – na hipótese de opção pelo recebimento de salário-maternidade; ou
>
> IV – na hipótese de opção pelo auxílio por incapacidade temporária, para fatos geradores anteriores a 18.01.2019, data da publicação da MP n. 871, convertida na Lei n. 13.846, de 2019.

Nas hipóteses dos incs. II, III e IV, o benefício será restabelecido, respectivamente, no dia posterior ao encerramento do vínculo empregatício, no dia posterior à cessação do salário-maternidade ou no dia posterior à cessação do auxílio por incapacidade temporária.

O pagamento do auxílio-reclusão cessará (art. 392 da IN n. 128/2022):

I – pela progressão do regime de cumprimento de pena, observado o fato gerador:
a) para benefícios concedidos com fato gerador a partir de 18.01.2019, quando o segurado progredir para semiaberto ou aberto; ou
b) para benefícios concedidos com fato gerador anterior a 18.01.2019, quando o segurado progredir para regime aberto;
II – na data da soltura ou livramento condicional;
III – pela fuga do recluso;
IV – se o segurado, ainda que privado de sua liberdade ou recluso, passar a receber aposentadoria;
V – pela adoção, para o filho adotado que receba auxílio-reclusão dos pais biológicos, exceto quando o cônjuge ou o(a) companheiro(a) adota o filho do outro;
VI – com a extinção da última cota individual;
VII – pelo óbito do segurado instituidor ou do beneficiário; ou
VIII – pelas causas de extinção da cota e/ou da pensão morte.

A cessação relativamente ao filho ou irmão que tenha deficiência intelectual ou mental ou deficiência grave, pelo afastamento da deficiência (art. 77, § 2.º, IV, da Lei n. 8.213/1991, com redação conferida pela Lei n. 13.135/2015).

Em caso de óbito do segurado, o auxílio-reclusão será automaticamente convertido em pensão por morte.

Na hipótese de fuga, havendo recaptura com retorno ao regime fechado, o benefício será restabelecido a contar da data do evento, desde que mantida a qualidade de segurado.

Se houver exercício de atividade dentro do período de fuga, livramento condicional, cumprimento de pena em regime aberto ou prisão-albergue, estes serão considerados para verificação de manutenção da qualidade de segurado.

Destaca-se, ainda, que, conforme o art. 80 da Lei n. 8.213/1991 (com redação dada pela Lei n. 13.846/2019), o auxílio-reclusão não pode ser acumulado com a remuneração da empresa, nem com auxílio por incapacidade temporária, pensão por morte, salário-maternidade, aposentadoria ou abono de permanência em serviço.

As regras gerais sobre o auxílio-reclusão estão dispostas no art. 80 da Lei n. 8.213/1991 (com as alterações da Lei n. 13.846/2019) e nos arts. 116 a 119 do Decreto n. 3.048/1999 (redação conferida pelo Decreto n. 10.410/2020).

Quadro-resumo
AUXÍLIO-RECLUSÃO

BENEFÍCIO	AUXÍLIO-RECLUSÃO Código da Espécie (INSS): B-25
Evento Gerador	– Cumprimento de pena privativa da liberdade (regime fechado, semiaberto ou em prisão provisória) pelo segurado. A partir da vigência da MP n. 871/2019 (convertida na Lei n. 13.846/2019), somente em caso de prisão em regime fechado.

BENEFÍCIO	AUXÍLIO-RECLUSÃO Código da Espécie (INSS): B-25
Beneficiários	– Dependentes do segurado recolhido à prisão. – O filho nascido durante o recolhimento do segurado à prisão terá direito ao benefício de auxílio-reclusão a partir da data do seu nascimento. – Se a realização do casamento ocorrer durante o recolhimento do segurado à prisão, o auxílio-reclusão não será devido, considerando a dependência superveniente ao fato gerador.
Requisitos	– A reclusão deverá ter ocorrido no prazo de manutenção da qualidade de segurado. – O regime de reclusão deverá ser o fechado, a partir de 18.01.2019 (MP n. 871/2019, convertida na Lei n. 13.846/2019). – Ser segurado de baixa renda (R$ 1.655,98, em 2022). – Para o STJ: " Para a concessão de auxílio-reclusão (art. 80 da Lei n. 8.213/1991) **no regime anterior à vigência da MP n. 871/2019,** o critério de aferição de renda do segurado que não exerce atividade laboral remunerada no momento do recolhimento à prisão é a ausência de renda, e não o último salário de contribuição" (Repetitivo n. 896, REsp 1.842.985/PR , 1.º.07.2021).
Carência	A Lei n. 8.213/1991 não fixou carência, mas a MP n. 871/2019 (convertida na Lei n. 13.846/2019) estabeleceu o período de 24 meses.
Qualidade de Segurado	Não será devida a concessão de auxílio-reclusão quando o recolhimento à prisão ocorrer após a perda da qualidade de segurado.
Renda Mensal Inicial	– O valor da renda mensal era de 100% do salário de benefício (arts. 75 e 80 da Lei n. 8.213/1991). A partir da entrada em vigor da EC n. 103/2019, não poderá exceder o valor de um salário mínimo. – O art. 80 da Lei n. 8.213/1991 (com redação dada pela Lei n. 13.846/2019) estabelece que o auxílio-reclusão não pode ser acumulado com a remuneração da empresa, nem com auxílio-doença, pensão por morte, salário-maternidade, aposentadoria ou abono de permanência em serviço.
Período de Graça e Salário de Contribuição	– Regra vigente até 17.01.2019: quando não houver salário de contribuição na data do efetivo recolhimento à prisão, será devido o auxílio-reclusão, desde que: I – não tenha havido perda da qualidade de segurado; e II – o último salário de contribuição, tomado em seu valor mensal, na data da cessação das contribuições ou do afastamento do trabalho seja igual ou inferior aos valores fixados como teto da baixa renda à época. – Regra vigente a partir de 18.01.2019 (MP n. 871/2019, convertida na Lei n. 13.846/2019): a aferição da renda mensal bruta para enquadramento do segurado como de baixa renda ocorrerá pela média dos salários de contribuição apurados no período de 12 meses anteriores ao mês do recolhimento à prisão.

Capítulo 10 • DIREITOS RELACIONADOS AO ÓBITO E À RECLUSÃO DO TRABALHADOR | 357

BENEFÍCIO	AUXÍLIO-RECLUSÃO Código da Espécie (INSS): B-25
Data de Início do Benefício	– Regra fixada pela MP n. 871/2019, convertida na Lei n. 13.846/2019: a) da prisão, quando requerida em até 180 dias após a prisão, para os filhos menores de 16 anos, ou em até 90 dias após a prisão, para os demais dependentes; b) do requerimento, quando requerido após esses prazos.
Duração	– Indeterminada, sendo devido durante o cumprimento de pena pelo segurado (em regime fechado a partir da vigência da MP n. 871/2019, convertida na Lei n. 13.846/2019).
Cessação	O auxílio-reclusão cessa: I – pela progressão do regime de cumprimento de pena, observado o fato gerador: a) para benefícios concedidos com fato gerador a partir de 18.012019, quando o segurado progredir para semiaberto ou aberto; ou b) para benefícios concedidos com fato gerador anterior a 18.01.2019, quando o segurado progredir para regime aberto; II – na data da soltura ou livramento condicional; III – pela fuga do recluso; IV – se o segurado, ainda que privado de sua liberdade ou recluso, passar a receber aposentadoria; V – pela adoção, para o filho adotado que receba auxílio-reclusão dos pais biológicos, exceto quando o cônjuge ou o (a) companheiro (a) adota o filho do outro; VI – com a extinção da última cota individual; VII – pelo óbito do segurado instituidor ou do beneficiário; ou VIII – pelas causas de extinção da cota e/ou da pensão morte.
Cessação – detalhes	– A cessação com relação aos dependentes com deficiência intelectual ou mental se dá pelo afastamento da deficiência (art. 77, § 2.º, inc. IV, da Lei n. 8.213/1991, com redação dada pela Lei n. 13.135/2015). – Em caso de óbito do segurado, o auxílio-reclusão será automaticamente convertido em pensão por morte. – Na hipótese de fuga, havendo recaptura com retorno ao regime fechado, o benefício será restabelecido a contar da data do evento, desde que mantida a qualidade de segurado. – Se houver exercício de atividade dentro do período de fuga, livramento condicional, cumprimento de pena em regime aberto ou prisão albergue, estes serão considerados para verificação de manutenção da qualidade de segurado.
Suspensão	Os pagamentos do auxílio-reclusão serão suspensos: I – se o dependente deixar de apresentar atestado trimestral, firmado pela autoridade competente, para prova de que o segurado permanece recolhido à prisão em regime fechado;

BENEFÍCIO	AUXÍLIO-RECLUSÃO Código da Espécie (INSS): B-25
	II – se o segurado recluso possuir vínculo empregatício de trabalho empregado, inclusive de doméstico, avulso ou contribuição como contribuinte individual (O exercício de atividade remunerada do segurado recluso que contribuir na condição de segurado facultativo, em cumprimento de pena em regime fechado, não acarreta a perda do direito ao recebimento do auxílio-reclusão para seus dependentes); III – na hipótese de opção pelo recebimento de salário-maternidade; ou IV – na hipótese de opção pelo auxílio por incapacidade temporária, para fatos geradores anteriores a 18.01.2019, data da publicação da MP n. 871, convertida na Lei n. 13.846/2019. – Nas hipóteses dos incs. II, III e IV, o benefício será restabelecido, respectivamente, no dia posterior ao encerramento do vínculo empregatício, no dia posterior à cessação do salário-maternidade ou no dia posterior à cessação do auxílio por incapacidade temporária.
Observações	– As regras gerais do auxílio-reclusão encontram-se no art. 201 da CF, no art. 27 da EC n. 103/2019 e no art. 80 da Lei n. 8.213/1991.

10.3 PENSÃO POR MORTE

A pensão por morte é o benefício pago ao cônjuge ou companheiro e dependentes do segurado, homem ou mulher, que falecer, aposentado ou não, conforme previsão expressa do art. 201, inc. V, da Constituição Federal.

A pensão por morte pode ter origem comum ou acidentária, sendo devida em caso de morte real ou presumida

Quando se trata de falecimento por acidente do trabalho ou doença ocupacional, a pensão por morte é considerada acidentária. Quando o óbito for decorrente de causas diversas, é considerada como de origem comum. A diferenciação é fundamental, seja para definição da competência jurisdicional para concessão e revisão do benefício (Justiça Federal ou Justiça Estadual), seja em razão dos reflexos que pode gerar, entre os quais o valor do benefício a ser pago e a indenização a ser exigida dos causadores do acidente do trabalho (esta, de competência da Justiça do Trabalho).

A partir da EC n. 103/2019, caso o segurado não esteja aposentado, a definição da causa do óbito tem relação com o cálculo do valor da renda mensal da pensão. Se o óbito for decorrente de acidente do trabalho, de doença profissional e de doença do trabalho, a aposentadoria que serve de base será equivalente a 100% do salário de benefício. Na hipótese de o óbito decorrer de causa diversa, a aposentadoria que servirá de base terá um coeficiente de 60% do salário de benefício, com acréscimo de dois pontos percentuais para cada ano de contribuição que exceder o tempo de 20 anos de contribuição, no caso dos homens, e dos 15 anos, no caso das mulheres.

Necessário destacar que a data do fato gerador (óbito) define a regra a ser aplicada (princípio *tempus regit actum*), daí por que não há como se cogitar de regras de transição. Nesse sentido, a Súmula n. 340 do STJ: "A lei aplicável à concessão de pensão previdenciária por morte é aquela vigente na data do óbito do segurado".

As regras gerais sobre a pensão por morte estão disciplinadas nos arts. 23 e 24 da EC n. 103/2019, e naquilo que não conflita com esses dispositivos, nos arts. 74 a 78 da Lei n. 8.213/1991 e, ainda, nos arts. 105 a 115 do Decreto n. 3.048/1999 (com as alterações decorrentes do Decreto n. 10.410/2020).

10.3.1 Requisitos para a concessão do benefício

O risco social a ser coberto pela Previdência Social, no caso, é a subsistência de dependentes do segurado do RGPS, assim considerados os que estão arrolados no art. 16 da Lei de Benefícios. Assim, os requisitos para a concessão do benefício são:

- a qualidade de segurado do falecido;
- a morte real ou presumida deste;
- a existência de dependentes que possam se habilitar como beneficiários perante o INSS;

    Dica: para os óbitos ocorridos a partir de 18.06.2015, o cônjuge, companheiro ou companheira terá que comprovar que a morte ocorreu depois de vertidas 18 contribuições mensais e pelo menos dois anos após o início do casamento ou da união estável (na inexistência dessas provas, a pensão tem duração de quatro meses, salvo na hipótese de o óbito do segurado decorrer de acidente de qualquer natureza ou doença profissional ou do trabalho; ou se o cônjuge ou companheiro for portador de invalidez ou deficiência).

Não é devida pensão por morte quando na data do óbito tiver ocorrido a perda da qualidade de segurado, salvo se o falecido houver implementado os requisitos para obtenção de aposentadoria, ou se, por meio de parecer médico-pericial, ficar reconhecida a existência de incapacidade permanente do falecido, dentro do período de graça. Tal regra se explica pelo fato de que, se o segurado já adquirira direito à aposentadoria, manter-se-ia nessa qualidade por força do disposto no art. 15, inc. I, da Lei do RGPS. Assim, a lei transfere ao dependente do segurado esse direito adquirido, pois, se assim não fosse, perderia o direito à pensão, tão somente pela inércia do segurado.

Nesse sentido a Súmula n. 416 do STJ: "É devida a pensão por morte aos dependentes do segurado que, apesar de ter perdido essa qualidade, preencheu os requisitos legais para a obtenção de aposentadoria até a data do seu óbito".

A mesma situação ocorre se o segurado, ao tempo do falecimento, era detentor do direito a benefício previdenciário por incapacidade temporária, ainda que tenha sido indeferido pelo INSS e somente reconhecido em juízo. Assim, a sentença, no caso, não cria direito, apenas reconhece que, à época, o segurado perfazia as condições para o deferimento. Logo, comprovado que o segurado estava doente e somente por tal razão deixou de contribuir para a previdência, tendo falecido em razão da mesma doença, seus dependentes têm direito à pensão por morte.

Em virtude da decisão proferida na ACP 5012756-22.2015.4.04.7100/RS, o INSS deixou de reconhecer a perda da qualidade de segurado, quando devidamente comprovada a incapacidade do segurado na data do óbito ou no período de graça e desde que presentes os demais requisitos legais, para a concessão do benefício de pensão por morte (Portaria Conjunta DIRBEN/DIRAT/PFE/INSS n. 5/2020). A determinação judicial produz efeitos para benefícios de pensão por morte com DER a partir de 05.03.2015 e alcança todo o território nacional.

O INSS, em 2022, editou novo ato para regular o cumprimento da referida ACP, trata-se da Portaria Conjunta DIRBEN/PFE/INSS n. 60, de 07.03.2022, que: "Comunica adequação dos sistemas para aplicação da decisão judicial proferida na Ação Civil Pública – ACP n. 5012756-22.2015.4.04.7100/RS, referente à análise da incapacidade do instituidor sem qualidade de segurado no fato gerador da pensão por morte".

10.3.2 Morte presumida

A pensão poderá ser concedida em caráter provisório em caso de morte presumida do segurado, declarada pela autoridade judicial competente depois de seis meses de ausência – art. 78 da Lei n. 8.213/1991, a contar da decisão judicial.

Em caso de desaparecimento do segurado por motivo de catástrofe, acidente ou desastre, deverá ser paga a contar da data da ocorrência, mediante prova hábil.

Verificado o reaparecimento do segurado, o pagamento da pensão cessa imediatamente, ficando os dependentes desobrigados da reposição dos valores recebidos, salvo comprovada má-fé.

O art. 7.º do Código Civil determina que pode ser declarada a morte presumida sem decretação de ausência:

> I – se for extremamente provável a morte de quem estava em perigo de vida;
> II – se alguém, desaparecido em campanha ou feito prisioneiro, não for encontrado até dois anos após o término da guerra.

A declaração da morte presumida, nesses casos, somente poderá ser requerida depois de esgotadas as buscas e averiguações, devendo a sentença fixar a data provável do falecimento.

O art. 88 da Lei de Registros Públicos (Lei n. 6.015/1973) permite a justificação judicial da morte para assento de óbito de pessoas desaparecidas em naufrágio, inundação, incêndio, terremoto ou qualquer outra catástrofe, quando estiver provada a sua presença no local do desastre e não for possível encontrar o cadáver para exame.

São aceitos como prova do desaparecimento: boletim de ocorrência policial, documento confirmando a presença do segurado no local do desastre, noticiário dos meios de comunicação e outros. Nesses casos, quem recebe a pensão por morte terá de apresentar, de seis em seis meses, documento sobre o andamento do processo de desaparecimento até que seja emitida a certidão de óbito.

Segundo o STJ, a declaração de ausência para fins previdenciários pode ser feita pelo juiz federal que julgar o pedido de pensão por morte: "Conflito negativo de competência. Justiça Federal e Estadual. Ação declaratória de ausência. Inexistência de bens para arrecadar. Fins previdenciários. Competência do Juízo Federal. Outros eventuais direitos a serem postulados perante juízo próprio" (CC 200701371203, 2.ª Seção, Rel. Min. Nancy Andrighi, j. 12.09.2007, *DJ* 20.09.2007).

10.3.3 Direito à pensão quando o segurado esteja inadimplente com a Previdência

Frequentemente, deparamo-nos com o seguinte questionamento: "Os dependentes podem, para fins de recebimento da pensão, efetuar a regularização das contribuições em mora do segurado contribuinte individual, desde que demonstrado o exercício de atividade laboral no período anterior ao óbito?".

Sobre o tema registramos a edição de Súmula pela TNU, nos termos que seguem: "52 – Para fins de concessão de pensão por morte, é incabível a regularização do recolhimento de contribuições de segurado contribuinte individual posteriormente a seu óbito, exceto quando as contribuições devam ser arrecadadas por empresa tomadora de serviços".

A Lei n. 13.846/2019, por sua vez, alterou o art. 17 da Lei n. 8.213/1991 e passou a prever expressamente em seu § 7.º que "não será admitida a inscrição post mortem de segurado contribuinte individual e de segurado facultativo". Essa alteração legislativa segue o entendimento já adotado nos atos normativos internos do INSS e na jurisprudência e tem por objetivo combater fraudes no sistema.

Na sequência, o Decreto n. 10.410/2020, que atualizou o RPS, incluiu o art. 19-E para tratar da regularização das contribuições abaixo do mínimo legal realizadas após 13.11.2019 (art. 195, § 14, da CF). Nesse contexto, estipulou no § 7.º que, na hipótese de falecimento do segurado, os ajustes poderão ser solicitados por seus dependentes para fins de reconhecimento de direito para benefício a eles devidos até o dia 15 do mês de janeiro subsequente ao do ano civil correspondente.

Na hipótese de irregularidade na inscrição no CadÚnico, a TNU fixou a seguinte tese em Representativo de Controvérsia Tema n. 286: "Para fins de pensão por morte, é possível a complementação, após o óbito, pelos dependentes, das contribuições recolhidas em vida, a tempo e modo, pelo segurado facultativo de baixa renda do art. 21, § 2.º, II, 'b', da Lei 8.212/1991, da alíquota de 5% para as de 11% ou 20%, no caso de não validação dos recolhimentos" (Pedilef 5007366-70.2017.4.04.7110/RS, j. 23.06.2022).

10.3.4 Período de carência: não exigência

A concessão da pensão por morte, a partir da Lei n. 8.213/1991, não depende de número mínimo de contribuições pagas pelo segurado falecido. Basta comprovar a situação de segurado (filiação previdenciária) para ser gerado direito ao benefício.

Para os óbitos anteriores à vigência da Lei n. 8.213/1991, a carência exigida pela legislação vigente era de 12 contribuições mensais.

A MP n. 664/2014 previa, para os óbitos ocorridos a partir de 1.º.03.2015, a necessidade de cumprimento de um período de carência de 24 meses, salvo nos casos em que o segurado estivesse em gozo de auxílio-doença ou de aposentadoria por invalidez.

Essa regra não foi ratificada na transformação em Lei (n. 13.135/2015), a qual fixou a necessidade de 18 contribuições e a comprovação de dois anos de casamento ou de união estável para o cônjuge ou companheiro ter direito à pensão por um prazo maior. Caso contrário, a duração será de apenas quatro meses, regra que reputamos inconstitucional, como comentado anteriormente.

Considerando-se que a exigência de 18 contribuições não tem o caráter de carência, havendo a perda da qualidade de segurado e posterior retorno à condição de segurado, não será necessário cumprir a metade desse período na refiliação.

10.3.5 Habilitação de beneficiários

Quando da ocorrência do óbito do segurado, os dependentes que se acharem aptos a requerer o benefício devem fazê-lo habilitando-se perante a Previdência, pelo telefone 135 ou pela Internet, no *site* do *Meu INSS*.

De acordo com o art. 17, § 1.º, da Lei de Benefícios, a inscrição do dependente do segurado será promovida quando do requerimento do benefício a que tiver direito. Logo, não há mais exigência de inscrição prévia de dependentes pelo segurado na Previdência Social, nem registro destes CTPS, quando se trate de segurado empregado. Foi revogada, assim, a regra pela qual a inscrição do cônjuge e filho do segurado era feita na empresa, caso fosse empregado, no sindicato ou OGMO, se fosse trabalhador avulso, e no INSS, nas demais circunstâncias, assim como ao segurado a inscrição do dependente, no ato da inscrição do próprio segurado.

De acordo com a Lei n. 13.846/2019, que incluiu o § 5.º no art. 16 da LBPS, as provas de união estável e de dependência econômica exigem início de prova material contemporânea dos fatos, produzido em período não superior a 24 meses anterior à data do óbito. Regulamentando esse dispositivo, o § 3.º do art. 22 do RPS (com redação conferida pelo Decreto n. 10.410/2020), dispõe que para a comprovação do vínculo e da dependência econômica, conforme o caso, deverão ser apresentados, no mínimo, dois documentos, observado o disposto nos §§ 6.º-A e 8.º do art. 16, e poderão ser aceitos, entre outros:

> I – certidão de nascimento de filho havido em comum;
>
> II – certidão de casamento religioso;
>
> III – declaração do imposto de renda do segurado, em que conste o interessado como seu dependente;
>
> IV – disposições testamentárias; [...].

Os dependentes de uma mesma classe concorrem em igualdade de condições. Todos os arrolados como dependentes da mesma classe possuem igualdade de direitos perante a Previdência Social.

A eventual concessão de alimentos provisionais a algum dependente ex-cônjuge ou filho, decorrente de separação ou divórcio, não garante direito a percentual semelhante ao que vinha sendo pago pelo segurado alimentante, vale dizer, a divisão de cotas de todos os beneficiários perante a Previdência, na condição de dependentes, é sempre em igualdade de condições. Como tem reiteradamente decidido o STJ: "a concessão de pensão por morte não se vincula aos parâmetros fixados na condenação para a pensão alimentícia, motivo pelo qual o percentual da pensão não corresponde ao mesmo percentual recebido a título de alimentos" (REsp 1.449.968, 1.ª Turma, Rel. Min. Sérgio Kukina *DJe* 20.11.2017).

Ainda, segundo a Lei n. 13.846/2019 que inseriu o § 3.º no art. 76 da Lei n. 8.213/1991: "Na hipótese de o segurado falecido estar, na data de seu falecimento, obrigado por determinação judicial a pagar alimentos temporários a ex-cônjuge, ex-companheiro ou ex-companheira, a pensão por morte será devida pelo prazo remanescente na data do óbito, caso não incida outra hipótese de cancelamento anterior do benefício".

Por força do disposto no § 1.º do art. 16 da Lei n. 8.213/1991, a existência de dependentes de qualquer das classes exclui do direito às prestações os das classes seguintes. Há no direito previdenciário, tal como no direito das sucessões, uma ordem de vocação entre dependentes para o recebimento de benefício, embora as classes elencadas na Lei de Benefícios não sejam as mesmas indicadas no Código Civil. Inicialmente, devem ser beneficiários os que estão na célula familiar do segurado; depois, não existindo esta, fazem jus os genitores; por fim, seus irmãos ainda menores ou incapazes para prover a sua própria subsistência.

A concessão da pensão por morte não será protelada pela falta de habilitação de outro possível dependente – art. 76 da Lei n. 8.213/1991.

Não é incomum a situação em que na data do falecimento do segurado a cônjuge ou companheira deste estava grávida, donde surge a discussão sobre o cabimento da pensão no caso. Nessas hipóteses, deve ser reconhecido o direito ao recebimento da pensão pelo nascituro, cuja concretização se efetiva com o seu nascimento. Nesse sentido: STJ, REsp 1.779.441/SP, 2.ª Turma, Rel. Min. Herman Benjamin, *DJe* 13.09.2019.

Se algum beneficiário não tomar a iniciativa de buscar o benefício, nem por esse motivo terão os demais beneficiários de esperar para receber o valor da pensão, que será repartido entre os beneficiários habilitados. Qualquer inscrição ou habilitação posterior que importe em exclusão ou inclusão de dependentes só produzirá efeito a contar da data da inscrição ou habilitação.

Sobre o tema, Russomano acentua que, "se, posteriormente, sobrevier a habilitação de outro dependente e se sua qualificação excluir o dependente que vinha sendo beneficiado pela pensão, essa exclusão somente surtirá efeitos a partir da data em que a habilitação do beneficiário superveniente estiver realizada". De fato, também de acordo com o entendimento do mesmo autor, "a concessão do benefício é feita a título provisório ou precário, de modo a não prejudicar direitos futuros de outros dependentes, que lhes serão reconhecidos a contar do dia em que estiver ultimada a sua habilitação".[10]

Como regra geral, a inscrição ou habilitação posterior que importe em exclusão ou inclusão de dependentes só produzirá efeito a contar da data da inscrição ou habilitação. Contudo, comprovada a absoluta incapacidade do requerente à pensão por morte, entendemos que faz ele jus ao pagamento das parcelas vencidas desde a data do óbito do instituidor da pensão, ainda que não postulado administrativamente no prazo de 90 dias, uma vez que não se sujeita aos prazos prescricionais. Nesse sentido: STJ, REsp 1.767.198/ RS, 2.ª Turma, Rel. Min. Herman Benjamin, *DJe* 18.10.2019.

Entretanto, caso o dependente incapaz, que não pleiteia a pensão por morte no prazo definido na LBPS a contar da data do óbito do segurado, não tem direito ao recebimento do referido benefício a partir da data do falecimento do instituidor, considerando que outros dependentes, integrantes do mesmo núcleo familiar, já recebiam

---

[10] RUSSOMANO, Mozart Victor. *Comentários à Consolidação das Leis da Previdência Social*. 2. ed. São Paulo: Revista dos Tribunais, 1981. p. 198-199.

o benefício (*v.g.*, STJ, REsp 1.664.036/RS, 2.ª Turma, Rel. Min. Herman Benjamin, *DJe* 06.11.2019.

Diante dessa orientação, podemos concluir que, nas hipóteses em que somente a mãe se habilitou ao recebimento da pensão, o filho que reside com ela não faz jus ao recebimento desde o óbito do instituidor (em caso de posterior habilitação), pois já se beneficiou do valor do benefício. No entanto, caso seja um filho que o segurado possuía em outro relacionamento e que não residia com a dependente habilitada, os efeitos da habilitação devem retroagir ao óbito.

Ainda quanto à habilitação, a Lei n. 13.846/2019 passou a prever no art. 74 da LBPS que:

- Ajuizada a ação judicial para reconhecimento da condição de dependente, este poderá requerer a sua habilitação provisória ao benefício de pensão por morte, exclusivamente para fins de rateio dos valores com outros dependentes, vedado o pagamento da respectiva cota até o trânsito em julgado da respectiva ação, ressalvada a existência de decisão judicial em contrário.
- Nas ações em que o INSS for parte, este poderá proceder de ofício à habilitação excepcional da referida pensão, apenas para efeitos de rateio, descontando-se os valores referentes a essa habilitação das demais cotas, vedado o pagamento da respectiva cota até o trânsito em julgado da respectiva ação, ressalvada a existência de decisão judicial em contrário.
- Julgada improcedente a ação, o valor retido será corrigido pelos índices legais de reajustamento e pago de forma proporcional aos demais dependentes, de acordo com as suas cotas e o tempo de duração de seus benefícios.

Dica: em qualquer caso, fica assegurada ao INSS a cobrança dos valores indevidamente pagos em função de nova habilitação.

10.3.6 Tempo mínimo de convivência entre cônjuges e companheiros(as)

Na redação original da Lei de Benefícios e desde a origem do sistema previdenciário brasileiro, não havia regra jurídica exigindo tempo mínimo de convivência afetiva para a obtenção do benefício de pensão por morte pelo cônjuge supérstite.

Essa exigência foi introduzida pela Lei n. 13.135/2015 (originária da MP n. 664/2014), de maneira que, para os óbitos ocorridos a partir de 18.06.2015, o cônjuge, companheiro ou companheira terá que comprovar que o óbito ocorreu depois de vertidas 18 contribuições mensais e pelo menos dois anos após o início do casamento ou da união estável.

Essa regra é excepcionada, nos casos em que:

I – o óbito do segurado decorrer de acidente de qualquer natureza ou doença profissional ou do trabalho;

II – se o cônjuge ou companheiro com invalidez ou deficiência.

De acordo com tese fixada pela TNU: "A morte do segurado instituidor da pensão, vítima do crime de homicídio, caracteriza acidente de qualquer natureza para os fins do art. 77, § 2.º-A, da LBPS, na redação que lhe foi conferida pela Lei n. 13.135/2015" (PEDILEF 0508762-27.2016.4.05.8013/AL, *DJe* 03.07.2018).

Foi também prevista na Lei n. 13.135/2015 a concessão da pensão por morte, em favor do cônjuge ou companheiro, com duração de quatro meses, se o óbito ocorrer sem que o segurado tenha vertido 18 contribuições mensais ou se o casamento ou a união estável tiverem sido iniciados em menos de dois anos antes do óbito do segurado.

A falta de comprovação das 18 contribuições mensais e de que o casamento ou a união estável ocorreu há pelo menos dois anos antes do óbito não afeta o direito ao recebimento do benefício pelos demais dependentes.

10.3.7 Data de início do benefício

A definição da data de início da pensão por morte está relacionada à legislação vigente no momento do óbito e à capacidade do dependente que requerer o benefício. Podemos sintetizar as regras da seguinte forma:

a) para óbitos ocorridos até o dia 10.12.1997 (véspera da publicação da Lei n. 9.528, de 1997), a contar da data:
   – do óbito, tratando-se de dependente capaz ou incapaz, observada a prescrição quinquenal de parcelas vencidas ou devidas, ressalvado o pagamento integral dessas parcelas aos dependentes menores de 16 anos e aos inválidos incapazes;

b) para óbitos ocorridos a partir de 11.12.1997 (Lei n. 9.528/1997) até 04.11.2015, a contar da data:
   – do óbito, quando requerida até 30 dias deste;
   – do requerimento, se requerido depois de 30 dias;
   – o beneficiário menor de 16 anos poderia requerer até 30 dias após completar essa idade, quando então retroagirá ao dia do óbito;
   – os inválidos capazes equiparam-se aos maiores de 16 anos de idade;

c) para os óbitos ocorridos a partir de 05.11.2015 (Lei n. 13.183/2015) até 17.01.2019:
   – do óbito, quando requerida até 90 dias depois deste;
   – do requerimento, quando requerida após 90 dias do óbito;
   – o beneficiário menor de 16 anos poderia requerer até 90 dias após completar essa idade, quando então retroagirá ao dia do óbito;

d) para os óbitos ocorridos a partir de 18.01.2019 (Lei n. 13.846/2019, conversão da MP n. 871/2019):
   – do óbito, quando requerida até 90 dias depois deste;
   – do requerimento, quando requerida após 90 dias do óbito;
   – para o beneficiário menor de 16 anos: quando requerida até 180 dias após o óbito, retroage a data do óbito;
   – para o beneficiário menor de 16 anos: quando requerida após 180 dias do óbito, os valores são devidos somente a partir da data do requerimento, sem retroação;

e) da decisão judicial, no caso de morte presumida; e
f) da data da ocorrência, no caso de catástrofe, acidente ou desastre.

Até 18.01.2019, também havia previsão específica na Lei n. 8.213/1991, no art. 79, que excluía expressamente a aplicação do art. 103 (prescrição e decadência) para pensionistas menores, incapazes ou ausentes. Entretanto, a Lei n. 13.846/2019 alterou a previsão do art. 74 e revogou o art. 79 na tentativa da aplicação do prazo tanto prescricional quanto de requerimento.

O que sempre se deve observar é a regra vigente no momento do óbito, como bem determinado pela Súmula n. 340 do STJ. Nesse sentido, para óbitos sucedidos após 18.01.2019, aplicar-se-á a regra dos 180 dias; no entanto, para óbitos que aconteceram entre 05.11.2015 e 17.01.2019, aplica-se a possibilidade de requerimento até 90 dias após completar a idade de 16 anos, quando então o pagamento ocorrerá desde a data do óbito.

A Lei n. 13.846/2019, no entanto, ao estabelecer o prazo de 180 dias para requerer a pensão por morte, fixou novamente prazo prescricional para dependentes de até 16 anos, o que trará novos embates em demandas judiciais.

10.3.8 Renda mensal inicial

A renda mensal inicial da pensão por morte, a partir da Lei n. 9.528/1997, e até o advento da EC n. 103/2019, correspondia a 100% da aposentadoria que o segurado recebia ou daquela a que teria direito se estivesse aposentado por invalidez na data de seu falecimento.

O cálculo da aposentadoria por invalidez, nesse período, era de 100% do salário de benefício, correspondente à média aritmética dos maiores salários de contribuição, corrigidos monetariamente, equivalentes a 80% do período básico de cálculo, a partir de julho de 1994, caso a filiação fosse anterior a essa data, e a partir da filiação, quando posterior.

A pensão por morte, até o advento da EC n. 103/2019, uma vez obtido o valor da renda mensal inicial, havendo mais de um pensionista, era rateada entre todos em partes iguais, e, nesse caso, as parcelas do rateio poderiam ser inferiores ao salário mínimo. Assim, se houvesse apenas dois dependentes, mãe e filho, seria de 50% para cada um deles; se fossem dependentes ex-esposa separada ou divorciada com direito a alimentos, companheira e dois filhos, cada qual teria direito a 25%. As cotas eram sempre iguais, embora, em muitos casos, essa forma de partilha não fosse a mais justa para as partes.

– **A EC n. 103/2019: novas regras de cálculo e de divisão de cotas**

A partir da entrada em vigor da Reforma da Previdência (art. 23 da EC n. 103/2019), passou a RMI da pensão por morte a ser equivalente a uma cota familiar de 50% do valor da aposentadoria recebida pelo segurado ou daquela a que teria direito se fosse aposentado por incapacidade permanente na data do óbito, acrescida de cotas de dez pontos percentuais por dependente, até o máximo de 100%.

As cotas por dependente (10%) cessam com a perda dessa qualidade e não serão reversíveis aos demais dependentes, preservado o valor de 100% da pensão por morte, quando o número de dependentes remanescente for igual ou superior a cinco (art. 23, § 1.º).

A previsão de irreversibilidade das cotas dos dependentes que deixam de sê-lo aos demais remanescentes apresenta perspectiva de deterioração ainda maior no valor da pensão por morte com o passar do tempo. Trata-se de mais um elemento para reduzir o valor da pensão, já profundamente vulnerado pela lógica de cotas.

Entretanto, na hipótese de existir dependente inválido ou com deficiência intelectual, mental ou grave, o valor da pensão por morte será equivalente a 100% da aposentadoria recebida pelo segurado ou daquela a que teria direito se fosse aposentado por incapacidade permanente na data do óbito, até o limite máximo de benefícios do RGPS. A justificativa para essa exceção no cálculo foi apresentada pelo relator da PEC n. 06/2019, Deputado Samuel Moreira (PSDB/SP), nos seguintes termos:

> Certamente, o custo de vida da pessoa com deficiência é bem superior ao das demais pessoas, especialmente na ausência de familiares que possam prover cuidados necessários para o exercício de atividades da vida diária, que possibilitem sua participação na vida comunitária.

A nova fórmula de cálculo da pensão por morte provoca uma drástica redução do valor desse benefício que é voltado aos dependentes elencados no art. 16 da Lei n. 8.213/1991, entre os quais cônjuges, companheiros, filhos menores, incapazes ou com deficiência. Na situação mais comum, a pensão inicia com vários dependentes e, com o passar do tempo, resta apenas o cônjuge ou companheiro.

O acréscimo de 25% pago ao aposentado por invalidez que necessitava de assistência permanente de outra pessoa não se transfere ao pensionista.

Tratando-se de pensão por morte de segurado especial, o valor da renda mensal é de um salário mínimo. Caso tenha feito contribuições mensais, de forma facultativa, o valor corresponde à aposentadoria por incapacidade permanente que seria devida ao segurado, calculada na forma prevista na legislação ora vigente.

10.3.9 Cessação

O direito à cota-parte da pensão por morte cessará pela ocorrência das situações previstas no art. 77, § 2.º, da Lei n. 8.213/1991, quais sejam:

> I – pela morte do pensionista;
>
> II – para o filho, a pessoa a ele equiparada ou o irmão, de ambos os sexos, ao completar 21 (vinte e um) anos de idade, salvo se for inválido ou tiver deficiência intelectual ou mental ou deficiência grave;
>
> III – para filho ou irmão inválido, pela cessação da invalidez;
>
> IV – para filho ou irmão que tenha deficiência intelectual ou mental ou deficiência grave, pelo afastamento da deficiência, nos termos do regulamento;
>
> V – para cônjuge ou companheiro:
>
> a) se inválido ou com deficiência, pela cessação da invalidez ou pelo afastamento da deficiência, respeitados os períodos mínimos decorrentes da aplicação das alíneas "b" e "c";
>
> b) em 4 (quatro) meses, se o óbito ocorrer sem que o segurado tenha vertido 18 (dezoito) contribuições mensais ou se o casamento ou a união estável tiverem sido iniciados em menos de 2 (dois) anos antes do óbito do segurado;

c) transcorridos os seguintes períodos, estabelecidos de acordo com a idade do beneficiário na data de óbito do segurado, se o óbito ocorrer depois de vertidas 18 (dezoito) contribuições mensais e pelo menos 2 (dois) anos após o início do casamento ou da união estável:

1) 3 (três) anos, com menos de 22 (vinte e dois anos de idade;

2) 6 (seis) anos, entre 22 (vinte e dois) e 27 (vinte e sete) anos de idade;

3) 10 (dez) anos, entre 28 (vinte e oito) e 30 (trinta) anos de idade;

4) 15 (quinze) anos, entre 31 (trinta e um) e 41 (quarenta e um) anos de idade;

5) 20 (vinte) anos, entre 42 (quarenta e dois) e 44 (quarenta e quatro) anos de idade;

6) vitalícia, com 45 (quarenta e cinco) ou mais anos de idade.

(A partir de 01.01.2021, as idades foram elevadas em um ano pela Portaria ME n. 424/2020.)

VI – pela perda do direito, na forma do § 1.º do art. 74 desta Lei. (Incluído pela Lei n. 13.846, de 2019.)

A hipótese de cessação da condição de pensionista pelo decurso do prazo de recebimento de pensão pelo cônjuge, companheiro ou companheira foi estabelecida pela Lei n. 13.135/2015, portanto aplica-se apenas para os óbitos ocorridos a partir de 1.º.03.2015.

Não haverá a cessação pelo transcurso dos referidos prazos, caso o cônjuge ou companheiro beneficiário seja considerado inválido ou possua deficiência, reconhecidos em perícia realizada no INSS para esse fim. Nessa hipótese, o encerramento da cota-parte se dará pela cessação da invalidez ou pelo afastamento da deficiência, respeitados os períodos mínimos decorrentes da aplicação das alíneas *b* e *c*.

O pensionista inválido está isento do exame médico-pericial após completar 60 anos de idade (art. 101, § 1.º, II, da LBPS, redação atual conferida pela Lei n. 13.457/2017).

Se o óbito do segurado decorrer de acidente de qualquer natureza ou de doença profissional ou do trabalho, a pensão por morte será concedida independentemente do recolhimento de 18 contribuições mensais ou da comprovação de dois anos de casamento ou de união estável, mas ficará sujeita às mesmas regras de cessação.

Regra da máxima importância é a prevista na Lei n. 13.183, de 04.11.2015, a qual estabeleceu na LBPS previsão no sentido de que o exercício de atividade remunerada, inclusive na condição de microempreendedor individual, não impede a concessão ou manutenção da parte individual da pensão do dependente com deficiência intelectual ou mental ou com deficiência grave (art. 77, § 6.º).

Segundo o regramento incluído pela Lei n. 13.846/2019, na hipótese de o segurado falecido estar, na data de seu falecimento, obrigado por determinação judicial a pagar alimentos temporários a ex-cônjuge, ex-companheiro ou ex-companheira, a pensão por morte será devida pelo prazo remanescente na data do óbito, caso não incida outra hipótese de cancelamento anterior do benefício (art. 76, § 3.º, da LBPS).

O valor da cota-parte da pensão recebida por um dependente que perdeu o direito a ela, por algum dos motivos referidos, até o advento da EC n. 103/2019, revertia em favor dos demais e era novamente repartido com os demais dependentes que continuarem na condição de pensionistas. Sobre a reversão das cotas, consta do art. 371 da IN n. 128/2022 que:

> I – **para os óbitos ocorridos a partir de 14 de novembro de 2019**, data posterior à publicação da Emenda Constitucional n. 103, de 2019, as cotas individuais cessadas não serão revertidas aos demais dependentes; e
> II – **para os óbitos ocorridos até 13 de novembro de 2019**, data da publicação da Emenda Constitucional n. 103, de 2019, as cotas cessadas serão revertidas aos demais dependentes.

A pensão se extingue com a perda do direito do último pensionista e não se transfere a dependente de classe inferior.

Pela Lei n. 8.213/1991, não constitui motivo para a cessação do benefício o novo casamento. Nesse sentido: "1. O novo casamento não constitui causa de extinção do direito à pensão (art. 77 da Lei n. 8.213/1991). 2. Assim, ocorrido o segundo matrimônio sob a égide da Lei n. 8.213/1991, inviável o cancelamento do benefício" (TRF da 4.ª Região, APELREEX 2007.71.08.008613-4, Rel. Des. Fed. Ricardo Teixeira do Valle Pereira, *DE* 11.05.2009).

A emancipação não é mais causa de cessação de cota de benefício. A Lei n. 13.183/2015, ao alterar o inc. II do § 2.º do art. 77 da LBPS, excluiu a emancipação como causa de cessação de cota de pensão por morte (regra extensível ao auxílio-reclusão).

A partir de 29.04.1995 (Lei n. 9.032/1995), não é permitido o recebimento de mais de uma pensão deixada por cônjuge ou companheiro, ressalvado o direito de opção pela mais vantajosa.

No caso de reaparecimento do segurado, a pensão por morte presumida cessará de imediato, ficando os dependentes desobrigados do reembolso de quaisquer quantias já recebidas, salvo má-fé (art. 78, § 2.º, da Lei n. 8.213/1991).

10.3.10 Perda do direito à pensão por morte

Conforme já referido, além das hipóteses de cessação, o art. 74 da LBPS prevê duas outras hipóteses de perda do direito ao recebimento da pensão por morte, quais sejam:

a) o condenado criminal por sentença com trânsito em julgado, como autor, coautor ou partícipe de homicídio doloso, ou de tentativa desse crime, cometido contra a pessoa do segurado, ressalvados os absolutamente incapazes e os inimputáveis (art. 74, § 1.º, da LBPS, com redação conferida pela Lei n. 13.846/2019);

b) o cônjuge, o companheiro ou a companheira se comprovada, a qualquer tempo, simulação ou fraude no casamento ou na união estável, ou a formalização desses com o fim exclusivo de constituir benefício previdenciário, apuradas em processo judicial no qual será assegurado o direito ao contraditório e à ampla defesa (art. 74, § 2.º, da LBPS, com redação conferida pela Lei n. 13.135/2015).

Essa previsão é salutar, corrigindo distorção que existia no sistema, que não previa a adoção do princípio da indignidade e não reprimia a simulação ou fraude no casamento ou união estável para gerar direito ao benefício.

10.3.11 Direito dos pensionistas ao recebimento de direitos previdenciários adquiridos em vida pelo trabalhador

De acordo com o Repetitivo STJ n. 1.057, os pensionistas e sucessores têm legitimidade para, em ordem de preferência, propor em nome próprio a ação revisional da aposentadoria com o objetivo de redefinir a renda mensal da pensão por morte e receber diferenças resultantes do recálculo da pensão ou valores devidos e não pagos pela Administração ao instituidor quando vivo. Com o julgamento, foram definidas quatro teses, quais sejam:

(i) O disposto no art. 112 da Lei n. 8.213/1991, segundo o qual "o valor não recebido em vida pelo segurado só será pago aos seus dependentes habilitados à pensão por morte ou, na falta deles, aos seus sucessores na forma da lei civil, independentemente de inventário ou arrolamento", é aplicável aos âmbitos judicial e administrativo;

(ii) Os pensionistas detêm legitimidade ativa para pleitear, por direito próprio, a revisão do benefício derivado (pensão por morte) – caso não alcançada pela decadência –, fazendo jus a diferenças pecuniárias pretéritas não prescritas, decorrentes da pensão recalculada;

(iii) Caso não decaído o direito de revisar a renda mensal inicial do benefício originário do segurado instituidor, os pensionistas poderão postular a revisão da aposentadoria, a fim de auferirem eventuais parcelas não prescritas resultantes da readequação do benefício original, bem como os reflexos na graduação econômica da pensão por morte; e

(iv) À falta de dependentes legais habilitados à pensão por morte, os sucessores (herdeiros) do segurado instituidor, definidos na lei civil, são partes legítimas para pleitear, por ação e em nome próprios, a revisão do benefício original – salvo se decaído o direito ao instituidor – e, por conseguinte, de haver eventuais diferenças pecuniárias não prescritas, oriundas do recálculo da aposentadoria do *de cujus* (REsp 1.856.967/1.856.969/1.856.969, 1.ª Seção, Rel. Min. Regina Helena Costa, j. 23.06.2021).

Quadro-Resumo
PENSÃO POR MORTE

BENEFÍCIO	PENSÃO POR MORTE Códigos da Espécie (INSS): B-21 (previdenciária) ou B-93 (acidentária)
Evento Gerador	Falecimento do segurado ou decretação de sua morte presumida, durante o período em que manteve essa qualidade.
Beneficiários	– É paga ao conjunto de dependentes do segurado, segundo classificação do art. 16 da Lei n. 8.213/1991. – A dependência econômica na classe 1 (o cônjuge, a companheira, o companheiro e o filho não emancipado, de qualquer condição, menor de 21 anos ou inválido ou que tenha deficiência intelectual ou mental ou deficiência grave) é presumida e não admite prova em contrário. – Dos dependentes da classe 2 (pais) e 3 (o irmão não emancipado, de qualquer condição, menor de 21 anos ou inválido ou que tenha deficiência intelectual ou mental ou deficiência grave), a dependência econômica deve ser comprovada.

BENEFÍCIO	PENSÃO POR MORTE Códigos da Espécie (INSS): B-21 (previdenciária) ou B-93 (acidentária)
Requisitos	Qualidade de segurado do de cujus, ou direito adquirido à aposentadoria deste antes do óbito, mesmo que não requerida; e prova do enquadramento em alguma das classes de dependentes do(s) requerente(s).
Carência	– óbitos anteriores a 05.04.1991: 12 contribuições mensais; – óbitos a partir de 05.04.1991: não tem período de carência.
Qualidade de Segurado	– Súmula n. 416 do STJ: "É devida a pensão por morte aos dependentes do segurado que, apesar de ter perdido essa qualidade, preencheu os requisitos legais para a obtenção de aposentadoria até a data do seu óbito". – Se o óbito ocorrer após a perda da qualidade de segurado, os dependentes terão direito a pensão desde que o trabalhador tenha cumprido, até o dia da morte, os requisitos para obtenção de benefício previdenciário (ex. aposentadoria, auxílio por incapacidade temporária), dentro do período de manutenção da qualidade do segurado, caso em que a incapacidade deverá ser verificada por meio de parecer da perícia médica federal com base em atestados ou relatórios médicos, exames complementares, prontuários ou documentos equivalentes.
Pensão Provisória	a) por morte presumida do segurado, declarada pela autoridade judicial competente, depois de seis meses de ausência; b) mediante prova do desaparecimento do segurado em consequência de acidente, desastre ou catástrofe, independentemente da declaração e de prazo. – Verificado o reaparecimento do segurado, o pagamento da pensão cessará imediatamente, desobrigados os dependentes da reposição dos valores recebidos, salvo má-fé.
Período Básico de Cálculo	O Período Básico de Cálculo é fixado até o mês anterior ao do falecimento ou da decretação da morte presumida.
Renda Mensal Inicial	– A partir de 28.06.1997 (Lei n. 9.528/1997), até a publicação da EC n. 103/2019: será de 100% do valor da aposentadoria que o segurado recebia ou daquela a que teria direito se estivesse aposentado por invalidez na data do óbito (art. 39, § 3.º, do Regulamento). – A partir da EC n. 103/2019: equivalente a uma cota familiar de 50% do valor da aposentadoria recebida pelo segurado ou daquela a que teria direito se fosse aposentado por incapacidade permanente na data do óbito, acrescida de cotas de dez pontos percentuais por dependente, até o máximo de 100%. – Na hipótese de existir dependente inválido ou com deficiência intelectual, mental ou grave, o valor da pensão por morte será equivalente a 100% da aposentadoria recebida pelo segurado ou daquela a que teria direito se fosse aposentado por incapacidade permanente na data do óbito. – Segurado especial: um salário mínimo. Se estiver contribuindo facultativamente sobre valores superiores, o benefício será calculado na sistemática anterior.

BENEFÍCIO	PENSÃO POR MORTE Códigos da Espécie (INSS): B-21 (previdenciária) ou B-93 (acidentária)
Fator Previdenciário	Não se aplica de forma direta, mas apenas no benefício originário, quando for decorrente de aposentadoria por tempo de contribuição ou mesmo da aposentadoria por idade (neste caso somente se positivo).
Data de Início do Benefício	a) **para óbitos ocorridos até o dia 10.12.1997 (véspera da publicação da Lei n. 9.528/1997), a contar da data:** – do óbito, tratando-se de dependente capaz ou incapaz, observada a prescrição quinquenal de parcelas vencidas ou devidas, ressalvado o pagamento integral dessas parcelas aos dependentes menores de 16 anos e aos inválidos incapazes; b) **para óbitos ocorridos a partir de 11.12.1997 (Lei n. 9.528/1997) até 04.11.2015, a contar da data:** I – do óbito, quando requerida em até 30 dias deste; II – do requerimento, se requerido depois de 30 dias; III – o beneficiário menor de 16 anos poderia requerer até 30 dias após completar essa idade, quando então retroagirá ao dia do óbito; c) **para os óbitos ocorridos a partir de 05.11.2015 até 17.01.2019:** I – do óbito, quando requerida até 90 dias depois deste (Lei n. 13.183/2015); II – do requerimento, quando requerida após o prazo de 90 dias; III – o beneficiário menor de 16 anos poderia requerer até 90 dias após completar essa idade, quando então retroagirá ao dia do óbito; IV – os inválidos capazes equiparam-se aos maiores de dezesseis anos de idade; d) **para os óbitos ocorridos a partir de 18.1.2019 (MP n. 871/2019, convertida na Lei n. 13.846/2019):** I – do óbito, quando requerida em até 180 dias após o óbito, para os filhos menores de 16 anos, ou em até 90 dias após o óbito, para os demais dependentes; II – do requerimento, quando requerida após o prazo previsto no item I; e) **da decisão judicial**, no caso de morte presumida; e f) **da data da ocorrência**, no caso de catástrofe, acidente ou desastre.
Companheiro e Cônjuge do Sexo Masculino	– Entendimento do INSS: a) para óbitos ocorridos a partir de 05.04.1991, é devida a pensão por morte ao companheiro e ao cônjuge do sexo masculino, desde que atendidos os requisitos legais; e b) para cônjuge do sexo masculino, será devida a pensão por morte para óbitos anteriormente a essa data, desde que comprovada a invalidez, conforme o art. 12 do Decreto n. 83.080/1979. – STF admite mesmo antes da CF/1988: "o óbito da segurada em data anterior ao advento da Constituição Federal de 1988 não afasta o direito à pensão por morte ao seu cônjuge varão". Nesse sentido: STF, RE 880.521 AgR/SP, 2.ª Turma, Rel. Min. Teori Zavascki, j. 08.03.2016, *DJe* 28.03.2016.

BENEFÍCIO	PENSÃO POR MORTE Códigos da Espécie (INSS): B-21 (previdenciária) ou B-93 (acidentária)
Companheiros do mesmo Sexo	Por força de decisão judicial, ACP 2000.71.00.009347-0 e Portaria MPS n. 513, de 09.12.2010, foi garantido o direito ao companheiro ou companheira do mesmo sexo para óbitos ocorridos a partir de 05.04.1991, desde que atendidas todas as condições exigidas para o reconhecimento do direito a esse benefício.
Cônjuge Separado	– O cônjuge separado de fato, divorciado ou separado judicialmente, terá direito à pensão por morte, mesmo que esse benefício já tenha sido requerido e concedido à companheira ou ao companheiro, desde que beneficiário de pensão alimentícia. – Equipara-se à percepção de pensão alimentícia o recebimento de ajuda econômica ou financeira sob qualquer forma. – Poderá ser concedida pensão por morte, apesar de o instituidor ou dependente, ou ambos, serem casados com outrem, desde que comprovada a separação (de fato, judicial ou por acordo extrajudicial) em observância ao disposto no art. 1.723 da Lei n. 10.406/2002, que instituiu o Código Civil e a vida em comum. – STJ: Súmula n. 336 – "A mulher que renunciou aos alimentos na separação judicial tem direito à pensão previdenciária por morte do ex-marido, comprovada a necessidade econômica superveniente".
Concubina/ Relacionamentos Paralelos	- STF: Repercussão Geral n. 526: "É incompatível com a Constituição Federal o reconhecimento de direitos previdenciários (pensão por morte) à pessoa que manteve, durante longo período e com aparência familiar, união com outra casada, porquanto o concubinato não se equipara, para fins de proteção estatal, às uniões afetivas resultantes do casamento e da união estável". – STF: Repercussão Geral n. 529: "A preexistência de casamento ou de união estável de um dos conviventes, ressalvada a exceção do art. 1.723, § 1.º, do Código Civil, impede o reconhecimento de novo vínculo referente ao mesmo período, inclusive para fins previdenciários, em virtude da consagração do dever de fidelidade e da monogamia pelo ordenamento jurídico-constitucional brasileiro".
Beneficiário Inválido	– De acordo com os arts. 108 e 115 do RPS: a pensão por morte será devida ao filho, ao enteado, ao menor tutelado e ao irmão, desde que comprovada a dependência econômica dos três últimos, que sejam inválidos ou que tenham deficiência intelectual, mental ou grave, cuja invalidez ou deficiência tenha ocorrido antes da data do óbito. A cota desses dependentes somente será devida, caso tornarem-se inválido ou pessoa com deficiência intelectual, mental ou grave antes de completar 21 anos de idade. – No entanto, comprovada a invalidez antes do óbito, o benefício deve ser concedido, mesmo que a invalidez tenha surgido após as hipóteses de cessação da dependência. Nesse sentido: a ACP 0059826-86.2010.4.01.3800/MG, que suspendeu, em âmbito nacional, a aplicação do art. 108 do Decreto n. 3.048/1998 (ver Portaria Conjunta INSS/PFE n. 4, de 05.03.2020).

BENEFÍCIO	PENSÃO POR MORTE Códigos da Espécie (INSS): B-21 (previdenciária) ou B-93 (acidentária)
Menor sob Guarda	– A Lei n. 9.528/1997 excluiu o menor sob guarda da qualidade de dependente de segurado do RGPS. No entanto, o STF na ADI 5.083 julgou parcialmente procedente a ação, de modo a conferir interpretação conforme ao § 2.º do art. 16 da Lei n. 8.213/1991, para contemplar, em seu âmbito de proteção, o "menor sob guarda". – A EC n. 103/2019 voltou a estabelecer (nas regras transitórias) que: "Equiparam-se a filho, para fins de recebimento da pensão por morte, exclusivamente o enteado e o menor tutelado, desde que comprovada a dependência econômica" (art. 23, § 6.º).
Habilitação Posterior	A concessão da pensão por morte não será protelada pela falta de habilitação de outro possível dependente, e qualquer inscrição ou habilitação posterior que importe em exclusão ou inclusão de dependente só produzirá efeito a contar da data da inscrição ou habilitação (art. 76 da Lei n. 8.213/1991).
Regularização das Contribuições	– Caberá a concessão nas solicitações de pensão por morte em que haja débito decorrente do exercício de atividade do segurado contribuinte individual, desde que comprovada a manutenção da qualidade de segurado perante o RGPS na data do óbito. – TNU: Súmula n. 52 – "Para fins de concessão de pensão por morte, é incabível a regularização do recolhimento de contribuições de segurado contribuinte individual posteriormente a seu óbito, exceto quando as contribuições devam ser arrecadadas por empresa tomadora de serviços". – O RPS (redação dada pelo Decreto n. 10.410/2020) permite a regularização de contribuições abaixo do mínimo legal: "Art. 19-E. [...] § 7.º Na hipótese de falecimento do segurado, os ajustes previstos no § 1.º poderão ser solicitados por seus dependentes para fins de reconhecimento de direito para benefício a eles devidos até o dia quinze do mês de janeiro subsequente ao do ano civil correspondente". – Não será admitida a inscrição *post mortem* de segurado contribuinte individual e de segurado facultativo (§ 7.º do art. 17 da Lei n. 8.213/1991, com redação dada pela Lei n. 13.846/2019).
Duração	– Indeterminada, em caso de invalidez ou deficiência do pensionista. – Quatro meses para o cônjuge ou companheiro, se o óbito do segurado ocorrer sem a comprovação do recolhimento de 18 contribuições mensais e de dois anos de casamento ou de união estável. – Em caso de invalidez ou deficiência do cônjuge ou companheiro e na hipótese do óbito do segurado decorrer de acidente de qualquer natureza ou de doença profissional ou do trabalho, não tem aplicação a regra que limita o pagamento da pensão a apenas quatro meses. – Temporária, observada a faixa de idade, para cônjuge ou companheiro pensionista com idade inferior a 45 anos na data do óbito do segurado. – Vitalícia, para o cônjuge ou companheiro com idade superior a 45 anos na data do óbito do segurado a partir de 1.º.01.2021 (Portaria ME n. 424/2020).

BENEFÍCIO	PENSÃO POR MORTE Códigos da Espécie (INSS): B-21 (previdenciária) ou B-93 (acidentária)
Cessação	A parte individual da pensão extingue-se: I – pela morte do pensionista; II – para filho, pessoa a ele equiparada ou irmão, de ambos os sexos, ao completar 21 anos de idade, salvo se for inválido ou tiver deficiência intelectual ou mental ou deficiência grave; III – para filho ou irmão inválido, pela cessação da invalidez; IV – para filho ou irmão que tenha deficiência intelectual ou mental ou deficiência grave, pelo afastamento da deficiência, nos termos do regulamento; V – para cônjuge ou companheiro: a) se inválido ou com deficiência, pela cessação da invalidez ou pelo afastamento da deficiência, respeitados os períodos mínimos decorrentes da aplicação das alíneas b e c; b) em quatro meses, se o óbito ocorrer sem que o segurado tenha vertido 18 contribuições mensais ou se o casamento ou a união estável tiverem sido iniciados em menos de dois anos antes do óbito do segurado; c) transcorridos os seguintes períodos, estabelecidos de acordo com a idade do beneficiário na data de óbito do segurado ocorrido a partir de 1.º.01.2021, se o óbito ocorrer depois de vertidas 18 contribuições mensais e pelo menos dois anos após o início do casamento ou da união estável: 1) 3 anos, com menos de 22 anos de idade; 2) 6 anos, entre 22 e 27 anos de idade; 3) 10 anos, entre 28 e 30 anos de idade; 4) 15 anos, entre 31 e 41 anos de idade; 5) 20 anos, entre 42 e 44 anos de idade; 6) vitalícia, com 45 ou mais anos de idade; VI – pela perda do direito, na forma do § 1.º do art. 74 da LBPS. – O novo casamento não constitui causa de extinção do direito à pensão (art. 77 da Lei n. 8.213/1991), nem sequer a emancipação (Lei n. 13.183/2015).
Perda do Direito à Pensão	Perde o direito à pensão por morte: a) o condenado criminalmente por sentença com trânsito em julgado, como autor, coautor ou partícipe de homicídio doloso, ou de tentativa desse crime, cometido contra a pessoa do segurado, ressalvados os absolutamente incapazes e os inimputáveis; b) o cônjuge, o companheiro ou a companheira se comprovada, a qualquer tempo, simulação ou fraude no casamento ou na união estável, ou a formalização destes com o fim exclusivo de constituir benefício previdenciário, apuradas em processo judicial no qual será assegurado o direito ao contraditório e à ampla defesa. – O exercício de atividade remunerada, inclusive na condição de microempreendedor individual, não impede a concessão ou manutenção da parte individual da pensão do dependente com deficiência intelectual ou mental ou com deficiência grave (art. 77, § 6.º, da LB, introduzido pela Lei n. 13.183/2015).

BENEFÍCIO	PENSÃO POR MORTE Códigos da Espécie (INSS): B-21 (previdenciária) ou B-93 (acidentária)
Perda do Direito à Pensão	– Se houver fundados indícios de autoria, coautoria ou participação de dependente, ressalvados os absolutamente incapazes e os inimputáveis, em homicídio, ou em tentativa desse crime, cometido contra a pessoa do segurado, será possível a suspensão provisória de sua parte no benefício de pensão por morte, mediante processo administrativo próprio, respeitados a ampla defesa e o contraditório, e serão devidas, em caso de absolvição, todas as parcelas corrigidas desde a data da suspensão, bem como a reativação imediata do benefício (art. 77, § 7.º, da LBPS).
Observações	– As regras gerais sobre a pensão por morte encontram-se no art. 201 da CF, nos arts. 23 e 24 da EC n. 103/2019, e naquilo que não conflita com esses dispositivos, nos arts. 74 a 79 da Lei n. 8.213/1991 e nos arts. 105 a 115 do Decreto n. 3.048/1999 (redação dada pelo Decreto n. 10.410/2020).

Capítulo 11
ASPECTOS PROCESSUAIS TRABALHISTAS DESTACADOS

Depois de observarmos os diversos pontos de intersecção nas questões de direito material que envolvem, a um só tempo, as relações de trabalho e as relações do indivíduo com o sistema de previdência, cumpre, a partir deste capítulo, abordarmos questões de natureza processual – sem a finalidade de se traduzir numa obra que verse de modo pleno sobre direito processual – que também possui pontos de contato entre a jurisdição trabalhista e as questões de ordem previdenciária.

11.1 O PROCESSO JUDICIAL ELETRÔNICO (PJE)

A Resolução n. 136/2014 do Conselho Superior da Justiça do Trabalho – CSJT (ora revogada pela Resolução n. 185/2017 do CSJT), instituiu o Sistema Processo Judicial Eletrônico da Justiça do Trabalho (PJe-JT) como sistema de processamento de informações e prática de atos processuais e estabeleceu os parâmetros para sua implementação e funcionamento.

A Resolução CSJT n. 185, de 24.03.2017, que dispõe sobre a prática eletrônica de atos processuais realizada no Sistema Processo Judicial Eletrônico instalado na Justiça do Trabalho (PJe-JT), traz as seguintes regras sobre credenciamento e habilitação de advogados:

> Art. 5.º O credenciamento dos advogados no PJe dar-se-á pela identificação do usuário por meio de seu certificado digital e remessa do formulário eletrônico disponibilizado no portal de acesso ao PJe, devidamente preenchido e assinado digitalmente.
> [...]
> § 4.º O credenciamento na forma prevista neste artigo não dispensa:
> I – a habilitação de todo advogado e sociedade de advogados nos autos eletrônicos em que atuarem; e
> II – a juntada de procuração para postular em Juízo, na forma do art. 104 do CPC.
> § 5.º A habilitação nos autos eletrônicos para representação das partes, tanto no polo ativo como no polo passivo, efetivar-se-á mediante requerimento específico de habilitação pelo advogado e habilitando-se apenas aquele que peticionar, em qualquer grau de jurisdição .
> § 6.º Poderão ser habilitados os advogados e sociedades de advogados que requeiram, desde que haja pedido e constem da procuração ou substabelecimento, na forma do art. 105 do CPC.

[...]

§ 10. O advogado que fizer o requerimento para que as intimações sejam dirigidas a este ou à sociedade de advogados a que estiver vinculado deverá requerer a habilitação automática nos autos, peticionando com o respectivo certificado digital.

Daí se infere que incumbe ao advogado requerer sua habilitação no sistema do PJE para fins de recebimento de notificações e intimações, o que pode ocorrer em qualquer grau de jurisdição.

A resolução em vigor afirma em seu art. 7.º, III, que é de responsabilidade do usuário o acompanhamento do regular recebimento das petições e dos documentos transmitidos eletronicamente. Dessa forma, os riscos por eventuais falhas devem ser suportados pelo usuário do sistema, como já decidiu o TST (RR 1000345-46.2018.5.02.0386, 8.ª Turma, Rel. Min. Alexandre de Souza Agra Belmonte, *DEJT* 23.09.2022).

A Resolução n. 185 do CSJT, em seu art. 15, dispõe que "as petições e os documentos enviados sem observância às normas desta Resolução poderão ser excluídos por expressa determinação do magistrado, com o registro respectivo, assinalando-se, se for o caso, novo prazo para a adequada apresentação da petição, e em se tratando de petição inicial, será observada a regra prevista no art. 321 e parágrafo único do CPC".

A Resolução em comento dispõe sobre a comunicação de atos processuais, em seu art. 17, que, "no processo eletrônico, as citações, intimações e notificações, inclusive as destinadas à União, Estados, Distrito Federal, Municípios e suas respectivas autarquias e fundações de direito público, serão feitas por meio eletrônico, sem prejuízo da publicação no Diário Eletrônico da Justiça do Trabalho (*DEJT*) nas hipóteses previstas em lei". E, nos termos do § 1.º do art. 183 do CPC/2015, "A intimação pessoal far-se-á por carga, remessa ou meio eletrônico". Verifica-se, portanto, "dado o tratamento legislativo dispensado ao tema, que a intimação pessoal a que se refere o § 1.º do art. 183 do CPC/2015, ainda que seja possível a sua realização por meio eletrônico, não se confunde nem se substitui com a publicação do ato em Diário Eletrônico da Justiça" (RR 356-86.2019.5.13.0019, 3.ª Turma, Rel. Min. José Roberto Freire Pimenta, *DEJT* 07.10.2022).

Todavia, importante apontar que a jurisprudência do TST vem se sedimentando no sentido de que não há previsão em lei para o não conhecimento do recurso apenas em razão do registro equivocado da peça perante o sistema PJe. Da mesma forma, a Lei n. 11.419/2006, a qual disciplina a informatização do processo judicial, não prevê tal hipótese (RR 754-44.2014.5.02.0074, 7.ª Turma, Rel. Min. Renato de Lacerda Paiva, *DEJT* 23.10.2020).

Segundo a disciplina contida na Lei n. 11.419/2006 e na Resolução CSJT n. 185/2017, serão consideradas tempestivas as petições protocoladas até às 24h do último dia do prazo processual, e os prazos que vencerem no dia da ocorrência de indisponibilidade no sistema serão prorrogados para o dia útil seguinte à retomada de funcionamento, quando a indisponibilidade for superior a 60 minutos, ininterruptos ou não, se ocorrida entre 6h e 23h.

É indispensável que os procedimentos decorrentes da utilização do sistema de processos eletrônicos se mostrem compatíveis com as diretrizes inerentes às regras processuais, ainda que se saiba que foram concebidas sob a dogmática do processo físico.

Em razão disso, quando a forma de apresentação dos documentos puder ensejar prejuízo ao exercício do contraditório e da ampla defesa, deverá o magistrado determinar nova apresentação e tornar indisponível os anteriormente juntados (RR 322-75.2016.5.08.0207, 7.ª Turma, Rel. Min. Claudio Mascarenhas Brandão, *DEJT* 27.09.2019).

11.2 JUÍZO 100% DIGITAL NA JUSTIÇA DO TRABALHO

O Juízo 100% Digital é a possibilidade de o cidadão valer-se da tecnologia para ter acesso à Justiça sem precisar comparecer fisicamente nos Fóruns, especialmente para as audiências de conciliação ou instrução e sessões de julgamento, que vão ocorrer exclusivamente por videoconferência nessa modalidade.

O Juízo 100% Digital não se confunde com o PJe, pois este é o sistema pelo qual tramitam todos os processos (com opção pelo Juízo 100% Digital, ou não).

A matéria se encontra regida pela Resolução CNJ n. 345/2020 (e suas alterações), que em síntese dispõe:

- No âmbito do "Juízo 100% Digital", todos os atos processuais serão exclusivamente praticados por meio eletrônico e remoto por intermédio da rede mundial de computadores.
- Inviabilizada a produção de meios de prova ou de outros atos processuais de forma virtual (por exemplo, as perícias), a sua realização de modo presencial não impedirá a tramitação do processo no âmbito do "Juízo 100% Digital".
- O "Juízo 100% Digital" poderá se valer também de serviços prestados presencialmente por outros órgãos do Tribunal, como os de solução adequada de conflitos, de cumprimento de mandados, centrais de cálculos, tutoria, entre outros, desde que os atos processuais possam ser convertidos em eletrônicos.
- A escolha pelo "Juízo 100% Digital" é facultativa e será exercida pela parte demandante no momento da distribuição da ação, podendo a parte demandada opor-se a essa opção até o momento da contestação.
- A parte demandada poderá se opor a essa escolha até sua primeira manifestação no processo, salvo no processo do trabalho, em que essa oposição deverá ser deduzida em até cinco dias úteis contados do recebimento da primeira notificação.
- Adotado o "Juízo 100% Digital", as partes poderão retratar-se dessa escolha, por uma única vez, até a prolação da sentença, preservados todos os atos processuais já praticados.
- No processo do trabalho, ocorrida a aceitação tácita pelo decurso do prazo, a oposição à adoção do "Juízo 100% Digital" consignada na primeira manifestação escrita apresentada não inviabilizará a retratação.
- A qualquer tempo, o magistrado poderá instar as partes a manifestarem o interesse na adoção do "Juízo 100% Digital", ainda que em relação a processos anteriores à entrada em vigor da Resolução, importando o silêncio, após duas intimações, aceitação tácita.
- Havendo recusa expressa das partes à adoção do "Juízo100% Digital", o magistrado poderá propor às partes a realização de atos processuais isolados de

forma digital, ainda que em relação a processos anteriores à entrada em vigor da Resolução.
- As partes poderão, a qualquer tempo, celebrar negócio jurídico processual, nos termos do art. 190 do CPC, para a escolha do "Juízo 100% Digital" ou para, ausente essa opção, a realização de atos processuais isolados de forma digital.
- As audiências e sessões no "Juízo 100% Digital" ocorrerão exclusivamente por videoconferência. As partes poderão requerer ao juízo a participação na audiência por videoconferência em sala disponibilizada pelo Poder Judiciário.

O "Juízo 100% Digital" poderá ser adotado de modo a abranger ou não todas as unidades jurisdicionais de mesma competência territorial e material, assegurada, em qualquer hipótese, a livre distribuição.

11.3 COMPETÊNCIA MATERIAL DA JUSTIÇA DO TRABALHO

Em linhas gerais, a jurisdição trabalhista é relacionada, na forma do art. 114 da Constituição de 1988, em sua redação atual, às demandas entre o trabalhador e o empregador, em dissídios individuais, ainda que plúrimos (litisconsórcio ativo) ou envolvendo, ainda, tomadores da mão de obra assalariada, como nas terceirizações (litisconsórcio passivo), nas quais se discutem direitos relativos a contratos individuais de trabalho.

Quando do cumprimento da decisão judicial, seja ela condenatória ou homologatória de transações entre as partes litigantes, compete à Justiça do Trabalho a eventual execução, nos mesmos autos, das contribuições sociais incidentes sobre as verbas objeto da condenação ou do termo de homologação, caso não sejam quitadas voluntariamente.

No âmbito do denominado direito coletivo do trabalho, têm-se os dissídios coletivos, cujos sujeitos processuais são as entidades sindicais e, do lado patronal, também por vezes as empresas, cujas demandas são a construção e a observância de novas normas coletivas a serem seguidas por determinada categoria de trabalhadores.

Há ainda outras demandas submetidas à jurisdição trabalhista, como as ações de indenização movidas em razão de supostos danos sofridos pelo trabalhador ou por seus dependentes (em caso de falecimento do trabalhador) – STF, Súmula Vinculante n. 22; as ações de consignação em pagamento para extinção de obrigações trabalhistas; os pedidos de homologação de acordos extrajudiciais (art. 855-B da CLT); os mandados de segurança contra atos de juízes do trabalho e autoridades fiscais em matéria trabalhista; as ações anulatórias de débitos fiscais, decorrentes de autuações por auditores fiscais do trabalho; as ações civis públicas em matéria trabalhista; as ações rescisórias em face de julgados da própria Justiça do Trabalho.

O Ministério Público tem legitimidade ativa para propor ação civil pública, na defesa de interesses coletivos (das categorias profissionais) e difusos – no caso, trata-se de risco social, logo interessada é toda a sociedade – quando se trate de eliminação ou neutralização dos riscos de acidentes e doenças ocupacionais no ambiente de trabalho (CF, art. 129, III, e Súmula n. 736 do STF), com a possibilidade de medida cautelar (art. 4.º da Lei n. 7.347/1985).

Não competem à Justiça do Trabalho, todavia, conforme entendimento sedimentado no STF a partir do julgamento da ADI 3.395, as ações em que se discutem direitos de servidores públicos efetivos, cujo regime jurídico laboral é administrativo, bem como pessoas contratadas temporariamente para atender a excepcional demanda de interesse público, ocupantes de cargos em comissão e pessoas que alegam terem sido admitidas sem a prévia aprovação em concurso público: "o critério determinante que se extrai da ADI 3.395/DF para a definição da Justiça competente para apreciar demandas relativas a disposições normativas encartadas na CLT – Trabalhista ou Comum – consiste na natureza do vínculo jurídico entre o servidor (em sentido amplo) e o ente público" (Rcl 44.998 MC, Rel. Min. Nunes Marques, dec. monocrática, *DJe* 07.01.2021).

De certo modo, é rara a demanda ajuizada na Justiça do Trabalho que não possa (ou não deva) gerar repercussões na esfera das relações do indivíduo com a Previdência Social. Excluída a hipótese de improcedência total dos pedidos formulados na petição inicial, ou as ações cuja pretensão seja apenas de natureza indenizatória, em caso de deferimento de algum direito que se identifique com o fato gerador da obrigação de pagar a contribuição previdenciária incidente (seja um período de labor não registrado, uma reintegração ao emprego, o reconhecimento de uma atividade como insalubre, a ausência do pagamento de horas extraordinárias cumpridas, ou noturnas, a constatação de que houve pagamento de salários "extra folha") – todas essas situações, tomadas em caráter exemplificativo, acarretam (ou deveriam acarretar) consequências no campo das relações de custeio (pagamento de contribuições devidas) e de seguro social (computando-se o tempo como de contribuição, de caráter especial ou não, bem como os salários de contribuição).

No caso de ações que versam sobre indenizações, grande parte das causas de pedir envolve problemas ligados à Previdência, como as consequências dos acidentes do trabalho e situações afins – incluída a despedida imotivada de empregado que sustenta ser portador de garantia de emprego, ou da não percepção de algum benefício previdenciário por ilícitos patronais, como veremos a seguir.

No processo do trabalho, os dissídios individuais cujo valor não exceda a quarenta vezes o salário mínimo vigente na data do ajuizamento da reclamação ficam submetidos ao procedimento sumaríssimo (CLT, art. 852-A), excluídas deste as demandas em que é parte a Administração Pública direta, autárquica e fundacional. Nos demais casos, o rito a ser seguido é o ordinário.

No entanto, a teor do art. 2.º, § 4.º, da Lei n. 5.584/1970, recepcionado pela Constituição Federal de 1988 (conforme a Súmula n. 356 do TST), são irrecorríveis as sentenças proferidas em dissídios cujo valor atribuído à causa seja inferior a dois salários mínimos, salvo se versarem sobre matéria constitucional. Tratando-se de procedimento de jurisdição voluntária, entretanto, "o valor atribuído à causa é mera formalidade, apenas para fins fiscais, razão por que não influi na submissão ou não da ação ao rito de alçada" (TST, RR 482-55.2019.5.09.0664, 6.ª Turma, Rel. Min. Kátia Magalhães Arruda, *DEJT* 16.09.2022).

Conforme a jurisprudência do STF e do TST, nos processos de que trata o art. 2.º, § 4.º, da Lei n. 5.584/1970, quando houver matéria constitucional a ser debatida em grau de recurso, devem-se exaurir, previamente, perante os órgãos competentes da Justiça do Trabalho, as vias recursais definidas pela legislação processual trabalhista (RE 638.224), nos moldes da Súmula n. 281/STF.

11.4 DISSÍDIOS TRABALHISTAS COM CONTEÚDO LIGADO A QUESTÕES PREVIDENCIÁRIAS

Analisemos, doravante, as demandas de competência da Justiça do Trabalho que possuem, em sua essência, questões que interligam aspectos de natureza previdenciária e trabalhista.

11.4.1 Ação de reconhecimento de vínculo para fins de prova no INSS

Entre os dissídios individuais trabalhistas mais frequentes encontra-se aquele em que se discute a própria existência ou não de relação empregatícia, por entender o autor da demanda que, tendo trabalhado sem o devido registro do contrato de trabalho, deixou de ter satisfeitos seus direitos sociais, sejam os de natureza tipicamente trabalhista, sejam as "anotações para fins de prova junto à Previdência Social" (CLT, art. 11, § 1.º).

Quando essa a pretensão, tampouco haverá prazo para o ajuizamento da ação trabalhista, pois a pretensão declaratória (do vínculo) é imprescritível. Nesse sentido:

> Anotação da CTPS. Prescrição. Não incidência. A pretensão relativa à anotação da CTPS não é atingida pelo instituto da prescrição. Não se aplicam os prazos prescricionais às ações que tenham por objeto anotações para fins de prova junto à Previdência Social, o que inclui o registro do contrato de emprego na CTPS. Nesta direção o disposto no § 1.º do art. 11 da CLT, bem como em atenção ao previsto no art. 29, § 2.º, *b*, da CLT, que assegura o direito do trabalhador ter sua CTPS anotada a qualquer tempo (TRT-1, RO 0011696-22.2015.5.01.0077, 10.ª Turma, Rel. Des. Celio Juaçaba Cavalcante, *DJe* 18.11.2016).

No caso de haver créditos não satisfeitos, a pretensão de recebimento destes sucumbe ao prazo prescricional, mas não a pretensão de ver reconhecida a relação jurídica:

> Nos termos do art. 11 da CLT, "A pretensão quanto a créditos resultantes das relações de trabalho prescreve em cinco anos para os trabalhadores urbanos e rurais, até o limite de dois anos após a extinção do contrato de trabalho". *In casu*, não restando comprovado que a prestação de serviços pela obreira ocorreu até a data alegada na petição inicial, qual seja, 31.08.2017, e considerando que o ajuizamento da presente reclamatória se deu em 22.02.2019, as pretensões de natureza patrimonial aduzidas pela reclamante na petição inicial encontram-se prescritas. Por outro lado, o pleito de reconhecimento de vínculo empregatício é imprescritível, apenas ocorrendo a prescrição bienal quanto aos créditos resultantes da relação de trabalho, não atingindo o pleito de anotação da CTPS, eis que se trata de pretensão meramente declaratória. Declara-se extinto o processo, com resolução de mérito, a teor do inciso II do art. 487 do CPC, em relação a todas as pretensões da autora, à exceção da pretensão declaratória de anotação da CTPS (TRT-20, RO 0000148-58.2019.5.20.0003, Rel. Des. José Augusto do Nascimento, *DJe* 23.11.2021).

De todo modo, convém lembrar que o entendimento pacificado pela OJ n. 83 da SDI-1 do TST é de que o início da contagem do prazo prescricional dá-se a partir da data do término do aviso prévio indenizado, quando não houve labor durante o período de pré-aviso.

Como grande parte das vezes a ação trabalhista declaratória de vínculo é ajuizada para fins exclusivamente de instruir pedido de concessão de benefício previdenciário, convém ressaltar que o STJ, ao apreciar o Pedido de Uniformização de Interpretação de Lei Federal (PUIL) n. 293, fixou a seguinte tese: "A sentença trabalhista homologatória de acordo somente será considerada início válido de prova material, para os fins do art. 55, § 3.º, da Lei n. 8.213/1991, quando fundada em elementos probatórios contemporâneos dos fatos alegados, aptos a evidenciar o exercício da atividade laboral, o trabalho desempenhado e o respectivo período que se pretende ter reconhecido, em ação previdenciária (*DJe* 20.12.2022).

Consta do acórdão a respeito da matéria que "o entendimento firmado no STJ está fundamentado na circunstância de que, não havendo instrução probatória, com início de prova material, tampouco exame de mérito da demanda trabalhista – a demonstrar, efetivamente, o exercício da atividade laboral, apontando o trabalho desempenhado, no período correspondente –, não haverá início válido de prova material, apto à comprovação de tempo de serviço, na forma do art. 55, § 3.º, da Lei n. 8.213/1991". Ademais, conforme fez constar a relatora para o acórdão, Ministra Assusete Magalhães, "em regra, a sentença trabalhista homologatória de acordo não é, por si só, contemporânea dos fatos que provariam o tempo de serviço, referindo-se ela a fatos pretéritos, anteriores à sua prolação, e, nessa medida, não atende ao art. 55, § 3.º, da Lei N. 8.213/1991, que exige início de prova material contemporânea dos fatos, e não posterior a eles".

Dessa forma, não se torna recomendável ao trabalhador que pretenda averbar tempo de atividade como empregado no INSS valer-se de acordos judiciais ou extrajudiciais homologados na Justiça do Trabalho para esse fim, pelo que se torna necessário, caso haja essa pretensão, a produção de conjunto probatório "contemporâneo aos fatos". Consequentemente, caso não existam créditos trabalhistas imprescritos a reclamar, é despiciendo ajuizar a ação na Justiça do Trabalho apenas para "instruir" demanda contra o INSS. É dizer, deve o trabalhador requerer a retificação do CNIS com a averbação do período em sede administrativa, valendo-se de Justificação Administrativa e, em caso de indeferimento, ingressar de imediato com ação contra o INSS no órgão competente – Justiça Federal, quando o benefício não envolva discussão sobre nexo acidentário; ou Estadual, caso a pretensão seja um benefício decorrente de acidente do trabalho ou situações a ele equiparadas pela Lei n. 8.213/1991, arts. 20 e seguintes.

A respeito da competência da Justiça do Trabalho para executar contribuições previdenciárias, recordamos que o STF editou a Súmula Vinculante n. 53, nos seguintes termos: "A competência da Justiça do Trabalho prevista no art. 114, VIII, da Constituição Federal alcança a execução de ofício das contribuições previdenciárias relativas ao objeto da condenação constante das sentenças que proferir e acordos por ela homologados".

Logo, em caso de sentença trabalhista que reconheça o vínculo de emprego, não havendo valores em que o empregador tenha sido condenado, são exigíveis as contribuições relativas ao período contratual (§ 7.º do art. 276 do Decreto n. 3.048/1999), porém, não sendo de competência da Justiça do Trabalho (Súmula Vinculante n. 53 do STF), cabe ao juiz do trabalho, prolator da sentença, tão somente a expedição de ofícios à RFB e ao MPF para as medidas fiscalizatórias e judiciais cabíveis, com cópia dos atos processuais.

11.4.2 Entrega ou retificação do Perfil Profissiográfico Previdenciário

Como visto no capítulo pertinente, o Perfil Profissiográfico Previdenciário (PPP) deverá ser elaborado pela empresa ou equiparada à empresa, de forma individualizada para seus empregados, trabalhadores avulsos e cooperados, que laborem expostos a agentes nocivos químicos, físicos, biológicos ou associação de agentes prejudiciais à saúde ou à integridade física.

Assim, a empresa que desenvolve atividades em condições especiais que exponham os trabalhadores a riscos ambientais está obrigada a elaborar e manter atualizado o PPP, abrangendo as atividades desenvolvidas pelos segurados empregados, trabalhadores avulsos e cooperados filiados à cooperativa de trabalho e de produção que laborem expostos a agentes nocivos químicos, físicos, biológicos ou à associação desses agentes, prejudiciais à saúde ou à integridade física, ainda que não presentes os requisitos para concessão de aposentadoria especial, seja pela eficácia dos equipamentos de proteção, coletivos ou individuais, seja por não se caracterizar a permanência.

Compete, também, à Justiça do Trabalho a demanda de trabalhador que pretenda a entrega ou retificação, pelo empregador, do seu Perfil Profissiográfico Previdenciário, pois se aplica ao caso o § 1.º do art. 11 da CLT:

> O art. 11, § 1.º, da CLT, prevê expressamente que a prescrição não se aplica às ações que tenham por objeto anotações para fins de prova junto à Previdência Social. Trata-se de ação que envolve pretensão meramente declaratória sobre as condições de trabalho, cuja condenação se limita à expedição da documentação (PPP) prevista em lei para fins previdenciários, não sujeita, portanto, à prescrição (TST, Ag 1000425-61.2020.5.02.0411, 8.ª Turma, Rel. Min. Delaíde Alves Miranda Arantes, *DEJT* 29.04.2022).

O TST reconheceu em diversos precedentes a competência da Justiça do Trabalho para declarar que a atividade laboral prestada por empregado é nociva à saúde e obrigar o empregador a fornecer a documentação hábil ao requerimento da aposentadoria especial, "independentemente de tal condição ter sido deferida apenas em juízo" (ARR 225600-36.2007.5.02.0059, 1.ª Turma, Rel. Min. Luiz José Dezena da Silva, *DEJT* 30.05.2019), bem como para frisar a inexistência de prazo prescricional para postular o PPP ou a retificação de laudos envolvendo todo o período contratual, mesmo superior a cinco anos (TST, AIRR 10074-88.2013.5.15.0043, 3.ª Turma, Rel. Min. Alexandre Agra Belmonte, *DEJT* 1.º.03.2019).

Noutros casos, ante o indeferimento pelo INSS da aposentadoria especial pela ausência do PPP, ou sua incorreção, há jurisprudência reconhecendo o direito à indenização por danos daí decorrentes:

> O processamento do recurso de revista não se viabiliza por ofensa aos arts. 944, *caput* e parágrafo único, do Código Civil e 5.º, V, da CF, porque se constata que a indenização por dano material decorrente da omissão na retificação do Perfil Profissiográfico Previdenciário – PPP, o que obstaculizou a concessão da apo-

sentadoria especial, foi fixada de acordo com a extensão e a gravidade do dano, não se constatando desproporção excessiva entre este e a gravidade da culpa da reclamada, de modo a possibilitar a redução do montante arbitrado. Agravo de instrumento conhecido e não provido. [...] (TST ARR 20251-51.2015.5.04.0010, 8.ª Turma, Rel. Min. Dora Maria da Costa, *DEJT* 27.04.2018).

No entanto, como se verá a seguir, essa é apenas uma das situações em que o trabalhador (ou dependente do trabalhador) ingressa em juízo para obter reparação de danos sofridos.

11.4.3 Ações de indenização

Nas relações de trabalho, assim como em qualquer outra relação jurídica, impera a norma geral de responsabilidade civil, inserta no art. 186 do Código Civil: "Aquele que, por ação ou omissão voluntária, negligência ou imprudência, violar direito e causar dano a outrem, ainda que exclusivamente moral, comete ato ilícito", de modo que responde pelas consequências de seus atos, na forma do art. 927, *caput*, do mesmo diploma, segundo o qual aquele que, por ato ilícito, causar dano a outrem fica obrigado a repará-lo.

Diversas são as hipóteses em que uma das partes da relação de trabalho se sente lesada em seu patrimônio (ou seja, sofre danos materiais) ou, conjuntamente ou não a isso, considera violada a sua esfera extrapatrimonial, ou moral (intimidade, privacidade, honra). Hão que se ter em vista, ainda, as situações que causam sofrimento físico ou psíquico, não se podendo olvidar dos atentados à estética da pessoa (queimaduras, deformações, mutilações).

Acerca das ações de indenização por danos sofridos em razão de acidente do trabalho, doença ocupacional ou situação equiparada ao acidente típico, não resta mais dúvida sobre a competência da Justiça do Trabalho, desde a publicação, pelo STF, da Súmula Vinculante n. 22. A matéria se encontra tratada, quanto aos aspectos de direito material, no Capítulo 3 desta obra, ao qual remetemos o leitor.

Cabe esclarecer, outrossim, que, quando o pedido de condenação por danos morais e patrimoniais for decorrente de acidente do trabalho e a ação for movida contra o empregador ou tomador da mão de obra, por seus familiares (dano em ricochete em face do óbito do trabalhador), a competência é da Justiça do Trabalho.

O STJ havia editado a Súmula n. 366, em novembro de 2008: "Compete à Justiça estadual processar e julgar ação indenizatória proposta por viúva e filhos de empregado falecido em acidente de trabalho". No entanto, a referida súmula foi cancelada, em setembro de 2009, por contrariar orientação jurisprudencial do STF, segundo a qual o ajuizamento da ação de indenização pelos sucessores não altera a competência da Justiça especializada, pois a transferência do direito patrimonial em decorrência do óbito do empregado é irrelevante (CC 7.545/SC, *DJe* 14.08.2009).

Assim, os familiares do trabalhador falecido devem ajuizar a ação de indenização por perda do ente querido também na Justiça do Trabalho, devendo ser assinalado que, nesse caso, a demanda é ajuizada tendo como autores cada um dos familiares a serem indenizados, e não o espólio do trabalhador falecido; tratando-se de indenização devida pelo falecimento deste último, o direito à reparação é de cada um dos familiares, não fazendo parte do patrimônio do trabalhador que veio a óbito.

Há, ainda, ações que postulam indenização em razão da situação do trabalhador sem registro formal em CTPS que, por esse motivo, acaba por ter seu benefício indeferido pelo INSS, o que acarreta o dever do empregador-sonegador de indenizar a totalidade dos valores que deveria o trabalhador receber a título de benefício, além dos danos morais decorrentes da penúria experimentada por ter ficado sem rendimentos do trabalho e sem outra fonte de sustento:

> Na hipótese em que o empregado, por culpa exclusiva de seu empregador, fica impossibilitado de receber o benefício previdenciário do auxílio-doença, por culpa exclusiva do empregador que cadastrou PIS diverso daquele da trabalhadora junto à Caixa Econômica Federal, o dano não precisa sequer ser provado, pois trata-se de *dano in re ipsa*, ou seja, é aquele que a presunção da sua ocorrência é bastante, em situação na qual há suficiente indício de que haja ocorrido, em razão de ser consequência necessária e inevitável da conduta praticada, bastando tão somente a comprovação do fato (TRT 1.ª Região, RO 000000680.2011.5.01.0062, 5.ª Turma, Rel. Des. Evandro V. Lopes, *DJe* 02.09.2014).

Outrossim, cabe o pleito indenizatório, na Justiça do Trabalho, quando os dependentes do trabalhador não obtenham êxito no recebimento do auxílio-reclusão, por ausência da formalização da relação de trabalho, mas novamente a demanda tem de ser ajuizada pelos dependentes que fariam jus ao benefício, e não pelo trabalhador, pois a legitimidade para agir é dos possíveis beneficiários. Nesse sentido: TRT-3, ROPS 0002052-20.2014.5.03.0082, 10.ª Turma, Rel. Des. Vitor Salino de Moura Eca, *DJe* 05.08.2016.

Acerca do instituto da prescrição na ação de indenização por danos materiais ou extrapatrimoniais (morais, estéticos, por ricochete), a questão tem sido tormentosa para as partes litigantes, pois, além da alteração da regra do Código Civil, a fixação da competência trabalhista vem apresentando novas nuances dos entendimentos até então existentes:

> Orienta-se o entendimento recente da SBDI-I desta Corte superior no sentido de que a regra prescricional aplicável à pretensão relativa à indenização por danos morais e materiais decorrentes de acidente do trabalho é definida a partir da data em que a parte tem ciência inequívoca do evento danoso. Ocorrido o acidente ou cientificada a parte da incapacitação ou redução da sua capacidade laboral em ocasião posterior ao advento da Emenda Constitucional n. 45/2004, por meio da qual se definiu a competência da Justiça do Trabalho para processar e julgar tais demandas, a prescrição incidente é a prevista no art. 7.º, XXIX, da Constituição da República, porquanto indiscutível a natureza trabalhista reconhecida ao evento. Contrariamente, verificado o infortúnio anteriormente à entrada em vigor da referida emenda constitucional, prevalece a prescrição civil, em face da controvérsia que pairava nas Cortes quanto à natureza do pleito – circunstância que não pode ser tomada em desfavor da parte. 2. Na presente hipótese, resulta incontroverso que a ciência inequívoca da lesão se deu em 1.º.09.1997, época em que vigia o Código Civil de 1916, que previa a incidência da prescrição vintenária na hipótese. 3. Ajuizada a presente ação, perante a Justiça Comum, em

09.01.2003, ou seja, dois dias antes da entrada em vigor do Código Civil de 2002, não há prescrição a ser decretada no tocante à pretensão à reparação por danos morais e materiais decorrentes de acidente do trabalho, não havendo falar sequer na aplicação da regra de transição consagrada no art. 2.028 do atual diploma civil. 4. Destaque-se, ainda, que, no que tange aos herdeiros de empregado falecido, menores de 16 (dezesseis) anos, tem aplicação nesta Justiça Especializada a causa impeditiva da prescrição prevista no art. 198, I, do Código Civil, ante a lacuna da Consolidação das Leis do Trabalho, além de ser compatível com seus princípios. Precedentes. [...] (TST, RR 87100-92.2005.5.03.0071, 1.ª Turma, Rel. Des. Convocado Marcelo Lamego Pertence, *DEJT* 02.06.2017).

Em caso de concessão de aposentadoria por invalidez, comungamos do entendimento de que esta se torna o marco inicial da contagem: *v.g.*, TST, RR 1310-74.2011.5.09.0068, 8.ª Turma, Rel. Min. Márcio Eurico Vitral Amaro, *DEJT* 27.10.2017.

Nas ações de indenização movidas por dependentes da pessoa falecida (pleito de indenização decorrente de dano em ricochete), considera-se termo inicial da prescrição a data do falecimento do ex-empregado, segundo a jurisprudência pacificada do TST (*v.g.*, AIRR 1000113-43.2013.5.02.0472, 3.ª Turma, Rel. Min. Maurício Godinho Delgado, *DEJT* 11.02.2022).

Digno de registro, ainda, que a prescrição bienal (ou total) de que trata o art. 7.º da CF/1988 (e o art. 11 da CLT) deve ser aplicada (ou não) com o devido sopesamento em cada caso concreto, com a verificação de quando efetivamente nasce a lesão ao direito (*actio nata*), que pode em certos casos superar o lapso de dois anos após o fim do contrato, como se nota do julgado a seguir:

> A SbDI-1 do TST, ao julgar o Processo E-RR 2700-23.2006.5.10.0005, em 22.05.2014, de relatoria do Ministro Aloysio Corrêa da Veiga, publicado no *DEJT* em 22.08.2014, em sua composição completa, após amplo debate, decidiu que, o marco prescricional, será a data da ciência inequívoca da lesão e que a prescrição trabalhista é aplicável para as ações em que se pleiteia o pagamento de indenização por danos morais e materiais decorrentes de acidente do trabalho quando a lesão ocorreu após a entrada em vigor da Emenda Constitucional n. 45/2004. Sendo assim na hipótese dos autos, mesmo com o afastamento da prescrição civil aplicada pelo Tribunal Regional, não há que falar na aplicação da prescrição bienal a partir da concessão do auxílio-doença (27.06.2003), nem da rescisão do contrato, uma vez que a *actio nata* apenas se dá em momento da perícia judicial, quando o empregado toma ciência da extensão da lesão. Isto porque, se aplicada a prescrição bienal ao caso, a pretensão já nasceria fulminada pelo instituto, nas hipóteses em que a ciência inequívoca se desse por perícia judicial realizada no curso da ação. Recurso de revista conhecido e provido (TST, RR 380-59.2011.5.02.0033, 2.ª Turma, Rel. Min. Delaíde Miranda Arantes, *DEJT* 31.08.2018).

11.4.4 Estabilidade e reintegração de empregados

O art. 118 da Lei n. 8.213/1991 prevê garantia de emprego ao trabalhador que tenha sofrido acidente de trabalho, pelo prazo de doze meses após a cessação do auxílio--doença decorrente do acidente, independentemente da percepção de auxílio-acidente.

Dispensada a pessoa portadora da garantia de emprego, sem justo motivo (art. 482 da CLT), o ato patronal é nulo de pleno direito (art. 9.º da CLT), pelo que comporta o ajuizamento de ação trabalhista com pleito de antecipação de tutela, a fim de que seja reintegrada a pessoa ao seu posto de trabalho, restituindo-se a situação jurídica de empregado ao *status quo ante*, preservando-se também a qualidade de segurado e o período contributivo.

Esse raciocínio também se aplica a outras hipóteses de estabilidade provisória, como a da trabalhadora gestante, trabalhadores adotantes, cônjuges ou companheiros sobreviventes, em caso de óbito da inicial portadora da estabilidade, do dirigente sindical, do membro eleito para a Comissão Interna de Prevenção de Acidentes (CIPA) e estabilidades previstas em outras normas, inclusive em normas coletivas (pré-aposentadoria, por exemplo).

Observe-se que, mesmo em casos de impossibilidade ou incompatibilidade entre as partes da relação de emprego, não se deve converter o direito do trabalhador nessa condição em perdas e danos (pleito indenizatório). É o que ressalta a Súmula n. 396 do TST: "Exaurido o período de estabilidade, são devidos ao empregado apenas os salários do período compreendido entre a data da despedida e o final do período de estabilidade, não lhe sendo assegurada a reintegração no emprego".

Dessa forma:

> Estabilidade acidentária. Nulidade da dispensa. Efeitos pecuniários. A Súmula n. 396 do C. TST define que, transcorrido o prazo da reintegração quando da prolação da sentença, não mais é possível o retorno ao emprego do acidentado, sendo devidos, então, os salários do período entre a data da despedida nula e o final do período de estabilidade. O ato eivado de nulidade absoluta não pode produzir efeitos quaisquer, sob pena de prosseguir prejudicando direitos violados. Assim é que, se não há mais a possibilidade jurídica de reintegração, nem por isso pode haver prejuízo material à pessoa lesada com a dispensa. E a *restitutio in integrum*, na hipótese, somente se perfectibiliza com o pagamento de todos os haveres trabalhistas como se o trabalhador acidentado tivesse permanecido no emprego. Dá-se provimento ao recurso da autora para acrescer à condenação do período estabilitário, além dos salários, o pagamento das verbas reflexas relativas ao período de estabilidade provisória (férias com 1/3, 13.º salário e FGTS com 40%) (TRT-12, ROT 0000830-78.2016.5.12.0055, 3.ª Câmara, Rel. Carlos Alberto Pereira de Castro, *DJe* 17.07.2020).

Observe-se, portanto, que não se trata de postular mera indenização (ou converter-se em indenização a eventual composição amigável), pois é nula a dispensa assim praticada e o trabalhador tem a sua condição de empregado (e não apenas os efeitos pecuniários) garantida pelos 12 meses seguintes à cessação do benefício, anulando-se a anotação de cessação do vínculo na CTPS em meio ao período de garantia do emprego e, mais, preservando-se a natureza jurídica do pagamento dos seus créditos, que é salarial, incidindo contribuições previdenciárias para fins de futura utilização do tempo e respectivo salário de contribuição.

11.4.5 Demandas ligadas ao limbo previdenciário

Como visto em capítulo que tratou do assunto nesta obra, questão deveras frequente na Justiça do Trabalho é a que envolve a cessação de benefício por incapacidade laborativa e a impossibilidade de retorno ao trabalho do empregado, por ter o empregador divergência quanto ao estado de saúde (apto) do trabalhador, o que se consolidou denominar "limbo jurídico".

Diversas situações podem advir da decisão administrativa do INSS em determinar a cessação do benefício, seja pela "alta programada", seja pelo cancelamento em razão de atuação dos peritos no prefalado PRBI.

A primeira hipótese é que o próprio trabalhador pode se considerar inapto para retornar ao trabalho, e não concordar com o resultado da perícia no INSS, ao se reapresentar no emprego. Nesse caso, o médico da empresa geralmente pede que o trabalhador consulte um médico assistente, que tenha acompanhado seu quadro de saúde, ou encaminha de plano novo requerimento para que o indivíduo obtenha a continuação do benefício cessado (lembrando que há um prazo para o pedido de prorrogação, como já salientado) ou a concessão de benefício com base em recidiva. Se é essa a intenção do segurado (restabelecimento do benefício), a demanda efetivamente é contra o INSS (e não contra o empregador), de competência da Justiça Federal (se o benefício é de natureza não acidentária) ou da Justiça Estadual (quando o benefício cessado teve origem em acidente do trabalho ou situações equiparadas).

Numa segunda hipótese, apesar de o segurado declarar ao médico da empresa que se sente apto para retornar, o médico da empresa recusa o retorno, impedindo que aquele retorne ao seu posto de trabalho. Ocorre que o indivíduo não deseja postular novo benefício – já que ele se sente apto, além de o INSS ter lhe concedido "alta", ainda que por prognóstico. Nesse caso, a ação a ser ajuizada é trabalhista, movida contra o empregador, para que este seja condenado a devolver o posto de trabalho e pagar os salários do interregno entre a alta previdenciária e o efetivo retorno, situação que tem recebido guarida na jurisprudência:

> Limbo jurídico trabalhista previdenciário. Caracterização. Efeitos nas obrigações contratuais. Salários devidos pelo empregador. Caracteriza-se "limbo jurídico trabalhista previdenciário" a situação jurídica na qual o empregado, que teve suspensos os efeitos do seu contrato de trabalho, por força de auxílio-doença concedido pelo INSS, vem a receber, em momento posterior, alta previdenciária da autarquia federal, com a cessação do pagamento do benefício, por ser considerado apto ao trabalho, sem obter, contudo, o mesmo reconhecimento de tal aptidão pelo setor de medicina do empregador, que o impede de retornar às suas atividades laborais. Resulta de tal situação a falta de percepção de salários e de importes relativos ao benefício cessado, ficando o trabalhador sem renda para sua subsistência no interregno em que não solvido o impasse. Em tal quadro, porque afastada a causa suspensiva do pacto trabalhista, o decidido pela autarquia previdenciária, acerca da aptidão laboral do empregado, se impõe em face do entendimento contrário do setor médico da empregadora, por se tratar de ato administrativo dotado de presunção de veracidade, cujos efeitos infletem na esfera jurídica de todos interessados enquanto não elididos por outra decisão proferida no âmbito administrativo do órgão autárquico ou em provimento judicial. Assim, ante a ausência de óbice à produção dos efeitos do pacto laboral e da decisão previdenciária pela alta médica da parte autora, cabe à reclamada atender a sua obrigação de manter o pagamento dos salários correspondentes

aos períodos do aludido limbo jurídico a que ficou submetido o trabalhador nos termos reconhecidos na sentença (TRT-12, Ac. Proc. 0000805-31.2016.5.12.0034, 6.ª Câmara, Rel. Des. Trab. Ligia Maria Teixeira Gouvêa, *DJe* 04.09.2017).

11.4.6 Complementação de aposentadoria

Importante dúvida surgiu no tocante à competência para o julgamento de ações movidas por participante de plano de previdência complementar contra entidade fechada de previdência complementar.

A Justiça do Trabalho costumava se considerar competente para tais litígios, por entender que a demanda é decorrente da relação de emprego – quando o participante celebrou contrato de previdência privada em razão da sua condição de empregado de uma empresa patrocinadora. Todavia, o STF reconheceu que a competência nesses casos é da Justiça Estadual, com modulação dos efeitos do julgado para resguardar os casos já julgados pela Justiça do Trabalho e que estavam pendentes de execução, conforme Temas n. 190 e n. 1.092 de Repercussão Geral, cujas teses fixadas são as seguintes:

> Tema n. 190: Compete à Justiça comum o processamento de demandas ajuizadas contra entidades privadas de previdência com o propósito de obter complementação de aposentadoria, mantendo-se na Justiça Federal do Trabalho, até o trânsito em julgado e correspondente execução, todas as causas dessa espécie em que houver sido proferida sentença de mérito até 20.02.2013 (RE 586.453/SE, Tribunal Pleno, Rel. p o Acórdão Min. Dias Toffoli, *DJe* 06.06.2013).

> Tema n. 1.092: Compete à Justiça comum processar e julgar causas sobre complementação de aposentadoria instituída por lei cujo pagamento seja, originariamente ou por sucessão, da responsabilidade da Administração Pública direta ou indireta, por derivar essa responsabilidade de relação jurídico-administrativa" (RE 1.265.549, Plenário Virtual, Rel. Min. Presidente, *DJe* 18.06.2020).

No entanto, esse entendimento não se aplica quando a complementação da aposentadoria fica a cargo de ex-empregador. De acordo com decisão da 2.ª Turma do STF, nesses casos compete à Justiça do Trabalho o julgamento da ação (Emb. Decl. no Ag. Reg. no RE 716.896, Rel. Min. Ricardo Lewandowski, *DJe* 20.08.2013).

Em síntese, compete à Justiça dos Estados e do Distrito Federal o julgamento das ações de complementação a cargo de entidades privadas de previdência complementar, e à Justiça do Trabalho as ações para cobrança da complementação a cargo do ex-empregador. Somente os processos em trâmite na Justiça Trabalhista sem sentença de mérito até a data de 20.02.2013 é que deveriam ser remetidos à Justiça Comum.

11.5 REQUISITOS DA PETIÇÃO INICIAL NO PROCESSO DO TRABALHO

Em qualquer caso, o pedido constante da petição inicial dirigida ao juiz do trabalho deve sempre conter: "a designação do juízo, a qualificação das partes, a breve exposição dos fatos de que resulte o dissídio, o pedido, que deverá ser certo, determinado e com indicação de seu valor, a data e a assinatura do reclamante ou de seu representante" (CLT, art. 840, § 1.º, com redação dada pela Lei n. 13.467/2017; e art. 324 do CPC/2015).

Tal exigência (quantificação dos pedidos) se justifica a fim de que se estabeleçam os limites da litiscontestação; todavia, não se pode exigir que se apresente, com a inicial, a planilha de cálculos ou os meios pelos quais se chegou ao valor pretendido:

> O art. 840, § 1.º, da CLT foi modificado pela Lei n. 13.467/2017, que passou a exigir que a petição inicial contenha pedido certo, determinado e com a indicação de seu valor. Não há disposição a exigir que o autor aponte cálculos ou apresente "planilha", mas tão somente que indique o que está monetariamente sendo perseguido, é dizer, apenas a apresentação do *quantum* postulado em relação a cada pleito exarado. Pelas regras de hermenêutica, onde a lei não distingue, não cabe ao intérprete distinguir (*ubi lex non distinguir nec nos distinguere debemus*). Em decorrência, não está eivada de inaptidão a peça pórtica que indica valores a cada pedido (TRT-12, RO 0000940-69.2021.5.12.0001, 3.ª Câmara, Rel. Des. Narbal Antonio de Mendonça Fileti, *DJe* 25.05.2022).

Caso a inicial não preencha os requisitos legais, incumbe ao juiz do trabalho intimar a parte autora para sanar os vícios e, apenas em caso de não atendimento dessa ordem, indeferir a inicial. Nesse sentido:

> Vício sanável. Art. 321 do CPC. Sentença que julga o processo sem resolução do mérito. Decisão surpresa. Vedação. Nos termos do art. 321 da CLT, o julgador, ao verificar que a petição inicial não preenche os requisitos dos arts. 319 e 320 ou que apresenta defeitos capazes de dificultar o julgamento de mérito, determinará a emenda da mesma. Ao se pronunciar apenas em sentença, extinguindo o feito sem resolução de mérito (art. 485, IV, do CPC), o juízo profere decisão surpresa, vedada pelo ordenamento jurídico, consoante previsão dos arts. 9.º e 10 do Diploma Processual Civil (TRT-12, RO 0000261-81.2022.5.12.0018, 1.ª Câmara, Rel. Des. Hélio Bastida Lopes, *DJe* 03.11.2022).

Paira controvérsia a respeito da fixação do valor de cada pedido ser uma "mera estimativa" do que se postula, ou se acarretaria a limitação de possível condenação aos valores ali identificados, sob pena de julgamento *extra petita* ou *ultra petita*. A 3.ª Turma do Tribunal Superior do Trabalho, apreciando a matéria, vem decidindo da seguinte forma:

> [...] a Instrução Normativa n. 41/2018, ao se referir ao "valor estimado da causa", acaba por delimitar que o pedido apresentado na petição inicial "com indicação de seu valor" a que se refere o art. 840, § 1.º, da CLT deve ser considerado de forma estimada, eis que inexiste nos dispositivos do CPC a que faz remissão a instrução normativa qualquer delimitação em sentido contrário. [...] Nesse mesmo sentido, interpretando a redação do § 2.º do art. 12 da IN n. 41/2018 em confronto com as exigências do art. 840, § 1.º, da CLT e, igualmente, dos arts. 141 e 492 do CPC, este Tribunal Superior do Trabalho acumula precedentes no sentido de que os valores constantes nos pedidos apresentados de forma líquida na exordial devem ser considerados apenas como fim estimado, não havendo limitação da condenação àquele montante. [...] não se ignora que a Eg. SBDI-1, do TST, em precedente publicado em 29.05.2020 (E-ARR-10472-61.2015.5.18.0211,

Subseção I Especializada em Dissídios Individuais, Rel. Min. Walmir Oliveira da Costa) firmou entendimento de que a parte autora, ao formular pedidos com valores líquidos na petição inicial, sem registrar qualquer ressalva, limita a condenação a tais parâmetros, por expressa dicção do art. 492 do CPC. Ocorre que o precedente em questão configura situação singular, eis que o recurso de embargos analisado foi interposto em ação ajuizada antes da entrada em vigor da Lei n. 13.467/2017 e, portanto, da alteração do art. 840, § 1.º, da CLT c/c a Instrução Normativa n. 41/2018. Assim, não sem razão, a matéria não foi analisada sob a ótica dessas normas. Portanto, trata-se o caso concreto de hipótese que revela singularidades quanto àquela analisada pela Subseção I Especializada em Dissídios Individuais, razão pela qual esta Turma não fica a ela vinculada. [...] A partir do exposto, na hipótese vertente, em que a inicial foi ajuizada em 14.05.2021, incidem as normas processuais previstas na CLT após as alterações da Lei n. 13.467/2017. Portanto, os valores constantes nos pedidos [...] devem ser considerados como mera estimativa, não sendo necessária qualquer ressalva e/ou indicação de se tratar de valores estimados [...]. Recurso de revista de que se conhece e a que se dá provimento (RR 1000731-66.2021.5.02.0614, 3.ª Turma, Rel. Min. Alberto Bastos Balazeiro, *DEJT* 19.12.2022).

11.6 LEGITIMIDADE ATIVA

No que tange à legitimidade ativa, além de o próprio trabalhador (ou trabalhadores) poder ajuizar demanda postulando direitos que entende devidos, incumbe lembrar que o STF, em inúmeras demandas originárias da Justiça do Trabalho, vem se manifestando reiteradamente pela legitimidade ampla dos sindicatos, na substituição processual, para a defesa de direitos coletivos, individuais homogêneos ou mesmo de direitos subjetivos específicos, com base no art. 8.º da Constituição (RE 239.477 AgR/AC, 2.ª Turma, Rel. Ministro Gilmar Mendes, *DJe* 03.11.2010).

Na mesma linha de raciocínio, é cabível a ação civil pública na esfera trabalhista quando se verificar lesão ou ameaça a direito individual homogêneo decorrente da relação de trabalho, seja disponível ou indisponível, sendo possível o ajuizamento da demanda pelo Ministério Público do Trabalho, quando, por exemplo, postula "fruição de férias, pagamento extrafolha, descontos indevidos de salários, divulgação da sentença nas dependências da empresa, retificação de CTPS, de modo a beneficiar um grupo de trabalhadores" (RR 1605-04.2013.5.09.0663, 8.ª Turma, Rel. Min. Marcio Eurico Vitral Amaro, *DEJT* 19.08.2016).

Algumas questões são de alta relevância a respeito da legitimidade ativa em ações que tramitam na Justiça do Trabalho.

Efetivamente, dispõe o art. 18 do CPC/2015 que: "Ninguém poderá pleitear direito alheio em nome próprio, salvo quando autorizado pelo ordenamento jurídico". No sistema processual brasileiro, a legitimidade *ad causam* é aferida pela pertinência subjetiva da relação jurídica de direito material deduzida em Juízo. Daí surgem algumas situações que podem levar a dúvidas, as quais, por sua vez, podem gerar demora maior na prestação jurisdicional.

Uma delas diz respeito a como devem ser ajuizadas ações após o óbito do trabalhador. Nesse ponto, convém frisar que há direitos que seriam porventura devidos à pessoa falecida e outros que podem advir dos danos sofridos por seus dependentes. No primeiro caso (direitos do falecido), a ação deve ter como sujeito ativo o espólio da pessoa falecida, representada por quem de direito. No segundo, a ação deve ser movida pelas pessoas dos dependentes da pessoa falecida), em nome próprio, pois não se discutem direitos da relação de emprego. E, se há as duas situações (direitos do trabalhador e pleitos de indenização por seus dependentes), existiria necessidade de duas ações distintas. Como se nota da jurisprudência:

> Na hipótese, o espólio do empregado falecido propôs, em nome próprio, demanda em que pleiteia indenização por danos morais e materiais aos herdeiros do *de cujus*, vítima fatal de acidente de trabalho. Ocorre que o espólio (conjunto de bens, direitos e obrigações que integram o patrimônio deixado pelo *de cujus*) é parte legítima para pleitear apenas direitos transmissíveis, mas não direitos personalíssimos dos herdeiros. [...] O entendimento que vem sendo adotado por esta Corte Superior é o de que os danos morais e materiais são intransmissíveis, dado o caráter personalíssimo, de forma que não integram a massa patrimonial do *de cujus*. Precedentes da SbDI-1. Nesse contexto, deve ser declarada a ilegitimidade ativa do espólio de Romário de Jesus da Cruz para figurar nesta demanda. Recurso de revista de que se conhece e a que se dá provimento. [...]" (ARR 1683-84.2013.5.08.0126, 2.ª Turma, Rel. Min. Maria Helena Mallmann, *DEJT* 08.04.2022).

Com relação às demandas ajuizadas em face de óbito do trabalhador tem-se o seguinte entendimento:

> [...] quando se trata de pedido de indenização por danos morais decorrentes de acidente de trabalho, em que resulta na morte do empregado, a ofensa ou a dor que foi produzida ao familiar que ajuíza a ação alcança seus direitos personalíssimos, nos termos do art. 5.º, X, da CF/1988, e, portanto, é exercitável contra aquele que, por ato ilícito, causou o dano. Logo, os genitores e irmãos do *de cujus* são partes legítimas para postular o pagamento de indenização por danos morais em ação autônoma (RRAg 10200-41.2015.5.01.0017, 4.ª Turma, Rel. Min. Alexandre Luiz Ramos, *DEJT* 1.º.07.2022).

A respeito de quais sejam os dependentes que possuem tal legitimidade, a jurisprudência se inclina por entender, sem envolver o mérito da pretensão indenizatória, que todos os que se sentirem lesados (em ricochete) pela perda do ente familiar querido podem postular indenização. Em caso concreto, decidiu-se que, a respeito do direito de cada familiar postular indenização deve ser tratado de per si, de modo que "o fato de a reclamada ter firmado acordo em ação ajuizada anteriormente pela companheira do empregado falecido não retira o direito de ação da mãe e irmão do *de cujus*" (RR 10749-57.2015.5.12.0013, 4.ª Turma, Rel. Min. Alexandre Luiz Ramos, *DEJT* 24.09.2021).

11.7 SUBSTITUIÇÃO PROCESSUAL

O falecimento da pessoa que figura como autora da ação no curso da lide enseja, automaticamente, a suspensão do processo, na forma do inciso I c/c o § 1.º e o inc. II do § 2.º do art. 313, todos do CPC, para a regularização do polo ativo, com a substituição processual do *de cujus* pelos seus sucessores, na forma da Lei n. 6.858/1980 c/c o art. 110 do CPC atual.

Havendo, entretanto, ocorrência de atos processuais pelo procurador da pessoa falecida após o óbito, impõe-se a declaração de nulidade, com efeito *ex tunc*, de todos os atos processuais praticados nessa condição irregular (TRT-1, RO 0100284-63.2019.5.01.0077, 4.ª Turma, Rel. Des. Tania da Silva Garcia, *DJe* 13.03.2021).

É certo que "a suspensão processual constante no art. 313, I, do CPC/2015 objetiva assegurar os direitos do espólio, dos herdeiros ou dos sucessores do credor (art. 778, § 1.º, II, do CPC/2015), sob pena de nulidade relativa quando demonstrado prejuízo (*pas de nullité sans grief*)" (AIRR 139603-78.1989.5.17.0001, 3.ª Turma, Rel. Min. Mauricio Godinho Delgado, *DEJT* 18.02.2022).

A jurisprudência do TST é firme no sentido de que, tratando-se de direitos decorrentes do contrato de trabalho do empregado falecido, o prazo prescricional contra herdeiro menor, na condição de absolutamente incapaz, fica suspenso, nos termos do art. 198, inc. I, do CC, o que não acontece quando os herdeiros são capazes para os atos da vida civil (*v.g.*, RRAg 1591-96.2011.5.04.0382, 2.ª Turma, Rel. Min. Maria Helena Mallmann, *DEJT* 03.12.2021).

Sobre a transmissibilidade da ação de compensação por danos morais ajuizada pelo trabalhador que, após, vem a falecer, o TST tem jurisprudência firme no sentido de que, "embora o direito à honra se insira na categoria dos 'direitos personalíssimos' – e, como tal, seja intransmissível –, sua violação gera o direito à reparação, sendo que tal direito, de cunho eminentemente patrimonial, é transmissível por herança, nos exatos termos do art. 943 do CCB" (E-RR 1187-80.2010.5.03.0035, Subseção I Especializada em Dissídios Individuais, Red. Min. Márcio Eurico Vitral Amaro, *DEJT* 04.11.2016).

Ademais, no mesmo sentido, o STJ editou a Súmula n. 642 em que consolidou o entendimento de que "o direito à indenização por danos morais transmite-se com o falecimento do titular, possuindo os herdeiros da vítima legitimidade ativa para ajuizar ou prosseguir a ação indenizatória". Portanto, nas ações de indenização por danos decorrentes de doença ocupacional adquirida pelo trabalhador, admite-se a legitimidade dos sucessores para prosseguir com a ação (RR 632-68.2014.5.02.0482, 4.ª Turma, Rel. Min. Alexandre Luiz Ramos, *DEJT* 12.08.2022).

11.8 LEGITIMAÇÃO PASSIVA

Nos dissídios individuais trabalhistas, incumbe ao autor indicar a quem se dirige sua pretensão, como já visto.

O polo passivo, ou reclamado, portanto, será formado pela pessoa (ou pessoas) que a parte autora indicar como devedor(es) dos direitos que ele almeja e elenca na petição inicial. Assim, "a legitimação, que se vincula à pertinência subjetiva da ação, encontra-se perfeitamente definida no momento em que o autor, dizendo-se credor das obrigações trabalhistas devidas pela reclamada, aponta-a como devedora, indicando-as (*sic*) como sujeito passivo da relação jurídica de direito posta como objeto do processo (AIRR 1001096-29.2014.5.02.0465, 2.ª Turma, Rel. Min. Sergio Pinto Martins, *DEJT* 19.12.2022). Em outras palavras, para aferição das condições da ação, o sistema jurídico brasileiro adota a "teoria da asserção", pela qual "a legitimidade passiva é constatada com base nos fatos narrados na inicial" (AIRR 1440-09.2012.5.02.0041, 2.ª Turma, Rel. Min. José Roberto Freire Pimenta, *DEJT* 19.11.2021).

Situação deveras comum no cotidiano forense trabalhista é a demanda formulada por trabalhador em relação de emprego que foi objeto de "terceirização".

No julgamento do RE 791.932, com repercussão geral, o STF, em acórdão publicado no *DJe* de 06.03.2019 e transitado em julgado em 14.03.2019, entendeu que "é lícita a terceirização de toda e qualquer atividade, meio ou fim, não se configurando relação de emprego entre a contratante e o empregado da contratada". Na ocasião, a Suprema Corte reafirmou a tese aprovada no julgamento da ADPF 324 e do RE 958.252, com repercussão geral reconhecida, no sentido de que "é lícita a terceirização ou qualquer outra forma de divisão do trabalho entre pessoas jurídicas distintas, independentemente do objeto social das empresas envolvidas, mantida a responsabilidade subsidiária da empresa contratante".

Isso não retira, todavia, a possibilidade de discussão de direitos porventura lesados pela empresa contratada (empregadora) e a postulação de responsabilização da empresa contratante (tomadora dos serviços terceirizados), inclusive de caráter indenizatório.

O Pleno do Tribunal Superior do Trabalho, no dia 22.02.2022, nos autos do Incidente de Recurso Repetitivo 1000-71.2012.5.06.0018, ao analisar os aspectos relativos aos processos em que se discute a licitude da terceirização, decidiu que em tais casos há litisconsórcio passivo necessário – de modo que as duas empresas (tomadora e prestadora) devem fazer parte da ação, e unitário – a decisão deve produzir efeitos idênticos para as duas. Dessa forma, "por conseguinte, ainda que não lhe tenha sido atribuída qualquer responsabilidade pelas verbas deferidas em juízo, possui a prestadora de serviços legitimidade recursal para defender a licitude do pacto de prestação de serviços firmado com a empresa tomadora" (Ag-E-ED-RRAg 10756-28.2013.5.01.0077, Subseção I Especializada em Dissídios Individuais, Rel. Min. Maria Helena Mallmann, *DEJT* 18.11.2022).

No tocante ao trabalhador avulso, tendo como intermediário o OGMO, este tem legitimidade passiva e, no mérito, pode responder solidariamente com os operadores portuários pelas indenizações decorrentes de acidente de trabalho. Nesse sentido: TST, ARR 66500-89.2014.5.17.0121, 6.ª Turma, Rel. Min. Katia Magalhães Arruda, *DEJT* 1.º.03.2019. Afinal, o OGMO responde solidariamente com o operador portuário "pelo pagamento dos encargos trabalhistas, das contribuições previdenciárias e demais obrigações, inclusive acessórias, devidas à Seguridade Social, arrecadadas pelo Instituto Nacional do Seguro Social – INSS, vedada a invocação do benefício de ordem" (art. 2.º, § 4.º, da Lei n. 9.719/1998).

Questão interessante é a pretensão constante de algumas ações trabalhistas envolvendo o pleito de reconhecimento do vínculo de emprego, em que se insere o INSS no polo passivo, com a finalidade de obter provimento jurisdicional no sentido de que a Autarquia venha a averbar o período laboral, ou salários de contribuição. Todavia, a jurisprudência do TST rechaça tal pretensão de forma pacífica:

> A jurisprudência desta Corte Superior é no sentido de que a Justiça do Trabalho não detém competência para determinar à Previdência Social a averbação do tempo de serviço e salário de contribuição e de retificação dos dados do empre-

gado. Isso porque, em se tratando de matéria eminentemente previdenciária, a competência é da Justiça Comum Federal ou Estadual, a teor do art. 109, I e § 3.º, da Constituição da República. Precedentes deste Tribunal. Recurso de revista de que se conhece e a que se dá provimento (RR 205300-41.2002.5.02.0443, 7.ª Turma, Rel. Des. Convocado Roberto Nobrega de Almeida Filho, *DEJT* 26.04.2019).

11.9 DEFESA DO RÉU

Dessume-se dos arts. 297 e 300 do CPC, subsidiariamente aplicáveis ao processo do trabalho, e que dispõem sobre o oferecimento de contestação, exceção e reconvenção e a necessidade de o réu alegar toda matéria de defesa na contestação, que o não oferecimento da defesa importa em revelia e preclusão quanto às matérias que poderiam ser ventiladas por tais instrumentos.

No período após a implantação do PJe, conforme o art. 29 da Resolução CSJT n. 136/2014, tem-se que "os advogados credenciados deverão encaminhar eletronicamente contestação, reconvenção ou exceção, e respectivos documentos, antes da realização da audiência designada para recebimento da defesa".

Tratando-se de processo judicial eletrônico, aplica-se o disposto no art. 26 da Resolução do CSJT n. 185/2017: "Fica dispensada a formação de autos suplementares em casos de exceção de impedimento ou suspeição, agravos de instrumento, agravos regimentais e agravo previsto no art. 1.021 do CPC".

O art. 315 do CPC não limita a reconvenção às ações de natureza condenatória, não havendo, portanto, qualquer incompatibilidade com a ação declaratória. Nesse sentido o entendimento do STF, consubstanciado na Súmula n. 258.

O § 3.º do art. 841 da CLT, incluído pela Lei n. 13.467/2017, é expresso ao determinar que, "oferecida a contestação, ainda que eletronicamente, o reclamante não poderá, sem o consentimento do reclamado, desistir da ação".

De acordo com a legislação aplicável à matéria, tem-se, portanto, que a possibilidade de desistência da ação, independentemente da anuência da parte contrária, encerra-se com a apresentação da contestação, ainda que de forma eletrônica (TST, RR 00033-71.2018.5.08.0014, 4.ª Turma, Rel. Min. Guilherme Augusto Caputo Bastos, *DEJT* 05.03.2021).

11.10 ASPECTOS DESTACADOS SOBRE A INSTRUÇÃO PROCESSUAL

Conforme o art. 848 da CLT: "Terminada a defesa, seguir-se-á a instrução do processo". Os meios de prova que podem ser utilizados são os mesmos do processo civil, além dos documentos que já devem ter acompanhado a petição inicial e a defesa: o depoimento pessoal da parte adversa (com a finalidade de extrair confissão real ou ficta); a colheita de depoimentos testemunhais; a produção de provas periciais; a inspeção judicial.

O fato objeto da prova é aquele que é controvertido, ou seja, aquele afirmado por uma parte e especificamente contestado pela outra. Não havendo contestação ao fato, este se torna incontroverso, pelo que é desnecessária a produção de provas a respeito dele.

Como não há qualquer limitação ou tarifação de provas, a parte pode se desincumbir do seu ônus probatório fazendo uso de qualquer meio lícito, respeitados o contraditório e a ampla defesa, é dizer, desde que tenham vindo aos autos e ouvida a parte contrária, que tem o direito à impugnação e contraprova, ainda que em audiência, como se nota do § 1.º do art. 852-H da CLT, sobre o rito sumaríssimo.

As regras de distribuição do ônus da prova são estabelecidas nos dispositivos infraconstitucionais que as regulam: arts. 373 do CPC/2015 e 818 da CLT. É importante consignar, entretanto, que

> [...] a distribuição do ônus da prova não representa um fim em si mesmo, sendo útil ao julgador quando não há prova adequada e suficiente ao deslinde da controvérsia. Se há prova demonstrando determinado fato ou relação jurídica, como na hipótese sob exame, prevalece o princípio do convencimento motivado insculpido no art. 131 do CPC/1973 (art. 371 do CPC/2015), segundo o qual ao magistrado cabe eleger a prova que lhe parecer mais convincente (TST, AIRR 22027-26.2015.5.04.0030, 3.ª Turma, Rel. Min. Mauricio Godinho Delgado, *DEJT* 22.11.2019).

Nas demandas trabalhistas que envolvem a discussão sobre a existência ou não de relação de emprego, incumbe ao autor da demanda o ônus de provar os requisitos caracterizadores previstos nos arts. 2.º e 3.º da CLT. No entanto, "quando o empregador admite a prestação de serviços, negando, contudo, o vínculo empregatício, atrai para si o ônus da prova de que aquela ostenta natureza jurídica diversa da trabalhista, fato impeditivo do direito vindicado (TST, Ag 1000906-04.2019.5.02.0041, 3.ª Turma, Rel. Min. Alexandre Agra Belmonte, *DJe* 12.11.2021).

Para o reconhecimento judicial do vínculo de emprego, como na legislação do trabalho não há tarifação de provas, tampouco limitações a certos meios de prova, admite-se que o demandante leve o juízo ao convencimento por todos os meios lícitos, admitidos em direito: confissão real ou ficta da parte contrária; provas documentais, testemunhais e periciais. Isso se dá principalmente pela aplicação do princípio da primazia da realidade sobre a forma, na medida em que é conhecida a situação de relações laborais mantidas na informalidade, por conduta dolosa patronal, a fim de sonegar direitos trabalhistas e obrigações tributárias, bem como na Previdência Social, como visto no capítulo pertinente. No mesmo diapasão:

> Vínculo de emprego reconhecido em juízo. Prova oral *x* prova documental. Um dos princípios que norteiam o Direito do Trabalho é o da primazia da realidade sobre os documentos. Sendo assim, a prova documental pode ser superada por outros meios de prova, inclusive pela prova testemunhal, quando este meio revela que o que foi documentado não corresponde à realidade fática havida na relação de emprego. No caso, a prova oral se mostrou suficiente para elidir a prova documental colacionada pela empresa, comprovando a frequência do labor, pelo que há que ser mantida a sentença que reconheceu o vínculo de emprego entre as partes (TRT-17, RO 0000502-85.2015.5.17.0010, 2.ª Turma, Rel. Des. Wanda Lúcia Costa Leite França Decuzzi, *DEJT* 05.08.2016).

A respeito da distribuição do ônus probatório, é interessante frisar alguns outros aspectos:

- Negado pela reclamada o vínculo de emprego ou a prestação de qualquer espécie de serviço pelo reclamante, é deste o ônus de demonstrar a existência dos elementos caracterizadores dessa espécie de relação jurídica (AIRR 760442-67.2001.5.03.5555, 1.ª Turma, Rel. Des. Convocado Altino Pedrozo dos Santos, *DEJT* 04.06.2004).
- Se o reclamado admite a prestação de serviços, porém nega o vínculo empregatício, ao argumento de que o trabalho realizado era apenas eventual, é ônus do réu a prova da eventualidade alegada, nos termos do art. 332, II, do CPC, por se tratar de fato impeditivo do direito da reclamante (TST, RR 237900-36.2008.5.15.0058, 2.ª Turma, Rel. Min. Delaíde Miranda Arantes, *DEJT* 10.06.2016).
- Nas demandas que envolvem acidentes do trabalho, há a inversão do ônus da prova, a qual passa a ser da empregadora, quando esta alega em juízo a culpa exclusiva da vítima – fato modificativo do direito (TST, RR 149800-48.2007.5.15.0056, 6.ª Turma, Rel. Min. Katia Magalhães Arruda, *DEJT* 1.º.06.2012), bem como quando há invocação de culpa concorrente (TST, RR 123900-23.2005.5.15.0092, 7.ª Turma, Rel. Min. Pedro Paulo Manus, *DEJT* 03.04.2012).
- Nos acidentes de percurso, a responsabilização da empresa pelos danos decorrentes do acidente ocorrido com veículo por ela assumido, é objetiva, na forma dos arts. 927 e 932, III, do Código Civil, de modo que "o empregador assume o ônus e o risco desse transporte ainda que tenha sido demonstrada a culpa exclusiva de terceiro pelo infortúnio, como no caso, pois, o fato de terceiro apenas autoriza as reclamadas a exercerem o direito de regresso, não elidindo a pretensão reparatória" (TST, RR 748-03.2014.5.12.0060, 2.ª Turma, Rel. Min. Delaíde Miranda Arantes, *DEJT* 09.02.2018).
- Em questões envolvendo a caracterização de doença ocupacional, é ônus da reclamada provar que não se aplica ao caso o nexo técnico epidemiológico reconhecido (TST, RR-ARR 109800-81.2007.5.17.0013, 1.ª Turma, Rel. Des. Convocado José Maria Quadros de Alencar, *DEJT* 08.11.2013).
- Acerca das situações de alegação de limbo previdenciário, ocorre inversão do ônus probatório quando a empresa ré alega que o trabalhador se negara a retornar às suas atividades laborais, ou mesmo se recusara a assumir função compatível com suas limitações físicas, cabendo a esta tal prova (TST, RR 10858-39.2019.5.03.0027, 2.ª Turma, Rel. Min. Delaíde Miranda Arantes, *DEJT* 27.11.2020).
- É objetiva (logo independe de prova) a responsabilidade da instituição bancária por danos causados por terceiros a seus empregados, ou ao vigilante de empresa de transporte de valores que presta serviços ao Banco, por força de disposição legal (Lei n. 7.102/1983), resultantes de atos de violência decorrentes de roubo ou assalto na agência, nos termos do art. 2.º, § 2.º, da CLT e do parágrafo único do art. 927 do Código Civil, porque decorre do risco imanente à atividade de vigilância ostensiva e transporte de valores, independentemente de culpa do empregador ou do tomador do serviço, no assalto, praticado por terceiros (TST, RR 71100-94.2008.5.02.0085, 1.ª Turma, Rel. Min. Walmir Oliveira da Costa, *DEJT* 07.06.2013).

11.10.1 A questão do dano *in re ipsa* nas demandas trabalhistas

A jurisprudência do TST firmou-se no sentido de que, "na ocorrência de acidente de trabalho, o dano moral é *in re ipsa*, ou seja, prescinde da apresentação de prova que demonstre a ofensa moral. Isso porque o próprio fato consubstancia a conduta antijurídica que enseja a responsabilização do ofensor em compensar a lesão moral" (RR 54600-51.2009.5.05.0014, 2.ª Turma, Rel. Min. Maria Helena Mallmann, *DEJT* 27.04.2018).

Consideram-se evidenciadas a existência de dano *in re ipsa* e a responsabilidade do empregador ao deixar o obreiro no limbo jurídico previdenciário (RR 1001321-41.2019.5.02.0411, 6.ª Turma, Rel. Min. Augusto Cesar Leite de Carvalho, *DEJT* 21.10.2022).

Provados os fatos (Súmula n. 126 do TST), os danos morais sofridos pelos familiares do trabalhador, ante a perda do ente familiar, são aferidos *in re ipsa*, sendo cabível a indenização. Trata-se de dano moral reflexo ou indireto, também denominado dano moral por ricochete, cujo reconhecimento prescinde de prova de que os parentes dependessem economicamente da vítima, pois de danos materiais não se trata (RR 1578-23.2012.5.15.0070, 6.ª Turma, Rel. Min. Katia Magalhães Arruda, *DEJT* 26.06.2015).

O ressarcimento das despesas de funeral é verba indenizatória que independe de prova pois, sendo incontroverso o evento morte, a existência do funeral e do sepultamento é fato notório que deve ser presumido (TST, RR 37200-67.2009.5.03.0050, 2.ª Turma, Rel. Min. José Roberto Freire Pimenta, *DEJT* 31.03.2015).

11.11 SENTENÇA

A sentença é definida como o ato pelo qual o órgão julgador encerra a prestação jurisdicional, emitindo decisão terminativa ou resolutiva do mérito, isso depois de encerrada a instrução processual e permitida às partes a produção de alegações finais, como prevê o art. 850 da CLT.

A decisão é terminativa quando o juiz extingue o processo sem resolução do mérito, sem julgar o pedido do autor e sem se pronunciar sobre a sua procedência ou improcedência.

Como bem leciona Leonardo Greco, comentando o art. 485 do CPC, que se aplica ao processo do trabalho: "Poder-se-ia dizer, numa síntese, que o juiz deve assim decidir quando ocorrer a falta de condições da ação ou de pressupostos processuais, se a petição inicial for inepta (art. 330, § 1.º), se o autor e até mesmo o réu negligenciarem no dever de colaborar com o juiz no impulsionamento do processo ou se o autor desistir da ação".[1] Encerrada a ação mediante a extinção sem resolução do mérito, não há coisa julgada material, mas apenas formal, não pondo fim ao litígio (que pode ser novamente levado ao Judiciário, uma vez saneada a falha identificada no processo primeiro).

---

[1] GRECO, Leonardo, Comentários aos arts. 485 a 488. *In*: CRUZ E TUCCI, José Rogério; FERREIRA FILHO, Manoel Caetano; APRIGLIANO, Ricardo de Carvalho; DOTTI, Rogéria Fagundes; MARTINS, Sandro Gilbert (coord.). *Código de Processo Civil anotado*. 2021. p. 801-810. Disponível em https://www.aasp.org.br/produto/codigo-de-processo-civil-anotado/. Acesso em: 24 jan. 2023.

A decisão que homologa acordo, seja no curso da demanda (judicial), seja extrajudicial, na forma do art. 855-B da CLT,[2] é de mérito, pois põe fim ao litígio, formando coisa julgada material e formal.

A respeito dos acordos extrajudiciais, apesar de entendimentos *a contrario sensu*, o TST tem validado, sem ressalvas, ajustes firmados entre empregado e empregador, com efeito de quitação geral do extinto contrato de trabalho. Para a Corte, se presentes os requisitos gerais do negócio jurídico (agente capaz, objeto lícito e forma prescrita ou não vedada em lei) e os específicos preconizados pela lei trabalhista (CLT, art. 855-B), não há de se questionar a vontade das partes envolvidas e o mérito do acordado (TST, RR 10098-83.2021.5.15.0028, *DEJT* 18.02.2022).

Não sendo hipótese de decisão terminativa e não havendo acordo, compete ao magistrado, na prolação da sentença, aplicar o direito aos fatos que lhe são narrados, apreciando cada um dos pedidos formulados. É o que se infere do brocardo "da mihi factum dabo tibi jus" ("dá-me os fatos, e eu te darei o direito"), que indica a necessidade de a parte relatar os fatos, embora não precise proceder ao respectivo enquadramento jurídico-legal.

O art. 832 da CLT, em sua redação vigente, ainda estabelece outras exigências para a correção da sentença:

- Quando a decisão concluir pela procedência do pedido, determinará o prazo e as condições para o seu cumprimento.
- A decisão mencionará sempre as custas que devam ser pagas pela parte vencida.
- As decisões cognitivas ou homologatórias deverão sempre indicar a natureza jurídica das parcelas constantes da condenação ou do acordo homologado, inclusive o limite de responsabilidade de cada parte pelo recolhimento da contribuição previdenciária, se for o caso.
- Para os fins do § 3.º do art. 832, salvo na hipótese de o pedido da ação limitar-se expressamente ao reconhecimento de verbas de natureza exclusivamente indenizatória, a parcela referente às verbas de natureza remuneratória não poderá ter como base de cálculo valor inferior: I – ao salário mínimo, para as competências que integram o vínculo empregatício reconhecido na decisão cognitiva ou homologatória; ou II – à diferença entre a remuneração reconhecida como devida na decisão cognitiva ou homologatória e a efetivamente paga pelo empregador, cujo valor total referente a cada competência não será inferior ao salário mínimo.
- Caso haja piso salarial da categoria definido por acordo ou convenção coletiva de trabalho, o seu valor deverá ser utilizado como base de cálculo para os fins do § 3.º-A deste artigo.

Cabe ao juiz, ao julgar, apreciar cada um dos pedidos formulados, observada a *litiscontestatio*. Não deve julgar além (ultra) ou fora (extra) do que foi postulado. Se,

---

[2] "Art. 855-B. O processo de homologação de acordo extrajudicial terá início por petição conjunta, sendo obrigatória a representação das partes por advogado. § 1.º As partes não poderão ser representadas por advogado comum. § 2.º Faculta-se ao trabalhador ser assistido pelo advogado do sindicato de sua categoria."

ao deferir o pedido, o juízo apenas deu a adequação dos fatos ao direito, não há falar em julgamento *extra ou ultra petita*. Nesse sentido, TST, RR 58100-74.2008.5.02.0037, 2.ª Turma, Rel. Min. Maria Helena Mallmann, *DEJT* 19.08.2022.

Incumbe ao juízo fundamentar sua decisão, indicando quais meios de prova considerou para formar seu convencimento a respeito e qual o direito aplicável à situação litigiosa, permitindo às partes que, eventualmente, possam recorrer da decisão proferida.

Questão bastante comum em matéria de decisão judicial trabalhista é a que envolve a vinculação do julgador à prova pericial. Todavia, essa vinculação não é plena: se existem informações relevantes que apontem para conclusão diversa daquela exposta na perícia técnica, o julgador pode e deve se valer desses elementos de prova para formar seu convencimento (TST, Ag 213037220175040702, 3.ª Turma, Rel. Min. Mauricio Godinho Delgado, *DJe* 1.º.10.2021).

11.12 RECURSOS NO PROCESSO DO TRABALHO

Em âmbito de dissídios individuais, bem como outras demandas submetidas à jurisdição trabalhista, a denominada fase recursal é bem menos complexa quando comparada com o processo civil.

De imediato, ressalta-se a impossibilidade de recurso contra decisões interlocutórias antes da prolação da sentença de primeiro grau, conforme o entendimento contido na Súmula n. 214 do TST, *in verbis*:

> Decisão interlocutória. Irrecorribilidade. Na Justiça do Trabalho, nos termos do art. 893, § 1.º, da CLT, as decisões interlocutórias não ensejam recurso imediato, salvo nas hipóteses de decisão: a) de Tribunal Regional do Trabalho contrária à Súmula ou Orientação Jurisprudencial do Tribunal Superior do Trabalho; b) suscetível de impugnação mediante recurso para o mesmo Tribunal; c) que acolhe exceção de incompetência territorial, com a remessa dos autos para Tribunal Regional distinto daquele a que se vincula o juízo excepcionado, consoante o disposto no art. 799, § 2.º, da CLT.

Ressalte-se que o princípio da fungibilidade recursal consiste no recebimento de recurso incorretamente interposto como se fosse outro apelo. Todavia, ele tem aplicação em nosso ordenamento jurídico tão somente quando existir dúvida razoável quanto à via processual adequada, considerando o princípio da boa-fé objetiva processual – art. 5.º do CPC/2015. Se não há dúvida objetiva, a interposição equivocada do recurso constitui erro grosseiro, pois decorre de desatenção à disposição expressa da lei acerca do recurso cabível (TST, Ag-AIRR 459-89.2018.5.09.0003, 2.ª Turma, Rel. Des. Convocada Margareth Rodrigues Costa, *DEJT* 11.11.2022).

11.12.1 Depósito recursal

O preparo constitui pressuposto extrínseco de admissibilidade dos recursos ordinário e de revista, devendo a parte recorrente comprovar o recolhimento das custas processuais e do depósito recursal, sob pena de ver seu recurso denegado (art. 899, § 1.º, CLT).

A finalidade primeira do depósito recursal é a garantia do juízo, não constituindo mera despesa processual. No entanto, "não tendo havido condenação em pecúnia, não há que se falar em deserção, nos termos da Súmula n. 161 do col. TST, cujo entendimento permanece vigente" (TRT-1, AIRO 0100289-61.2021.5.01.0224, 5.ª Turma, Rel. Des. Enoque Ribeiro dos Santos, *DJe* 03.09.2021).

O depósito recursal tem assim natureza híbrida: requisito extrínseco para admissão do recurso (de preparo) e de instrumento para garantia do juízo.

De acordo com o teor da Súmula n. 245 do TST, "o depósito recursal deve ser feito e comprovado no prazo alusivo ao recurso".

O recolhimento equivocado do depósito e das custas processuais, sem a observância dos requisitos previstos nos § 1.º do art. 789 da CLT e § 1.º do art. 899 da CLT, inviabiliza o conhecimento do recurso, por deserção.

A respeito da isenção de despesas processuais, incluído o depósito recursal, frise-se a diretriz da OJ n. 269 da SDI-1 do TST:

> I – O benefício da justiça gratuita pode ser requerido em qualquer tempo ou grau de jurisdição, desde que, na fase recursal, seja o requerimento formulado no prazo alusivo ao recurso;
>
> II – Indeferido o requerimento de justiça gratuita formulado na fase recursal, cumpre ao relator fixar prazo para que o recorrente efetue o preparo (art. 99, § 7.º, do CPC de 2015).

Quanto às empresas em recuperação judicial, a nova redação do § 10 do art. 899 da CLT, introduzida pela Lei n. 13.467/2017, por se tratar de norma de natureza processual, possui aplicação imediata. Assim, as empresas em recuperação judicial estão isentas do recolhimento do depósito recursal (TRT 12, RO 0000725-66.2021.5.12.0010, 4.ª Câmara, Rel. Des. Gracio Ricardo Barboza Petrone, *DJe* 08.12.2022).

O art. 899, § 11, da CLT assegura a substituição do depósito recursal por fiança bancária ou seguro-garantia judicial.

A exigência de emissão da carta de fiança por instituição bancária/financeira proporciona maior segurança à futura execução, bem como reduz a ocorrência de discussões acerca da validade da garantia perante terceiros. Verifica-se que o legislador adotou igual cautela na redação dos arts. 835, § 2.º, e 848, parágrafo único, do CPC.

É entendimento do TST que "o legislador ordinário não facultou ao executado garantir a execução trabalhista por meio do gênero fiança bancária (art. 818 do Código Civil), mas, sim, elegeu como garantia fidejussória específica para assegurá-la a espécie 'fiança bancária', a ser emitida por instituição financeira devidamente cadastrada no Banco Central do Brasil" (decisão monocrática proferida pela Exma. Min. Kátia Magalhães Arruda no RR-AIRR-AIRR 1001939-25.2016.5.02.0044, *DEJT* 22.06.2022).

A substituição somente será possível, todavia, se o depósito for realizado após a vigência da Lei 13.467/2017 (Reforma Trabalhista), conforme previsto no Ato Conjunto TST.CSJT.CGT n. 1/20 c/c o art. 20 da Instrução Normativa n. 41/2018, o qual estabelece que a substituição do depósito recursal por fiança bancária ou seguro garantia judicial só tem aplicação aos recursos interpostos contra as decisões proferidas a partir de 11.11.2017. Ademais, condicionou-se a validade da apólice à vigência de, no mínimo, três anos e previsão de renovação automática (art. 3.º do Ato Conjunto).

11.12.2 Recurso ordinário

Na forma do art. 895 da CLT, cabe recurso ordinário para a instância superior, no prazo de oito dias úteis:

> I – das decisões definitivas ou terminativas das Varas e Juízos, no prazo de oito dias; e
>
> II – das decisões definitivas ou terminativas dos Tribunais Regionais, em processos de sua competência originária, no prazo de oito dias, quer nos dissídios individuais, quer nos dissídios coletivos.

A União será intimada das decisões homologatórias de acordos que contenham parcela indenizatória, na forma do art. 20 da Lei n. 11.033, de 21.12.2004, facultada a interposição de recurso relativo aos tributos que lhe forem devidos (§ 4.º do art. 832 da CLT, redação atual), com a finalidade de resguardar a incidência de contribuições previdenciárias sobre os valores objeto da condenação. Intimada da sentença, a União poderá interpor recurso relativo à discriminação das parcelas de que trata o § 3.º do art. 832 consolidado, o que se aplica, de regra, a acordos formulados no curso da demanda.

De todo modo, o § 6.º do art. 832 prevê que "o acordo celebrado após o trânsito em julgado da sentença ou após a elaboração dos cálculos de liquidação de sentença não prejudicará os créditos da União", isso porque os créditos da Fazenda Pública não são passíveis de transação ou renúncia, e o fato gerador, como já visto no capítulo pertinente às contribuições, é a prestação do trabalho, e não o pagamento das verbas em juízo.

Ao manejar o recurso, deve a parte interessada exercitar o direito de ampla defesa, indicando, nas razões recursais, as matérias em que reside seu inconformismo, nos termos do art. 1.010, inc. III, do CPC/2015, e apontar as razões de reforma da decisão na parte que lhe foi desfavorável – caracteriza-se a ausência de dialeticidade. "Se as insurgências veiculadas não guardam congruência com a decisão recorrida, resta desatendido esse pressuposto, motivo pelo qual o não conhecimento do recurso, *ex vi* do entendimento sedimentado na Súmula 422 do TST, é medida que se impõe" (TRT-12, RO 0000433-71.2019.5.12.0036, 4.ª Câmara, Rel. Des. Garibaldi Tadeu Pereira Ferreira, *DJe* 16.12.-2022).

O mesmo prazo de oito dias úteis é aquele conferido para oferecimento de contrarrazões pela parte adversa (e recurso adesivo).

11.12.3 Agravo de instrumento

De acordo com o art. 897, *b*, da CLT, cabe agravo de instrumento dos despachos que denegarem a interposição de recursos, no prazo de oito dias úteis.

Como no processo do trabalho o agravo de instrumento tem destinação distinta da do processo civil, cabe a aplicação do art. 893, § 1.º, da CLT e Súmula n. 214 do TST. A parte que se sentir prejudicada por decisão interlocutória antes da prolação da sentença deve, portanto, registrar nos autos seu inconformismo (o "protesto antipreclusivo"), assim como renová-los em alegações finais, a fim de, depois de intimada da sentença, impugnar a decisão interlocutória em recurso ordinário.

Não se opondo a parte no momento oportuno, o ato não mais comporta insurgência por meio de recurso ordinário, em face do princípio da convalidação (art. 795 da CLT). Consta da jurisprudência:

> Indeferida a devolução do feito ao *expert* para complementação do laudo pericial, cabe ao interessado manifestar o seu inconformismo com a decisão proferida, por meio do registro dos oportunos protestos antipreclusivos, os quais devem ser renovados após o encerramento da instrução processual, ao tempo das razões finais, para ficar assente o seu objetivo na produção probatória e para evitar os efeitos da preclusão consumativa. A ausência de protestos, na oportunidade processual adequada, caracteriza a falta de interesse da parte recorrente de produzir a prova que lhe havia sido obstada pela interlocutória em ato anterior, bem como ficam soterradas pela preclusão as questões vinculadas ao assunto, o que inviabiliza admitir a configuração do alegado cerceamento do direito de defesa da litigante (TRT-12, RO 0001132-37.2019.5.12.0012, 5.ª Câmara, Rel. Des. Ligia Maria Teixeira Gouvêa, *DJe* 1.º.06.2022).

O agravo de instrumento interposto contra o despacho que não receber agravo de petição não suspende a execução da sentença (§ 2.º do art. 897 da CLT).

11.12.4 Recurso de revista

Das decisões proferidas pelo TRT (acórdãos), em recurso ordinário, cabe recurso de revista para o TST, no prazo de oito dias úteis.

Quando o acórdão do Tribunal Regional tiver sido publicado na vigência da Lei n. 13.467/2017, o recurso de revista submete-se ao crivo da transcendência, que deve ser analisada de ofício e previamente, independentemente de alegação pela parte.

O art. 896-A da CLT, inserido pela Lei n. 13.467/2017, com vigência a partir de 11.11.2017, estabelece em seu § 1.º como indicadores de transcendência:

I – econômica, o elevado valor da causa;

II – política, o desrespeito da instância recorrida à jurisprudência sumulada do Tribunal Superior do Trabalho ou do Supremo Tribunal Federal;

III – social, a postulação, por reclamante-recorrente, de direito social constitucionalmente assegurado;

IV – jurídica, a existência de questão nova em torno da interpretação da legislação trabalhista.

Nos termos da Súmula n. 221, I, do TST, "a admissibilidade do recurso de revista por violação tem como pressuposto a indicação expressa do dispositivo de lei ou da Constituição tido como violado".

Observamos que a valoração dos elementos fáticos dos autos compete exclusivamente aos juízes de primeiro e segundo graus, e, a teor da Súmula n. 126 do TST, é incabível recurso de revista para debater se foi correta ou não a avaliação da prova, sua valoração concreta, ou, ainda, se está ou não provado determinado fato.

11.12.5 Embargos de declaração

Os embargos de declaração na Justiça do Trabalho têm sua finalidade direcionada pelo art. 897-A da CLT, limitando-se a corrigir defeitos meramente formais na decisão embargada, a aperfeiçoá-la, suprindo omissão ou eliminando contradição porventura existente na decisão, assim como a sanar manifesto equívoco no exame dos pressupostos extrínsecos do recurso.

Nesse contexto, "a interposição de embargos de declaração de caráter infringente, destinados à correção de suposto erro de julgamento (*error in judicando*), não encontra amparo nas normas que regem essa via recursal" (TST, RR 635-96.2011.5.15.0019, 7.ª Turma, Rel. Min. Evandro Pereira Valadão Lopes, *DEJT* 11.02.2022).

11.12.6 Liquidação, execução e o recurso de agravo de petição

Havendo necessidade de liquidação de sentença (ou em caso de sentença líquida, atualização do cálculo), inicialmente deve ser oportunizado às partes apresentar os cálculos, abrangendo, também, o cálculo das contribuições previdenciárias devidas (art. 879, §§ 1.º, 1.º-A e 1.º-B, da CLT).

Apresentados os cálculos por alguma das partes ou, no silêncio destas, ou dada a complexidade, feito o cálculo pelo contador do juízo (§ 6.º do art. 879 da CLT), as partes e a União devem ser intimadas para, querendo, apresentar impugnação fundamentada com a indicação dos itens e valores objeto da discordância, sob pena de preclusão, com prazo comum de oito dias (úteis), nos termos dos §§ 2.º e 3.º do art. 879 da CLT.

Uma vez impugnados os cálculos por algum dos interessados (partes ou a União), oportuniza-se igual prazo para manifestação da parte adversa e, após, o órgão julgador aprecia as eventuais insurgências e homologa os cálculos de liquidação que entende corretos. Até esse ponto não há recurso cabível.

Homologados os cálculos pelo juízo, segue-se a citação do devedor, na forma do art. 880 da CLT, com a redação conferida pela Lei n. 10.035/2000. E, "em se tratando de pagamento em dinheiro, incluídas as contribuições sociais devidas, para que pague em 48 (quarenta e oito) horas, ou garanta a execução, sob pena de penhora".

Tratando-se de sentença líquida (com valor certo de condenação), a fase de execução do processo inicia-se com a citação do executado.

O pagamento, ou indicação de bens para garantia do juízo, deverá ser suficiente para cobrir os créditos do exequente trabalhista e os relativos às contribuições à Seguridade Social e seus acréscimos. Em caso de garantia insuficiente, fica impedido o devedor de ingressar com embargos, até que satisfaça tal exigência.

Os embargos à execução, ação incidente no curso da execução, cabem para discutir a conta de liquidação bem como outras matérias, como a impenhorabilidade de bens constritos ou a satisfação da dívida. Todavia, a impugnação à conta de liquidação apresentada na forma do art. 879, § 2.º, da CLT delimita a matéria que pode ser novamente discutida pela parte, por ocasião dos embargos à execução/impugnação aos cálculos, após a garantia do juízo, nos termos do art. 884 da CLT.

No prazo de cinco dias úteis, o devedor poderá ingressar com embargos à execução e o credor, com impugnação à sentença de liquidação.

O prazo de cinco dias para o exequente apresentar impugnação aos cálculos, sob pena de preclusão, inicia-se com a ciência da garantia da execução (TRT-12, AP 0000674-19.2021.5.12.0022, 1.ª Câmara, Rel. Des. Helio Bastida Lopes, *DJe* 1.º.12.2022).

Quando o executado for a União, algum dos Estados ou Municípios, suas autarquias e fundação públicas, este terá o prazo de 30 dias úteis para apresentar embargos. Nesse caso, não há obrigação de garantia da execução, penhora de bens e expropriação patrimonial, pois a execução contra a Fazenda Pública é processada na sistemática das requisições de pequeno valor (RPV) e precatórios.

Havendo embargos opostos, devem ser citados os exequentes trabalhistas e a União para contestá-los, querendo, no mesmo prazo (art. 17 da LEF). Se for postulada a produção de prova testemunhal (ou requerimento de depoimento pessoal) deferida pelo juízo, far-se-á audiência para esse fim.

Havendo impugnação de algum dos exequentes, também é necessário intimar os demais interessados, respeitando-se o contraditório.

Não havendo provas a produzir em audiência, ou ao fim da instrução dos embargos e/ou da impugnação de exequente, o juiz da execução proferirá decisão única, na forma do art. 885 da CLT. É dessa decisão que cabe o agravo de petição.

Cabe agravo de petição (art. 897, *a*, da CLT), portanto, das decisões proferidas no curso da execução. O agravo de petição só será recebido quando o agravante delimitar, justificadamente, as matérias e os valores impugnados, permitida a execução imediata da parte remanescente até o final, nos próprios autos ou por carta de sentença (§ 3.º do art. 897 da CLT).

11.13 PENHORA DE SALÁRIOS E BENEFÍCIOS PREVIDENCIÁRIOS

Matéria processual que envolve aspectos ligados à Previdência é a que trata da penhorabilidade (ou não) de proventos de aposentadoria, pensão e outros benefícios.

Originalmente, a jurisprudência do TST, consubstanciada na OJ n. 153 da SBDI-2, preconizava que "ofende direito líquido e certo decisão que determina o bloqueio de numerário existente em conta salário, para satisfação de crédito trabalhista, ainda que seja limitado a determinado percentual dos valores recebidos ou a valor revertido para fundo de aplicação ou poupança, visto que o art. 649, IV, do CPC de 1973 contém norma imperativa que não admite interpretação ampliativa, sendo a exceção prevista no art. 649, § 2.º, do CPC de 1973 espécie, e não gênero de crédito de natureza alimentícia, não englobando o crédito trabalhista".

Entretanto, com o advento do Código de Processo Civil de 2015, a questão relativa à impenhorabilidade de salários e proventos de aposentadoria foi alterada, uma vez que o § 2.º do art. 833 excepcionou a incidência de tal regra à hipótese de penhora para pagamento de prestação alimentícia, "independentemente de sua origem, bem como às importâncias excedentes a 50 (cinquenta) salários mínimos mensais".

Em razão do disposto no art. 833, IV, § 2.º, do CPC/2015, o Tribunal Pleno do TST alterou a redação da OJ n. 153 da SBDI-2/TST (Res. n. 220/2017, *DEJT* divulgado em 21, 22 e 25.09.2017), a fim de limitar a aplicação da tese nela sedimentada aos atos praticados na vigência do Código de Processo Civil de 1973.

Desse modo, com a vigência do Código de Processo Civil de 2015, "passou-se a admitir a penhora de percentual de salários e proventos de aposentadoria para pagamento de prestações alimentícias 'independentemente de sua origem', o que abrange os créditos trabalhistas típicos, em razão de sua natureza alimentar" (TST, RR 283100-92.1991.5.02.0262, 4.ª Turma, Rel. Min. Alexandre Luiz Ramos, *DEJT* 25.11.2022).

11.14 CONCESSÃO DE ASSISTÊNCIA JUDICIÁRIA GRATUITA – ISENÇÃO DE DESPESAS PROCESSUAIS

A Lei n. 13.467/2017 alterou a parte final do § 3.º e acresceu o § 4.º do art. 790 da CLT, o qual passou a dispor que: "O benefício da justiça gratuita será concedido à parte que comprovar insuficiência de recursos para o pagamento das custas do processo".

Por conseguinte, passou a haver divergências se, após essa alteração legislativa, a forma de comprovação de insuficiência de recursos para fins de obter o benefício da justiça gratuita no âmbito do processo do trabalho havia sido alterada, pois o entendimento até então vigente (Súmula n. 463 do TST) era de que a declaração firmada pelo indivíduo ou seu patrono em juízo era suficiente para tanto.

Depois de alentados debates, prevaleceu no âmbito do TST o seguinte entendimento:

> Considerando-se a evolução legislativa e o teor dos arts. 1.º da Lei n. 7.115/1983 e 99, § 3.º, do CPC de 2015, plenamente aplicáveis ao processo do trabalho porque atualmente a CLT não possui disciplina específica, presume-se verdadeira e enseja a concessão dos benefícios da gratuidade de justiça a declaração de pobreza firmada pela pessoa natural ou por seu procurador com poderes específicos, nos termos do art. 105 do CPC de 2015. [...] Assim, continua plenamente aplicável a Súmula n. 463, I, do TST, que, com a redação dada pela Resolução n. 219, de 28.06.2017, em consonância com o CPC de 2015, firmou a diretriz de que "para a concessão da assistência judiciária gratuita à pessoa natural, basta a declaração de hipossuficiência econômica firmada pela parte ou por seu advogado". [...] Harmoniza-se esse entendimento com o princípio da inafastabilidade da jurisdição (art. 5.º, XXXV, da Constituição Federal), bem como com o princípio da igualdade (art. 5.º, *caput*, da Constituição Federal), pois não há fundamento de qualquer espécie que justifique a imposição de um tratamento mais rigoroso aos hipossuficientes que buscam a Justiça do Trabalho para a proteção de seus direitos, em relação àqueles que demandam em outros ramos do Poder Judiciário. [...] Logo, havendo o reclamante prestado declaração de hipossuficiência e postulado benefício de justiça gratuita, à míngua de prova em sentido contrário, reputa-se demonstrada a insuficiência de recursos a que alude o art. 790, § 4.º, da CLT. [...] Devem ser concedidos os benefícios da justiça gratuita ao reclamante e afastada a deserção do recurso ordinário (TST, RR 0100403-91.2019.5.01.0281, 6.ª Turma, Rel. Min. Katia Magalhães Arruda, *DJe* 28.10.2021).

11.15 HONORÁRIOS DE SUCUMBÊNCIA

No período anterior à edição da Lei n. 13.467/2017, para o deferimento dos honorários advocatícios, o entendimento consolidado no âmbito do TST era de que se fazia necessária a ocorrência concomitante de três requisitos: (a) sucumbência do empregador; (b) comprovação do estado de miserabilidade jurídica do reclamante; e (c) assistência do trabalhador pelo sindicato da categoria (existência de credencial sindical) Lei n. 5.584/1970 e Súmulas n. 219, inc. I, e n. 329, do TST.

A matéria passou a ser disciplinada pela Lei n. 13.467/2017 nos arts. 790-B e 791-A da CLT. Tais dispositivos foram objeto da ADI 5.766/DF, a qual foi julgada parcialmente procedente pelo STF em 20.10.2021.

O STF declarou: a inconstitucionalidade da expressão "ainda que beneficiária da justiça gratuita", constante do *caput* do art. 790-B; a inconstitucionalidade do § 4.º do art. 790-B; e a inconstitucionalidade da expressão "desde que não tenha obtido em juízo, ainda que em outro processo, créditos capazes de suportar a despesa", constante do § 4.º do art. 791-A.

Assim, a discussão ficou circunscrita à constitucionalidade da compensação das obrigações decorrentes da sucumbência com créditos obtidos em juízo pelo trabalhador hipossuficiente, no mesmo ou em outro processo. Desse modo, tem-se que, à luz do entendimento firmado pela Suprema Corte, com efeito vinculante e eficácia *erga omnes*, impõe-se afastar a possibilidade de dedução dos créditos recebidos na mesma ou em outra ação, "mantida a condenação sob condição suspensiva de exigibilidade, pelo prazo de dois anos a contar do trânsito em julgado da decisão, cabendo ao credor demonstrar que deixou de existir a situação de hipossuficiência do autor, findo o qual considerar-se-á extinta a obrigação" (TST, RR 11928-42.2018.5.15.0076, 8.ª Turma, Rel. Min. Delaíde Alves Miranda Arantes, *DEJT* 24.10.2022).

Nas ações de indenização, a questão da sucumbência é vista de outra forma, mesmo antes de a Lei n. 13.467/2017 entrar em vigor:

> [...] Nos termos da jurisprudência desta Corte Superior, os familiares do trabalhador falecido em acidente do trabalho fazem jus aos honorários advocatícios pela mera sucumbência. O posicionamento se justifica porque os familiares vêm a juízo pleitear em nome próprio, direito próprio, a indenização pelos danos extrapatrimoniais e patrimoniais sofridos pela perda do ente querido. No caso, os genitores do *de cujus* não possuem vínculo de emprego com as demandadas que justifique a imposição da assistência sindical para o deferimento dos honorários advocatícios, motivo pelo qual aqui incidem o art. 5.º da Instrução Normativa n. 27/2005 do TST e o item III da Súmula n. 219 desta Corte. Precedentes [...] (TST, RRAg 1180-24.2012.5.15.0152, 8.ª Turma, Rel. Min. Alexandre de Souza Agra Belmonte, *DEJT* 16.08.2022).

11.16 AS PROVAS DIGITAIS E O PROCESSO DO TRABALHO

O processo civil contemporâneo prioriza a justiça das decisões e a busca dos fatos o mais próximo de como se deram. Não por outro motivo o art. 369 do CPC prevê que "as partes têm o direito de empregar todos os meios legais, bem como os moralmente legítimos, ainda que não especificados neste Código, para provar a verdade dos fatos em que se funda o pedido ou a defesa e influir eficazmente na convicção do juiz".

Nesse sentido, colhe-se de publicação constante no sítio do Tribunal Superior do Trabalho:

A ideia do uso de provas digitais faz parte de um novo contexto que surge na sociedade da informação. "Na sociedade atual, há uma produção constante de dados por parte dos dispositivos informáticos utilizados – a chamada *big data*. Novas formas de condução da cultura da sociedade vêm com as novas tecnologias, e o Direito vem para regular essas novas formas", afirma Fabrício Rabelo Patury, promotor de justiça do Ministério Público da Bahia, um dos maiores especialistas no tema no País e um dos instrutores envolvidos no projeto. Como consequência, segundo Patury, é necessário adequar os meios de instrução também às novas ferramentas e informações disponíveis.

[...]

Essa cultura de interação permanente com recursos tecnológicos produz inúmeros registros digitais, o que torna necessário repensar o modelo tradicional de produção de provas, baseado, principalmente, na oitiva de testemunhas. Dessa forma, a utilização de registros digitais para a demonstração de fatos é quase uma necessidade nos dias de hoje. "As provas digitais nascem para dar maior eficiência probatória ao processo, por atenderem a uma nova sociedade, digital e interconectada. Se todas as nossas condutas são realizadas em uma seara cibernética, é lá que vamos coletar os registros necessários para fazer prova dessa mesma conduta", explica o especialista.

As provas digitais podem ser produzidas em registros nos sistemas de dados de empresas, ferramentas de geoprocessamento, dados publicados em redes sociais e até encontradas por meio de biometria. Qualquer tipo de informação eletrônica, armazenada em bancos de dados, que comprove a efetiva realização de horas extras ou confirme a concessão fraudulenta de afastamento médico pode ser usada como prova digital.

Os dados produzidos podem ser encontrados em fontes abertas (de livre acesso, como pesquisas no Google, *sites* de transparência, redes sociais) ou fontes fechadas (de acesso restrito, por meio de solicitação judicial), em titularidade de empresas públicas e privadas. Por meio deles, é possível averiguar fatos controversos no curso da instrução processual, ou seja, utiliza-se uma prova digital para chegar mais próximo ao que realmente aconteceu.

"A tecnologia muda o meio em que o Judiciário trabalha e também afeta todas as inter-relações humanas, que usam dispositivos informáticos que capturam os hábitos de vida a todo instante. Na hora de reconstruir os fatos para tomar uma decisão judicial, temos de buscar nestes dispositivos e data centers as informações necessárias", conclui Patury.[3]

Há um sem-número de informações existentes em meio digital que podem servir de elemento de prova, a depender da situação e do que se necessite provar:

Na Sociedade 4.0, documentos, planilhas, arquivos, bancos de dados, registros de acesso, *logs*, protocolos de internet, geolocalização, gravações de áudio e ví-

---

[3] PATURY, Fabrício Rabelo. Justiça do Trabalho é pioneira no uso de provas digitais. Disponível em: https://www.tst.jus.br/noticias/-/asset_publisher/89Dk/content/id/27832355/pop_up. Acesso em: 24 jan. 2023.

deo, postagens, mensagens, *e-mails*, transferências financeiras, hábitos de vida, uso e consumo, relacionamentos, orientação política, sexual e religiosa, dados biométricos, dentre uma infinidade de outros dados pessoais impossíveis de se elencar são coletados e disponibilizados na internet de forma voluntária e involuntária pelas pessoas.[4]

Veja-se o exemplo – bastante comum – na questão do "limbo previdenciário": por vezes, o trabalhador alega que se apresentou no dia seguinte ao da cessação do benefício ao médico da empresa, mas a empresa, em defesa, nega o fato, gerando o ônus probatório ao autor. Pois bem, se o trabalhador estava de posse de seu aparelho celular, se utilizou algum aplicativo de transporte, ou até mesmo por sua geolocalização é possível verificar, com precisão, se ele esteve ou não no local e na hora alegados, bastando para tanto que o autor da demanda forneça esses dados ao juízo. Sem isso, dificilmente o autor da demanda conseguiria se desvencilhar de seu ônus de prova, pois não há documentos ou testemunhas que tenham presenciado sua ida ao profissional responsável pelo exame de retorno ao trabalho.

Um "meio de prova digital" é todo elemento extraído de fontes digitais, vocacionado à demonstração da ocorrência ou não de determinado fato, tenha este sucedido ou não em ambiente virtual.

Esse é, inclusive, o conceito dado pelo art. 4.º do Projeto de Lei n. 4.939/2020, que pretende regulamentar o uso de provas digitais em processos judiciais, ao considerar como prova digital "toda informação armazenada ou transmitida em meio eletrônico que tenha valor probatório".

Como bem ressaltado em julgado, para que seja admitida como elemento de convencimento,

> [...] a prova digital deve garantir não apenas os procedimentos de custódia da informação, especialmente pelo rastreamento e análise de metadados, mas também o tratamento suficiente dessas mesmas informações para a verificação de sua autenticidade e integridade.
>
> De fato, sem a certeza de sua origem, contexto ou autoria, não se pode reconhecer a autenticidade da mensagem.
>
> Da mesma forma, somente a certeza de que a informação nela inserida se mantém inalterada é que resta garantida a integridade do elemento de prova.
>
> Também, sem a confirmação da cadeia de custódia, que preserve a integridade, a completude, a auditabilidade e a reprodutibilidade dos dados, não se garantirá a não violação, alteração ou supressão de dados desde sua produção até a apresentação.
>
> Neste sentido é que a técnica computacional exige a apresentação, tratamento e análise de metadados, isto é, informações que identifiquem ou revelem a origem, as datas, os horários relevantes ou qualquer outra circunstância relativa

---

[4] YAMADA, Vítor Leandro. Requisitos legais da prova digital: autenticidade, integridade e cadeia de custódia. *In*: MISKULIN, Ana Paula Silva Campos; BERTACHINI, Danielle; AZEVEDO NETO, Platon Teixeira de (coord.). *Provas digitais no processo do trabalho*: realidade e futuro. Campinas: Lacier, 2022. p. 152.

ao contexto da evidência digital, para que não pairem dúvidas sobre a origem, realização, envio e armazenamento das informações constantes nas mensagens digitais apresentadas (TRT-3, ROPS 0011118-61.2021.5.03.0055, 8.ª Turma, Rel. Des. Marcelo Lamego Pertence, *DJe* 17.06.2022).

Destaca-se, ainda, do mesmo julgado: "Entretanto, no mais das vezes, as partes apenas acostam estes elementos de prova aos autos sem quaisquer cuidados e não observando regras e precauções técnicas mínimas, o que dá azo à que o julgador não as conheça de ofício ou que a parte contrária as impugne, criando-se incidente que trará mais morosidade a um procedimento que se pretende célere e eficiente".

Desse modo:

> Provas digitais que não obedeçam às regras de proteção de segurança e integridade previstas nos ordenamentos em vigor são frágeis, não possuindo eficácia processual desejada, posto que poderiam ser alteradas, não atendendo aos ditames que orientam o devido processo legal e a segurança jurídica, sob o conceito de cadeia de custódia (inteligência art. 411 do CPC e da Lei n. 13.964/2019) (TRT-2, RO 1000895-28.2020.5.02.0303, 7.ª Turma, Rel. Gabriel Lopes Coutinho Filho, *DJe* 19.05.2022).

Entretanto, cuidados devem ser tomados quanto à preservação de direitos fundamentais, especialmente ligados à privacidade e intimidade das pessoas, quando do uso de informações contidas em sistemas, aplicativos ou outros meios de obtenção de informações que não se encontram em domínio público (fontes abertas), como no caso da geolocalização de pessoas.

Quando o próprio indivíduo se utiliza de seus dados de geolocalização, nada há a opor, pois ele próprio revela ao juízo tais informações. O problema se dá quando a ordem advém do juízo, de ofício ou a requerimento da parte adversa, situação em que deve ser ponderada a necessidade e realizado o emprego de formas não invasivas para a obtenção de informações (por exemplo, apenas nos horários em que o trabalhador afirma estar no ambiente de trabalho, e por amostragem). Do contrário, a ordem judicial pode ser obstada por mandado de segurança, como se vê da jurisprudência:

> Dados de geolocalização. Requisição. Ofensa ao direito ao sigilo telemático e à privacidade. Embora a prova digital da geolocalização possa ser admitida em determinados casos, ofende direito líquido e certo ao sigilo telemático e à privacidade, a decisão que determina a requisição de dados sobre horários, lugares, posições da impetrante, durante largo período de tempo, vinte e quatro horas por dia, com o objetivo de suprir prova da jornada a qual deveria ser trazida aos autos pela empresa. Inteligência dos incisos X e XII do art. 5.º da CR (TRT-3, MSCiv 0011155-59.2021.5.03.0000, 1.ª Seção de Dissídios Individuais, Rel. Des. Marco Antonio Paulinelli de Carvalho, j. 25.10.2021).

Conclui-se, pois, que, em defesa de seus direitos, "todos os meios de prova lícitos podem ser utilizados pelas partes, inclusive as provas digitais" (TRT-2, RO 1000092-94.2020.5.02.0319, 4.ª Turma, Rel. Des. Ivani Contini Bramante, *DJe* 25.05.2022).

Capítulo 12
ASPECTOS PROCESSUAIS EM MATÉRIA PREVIDENCIÁRIA

Neste capítulo, são abordadas questões relacionadas com o processo judicial envolvendo jurisdição previdenciária com o intuito de facilitar a compreensão de temas que vão desde a definição da competência jurisdicional até o cumprimento da sentença e suas repercussões.

É assente na jurisprudência o entendimento de que o deferimento de benefício previdenciário distinto do postulado não caracteriza julgamento *extra petita*, uma vez que as ações previdenciárias se revestem de cunho social e devem ser pautadas pelo princípio da economia processual. No âmbito do STJ, são vários os precedentes admitindo a fungibilidade das ações previdenciárias (vide AgRg no REsp 868.911/SP, REsp 847.587/SP, AgRg no REsp 1.320.249/RJ, AgRg no REsp 1.367.835/RS). Na TNU, cabe referir a tese fixada no Representativo de Controvérsia n. 217:

> Em relação ao benefício assistencial e aos benefícios por incapacidade, é possível conhecer de um deles em juízo, ainda que não seja o especificamente requerido na via administrativa, desde que preenchidos os requisitos legais, observando-se o contraditório e o disposto nos artigos 9.º e 10 do CPC.

No âmbito administrativo, essa fungibilidade também é autorizada pelo RPS (redação dada pelo Decreto n. 10.410/2020), ao estabelecer no art. 176-E que caberá ao INSS conceder o benefício mais vantajoso ao requerente ou benefício diverso do requerido, desde que os elementos constantes do processo administrativo assegurem o reconhecimento desse direito. Na hipótese de direito à concessão de benefício diverso do requerido, caberá ao INSS notificar o segurado para que este manifeste expressamente a sua opção pelo benefício.

12.1 COMPETÊNCIA DA JUSTIÇA FEDERAL E DA JUSTIÇA ESTADUAL

Para fins de definição de competência para processar e julgar as ações movidas pelos beneficiários contra a Previdência Social, podemos dividi-las em causas em que se discutem as **prestações comuns** e de índole **assistencial** e aquelas cuja origem é **acidentária**. Temos ainda a questão do **valor da causa**, como critério para o ajuizamento das demandas perante os Juizados Especiais Federais.

Surgindo conflito de competência entre juízes estaduais e federais, o STJ terá a responsabilidade de dirimir a controvérsia. Aos TRFs cabe solucionar os conflitos de competência verificados, na respectiva região, entre juiz federal e juiz estadual investido de jurisdição federal (Súmula n. 3 do STJ), assim como entre juizado especial federal e vara comum da mesma região (STF, RE n. 590.409, com repercussão geral, j. 26.08.2009). No tocante ao conflito de competência entre Juizados Especiais Federais, caberá à turma recursal do respectivo estado o julgamento (Enunciado Fonajef n. 106).

Ainda, segundo orientação do STJ, é possível a impetração de mandado de segurança nos TRFs com a finalidade de promover o controle da competência dos Juizados Especiais Federais. Precedentes: RMS 17.524/BA, Corte Especial, *DJ* 11.09.2006; AgRg no RMS 28.262/RJ, 4.ª Turma, *DJe* 19.06.2013; e RMS 37.959/BA, 2.ª Turma, Rel. Min. Herman Benjamin, *DJe* 06.12.2013.

12.1.1 Prestações comuns previdenciárias

O art. 109, I, da Constituição Federal estabelece que compete aos juízes federais processar e julgar:

> I – as causas em que a União, entidade autárquica ou empresa pública federal forem interessadas na condição de autoras, rés, assistentes ou oponentes, exceto as de falência, as de acidentes de trabalho e as sujeitas à Justiça Eleitoral e à Justiça do Trabalho.

A competência definida no inciso I do art. 109 da Constituição é em razão da pessoa que é parte no feito (União, entidade autárquica ou empresa pública). Cabe à **Justiça Federal** julgar os litígios em que esses entes estejam presentes, salvo quando a matéria tratada diga respeito a falência, acidente de trabalho, eleitoral e trabalhista.

Portanto, as ações que buscam a concessão de benefícios previdenciários (cuja origem não esteja ligada a acidente de trabalho e doenças equiparadas), as ações revisionais dos valores dos benefícios pagos pela Previdência, bem como as que objetivam a comprovação de tempo de contribuição, entre outras, devem ser propostas perante a Justiça Federal.

12.1.2 Competência federal delegada

A delegação da competência da Justiça Federal à Justiça dos estados para processar e julgar ações previdenciárias é prevista no art. 109, § 3.º, da Constituição Federal, ao estabelecer:

> Art. 109. [...] § 3.º Lei poderá autorizar que as causas de competência da Justiça Federal em que forem parte instituição de previdência social e segurado possam ser processadas e julgadas na justiça estadual, quando a comarca do domicílio do segurado não for sede de vara federal (NR conferida pela EC n. 103/2019).

A previsão da possibilidade de utilização das varas estaduais para processar ações da competência federal é anterior ao Texto Constitucional de 1988 e por ele foi recepcionada. Nesse sentido, a Súmula n. 8 do TRF da 4.ª Região define: "Subsiste no novo texto constitucional a opção do segurado para ajuizar ações contra a Previdência Social no foro estadual do seu domicílio ou no do Juízo Federal".

Com o advento da EC n. 103/2019, delegou-se à lei ordinária o estabelecimento dos parâmetros dessa delegação. Por conseguinte, foi aprovada a Lei n. 13.876/2019, que limita o julgamento de causas previdenciárias na justiça estadual somente aos casos em que o domicílio do segurado seja em cidade localizada a mais de 70 quilômetros de município sede de vara federal. Até então, não havia limite de quilometragem para uma causa ser julgada pela justiça estadual se não houvesse sede federal na cidade do interessado. Cabe ao respectivo tribunal regional federal indicar as comarcas que se enquadram nesse critério de distância.

O Conselho da Justiça Federal aprovou então a Resolução n. 603, de 12.11.2019, dispondo sobre o exercício da competência da Justiça Federal delegada, em conformidade com o art. 3.º da Lei n. 13.876/2019, estabelecendo, entre outros pontos, que:

– para definição das comarcas dotadas de competência delegada federal, deverá ser considerada a distância (real – percurso rodoviário) entre o centro urbano do Município sede comarca estadual e o centro urbano do Município sede da vara federal mais próxima, em nada interferindo o domicílio do autor;
– as ações em fase de conhecimento ou de execução, ajuizadas anteriormente a 1.º.01.2020, continuarão a ser processadas e julgadas no juízo estadual.

Relacionados aos critérios fixados pela Lei n. 13.876/2019 estão:

(a) a Recomendação CNJ n. 60, de 17.12.2019, que "Recomenda aos juízes estaduais que mantenham a tramitação de processos previdenciários propostos antes da eficácia da Lei n. 13.876/2019 na Justiça Estadual";

(b) o IAC n. 6 do STJ, cuja tese fixada é a seguinte: "Os efeitos da Lei n. 13.876/2019, na modificação de competência para o processamento e julgamento dos processos que tramitam na Justiça Estadual no exercício da competência federal delegada insculpido no art. 109, § 3.º, da Constituição Federal, após as alterações promovidas pela Emenda Constitucional n. 103, de 12 de novembro de 2019, aplicar-se-ão aos feitos ajuizados após 1.º de janeiro de 2020. As ações, em fase de conhecimento ou de execução, ajuizadas anteriormente a essa data, continuarão a ser processadas e julgadas no juízo estadual, nos termos em que previsto pelo § 3.º do art. 109 da Constituição Federal, pelo inciso III do art. 15 da Lei n. 5.010, de 30 de maio de 1965, em sua redação original" (STJ, CC 170.051/RS, 1.ª Seção, Rel. Min. Mauro Campbell Marques, *DJe* 04.11.2021).

A delegação de competência é uma opção do segurado, respeitados os novos limites territoriais, sendo utilizada, por exemplo, em ação de revisão de benefício previdenciário, concessão de aposentadoria, auxílio por incapacidade temporária (não acidentário), pensão por morte etc.

Em mandado de segurança não cabe delegação de competência, já que é privativo da Justiça Federal o processo de julgamento da ação mandamental contra ato de autoridade federal. O mandado de segurança deve sempre ser ajuizado no juízo federal que tenha jurisdição sobre a sede da autoridade impetrada. Nesse sentido, a Súmula n. 216 do extinto Tribunal Federal de Recursos: "Compete à Justiça Federal processar e julgar mandado de segurança impetrado contra ato de autoridade previdenciária, ainda que localizada em comarca do interior".

A respeito da competência dos juízes federais da capital do estado para julgamento das causas entre o INSS e segurado domiciliado em município sob jurisdição de outro juízo federal, o STF firmou entendimento no sentido de que o art. 109, § 3.º, da Constituição Federal apenas faculta ao segurado o ajuizamento da ação no foro do seu domicílio, podendo este optar por ajuizá-la perante as varas federais da capital: Súmula n. 689: "O segurado pode ajuizar ação contra a instituição previdenciária perante o juízo federal do seu domicílio ou nas varas federais da capital do estado-membro".

Por fim, convém especificar que a delegação de competência envolve apenas o primeiro grau de jurisdição, pois, de acordo com o § 4.º do art. 109 da Constituição, o recurso cabível será sempre para o TRF da área de jurisdição do juiz monocrático.

12.1.3 Ações acidentárias

As ações propostas pelos segurados e beneficiários contra o INSS, cuja origem seja decorrente de **acidente de trabalho** ou **doença ocupacional**, devem ser ajuizadas perante a justiça estadual, por se tratar de competência residual prevista expressamente pela Constituição Federal (art. 109, I). A respeito, o julgado em Repercussão Geral em que o STF fixou a seguinte tese:

> Tema 414: Compete à Justiça Comum Estadual julgar as ações acidentárias que, propostas pelo segurado contra o Instituto Nacional do Seguro Social (INSS), visem à prestação de benefícios relativos a acidentes de trabalho (RE 638.483 RG/PB, Plenário, Rel. Min. Cezar Peluso. DJe 31.08.2011).

Portanto, as ações que objetivam a concessão ou restabelecimento de auxílio por incapacidade temporária, aposentadoria por incapacidade permanente, auxílio-acidente ou pensão por morte, decorrentes de acidente de trabalho e situações a ele equiparadas, doença profissional ou do trabalho, devem ser ajuizadas perante a Justiça dos Estados e do Distrito Federal, com recursos aos respectivos tribunais de justiça.

Quanto à competência para as ações de concessão ou revisão de pensão por morte decorrente de acidentes de trabalho, ressaltamos a orientação firmada pela Primeira Seção do STJ no sentido que é da justiça estadual (CC 121.352/SP, Rel. Min. Teori Albino Zavascki, DJe 16.04.2012). No mesmo sentido: STF, RE 205.886-6/SP, 1.ª Turma, Rel. Min. Moreira Alves, DJ 17.04.1998.

Outrossim, compete à Justiça Estadual – e não à Justiça Federal – processar e julgar ação que tenha por objeto a concessão de pensão por morte decorrente de óbito de empregado ocorrido em razão de assalto sofrido durante o exercício do trabalho. Segundo o STJ, o assalto sofrido no local e horário de trabalho equipara-se ao acidente do trabalho, e o direito à pensão por morte decorrente do evento inesperado e violento deve ser apreciado pelo juízo da justiça estadual, nos termos do art. 109, I, parte final, da CF, c/c o art. 21, II, *a*, da Lei n. 8.213/1991 (STJ, CC 132.034/SP, 1.ª Seção, Rel. Min. Benedito Gonçalves, DJe 02.06.2014).

Também no tocante ao auxílio-acidente, vale lembrar que pode ser motivado por acidente de qualquer (outra) natureza. O entendimento é de que apenas os que discutam acidente de trabalho ou doença decorrente do trabalho são de competência da Justiça Estadual. Os referentes a acidentes de outra natureza ou causa devem ser julgados pela

Justiça Federal, permitida a competência delegada. Nesse sentido destacamos: "A Justiça Federal é competente para apreciar pedido de concessão de auxílio-acidente decorrente de acidente não vinculado ao trabalho" (Súmula n. 11 da TRSP – JEF).

Quando a discussão envolver a acumulação de benefícios acidentários e previdenciários comuns, por exemplo, auxílio-acidente com aposentadoria, a competência é da Justiça Federal, consoante orientação firmada pelo STF no julgamento do RE 461.005/SP, 1.ª Turma, Rel. Min. Ricardo Lewandowski, DJe 08.05.2008.

Quanto à utilização dos Juizados da Fazenda Pública, o STJ adotou o entendimento de não cabimento: Repetitivo – Tema n. 1.053: "Os Juizados Especiais da Fazenda Pública não têm competência para o julgamento de ações decorrentes de acidente de trabalho em que o Instituto Nacional do Seguro Social figure como parte" (REsp 1.859.931/MT, 1.ª Seção, DJe 1.º.07.2021).

12.1.4 Causas referentes a benefício assistencial – BPC

O benefício de prestação continuada (BPC) de origem assistencial, no valor de um salário mínimo, pago às pessoas idosas ou com deficiência que comprovem a condição de vulnerabilidade social, previsto no art. 203 da Constituição Federal e regulado pelo art. 20 da Lei n. 8.742/1993, **não pode ser confundido** com os benefícios de origem previdenciária da Lei n. 8.213/1991, embora ambos sejam concedidos pelo INSS.

A competência para julgamento é da Justiça Federal, sendo possível a delegação para a Justiça Estadual, da mesma forma que as demais demandas de natureza previdenciária movidas contra o INSS.

12.2 PRÉVIO REQUERIMENTO NA VIA ADMINISTRATIVA

A necessidade de prévia manifestação do Poder Público como condição para invocar a prestação jurisdicional pode, aparentemente, significar lesão ao direito de ação garantido pela Constituição, no art. 5.º, inc. XXXV. Observamos, no entanto, que esse dispositivo estabelece que somente os casos de lesão ou ameaça de lesão a direito serão apreciados pelo Poder Judiciário.

Não se trata de forma de submissão do direito de ação à prévia manifestação da administração a respeito do pedido, mas de comprovação do legítimo interesse para o exercício desse direito, exigido pelo art. 17 do CPC/2015. Sem a demonstração da existência de um conflito de interesses, não há como ser invocada a prestação jurisdicional. Segundo Humberto Theodoro Júnior:

> Localiza-se o interesse processual não apenas na utilidade, mas especificamente na necessidade do processo como remédio apto à aplicação do direito objetivo no caso concreto, pois a tutela jurisdicional não é jamais outorgada sem uma necessidade. [...] Só o dano ou o perigo de dano jurídico, representado pela efetiva existência de uma lide, é que autoriza o exercício do direito de ação.[1]

Os segurados têm interesse de agir e, portanto, há necessidade e utilidade do processo, quando sua pretensão encontra óbice na via administrativa, diante do in-

---

[1] THEODORO JÚNIOR, Humberto. *Curso de direito processual civil*. Rio de Janeiro: Forense, 1999. v. I.

deferimento do pedido apresentado, ou pela omissão no atendimento do pleito pela autarquia previdenciária.

No âmbito do STF, prevaleceu o entendimento de que a exigência não fere a garantia de livre acesso ao Judiciário, prevista no art. 5.º, inc. XXXV, da CF, pois sem pedido administrativo anterior não fica caracterizada lesão ou ameaça de direito. Considerou-se não haver interesse de agir do segurado que não tenha inicialmente protocolado seu requerimento no INSS, pois a obtenção de um benefício depende de uma postulação ativa. Nos casos em que o pedido for negado, total ou parcialmente, ou em que não houver resposta no prazo legal, fica caracterizada ameaça a direito.

O relator observou que o prévio requerimento administrativo não significa o exaurimento de todas as instâncias administrativas. Negado o benefício, não há impedimento ao segurado para que ingresse no Judiciário antes que eventual recurso seja examinado pela autarquia. Contudo, ressaltou não haver necessidade de formulação de pedido administrativo prévio para que o segurado ingresse judicialmente com pedidos de revisão de benefícios, a não ser nos casos em que seja necessária a apreciação de matéria de fato. Acrescentou ainda que a exigência de requerimento prévio também não se aplica nos casos em que a posição do INSS seja notoriamente contrária ao direito postulado (RG Tema n. 350, RE 631.240, Plenário, Rel. Min. Luís Roberto Barroso, j. 27.08.2014, *DJe* 07.11.2014).

12.3 AÇÕES ENVOLVENDO BENEFÍCIOS DE ENTIDADES FECHADAS DE PREVIDÊNCIA COMPLEMENTAR

No tocante à competência para o julgamento de ações movidas por participante de plano de previdência complementar contra entidade fechada de previdência complementar, o STF reconheceu que é da **Justiça Estadual**, com modulação dos efeitos do julgado para resguardar os casos já julgados pela Justiça do Trabalho e que estavam pendentes de execução, conforme Repercussão Geral n. 190 e n. 1.092, cujas teses fixadas são as seguintes:

> **Tema n. 190**: Compete à Justiça comum o processamento de demandas ajuizadas contra entidades privadas de previdência com o propósito de obter complementação de aposentadoria, mantendo-se na Justiça Federal do Trabalho, até o trânsito em julgado e correspondente execução, todas as causas dessa espécie em que houver sido proferida sentença de mérito até 20.02.2013 (RE 586.453/SE, Tribunal Pleno, Rel. p o Acórdão Min. Dias Toffoli, *DJe* 06.06.2013).
>
> **Tema n. 1.092**: Compete à Justiça comum processar e julgar causas sobre complementação de aposentadoria instituída por lei cujo pagamento seja, originariamente ou por sucessão, da responsabilidade da Administração Pública direta ou indireta, por derivar essa responsabilidade de relação jurídico-administrativa (RE 1.265.549, Plenário Virtual, Rel. Min. Presidente, *DJe* 18.06.2020).

Esse entendimento, no entanto, **não se aplica** quando a complementação da aposentadoria fica a cargo de ex-empregador. De acordo com decisão da 2.ª Turma do STF, nesses casos compete à Justiça do Trabalho o julgamento da ação (Emb. Decl. no Ag. Reg. no RE 716.896, Rel. Min. Ricardo Lewandowski, *DJe* 20.08.2013).

Em síntese, compete à Justiça dos Estados e do Distrito Federal o julgamento das ações de complementação de aposentadoria a cargo de entidades de previdência, e à Justiça do Trabalho as ações para cobrança da complementação a cargo do ex-empregador.

12.4 GRATUIDADE DA JUSTIÇA E ASSISTÊNCIA JUDICIÁRIA

Inicialmente, é preciso distinguir a assistência judiciária da gratuidade da justiça.

A gratuidade da justiça é eminentemente processual (arts. 98 a 102 do CPC/2015), e pode ser requerida a qualquer tempo, seja no início da ação ou no seu curso, e uma vez deferida importará na dispensa das despesas processuais. Cabe destacar que, caso vencido o beneficiário da gratuidade, as obrigações decorrentes de sua sucumbência ficarão sob condição suspensiva de exigibilidade e somente poderão ser executadas se, nos cinco anos subsequentes ao trânsito em julgado da decisão que as certificou, o credor demonstrar que deixou de existir a situação de insuficiência de recursos que justificou a concessão da gratuidade, extinguindo-se, passado esse prazo, tais obrigações do beneficiário (art. 98, § 3.º, do CPC/2015).

Nos casos da assistência judiciária, será colocada à disposição do hipossuficiente, para garantir seu acesso à Justiça, não só a isenção de custas, como também um defensor custeado pelo Erário.

De acordo com o Código de Processo Civil de 2015, a pessoa natural ou jurídica com insuficiência de recursos para pagar as custas, as despesas processuais e os honorários advocatícios tem direito à gratuidade da justiça. E o juiz somente poderá indeferir o pedido se houver nos autos elementos que evidenciem a falta dos pressupostos legais para a concessão de gratuidade, devendo, antes de fazê-lo, determinar à parte a comprovação do preenchimento dos referidos pressupostos. Ademais, **presume-se verdadeira a alegação de insuficiência deduzida exclusivamente por pessoa natural**.

Dos precedentes do STJ sobre o tema destaca-se: "É inadequada a utilização de critérios exclusivamente objetivos para a concessão de benefício da gratuidade da justiça, devendo ser efetuada avaliação concreta da possibilidade econômica de a parte postulante arcar com os ônus processuais" (EDcl no REsp 1.803.554/CE, 2.ª Turma, Rel. Min. Herman Benjamin, j. 26.11.2019, *DJe* 12.05.2020); "A faixa de isenção do Imposto de Renda não pode ser tomada como único critério para a concessão ou denegação da justiça gratuita" (AgInt no AREsp 366.172/RS, 1.ª Turma, Rel. Min. Napoleão Nunes Maia Filho, j. 18.02.2019, *REPDJe* 26.02.2019).

12.5 PRIORIDADE NA TRAMITAÇÃO DOS FEITOS

De acordo com o Código de Processo Civil (art. 1.048), os procedimentos judiciais em que figure como parte ou interessado pessoa com idade igual ou superior a 60 anos, ou portadora de doença grave, terão prioridade de tramitação em todas as instâncias. Também estendeu esse tratamento aos procedimentos regulados pela Lei n. 8.069/1990 (Estatuto da Criança e do Adolescente). No que tange às doenças graves, a opção foi pelo rol contido no art. 6.º, inc. XIV, da Lei n. 7.713/1988 (Legislação do Imposto de Renda).

Ainda segundo o Estatuto da Pessoa Idosa (alterado pela Lei n. 13.466/2017), dar-se-á prioridade especial aos maiores de 80 anos, ou seja, todas as pessoas com mais de 60 anos continuam tendo prioridade, mas os acima de 80 anos possuem uma "superprioridade" diante das demais pessoas idosas.

Pelo Estatuto da Pessoa com Deficiência (Lei n. 13.146, de 06.07.2015) foi assegurada prioridade na tramitação processual aos que têm impedimento de longo prazo de natureza física, mental, intelectual ou sensorial, o qual, em interação com uma ou mais barreiras, pode obstruir sua participação plena e efetiva na sociedade em igualdade de condições com as demais pessoas.

Esse estatuto confere o atendimento prioritário em todas as instituições e serviços de atendimento ao público, em procedimentos judiciais e administrativos, contemplando todos os atos e diligências (art. 9.º). Para garantir o acesso à justiça em igualdade de oportunidades com as demais pessoas, prevê (arts. 79 e 80):

– adaptações e recursos de tecnologia assistiva;
– capacitação dos membros e dos servidores que atuam no Poder Judiciário, no Ministério Público, na Defensoria Pública, nos órgãos de segurança pública e no sistema penitenciário quanto aos direitos da pessoa com deficiência;
– acessibilidade, quando submetidos a medidas restritivas de liberdade.

Em caso de processo judicial, o interessado na obtenção do benefício em questão, juntando prova de sua condição, deverá requerê-lo à autoridade judiciária competente para decidir o feito, que determinará ao cartório do juízo as providências a serem cumpridas. Deferida a prioridade, os autos receberão identificação própria que evidencie o regime de **tramitação prioritária**.

Concedida a prioridade, esta **não cessará com a morte do beneficiário**, estendendo-se em favor do cônjuge supérstite, companheiro ou companheira, com união estável.

12.6 PAGAMENTOS DEVIDOS PELO INSS

De acordo com as regras em vigor, o pagamento das somas a que o INSS for condenado é feito por Requisição de Pequeno Valor (RPV), para créditos de até 60 salários mínimos e, por meio de precatório, para os valores superiores a esse limite.

12.6.1 Requisição de Pequeno Valor (RPV)

Considera-se RPV aquela relativa a crédito cujo valor atualizado não seja superior ao limite de 60 salários mínimos por beneficiário (art. 17, § 1.º, da Lei n. 10.259, de 12.07.2001).

Algumas questões merecem destaque diante das inovações que representam na sistemática da execução contra a Fazenda Pública.

A primeira refere-se ao disposto no art. 100, § 8.º, da Constituição, regulado pelo § 3.º do art. 17 da Lei n. 10.259/2001, que **veda a expedição de precatório complementar ou suplementar de valor pago**, bem como **fracionamento**, **repartição** ou **quebra do valor da execução**, a fim de que seu pagamento não se faça, em parte na forma de RPV e, em parte, mediante expedição de precatório. Logo, caso o valor da execução ultrapasse o limite estabelecido como de pequeno valor, o pagamento far-se-á por meio de precatório, ressalvado o direito de o credor **renunciar** ao crédito que exceda o limite de dispensa do precatório, consoante previsão do § 4.º do art. 17 da Lei n. 10.259/2001.

Não se pode entender como fracionamento a existência de pagamento para mais de um autor num mesmo processo. Por isso, em caso de litisconsórcio, será considerado o valor devido a cada litisconsorte, expedindo-se, simultaneamente, se for o caso, RPVs e requisições mediante precatório.

Também não caracteriza fracionamento o pagamento da parte incontroversa. Essa foi a tese fixada pelo STF no julgamento da Repercussão Geral Tema n. 28:

> Surge constitucional expedição de precatório ou requisição de pequeno valor para pagamento da parte incontroversa e autônoma do pronunciamento judicial transitada em julgado observada a importância total executada para efeitos de dimensionamento como obrigação de pequeno valor (RE n. 1.205.530, Tribunal Pleno, Rel. Min. Marco Aurélio, *DJe* 30.06.2020).

A previsão de sequestro dos valores, antes exclusiva do presidente do tribunal, foi estendida ao juiz de primeiro grau pela Lei n. 10.259/2001 (art. 17, § 2.º), caso a requisição para pagamento não seja atendida no prazo de 60 dias. A previsão legal do sequestro dos valores tem por finalidade garantir a efetividade da ordem judicial em prol dos beneficiários, normalmente pessoas que passam por grandes dificuldades financeiras.

No que tange à incidência de correção monetária no período compreendido entre a data de elaboração do cálculo e a expedição para o pagamento de RPV, o STF decidiu de forma favorável em repercussão geral. Para o Supremo, a correção monetária tem por finalidade a recuperação da perda do poder aquisitivo da moeda. Assim, caracterizadas a mora e a inflação, é devida a correção monetária do crédito de RPV pago a destempo (ARE 638.195/RS, Tribunal Pleno, Rel. Min. Joaquim Barbosa, j. 29.05.2013). No mesmo sentido, a Repercussão Geral – RE 579.431/RS, Tribunal Pleno, Rel. Min. Marco Aurélio, *DJe* 30.06.2017, sendo fixada a seguinte tese:

> Tema 96: Incidem os juros da mora no período compreendido entre a data da realização dos cálculos e a da requisição ou do precatório.

12.6.2 Pagamento por precatório

Os pagamentos de valores superiores ao limite de 60 salários mínimos serão requisitados mediante precatório judiciário, que possui caráter alimentar e está sujeito à **ordem cronológica distinta** dos precatórios de natureza diversa.

Os precatórios poderiam ser apresentados até 1.º de julho para inclusão no orçamento da verba necessária ao pagamento, que deverá ocorrer até o final do exercício seguinte, quando terão seus valores atualizados monetariamente, segundo previsão do § 5.º do art. 100 da Constituição. No entanto, por força da EC n. 114/2021, a apresentação foi antecipada para o dia 2 de abril, nos termos que seguem:

> Art. 100. [...] § 5.º É obrigatória a inclusão no orçamento das entidades de direito público de verba necessária ao pagamento de seus débitos oriundos de sentenças

transitadas em julgado constantes de precatórios judiciários apresentados até 2 de abril, fazendo-se o pagamento até o final do exercício seguinte, quando terão seus valores atualizados monetariamente.

De acordo, ainda, com a EC n. 114/2021, até o fim de 2026, fica estabelecido, para cada exercício financeiro, limite para alocação na proposta orçamentária das despesas com pagamentos em virtude de sentença judiciária de que trata o art. 100 da CF, equivalente ao valor da despesa paga no exercício de 2016, corrigido na forma do § 1.º do art. 107 desse ADCT. Essa limitação orçamentária gerou a necessidade de estabelecer uma ordem de preferência para o pagamento anual das dívidas da Fazenda Pública Federal, a qual foi incluída no ADCT, nos termos que seguem:

> Art. 107-A [...] § 8.º Os pagamentos em virtude de sentença judiciária de que trata o art. 100 da Constituição Federal serão realizados na seguinte ordem:
>
> I – obrigações definidas em lei como de pequeno valor, previstas no § 3.º do art. 100 da Constituição Federal;
>
> II – precatórios de natureza alimentícia cujos titulares, originários ou por sucessão hereditária, tenham no mínimo 60 (sessenta) anos de idade, ou sejam portadores de doença grave ou pessoas com deficiência, assim definidos na forma da lei, até o valor equivalente ao triplo do montante fixado em lei como obrigação de pequeno valor;
>
> III – demais precatórios de natureza alimentícia até o valor equivalente ao triplo do montante fixado em lei como obrigação de pequeno valor;
>
> IV – demais precatórios de natureza alimentícia além do valor previsto no inciso III deste parágrafo;
>
> V – demais precatórios.

Os precatórios que não forem pagos pela falta de orçamento terão prioridade para pagamento em exercícios seguintes, observadas a ordem cronológica e a ordem de preferência previstas no § 8.º do art. 107-A do ADCT.

No entanto, é facultado ao credor de precatório não contemplado no orçamento optar pelo recebimento em parcela única até o fim do ano seguinte se aceitar desconto de 40% por meio de acordo em juízos de conciliação, ou então aguardar o pagamento futuro.

Registre-se o reconhecimento pelo STF da inconstitucionalidade da utilização da TR no período posterior à inscrição do crédito em precatório, consoante previsão contida na EC n. 62/2009. E, **por arrastamento**, a Corte Suprema declarou também a **inconstitucionalidade** do art. 1.º-F da Lei n. 9.494/1997, com a alteração da Lei n. 11.960/2009, ao reproduzir as regras da EC n. 62/2009 quanto à atualização monetária e à fixação de juros moratórios de créditos inscritos em precatórios, por contrariar o **direito à propriedade** e o **princípio da isonomia** (ADI 4.357 e ADI 4.425).

A questão da constitucionalidade do uso da TR como índice de atualização das condenações judiciais da Fazenda Pública, no período que antecede a inscrição do débito em precatório, teve sua repercussão geral reconhecida no RE 870.947 (Tema n. 810), sendo fixada a seguinte tese:

1) O art. 1.º-F da Lei n. 9.494/1997, com a redação dada pela Lei n. 11.960/2009, na parte em que disciplina os juros moratórios aplicáveis a condenações da Fazenda Pública, é inconstitucional ao incidir sobre débitos oriundos de relação jurídico-tributária, aos quais devem ser aplicados os mesmos juros de mora pelos quais a Fazenda Pública remunera seu crédito tributário, em respeito ao princípio constitucional da isonomia (CRFB, art. 5.º, *caput*); quanto às condenações oriundas de relação jurídica não tributária, a fixação dos juros moratórios segundo o índice de remuneração da caderneta de poupança é constitucional, permanecendo hígido, nesta extensão, o disposto no art. 1.º-F da Lei n. 9.494/1997 com a redação dada pela Lei n. 11.960/2009; e
2) O art. 1.º-F da Lei n. 9.494/1997, com a redação dada pela Lei n. 11.960/2009, na parte em que disciplina a atualização monetária das condenações impostas à Fazenda Pública segundo a remuneração oficial da caderneta de poupança, revela-se inconstitucional ao impor restrição desproporcional ao direito de propriedade (CRFB, art. 5.º, XXII), uma vez que não se qualifica como medida adequada a capturar a variação de preços da economia, sendo inidônea a promover os fins a que se destina (RE 870.947/SE, Tribunal Pleno, Rel. Min. Luiz Fux, j. 20.09.2017).

Por sua vez, o STJ, ao julgar o Repetitivo Tema n. 905, fixou a tese de que, nas condenações judiciais de natureza previdenciária, deve ser aplicado o INPC (em substituição à TR) como índice de correção monetária a contar do vencimento de cada prestação, e juros de mora, a contar da citação, segundo os índices oficiais aplicados à caderneta de poupança, conforme art. 5.º da Lei n. 11.960/2009, que deu nova redação ao art. 1.º-F da Lei n. 9.494/1997, observando-se os arts. 1.º e 2.º da Lei n. 12.703/2012, que estabelecem o seguinte percentual:

a) 0,5% ao mês, enquanto a meta da taxa Selic ao ano, definida pelo Banco Central do Brasil, for superior a 8,5% ; ou
b) 70% da meta da taxa Selic ao ano, definida pelo Banco Central do Brasil, mensalizada, vigente na data de início do período de rendimento, nos demais casos.

Por último, a EC n. 113/2021 (*DOU* 09.12.2021) trouxe alterações com relação ao índice de atualização monetária, de remuneração do capital e de compensação da mora nas discussões e nas condenações que envolvam a Fazenda Pública, impactando também o cumprimento de sentenças judiciais transitadas em julgado sob a forma de precatórios e RPVs. O art. 3.º prevê a incidência, uma única vez, até o efetivo pagamento, do índice da taxa referencial do Sistema Especial de Liquidação e de Custódia (Selic), acumulado mensalmente. O art. 5.º estabelece que as alterações relativas ao regime de pagamento dos precatórios aplicam-se a todos os requisitórios já expedidos, inclusive no orçamento fiscal e da seguridade social do exercício de 2022.

12.6.3 Preferência no pagamento de requisições (RPV ou precatório)

Verbas relativas a benefícios previdenciários são consideradas débitos de natureza alimentícia, assim como aquelas decorrentes de salários, vencimentos, proventos, pensões e suas complementações e indenizações por morte ou por invalidez fundadas em responsabilidade civil, em virtude de sentença judicial transitada em julgado.

Os débitos de natureza alimentícia serão pagos com preferência sobre os demais, respeitando-se ainda a prioridade devida aos portadores de doença grave e, em seguida, aos idosos com 60 anos completos na data do pagamento (art. 13 da Res. CJF n. 458/2017). Cabe ainda ressaltar a prioridade especial concedida recentemente para pessoas idosas maiores de 80 anos pela Lei n. 13.466/2017. Tal preferência não retira a dos maiores de 60 anos, apenas busca assegurar uma prioridade ao atendimento judicial e administrativo àqueles que já possuem mais de 80 anos, devendo-se atender suas necessidades sempre preferencialmente em relação aos demais.

12.7 JUIZADOS ESPECIAIS FEDERAIS (JEFS)

Os JEFs foram instituídos pela Lei n. 10.259, de 12.07.2001, aplicando-se de forma complementar as normas contidas na Lei n. 9.099, de 26.09.1995, que trata dos Juizados Especiais Estaduais, e o Código de Processo Civil. São princípios especiais norteadores desse microssistema processual os da oralidade, simplicidade, informalidade, economia processual e celeridade, buscando sempre que possível a conciliação ou a transação (art. 2.º da Lei n. 9.099/1995).

Aplicam-se também os princípios informadores do sistema recursal brasileiro, desde que estejam em sintonia com o espírito dos juizados especiais, tais como: o princípio da proibição da *reformatio in pejus*; o princípio da irrecorribilidade das decisões interlocutórias; o princípio da taxatividade dos recursos; os princípios da singularidade e da correlação do recurso; o princípio da fungibilidade dos recursos.

Para elucidar o tratamento processual das ações julgadas nos JEFs, recomendamos a leitura da Resolução CJF n. 347/2015, que dispõe sobre a compatibilização dos regimentos internos das turmas recursais e das turmas regionais de uniformização, e a Resolução CJF n. 586/2019, que aprovou o Regimento Interno da TNU, disponíveis em www.jf.jus.br.

Aconselhável, também, a análise dos enunciados aprovados pelo Fórum Nacional dos Juizados Especiais Federais (Fonajef), promovido pela Associação dos Juízes Federais do Brasil (Ajufe), disponíveis no portal www.ajufe.org.br.

12.7.1 Competência dos JEFs

Compete ao Juizado Especial Cível processar, conciliar e julgar causas de competência da Justiça Federal até o valor de 60 salários mínimos, bem como executar suas sentenças.

São excluídas dessa competência as causas referidas no art. 109, incs. II, III e XI, da CF, as ações de mandados de segurança, de desapropriação, de divisão e demarcação, populares, execuções fiscais e por improbidade administrativa e as demandas sobre direitos ou interesses difusos, coletivos ou individuais homogêneos, as causas relativas aos imóveis da União e das autarquias e fundações públicas federais, entre outras, previstas no § 1.º do art. 3.º da Lei n. 10.259/2001.

Registre-se a posição adotada pelo STJ acerca da competência dos JEFs:

a) os JEFs têm competência absoluta, onde estiverem instalados, para toda ação cujo valor não ultrapasse 60 salários mínimos;
b) a complexidade da causa não afasta a competência dos JEFs, visto que o critério escolhido pelo legislador foi o do valor da causa;
c) caso o autor da ação pretenda ver sua demanda julgada por um juizado especial, poderá renunciar ao valor que exceda o limite legal estabelecido no art. 3.º, *caput*, da Lei n. 10.259/2001, de forma expressa (STJ, CC 86.398/RJ, 3.ª Seção, *DJ* 22.02.2008);
d) para o estabelecimento do valor da causa devem ser somadas as parcelas vencidas com 12 vincendas pelo exame conjugado da Lei n. 10.259/2001 com os §§ 1.º e 2.º do art. 292 do CPC/2015 – art. 260 do CPC/1973 (CC 46.732/MS, *DJU* 14.03.2005);
e) o valor da causa para fins de fixação da competência nos JEFs, na hipótese de existência de litisconsórcio ativo, deve ser calculado dividindo-se o montante pelo número de autores (REsp 1.257.935/PB, 2.ª Turma, Rel. Min. Eliana Calmon, *DJe* 29.10.2012).

Nos termos da Súmula n. 17 da TNU e do Enunciado Fonajef n. 16, não há renúncia tácita nos JEFs para fins de fixação competência. Dessa forma, a **renúncia,** quando do interesse da parte autora para postular nos JEFs, **deve ser expressa** e não há limite quanto ao montante passível dessa renúncia.

Sobre a possibilidade, ou não, à luz do art. 3.º da Lei n. 10.259/2001, de a parte renunciar ao valor excedente a 60 salários mínimos, aí incluídas prestações vincendas, para poder demandar no âmbito dos JEFS, o STJ fixou a seguinte tese no Repetitivo n. 1.030: "Ao autor que deseje litigar no âmbito de Juizado Especial Federal Cível, é lícito renunciar, de modo expresso e para fins de atribuição de valor à causa, ao montante que exceda os 60 (sessenta) salários mínimos previstos no art. 3.º, *caput*, da Lei n. 10.259/2001, aí incluídas, sendo o caso, as prestações vincendas".

12.7.2 Legitimidade

Nos JEFs podem ser partes autoras as pessoas físicas, microempresas e empresas de pequeno porte; e rés a União, autarquias, fundações e empresas públicas federais (art. 6.º da Lei n. 10.259/2001).

A representação por advogado não é obrigatória para a propositura de ações, uma vez que o art. 10 da Lei n. 10.259/2001 faculta às partes designar, por escrito, representantes para a causa, advogado ou não. O STF reconheceu a constitucionalidade dessa norma na ADI 3.168/DF.

Na **esfera recursal**, no entanto, é **indispensável a presença de advogado** para representar as partes, consoante disposição contida no art. 41, § 2.º, da Lei n. 9.099/1995 (aplicada subsidiariamente aos JEFs):

No recurso, as partes serão obrigatoriamente representadas por advogado.

12.7.3 Recursos previstos no Sistema dos Juizados Especiais Federais

Importante referir a previsão contida no art. 14, § 10, da Lei n. 10.259/2001, no sentido de que: "Os Tribunais Regionais, o Superior Tribunal de Justiça e o Supremo

Tribunal Federal, no âmbito de suas competências, expedirão normas regulamentando a composição dos órgãos e os procedimentos a serem adotados para o processamento e o julgamento do pedido de uniformização e do recurso extraordinário".

Por conta dessa delegação, os regimentos internos das turmas recursais e de uniformização editados pelos tribunais respectivos inseriram regras que vão desde a definição dos prazos dos recursos até a criação de novos recursos e a imposição de requisitos de admissibilidade recursal.

Na sequência, apresentamos os principais recursos no âmbito dos JEFs e suas principais características:

1) Recurso de medida cautelar ou antecipação de tutela (agravo)
a) Hipóteses de cabimento:
- cabe de decisão que aprecia pedidos de medidas liminares, cautelares ou antecipatórias dos efeitos da tutela (art. 4.º da Lei n. 10.259/2001, c/c o art. 2.º, I e § 1.º, da Res. CJF n. 347/2015).
b) Competência para julgamento:
- deve ser apresentado diretamente às turmas recursais da seção judiciária em que localizado o JEF.
c) Prazo de interposição:
- 10 dias para interposição e para contrarrazões (art. 2.º, § 1.º, da Res. CJF n. 347/2015).

2) Recurso da sentença (recurso inominado)
a) Hipóteses de cabimento:
- cabe da sentença proferida no Juizado Especial Federal Cível, excetuada a homologatória de conciliação ou laudo arbitral (art. 5.º da Lei n. 10.259/2001, c/c o art. 2.º da Res. CJF n. 347/2015).
b) Competência para julgamento:
- turmas recursais da seção judiciária em que localizado o JEF.
c) Prazo de interposição:
- dez dias para interposição e para contrarrazões (art. 42 da Lei n. 9.099/1995).
d) Efeitos do recurso:
- a regra que vige é a de que os recursos tenham somente efeito devolutivo, podendo o juiz dar-lhe efeito suspensivo para evitar dano irreparável para a parte (art. 43 da Lei n. 9.099/1995).
e) Sucumbência:
- o recorrente, vencido, pagará as custas e honorários de advogado, que serão fixados entre 10% e 20% do valor de condenação ou, não havendo condenação, do valor corrigido da causa (art. 55 da Lei n. 9.099/1995).

3) Incidente regional de uniformização
a) Hipóteses de cabimento:
- caberá quando houver divergência entre decisões sobre questões de direito material proferidas por turmas recursais da mesma região na interpretação da lei (art. 14, § 1.º, da Lei n. 10.259/2001).
b) Competência para julgamento:
- turma regional de uniformização da região em que localizada a turma recursal prolatora da decisão recorrida.

c) Prazo de interposição:
   – 15 dias para interposição e para contrarrazões.
d) Prova do dissídio:
   – necessidade da demonstração do dissídio e cópia dos julgados divergentes ou indicação suficiente do julgado apontado como paradigma.
e) Efeitos do recurso:
   – em regra, o recurso será recebido apenas no efeito devolutivo.
f) Admissibilidade:
   – o exame da admissibilidade dos pedidos de uniformização e dos recursos extraordinários compete ao presidente ou vice-presidente da turma recursal ou a outro membro designado pelo tribunal regional federal ou mediante previsão no regimento interno das turmas recursais diretamente afetadas pela medida;
   – o juiz responsável pelo juízo preliminar de admissibilidade devolverá o feito à turma recursal para eventual adequação, caso o acórdão recorrido esteja em manifesto confronto com súmula ou jurisprudência dominante da TNU, do STJ ou do STF;
   – o feito também deverá ser devolvido à turma de origem quando o acórdão recorrido contrariar julgamento proferido em IRDR, para aplicação da tese firmada.
g) Inadmissão preliminar:
   – em caso de inadmissão preliminar do incidente de uniformização, a parte poderá interpor agravo nos próprios autos, no prazo de 15 dias úteis, a contar da publicação da decisão recorrida, devendo fundamentar o pleito, demonstrando o equívoco da decisão recorrida. Não havendo reconsideração, os autos serão encaminhados à TRU;
   – caberá também agravo interno, no prazo de 15 dias úteis, dirigido à própria Turma Recursal de origem, se a decisão de inadmissão estiver fundada em: (i) julgamento do STF, proferido na sistemática de repercussão geral; (ii) súmula da TRU.
h) Sobrestamento:
   – serão sobrestados os processos que versarem sobre tema que estiver pendente de apreciação na TNU, no STJ ou no STF, em regime representativo de controvérsia ou de repercussão geral, para posterior confirmação do acórdão recorrido ou sua adaptação à decisão que vier a ser proferida nos recursos paradigmas.
i) questões A serem decididas:
   – uniformização de questões de direito material;
   – não cabem reexame de provas e análise de questões de direito processual.
j) incidentes simultâneos à TRU e à TNU:
   – havendo interposição simultânea de pedidos de uniformização dirigidos à turma regional de uniformização e à Turma Nacional, será julgado, em primeiro lugar, o incidente dirigido à turma regional (art. 6.º, parágrafo único, da Resolução CJF n. 586/2019).
k) Pedido de uniformização simultâneo com o recurso extraordinário:
   – interpostos recurso extraordinário e pedido de uniformização de jurisprudência, este será processado antes do recurso extraordinário, salvo se houver questão prejudicial de natureza constitucional.

4) **Pedido de Uniformização de Interpretação de Lei Federal (PUIL) para a TNU**
a) Hipóteses de cabimento:
   – em conformidade com o art. 14, § 2.º, da Lei n. 10.259/2001 e art. 12 do Regimento Interno da TNU, caberá, em questões de direito material;

- o recorrente deverá demonstrar, quanto à questão de direito material, a existência de divergência na interpretação da lei federal entre a decisão recorrida e:
  I) decisão proferida por turma recursal ou regional vinculadas a outro Tribunal Regional Federal;
  II) súmula ou entendimento dominante do STJ ou da TNU.
b) Competência para julgamento:
  - TNU de Jurisprudência dos JEFs.
c) Prazo de interposição:
  - 15 dias para interposição e para as contrarrazões do acórdão recorrido (art. 12, caput, da Resolução CJF n. 586/2019).
d) Prova do dissídio:
  - necessidade da demonstração do dissídio e juntada de cópia dos julgados divergentes.
e) Efeitos do recurso:
  - em regra, será recebido somente no efeito devolutivo.
f) Questões a serem decididas no pedido de uniformização:
  - uniformização de questões de direito material.

5) Agravo interno/regimental
a) Hipóteses de cabimento:
  - o cabimento de **agravo interno** está previsto no art. 29 da Resolução CJF n. 586/2019, Regimento Interno da TNU, em face da decisão do relator;
  - há previsão do cabimento do **agravo regimental** da decisão do relator e do presidente da Turma Recursal ou Regional (art. 2.º, § 4.º, da Resolução CJF n. 347/2015).
b) Competência para julgamento:
  - se não houver retratação pelo prolator da decisão, o processo será julgado pelo colegiado da turma recorrida.
c) prazo de interposição:
  - 15 dias.

6) Pedido de Uniformização de Interpretação de Lei Federal (PUIL) para o STJ
a) Hipóteses de cabimento:
  - quando a orientação acolhida pela TNU, em questões de direito material, contrariar súmula ou jurisprudência dominante no STJ, a parte interessada poderá provocar a manifestação deste, que dirimirá a divergência (art. 14, § 4.º, da Lei n. 10.259/2001, art. 31 RI TNU e Resolução STJ n. 10/2007). Caberá, também, quando o acórdão proferido pela TNU estiver em contrariedade a tese firmada em julgamento de IRDR.
b) Competência para julgamento:
  - compete ao STJ o julgamento do incidente;
  - será suscitado, nos próprios autos perante o presidente da TNU, que faz a admissibilidade prévia e posteriormente encaminha ao STJ.
c) Prazo de interposição:
  - 15 dias, sendo a parte contrária intimada para apresentar manifestação em igual prazo.

d) Prova do dissídio:
   - necessidade da demonstração do dissídio e juntada de cópia dos julgados divergentes ou indicação suficiente dos julgados apontados como paradigmas.
e) Efeitos do recurso:
   - presente a plausibilidade do direito invocado e havendo fundado receio de dano de difícil reparação, poderá o relator conceder, de ofício ou a requerimento do interessado, medida liminar determinando a suspensão dos processos nos quais a controvérsia esteja estabelecida (art. 14, § 5.º, da Lei n. 10.259/2001);
   - da decisão concessiva da medida limar caberá agravo à seção competente (art. 2.º, IV, § 1.º, da Res. n. 10/2007 do STJ).
f) Admissibilidade:
   - o Presidente da Turma Nacional procederá ao juízo prévio de admissibilidade. Admitido, remeterá ao STJ o pedido, que será distribuído a relator integrante da seção competente para o julgamento.
g) Inadmissão preliminar:
   - em caso de inadmissão e mediante requerimento da parte, no prazo de dez dias, o pedido de uniformização será distribuído no STJ a relator integrante da seção competente (§ 3.º do art. 34 do RI da TNU);
   - se o relator indeferir o pedido, dessa decisão caberá agravo à seção respectiva, que proferirá julgamento irrecorrível (§ 2.º, art. 1.º, da Res. n. 10/2007 do STJ).
f) Questões a serem decididas no incidente:
   - uniformização de questões de direito material.

7) **Recurso extraordinário**
a) Hipóteses de cabimento:
   - caberá de decisão de única ou última instância, que pode ser de tribunal, de turma recursal e de uniformização e do STJ (art. 102, III, da CF, art. 15 da Lei n. 10.259/2001 e Regimento Interno do STF).
b) Competência para julgamento:
   - será interposto perante o presidente da turma ou tribunal recorrido, que, após as contrarrazões, fará a admissibilidade prévia e posteriormente encaminhará ao STF para julgamento.
c) Prazo de interposição:
   - 15 dias (art. 1.003, § 5.º, do CPC/2015), sendo a parte contrária intimada para apresentar manifestação em igual prazo.
d) Prova do dissídio:
   - quando o recurso fundar-se em dissídio jurisprudencial, o recorrente fará a prova da divergência com a certidão, cópia ou citação do repositório de jurisprudência, oficial ou credenciado, inclusive em mídia eletrônica, em que houver sido publicado o acórdão divergente, ou, ainda, com a reprodução de julgado disponível na rede mundial de computadores, com indicação da respectiva fonte, mencionando, em qualquer caso, as circunstâncias que identifiquem ou assemelhem os casos confrontados (art. 1.029, § 1.º, do CPC/2015).
e) Efeitos do recurso:
   - o recurso será recebido no efeito devolutivo;
   - o recurso extraordinário e o recurso especial não impedem a eficácia da decisão (art. 995 do CPC/2015).

8) **Embargos de declaração**
a) Hipóteses de cabimento:
   – contra sentença ou acórdão para: I – esclarecer obscuridade ou eliminar contradição; II – suprir omissão de ponto ou questão sobre o qual devia se pronunciar o juiz de ofício ou a requerimento; III – corrigir erro material.
b) Prazo
   – cinco dias;
   – os embargos de declaração interrompem o prazo para a interposição de recursos.

12.7.4 Cumprimento da sentença

Caso o acordo ou a sentença, com trânsito em julgado, imponha obrigação de fazer, não fazer ou entregar coisa certa, o cumprimento é feito por meio de ordem, por ofício do juiz, para a autoridade citada.

Se for imposta obrigação de pagar quantia certa, deverá ser expedida ao tribunal competente a requisição dos créditos de pequeno valor (RPV) ou o precatório. No prazo de 60 dias, contados do envio da requisição da RPV, o valor deve estar disponível na agência mais próxima da Caixa Econômica Federal ou do Banco do Brasil.

Nos JEFs não há previsão dos chamados embargos à execução. Nesse sentido, o **Enunciado Fonajef n. 13**: "Não são admissíveis embargos de execução nos Juizados Especiais Federais, devendo as impugnações do devedor ser examinadas independentemente de qualquer incidente".

Cabe ainda mencionar que a parte autora poderá, na **fase da execução**, renunciar ao excedente à alçada dos JEFs (60 salários mínimos) para fins de pagamento por RPV, a qual não se confunde com a renúncia inicial para fins de definição da competência. É possível a renúncia ao excedente à alçada dos juizados especiais federais (60 salários mínimos), inclusive na fase de execução.

12.7.5 Custas e honorários advocatícios

A regra a ser observada no tocante a custas processuais nos JEFs é a do art. 54 da Lei n. 9.099/1995, que prevê que o acesso ao juizado especial independerá, em primeiro grau de jurisdição, do pagamento de custas, taxas ou despesas.

Em caso de recurso, o preparo compreenderá todas as despesas processuais, inclusive aquelas dispensadas em primeiro grau de jurisdição, ressalvada a hipótese de assistência judiciária gratuita. Nesse sentido:

> **Enunciado Fonajef n. 39:** Não sendo caso de justiça gratuita, o recolhimento das custas para recorrer deverá ser feito de forma integral nos termos da Resolução do Conselho da Justiça Federal, no prazo da Lei n. 9.099/1995.

Nesse caso, **incidem custas** somente nas hipóteses de **recurso inominado** para a turma recursal e de **recurso extraordinário** para o STF. Nos recursos inominados, as custas costumam ser no percentual de 1% do valor da causa, a serem adiantadas quando da interposição do recurso.

Com relação ao recurso extraordinário, as custas são devidas conforme tabela publicada por resolução do STF.

Na maioria das ações previdenciárias, porém, acaba ocorrendo a concessão da gratuidade da justiça, o que isenta a parte do pagamento das custas e demais despesas processuais.

De qualquer forma, para os **incidentes de uniformização** e demais recursos, não há previsão de cobrança de custas.

Relativamente aos **honorários advocatícios**, a disciplina legal (art. 55 da Lei n. 9.099/1995) prevê que: "A sentença de primeiro grau não condenará o vencido em custas e honorários de advogado, ressalvados os casos de litigância de má-fé. Em segundo grau, o recorrente, vencido, pagará as custas e honorários de advogado, que serão fixados entre 10% e 20% do valor de condenação ou, não havendo condenação, do valor corrigido da causa".

No mesmo sentido a orientação fixada pelo STF de que não há falar em condenação ao pagamento de honorários de advogado em processos dos juizados especiais nas hipóteses em que o recorrido for vencido. Isso em inteligência da norma do art. 55 da Lei n. 9.099/1995, aplicável ao Juizado Especial da Justiça Federal, por força do disposto no art. 1.º da Lei n. 10.259/2001 (Ag. Reg. no RE 576.570/DF, 1.ª Turma, Rel. Min. Dias Toffoli, *DJe* 13.02.2013).

Cabe referir que o STJ tem entendimento no sentido de que a base de cálculo da verba honorária nas ações previdenciárias é composta das parcelas vencidas até a data da decisão judicial em que o direito do segurado foi reconhecido. Os honorários advocatícios incidem sobre o valor da condenação, nesta compreendidas as parcelas vencidas até a prolação da decisão judicial concessiva do benefício, em consonância com a Súmula n. 111/STJ, mesmo após a vigência do CPC de 2015. Esse entendimento restou consolidado pela aludida Corte no julgamento do Tema Repetitivo n. 1.105 – *DJe* de 27.03.2023.

12.8 PRESCRIÇÃO E DECADÊNCIA EM MATÉRIA DE BENEFÍCIOS

Os prazos de prescrição e decadência limitam sobremaneira o direito à revisão dos benefícios previdenciários. Por outro lado, solidificam os procedimentos adotados pelo ente previdenciário em épocas passadas, evitando o pagamento de indenizações de grande vulto. A Lei de Benefícios regula esses prazos no art. 103, cujas aplicação e interpretação são objeto de muitos questionamentos, como veremos a seguir.

Em síntese, segundo explicitado no art. 591 da IN n. 128/2022, "Do decurso do tempo e da inércia das partes decorrem: I – a prescrição, que extingue a pretensão de obtenção de prestações; e II – a decadência, que extingue o direito constitutivo".

12.8.1 Prescrição de prestações vencidas

A regra geral de prescritibilidade dos direitos patrimoniais existe pela necessidade de preservar a estabilidade das situações jurídicas. No entanto, considerando que as prestações previdenciárias atendem a uma necessidade de índole eminentemente alimentar, o direito ao benefício previdenciário em si não prescreve, mas tão somente as prestações não reclamadas dentro de certo tempo, que vão prescrevendo, uma a uma, em virtude da inércia do beneficiário.

No direito previdenciário, a **prescrição quinquenal** tem sido aplicada desde o advento do Decreto n. 20.910, de 1932. Nesse sentido:

- **TFR – Súmula n. 107**: A ação de cobrança de crédito previdenciário contra a Fazenda Pública está sujeita à prescrição quinquenal estabelecida no Decreto n. 20.910 de 1932.

- **STJ – Súmula n. 85**: Nas relações jurídicas de trato sucessivo, em que a Fazenda Pública figure como devedora, quando não tiver sido negado o próprio direito reclamado, a prescrição atinge apenas as prestações vencidas antes do quinquênio anterior à propositura da ação.

O mesmo prazo foi fixado na atual Lei de Benefícios, no art. 103, parágrafo único. De acordo com essa norma: "Prescreve em 5 anos, a contar da data em que deveriam ter sido pagas, toda e qualquer ação para haver prestações vencidas ou quaisquer restituições ou diferenças devidas pela Previdência Social, salvo o direito dos menores, incapazes e ausentes, na forma do Código Civil".

As ações referentes às prestações previdenciárias por acidente do trabalho prescrevem em cinco anos, observado o disposto no art. 104 da Lei n. 8.213/1991, contados da data:

> Art. 104. [...]
> I – do acidente, quando dele resultar a morte ou a incapacidade temporária, verificada esta em perícia médica a cargo da Previdência Social; ou
> II – em que for reconhecida pela Previdência Social a incapacidade permanente ou o agravamento das sequelas do acidente.

A **não ocorrência da prescrição** com relação a alguns dos dependentes, entretanto, **não beneficia os demais**, ou seja, consumada a prescrição relativamente ao dependente capaz, ao incapaz deve ser assegurado somente o pagamento de sua quota-parte. Nesse sentido: TRF da 4.ª Região, AC 2003.04.01.051040-1/SC, Rel. Des. Federal Ricardo Teixeira do Valle Pereira, *DE* 27.08.2007.

Cabe destacar que, segundo a Súmula n. 74 da TNU, "O prazo de prescrição fica suspenso pela formulação de requerimento administrativo e volta a correr pelo saldo remanescente após a ciência da decisão administrativa final".

Por esse entendimento, o **requerimento administrativo** não interrompe o **prazo prescricional**, mas apenas o **suspende**, e se coaduna com a orientação do STJ, segundo a qual, tendo havido apresentação de requerimento administrativo pleiteando o pagamento de benefício, permanece suspenso o prazo prescricional até que a autarquia previdenciária comunique sua decisão ao interessado (REsp 294.032/PR, 5.ª Turma, Rel. Min. Félix Fischer, *DJ* 26.03.2001).

Quando admitida a interrupção, aplica-se o art. 9.º do Decreto n. 20.910/1932, reiniciando-se o prazo pela metade (STJ, AgRg no REsp 1.221.425/RS, 6.ª Turma, Rel. Min. Og Fernandes, *DJe* 20.05.2013), mas não fica reduzida para menos de cinco anos. Nesse sentido, a Súmula n. 383 do STF:

> **Prescrição em favor da Fazenda Pública. Interrupção. Contagem de recomeço do termo inicial.** A prescrição em favor da Fazenda Pública recomeça a correr, por

dois anos e meio, a partir do ato interruptivo, mas não fica reduzida aquém de cinco anos, embora o titular do direito a interrompa durante a primeira metade do prazo.

No caso de cessação do pagamento do benefício previdenciário, tendo o segurado interposto recurso contra tal decisão, a prescrição quinquenal somente começa a correr a partir da decisão definitiva do processo administrativo.

No caso de benefício previdenciário concedido judicialmente, o termo inicial da prescrição quinquenal, previsto no parágrafo único do art. 103 da Lei n. 8.213/1991, relativamente a diferenças pleiteadas em futura ação revisional, é o trânsito em julgado da decisão proferida na ação que concedeu o benefício. Nesse sentido: TRU, 4.ª Região, Incidente de Uniformização JEF 5004330-47.2013.404.7114, Rel. Juiz Federal Gerson Luiz Rocha, *DE* 17.08.2015.

Na aferição da prescrição quinquenal, o que está em causa é o pagamento dos créditos do segurado, de modo que a aferição deve se dar a partir dos vencimentos destes, e não das competências a que tais créditos se referem.

Consigna-se, ainda, que a citação válida em processo extinto sem julgamento do mérito importa na interrupção do prazo prescricional e somente reinicia o seu curso após o trânsito em julgado do processo extinto sem resolução do mérito, quando volta a fluir pela metade, por força do disposto no art. 9.º do Decreto n. 20.910/1932. Nesse sentido, a orientação da TNU (Pedilef 0042707-58.2009.4.03.6301, Rel. Juiz Federal João Batista Lazzari, *DOU* 21.03.2014) e do STJ (AgRg no AREsp 202.429/AP, 2.ª Turma, Rel. Min. Herman Benjamin, *DJe* 12.09.2013).

Quanto à fixação do termo inicial da prescrição quinquenal, para recebimento de parcelas de benefício previdenciário reconhecidas judicialmente, em ação individual ajuizada para adequação da renda mensal, cujo pedido coincide com aquele anteriormente formulado em ação civil pública, o STJ fixou a seguinte tese em Repetitivo:

> Tema n. 1.005: Na ação de conhecimento individual, proposta com o objetivo de adequar a renda mensal do benefício previdenciário aos tetos fixados pelas Emendas Constitucionais 20/1998 e 41/2003 e cujo pedido coincide com aquele anteriormente formulado em ação civil pública, a interrupção da prescrição quinquenal, para recebimento das parcelas vencidas, ocorre na data de ajuizamento da lide individual, salvo se requerida a sua suspensão, na forma do art. 104 da Lei 8.078/1990 (REsp 1.761.874/SC, 1.ª Seção, 1.º.07.2021).

– **A Lei n. 13.846/2019 e os direitos do pensionista menor, incapaz ou ausente**

A Lei n. 13.846/2019 adotou as seguintes regras de prescrição e decadência em relação ao pensionista:

a) o prazo de até 180 dias para que para os filhos menores de 16 anos façam o requerimento da pensão a fim de garantir o pagamento do benefício desde o óbito;

b) o prazo de até 90 dias para que os filhos entre 16 e 18 anos façam o requerimento da pensão a fim de garantir o pagamento do benefício desde o óbito.

Transcorridos esses prazos, o requerimento intempestivo gera efeitos financeiros desde a Data de Entrada do Requerimento (DER). Essas regras são extensíveis aos beneficiários do auxílio-reclusão.

Complementado o conjunto de alterações, a Lei n. 13.846/2019 revogou o art. 79 da LBPS, que estipulava que não se aplica o disposto no art. 103 (regra de decadência) ao pensionista menor, incapaz ou ausente na forma da lei.

12.8.2 Decadência do direito à revisão do cálculo de benefício previdenciário

A instituição do prazo decadencial para revisão do cálculo dos benefícios previdenciários se deu pela MP n. 1.523-9, de 27.06.1997 (*DOU* 28.06.1997),[2] posteriormente convertida na Lei n. 9.528, de 10.12.1997.

Nos casos dos benefícios concedidos anteriormente à instituição da decadência, inexistia limitação no tempo à possibilidade de revisão. No entanto, o STF entendeu aplicável esse prazo a todos os benefícios, independentemente da data de início, consoante o julgamento da repercussão geral, cuja tese segue transcrita:

> Tema n. 313: I – Inexiste prazo decadencial para a concessão inicial do benefício previdenciário; II – Aplica-se o prazo decadencial de dez anos para a revisão de benefícios concedidos, inclusive os anteriores ao advento da Medida Provisória 1.523/1997, hipótese em que a contagem do prazo deve iniciar-se em 1.º de agosto de 1997 (*Leading Case*: RE 626.489/SE, Tribunal Pleno, Rel. Min. Roberto Barroso, *DJe* 23.09.2014).

Importante destacar dessa decisão que a concessão do benefício não prescreve nem decai, podendo ser postulada a qualquer tempo.

Por último, a Lei n. 13.846/2019 (conversão da MP n. 871/2019), ampliou a incidência do prazo decadencial dando nova redação ao art. 103 da Lei n. 8.213/1991, nos termos que seguem:

> Art. 103. O prazo de decadência do direito ou da ação do segurado ou beneficiário para a revisão do ato de concessão, indeferimento, cancelamento ou cessação de benefício e do ato de deferimento, indeferimento ou não concessão de revisão de benefício é de 10 (dez) anos, contado:
> I – do dia primeiro do mês subsequente ao do recebimento da primeira prestação ou da data em que a prestação deveria ter sido paga com o valor revisto; ou
> II – do dia em que o segurado tomar conhecimento da decisão de indeferimento, cancelamento ou cessação do seu pedido de benefício ou da decisão de deferimento ou indeferimento de revisão de benefício, no âmbito administrativo.

No entanto, o STF declarou a inconstitucionalidade do art. 24 da Lei n. 13.846/2019 no que deu nova redação ao art. 103 da Lei n. 8.213/1991, "porquanto, não preservado o fundo de direito na hipótese em que negado o benefício, caso inviabilizada pelo decurso do tempo a rediscussão da negativa, é comprometido o exercício do direito material à sua obtenção" (ADI 6.096, Plenário, Rel. Min. Edson Fachin, *DJe* 25.11.2020).

---

[2] Reeditada, depois, por várias vezes.

Para uma melhor compreensão acerca da interpretação da aplicação do prazo decadencial, destacamos ainda os seguintes precedentes:

> STJ – Repetitivo Tema n. 966: Incide o prazo decadencial previsto no *caput* do art. 103 da Lei 8.213/1991 para reconhecimento do direito adquirido ao benefício previdenciário mais vantajoso (REsp 1.631.021/PR, 13.03.2019).
>
> STJ – Repetitivo Tema n. 975: Aplica-se o prazo decadencial de dez anos estabelecido no art. 103, *caput*, da Lei 8.213/1991 às hipóteses em que a questão controvertida não foi apreciada no ato administrativo de análise de concessão de benefício previdenciário (REsp 1.648.336/RS, 04.08.2020).

12.8.3 Aplicação do prazo de decadência nas ações para reconhecimento de tempo de contribuição

Compreendemos que as ações declaratórias de averbação de tempo de contribuição não estão sujeitas aos prazos de prescrição e decadência, em face da ausência do cunho patrimonial imediato e diante da existência de direito adquirido à contagem do tempo trabalhado. Vale referir precedentes que respaldam esse entendimento:

- Não se submete à prescrição a ação declaratória pura, proposta com o exclusivo fim de ter declarada a existência de uma relação jurídica. Precedentes (STJ, REsp 331.306/MA, 5.ª Turma, Rel. Min. Edson Vidigal, *DJ* 15.10.2001);
- O instituto da decadência previsto na nova redação do art. 103 da Lei n. 8.213/1991 apenas se aplica aos casos em que se deseja rever o ato de concessão do benefício, o que não ocorre, evidentemente, quando a aposentadoria sequer ainda foi requerida (TRF da 5.ª Região, AC 2000.05.00.059051.6/RN, 1.ª Turma, Rel. Des. Federal Margarida Cantarelli, *DJ* 15.10.2001);
- Tratando-se de ação declaratória não há que se falar na aplicação do instituto da decadência ou da prescrição (TRF da 4.ª Região, AC 2001.71.08.003891, 5.ª Turma Suplementar, Rel. Juiz Federal Fernando Quadros da Silva, *DE* 27.10.2008).

Discussão mais acirrada se dá no caso das ações de natureza condenatória, cuja inclusão do período trabalhado é requerida visando a revisão do benefício já concedido.

Podemos tomar como exemplo um segurado aposentado por tempo de contribuição de forma proporcional em 2010. Em 2022, ingressa com ação judicial postulando o reconhecimento de tempo trabalhado no meio rural e em condições especiais para aumentar o coeficiente de cálculo de seu benefício. Na hipótese, objetiva rever o ato de concessão do benefício, ato esse que é a exata expressão legal contida no art. 103, *caput*, da LB.

Surge então o questionamento: aplica-se o prazo de decadência que impede a revisão proposta?

A solução dada pela jurisprudência (STF e STJ) foi no sentido de que, existindo ou não o requerimento administrativo do reconhecimento do tempo trabalhado, estaria operada a decadência, uma vez que o benefício foi concedido posteriormente à instituição do referido prazo e houve o transcurso do tempo previsto no art. 103, *caput*, da

Lei n. 8.213/1991. Assim, já havia decaído o direito à revisão quando do ajuizamento da ação. Nesse sentido, os precedentes do STF: ARE 845.209 AgR/PR, Rel. Min. Marco Aurélio, DJe 02.02.2015; e ARE 964.495 AgR/SP, Rel. Min. Rosa Weber, DJe 30.06.2016; e do STJ: REsp 1.648.336/RS, Repetitivo Tema n. 975, 1.ª Seção, Rel. Min. Herman Benjamin, DJe 04.08.2020.

12.8.4 Prazo para revisão de benefício antecedente em caso de pensão por morte

O STJ e a TNU possuíam orientação no sentido de que, caso o beneficiário do INSS tivesse perdido, em vida, o direito de solicitar a revisão do valor de sua aposentadoria, o fato não prejudicaria o titular da subsequente pensão por morte, ou seja, o direito poderia ser discutido pelo pensionista, ainda que fundado em dados que poderiam ter sido questionados pelo aposentado atingido pela decadência. Nesse sentido: STJ, REsp 1.571.465/RS, 2.ª Turma, DJe 31.05.2016.

Concordamos com esse entendimento, pois os beneficiários da pensão por morte não poderão sofrer os reflexos da falta de revisão do benefício de origem. Somente a partir do início do recebimento da pensão por morte é que deve ter curso o prazo de decadência para a revisão do benefício que era recebido pelo *de cujus*.

No entanto, a 1.ª Seção do STJ revisou a jurisprudência sobre o tema e fixou orientação diversa, qual seja, "o prazo decadencial para revisão de benefício originário não é renovado na concessão de pensão por morte". Constou da decisão:

> [...] o prazo decadencial é fixado em relação ao direito em si, não em relação à pessoa, de modo que nem mesmo os incapazes escapam dos seus efeitos. Não admite a decadência, por outro lado, diferentemente do que ocorre com a prescrição, suspensão ou interrupção. Assim sendo, a morte do pai da autora e a concessão da pensão em nada interferem na decadência do direito de revisão do benefício originário, decadência que, no caso, já se consumara, antes mesmo do óbito do instituidor da pensão [...] (EREsp 1.605.554, 1.ª Seção, Rel. p/ acórdão Min. Assusete Magalhães, DJe 02.08.2019).

A questão do direito dos dependentes e sucessores passou por posterior análise pelo STJ, no Repetitivo Tema n. 1.057, envolvendo o prazo decadencial, a redefinição da renda mensal da pensão e as diferenças nos resultados do recálculo do benefício derivado. A tese fixada foi a seguinte:

> I. O disposto no art. 112 da Lei n. 8.213/1991 é aplicável aos âmbitos judicial e administrativo;
>
> II. Os pensionistas detêm legitimidade ativa para pleitear, por direito próprio, a revisão do benefício derivado (pensão por morte) – caso não alcançada pela decadência –, fazendo jus a diferenças pecuniárias pretéritas não prescritas, decorrentes da pensão recalculada;
>
> III. Caso não decaído o direito de revisar a renda mensal inicial do benefício originário do segurado instituidor, os pensionistas poderão postular a revisão da aposentadoria, a fim de auferirem eventuais parcelas não prescritas resultan-

tes da readequação do benefício original, bem como os reflexos na graduação econômica da pensão por morte; e

IV. À falta de dependentes legais habilitados à pensão por morte, os sucessores (herdeiros) do segurado instituidor, definidos na lei civil, são partes legítimas para pleitear, por ação e em nome próprios, a revisão do benefício original – salvo se decaído o direito ao instituidor – e, por conseguinte, de haver eventuais diferenças pecuniárias não prescritas, oriundas do recálculo da aposentadoria do *de cujus* (REsp 1.856.967/ES, 1.ª Seção, *DJe* 28.06.2021).

12.8.5 Possibilidade de interrupção do prazo decadencial para revisão do ato de concessão nos casos de requerimento administrativo

Entendemos que o art. 103 da Lei n. 8.213/1991 criou a possibilidade legal de interrupção do prazo de decadência quando o beneficiário ingressar com o pedido administrativo de revisão do benefício.

Isso porque a lei previu a hipótese de o prazo iniciar sua contagem da data em que o segurado tomar conhecimento da decisão indeferitória definitiva no âmbito administrativo, independentemente da data do primeiro pagamento.

Por meio da interrupção será inutilizado o tempo já percorrido. Diferente da suspensão, na interrupção o tempo corrido anteriormente não será computado se, porventura, o prazo se reiniciar.

O Código Civil estabelece somente normas interruptivas da prescrição e as limita em apenas uma vez para cada direito. A limitação do número de interrupções para a prescrição não existia no Código Civil antigo e por isso deve ser observada para os fatos e atos ocorridos após 2003, com a entrada no novo Código Civil. Existem ainda causas interruptivas constantes de leis especiais que devem ser consideradas para os casos regrados pela lei que os criar.

Importante observar, no entanto, que o Código Civil, apesar de não citar quais as hipóteses, criou permissão expressa para a existência de prazos interruptivos da decadência no seu art. 207, senão vejamos: "Salvo disposição legal em contrário, não se aplicam à decadência as normas que impedem ou interrompem a prescrição".

Logo, haveria a possibilidade de interrupção, impedimento e interrupção da decadência desde que legalmente e expressamente previstas.

No caso do direito previdenciário, a Lei n. 8.213/1991 possui tal previsão expressa no art. 103, *caput*. Assim, aplicável a espécie a forma interruptiva do prazo decadencial. Nesse sentido, foi a uniformização realizada pela TNU no julgamento do Representativo de Controvérsia Tema n. 256, que entre outras teses fixou que: "O prazo decenal para a impugnação do ato de indeferimento definitivo da revisão administrativa tem sua contagem iniciada na data da ciência do beneficiário e apenas aproveita às matérias suscitadas no requerimento administrativo revisional" (PUIL 5003556-15.2011.4.04.7008, j. 27.05.2021).

Dessa forma, há que se considerar a possibilidade de interrupção do prazo decadencial quando do requerimento administrativo da revisão do ato de concessão, desde que ele ocorra antes da fluência do prazo decenal. Caso a decisão administrativa seja indeferitória, a data da notificação do segurado será então o novo marco inicial para o prazo decadencial, que começará a contar sem qualquer utilização do tempo fruído anteriormente, tudo conforme a redação do *caput* do art. 103 da Lei n. 8.213/1991.

12.8.6 Hipóteses de aplicação do prazo de decadência na via administrativa

Na via administrativa, o INSS indica as hipóteses de aplicação do prazo de decadência, reconhecendo algumas situações que ficam excluídas dessa norma restritiva.

É aplicado o prazo de dez anos para revisão do ato de concessão de todos os benefícios, mesmo os iniciados antes da vigência da MP n. 1.523-9, de 1997. No caso, são levados em consideração os seguintes critérios para definição do início do prazo decadencial:

> I – para os benefícios em manutenção em 28 de junho de 1997, data da publicação da MP n. 1.523-9, de 1997, a partir de 1.º de agosto de 1997, não importando a data de sua concessão;
>
> II – para os benefícios concedidos com DIB, a partir de 28 de junho de 1997, a partir do dia primeiro do mês seguinte ao do recebimento da primeira prestação;
>
> III – em se tratando de pedido de revisão de benefícios com decisão indeferitória definitiva no âmbito administrativo, em que não houver a interposição de recurso, o prazo decadencial terá início no dia em que o requerente tomar conhecimento da referida decisão.

Importante ressaltar que o INSS não aplica o prazo decadencial para as revisões determinadas em dispositivos legais, salvo se houver revogação expressa, ainda que decorridos mais de dez anos da data em que deveriam ter sido pagas. No processamento dessas revisões, observa-se apenas a prescrição quinquenal.

Consoante a IN PRESI/INSS n. 128/2022, o tema recebe o seguinte tratamento:

> Art. 592. É de 10 (dez) anos o prazo de decadência de todo e qualquer direito ou ação do segurado ou beneficiário para a revisão do ato de concessão de benefício, a contar do dia primeiro do mês seguinte ao do recebimento da primeira prestação ou, quando for o caso, do dia em que tomar conhecimento da decisão indeferitória definitiva.
>
> Parágrafo único. Em se tratando de revisão de decisão indeferitória definitiva, deverão ser observados os §§ 1.º e 2.º do art. 583. [...]

Poderá, também, ser processada a qualquer tempo a revisão para inclusão de novos períodos ou para fracionamento de períodos de trabalho não utilizados no órgão de destino da Certidão de Tempo de Contribuição.

No que tange à coisa julgada administrativa, se é oponível na hipótese de revisão de ato administrativo versando sobre matéria previdenciária, considerando que os requisitos para concessão de benefício previdenciário são previstos em lei, a TNU fixou a seguinte tese:

> **Representativo de Controvérsia Tema n. 283:** A coisa julgada administrativa não exclui a apreciação da matéria controvertida pelo Poder Judiciário e não é

oponível à revisão de ato administrativo para adequação aos requisitos previstos na lei previdenciária, enquanto não transcorrido o prazo decadencial (PEDILEF 5002117-85.2019.4.04.7202/SC, j. 26.08.2021).

12.8.7 Revisão embasada em sentença trabalhista

Quanto à revisão embasada em modificação de RMI pautada por recálculo do salário de contribuição, este por força de julgados da Justiça do Trabalho, tal hipótese tem sido admitida pela jurisprudência, que reconhece a impossibilidade da fruição do prazo decadencial quando do ajuizamento de ação trabalhista e durante todo o seu curso até o trânsito em julgado, suspendendo-se, ainda, o prazo prescricional, senão vejamos:

> **STJ – Repetitivo Tema n. 1.117:** O marco inicial da fluência do prazo decadencial, previsto no *caput* do art. 103 da Lei n. 8.213/1991, quando houver pedido de revisão da renda mensal inicial (RMI) para incluir verbas remuneratórias recebidas em ação trabalhista nos salários de contribuição que integraram o período básico de cálculo (PBC) do benefício, deve ser o trânsito em julgado da sentença na respectiva reclamatória (REsp 1.947.419/RS, j. 24.08.2022).

> **TNU – Representativo de Controvérsia Tema n. 200:** Na pretensão ao recebimento de diferenças decorrentes de revisão de renda mensal inicial em virtude de verbas salariais reconhecidas em reclamação trabalhista, a prescrição quinquenal deve ser contada retroativamente da data do ajuizamento da ação previdenciária, não fluindo no período de tramitação da ação trabalhista, enquanto não definitivamente reconhecido o direito e não homologados os cálculos de liquidação (PEDILEF 5002165-21.2017.4.04.7103/RS, j. 09.12.2020).

12.8.8 Prazo decadencial para o INSS rever seus atos

Para o INSS rever seus atos de que decorram efeitos favoráveis aos beneficiários deve, necessariamente, fazê-lo com base em um processo administrativo que apurou alguma irregularidade na concessão da prestação.

O poder-dever da Administração de desconstituir seus próprios atos por vícios de nulidade condiciona-se à comprovação das referidas ilegalidades em processo administrativo próprio, com oportunização, ao administrado, das garantias constitucionais da ampla defesa e do contraditório (art. 5.º, LV, da CF/1988 e Súmula n. 160 do extinto TFR).

De acordo com o art. 11 da Lei n. 10.666/2003, o INSS manterá **programa permanente de revisão da concessão e da manutenção dos benefícios da Previdência Social**, a fim de apurar irregularidades e falhas existentes. Havendo indício de irregularidade na concessão ou na manutenção de benefício, a Previdência Social notificará o beneficiário para apresentar defesa, provas ou documentos de que dispuser, no prazo de dez dias. A notificação é feita por via postal com aviso de recebimento e, não comparecendo o beneficiário nem apresentando defesa, será suspenso o benefício. O benefício também poderá ser cancelado pela falta de defesa, ou caso esta seja considerada insuficiente ou improcedente. Dessa decisão será cientificado o beneficiário, que terá o direito de interpor recurso à junta de recursos do Conselho de Recursos da Previdência Social (CRPS).

A revisão iniciada dentro do prazo decadencial, com a devida expedição de notificação para ciência do segurado, impedirá a consumação da decadência, ainda que a decisão definitiva do procedimento revisional ocorra após a extinção de tal lapso.

Nos casos em que o INSS não comprove que a revisão ocorreu em razão de alguma irregularidade apurada em processo administrativo, o benefício deve ser restabelecido. O beneficiário poderá obter sua pretensão em juízo, por meio de mandado de segurança, quando não demandar instrução probatória; e também pela via comum (CPC) ou dos JEFs, com a possibilidade da antecipação de tutela, quando demonstrar o preenchimento dos requisitos exigidos para a concessão da medida.

O **prazo** que vigora atualmente para o INSS **anular os atos administrativos** de que resultem benefícios indevidos a segurados e dependentes é de **dez anos** contados da data em que estes foram praticados, salvo comprovada má-fé (MP n. 138/2003, convertida na Lei n. 10.839/2004, que incluiu o art. 103-A no texto da Lei n. 8.213/1991).

O STJ firmou entendimento no sentido de que antes do advento da Lei n. 9.784/1999 não havia prazo para a Administração Pública desfazer atos dos quais decorressem efeitos favoráveis para os beneficiários. Segue a tese firmada em Repetitivo:

> **Tema n. 214:** Os atos administrativos praticados antes da Lei 9.784/1999 podem ser revistos pela Administração a qualquer tempo, por inexistir norma legal expressa prevendo prazo para tal iniciativa. Somente após a Lei 9.784/1999 incide o prazo decadencial de 5 anos nela previsto, tendo como termo inicial a data de sua vigência (01.02.1999). [...] Antes de decorridos 5 anos da Lei 9.784/1999, a matéria passou a ser tratada no âmbito previdenciário pela MP 138, de 19.11.2003, convertida na Lei 10.839/2004, que acrescentou o art. 103-A à Lei 8.213/1991 (LBPS) e fixou em 10 anos o prazo decadencial para o INSS rever os seus atos de que decorram efeitos favoráveis a seus beneficiários (REsp 1.114.938/AL 3.ª Seção, Rel. Min. Napoleão Nunes Maia Filho, *DJe* 02.08.2010).

Na via administrativa, o INSS segue a linha de entendimento do STJ, conforme se observa da redação do art. 593 da IN PRESI/INSS n.128/2022:

> Art. 593. O direito da Previdência Social de rever os atos administrativos de ofício decai em 10 (dez) anos, devendo ser observado que:
>
> I – para os requerimentos de benefícios com Data de Despacho do Benefício – DDB até 31 de janeiro de 1999, o início do prazo decadencial começa a correr a partir de 1.º de fevereiro de 1999; e
>
> II – para os requerimentos de benefícios com efeitos patrimoniais contínuos, concedidos a partir de 1.º de fevereiro de 1999, o prazo decadencial será contado a partir da data do primeiro pagamento.
>
> § 1.º Operada a decadência de que trata o *caput*, haverá a consolidação do ato administrativo e a preservação das relações jurídicas dele decorrentes, observado o § 3.º.
>
> § 2.º Não estão sujeitos à consolidação do ato administrativo disposta no § 2.º:

I – ocorrência de má-fé do beneficiário; e
II – os benefícios os quais, a qualquer momento, podem ter sua hipótese legal de direito ao benefício alterada."

Destaca-se que o STF reconheceu repercussão geral quanto à possibilidade de o INSS proceder, em qualquer tempo, à revisão de ato administrativo de concessão de aposentadoria e pensão por morte, ante o alegado erro da Administração, tendo em vista o ato jurídico perfeito e a decadência administrativa. Segue a ementa:

> 632 – Segurança jurídica e decadência para o Instituto Nacional do Seguro Social proceder à revisão do critério de reajuste de aposentadoria e pensão por morte, em virtude de alegado erro da Administração (*Leading Case*: RE 699.535 RG/RS, Rel. Min. Luiz Fux, *DJe* 18.03.2013).

No que tange ao entendimento do CRPS com relação ao tema da prescrição e da decadência, destaca-se o Enunciado n. 10 do Conselho Pleno do CRPS, publicado no *DOU* em 12.11.2019:

> O prazo decadencial previsto no art. 103-A da Lei n. 8.213/1991, para revisão dos atos praticados pela Previdência Social antes da Lei n. 9.784/1999, só começa a correr a partir de 1.º.02.1999.
> I – Não se aplicam às revisões de reajustamento e às estabelecidas em dispositivo legal, os prazos de decadência de que tratam os arts. 103 e 103-A da Lei n. 8.213/1991.
> II – A decadência prevista no art. 103-A da Lei n. 8.213/1991 incide na revisão de acúmulo de auxílio-suplementar com aposentadoria de qualquer natureza e na manutenção de benefícios, ainda que irregular, salvo se comprovada a má-fé do beneficiário, a contar da percepção do primeiro pagamento indevido.
> III – A má-fé afasta a decadência, mas não a prescrição, e deve ser comprovada em procedimento próprio, no caso concreto, assegurado o contraditório e a ampla defesa.
> IV – Não se aplica a decadência prevista no art. 103-A da Lei n. 8.213/1991 nos benefícios por incapacidade permanente (aposentadoria por invalidez) e assistenciais sujeitos a revisão periódica prevista na legislação.
> V – O pecúlio previsto no inciso II do art. 81 da Lei n. 8.213/1991, em sua redação original que não foi pago em vida ao segurado aposentado que retornou à atividade quando dela se afastou, é devido aos seus dependentes ou sucessores, relativamente às contribuições vertidas até 14.04.1994, salvo se prescrito.

Percebem-se desse enunciado alguns avanços importantes, permitindo que os segurados possam obter o reconhecimento de direitos sem a necessidade do ingresso de ações judiciais.

12.8.9 Conclusões sobre os institutos da prescrição e da decadência

Os prazos de prescrição e decadência limitam sobremaneira o direito à revisão dos benefícios previdenciários. Por outro lado, solidificam os procedimentos adotados pelo ente previdenciário em épocas passadas, evitando o pagamento de indenizações de grande vulto.

O alcance e os efeitos dos prazos de prescrição e de decadência são polêmicos e geram celeumas no âmbito administrativo e judicial. Diante desses aspectos, ressaltamos que:

a) pela sua natureza de direito fundamental, inexiste qualquer prazo prescricional, que atinja o fundo de direito, na hipótese de pleito de concessão inicial de benefício previdenciário ou assistencial, ainda que haja ocorrido indeferimento administrativo, ressalvada eventual prescrição das parcelas vencidas;

b) não corre a prescrição entre a data do protocolo do requerimento administrativo e a comunicação da decisão ao interessado;

c) a decadência não atinge o direito ao benefício em si, mas apenas a possibilidade de revisão do ato de concessão;

d) a decadência não incide nos casos de indeferimento, cancelamento e cessação de benefícios;

e) a contagem do prazo decenal para a impugnação do ato original de concessão tem início no dia primeiro do mês seguinte ao do recebimento da primeira prestação;

f) o prazo decenal para a impugnação do ato de indeferimento definitivo da revisão administrativa tem sua contagem iniciada na data da ciência do beneficiário e apenas aproveita às matérias suscitadas no requerimento administrativo revisional;

g) a concessão da pensão por morte, embora legitime o pensionista a pedir a revisão da aposentadoria do falecido, não tem como efeito reabrir o prazo decadencial para essa discussão;

h) não se aplica à revisão de teto das ECs n. 20 e n. 41, por não se referirem ao ato de concessão do benefício, a decadência do art. 103 da Lei n. 8.213/1991;

i) nas revisões promovidas pelo INSS devem ser observados os prazos de decadência, bem como o devido processo legal e a proteção jurídica dos beneficiários de boa-fé, em decorrência dos princípios da segurança jurídica e da proteção da confiança que deve prevalecer nas relações de seguro social.

O tema demanda constante acompanhamento dos precedentes dos tribunais superiores quanto à interpretação dessas normas e os impactos que representam aos beneficiários do RGPS.

Entretanto, duas premissas devem ser observadas: a) no que tange à prescrição, ela "atinge apenas as prestações vencidas antes do quinquênio anterior à propositura da ação" (Súmula n. 85 do STJ); b) quanto à decadência, é a de que "**O direito à previdência social constitui direito fundamental e, uma vez implementados os pressupostos de sua aquisição, não deve ser afetado pelo decurso do tempo. Como consequência, inexiste prazo decadencial para a concessão inicial do benefício previdenciário**" (RE 626.489/SE, Tribunal Pleno, Rel. Min. Luis Roberto Barroso, *DJe* 23.09.2014). No mesmo sentido: ADI 6.096, Plenário, Rel. Min. Edson Fachin, *DJe* 25.11.2020.

12.9 PROBLEMAS RELACIONADOS AO ÔNUS PROBATÓRIO EM MATÉRIA PREVIDENCIÁRIA

No campo previdenciário, o autor de uma demanda em face do órgão previdenciário deve demonstrar o preenchimento dos requisitos necessários para obter o benefício pretendido, quais sejam: que se encontrava na qualidade de segurado/dependente do regime na época do evento que dá direito à prestação (salvo quando dispensada tal condição); a existência de um dos eventos cobertos pelo regime, conforme a legislação vigente na época; o cumprimento de exigências legais, tais como tempo de contribuição, período de carência, idade mínima ou a ausência de percepção de outro benefício inacumulável com o requerido; e a iniciativa do beneficiário perante o ente concessor do benefício.

No caso de benefícios acidentários, há ainda que se alegar o nexo de causalidade entre o infortúnio e a atividade laborativa desempenhada.

A questão do ônus probatório do autor da demanda, todavia, ganha maior complexidade, em razão da limitação existente na Lei de Benefícios quanto a certos fatos a serem provados (como ocorre com a prova da união afetiva e do tempo de atividade como segurado, porém "sem registro"), em que se exige "início de prova material contemporânea", dificultando – e por vezes até impossibilitando – o acesso ao direito material perseguido, por exemplo, quando o trabalhador é mantido "sem registro", numa relação totalmente não formal, pelo que, em regra, não existe, no *mundo real*, qualquer documento que lhe possa servir de supedâneo probatório.

É importante frisar, contudo, que tal "tarifação de provas" não se aplica de modo irrestrito, mas apenas em situações particularíssimas, como se vê do aresto a seguir:

> 1. Segundo orientação do STJ, o registro da situação de desemprego no Ministério do Trabalho e Emprego não deve ser tido como o único meio de prova da condição de desempregado do segurado, especialmente considerando que, em âmbito judicial, prevalece o livre convencimento motivado do juiz, e não o sistema de tarifação legal de provas. Portanto, o registro perante o Ministério do Trabalho e Emprego poderá ser suprido quando for comprovada tal situação por outras provas constantes dos autos, conforme restou configurado no caso concreto. 2. Considerando que o autor manteve vínculo empregatício até 06.05.2017, o chamado "período de graça" conferia ao demandante a qualidade de segurado da Previdência até 15.07.2019, nos termos do art. 15, II, §§ 2.º e 4.º, da Lei n. 8.213/1991, em razão da sua condição de desemprego. [...] (TRF-4, AC 5018948-28.2020.4.04.9999, Turma Regional Suplementar de SC, Rel. Celso Kipper, j. 23.11.2021).

Quanto ao disposto no art. 55, § 3.º, da Lei n. 8.213/1991 – a Lei de Benefícios da Previdência Social, que estabelece, para tal cômputo, que haja, por parte do segurado, "início de prova material", não servindo para tal fim prova meramente testemunhal, salvo motivo de caso fortuito ou força maior, vê-se que tal dispositivo é uma típica norma processual, uma vez que se refere à produção de provas, em procedimento judicial ou administrativo.

Caracteriza motivo de força maior ou caso fortuito a verificação de ocorrência notória, tais como incêndio, inundação ou desmoronamento, que tenha atingido o local no qual o segurado alegue ter trabalhado, devendo ser comprovada por meio de ocorrência policial e verificada a correlação entre a atividade da empresa e a profissão do segurado.

O STF já decidiu outrora que a exigência do início de prova material (na redação original do dispositivo) não vulnera os preceitos dos arts. 5.º, incs. LV e LVI, 6.º e 7.º, inc. XXIV, da Constituição Federal. Nesse sentido: RE 236.759/SP, Rel. Min. Marco Aurélio, *Informativo STF* n. 225, de 02.05.2001. Todavia, não houve o enfrentamento da matéria pela Suprema Corte a partir da nova redação, conferida pela Lei n. 13.846/2019, que torna ainda mais difícil ao indivíduo (senão impossível) desonerar-se de seu ônus probante.

Neste sentido, à vista das garantias constitucionais relacionadas ao devido processo legal, nos quais se encontra o direito à ampla defesa dos interesses deduzidos numa lide, impõe-se uma investigação acerca do respeito a tais princípios.

Em termos práticos, o texto legal vigente estabelece que ao indivíduo que pretenda ver o seu tempo de atividade laboral reconhecido pela Previdência Social deve provar que efetivamente trabalhou e, para tanto, é necessário que apresente, no procedimento de justificação administrativa ou no processo judicial, "início de prova material".

Consideramos haver uma grande impropriedade na utilização da expressão "início de prova material".

A uma, porque os meios de prova ou são geradores de convencimento pleno, ou não o são; não há, com a máxima vênia, "início de prova": há um *fato que a parte pretende provar* por intermédio de um *meio de prova*, ou mais de um, de modo que o conjunto probatório permita o convencimento do órgão decisório.

A duas, porque "prova material" não é um conceito existente no jargão do direito processual civil, mas apenas no direito processual penal. Veja-se, *verbi gratia*, o conceito de prova defendido por Fernando Rubin: "todo e qualquer elemento material dirigido ao juiz da causa para esclarecer o que foi alegado por escrito pelas partes, especialmente circunstâncias fáticas".[3] A prova material, no direito processual penal, é aquela que envolve instrumentos da prática do delito (uma arma, um projétil), não se confundindo com os meios de prova documental, testemunhal, ou pericial.[4]

A par disso, quando o trabalho prestado se encontra devidamente formalizado, com a existência de contrato, recibos de pagamento, ficha de registro, informação prestada por intermédio de GFIP e o devido recolhimento das contribuições previdenciárias, não há – ou não deveria haver – maiores dificuldades de computar o tempo com finalidade de reconhecimento da qualidade de segurado, sua manutenção, cômputo de tempo de contribuição e fruição de benefícios. O problema se dá justamente quando o trabalho não foi devidamente formalizado – em outras palavras, foi *prestado na informalidade*.

---

[3] RUBIN, Fernando. Teoria geral da prova: do conceito de prova aos modelos de constatação da verdade. Disponível em https://fernandorubin.jusbrasil.com.br/artigos/121943642/teoria-geral-da-prova-do-conceito-de-prova-aos-modelos-de-constatacao-da-verdade. Acesso em: 16 jan. 2023.

[4] VAINZOF, Rony; SERAFINO, Danielle; STEINWASCHER, Aline. *Legal Innovation*: o direito do futuro e o futuro do direito. São Paulo: RT, 2022.

O *trabalho informal*, é verdade, não necessariamente é prestado por pessoas que se encontram em *condições típicas de empregado, com subordinação*, como estabelecido no art. 3.º da CLT. Há trabalhadores informais que prestam atividade *não subordinada*, como os profissionais liberais, os trabalhadores por conta própria, os pequenos artífices, ambulantes, biscateiros, prestadores de serviços eventuais a diversas pessoas, sem continuidade.

Podemos então afirmar que o primeiro aspecto crítico do dispositivo é tratar situações diversas sem fazer as necessárias distinções, quando evidentemente a diversidade das características impõe tratamento diferenciado.

Com efeito, uma situação é a dos *trabalhadores não subordinados*, que querem computar seu tempo de atividade para fins previdenciários. Nesse caso, tem-se que: (1) as relações jurídicas de trabalho em que o indivíduo realiza a atividade são múltiplas, não havendo, por via de regra, um só tomador dos serviços prestados, e não tendo o indivíduo regras de ordem pública a lhe proteger os direitos (civis) como prestador de serviços; (2) o próprio indivíduo, em termos tributários, é o responsável pelo recolhimento das contribuições à Seguridade Social incidentes sobre os valores auferidos em função da atividade laboral, diferentemente do que ocorre na relação de emprego, em que o responsável tributário não é o indivíduo, mas seu empregador; (3) em função da sua responsabilidade tributária, a Previdência só admite o reconhecimento do tempo de atividade caso o indivíduo faça o recolhimento de todas as contribuições do período pretérito reconhecido, sem incidência de prazo decadencial, segundo o art. 45-A da Lei de Custeio, com redação atual conferida pela LC n. 128/2008.

A situação do *empregado sem registro* é diametralmente oposta: (1) a relação jurídica de trabalho, única, dá-se com um mesmo tomador dos serviços, e a legislação trabalhista, amparada no art. 7.º da Constituição, assegura diversos direitos indisponíveis, caracterizados em normas de ordem pública, cuja imperatividade é pacífica na doutrina e na jurisprudência; (2) o responsável tributário pelo recolhimento de contribuições à Seguridade Social incidentes sobre os valores auferidos pelo empregado é, exclusivamente, o empregador, por força do art. 33, § 5.º, da Lei de Custeio; (3) nesse caso, uma vez reconhecida pela Previdência a relação de emprego, o empregado tem direito de ver computado o tempo de atividade prestado na informalidade, independentemente do recolhimento das contribuições, sem prejuízo da respectiva cobrança e das penalidades cabíveis ao responsável tributário, na forma do art. 34, inc. I, da Lei n. 8.213/1991 e art. 143, § 4.º, do Decreto n. 3.048/1999.

Assim, constata-se que há diferenças abissais entre o tratamento que já é conferido ao empregado (formalizado ou cujo trabalho informal foi reconhecido) e o dispensado aos demais segurados obrigatórios do RGPS, incluídos os empregados mantidos sob o véu da informalidade.

Todavia, o dispositivo comentado (art. 55, § 3.º, da Lei n. 8.213/1991) atribui um mesmo ônus de prova *a trabalhadores empregados e àqueles não empregados*, para fins de cômputo no órgão previdenciário, sem o legislador conferir tratamento diferenciado, o qual, a nosso ver, seria devido.

Na esfera administrativa, o CRPS possui o Enunciado n. 3 com o seguinte teor:

> A comprovação do tempo de contribuição, mediante ação trabalhista transitada em julgado, somente produzirá efeitos para fins previdenciários quando baseada

em início de prova material contemporânea aos fatos, constantes nos autos do processo judicial ou administrativo.

I – Não será admitida, para os fins previstos na legislação previdenciária, prova exclusivamente testemunhal, exceto na ocorrência de motivo de força maior ou caso fortuito.

II – Não será exigido início de prova material se o objeto da ação trabalhista for a reintegração ou a complementação de remuneração, desde que devidamente comprovado o vínculo anterior em ambos os casos.

Convém novamente lembrar que o STJ, ao apreciar o Pedido de Uniformização de Interpretação de Lei Federal (PUIL) 293, fixou a seguinte tese: "A sentença trabalhista homologatória de acordo somente será considerada início válido de prova material, para os fins do art. 55, § 3.º, da Lei n. 8.213/1991, quando fundada em elementos probatórios contemporâneos dos fatos alegados, aptos a evidenciar o exercício da atividade laboral, o trabalho desempenhado e o respectivo período que se pretende ter reconhecido, em ação previdenciária (*DJe* 20.12.2022).

Dessarte, como já salientado no capítulo anterior, é despiciendo ajuizar a ação na Justiça do Trabalho para "instruir" demanda contra o INSS. É dizer, deve o trabalhador buscar a averbação do período em sede administrativa, valendo-se de justificação administrativa com as provas que possua e, em caso de indeferimento, ingressar de imediato com ação contra o INSS no órgão competente – Justiça Federal, quando o benefício não tenha discussão sobre a origem acidentária; ou Estadual, caso a pretensão seja um benefício acidentário.

Isso posto, a primeira questão a ser analisada é: no caso do empregado mantido na informalidade, o que é essa prova documental e quem a produz (no sentido de quem a elabora).

No caso do empregado informal, mantido sem o devido registro, seu empregador, sem rodeios, é um infrator da norma, um *sonegador fiscal* (Código Penal, art. 337-A): mantém o empregado na informalidade para, fraudando os cofres públicos, deixar de recolher as contribuições devidas e os direitos previstos na legislação trabalhista. Evidentemente, o comportamento esperado de um sonegador fiscal é o de evitar, a qualquer preço, que haja elementos que venham a comprovar a sua conduta delituosa.

Assim, o empregador não produzirá, salvo por um ato falho, provas documentais de seu delito fiscal – principalmente os que caracterizem o indivíduo como seu empregado.

Então, em síntese do que até aqui foi dito, a lei atribui ao empregado o ônus de provar que seu empregador, sonegador fiscal, manteve-o na informalidade, e, para desincumbir-se de tal encargo, terá de apresentar documentos que seu empregador, muito provavelmente, não produziu, a não ser que queira confessar o crime de sonegação fiscal.

Portanto, é oportuno resgatar os princípios ligados ao devido processo, mais especificamente o princípio da aptidão para a prova, que advém do direito à ampla defesa. Com efeito, o Código de Processo Civil de 2015, ao dispor sobre a distribuição dinâmica do ônus da prova, indica como regra geral que o autor da ação (no caso, o segurado) tem o ônus de provar os fatos constitutivos de seu direito (art. 373, inc. I), mas o § 1.º do referido artigo prevê que:

Nos casos previstos em lei ou diante de peculiaridades da causa relacionadas à impossibilidade ou à excessiva dificuldade de cumprir o encargo nos termos do *caput* ou à maior facilidade de obtenção da prova do fato contrário, poderá o juiz atribuir o ônus da prova de modo diverso, desde que o faça por decisão fundamentada, caso em que deverá dar à parte a oportunidade de se desincumbir do ônus que lhe foi atribuído.

Parece-nos claro que o legislador processual pretendeu positivar o princípio da aptidão para a prova, evitando-se que a distribuição do ônus da prova no modelo tradicional torne-se um obstáculo intransponível a situações em que o reconhecimento do direito postulado em juízo envolve graves dificuldades ao seu titular, sendo um exemplo evidente de cabimento de tal regra a matéria em comento.

César Machado Jr., em obra sobre a temática do ônus da prova, leciona que, "por este princípio, devemos atribuir o ônus da prova ao litigante que tenha melhores condições de provar o fato controvertido".[5]

Ainda que se deva concordar com Luiz Guilherme Marinoni e Sérgio Cruz Arenhart,[6] de que a busca da verdade real no processo caracteriza-se como utópica, dadas as condições de falibilidade humana e dos obstáculos do procedimento de investigação quanto aos elementos de prova, o ideal do processo ainda é a tentativa de aproximação maior possível entre a verdade real e comprovação das alegações das partes litigantes.

Daí a afirmação que aqui se coloca: atribuir ao trabalhador informal o ônus de provar, perante a Previdência Social, sua relação de emprego não formalizada, mediante apresentação de documentos, é regra que não atinge o desiderato *supra*, muito pelo contrário.

Novamente utilizando-se das lições de Marinoni e Arenhart:[7]

> De outra parte, vale lembrar que o culto à prova documental pode gerar consequências perniciosas, sentidas cada vez mais intensamente em nosso direito. O direito brasileiro, assim como o fazem outras legislações, exige, muitas vezes, o documento como único meio de prova admissível. Todavia, como bem salienta Calamandrei, "quem propugna, mesmo *in iure condendo*, as mais severas limitações da prova testemunhal para tornar sempre mais geral o uso da prova escrita, deve questionar-se se, com o nosso sistema de custas, judiciárias e contratuais, exigir a prova escrita não signifique colocar a parte muitas vezes na absoluta impossibilidade de obter justiça.

Concluem os mesmos doutrinadores ser imperioso pensar, *de lege ferenda*, na amenização de regras que restrinjam a produção da prova, ou mesmo no efetivo acesso das pessoas carentes a tais meios de prova.

---

[5] MACHADO JR., César, *O ônus da prova no processo do trabalho*. São Paulo: LTr, 1995. p. 145.
[6] MARINONI, Luiz Guilherme; ARENHART, Sérgio Cruz. *Curso de processo civil*. São Paulo: RT, 2007. v. 2, p. 247-249.
[7] MARINONI, Luiz Guilherme; ARENHART, Sérgio Cruz. *Curso de processo civil*. São Paulo: RT, 2007. v. 2, p. 333.

Assim, buscando amalgamar as duas situações observadas – o tratamento raso dado à matéria, igualando as situações desiguais de trabalhadores informais em geral dos trabalhadores informais que se revestem dos requisitos caracterizadores da relação de emprego, por um lado, e o princípio de aptidão para a prova, de outro –, deve-se entender, como o faz Ellen Hazan,[8] que, "como é do empregador cumprir e fazer cumprir o contrato de emprego e as regras legais dele decorrentes, por certo é ele, empregador, quem possui os documentos relativos ao cumprimento destas normas e o ônus da prova lhe deve ser imputado". Desse modo, caberia ao INSS requisitar que o suposto empregador do trabalhador que pretende o cômputo do tempo em que foi mantido na informalidade manifeste-se.

Convém assinalar, como o faz Bebber:

> Atento para a realidade de que o escopo da atividade jurisdicional é a manutenção da integralidade do ordenamento jurídico, o juiz não pode contentar-se em ser um mero espectador, devendo assumir posição ativa na fase investigatória. É necessário ultrapassar o conservadorismo para romper preconceitos, a fim de visualizar o processo como algo realmente capaz de conduzir ao bem-estar social, através da ordem jurídica justa.[9]

Assim, a nosso ver, a exigência de início de prova material, constante do art. 55, § 3.º, da Lei n. 8.213/1991, constitui afronta ao direito do trabalhador empregado, porém ilegalmente mantido na informalidade, à ampla defesa de seus interesses em juízo. Ademais, cumpre ao órgão judicial, ao enfrentar o caso concreto, reduzir o rigor excessivo da lei, conjugando a regra em questão com a do art. 373, § 1.º, do CPC/2015.

Impõe-se reconhecer o direito ao trabalhador informal, revestido das condições típicas de empregado, de provar essas mesmas condições, a partir de todos os meios de prova admitidos em direito, cabendo ao Judiciário estabelecer, pelo convencimento racional e fundamentado do juízo, se efetivamente se trata de relação empregatícia – e, consequentemente, filiação automática ao RGPS –, ou se o Estado-juiz não acolhe a pretensão, negando a existência da relação de emprego e a consequente filiação como segurado na categoria de empregado.

Entretanto, aqui ousamos também trazer um novo olhar sobre essas provas materiais "contemporâneas aos fatos": trata-se do uso das "provas digitais" no âmbito dos litígios entre o indivíduo e a Previdência Social.

12.10 AS PROVAS OBTIDAS POR MEIOS DIGITAIS

Como já realçado no capítulo em que tratamos dos aspectos processuais trabalhistas, a transformação gradativa da sociedade numa "comunidade global digital" fez com que viesse à tona uma série de mudanças em nosso cotidiano, envolvendo por conseguinte as relações do indivíduo-trabalhador com aquele que o contrata.

---

[8] LAGE, Emérson José Alves; LOPES Mônica Sette (coord.). *Direito e processo do trabalho*. Belo Horizonte: Del Rey, 2003. p. 136.
[9] BEBBER, Júlio César. *Princípios de processo do trabalho*. São Paulo: LTr, 1997. p. 448.

A comprovação de fatos perante os órgãos do Estado, em via administrativa ou em sede judicial, passa também de modo gradual a ser possível, cada vez mais, por intermédio das provas obtidas em meios digitais.

Conjugada essa situação com as exigências – por vezes draconianas – relativas ao ônus probatório, vistas no tópico antecedente, ressaltamos aqui a necessidade de que se tenha em mente a possibilidade de suprir tal ônus – o "início de prova material contemporânea dos fatos" com a coleta de dados existentes em fontes abertas e fechadas de conteúdo digital.

Comecemos por relembrar a ter por base o conceito de "prova digital": "é o meio de demonstrar a ocorrência de um fato ocorrido em meio digital, ou que tem no meio digital um instrumento de demonstração de determinado fato e de seu conteúdo".[10]

O texto da Lei de Benefícios faz referência a "prova material", a qual, como já assinalado no tópico anterior, pode levar a dúvidas na medida em que os meios de prova conhecidos de longa data, além da confissão, são as de caráter testemunhal, pericial e documental.

Em todo caso, tendo-se em vista que a Lei de Benefícios é de 1991, certamente não anteveria o fenômeno da digitalização de documentos, tampouco o da possibilidade de comprovação de fatos por dados constantes da rede mundial de computadores, de modo que é de se ter como melhor interpretação da regra em comento aquela que autoriza a produção das "provas digitais" em matéria previdenciária como espécie de prova documental, ou material, hábil a convencer o órgão decisório acerca dos fatos que se pretenda provar.

Isso porque, há tempos o direito processual civil admite, como "documentos", outros instrumentos de reprodução de fatos como a fotográfica, cinematográfica, fonográfica, "ou de outra espécie", como faz referência o art. 422 do CPC vigente, e, ainda, as "fotografias digitais e as extraídas da rede mundial de computadores" (§ 1.º do mesmo artigo) e a "forma impressa de mensagem eletrônica" (§ 3.º do mesmo artigo).

No entanto, há inúmeras fontes de provas digitais, na medida em que a velocidade da tecnologia traz sempre novas formas de coleta e armazenamento de dados em meio digital. Tempos atrás, não se cogitaria da substituição das mensagens por correspondência escrita e enviada a um endereço geográfico (CEP) pelo seu correspondente digital (o *e-mail*); mais adiante, o surgimento das redes sociais e dos aplicativos de mensagens e de geolocalização; e o futuro certamente trará outros fenômenos ligados à informatização. Desse modo, não devemos nos circunscrever, como fez o legislador processualista, a algumas situações, tendo-se o rol de "equiparação a documentos" hoje identificado na legislação processual como meramente exemplificativo.

No mesmo sentido, indica a Resolução n. 418/2021 do Conselho Nacional de Justiça, no § 1.º de seu art. 1.º:

> Por documento e peça digital, entende-se arquivo com informação registrada, codificada em dígitos binários, acessível e interpretável por meio de sistema computacional, em suporte e dispositivo de armazenamento variado, abrangendo gêneros textual, audiovisual, sonoro, iconográfico, programa de computador e outros.

---

[10] THAMAY, Rennan; TAMER, Maurício. *Provas no direito digital*: conceito da prova digital, procedimentos e provas digitais em espécie. São Paulo: Thomson Reuters Brasil, 2020. p. 33.

Desse modo, seriam elementos de prova "material", por exemplo, quaisquer arquivos (textuais, imagens, vídeos ou áudios) que identifiquem a prestação de trabalho, trocas de mensagens em aplicativos ou por *e-mails* entre o trabalhador e seu contratante, a geolocalização de um indivíduo em seu local de trabalho no dia em que sofreu acidente com nexo causal, ou para a demonstração de que se fazia presente diversas vezes no mesmo local num determinado lapso temporal, *logs* em aplicativos de transporte de passageiros e bens, e quaisquer outras informações colhidas da *internet* a respeito do que se pretenda provar.

Resta discutir a alteração no dispositivo, levada a efeito pela Lei 13.846/2019, que exige seja a prova, ademais, "contemporânea dos fatos a comprovar".

Frisamos, nesse particular, que a tão combatida "contemporaneidade" da prova "material" é plenamente suprida pelas "provas digitais".

A exigência de contemporaneidade da prova "material" com relação ao fato envolve, sem dúvida, o receio da produção de provas que possam forjar uma situação fática que não se deu conforme esteja documentado. Exemplo clássico é o da declaração de um ex-empregador de segurado a respeito de um suposto vínculo empregatício não registrado quando já ultrapassado o prazo decadencial para que sejam exigidas as contribuições e demais obrigações devidas pelo declarante, gerando tão somente a possibilidade de reconhecimento do período declarado para fins de obtenção ou manutenção da qualidade de segurado do RGPS e, por consequência, direito a benefícios desse Regime.

Por sua vez, a prova obtida por meio digital é gerada, de regra, justamente quando o fato se dá: uma fotografia produzida em um aparelho de telefonia celular, uma mensagem de *e-mail* ou em aplicativo, a geolocalização de uma pessoa ocorrem em determinado dia, hora e lugar, e essas informações, podem (e devem) ser confirmadas, a fim de atestar a autenticidade da informação.

Além disso, é necessário que a prova digital seja considerada íntegra, ou seja, que não haja edições, fracionamentos, acréscimos, de modo que se tenha como certa a inalterabilidade de seu conteúdo.[11]

Ambos os requisitos de validade da prova digital – autenticidade e integridade – são passíveis de aferição pelo órgão decisório, bastando para tanto se valer de perícia computacional, como já salientado no capítulo anterior desta obra.

Como há plenas possibilidades de se obterem o lugar, a data e a hora em que foi produzido o conteúdo, ou o caminho percorrido para tanto, e de aferir a originalidade do conteúdo, trata-se a prova digital de meio probante que possui grande credibilidade, graças à condição de certificação de sua autenticidade e da integridade do conteúdo, a exemplo do que já ocorre nas ações trabalhistas.[12]

---

[11] DIDIER JR., Fredie; BRAGA, Paula Sarno; OLIVEIRA, Rafael Alexandria de. *Curso de direito processual civil*. 11. ed. Salvador: JusPodivm, 2016. p. 222.

[12] "A autenticidade diz respeito à origem do registro (aspecto objetivo) e à identificação da sua autoria (aspecto subjetivo), enquanto a integridade se refere ao conteúdo das informações colhidas, armazenadas e extraídas de determinado equipamento ou sistema informático" (YAMADA, Vítor Leandro. Requisitos legais da prova digital: autenticidade, integridade e cadeia de custódia. *In*: MISKULIN, Ana Paula Silva Campos; BERTACHINI, Danielle; AZEVEDO NETO, Platon Teixeira de (coord.). *Provas digitais no processo do trabalho*: realidade e futuro. Campinas: Lacier, 2022. p.154).

Capítulo 13
EFEITOS DAS DECISÕES JUDICIAIS NAS ESFERAS TRABALHISTA E PREVIDENCIÁRIA

13.1 EFICÁCIA DA COISA JULGADA

A Constituição Federal de 1988 tem entre suas cláusulas pétreas a preservação da coisa julgada (art. 5.º, inc. XXXVI), estabelecendo que: "a lei não prejudicará o direito adquirido, o ato jurídico perfeito e a coisa julgada".

Segundo Schuster, Savaris e Vaz, a coisa julgada é: "Sustentada no pressuposto liberal da confiança, sua função é impedir a discussão de matéria já decidida, projetando para fora do processo um efeito declaratório imutável sobre as consequências jurídicas pretendidas pela parte em um determinado momento no tempo e no espaço, a fim de evitar a eternização das controvérsias e, assim, dar estabilidade às decisões jurisdicionais e segurança jurídica".[1]

A coisa julgada pode ser definida como autoridade/qualidade de determinadas decisões judiciais, como decisões parciais de mérito, sentenças e acórdãos, não mais passíveis de discussão pela via recursal, tornando-as definitivas no âmbito do processo em que prolatadas (coisa julgada formal) e evitando que a questão decidida possa ser novamente discutida em outros processos (coisa julgada material). A primeira sempre presente nos pronunciamentos judiciais mencionados e a segunda naqueles em que há efetivamente resolução do mérito da controvérsia. Nesse sentido, dispõe o art. 502 do CPC que coisa julgada é "a autoridade que torna imutável e indiscutível a decisão de mérito não mais sujeita a recurso".

Assim, é possível verificar que a coisa julgada possui um efeito positivo (fazer com que a decisão anterior seja adotada como premissa da decisão a ser proferida em novo processo) e outro negativo (obstar a análise de nova lide, considerando tratar-se de demanda idêntica, de modo de que o novo processo deve ser extinto sem resolução do mérito).

Destaque-se, também, que a coisa julgada possui limites objetivo e subjetivo. O primeiro é relacionado aos trechos do pronunciamento judicial que estão efetivamente acobertados pela coisa julgada (arts. 503 e 504 do CPC); o segundo está associado aos atores do processo atingidos pelo pronunciamento (art. 506 do CPC).

---

[1] SCHUSTER, Diego Henrique; SAVARIS, José Antonio; VAZ, Paulo Afonso Brum. *A garantia da coisa jugada no processo previdenciário*: para além dos paradigmas que limitam a proteção social. Curitiba: Alteridade Editora, 2019. p. 16.

De outra banda, a própria legislação prevê mecanismos processuais excepcionais que servem ao afastamento da coisa julgada, como a ação rescisória e a ação declaratória de nulidade (*querela nullitatis insanabilis*), não guardando semelhança com a hipótese desses autos.

Acerca das decisões tomadas pelo STF, seja em controle concentrado, seja em controle difuso, a interpretação que se extrai da leitura do art. 525, § 12, do CPC é a de que devem ser aplicadas a todos os processos judiciais em trâmite, até mesmo para evitar a formação da chamada coisa julgada inconstitucional (ED-RR 1001276-63.2015.5.02.0383, 4.ª Turma, Rel. Min. Guilherme Augusto Caputo Bastos, *DEJT* 13.01.2023).

Ademais, para que uma ação seja considerada repetição de outra, revela-se necessária a ocorrência de tríplice identidade (mesmas partes, pedidos e causas de pedir), conforme se depreende do disposto no art. 337, §§ 1.º e 2.º, do CPC.

Com relação ao cabimento de ação rescisória, o STF, o STJ e o TST fixaram importantes orientações a serem observadas em respeito à coisa julgada, quais sejam:

> **STF/Súmula n. 343:** Não cabe ação rescisória por ofensa a literal disposição de lei, quando a decisão rescindenda se tiver baseado em texto legal de interpretação controvertida nos tribunais.
>
> **STF/RG Tema n. 136:** "Não cabe ação rescisória quando o julgado estiver em harmonia com o entendimento firmado pelo Plenário do Supremo à época da formalização do acórdão rescindendo, ainda que ocorra posterior superação do precedente (RE 590.809).
>
> **STF/RG Tema n. 499:** A eficácia subjetiva da coisa julgada formada a partir de ação coletiva, de rito ordinário, ajuizada por associação civil na defesa de interesses dos associados, somente alcança os filiados, residentes no âmbito da jurisdição do órgão julgador, que o fossem em momento anterior ou até a data da propositura da demanda, constantes da relação jurídica juntada à inicial do processo de conhecimento (RE 612.043).
>
> **STF/RG Tema n. 733:** A decisão do Supremo Tribunal Federal declarando a constitucionalidade ou a inconstitucionalidade de preceito normativo não produz a automática reforma ou rescisão das decisões anteriores que tenham adotado entendimento diferente. Para que tal ocorra, será indispensável a interposição de recurso próprio ou, se for o caso, a propositura de ação rescisória própria, nos termos do art. 485 do CPC, observado o respectivo prazo decadencial (CPC, art. 495) (RE 730.462).
>
> **STJ/Repetitivo Tema n. 239:** A Súmula 343, do Supremo Tribunal Federal, cristalizou o entendimento de que não cabe ação rescisória por ofensa a literal disposição de lei, quando a decisão rescindenda se tiver baseado em texto legal de interpretação controvertida nos tribunais. A ação rescisória resta cabível, se, à época do julgamento cessara a divergência, hipótese em que o julgado divergente, ao revés de afrontar a jurisprudência, viola a lei que confere fundamento jurídico ao pedido (REsp 1.001.779/DF).
>
> **STJ:** Extinto o processo em virtude de ser o autor carecedor do direito de ação, há coisa julgada formal, não impeditiva da propositura de nova demanda, com

mesmo pedido e mesma causa de pedir, notadamente se os julgamentos anteriores se baseiam em entendimento diametralmente oposto àquele pacificado pelo STF (REsp 278.378/MG, 6.ª Turma, Rel. Min. Fernando Gonçalves, *DJ* 14.10.2002).

TST: [...] por ocasião do julgamento dos Embargos em Recurso de Revista 18800-55.2008.5.22.0003, da relatoria do Ministro Augusto César Leite de Carvalho, em decorrência de interpretação do art. 104 da Lei n. 8.078/1990 (Código de Defesa do Consumidor), segundo o qual a ação coletiva não induz litispendência para a ação individual, à falta da necessária identidade subjetiva, a SBDI-1 alterou seu posicionamento acerca da matéria, passando a adotar o entendimento de que, na ação coletiva, o sindicato exerce a legitimidade extraordinária para atuar como substituto processual na defesa em juízo dos direitos e interesses coletivos ou individuais da categoria que representa, defendendo direito de outrem, em nome próprio, enquanto na ação individual a parte busca o seu próprio direito individualmente. Assim, ausente a necessária identidade subjetiva, não se pode ter como configurada a tríplice identidade que caracteriza a litispendência (RR 12189-21.2016.5.15.0094, 3.ª Turma, Rel. Min. Alexandre de Souza Agra Belmonte, *DEJT* 05.11.2021).

TST: A jurisprudência desta Corte é de que não há coisa julgada entre a ação individual do trabalhador e a proposta por sindicato na qualidade de substituto processual, ainda que haja identidade de objeto e de causa de pedir, ante a ausência de identidade subjetiva (Ag-AIRR 11488-52.2017.5.15.0053, 8.ª Turma, Rel. Min. Delaíde Alves Miranda Arantes, *DEJT* 19.12.2022).

Vistos aspectos gerais sobre o tema, faz-se importante adentrar em aspectos específicos da coisa julgada no âmbito trabalhista e previdenciário.

13.1.1 Coisa julgada trabalhista

No âmbito do processo do trabalho, as demandas possuem como sujeitos ativo e passivo, em regra, o trabalhador e o tomador de seus serviços, seja o empregador, seja o órgão gestor de mão de obra portuária, seja a empresa contratante de serviços terceirizados.

Como já salientado, a ocorrência de coisa julgada pressupõe a identidade de ações, a saber mesmas partes, pedido e causa de pedir, nos termos do art. 337, § 1.º e 2.º, do CPC. No entanto, pode o reclamante buscar, por meio de causa de pedir diversa, o mesmo pedido (diferenças salariais), o que não implica coisa julgada. Isso porque o CPC é categórico ao mencionar a necessidade de identidade nos três elementos que compõem a ação para a caracterização da coisa julgada (ou litispendência quando ainda não houve o trânsito em julgado). No mesmo sentido, TRT-2, RO 1001137-61.2020.5.02.0052, 8.ª Turma, Rel. Des. Adalberto Martins, *DJe* 14.10.2021.

No polo ativo, como visto, por vezes também se encontra a entidade sindical, como substituta processual em matéria de direitos individuais homogêneos, coletivos ou difusos. Ainda que tenha sido ajuizada ação coletiva com a mesma causa de pedir, ao trabalhador é assegurado o direito de propor ação individual, na forma do art. 103 do CDC. E, nos termos do seu art. 104, "as ações coletivas previstas nos incisos I e II do parágrafo único do art. 81 não induzem litispendência para as ações individuais, mas os efeitos da coisa julgada *erga omnes* não beneficiarão os autores das ações individuais se não for requerida sua suspensão", pelo que se entende que o resultado da ação coletiva, não fazendo coisa julgada, na forma do art. 104 do CDC, também não interfere no julgamento do processo individual eventualmente movido por substituídos, salvo para beneficiar o trabalhador (TRT-2, RO 1002358-90.2016.5.02.0708, 3.ª Turma, Rel. Des. Kyong Mi Lee, *DJe* 28.07.2020).

Há ainda que se recordar a existência de diversas ações civis públicas intentadas pelo Ministério Público do Trabalho. Sobre estas, importante lembrar que o TST firmou o entendimento de que os limites subjetivos dos efeitos da decisão, apesar da previsão do art. 16 da Lei n. 7.347/1985, ultrapassam a competência territorial do órgão prolator, alcançando eficácia *erga omnes* em todo o território nacional (E-ED-RR 68900-45.2008.5.13.0009, Subseção I Especializada em Dissídios Individuais, Rel. Min. Maria Cristina Irigoyen Peduzzi, *DEJT* 1.º.02.2023).

Questão que por vezes surge nas lides trabalhistas é a propositura de uma segunda ação pelo mesmo autor contra o mesmo réu, tendo, no entanto, havido acordo homologado pelo juízo na ação antecedente. Nesses casos, tendo sido expressamente consignada a ampla e geral quitação pelo extinto contrato de trabalho, a propositura de nova reclamação trabalhista esbarra na coisa julgada, como indica a OJ SDI-II n. 132 do TST. Logo, o acordo judicial devidamente homologado, pelo qual o empregado dá quitação pelo extinto contrato de trabalho, faz operar a coisa julgada material sobre todos os direitos decorrentes da relação de emprego, e não apenas sobre os pedidos formulados na reclamação em que foi celebrada a avença (TRT-3, APPS 0010677-91.2021.5.03.0019, 10.ª Turma, Rel. Des. Marcus Moura Ferreira, *DJe* 14.03.2022).

Sobre a incidência de coisa julgada em acordos extrajudiciais submetidos à homologação, a conclusão é semelhante: "segundo o procedimento previsto no art. 855-B da CLT, no qual foi expressamente conferida a quitação geral do contrato de trabalho, forçoso é o reconhecimento da coisa julgada, nos termos tratados no inciso V da Súmula 100 do TST e art. 831 da CLT, eis que transitado em julgado (TRT-11, RO 0000475-78.2021.5.11.0004, 3.ª Turma, Rel. Des. Maria de Fátima Neves Lopes, *DJe* 24.03.2022).

Ainda a respeito de acordos extrajudiciais, tem-se que "a reclamação trabalhista não é o instrumento processual adequado para a anulação de acordo extrajudicial homologado em juízo, cabendo à parte interessada o ajuizamento de ação anulatória (art. 966, § 4.º, do CPC/2015). Prevalecem os efeitos da coisa julgada, nos termos da decisão homologatória. Devido à extinção, sem resolução do mérito, dos pedidos abarcados pela transação, nos termos do art. 485, inciso V, do CPC/2015" (TRT-2, RO 1000787-72.2020.5.02.0602 SP, 17.ª Turma, Rel. Des. Eliane Aparecida da Silva Pedroso, *DJe* 05.05.2022).

Outro aspecto importante a ser relembrado é que na Justiça do Trabalho grande parte das vezes são prolatadas sentenças líquidas. Em tais casos, os cálculos são parte integrante da decisão de primeiro grau e daí decorre que "o momento oportuno para rediscussão sobre a correção do valor se dá quando da interposição do recurso para reapreciação da sentença: 'Ultrapassada tal oportunidade, operou-se a preclusão, e, transitado em julgado o processo de conhecimento, operou-se, também, a coisa julgada, não podendo os cálculos, que integram a sentença do processo de conhecimento serem revistos no processo executório'" (TRT-13, AP 0000263-74.2019.5.13.0003, 1.ª Turma, Rel. Juíza Convocada Margarida Alves de Araújo Silva, DJe 14.07.2021).

Como já foi tratado no Capítulo 3 desta obra, as decisões da Justiça do Trabalho, quando contenham condenação em verbas que sofrem incidência de contribuições à Seguridade Social, devem contemplá-las, o que resulta em constarem tais contribuições e seus acréscimos da decisão em fase de cognição e em liquidação do julgado, para futura execução do título, bem como a responsabilização pelo seu adimplemento em juízo. Daí advém que:

> [...] havendo determinação expressa na decisão exequenda para apuração da contribuição previdenciária sobre as parcelas salariais objeto da condenação, competia à LIQ CORP S.A. (atual de denominação da CONTAX) – na qualidade de responsável solidária, ter buscado a reforma da decisão cognitiva quanto à pretensa aplicação da decadência do crédito previdenciário. A questão, contudo, não foi aventada no recurso ordinário por ela interposto. Assim, com o trânsito em julgado da decisão de conhecimento (id. 8dbc603), os cálculos homologados se tornaram intocáveis em relação à matéria aventada pela agravante (aplicação da regra disposta na art. 879, § 1.º, da CLT), encontrando-se protegidos pelo manto da coisa julgada, não podendo ser modificados em sede de embargos à execução (TRT-6, AP 0000504-95.2014.5.06.0010, 4.ª Turma, Red. Des. Jose Luciano Alexo da Silva, DJe 02.04.2020).

13.1.2 Efeitos das decisões judiciais perante terceiros

Dispõe o art. 506 do CPC que a sentença faz coisa julgada às partes entre as quais é dada, não prejudicando terceiros.

No entanto, é importante frisar que, tratando-se de direitos sociais, diversas decisões proferidas no âmbito de um dos ramos do Poder Judiciário causam implicações indeléveis em relações das partes para com terceiros.

É o caso clássico da concessão de um benefício por incapacidade, ou de aposentadoria, a um trabalhador com contrato em curso. Embora seu empregador não tenha participado do litígio entre o trabalhador e o órgão previdenciário, sofrerá os impactos da decisão judicial que defere a pretensão, pois é irrefutável que, com a concessão por via judicial – assim como na concessão por via administrativa – o empregado estará autorizado a não comparecer ao trabalho, justificadamente, enquanto estiver usufruindo de um benefício por incapacidade temporária, ou indeterminadamente, em caso de deferimento de uma aposentadoria por incapacidade permanente.

No que toca à responsabilização de terceiros pelas obrigações reconhecidas no título judicial, entendemos que é possível discutir a matéria em embargos de terceiro, nos termos do art. 674, *caput*, do CPC que estipula que quem não sendo parte no processo sofrer constrição ou ameaça de constrição sobre bens que possua ou sobre os quais tenha direito incompatível com o ato constritivo poderá requerer seu desfazimento ou sua inibição por meio de embargos de terceiro. Com base nesse entendimento, o TRT de São Paulo deu provimento a agravo de petição para afastar o reconhecimento da coisa julgada e determinar o retorno dos autos à Vara de origem para apreciação dos pedidos da petição inicial (TRT-2, AP 1000432-35.2020.5.02.0029, 3.ª Turma, Rel. Des. Mercia Tomazinho, *DJe* 13.07.2021).

Por fim, relembramos que a determinação impositiva de obrigar o INSS, que não integrou a lide originária como parte ou litisconsorte necessário, caracteriza, na ótica do TST, "patente vulneração aos arts. 503 e 506 do CPC de 2015 e, consequentemente, à cláusula do devido processo legal albergada pelo art. 5.º, LIV, da Constituição da República" (ROT 16009-70.2020.5.16.0000, Subseção II Especializada em Dissídios Individuais, Rel. Min. Luiz Jose Dezena da Silva, *DEJT* 02.09.2022).

13.1.3 Coisa julgada previdenciária

Tema extremamente polêmico é o que diz respeito à ocorrência da coisa julgada em matéria de benefícios previdenciários em face de decisões judiciais que tenham negado o direito à prestação postulada ou à revisão da renda mensal.

A análise da existência de coisa julgada material exige a observância da natureza social e alimentar dos benefícios previdenciários e a renovação do direito à prestação a cada mês (trato sucessivo), bem como o disposto no art. 505, I, do CPC/2015 (art. 471, I, do CPC/1973), *in verbis:*

> Art. 505. Nenhum juiz decidirá novamente as questões já decididas relativas à mesma lide, salvo:
>
> I – se, tratando-se de relação jurídica de trato continuado, sobreveio modificação no estado de fato ou de direito, caso em que poderá a parte pedir a revisão do que foi estatuído na sentença;

Com relação aos benefícios por incapacidade, é comum ocorrer o agravamento da doença após a perícia judicial ou mesmo o surgimento de outra moléstia incapacitante, impedindo o segurado de exercer suas atividades. Em tais casos, será necessário novo requerimento administrativo e nova análise do pedido, não se podendo falar em coisa julgada. Nesse sentido, a orientação jurisprudencial:

> - STJ: É possível a propositura de nova ação pleiteando o mesmo benefício, desde que fundada em causa de pedir diversa, decorrente de eventual agravamento do estado de saúde da parte, com o surgimento de novas enfermidades (AgRg no AREsp 843.233/SP, 2.ª Turma, Rel. Min. Mauro Campbell Marques, *DJe* 17.03.2016).

> - TRF/4: No que tange à coisa julgada, a jurisprudência tem reconhecido, nos casos de nova doença ou de agravamento da doença velha, que há uma nova causa de pedir, ou seja, uma nova ação, não se devendo, portanto, sob pena de incorrer em erro grosseiro, reputar a segunda demanda idêntica à primeira (AC 5000557-54.2022.4.04.9999, 9.ª Turma, Rel. JF João Batista Lazzari, j. 21.10.2022).

A contrario sensu, a jurisprudência admite que o auxílio por incapacidade temporária concedido judicialmente pode ser cancelado administrativamente em caso de recuperação da capacidade laborativa:

TNU/Representativo de Controvérsia Tema n. 106: A concessão judicial de benefício por incapacidade não impede a revisão administrativa pelo INSS, na forma prevista em norma regulamentadora, mesmo durante o curso da demanda judicial (PEDILEF 5000525-23.2012.4.04.7114, *DOU* 07.06.2013).

Outrossim, o STJ em determinadas situações tem afastado o princípio do paralelismo das formas, entendendo que o INSS pode suspender ou cancelar benefício por incapacidade conferido judicialmente, desde que conceda administrativamente o contraditório e a ampla defesa ao beneficiário (REsp 1.429.976/CE, 2.ª Turma, Rel. Min. Humberto Martins, *DJe* 24.02.2014).

Quanto à aposentadoria por invalidez/incapacidade permanente, a orientação de vários julgados do STJ é pela observância do chamado "paralelismo de formas": "Deferida a aposentadoria por invalidez judicialmente, pode a autarquia previdenciária rever a concessão do benefício, uma vez tratar-se de relação jurídica continuativa, desde que por meio de ação judicial, nos termos do art. 471, inciso I, do Código de Processo Civil, e em respeito ao princípio do paralelismo das formas" (REsp 1.201.503/RS, 6.ª Turma, *DJe* 26.11.2012; AREsp 1.857.796, *DJe* 23.06.2021).

Cumpre destacar que, em face da Lei n. 14.331/2022, a qual introduziu o art. 129-A na LBPS, na propositura de ações relativas aos benefícios por incapacidade deve ser apresentada declaração quanto à existência de ação judicial anterior com o mesmo objeto, esclarecendo os motivos pelos quais se entende não haver litispendência ou coisa julgada, quando for o caso.

Com relação ao reconhecimento do tempo de contribuição, é comum o segurado não instruir o seu pedido com os documentos necessários à comprovação do seu direito. Nessa hipótese, o STJ firmou duas orientações.

A primeira, no sentido de que "é possível ao tribunal, na ação rescisória, analisar documento novo para efeito de configuração de início de prova material destinado à comprovação do exercício de atividade rural, ainda que esse documento seja preexistente à propositura da ação em que proferida a decisão rescindenda referente à concessão de aposentadoria rural por idade" (AR 3.921/SP, 3.ª Seção, Rel. Min. Sebastião Reis Júnior, *DJe* 07.05.2013).

Entendeu o STJ que é irrelevante o fato de o documento apresentado ser preexistente à propositura da ação originária, pois devem ser consideradas as condições desiguais pelas quais passam os trabalhadores rurais, adotando-se a solução *pro misero*. Dessa forma, o documento juntado aos autos é hábil à rescisão do julgado com base no art. 485, inc. VII, do CPC (art. 966, inc. VII, do CPC/2015), segundo o qual a sentença de mérito transitada em julgado pode ser rescindida quando, "depois da sentença, o autor obtiver documento novo, cuja existência ignorava, ou de que não pôde fazer uso, capaz, por si só, de lhe assegurar pronunciamento favorável".

A segunda e mais atual orientação do STJ, fixada em Repetitivo, é de que o juiz deve extinguir o processo sem exame de mérito, possibilitando ao segurado a propositura de nova ação com os documentos necessários para comprovar seu direito:

> Tema n. 629 – A ausência de conteúdo probatório eficaz a instruir a inicial, conforme determina o art. 283 do CPC, implica a carência de pressuposto de constituição e desenvolvimento válido do processo, impondo sua extinção sem

o julgamento do mérito (art. 267, IV, do CPC) e a consequente possibilidade de o autor intentar novamente a ação (art. 268 do CPC), caso reúna os elementos necessários à tal iniciativa (REsp 1.352.721/SP, Corte Especial, Rel. Min. Napoleão Nunes Maia Filho, *DJe* 28.04.2016).

Para o relator desse representativo, "[...] deve-se procurar encontrar na hermenêutica previdenciária a solução que mais se aproxime do caráter social da Carta Magna, a fim de que as normas processuais não venham a obstar a concretude do direito fundamental à prestação previdenciária a que faz jus o segurado".

Sobre o alcance desse valioso precedente do STJ, Schuster, Savaris e Vaz argumentam que "a coisa julgada *secundum eventum probationis* pode ser admitida quando: (a) a improcedência do pedido se der com fundamento na ausência, insuficiência ou fragilidade da prova; e (b) existir nova prova como elemento capaz de gerar uma expectativa de alteração do resultado jurisdicional".[2]

Nesse sentido, acolhendo a tese da extinção do processo sem exame de mérito por ausência de documentos essenciais, a demonstração da nocividade:

> [...] A ausência de documentos legalmente exigidos para a demonstração de tempo de serviço especial, indispensáveis à prova do direito sobre o qual se funda a ação, tais como os formulários preenchidos pela empresa empregadora e/ou laudos periciais, na forma preconizada no art. 58, § 1.º, da Lei n. 8.213/1991, enseja a extinção do processo sem julgamento de mérito, a teor do art. 485, inciso IV, do CPC, de modo a evitar-se que o segurado fique irremediavelmente privado da adequada proteção previdenciária, por força da coisa julgada formada a partir da improcedência da demanda. Aplicação analógica do entendimento firmado pelo STJ no julgamento do REsp 1.352.721/SP, Corte Especial, Rel. Min. Napoleão Nunes Maia Filho, j. 16.12.2015 (Tema n. 629) (TRF-4, AC 5002285-44.2020.4.04.7205, 9.ª Turma, Rel. João Batista Lazzari, j. 21.10.2022).

No caso de pedido de reconhecimento de tempo especial fundado em agente nocivo diverso: TRF-4, AC 5003095-30.2017.4.04.7203, TRS-SC, Rel. Paulo A. Brum Vaz, j. 20.03.2019.

No que tange à revisão de benefícios, colecionamos os precedentes que seguem, do TRF da 4.ª Região:

> Previdenciário. Processual civil. Revisão de benefício previdenciário. Conversão de aposentadoria por tempo de contribuição em aposentadoria especial. Coisa julgada. Inocorrência. Decadência. Não verificada. Direito ao melhor benefício (AC 5000387-87.2016.4.04.7220/SC, 9.ª Turma, Rel. João Batista Lazzari, j. 21.10.2022).

> Direito previdenciário e processual civil. Revisional de benefício. Coisa julgada. Retroação do PBC. Benefício mais vantajoso. Aplicabilidade do art. 1.º-F da Lei n. 9.494/1997.

---

[2] SCHUSTER, Diego Henrique; SAVARIS, José Antonio; VAZ, Paulo Afonso Brum. *A garantia da coisa julgada no processo previdenciário*: para além dos paradigmas que limitam a proteção social. Curitiba: Alteridade Editora, 2019. p. 200.

1. Não se verifica o óbice da coisa julgada pelo fato de ter havido a concessão do benefício em ação anterior se na nova ação o que se pretende é a retroação do período básico de cálculo para outro que lhe seja mais vantajoso, o que não foi discutido naqueles autos.
2. Afastando-se a decadência do direito, a parte autora faz jus à revisão da RMI da aposentadoria mediante a retroação do PBC para data anterior àquela em que o benefício foi concedido administrativamente e quando se revelar mais vantajoso ao segurado, com pagamento dos atrasados desde a DER, observada a prescrição quinquenal (AC 5014737-06.2017.4.04.7201/SC, 9.ª Turma, Rel. João Batista Lazzari, j. 21.10.2022).

Passado o prazo da ação rescisória ou na hipótese do seu não cabimento (caso dos Juizados Especiais Federais), a alternativa será apresentar novo requerimento administrativo com novas provas, pois a decisão anterior não pode impedir a reapreciação da pretensão como nova roupagem, afastando-se, assim, a coisa julgada. Nesse sentido:

Tratando-se de relação jurídica de trato sucessivo, a coisa julgada contém a cláusula rebus sic stantibus, ou seja, nos termos do art. 471, I, do CPC, em sendo modificadas as situações fáticas e jurídicas sobre as quais se formou a anterior coisa julgada material, tem-se uma nova ação, isto é, uma nova causa de pedir próxima ou uma nova causa de pedir remota, o que permite uma análise do Poder Judiciário (TRF da 4.ª Região, AC 2003.70.01.008417-7/PR, Turma Suplementar, Des. Federal Luís Alberto D. Azevedo Aurvalle, DE 28.07.2008).

Não afronta a coisa julgada a discussão sobre o reconhecimento de labor especial de período analisado em demanda precedente, para fins de obtenção do mesmo tipo de aposentadoria, tendo em vista a possibilidade de reexame das alegações não declinadas naquele feito, mediante apresentação de novos elementos probantes com relação à prestação laboral no período controvertido (TRF da 4.ª Região, AC 501020686.2013.4.04.7112/RS, 5.ª Turma, Relatora Juíza Federal Taís Schilling Ferraz, j. 11.10.2016).

Algumas vezes, a legislação é inovada com normas mais benéficas (*v.g.*, Lei n. 10.666/2003; Lei n. 11.718/2008). É de aceitação geral que no sistema de direito positivo brasileiro a lei nova não atinge o ato jurídico perfeito, o direito adquirido e a coisa julgada (Constituição Federal, art. 5.º, inc. XXXVI, e Lei de Introdução às Normas de Direito Brasileiro, art. 6.º). Entretanto, essa regra deve ser relativizada em face do disposto no citado art. 505, inc. I, do CPC/2015 e diante das características da prestação previdenciária. Entendemos, assim, que nos casos de indeferimento da aposentadoria por idade, por perda da qualidade de segurado, ou do reconhecimento do tempo de atividade rural, novo requerimento administrativo pode ser apresentado ao INSS sob os ditames da nova ordem jurídica (Lei n. 10.666/2003 e Lei n. 11.718/2008), cujos efeitos financeiros serão devidos a partir dessa nova postulação. Nessa hipótese, um novo requerimento administrativo será possível para os casos dos segurados que continuaram a contribuir ou que tenham uma nova causa de pedir decorrente de uma situação que não tenha sido apreciada ou em virtude de alteração das normas que regem a matéria.

Importante destacar, também, que o ato administrativo válido é dotado de presunção de legitimidade e veracidade, devendo ser respeitado o devido processo legal no caso de sua desconstituição. Não é cabível a mera reapreciação da prova sem demonstração de qualquer ilegalidade do ato anterior, pois a alteração de seu conteúdo simplesmente ofende a coisa julgada administrativa, que confere estabilidade aos atos praticados, pautados, ainda que em tese, por lei.

A maior dificuldade de superar os efeitos da coisa julgada está nos casos em que ocorre mudança do entendimento jurisprudencial (*v.g.*, a possibilidade de conversão do tempo especial para comum após 28.05.1998 e o fator de conversão a ser utilizado para o homem – 1,4 em vez de 1,2). Contudo, já é possível visualizar precedentes favoráveis nos casos em que não houve análise da questão fática:

> Segundo entendimento desta Turma, não há coisa julgada se em outro processo deixou-se de analisar a especialidade somente pela impossibilidade, à época, da conversão para tempo comum em razão da Medida Provisória n. 1.633-10/1998, pois não houve real exame do mérito (TRF da 4.ª Região, Proc. 5000673-40.2012.404.7112/RS, 6.ª Turma, Rel. Des. Fed. Salise Monteiro Sanchotene, *DE* 26.01.2017).

Sobre o tema apresentamos as "Considerações para efetividade do processo previdenciário – a segurança e a coisa julgada previdenciária" externadas pelo Juiz Federal José Antônio Savaris, em sua obra *direito processual previdenciário*, com as quais temos plena concordância e pedimos vênia para transcrever na íntegra:

> Enquanto o processo civil se mostra exuberante no que conquista de mais elevada segurança com o instituto da coisa julgada, o direito previdenciário é guiado por um princípio fundamental de que o indivíduo não pode ser separado de seu direito de sobreviver pela solidariedade social por uma questão formal. Não é adequado que se sepulte, de uma vez por todas, o direito de receber proteção social em função da certeza assegurada pela coisa julgada, quando a pessoa na realidade, faz jus à prestação previdenciária que lhe foi negada judicialmente.
>
> Tal como no direito penal se admite a revisão criminal para beneficiar o réu quando, por exemplo, são descobertas novas provas que o favoreçam, o processo previdenciário pauta-se pelo comprometimento, a todo tempo, com o valor que se encontra em seu fundamento: a proteção social do indivíduo vulnerável, essa essencial dimensão de liberdade real e dignidade humana. Em relação a este valor, é de se reconhecer, a segurança contraposta deve ser superada como um interesse menor.
>
> A coisa julgada não deve significar uma técnica formidável de se ocultar a fome e a insegurança social para debaixo do tapete da forma processual, em nome da segurança jurídica. Tudo o que acontece, afinal, seria "apenas processual, mesmo que seus efeitos sejam desastrosos para a vida real" (SILVA, Ovídio Araújo Baptista da. Direito material e processo. *Revista Jurídica*, Porto Alegre, n. 321, p. 7-27, p. 14, jul. 2004).
>
> A fundamentação para a aceitação do que acima foi proposto não se dá apenas pelas três primeiras características da "singularidade previdenciária". Também

o caráter público do instituto de previdência que assume o polo passivo da demanda é relevante, pois não haverá o sentimento de eterna ameaça de renovação de um litígio ou de revisão de uma sentença. Não há insegurança em se discutir novamente uma questão previdenciária à luz de novas provas, como inexiste insegurança na possibilidade de se rever uma sentença criminal em benefício do réu. O que justifica esta possibilidade é justamente o valor que se encontra em jogo, a fundamentalidade do bem para o indivíduo e sua relevância para a sociedade.

Mais ainda, não se pode esquecer que o indivíduo agravado com a sentença de não proteção se presume hipossuficiente (em termos econômicos e informacionais) e sofrendo ameaça de subsistência pela ausência de recursos sociais. Seria minimamente adequada a sentença que impõe ao indivíduo a privação perpétua de cobertura previdenciária a que, na realidade, faz jus? Em nome do que, exatamente?

De outro lado, a entidade pública chamada a conceder a prestação previdenciária tão somente operará na melhor aplicação do princípio da legalidade, entregando ao indivíduo o que, ao fim e ao cabo, lhe era mesmo devido por lei.

Enquanto o processo civil clássico aponta para o fechamento preponderantemente indiscutível da coisa julgada, o processo previdenciário busca apoiar-se no princípio constitucional do devido processo legal com as cores específicas da não preclusão do direito previdenciário.[3]

Em conclusão, defendemos que em primeiro lugar está a regra constitucional da proteção previdenciária, permitindo, em determinadas hipóteses, a desconsideração da eficácia plena da coisa julgada, pois o direito previdenciário não admite preclusão do direito ao benefício por falta de provas, possibilitando que sejam renovadas visando sua concessão. Essa também é a orientação fixada pelo STJ, que esperamos seja observada em todas as instâncias do Judiciário:

> Tradicionalmente, o Direito Previdenciário se vale da processualística civil para regular os seus procedimentos, entretanto, não se devem perder de vista as peculiaridades das demandas previdenciárias, que justificam a flexibilização da rígida metodologia civilista, levando-se em conta os cânones constitucionais atinentes à Seguridade Social, que tem como base o contexto social adverso em que se inserem os que buscam judicialmente os benefícios previdenciários (STJ, REsp 1.352.721/SP, Corte Especial, Rel. Min. Napoleão Nunes Maia Filho, *DJe* 28.04.2016).

A respeito das consequências das decisões da Justiça Federal nas relações de trabalho, colhe-se da jurisprudência:

> A autoridade da coisa julgada da Justiça Federal torna imutável e indiscutível a questão posta naqueles autos (art. 502 do CPC) e seus excepcionais efeitos extraprocessuais podem aqui ser reconhecidos, inclusive de ofício, tendo em

---

[3] SAVARIS, José Antônio. *Direito processual previdenciário*. Curitiba: Juruá, 2008. p. 84-85.

vista que a reclamante é parte em ambos os processos e que não há, na situação, prejuízo a terceiro que não figurou como parte naquela ação (art. 507 do CPC). Entender de maneira diversa seria atentar contra a própria unidade do Poder Judiciário, chancelando decisões incompatíveis entre si. [...] Não há falar, ainda, que o fato novo apresentado extrapola os limites da matéria devolvida a esta Corte Superior, uma vez que o recurso de revista faz expressa referência à ação ajuizada perante a Justiça Federal e articula expressamente a tese de que "não pode ser atribuída à empregadora a responsabilidade pelo pagamento dos salários do período não trabalhado, quando a própria empregada se considera inapta e pretende ter reconhecida sua incapacidade laborativa perante o INSS" (fl. 13 do Recurso de Revista). Agravo a que se nega provimento (Ag-Ag-ED--AIRR 11489-96.2019.5.15.0043, 4.ª Turma, Rel. Min. Maria Cristina Irigoyen Peduzzi, *DEJT* 09.12.2022).

O entendimento no TRF da 1.ª Região é de que, em que pese a decisão administrativa do INSS repercutir na esfera tributária, trabalhista e administrativa da empresa, isso não lhe confere legitimidade para pleitear o benefício por incapacidade com o seu funcionário. Por outro lado, como visto no tópico relativo ao "limbo previdenciário", se indeferida a manutenção do benefício pela Autarquia, é dever da empresa manter o pagamento dos salários do empregado até que se infirme a presunção de veracidade que possuem os atos administrativos. Todavia, o sodalício entendeu ser direito da empresa, "através de via própria, requerer indenização da Autarquia pelo período em que teve que pagar, indevidamente, os salários do empregado" (TRF-1, AC 1000432-26.2018.4.01.3809, 1.ª Turma, Rel. Des. Federal Wilson Alves de Souza, *DJe* 13.12.2019).

13.2 DECISÕES PROFERIDAS PELA JUSTIÇA DO TRABALHO E SEUS REFLEXOS PREVIDENCIÁRIOS

As decisões proferidas pela Justiça do Trabalho, sejam de natureza declaratória, condenatória ou homologatória de acordos, possuem importantes repercussões (ou deveriam gerar tais repercussões) na relação do indivíduo trabalhador com a Previdência Social.

Como visto nos capítulos antecedentes, a relação de trabalho iniciada é o ponto de partida, também, para a relação de filiação do indivíduo com o sistema previdenciário, a partir daí assumindo este a "qualidade de segurado" obrigatório do RGPS.

No entanto, essa condição não é reconhecida de modo automático pela Autarquia Previdenciária, o que acarreta a necessidade de que o indivíduo tenha de buscar novamente a tutela do Estado, desta feita para ver reconhecidos seus direitos de índole estritamente previdenciária – o seu *status* de segurado, o tempo de contribuição correspondente, os salários de contribuição verdadeiros.

Situação deveras comum nas relações laborais brasileiras é o descumprimento da lei pelo empregador, que, além de por vezes manter o empregado sem a devida formalização do contrato de trabalho (e, com isso, deixando-o da mesma forma sem a formalização da sua condição de segurado), não observa a obrigação de pagar todas as verbas trabalhistas devidas ao empregado, ou faz pagamentos "extrafolha", gerando para o empregado a necessidade de ingressar com ação na Justiça do Trabalho para ver reconhecidos tais direitos.

Nesse aspecto, interessante pontuarmos que desde 16.01.2023, segundo as regras do manual da nova versão do eSocial (Versão S-1.1), as empresas passaram a ter de inserir no sistema de registro de informações dos trabalhadores brasileiros os dados de condenações definitivas na Justiça do Trabalho, bem como os acordos firmados com ex-empregados.

As empresas terão de informar, ainda, dados dos processos em que foram condenadas de forma solidária ou subsidiária (hipóteses de terceirização) e serão exigidas as informações sobre o período em que o empregado trabalhou na empresa, remuneração mensal, pedidos do processo e o teor da condenação, além da base de cálculo do FGTS e da contribuição previdenciária.

Em nota enviada ao jornal *Valor Econômico*, o Ministério do Trabalho afirmou que "a implantação beneficiará os empregadores, reduzindo o tempo despendido na declaração das informações de processos judiciais trabalhistas. Vai evitar, por exemplo, que o empregador reabra e reprocesse as folhas de pagamento relativas a várias competências apenas para incluir diferenças salariais de um trabalhador".[4]

O prazo para que as empresas apresentem essas informações termina no 15.º dia do mês subsequente à decisão ou ao acordo homologado. No entanto, certamente o INSS continuará causando enormes dificuldades, muitas vezes intransponíveis, ao trabalhador que visa a plenitude dos seus direitos sociais fundamentais.

Como visto no capítulo anterior, questão deveras controvertida e complexa é a que se dá quando um trabalhador, sem registro formal, tem sua relação de emprego reconhecida pela Justiça do Trabalho a partir de provas testemunhais, dada a informalidade da relação laboral. Há também situações em que, embora devidamente formalizado, o empregado teve pagamentos salariais que não constaram em folha de pagamento, ou verbas deferidas somente após reconhecimento do direito em ação trabalhista. A esse respeito, remetemos o leitor ao tópico 12.9 desta obra.

A prefalada informalidade das relações de trabalho, que ocasiona a não formalização de vínculos do indivíduo para com o sistema previdenciário (ausência de inscrição como segurado, em que pese já se encontrar filiado "automaticamente" ao sistema desde o fato de exercer atividade remunerada, como prevê o art. 20 do Decreto n. 3.048/1999), é o fato social relevante para a matéria.

Da mesma forma, a TNU tem decidido que os efeitos financeiros retroagem à data da concessão do benefício, observada a prescrição quinquenal a contar do pedido administrativo de revisão (Processo 0001530-06.2008.4.03.6316). No mesmo sentido, a orientação do STJ, uma vez que "o deferimento da ação revisional representa o reconhecimento tardio de um direito já incorporado ao patrimônio jurídico do segurado, não obstante a comprovação posterior do salário de contribuição" (AgRg no REsp 1.467.290/SP, *DJe* 28.10.2014).

---

[4] CONSULTOR JURÍDICO. Empresas terão de inserir condenações trabalhistas no eSocial. Disponível em: https://www.conjur.com.br/2022-dez-19/empresas-terao-inserir-condenacoes-trabalhistas-esocial?fbclid=IwAR1he_gh3FVcs2LlEnv6RfF0NYQV9xkCtgh1qwCWI---Kyv9k1V6Nwt7vQzk#:~:text=A%20partir%20de%2016%20de,acordos%20firmados%20com%20ex%2Dempregados. Acesso em: 3 fev. 2023.

No entanto, o INSS, mais uma vez, é recalcitrante em não reconhecer salários de contribuição majorados em virtude de condenação do empregador a pagar verbas que integram a remuneração por decisão da Justiça do Trabalho.

A jurisprudência vem corrigindo tal anomalia. Acerca do tema, o STJ pacificou o entendimento de que o segurado faz jus à revisão do benefício previdenciário em razão de sentença trabalhista, a qual reconhece a inclusão de verbas remuneratórias nos salários de contribuição do segurado (REsp 1.674.420/PR, 1.ª Turma, Rel. Min. Napoleão Nunes Maia Filho, *DJe* 22.11.2019).

No mesmo sentido:

> **Súmula n. 107 – TRF da 4.ª Região**: O reconhecimento de verbas remuneratórias em reclamatória trabalhista autoriza o segurado a postular a revisão da renda mensal inicial, ainda que o INSS não tenha integrado a lide, devendo retroagir o termo inicial dos efeitos financeiros da revisão à data da concessão do benefício.

A negativa do INSS em rever os salários de contribuição não se limita às ações em que não houve contribuição, tendo os segurados, muitas vezes, que recorrer novamente à Justiça para garantir o cômputo correto dos valores. Nesses julgamentos também se mantém o entendimento de que são devidas a revisão do benefício e a correção do CNIS do segurado para que passem a constar os valores declarados nas ações trabalhistas. Se diferente fosse, o INSS sem dúvida estaria a obter vantagem indevida pelo recebimento das contribuições, *v.g.*, STJ, Edcl no AgRg no AREsp 25.553/PR, 6.ª Turma, Rel. Min. Maria Thereza de Assis Moura, *DJe* 19.12.2012.

Lembramos que a verificação periódica do CNIS por parte dos segurados e sua correção sempre que necessária pode significar facilidade e rapidez na concessão do benefício. Além disso, recomenda-se a correção do CNIS após toda ação trabalhista julgada favorável à parte, tendo em vista que o cálculo é elaborado com base em todo o período contributivo do segurado e, portanto, qualquer alteração pode representar aumento na renda do benefício futuro. Logo, essas correções são importantes não apenas para os casos de benefícios já concedidos, mas principalmente para os segurados que ainda estão trabalhando.

Quanto à revisão embasada em modificação de RMI pautada por recálculo do salário de contribuição, este por força de julgados da Justiça do Trabalho, tal hipótese tem sido admitida pela jurisprudência, que reconhece a impossibilidade da fruição do prazo decadencial quando do ajuizamento de ação trabalhista e durante todo o seu curso até o trânsito em julgado, suspendendo-se, ainda, o prazo prescricional, senão vejamos:

> **STJ – Repetitivo Tema n. 1.117:** O marco inicial da fluência do prazo decadencial, previsto no *caput* do art. 103 da Lei n. 8.213/1991, quando houver pedido de revisão da renda mensal inicial (RMI) para incluir verbas remuneratórias recebidas em ação trabalhista nos salários de contribuição que integraram o período básico de cálculo (PBC) do benefício, deve ser o trânsito em julgado da sentença na respectiva reclamatória (REsp 1.947.419/RS, j. 24.08.2022).

> **TNU – Representativo de Controvérsia Tema n. 200:** Na pretensão ao recebimento de diferenças decorrentes de revisão de renda mensal inicial em virtude de verbas salariais reconhecidas em reclamação trabalhista, a prescrição quinquenal

deve ser contada retroativamente da data do ajuizamento da ação previdenciária, não fluindo no período de tramitação da ação trabalhista, enquanto não definitivamente reconhecido o direito e não homologados os cálculos de liquidação (PEDILEF 5002165-21.2017.4.04.7103/RS, j. 09.12.2020).

13.3 DECISÕES EM MATÉRIA ACIDENTÁRIA

Consoante referido no capítulo do processo judicial previdenciário, compete à Justiça Estadual, por força da previsão contida no inc. I do art. 109 da Constituição Federal, o julgamento das demandas que envolvem a concessão, a revisão ou o restabelecimento de benefícios previdenciários cujo fato gerador tenha relação com o acidente do trabalho, que podem ser típico ou por equiparação, assim como com relação às doenças do trabalho e às doenças profissionais, temas regulados pelos arts. 19 a 23 da Lei n. 8.213/1991.

Para maior elucidação do tema e eventuais reflexos em possíveis indenizações de natureza material e moral a serem buscadas pelo trabalhador no âmbito da Justiça do Trabalho, passa-se a citar precedentes do STJ em que são definidos pressupostos a serem comprovados na concessão dessas prestações. A respeito:

– **AÇÃO ACIDENTÁRIA:** incompetência dos Juizados Especiais da Fazenda Pública para julgamento de ações decorrentes de acidente de trabalho em que o INSS figure como parte (Tema Repetitivo: 1.053).

– **CUSTEIO PERÍCIAS:** responsabilidade do Estado pelo custeio de honorários periciais adiantados pelo INSS em ações acidentárias, quando a parte autora sucumbente é beneficiária de gratuidade de justiça (Tema Repetitivo: 1.044).

– **APOSENTADORIA POR INVALIDEZ:** a citação válida informa o litígio, constitui em mora a autarquia previdenciária federal e deve ser considerada como termo inicial para a implantação da aposentadoria por invalidez concedida na via judicial quando ausente a prévia postulação administrativa (Tema Repetitivo: 626).

– **AUXÍLIO-ACIDENTE E ACUMULAÇÃO COM A APOSENTADORIA:**

a) a acumulação do auxílio-acidente com proventos de aposentadoria pressupõe que a eclosão da lesão incapacitante, apta a gerar o direito ao auxílio-acidente, e a concessão da aposentadoria sejam anteriores à alteração do art. 86, §§ 2.º e 3.º, da Lei 8.213/1991, promovida em 11.11.1997 pela Medida Provisória n. 1.596-14/1997, posteriormente convertida na Lei n. 9.528/1997. (Tema Repetitivo: 555);

b) para fins de fixação do momento em que ocorre a lesão incapacitante em casos de doença profissional ou do trabalho, deve ser observada a definição do art. 23 da Lei n. 8.213/1991, segundo a qual "considera-se como dia do acidente, no caso de doença profissional ou do trabalho, a data do início da incapacidade laborativa para o exercício da atividade habitual, ou o dia da segregação compulsória, ou o dia em que for realizado o diagnóstico, valendo para este efeito o que ocorrer primeiro" (Tema Repetitivo: 556).

– **AUXÍLIO-ACIDENTE E PERDA AUDITIVIA:**

a) comprovados o nexo de causalidade e a redução da capacidade laborativa, mesmo em face da disacusia em grau inferior ao estabelecido pela Tabela

Fowler, subsiste o direito do obreiro ao benefício de auxílio-acidente (Tema Repetitivo: 22);
b) para a concessão de auxílio-acidente fundamentado na perda de audição [...], é necessário que a sequela seja ocasionada por acidente de trabalho e que acarrete uma diminuição efetiva e permanente da capacidade para a atividade que o segurado habitualmente exerca (Tema Repetitivo: 213).

– **AUXÍLIO-ACIDENTE E IRREVERSIBILIDADE DA DOENÇA**: será devido o auxílio-acidente quando demonstrado o nexo de causalidade entre a redução de natureza permanente da capacidade laborativa e a atividade profissional desenvolvida, sendo irrelevante a possibilidade de reversibilidade da doença (Tema Repetitivo: 156).

– **AUXÍLIO-ACIDENTE E PERDA MÍNIMA DA CAPACIDADE:** exige-se, para concessão do auxílio-acidente, a existência de lesão, decorrente de acidente do trabalho, que implique redução da capacidade para o labor habitualmente exercido. O nível do dano e, em consequência, o grau do maior esforço não interferem na concessão do benefício, o qual será devido ainda que mínima a lesão (Tema Repetitivo: 416).

– **AUXÍLIO-ACIDENTE E TERMO INICIAL:** o termo inicial do auxílio-acidente deve recair no dia seguinte ao da cessação do auxílio-doença que lhe deu origem, conforme determina o art. 86, § 2.º, da Lei n. 8.213/1991, observando-se a prescrição quinquenal da Súmula n. 85/STJ (Tema Repetitivo: 862).

No âmbito acidentário, a decisão proferida pela Justiça Estadual interfere ainda mais fortemente na relação de emprego. Assim, ao reconhecer o direito a um benefício de índole acidentária, o empregador terá ainda que arcar com o FGTS do período (nos auxílios por incapacidade temporária, espécie B-91), pode sofrer multa por não emissão de CAT, terá seu FAT afetado, aumentando o valor da contribuição GILRAT devida, e pode ainda vir a ser responsabilizado pelos danos ao trabalhador e sofrer, por fim, uma ação regressiva movida na forma do art. 120 da Lei de Benefícios.

Por conta disso, entendemos que o empregador teria legitimidade e interesse em recorrer de decisão judicial que vier a deferir um benefício acidentário, mesmo que não tenha integrado a lide desde a fase de conhecimento e formação do contraditório.

13.4 PRECEDENTES RELACIONADOS COM BENEFÍCIOS DO RGPS E PREVIDÊNCIA COMPLEMENTAR/PRIVADA

Neste tópico, são destacados precedentes relacionados com benefícios do RGPS e de previdência complementar que possuem relação com a atuação profissional na relação trabalhista e previdenciária.

A partir dessa seleção de precedentes do STJ, será possível identificar a relevância do tema no âmbito dos tribunais superiores diante da litigiosidade em larga escala para obtenção das prestações previdenciárias.

– **ACUMULAÇÃO DE BENEFÍCIO POR INCAPACIDADE E RENDA DO TRABALHO:** no período entre o indeferimento administrativo e a efetiva implantação de auxílio-doença ou de aposentadoria por invalidez, mediante decisão judicial, o segurado do RPGS tem direito ao recebimento conjunto das rendas do trabalho exercido, ainda que incompatível com sua incapacidade laboral, e do respectivo benefício previdenciário pago retroativamente (Tema Repetitivo: 1.013).

– **APOSENTADORIA HÍBRIDA:** possibilidade de concessão de aposentadoria híbrida por idade, mediante o cômputo de período de trabalho rural remoto e descontínuo, exercido antes do advento da Lei n. 8.213/1991, sem necessidade de recolhimentos, ainda que não haja comprovação de atividade rural no período imediatamente anterior ao requerimento administrativo ou implemento do requisito etário (Tema Repetitivo: 1.007).

– **APOSENTADORIA POR TEMPO DE CONTRIBUIÇÃO:** possibilidade de concessão de aposentadoria por tempo de serviço/contribuição a trabalhador urbano mediante o cômputo de atividade rural com registro em carteira profissional para efeito de carência (Tema Repetitivo: 644).

– **APOSENTADORIA DO PROFESSOR:** incidência do fator previdenciário no cálculo da renda mensal inicial de aposentadoria por tempo de contribuição de professor vinculado ao RGPS (Tema Repetitivo: 1.011).

– **ATIVIDADE ESPECIAL:**
a) **eletricidade:** possibilidade de configuração do trabalho exposto ao agente perigoso eletricidade como atividade especial, após a vigência do Decreto n. 2.172/1997, para fins do art. 57 da Lei n. 8.213/1991 (Tema Repetitivo: 534);
b) **nível de ruído:** o limite de tolerância para configuração da especialidade do tempo de serviço para o agente ruído deve ser de 90 dB no período de 06.03.1997 a 18.11.2003, conforme Anexo IV do Decreto n. 2.172/1997 e Anexo IV do Decreto n. 3.048/1999, sendo impossível a aplicação retroativa do Decreto n. 4.882/2003, que reduziu o patamar para 85 dB, sob pena de ofensa ao art. 6.º da LINDB (ex-LICC) (Tema Repetitivo: 694);
c) **ruído variável:** o reconhecimento do exercício de atividade sob condições especiais pela exposição ao agente nocivo ruído, quando constatados diferentes níveis de efeitos sonoros, deve ser aferido por meio do Nível de Exposição Normalizado (NEN). Ausente essa informação, deverá ser adotado como critério o nível máximo de ruído (pico de ruído), desde que perícia técnica judicial comprove a habitualidade e a permanência da exposição ao agente nocivo na produção do bem ou na prestação do serviço (Tema Repetitivo: 1.083);
d) **gozo de auxílio-doença:** o segurado que exerce atividades em condições especiais, quando em gozo de auxílio-doença, seja acidentário ou previdenciário, faz jus ao cômputo desse mesmo período como tempo de serviço especial (Tema Repetitivo: 998);
e) **vigilante:** possibilidade de reconhecimento de atividade especial de vigilante, após a edição da Lei n. 9.032/1995, independentemente do uso de arma de fogo (Tema Repetitivo: 1.031).

– **ATIVIDADE RURAL:**
a) possibilidade de mitigação das exigências de prova para configurar tempo de serviço rural do "boia-fria" (Tema Repetitivo: 554);

b) impossibilidade de legitimar, o tempo de serviço rural, com fundamento, apenas em prova testemunhal (Tema Repetitivo: 297);
c) repercussão de atividade urbana do cônjuge na pretensão de configuração jurídica de trabalhador rural previsto no art. 143 da Lei n. 8.213/1991 (Temas Repetitivos: 532, 533);
d) possibilidade de reconhecimento do período de trabalho rural anterior ao documento mais antigo juntado como início de prova material (Tema Repetitivo: 638);
e) necessidade de comprovação da atividade rurícola em período imediatamente anterior ao requerimento de concessão de aposentadoria rural por idade (Tema Repetitivo: 642);
f) possibilidade de reproposição de ação de aposentadoria por idade de trabalhador rural caso reúna elementos necessários para instrução da nova ação (Tema Repetitivo: 629);
g) o tamanho da propriedade não descaracteriza, por si só, o regime de economia familiar, quando preenchidos os demais requisitos legais exigidos para a concessão da aposentadoria por idade rural (Tema Repetitivo: 1.115).

– **AUXÍLIO-RECLUSÃO:** para a concessão de auxílio-reclusão (art. 80 da Lei n. 8.213/1991) o regime anterior à vigência da MP n. 871/2019, o critério de aferição de renda do segurado que não exerce atividade laboral remunerada no momento do recolhimento à prisão é a ausência de renda, e não o último salário de contribuição (Tema Repetitivo: 896).

– **BENEFÍCIO MAIS VANTAJOSO:** o segurado tem direito de opção pelo benefício mais vantajoso concedido administrativamente, no curso de ação judicial em que se reconheceu benefício menos vantajoso. Em cumprimento de sentença, o segurado possui o direito à manutenção do benefício previdenciário concedido administrativamente no curso da ação judicial e, concomitantemente, à execução das parcelas do benefício reconhecido na via judicial, limitadas à data de implantação daquele conferido na via administrativa (Tema Repetitivo: 1.018).

– **CONTAGEM RECÍPROCA:** o segurado que tenha provado o desempenho de serviço rurícola em período anterior à vigência da Lei n. 8.213/1991, embora faça jus à expedição de certidão nesse sentido para mera averbação nos seus assentamentos, somente tem direito ao cômputo do aludido tempo rural, no respectivo órgão público empregador, para contagem recíproca no regime estatutário se, com a certidão de tempo de serviço rural, acostar o comprovante de pagamento das respectivas contribuições previdenciárias, na forma da indenização calculada conforme o dispositivo do art. 96, IV, da Lei n. 8.213/1991 (Tema Repetitivo: 609).

– **DECADÊNCIA:** incidência do prazo decadencial previsto no *caput* do art. 103 da Lei n. 8.213/1991 para reconhecimento do direito adquirido ao benefício previdenciário mais vantajoso (Tema Repetitivo: 966).

– **DESAPOSENTAÇÃO:** no âmbito do Regime Geral de Previdência Social (RGPS), somente lei pode criar benefícios e vantagens previdenciárias, não havendo, por ora, previsão legal do direito à "desaposentação", sendo constitucional a regra do art. 18, § 2.º, da Lei n. 8.213/1991 (Tema Repetitivo: 563).

– **DESISTÊNCIA DA AÇÃO:** após o oferecimento da contestação, não pode o autor desistir da ação, sem o consentimento do réu (art. 267, § 4.º, do CPC), sendo que é legítima a oposição à desistência com fundamento no art. 3.º da Lei n. 9.469/1997, razão pela qual, nesse caso, a desistência é condicionada à renúncia expressa ao direito sobre o qual se funda a ação (Tema Repetitivo: 524).

– **DEVOLUÇÃO DE VALORES:**
   a) a **reforma da decisão que antecipa os efeitos da tutela** final obriga o autor da ação a devolver os valores dos benefícios previdenciários ou assistenciais recebidos, o que pode ser feito por meio de desconto em valor que não exceda 30% (trinta por cento) da importância de eventual benefício que ainda lhe estiver sendo pago (Tema Repetitivo: 692);
   b) com relação aos **pagamentos indevidos aos segurados decorrentes de erro administrativo** (material ou operacional), não embasado em interpretação errônea ou equivocada da lei pela Administração, são repetíveis, sendo legítimo o desconto no percentual de até 30% (trinta por cento) de valor do benefício pago ao segurado/beneficiário, ressalvada a hipótese em que o segurado, diante do caso concreto, comprova sua boa-fé objetiva, sobretudo com demonstração de que não lhe era possível constatar o pagamento indevido (Tema Repetitivo: 979).

– **REAFIRMAÇÃO DA DER:** é possível a reafirmação da DER (Data de Entrada do Requerimento) para o momento em que implementados os requisitos para a concessão do benefício, mesmo que isso se dê no interstício entre o ajuizamento da ação e a entrega da prestação jurisdicional nas instâncias ordinárias, nos termos dos arts. 493 e 933 do CPC/2015, observada a causa de pedir (Tema Repetitivo: 995).

– **PENSÃO POR MORTE:**
   a) é devida a pensão por morte aos dependentes do segurado que, **apesar de ter perdido essa qualidade**, preencheu os requisitos legais para a obtenção de aposentadoria até a data do seu óbito (Tema Repetitivo: 21);
   b) não há falar em **restabelecimento da pensão por morte** ao beneficiário, maior de 21 anos e não inválido, diante da taxatividade da lei previdenciária, porquanto não é dado ao Poder Judiciário legislar positivamente, usurpando função do Poder Legislativo (Tema Repetitivo: 643);
   c) o **menor sob guarda** tem direito à concessão do benefício de pensão por morte do seu mantenedor, comprovada sua dependência econômica, nos termos do art. 33, § 3.º, do Estatuto da Criança e do Adolescente, ainda que o óbito do instituidor da pensão seja posterior à vigência da Medida Provisória n. 1.523/1996, reeditada e convertida na Lei n. 9.528/1997. Funda-se essa conclusão na qualidade de lei especial do Estatuto da Criança e do Adolescente (8.069/1990), frente à legislação previdenciária (Tema Repetitivo: 732);
   d) **legitimidade ativa de pensionistas e sucessores** para propor, em ordem de preferência e em nome próprio, ação revisional de pensão por morte e de aposentadoria do segurado falecido (Tema Repetitivo: 1.057).

– **REVISÃO DA VIDA TODA:** aplicação da regra definitiva do art. 29, I e II, da Lei n. 8.213/1991 na apuração do salário de benefício quando mais favorável do que a regra de transição do art. 3.º da Lei n. 9.876/1999 (Tema Repetitivo: 999).

– **SALÁRIO DE BENEFÍCIO:**
a) o **décimo terceiro salário** (gratificação natalina) somente integra o **cálculo do salário de benefício**, nos termos da redação original do § 7.º do art. 28 da Lei n. 8.212/1991 e § 3.º do art. 29 da Lei n. 8.213/1991, quando os requisitos para a concessão do benefício forem preenchidos em data anterior à publicação da Lei n. 8.870/1994, que expressamente excluiu o décimo terceiro salário do cálculo da Renda Mensal Inicial (RMI), independentemente de o Período Básico de Cálculo (PBC) do benefício estar, parcialmente, dentro do período de vigência da legislação revogada (Tema Repetitivo: 904);
b) soma de todas as contribuições previdenciárias para compor o salário de contribuição, no caso de exercício de **atividades concomitantes** pelo segurado, após o advento da Lei n. 9.876/1999 e para fins de cálculo do benefício de aposentadoria (Tema Repetitivo: 1.070).

– **PREVIDÊNCIA PRIVADA:**
a) nos planos de benefícios de **previdência privada patrocinados pelos entes federados** – inclusive suas autarquias, fundações, sociedades de economia mista e empresas controladas direta ou indiretamente –, para se tornar elegível a um benefício de prestação que seja programada e continuada, é necessário que o participante previamente cesse o vínculo laboral com o patrocinador, sobretudo a partir da vigência da Lei Complementar n. 108/2001, independentemente das disposições estatutárias e regulamentares (Tema Repetitivo: 944);
b) **impossibilidade do abono e outras vantagens** concedidos aos empregados da ativa integrar a complementação de aposentadoria dos inativos paga por instituição de previdência privada (Tema Repetitivo: 736);
c) 1.1. Em caso de **migração de plano de benefícios** de previdência complementar, não é cabível o pleito de revisão da reserva de poupança ou de benefício, com aplicação do índice de correção monetária. 1.2. Em havendo **transação para migração de plano de benefícios**, em observância à regra da indivisibilidade da pactuação e proteção ao equilíbrio contratual, a anulação de cláusula que preveja concessão de vantagem contamina todo o negócio jurídico, conduzindo ao retorno ao *status quo ante* (Tema Repetitivo: 943);
d) **impossibilidade de extensão de aumentos reais** concedidos aos benefícios do RGPS nos planos de benefícios de previdência complementar administrados por entidade fechada (Tema Repetitivo: 941);
e) **compete à Justiça Estadual** processar e julgar litígios instaurados entre entidade de previdência privada e participante de seu plano de benefícios (Tema Repetitivo: 539);
f) o **auxílio cesta-alimentação**, parcela concedida a título indenizatório aos empregados em atividade, mediante convenção coletiva de trabalho, não se

Capítulo 13 • EFEITOS DAS DECISÕES JUDICIAIS NAS ESFERAS TRABALHISTA E PREVIDENCIÁRIA | 471

incorpora aos proventos da complementação de aposentadoria pagos por entidade fechada de previdência privada (Tema Repetitivo: 540);

g) é devida a **restituição da denominada reserva de poupança a ex-participantes** de plano de benefícios de previdência privada, devendo ser corrigida monetariamente conforme os índices que reflitam a real inflação ocorrida no período, mesmo que o estatuto da entidade preveja critério de correção diverso, devendo ser incluídos os expurgos inflacionários (Súmula n. 289/STJ) (Tema Repetitivo: 511);

h) a **atualização monetária** das contribuições devolvidas pela entidade de previdência privada ao associado deve ser calculada pelo IPC, por ser o índice que melhor traduz a perda do poder aquisitivo da moeda (Tema Repetitivo: 512);

i) **inaplicabilidade dos índices de correção do FGTS** sobre as parcelas de contribuição restituídas aos participantes desligados de plano de previdência privada (Tema Repetitivo: 513);

j) a **ação de cobrança de diferenças** de valores de complementação de aposentadoria prescreve em cinco anos contados da data do pagamento (Temas Repetitivos: 57 e 58);

k) **incidência de imposto de renda** sobre valores recebidos em decorrência de rateio do patrimônio de entidade de previdência privada (Temas Repetitivos: 62, 90);

l) **não incidência de imposto de renda** sobre valor de complementação de aposentadoria e de resgate de contribuições correspondentes a recolhimentos para entidade de previdência privada ocorridos **no período de 1.º.01.1989 a 31.12.1995** (Temas Repetitivos: 62, 90);

m) **não incidência de imposto de renda** sobre os valores recebidos a título de antecipação **(renda antecipada) de 10%** da reserva matemática de fundo de previdência privada, como incentivo para a migração para novo plano de benefícios da entidade (Tema Repetitivo: 158);

n) **ilegitimidade passiva do patrocinador** nos litígios que envolvam participante e entidade fechada de previdência complementar, ligados estritamente ao plano previdenciário (Tema Repetitivo: 936);

o) **impossibilidade de inclusão de reflexos** de quaisquer verbas remuneratórias, **reconhecidas pela Justiça do Trabalho**, nos cálculos da renda mensal inicial dos benefícios de complementação de aposentadoria já concedidos por entidades fechadas de previdência privada (Temas Repetitivos: 955, 1.021);

p) o **regulamento aplicável ao participante de plano fechado** de previdência privada para fins de cálculo da renda mensal inicial do benefício complementar é aquele vigente no momento da implementação das condições de elegibilidade, haja vista a natureza civil e estatutária, e não o da data da adesão, assegurado o direito acumulado (Tema Repetitivo: 907).

REFERÊNCIAS BIBLIOGRÁFICAS

ALCÂNTARA, Marcelino Alves de. *O princípio da equidade na forma de participação no custeio*. 2010. Dissertação (Mestrado em Direito) – Pontifícia Universidade Católica de São Paulo, São Paulo, 2010.

ASOCIACIÓN INTERNACIONAL DE LA SEGURIDAD SOCIAL. *El futuro de la seguridad social*. Estocolmo: Federación de las Oficinas del Seguro Social, 1998.

ASSOCIAÇÃO INTERNACIONAL DE SEGURIDADE SOCIAL. *Prioridades para a seguridade social – Américas 2021*: tendências, desafios e soluções. Disponível em: https://ww1.issa.int/sites/default/files/documents/2021-11/3-Americas%20priority%20report%20WEB-rev.pdf. Acesso em: 28 nov. 2022.

AZEVEDO NETO, Platon Teixeira de. *A justiciabilidade dos direitos sociais nas Cortes Internacionais de Justiça*. São Paulo: LTr, 2017.

BACHUR, Tiago Faggioni. *Manual prático do direito previdenciário*. Edição especial. Leme: Lemos e Cruz, 2014.

BEBBER, Júlio César. *Princípios de processo do trabalho*. São Paulo: LTr, 1997.

BOLLMANN, Vilian. *Hipótese de incidência previdenciária e temas conexos*. São Paulo: LTr, 2005.

BRANDIMILLER, Primo. *Perícia judicial em acidentes e doenças do trabalho*. São Paulo: Editora Senac, 1996.

BRASIL. Instituto Nacional do Seguro Social. *Manual de acidentes do trabalho*. Brasília: Instituto Nacional do Seguro Social, 2016. p. 16. Disponível em https://www.saudeocupacional.org/v2/wp-content/uploads/2016/05/Manual-de-Acidente-de-Trabalho-INSS-2016.pdf. Acesso em: 26 jan. 2023.

BRASIL. Instituto Nacional do Seguro Social. *Manual técnico de perícia médica previdenciária*. Brasília: Instituto Nacional do Seguro Social, 2018.

BRASIL. Ministério da Saúde. Secretaria de Atenção à Saúde. Instituto Nacional de Câncer. Coordenação de Prevenção e Vigilância. *Vigilância do câncer ocupacional e ambiental*. Rio de Janeiro: INCA, 2005.

CARRION, Valentin. *Comentários à Consolidação das Leis do Trabalho*. 19. ed. São Paulo: Saraiva, 1999.

CASSAR, Vólia Bomfim. *Direito do trabalho*. 14. ed. de acordo com a Reforma Trabalhista – Lei 13.467/2017. Rio de Janeiro: Forense, 2017.

CATHARINO, José Martins. *Compêndio de direito do trabalho*. São Paulo: LTr, 1990.

COIMBRA, J. R. Feijó. *Direito previdenciário brasileiro*. 7. ed. Rio de Janeiro: Edições Trabalhistas, 1997.

CONSULTOR JURÍDICO. Empresas terão de inserir condenações trabalhistas no eSocial. Disponível em: https://www.conjur.com.br/2022-dez-19/empresas-terao-inserir-condenacoes-trabalhistas-esocial?fbclid=IwAR1he_gh3FVcs2LIEnv6RfF0NYQV9xkCtgh1qwCWlKyv9k1V6Nwt7vQzk#:~:text=A%20partir%20de%2016%20de,acordos%20firmados%20com%20ex%2Dempregados. Acesso em: 3 fev. 2023.

DELMANTO, Celso. *Código Penal comentado*. Rio de Janeiro: Renovar, 1986.

DIDIER JR., Fredie; BRAGA, Paula Sarno; OLIVEIRA, Rafael Alexandria de. *Curso de direito processual civil*. 11. ed. Salvador: JusPodivm, 2016.

GALVÃO, Paulo Braga. *Os direitos sociais nas Constituições*. São Paulo: LTr, 1981.

GOLDSCHMIDT, Rodrigo. Comentários ao art. 223-B da CLT. *In*: LISBÔA, Daniel; MUNHOZ, José Lucio (org.). *Reforma trabalhista comentada por juízes do trabalho*: artigo por artigo. São Paulo: LTr/AMATRA 12, 2018.

GRECO, Leonardo, Comentários aos arts. 485 a 488. *In*: CRUZ E TUCCI, José Rogério; FERREIRA FILHO, Manoel Caetano; APRIGLIANO, Ricardo de Carvalho; DOTTI, Rogéria Fagundes; MARTINS, Sandro Gilbert (coord.). *Código de Processo Civil anotado*. 2021. p. 801-810. Disponível em https://www.aasp.org.br/produto/codigo-de-processo-civil-anotado/. Acesso em: 24 jan. 2023.

GUGEL, Maria Aparecida. Pensão do dependente com deficiência intelectual, mental ou grave: direito de trabalhar e acumular a pensão com a remuneração. Disponível em: http://www.ampid.org.br/v1/wp-content/uploads/2014/09/PENS%C3%83O_dependenteComDefici%C3%AAnica_Trabalho_2016.pdf. Acesso em: 16 jul. 2021.

HACK, Érico. Princípio da capacidade contributiva: limites e critérios para o tributo. *Revista da SJRJ*, n. 39, p. 83-94, abr. 2014. Disponível em: https://www.jfrj.jus.br/revista-sjrj/artigo/principio-da-capacidade-contributiva-limites-e-criterios-para-o-tributo-ability. Acesso em: 21 jul. 2020.

JACQUES, Maria da Graça. O nexo causal em saúde/doença mental no trabalho: uma demanda para a psicologia. *Psicologia & Sociedade*, v. 19, 2007. Disponível em https://doi.org/10.1590/S0102-71822007000400015. Acesso em: 22 jan. 2023.

KERTZMAN, Ivan. *As contribuições previdenciárias na justiça do trabalho*. 4. ed. São Paulo: LuJur, 2022.

KERTZMAN, Ivan *et al*. *Prática empresarial previdenciária*. Salvador: JusPodivm, 2020.

MACEDO, Gladston. *Da reserva do possível à máxima efetividade*: uma reflexão hermenêutica sobre a concretização dos direitos fundamentais sociais. 2017. Dissertação (Mestrado) – Universidade Federal de Minas Gerais, Belo Horizonte, 2017. Disponível em http://hdl.handle.net/1843/BUBD-AZ2M67. Acesso em: 20 nov. 2022.

MACHADO, Hugo de Brito. *Curso de direito tributário*. 10. ed. São Paulo: Malheiros, 1995.

MACHADO JR., César. *O ônus da prova no processo do trabalho*. São Paulo: LTr, 1995.

MARANHÃO, Délio. *Direito do trabalho*. 17. ed. Rio de Janeiro: Fundação Getulio Vargas, 1993.

MARINONI, Luiz Guilherme; ARENHART, Sérgio Cruz. *Curso de processo civil*. São Paulo: RT, 2007. v. 2.

MARTINEZ, Wladimir Novaes. *Comentários à Lei Básica da Previdência Social*. 4. ed. São Paulo: LTr, 1997. t. II.

MARTINEZ, Wladimir Novaes. *Comentários à lei básica da previdência social*. São Paulo: LTr, 2009.

MARTINEZ, Wladimir Novaes. Mês de competência do fato gerador previdenciário. *Jornal do 17º Congresso Brasileiro de Previdência Social*. São Paulo: LTr, 2004.

MARTINS FILHO, Ives Gandra. *Manual esquemático de direito e processo do trabalho*. 27. ed. São Paulo: Saraiva, 2019.

MARTINS, Sergio Pinto. *Direito da seguridade social*. 8. ed. São Paulo: Atlas, 1997.

MARTINS, Sergio Pinto. *Direito da seguridade social*. 11. ed. São Paulo: Atlas, 1999.

MORAES FILHO, Evaristo de. *A justa causa na rescisão do contrato de trabalho*. 2. ed. Rio de Janeiro: Forense, 1960.

OLIVEIRA, Antonio Carlos de. *Direito do trabalho e previdência social: estudos*. São Paulo: LTr, 1996.

OLIVEIRA, Antonio Carlos de. *Temas de previdência social*. São Paulo: LTr, 1999.

OLIVEIRA, José de. *Acidentes do trabalho: teoria, prática, jurisprudência*. 2. ed. São Paulo: Saraiva, 1992.

OLIVEIRA, Sebastião Geraldo de. O dano extrapatrimonial trabalhista após a Lei n. 13.467/2017. *In*: DALLEGRAVE NETO, José Affonso; KAJOTA, Ernani (coord.). *Reforma trabalhista ponto a ponto*. São Paulo: LTr, 2018. p. 100-114.

ORGANIZAÇÃO INTERNACIONAL DO TRABALHO. *O trabalho digno e a agenda 2030 para o desenvolvimento sustentável*. Disponível em: https://www.ilo.org/global/topics/sdg-2030/resources/WCMS_544325/lang--pt/index.htm. Acesso em: 28 nov. 2022.

PATURY, Fabrício Rabelo. Justiça do Trabalho é pioneira no uso de provas digitais. Disponível em: https://www.tst.jus.br/noticias/-/asset_publisher/89Dk/content/id/27832355/pop_up. Acesso em: 24 jan. 2023.

PEREIRA NETTO, Juliana Pressotto. *A Previdência Social em Reforma*: o desafio da inclusão de um maior número de trabalhadores. São Paulo: LTr, 2002.

REALE, Miguel. *Lições preliminares de direito*. São Paulo: Saraiva, 2003.

RIBEIRO, Fátima Sueli Neto; WÜNSCH FILHO, Victor. Avaliação retrospectiva da exposição ocupacional a cancerígenos: abordagem epidemiológica e aplicação em vigilância em saúde. *Caderno Saúde Pública*, v. 20, n. 4, p. 881-890, jul./ago. 2004. Disponível em: http://pesquisa.bvsalud.org/brasil/resource/pt/mdl-15300280. Acesso em: 2 out. 2017.

ROCHA, Daniel Machado da. *O direito fundamental à Previdência Social na perspectiva dos princípios constitucionais diretivos do sistema previdenciário brasileiro*. Porto Alegre: Livraria do Advogado, 2004.

RODRIGUEZ, Américo Plá. *Princípios de direito do trabalho*. 3. ed. São Paulo: LTr, 2000.

RUBIN, Fernando. Teoria geral da prova: do conceito de prova aos modelos de constatação da verdade. Disponível em https://fernandorubin.jusbrasil.com.br/artigos/121943642/teoria-geral-da-prova-do-conceito-de-prova-aos-modelos-de-constatacao-da-verdade. Acesso em: 16 jan. 2023.

RUPRECHT, Alfredo J. *Direito da seguridade social*. São Paulo: LTr, 1996.

RUSSOMANO, Mozart Victor. *Comentários à Consolidação das Leis da Previdência Social*. 2. ed. São Paulo: Revista dos Tribunais, 1981.

SAAD, Eduardo Gabriel. *CLT comentada*. 26. ed. São Paulo: LTr, 1993.

SARLET, Ingo Wolfgang. A eficácia do direito fundamental à segurança jurídica: dignidade da pessoa humana, direitos fundamentais e proibição de retrocesso social no direito constitucional brasileiro. *In*: ROCHA, Carmen Lúcia Antunes (org.). *Constituição e segurança jurídica*: direito adquirido, ato jurídico perfeito e coisa julgada. Estudos em homenagem a José Paulo Sepúlveda Pertence. 2. ed. Belo Horizonte: Fórum, 2005. p. 85-135.

SAVARIS, José Antonio. *Curso de perícia judicial previdenciária*. São Paulo: Conceito Editorial, 2011.

SAVARIS, José Antônio. *Direito processual previdenciário*. Curitiba: Juruá, 2008.

SCHUSTER, Diego Henrique; SAVARIS, José Antonio; VAZ, Paulo Afonso Brum. *A garantia da coisa julgada no processo previdenciário: para além dos paradigmas que limitam a proteção social*. Curitiba: Alteridade Editora, 2019.

SÜSSEKIND, Arnaldo *et al*. *Instituições de direito do trabalho*. 21. ed. atual. por Arnaldo Süssekind e Lima Teixeira. São Paulo: LTr, 2003. v. 1.

TAVARES, Marcelo Leonardo. A manutenção do valor real dos benefícios previdenciários. *Revista RPS,* São Paulo, n. 249, ago. 2001.

TAVARES, Marcelo Leonardo. *Previdência e assistência social*: legitimação e fundamentação constitucional brasileira. Rio de Janeiro: Lumen Juris, 2003.

THAMAY, Rennan; TAMER, Maurício. *Provas no direito digital*: conceito da prova digital, procedimentos e provas digitais em espécie. São Paulo: Thomson Reuters Brasil, 2020.

THEODORO JÚNIOR, Humberto. *Curso de direito processual civil*. Rio de Janeiro: Forense, 1999. v. I.

THIESEN, Ana Maria Wickert *et al*.; FREITAS, Vladimir Passos de (coord.). *Direito previdenciário: aspectos materiais, processuais e penais*. 2. ed. Porto Alegre: Livraria do Advogado, 1999.

VAINZOF, Rony; SERAFINO, Danielle; STEINWASCHER, Aline. *Legal Innovation*: o direito do futuro e o futuro do direito. São Paulo: RT, 2022.

YAMADA, Vítor Leandro. Requisitos legais da prova digital: autenticidade, integridade e cadeia de custódia. *In*: MISKULIN, Ana Paula Silva Campos; BERTACHINI, Danielle; AZEVEDO NETO, Platon Teixeira de (coord.). *Provas digitais no processo do trabalho*: realidade e futuro. Campinas: Lacier, 2022. p. 121-157.

ANEXOS

ANEXO 1 – SÚMULAS E ENUNCIADOS EM MATÉRIA TRABALHISTA E PREVIDENCIÁRIA

ANEXO 2 – INFORMAÇÕES COMPLEMENTARES SOBRE CONTRIBUIÇÕES E BENEFÍCIOS PREVIDENCIÁRIOS

Anexo 1
SÚMULAS E ENUNCIADOS
EM MATÉRIA TRABALHISTA E PREVIDENCIÁRIA

Sumário

Súmulas do Supremo Tribunal Federal 480

Súmulas Vinculantes do Supremo Tribunal Federal 482

Súmulas do Superior Tribunal de Justiça 484

Súmulas do Tribunal Superior do Trabalho 491

Súmulas da Turma Nacional de Uniformização de Jurisprudência dos Juizados Especiais Federais 495

Enunciados do Conselho de Recursos da Previdência Social 500

Súmulas da Advocacia-Geral da União 508

SÚMULAS DO SUPREMO TRIBUNAL FEDERAL

10 – O tempo de serviço militar conta-se para efeito de disponibilidade e aposentadoria do servidor público estadual.

35 – Em caso de acidente do trabalho ou de transporte, a concubina tem direito de ser indenizada pela morte do amásio, se entre eles não havia impedimento para o matrimônio.

198 – As ausências motivadas por acidente do trabalho não são descontáveis do período aquisitivo das férias.

207 – As gratificações habituais, inclusive a de natal, consideram-se tacitamente convencionadas, integrando o salário.

225 – Não é absoluto o valor probatório das anotações da carteira profissional.

230 – A prescrição da ação de acidente do trabalho conta-se do exame pericial que comprovar a enfermidade ou verificar a natureza da incapacidade.

234 – São devidos honorários de advogado em ação de acidente do trabalho julgada procedente.

235 – É competente para a ação de acidente do trabalho a Justiça Cível comum, inclusive em segunda instância, ainda que seja parte autarquia seguradora.

236 – Em ação de acidente do trabalho, a autarquia seguradora não tem isenção de custas.

238 – Em caso de acidente do trabalho, a multa pelo retardamento da liquidação é exigível do segurador sub-rogado, ainda que autarquia.

240 – O depósito para recorrer, em ação de acidente do trabalho, é exigível do segurador sub-rogado, ainda que autarquia.

241 – A contribuição previdenciária incide sobre o abono incorporado ao salário.

337 – A controvérsia entre o empregador e o segurador não suspende o pagamento devido ao empregado por acidente do trabalho.

382 – A vida em comum sob o mesmo teto, *more uxorio*, não é indispensável à caracterização do concubinato.

383 – A prescrição em favor da Fazenda Pública recomeça a correr, por dois anos e meio, a partir do ato interruptivo, mas não fica reduzida aquém de cinco anos, embora o titular do direito a interrompa durante a primeira metade do prazo.

439 – Estão sujeitos à fiscalização tributária ou previdenciária quaisquer livros comerciais, limitado o exame aos pontos objeto de investigação.

443 – A prescrição das prestações anteriores ao período previsto em lei não ocorre quando não tiver sido negado, antes daquele prazo, o próprio direito reclamado, ou situação jurídica de que ele resulta.

464 – No cálculo da indenização por acidente do trabalho inclui-se, quando devido, o repouso semanal remunerado.

466 – Não é inconstitucional a inclusão de sócios e administradores de sociedades e titulares de firmas individuais como contribuintes obrigatórios da previdência social.

501 – Compete à Justiça Ordinária Estadual o processo e o julgamento, em ambas as instâncias, das causas de acidente do trabalho, ainda que promovidas contra a União, suas autarquias, empresas públicas ou sociedades de economia mista.

529 – Subsiste a responsabilidade do empregador pela indenização decorrente de acidente do trabalho, quando o segurador, por haver entrado em liquidação, ou por outro motivo, não se encontra em condições financeiras de efetuar, na forma da lei, o pagamento que o seguro obrigatório visava garantir.

546 – Cabe a restituição do tributo pago indevidamente, quando reconhecido por decisão, que o contribuinte "de jure" não recuperou do contribuinte "de facto" o "quantum" respectivo.

612 – Ao trabalhador rural não se aplicam, por analogia, os benefícios previstos na Lei n.º 6.367, de 19.10.76.

613 – Os dependentes de trabalhador rural não têm direito à pensão previdenciária, se o óbito ocorreu anteriormente à vigência da Lei Complementar n.º 11/71.

644 – Ao titular do cargo de procurador de autarquia não se exige a apresentação de instrumento de mandato para representá-la em juízo.

655 – A exceção prevista no art. 100, *caput*, da Constituição, em favor dos créditos de natureza alimentícia, não dispensa a expedição de precatório, limitando-se a isentá-los da observância da ordem cronológica dos precatórios decorrentes de condenações de outra natureza.

659 – É legítima a cobrança da COFINS, do PIS e do FINSOCIAL sobre as operações relativas à energia elétrica, serviços de telecomunicações, derivados de petróleo, combustíveis e minerais do país.

669 – Norma legal que altera o prazo de recolhimento da obrigação tributária não se sujeita ao princípio da anterioridade.

687 – A revisão de que trata o art. 58 do ADCT não se aplica aos benefícios previdenciários concedidos após a promulgação da Constituição de 1988.

688 – É legítima a incidência da contribuição previdenciária sobre o 13.º salário.

689 – O segurado pode ajuizar ação contra a instituição previdenciária perante o juízo federal do seu domicílio ou nas Varas federais da capital do Estado-membro.

729 – A decisão na Ação Direta de Constitucionalidade 4 não se aplica à antecipação de tutela em causa de natureza previdenciária.

730 – A imunidade tributária conferida a instituições de assistência social sem fins lucrativos pelo art. 150, VI, *c*, da Constituição, somente alcança as entidades fechadas de previdência social privada se não houver contribuição dos beneficiários.

736 – Compete à Justiça do Trabalho julgar as ações que tenham como causa de pedir o descumprimento de normas trabalhistas relativas à segurança, higiene e saúde dos trabalhadores.

SÚMULAS VINCULANTES DO SUPREMO TRIBUNAL FEDERAL

3 – Nos processos perante o Tribunal de Contas da União asseguram-se o contraditório e a ampla defesa quando da decisão puder resultar anulação ou revogação de ato administrativo que beneficie o interessado, excetuada a apreciação da legalidade do ato de concessão inicial de aposentadoria, reforma e pensão.

4 – Salvo nos casos previstos na Constituição, o salário mínimo não pode ser usado como indexador de base de cálculo de vantagem de servidor público ou de empregado, nem ser substituído por decisão judicial.

5 – A falta de defesa técnica por advogado no processo administrativo disciplinar não ofende a Constituição.

8 – São inconstitucionais o parágrafo único do artigo 5.º do Decreto-lei n.º 1.569/1977 e os artigos 45 e 46 da Lei n.º 8.212/1991, que tratam de prescrição e decadência de crédito tributário.

10 – Viola a cláusula de reserva de plenário (CF, artigo 97) a decisão de órgão fracionário de tribunal que, embora não declare expressamente a inconstitucionalidade de lei ou ato normativo do poder público, afasta sua incidência, no todo ou em parte.

14 – É direito do defensor, no interesse do representado, ter acesso amplo aos elementos de prova que, já documentados em procedimento investigatório realizado por órgão com competência de polícia judiciária, digam respeito ao exercício do direito de defesa.

16 – Os artigos 7.º, IV, e 39, § 3.º (redação da EC 19/98), da Constituição, referem-se ao total da remuneração percebida pelo servidor público.

17 – Durante o período previsto no parágrafo 1.º do artigo 100 da Constituição, não incidem juros de mora sobre os precatórios que nele sejam pagos.

21 – É inconstitucional a exigência de depósito ou arrolamento prévios de dinheiro ou bens para admissibilidade de recurso administrativo.

22 – A Justiça do Trabalho é competente para processar e julgar as ações de indenização por danos morais e patrimoniais decorrentes de acidente de trabalho propostas por empregado contra empregador, inclusive aquelas que ainda não possuíam sentença de mérito em primeiro grau quando da promulgação da Emenda Constitucional n.º 45/04.

24 – Não se tipifica crime material contra a ordem tributária, previsto no art. 1.º, incisos I a IV, da Lei n.º 8.137/90, antes do lançamento definitivo do tributo.

25 – É ilícita a prisão civil de depositário infiel, qualquer que seja a modalidade do depósito.

28 – É inconstitucional a exigência de depósito prévio como requisito de admissibilidade de ação judicial na qual se pretenda discutir a exigibilidade de crédito tributário.

33 – Aplicam-se ao servidor público, no que couber, as regras do Regime Geral da Previdência Social sobre aposentadoria especial de que trata o artigo 40, § 4º, inciso III da Constituição Federal, até a edição de lei complementar específica.

34 – A Gratificação de Desempenho de Atividade de Seguridade Social e do Trabalho – GDASST, instituída pela Lei 10.483/2002, deve ser estendida aos inativos no valor correspondente a 60 (sessenta) pontos, desde o advento da Medida Provisória 198/2004, convertida na Lei 10.971/2004, quando tais inativos façam jus à paridade constitucional (EC 20, 41 e 47).

35 – A homologação da transação penal prevista no artigo 76 da Lei 9.099/1995 não faz coisa julgada material e, descumpridas suas cláusulas, retoma-se a situação anterior, possibilitando-se ao Ministério Público a continuidade da persecução penal mediante oferecimento de denúncia ou requisição de inquérito policial.

37 – Não cabe ao poder Judiciário, que não tem função legislativa, aumentar vencimentos de servidores públicos sob o fundamento de isonomia.

40 – A contribuição confederativa de que trata o art. 8º, IV, da Constituição Federal, só é exigível dos filiados ao sindicato respectivo.

42 – É inconstitucional a vinculação do reajuste de vencimentos de servidores estaduais ou municipais a índices federais de correção monetária.

43 – É inconstitucional toda modalidade de provimento que propicie ao servidor investir-se, sem prévia aprovação em concurso público destinado ao seu provimento, em cargo que não integra a carreira na qual anteriormente investido.

44 – Só por lei se pode sujeitar a exame psicotécnico a habilitação de candidato a cargo público.

47 – Os honorários advocatícios incluídos na condenação ou destacados do montante principal devido ao credor consubstanciam verba de natureza alimentar cuja satisfação ocorrerá com a expedição de precatório ou requisição de pequeno valor, observada ordem especial restrita aos créditos dessa natureza.

50 – Norma legal que altera o prazo de recolhimento de obrigação tributária não se sujeita ao princípio da anterioridade.

53 – A competência da Justiça do Trabalho prevista no art. 114, VIII, da Constituição Federal alcança a execução de ofício das contribuições previdenciárias relativas ao objeto da condenação constante das sentenças que proferir e acordos por ela homologados.

54 – A medida provisória não apreciada pelo Congresso Nacional podia, até a Emenda Constitucional 32/2001, ser reeditada dentro do seu prazo de eficácia de trinta dias, mantidos os efeitos de lei desde a primeira edição.

55 – O direito ao auxílio-alimentação não se estende aos servidores inativos.

SÚMULAS DO SUPERIOR TRIBUNAL DE JUSTIÇA

3 – Compete ao Tribunal Regional Federal dirimir conflito de competência verificado, na respectiva Região, entre Juiz Federal e Juiz Estadual investido de jurisdição Federal.

15 – Compete à Justiça Estadual processar e julgar os litígios decorrentes de acidente do trabalho.

24 – Aplica-se ao crime de estelionato, em que figure como vítima entidade autárquica da Previdência Social, a qualificadora do § 3.º do art. 171 do Código Penal.

32 – Compete à Justiça Federal processar justificações judiciais destinadas a instruir pedidos perante entidades que nela têm exclusividade de foro, ressalvada a aplicação do art. 15, II da Lei n.º 5.010/66.

44 – A definição, em ato regulamentar, de grau mínimo de disacusia, não exclui, por si só, a concessão do benefício previdenciário.

58 – Proposta a execução fiscal, a posterior mudança de domicílio do executado não desloca a competência já fixada.

65 – O cancelamento previsto no art. 29 do Decreto-lei n.º 2.303, de 21.11.86, não alcança os débitos previdenciários.

77 – A Caixa Econômica Federal é parte ilegítima para figurar no polo passivo das ações relativas às contribuições para o fundo PIS/PASEP.

85 – Nas relações jurídicas de trato sucessivo em que a Fazenda Pública figure como devedora, quando não tiver sido negado o próprio direito reclamado, a prescrição atinge apenas as prestações vencidas antes do quinquênio anterior à propositura da ação.

89 – A ação acidentária prescinde do exaurimento da via administrativa.

107 – Compete à Justiça Comum Estadual processar e julgar crime de estelionato praticado mediante falsificação das guias de recolhimento das contribuições previdenciárias, quando não ocorrente lesão à autarquia federal.

110 – A isenção do pagamento de honorários advocatícios, nas ações acidentárias, é restrita ao segurado.

111 – Os honorários advocatícios, nas ações previdenciárias, não incidem sobre as prestações vencidas após a sentença.

144 – Os créditos de natureza alimentícia gozam de preferência, desvinculados os precatórios da ordem cronológica dos créditos de natureza diversa.

146 – O segurado, vítima de novo infortúnio, faz jus a um único benefício somado ao salário de contribuição vigente no dia do acidente.

148 – Os débitos relativos a benefício previdenciário, vencidos e cobrados em juízo após a vigência da Lei n.º 6.899/81, devem ser corrigidos monetariamente na forma prevista nesse diploma legal.

149 – A prova exclusivamente testemunhal não basta à comprovação da atividade rurícola, para efeito da obtenção de benefício previdenciário.

150 – Compete à Justiça Federal decidir sobre a existência de interesse jurídico que justifique a presença, no processo, da União, suas autarquias ou empresas públicas.

159 – O benefício acidentário, no caso de contribuinte que perceba remuneração variável, deve ser calculado com base na média aritmética dos últimos doze meses de contribuição.

175 – Descabe o depósito prévio nas ações rescisórias propostas pelo INSS.

179 – O INSS não goza de isenção do pagamento de custas e emolumentos, nas ações acidentárias e de benefícios propostos na Justiça Estadual.

203 – Não cabe recurso especial contra decisão proferida por órgão de segundo grau dos Juizados Especiais.

204 – Os juros de mora nas ações relativas a benefícios previdenciários incidem a partir da citação válida.

213 – O mandado de segurança constitui ação adequada para a declaração do direito à compensação tributária.

226 – O Ministério Público tem legitimidade para recorrer na ação de acidente do trabalho, ainda que o segurado esteja assistido por advogado.

242 – Cabe ação declaratória para reconhecimento de tempo de serviço para fins previdenciários.

250 – É legítima a cobrança de multa fiscal de empresa em regime de concordata.

254 – A decisão do Juízo Federal que exclui da relação processual ente federal não pode ser reexaminada no Juízo Estadual.

272 – O trabalhador rural, na condição de segurado especial, sujeito à contribuição obrigatória sobre a produção rural comercializada, somente faz jus à aposentadoria por tempo de serviço, se recolher contribuições facultativas.

278 – O termo inicial do prazo prescricional, na ação de indenização, é a data em que o segurado teve ciência inequívoca da incapacidade laboral.

289 – A restituição das parcelas pagas a plano de previdência privada deve ser objeto de correção plena, por índice que recomponha a efetiva desvalorização da moeda.

290 – Nos planos de previdência privada, não cabe ao beneficiário a devolução da contribuição efetuada pelo patrocinador.

291 – A ação de cobrança de parcelas de complementação de aposentadoria pela previdência privada prescreve em cinco anos.

306 – Os honorários advocatícios devem ser compensados quando houver sucumbência recíproca, assegurado o direito autônomo do advogado à execução do saldo sem excluir a legitimidade da própria parte.

310 – O Auxílio-creche não integra o salário de contribuição.

311 – Os atos do presidente do tribunal que disponham sobre processamento e pagamento de precatório não têm caráter jurisdicional.

325 – A remessa oficial devolve ao Tribunal o reexame de todas as parcelas da condenação suportadas pela Fazenda Pública, inclusive dos honorários de advogado.

326 – Na ação de indenização por dano moral, a condenação em montante inferior ao postulado na inicial não implica sucumbência recíproca.

336 – A mulher que renunciou aos alimentos na separação judicial tem direito à pensão previdenciária por morte do ex-marido, comprovada a necessidade econômica superveniente.

340 – A lei aplicável à concessão de pensão previdenciária por morte é aquela vigente na data do óbito do segurado.

349 – Compete à Justiça Federal ou aos juízes com competência delegada o julgamento das execuções fiscais de contribuições devidas pelo empregador ao FGTS.

351 – A alíquota de contribuição para o Seguro de Acidente do Trabalho (SAT) é aferida pelo grau de risco desenvolvido em cada empresa, individualizada pelo seu CNPJ, ou pelo grau de risco da atividade preponderante quando houver apenas um registro.

352 – A obtenção ou a renovação do Certificado de Entidade Beneficente de Assistência Social (Cebas) não exime a entidade do cumprimento dos requisitos legais supervenientes.

365 – A intervenção da União como sucessora da Rede Ferroviária Federal S/A (RF-FSA) desloca a competência para a Justiça Federal ainda que a sentença tenha sido proferida por Juízo estadual.

367 – A competência estabelecida pela EC n.º 45/2004 não alcança os processos já sentenciados.

373 – É ilegítima a exigência de depósito prévio para admissibilidade de recurso administrativo.

376 – Compete à turma recursal processar e julgar o mandado de segurança contra ato de juizado especial.

392 – A Fazenda Pública pode substituir a certidão de dívida ativa (CDA) até a prolação da sentença de embargos, quando se tratar de correção de erro material ou formal, vedada a modificação do sujeito passivo da execução.

393 – A exceção de pré-executividade é admissível na execução fiscal relativamente às matérias conhecíveis de ofício que não demandem dilação probatória.

406 – A Fazenda Pública pode recusar a substituição do bem penhorado por precatório.

409 – Em execução fiscal, a prescrição ocorrida antes da propositura da ação pode ser decretada de ofício (art. 219, § 5.º, do CPC).

416 – É devida a pensão por morte aos dependentes do segurado que, apesar de ter perdido essa qualidade, preencheu os requisitos legais para a obtenção de aposentadoria até a data do seu óbito.

419 – Descabe a prisão civil do depositário judicial infiel.

421 – Os honorários advocatícios não são devidos à Defensoria Pública quando ela atua contra a pessoa jurídica de direito público à qual pertença.

423 – A Contribuição para Financiamento da Seguridade Social – Cofins incide sobre as receitas provenientes das operações de locação de bens móveis.

425 – A retenção da contribuição para a seguridade social pelo tomador do serviço não se aplica às empresas optantes pelo Simples.

427 – A ação de cobrança de diferenças de valores de complementação de aposentadoria prescreve em cinco anos contados da data do pagamento.

428 – Compete ao Tribunal Regional Federal decidir os conflitos de competência entre juizado especial federal e juízo federal da mesma seção judiciária.

430 – O inadimplemento da obrigação tributária pela sociedade não gera, por si só, a responsabilidade solidária do sócio-gerente.

435 – Presume-se dissolvida irregularmente a empresa que deixar de funcionar no seu domicílio fiscal, sem comunicação aos órgãos competentes, legitimando o redirecionamento da execução fiscal para o sócio-gerente.

436 – A entrega de declaração pelo contribuinte reconhecendo débito fiscal constitui o crédito tributário, dispensada qualquer outra providência por parte do fisco.

437 – A suspensão da exigibilidade do crédito tributário superior a quinhentos mil reais para opção pelo REFIS pressupõe a homologação expressa do comitê gestor e a constituição de garantia por meio do arrolamento de bens.

446 – Declarado e não pago o débito tributário pelo contribuinte, é legítima a recusa de expedição de certidão negativa ou positiva com efeito de negativa.

448 – A opção pelo Simples de estabelecimentos dedicados às atividades de creche, pré-escola e ensino fundamental é admitida somente a partir de 24.10.2000, data de vigência da Lei n.º 10.034/2000.

456 – É incabível a correção monetária dos salários de contribuição considerados no cálculo do salário de benefício de auxílio-doença, aposentadoria por invalidez, pensão ou auxílio-reclusão concedidos antes da vigência da CF/1988.

458 – A contribuição previdenciária incide sobre a comissão paga ao corretor de seguros.

460 – É incabível o mandado de segurança para convalidar a compensação tributária realizada pelo contribuinte.

461 – O contribuinte pode optar por receber, por meio de precatório ou por compensação, o indébito tributário certificado por sentença declaratória transitada em julgado.

464 – A regra de imputação de pagamentos estabelecida no art. 354 do Código Civil não se aplica às hipóteses de compensação tributária.

468 – A base de cálculo do PIS, até a edição da MP n.º 1.212/1995, era o faturamento ocorrido no sexto mês anterior ao do fato gerador.

483 – O INSS não está obrigado a efetuar depósito prévio do preparo por gozar das prerrogativas e privilégios da Fazenda Pública.

484 – Admite-se que o preparo seja efetuado no primeiro dia útil subsequente, quando a interposição do recurso ocorrer após o encerramento do expediente bancário.

490 – A dispensa de reexame necessário, quando o valor da condenação ou do direito controvertido for inferior a sessenta salários mínimos, não se aplica a sentenças ilíquidas.

499 – As empresas prestadoras de serviços estão sujeitas às contribuições ao Sesc e Senac, salvo se integradas noutro serviço social.

505 – A competência para processar e julgar as demandas que têm por objeto obrigações decorrentes dos contratos de planos de previdência privada firmados com a Fundação Rede Ferroviária de Seguridade Social – REFER é da Justiça estadual.

Anexo 1 • SÚMULAS E ENUNCIADOS EM MATÉRIA TRABALHISTA E PREVIDENCIÁRIA | 489

507 – A acumulação de auxílio-acidente com aposentadoria pressupõe que a lesão incapacitante e a aposentadoria sejam anteriores a 11/11/1997, observado o critério do art. 23 da Lei n. 8.213/1991 para definição do momento da lesão nos casos de doença profissional ou do trabalho.

508 – A isenção da Cofins concedida pelo art. 6º, II, da LC n. 70/1991 às sociedades civis de prestação de serviços profissionais foi revogada pelo art. 56 da Lei n. 9.430/1996.

515 – A reunião de execuções fiscais contra o mesmo devedor constitui faculdade do Juiz.

517 – São devidos honorários advocatícios no cumprimento de sentença, haja ou não impugnação, depois de escoado o prazo para pagamento voluntário, que se inicia após a intimação do advogado da parte executada.

518 – Para fins do art. 105, III, *a*, da Constituição Federal, não é cabível recurso especial fundado em alegada violação de enunciado de súmula.

519 – Na hipótese de rejeição da impugnação ao cumprimento de sentença, não são cabíveis honorários advocatícios.

554 – Na hipótese de sucessão empresarial, a responsabilidade da sucessora abrange não apenas os tributos devidos pela sucedida, mas também as multas moratórias ou punitivas referentes a fatos geradores ocorridos até a data da sucessão.

555 – Quando não houver declaração do débito, o prazo decadencial quinquenal para o Fisco constituir o crédito tributário conta-se exclusivamente na forma do art. 173, I, do CTN, nos casos em que a legislação atribui ao sujeito passivo o dever de antecipar o pagamento sem prévio exame da autoridade administrativa.

556 – É indevida a incidência de imposto de renda sobre o valor da complementação de aposentadoria pago por entidade de previdência privada e em relação ao resgate de contribuições recolhidas para referidas entidades patrocinadoras no período de 1º.1.1989 a 31.12.1995, em razão da isenção concedida pelo art. 6º, VII, *b*, da Lei n. 7.713/1988, na redação anterior à que lhe foi dada pela Lei n. 9.250/1995.

557 – A renda mensal inicial (RMI) alusiva ao benefício de aposentadoria por invalidez precedido de auxílio-doença será apurada na forma do art. 36, § 7º, do Decreto n. 3.048/1999, observando-se, porém, os critérios previstos no art. 29, § 5º, da Lei n. 8.213/1991, quando intercalados períodos de afastamento e de atividade laboral.

558 – Em ações de execução fiscal, a petição inicial não pode ser indeferida sob o argumento da falta de indicação do CPF e/ou RG ou CNPJ da parte executada.

559 – Em ações de execução fiscal, é desnecessária a instrução da petição inicial com o demonstrativo de cálculo do débito, por tratar-se de requisito não previsto no art. 6º da Lei n. 6.830/1980.

560 – A decretação da indisponibilidade de bens e direitos, na forma do art. 185-A do CTN, pressupõe o exaurimento das diligências na busca por bens penhoráveis, o qual fica caracterizado quando infrutíferos o pedido de constrição sobre ativos financeiros e a expedição de ofícios aos registros públicos do domicílio do executado, ao Denatran ou Detran.

563 – O Código de Defesa do Consumidor é aplicável às entidades abertas de previdência complementar, não incidindo nos contratos previdenciários celebrados com entidades fechadas.

576 – Ausente requerimento administrativo no INSS, o termo inicial para a implantação da aposentadoria por invalidez concedida judicialmente será a data da citação válida.

577 – É possível reconhecer o tempo de serviço rural anterior ao documento mais antigo apresentando, desde que amparado em convincente prova testemunhal colhida sob o contraditório.

578 – Os empregados que laboram no cultivo da cana-de-açúcar para empresa agroindustrial ligada ao setor sucroalcooleiro detêm a qualidade de rurícola, ensejando a isenção do FGTS desde a edição da Lei Complementar n. 11/1971 até a promulgação da Constituição Federal de 1988.

579 – Não é necessário ratificar o recurso especial interposto na pendência do julgamento dos embargos de declaração, quando inalterado o resultado anterior.

583 – O arquivamento provisório previsto no art. 20 da Lei n. 10.522/2002, dirigido aos débitos inscritos como dívida ativa da União pela Procuradoria-Geral da Fazenda Nacional ou por ela cobrados, não se aplica às execuções fiscais movidas pelos conselhos de fiscalização profissional ou pelas autarquias federais.

584 – As sociedades corretoras de seguros, que não se confundem com as sociedades de valores mobiliários ou com os agentes autônomos de seguro privado, estão fora do rol de entidades constantes do art. 22, § 1º, da Lei n. 8.212/1991, não se sujeitando à majoração da alíquota da Cofins prevista no art. 18 da Lei n. 10.684/2003.

590 – Constitui acréscimo patrimonial a atrair a incidência do imposto de renda, em caso de liquidação de entidade de previdência privada, a quantia que couber a cada participante, por rateio do patrimônio, superior ao valor das respectivas contribuições à entidade em liquidação, devidamente atualizadas e corrigidas.

591 – É permitida a prova emprestada no processo administrativo disciplinar, desde que devidamente autorizada pelo juízo competente e respeitados o contraditório e a ampla defesa.

592 – O excesso de prazo para a conclusão do processo administrativo disciplinar só causa nulidade se houver demonstração de prejuízo à defesa.

598 – É desnecessária a apresentação de laudo médico oficial para o reconhecimento judicial da isenção do imposto de renda, desde que o magistrado entenda suficientemente demonstrada a doença grave por outros meios de prova.

599 – O princípio da insignificância é inaplicável aos crimes contra a administração pública.

610 – O suicídio não é coberto nos dois primeiros anos de vigência do contrato de seguro de vida, ressalvado o direito do beneficiário à devolução do montante da reserva técnica formada.

612 – O certificado de entidade beneficente de assistência social (CEBAS), no prazo de sua validade, possui natureza declaratória para fins tributários, retroagindo seus efeitos à data em que demonstrado o cumprimento dos requisitos estabelecidos por lei complementar para a fruição da imunidade.

622 – A notificação do auto de infração faz cessar a contagem da decadência para a constituição do crédito tributário; exaurida a instância administrativa com o decurso do prazo para a impugnação ou com a notificação de seu julgamento definitivo e esgotado o prazo concedido pela Administração para o pagamento voluntário, inicia-se o prazo prescricional para a cobrança judicial.

625 – O pedido administrativo de compensação ou de restituição não interrompe o prazo prescricional para a ação de repetição de indébito tributário de que trata o art. 168 do CTN nem o da execução de título judicial contra a Fazenda Pública.

627 – O contribuinte faz jus à concessão ou à manutenção da isenção do imposto de renda, não se lhe exigindo a demonstração da contemporaneidade dos sintomas da doença nem da recidiva da enfermidade.

633 – A Lei n. 9.784/1999, especialmente no que diz respeito ao prazo decadencial para a revisão de atos administrativos no âmbito da Administração Pública federal, pode ser aplicada, de forma subsidiária, aos estados e municípios, se inexistente norma local e específica que regule a matéria.

642 – O direito à indenização por danos morais transmite-se com o falecimento do titular, possuindo os herdeiros da vítima legitimidade ativa para ajuizar ou prosseguir a ação indenizatória.

646 – É irrelevante a natureza da verba trabalhista para fins de incidência da contribuição ao FGTS, visto que apenas as verbas elencadas em lei (art. 28, § 9º, da Lei n. 8.212/1991), em rol taxativo, estão excluídas da sua base de cálculo, por força do disposto no art. 15, § 6º, da Lei n. 8.036/1990.

653 – O pedido de parcelamento fiscal, ainda que indeferido, interrompe o prazo prescricional, pois caracteriza confissão extrajudicial do débito.

SÚMULAS DO TRIBUNAL SUPERIOR DO TRABALHO

160 – Cancelada a aposentadoria por invalidez, mesmo após cinco anos, o trabalhador terá direito de retornar ao emprego, facultado, porém, ao empregador, indenizá-lo na forma da lei (ex-prejulgado n.º 37).

282 – Abono de Faltas – Serviço Médico da Empresa – Ao serviço médico da empresa ou ao mantido por esta última, mediante convênio compete abonar os primeiros 15 (quinze) dias de ausência do trabalho.

363 – Contrato nulo. Efeitos – Nova redação – Res. n.º 121/2003, *DJ* 21.11.2003. A contratação de servidor público, após a CF/1988, sem prévia aprovação em concurso público, encontra óbice no respectivo art. 37, II e § 2.º, somente lhe conferindo direito ao pagamento da contraprestação pactuada, em relação ao número de horas trabalhadas, respeitado o valor da hora do salário mínimo, e dos valores referentes aos depósitos do FGTS.

368 – DESCONTOS PREVIDENCIÁRIOS. IMPOSTO DE RENDA. COMPETÊNCIA. RESPONSABILIDADE PELO RECOLHIMENTO. FORMA DE CÁLCULO. FATO GERADOR

I – A Justiça do Trabalho é competente para determinar o recolhimento das contribuições fiscais. A competência da Justiça do Trabalho, quanto à execução das contribuições previdenciárias, limita-se às sentenças condenatórias em pecúnia que proferir e aos valores, objeto de acordo homologado, que integrem o salário de contribuição.

II – É do empregador a responsabilidade pelo recolhimento das contribuições previdenciárias e fiscais, resultantes de crédito do empregado oriundo de condenação judicial. A culpa do empregador pelo inadimplemento das verbas remuneratórias, contudo, não exime a responsabilidade do empregado pelos pagamentos do imposto de renda devido e da contribuição previdenciária que recaia sobre sua quota-parte.

III – Os descontos previdenciários relativos à contribuição do empregado, no caso de ações trabalhistas, devem ser calculados mês a mês, de conformidade com o art. 276, § 4.º, do Decreto n.º 3.048/1999 que regulamentou a Lei n.º 8.212/1991, aplicando-se as alíquotas previstas no art. 198, observado o limite máximo do salário de contribuição.

IV – Considera-se fato gerador das contribuições previdenciárias decorrentes de créditos trabalhistas reconhecidos ou homologados em juízo, para os serviços prestados até 4.3.2009, inclusive, o efetivo pagamento das verbas, configurando-se a mora a partir do dia dois do mês seguinte ao da liquidação (art. 276, "caput", do Decreto n.º 3.048/1999). Eficácia não retroativa da alteração legislativa promovida pela Medida Provisória n.º 449/2008, posteriormente convertida na Lei n.º 11.941/2009, que deu nova redação ao art. 43 da Lei n.º 8.212/1991.

V – Para o labor realizado a partir de 5.3.2009, considera-se fato gerador das contribuições previdenciárias decorrentes de créditos trabalhistas reconhecidos ou homologados em juízo a data da efetiva prestação dos serviços. Sobre as contribuições previdenciárias não recolhidas a partir da prestação dos serviços incidem juros de mora e, uma vez apurados os créditos previdenciários, aplica-se multa a partir do exaurimento do prazo de citação para pagamento, se descumprida a obrigação, observado o limite legal de 20% (art. 61, § 2.º, da Lei n.º 9.430/1996).

VI – O imposto de renda decorrente de crédito do empregado recebido acumuladamente deve ser calculado sobre o montante dos rendimentos pagos, mediante a utilização de tabela progressiva resultante da multiplicação da quantidade de meses a que se refiram os rendimentos pelos valores constantes da tabela progressiva mensal correspondente ao mês do recebimento ou crédito, nos termos do art. 12-A da Lei n.º 7.713, de 22.12.1988, com a redação conferida pela Lei n.º 13.149/2015, observado o procedimento previsto nas Instruções Normativas da Receita Federal do Brasil.

371 – AVISO PRÉVIO INDENIZADO. EFEITOS. SUPERVENIÊNCIA DE AUXÍLIO-DOENÇA NO CURSO DESTE – A projeção do contrato de trabalho para o futuro, pela concessão do aviso prévio indenizado, tem efeitos limitados às vantagens econômicas obtidas no período de pré-aviso, ou seja, salários, reflexos e verbas rescisórias. No caso de concessão de auxílio-doença no curso do aviso prévio, todavia, só se concretizam os efeitos da dispensa depois de expirado o benefício previdenciário.

378 – ESTABILIDADE PROVISÓRIA. ACIDENTE DO TRABALHO. ART. 118 DA LEI N.º 8.213/1991.

I – É constitucional o artigo 118 da Lei n.º 8.213/1991 que assegura o direito à estabilidade provisória por período de 12 meses após a cessação do auxílio-doença ao empregado acidentado.

II – São pressupostos para a concessão da estabilidade o afastamento superior a 15 (quinze) dias e a consequente percepção do auxílio-doença acidentário, salvo se constatada, após a despedida, doença profissional que guarde relação de causalidade com a execução do contrato de emprego.

III – O empregado submetido a contrato de trabalho por tempo determinado goza da garantia provisória de emprego decorrente de acidente de trabalho prevista no art. 118 da Lei n.º 8.213/91.

380 – AVISO PRÉVIO. INÍCIO DA CONTAGEM. ART. 132 DO CÓDIGO CIVIL DE 2002. Aplica-se a regra prevista no *caput* do art. 132 do Código Civil de 2002 à contagem do prazo do aviso prévio, excluindo-se o dia do começo e incluindo o do vencimento.

389 – SEGURO-DESEMPREGO. COMPETÊNCIA DA JUSTIÇA DO TRABALHO. DIREITO À INDENIZAÇÃO POR NÃO LIBERAÇÃO DE GUIAS.

I – Inscreve-se na competência material da Justiça do Trabalho a lide entre empregado e empregador tendo por objeto indenização pelo não fornecimento das guias do seguro-desemprego.

II – O não fornecimento pelo empregador da guia necessária para o recebimento do seguro-desemprego dá origem ao direito à indenização.

390 – ESTABILIDADE. ART. 41 DA CF/1988. CELETISTA. ADMINISTRAÇÃO DIRETA, AUTÁRQUICA OU FUNDACIONAL. APLICABILIDADE. EMPREGADO DE EMPRESA PÚBLICA E SOCIEDADE DE ECONOMIA MISTA. INAPLICÁVEL

I – O servidor público celetista da administração direta, autárquica ou fundacional é beneficiário da estabilidade prevista no art. 41 da CF/1988.

II – Ao empregado de empresa pública ou de sociedade de economia mista, ainda que admitido mediante aprovação em concurso público, não é garantida a estabilidade prevista no art. 41 da CF/1988.

392 – DANO MORAL E MATERIAL. RELAÇÃO DE TRABALHO. COMPETÊNCIA DA JUSTIÇA DO TRABALHO

Nos termos do art. 114, inc. VI, da Constituição da República, a Justiça do Trabalho é competente para processar e julgar ações de indenização por dano moral e material, decorrentes da relação de trabalho, inclusive as oriundas de acidente de trabalho e doenças a ele equiparadas, ainda que propostas pelos dependentes ou sucessores do trabalhador falecido.

396 – ESTABILIDADE PROVISÓRIA. PEDIDO DE REINTEGRAÇÃO. CONCESSÃO DO SALÁRIO RELATIVO AO PERÍODO DE ESTABILIDADE JÁ EXAURIDO. INEXISTÊNCIA DE JULGAMENTO *EXTRA PETITA*.

I – Exaurido o período de estabilidade, são devidos ao empregado apenas os salários do período compreendido entre a data da despedida e o final do período de estabilidade, não lhe sendo assegurada a reintegração no emprego.

II – Não há nulidade por julgamento "extra petita" da decisão que deferir salário quando o pedido for de reintegração, dados os termos do art. 496 da CLT.

401 – AÇÃO RESCISÓRIA. DESCONTOS LEGAIS. FASE DE EXECUÇÃO. SENTENÇA EXEQUENDA OMISSA. INEXISTÊNCIA DE OFENSA À COISA JULGADA.. Os descontos previdenciários e fiscais devem ser efetuados pelo juízo executório, ainda que a sentença exequenda tenha sido omissa sobre a questão, dado o caráter de ordem pública ostentado pela norma que os disciplina. A ofensa à coisa julgada somente poderá ser caracterizada na hipótese de o título exequendo, expressamente, afastar a dedução dos valores a título de imposto de renda e de contribuição previdenciária.

440 – AUXÍLIO-DOENÇA ACIDENTÁRIO. APOSENTADORIA POR INVALIDEZ. SUSPENSÃO DO CONTRATO DE TRABALHO. RECONHECIMENTO DO DIREITO À MANUTENÇÃO DE PLANO DE SAÚDE OU DE ASSISTÊNCIA MÉDICA.

Assegura-se o direito à manutenção de plano de saúde ou de assistência médica oferecido pela empresa ao empregado, não obstante suspenso o contrato de trabalho em virtude de auxílio-doença acidentário ou de aposentadoria por invalidez.

441 – AVISO PRÉVIO. PROPORCIONALIDADE

O direito ao aviso prévio proporcional ao tempo de serviço somente é assegurado nas rescisões de contrato de trabalho ocorridas a partir da publicação da Lei nº 12.506, em 13 de outubro de 2011.

443 – DISPENSA DISCRIMINATÓRIA. PRESUNÇÃO. EMPREGADO PORTADOR DE DOENÇA GRAVE. ESTIGMA OU PRECONCEITO. DIREITO À REINTEGRAÇÃO.

Presume-se discriminatória a despedida de empregado portador do vírus HIV ou de outra doença grave que suscite estigma ou preconceito. Inválido o ato, o empregado tem direito à reintegração no emprego.

454 – COMPETÊNCIA DA JUSTIÇA DO TRABALHO. EXECUÇÃO DE OFÍCIO. CONTRIBUIÇÃO SOCIAL REFERENTE AO SEGURO DE ACIDENTE DE TRABALHO (SAT). ARTS. 114, VIII, E 195, I, "A", DA CONSTITUIÇÃO DA REPÚBLICA.

Compete à Justiça do Trabalho a execução, de ofício, da contribuição referente ao Seguro de Acidente de Trabalho (SAT), que tem natureza de contribuição para a seguridade social (arts. 114, VIII, e 195, I, "a", da CF), pois se destina ao financiamento de benefícios relativos à incapacidade do empregado decorrente de infortúnio no trabalho.

SÚMULAS DA TURMA NACIONAL DE UNIFORMIZAÇÃO DE JURISPRUDÊNCIA DOS JUIZADOS ESPECIAIS FEDERAIS

1 – A conversão dos benefícios previdenciários em URV, em março/94, obedece às disposições do art. 20, incisos I e II da Lei n.º 8.880/94 (MP n.º 434/94).

2 – Os benefícios previdenciários, em maio de 1996, devem ser reajustados na forma da MP n.º 1.415, de 29 de abril de 1996, convertida na Lei n.º 9.711, de 20 de novembro de 1998.

4 – Não há direito adquirido à condição de dependente de pessoa designada, quando o falecimento do segurado deu-se após o advento da Lei n.º 9.032/95.

5 – PRESTAÇÃO DE SERVIÇO RURAL. A prestação de serviço rural por menor de 12 a 14 anos, até o advento da Lei n.º 8.213, de 24 de julho de 1991, devidamente comprovada, pode ser reconhecida para fins previdenciários.

6 – COMPROVAÇÃO DE CONDIÇÃO RURÍCOLA. A certidão de casamento ou outro documento idôneo que evidencie a condição de trabalhador rural do cônjuge constitui início razoável de prova material da atividade rurícola.

8 – BENEFÍCIOS PREVIDENCIÁRIOS. Os benefícios de prestação continuada, no Regime Geral da Previdência Social, não serão reajustados com base no IGP-Di nos anos de 1997, 1999, 2000 e 2001.

9 – APOSENTADORIA ESPECIAL – EQUIPAMENTO DE PROTEÇÃO INDIVIDUAL. O uso de Equipamento de Proteção Individual (EPI), ainda que elimine a insalubridade, no caso de exposição a ruído, não descaracteriza o tempo de serviço especial prestado.

10 – TEMPO DE SERVIÇO RURAL. CONTAGEM RECÍPROCA. O tempo de serviço rural anterior à vigência da Lei n.º 8.213/91 pode ser utilizado para fins

de contagem recíproca, assim entendida aquela que soma tempo de atividade privada, rural ou urbana, ao de serviço público estatutário, desde que sejam recolhidas as respectivas contribuições previdenciárias.

14 – Para a concessão de aposentadoria rural por idade, não se exige que o início de prova material, corresponda a todo o período equivalente à carência do benefício.

17 – Não há renúncia tácita no juizado especial federal, para fins de competência.

18 – Para fins previdenciários, o cômputo do tempo de serviço prestado como aluno-aprendiz exige a comprovação de que, durante o período de aprendizado, houve simultaneamente: (i) retribuição consubstanciada em prestação pecuniária ou em auxílios materiais; (ii) à conta do Orçamento; (iii) a título de contraprestação por labor; (iv) na execução de bens e serviços destinados a terceiros.

19 – Para o cálculo da renda mensal inicial do benefício previdenciário, deve ser considerada, na atualização dos salários de contribuição anteriores a março de 1994, a variação integral do IRSM de fevereiro de 1994, na ordem de 39,67% (art. 21, § 1.º, da Lei n.º 8.880/94).

20 – A Lei n.º 8.112, de 11 de dezembro de 1990, não modificou a situação do servidor celetista anteriormente aposentado pela Previdência Social Urbana.

21 – Não há direito adquirido a reajuste de benefícios previdenciários com base na variação do IPC (Índice de Preço ao Consumidor), de janeiro de 1989 (42,72%) e abril de 1990 (44,80%).

22 – Se a prova pericial realizada em juízo dá conta de que a incapacidade já existia na data do requerimento administrativo, esta é o termo inicial do benefício assistencial.

24 – O tempo de serviço do segurado trabalhador rural anterior ao advento da Lei n.º 8.213/91, sem o recolhimento de contribuições previdenciárias, pode ser considerado para a concessão de benefício previdenciário do Regime Geral de Previdência Social – RGPS, exceto para efeito de carência, conforme a regra do art. 55, § 2.º, da Lei n.º 8.213/91.

25 – A revisão dos valores dos benefícios previdenciários, prevista no art. 58 do ADCT, deve ser feita com base no número de salários mínimos apurado na data da concessão, e não no mês de recolhimento da última contribuição.

26 – A atividade de vigilante enquadra-se como especial, equiparando-se à de guarda, elencada no item 2.5.7 do Anexo III do Decreto n.º 53.831/64.

27 – A ausência de registro em órgão do Ministério do Trabalho não impede a comprovação do desemprego por outros meios admitidos em Direito.

29 – Para os efeitos do art. 20, § 2.º, da Lei n.º 8.742, de 1993, incapacidade para a vida independente não é só aquela que impede as atividades mais elementares da pessoa, mas também a impossibilita de prover ao próprio sustento.

30 – Tratando-se de demanda previdenciária, o fato de o imóvel ser superior ao módulo rural não afasta, por si só, a qualificação de seu proprietário como segurado especial, desde que comprovada, nos autos, a sua exploração em regime de economia familiar.

31 – A anotação na CTPS decorrente de sentença trabalhista homologatória constitui início de prova material para fins previdenciários.

33 – Quando o segurado houver preenchido os requisitos legais para concessão da aposentadoria por tempo de serviço na data do requerimento administrativo, esta data será o termo inicial da concessão do benefício.

34 – Para fins de comprovação do tempo de labor rural, o início de prova material deve ser contemporâneo à época dos fatos a provar.

35 – A Taxa SELIC, composta por juros de mora e correção monetária, incide nas repetições de indébito tributário.

36 – Não há vedação legal à cumulação da pensão por morte de trabalhador rural com o benefício da aposentadoria por invalidez, por apresentarem pressupostos fáticos e fatos geradores distintos.

37 – A pensão por morte, devida ao filho até os 21 anos de idade, não se prorroga pela pendência do curso universitário.

38 – Aplica-se subsidiariamente a Tabela de Cálculos de Santa Catarina aos pedidos de revisão de RMI – OTN/ORTN, na atualização dos salários de contribuição.

39 – Nas ações contra a Fazenda Pública, que versem sobre pagamento de diferenças decorrentes de reajuste nos vencimentos de servidores públicos, ajuizadas após 24.08.2001, os juros de mora devem ser fixados em 6% (seis por cento) ao ano (art. 1.º-F da Lei 9.494/97).

40 – Nenhuma diferença é devida a título de correção monetária dos depósitos do FGTS relativos ao mês de fevereiro de 1989.

41 – A circunstância de um dos integrantes do núcleo familiar desempenhar atividade urbana não implica, por si só, a descaracterização do trabalhador rural como segurado especial, condição que deve ser analisada no caso concreto.

42 – Não se conhece de incidente de uniformização que implique reexame de matéria de fato.

43 – Não cabe incidente de uniformização que verse sobre matéria processual.

44 – Para efeito de aposentadoria por idade urbana, a tabela progressiva de carência prevista no artigo 142 da Lei 8.213/91 deve ser aplicada em função do ano em que o segurado completa a idade mínima para concessão do benefício, ainda que o período de carência só seja preenchido posteriormente.

45 – Incide correção monetária sobre o salário-maternidade desde a época do parto, independentemente da data do requerimento administrativo.

46 – O exercício de atividade urbana intercalada não impede a concessão de benefício previdenciário de trabalhador rural, condição que deve ser analisada no caso concreto.

47 – Uma vez reconhecida a incapacidade parcial para o trabalho, o juiz deve analisar as condições pessoais e sociais do segurado para a concessão de aposentadoria por invalidez.

48 – Para fins de concessão do benefício assistencial de prestação continuada, o conceito de pessoa com deficiência, que não se confunde necessariamente com situação de incapacidade laborativa, exige a configuração de impedimento de longo prazo com duração mínima de 2 (dois) anos, a ser aferido no caso concreto, desde o início do impedimento até a data prevista para a sua cessação.

49 – Para reconhecimento de condição especial de trabalho antes de 29.04.1995, a exposição a agentes nocivos à saúde ou à integridade física não precisa ocorrer de forma permanente.

50 – É possível a conversão do tempo de serviço especial em comum do trabalho prestado em qualquer período.

52 – Para fins de concessão de pensão por morte, é incabível a regularização do recolhimento de contribuições de segurado contribuinte individual posteriormente a seu óbito, exceto quando as contribuições devam ser arrecadadas por empresa tomadora de serviços.

53 – Não há direito a auxílio-doença ou a aposentadoria por invalidez quando a incapacidade para o trabalho é preexistente ao reingresso do segurado no Regime Geral de Previdência Social.

54 – Para a concessão de aposentadoria por idade de trabalhador rural, o tempo de exercício de atividade equivalente à carência deve ser aferido no período imediatamente anterior ao requerimento administrativo ou à data do implemento da idade mínima.

55 – A conversão do tempo de atividade especial em comum deve ocorrer com aplicação do fator multiplicativo em vigor na data da concessão da aposentadoria.

56 – O prazo de trinta anos para prescrição da pretensão à cobrança de juros progressivos sobre saldo de conta vinculada ao FGTS tem início na data em que deixou de ser feito o crédito e incide sobre cada prestação mensal.

57 – O auxílio-doença e a aposentadoria por invalidez não precedida de auxílio-doença, quando concedidos na vigência da Lei n.º 9.876/1999, devem ter o salário de benefício apurado com base na média aritmética simples dos maiores salários de contribuição correspondentes a 80% do período contributivo, independentemente da data de filiação do segurado ou do número de contribuições mensais no período contributivo.

62 – O segurado contribuinte individual pode obter reconhecimento de atividade especial para fins previdenciários, desde que consiga comprovar exposição a agentes nocivos à saúde ou à integridade física.

63 – A comprovação de união estável para efeito de concessão de pensão por morte prescinde de início de prova material.

65 – Os benefícios de auxílio-doença, auxílio-acidente e aposentadoria por invalidez concedidos no período de 28.3.2005 a 20.7.2005 devem ser calculados nos termos da Lei n.º 8.213/1991, em sua redação anterior à vigência da Medida Provisória n.º 242/2005.

66 – O servidor público ex-celetista que trabalhava sob condições especiais antes de migrar para o regime estatutário tem direito adquirido à conversão do tempo de atividade especial em tempo comum com o devido acréscimo legal, para efeito de contagem recíproca no regime previdenciário próprio dos servidores públicos.

67 – O auxílio-alimentação recebido em pecúnia por segurado filiado ao Regime Geral da Previdência Social integra o salário de contribuição e sujeita-se à incidência de contribuição previdenciária.

68 – O laudo pericial não contemporâneo ao período trabalhado é apto à comprovação da atividade especial do segurado.

69 – O tempo de serviço prestado em empresa pública ou em sociedade de economia mista por servidor público federal somente pode ser contado para efeitos de aposentadoria e disponibilidade.

70 – A atividade de tratorista pode ser equiparada à de motorista de caminhão para fins de reconhecimento de atividade especial mediante enquadramento por categoria profissional.

71 – O mero contato do pedreiro com o cimento não caracteriza condição especial de trabalho para fins previdenciários.

72 – É possível o recebimento de benefício por incapacidade durante período em que houve exercício de atividade remunerada quando comprovado que o segurado estava incapaz para as atividades habituais na época em que trabalhou.

73 – O tempo de gozo de auxílio-doença ou de aposentadoria por invalidez não decorrentes de acidente de trabalho só pode ser computado como tempo de contribuição ou para fins de carência quando intercalado entre períodos nos quais houve recolhimento de contribuições para a previdência social.

74 – O prazo de prescrição fica suspenso pela formulação de requerimento administrativo e volta a correr pelo saldo remanescente após a ciência da decisão administrativa final.

75 – A Carteira de Trabalho e Previdência Social (CTPS) em relação à qual não se aponta defeito formal que lhe comprometa a fidedignidade goza de presunção relativa de veracidade, formando prova suficiente de tempo de serviço para fins previdenciários, ainda que a anotação de vínculo de emprego não conste no Cadastro Nacional de Informações Sociais (CNIS).

76 – A averbação de tempo de serviço rural não contributivo não permite majorar o coeficiente de cálculo da renda mensal inicial de aposentadoria por idade previsto no art. 50 da Lei nº 8.213/91.

77 – O julgador não é obrigado a analisar as condições pessoais e sociais quando não reconhecer a incapacidade do requerente para a sua atividade habitual.

78 – Comprovado que o requerente de benefício é portador do vírus HIV, cabe ao julgador verificar as condições pessoais, sociais, econômicas e culturais, de forma a analisar a incapacidade em sentido amplo, em face da elevada estigmatização social da doença.

79 – Nas ações em que se postula benefício assistencial, é necessária a comprovação das condições socioeconômicas do autor por laudo de assistente social, por auto de constatação lavrado por oficial de justiça ou, sendo inviabilizados os referidos meios, por prova testemunhal.

80 – Nos pedidos de benefício de prestação continuada (LOAS), tendo em vista o advento da Lei 12.470/2011, para adequada valoração dos fatores ambientais, sociais, econômicos e pessoais que impactam na participação da pessoa com deficiência na sociedade, é necessária a realização de avaliação social por assistente social ou outras providências aptas a revelar a efetiva condição vivida no meio social pelo requerente.

81 – Não incide o prazo decadencial previsto no art. 103, *caput*, da Lei n. 8.213/1991, nos casos de indeferimento e cessação de benefícios, bem como em relação às questões não apreciadas pela Administração no ato da concessão.

82 – O código 1.3.2 do quadro anexo ao Decreto n. 53.831/64, além dos profissionais da área da saúde, contempla os trabalhadores que exercem atividades de serviços gerais em limpeza e higienização de ambientes hospitalares.

83 – A partir da entrada em vigor da Lei nº 8.870/94, o décimo terceiro salário não integra o salário de contribuição para fins de cálculo do salário de benefício.

84 – Comprovada a situação de desemprego por mais de 3 anos, o trabalhador tem direito ao saque dos valores depositados em sua conta individual do PIS.

85 – É possível a conversão de tempo comum em especial de período(s) anterior(es) ao advento da Lei n. 9.032/1995 (que alterou a redação do § 3º do art. 57 da Lei n. 8.213/1991), desde que todas as condições legais para a concessão do benefício pleiteado tenham sido atendidas antes da publicação da referida lei, independentemente da data de entrada do requerimento (DER).

87 – A eficácia do EPI não obsta o reconhecimento de atividade especial exercida antes de 03.12.1998, data de início da vigência da MP 1.729/98, convertida na Lei n. 9.732/98.

ENUNCIADOS DO CONSELHO DE RECURSOS DA PREVIDÊNCIA SOCIAL

ENUNCIADO 1

A Previdência Social deve conceder o melhor benefício a que o beneficiário fizer jus, cabendo ao servidor orientá-lo nesse sentido.

I – Satisfeitos os requisitos para a concessão de mais de um tipo de benefício, o INSS oferecerá ao interessado o direito de opção, mediante a apresentação dos demonstrativos financeiros de cada um deles.

II – Preenchidos os requisitos para mais de uma espécie de benefício na Data de Entrada do Requerimento (DER) e em não tendo sido oferecido ao interessado o direito de opção pelo melhor benefício, este poderá solicitar revisão e alteração para espécie que lhe é mais vantajosa, cujos efeitos financeiros remontarão à DER do benefício concedido originariamente, observada a decadência e a prescrição quinquenal.

III – Implementados os requisitos para o reconhecimento do direito em momento posterior ao requerimento administrativo, poderá ser reafirmada a DER até a data do cumprimento da decisão do CRPS.

IV – Retornando os autos ao INSS, cabe ao interessado a opção pela reafirmação da DER mediante expressa concordância, aplicando-se a todas as situações que resultem em benefício mais vantajoso ao interessado.

ENUNCIADO 2

Não se indefere benefício sob fundamento de falta de recolhimento de contribuição previdenciária quando a responsabilidade tributária não competir ao segurado.

I – Considera-se presumido o recolhimento das contribuições do segurado empregado, inclusive o doméstico, do trabalhador avulso e, a partir da competência abril de 2003, do contribuinte individual prestador de serviço.

II – Não é absoluto o valor probatório da Carteira de Trabalho e Previdência Social (CTPS), mas é possível formar prova suficiente para fins previdenciários se esta não tiver defeito formal que lhe comprometa a fidedignidade, salvo existência de dúvida devidamente fundamentada.

III – A concessão de benefícios no valor mínimo ao segurado empregado doméstico independe de prova do recolhimento das contribuições, inclusive a primeira sem atraso, desde que atendidos os demais requisitos legais exigidos, exceto para fins de contagem recíproca.

IV – O vínculo do segurado como empregado doméstico será computado para fins de carência, ainda que esteja filiado ao Regime Geral de Previdência Social (RGPS) em categoria diversa na Data de Entrada do Requerimento (DER).

V – É permitida a contagem, como tempo de contribuição, do tempo exercido na condição de aluno-aprendiz, exceto para fins de contagem recíproca, referente ao período de aprendizado profissional realizado em escolas técnicas, desde que comprovada a remuneração, mesmo que indireta, à conta do orçamento público e o vínculo empregatício, admitindo-se, como confirmação deste, o trabalho prestado na execução de atividades com vistas a atender encomendas de terceiros.

ENUNCIADO 3

A comprovação do tempo de contribuição, mediante ação trabalhista transitada em julgado, somente produzirá efeitos para fins previdenciários quando baseada em início de prova material contemporânea aos fatos, constantes nos autos do processo judicial ou administrativo.

I – Não será admitida, para os fins previstos na legislação previdenciária, prova exclusivamente testemunhal, exceto na ocorrência de motivo de força maior ou caso fortuito.

II – Não será exigido início de prova material se o objeto da ação trabalhista for a reintegração ou a complementação de remuneração, desde que devidamente comprovado o vínculo anterior em ambos os casos.

ENUNCIADO 4

A comprovação de união estável e de dependência econômica, mediante ação judicial transitada em julgado, somente produzirá efeitos para fins previdenciários quando baseada em início de prova material contemporânea aos fatos, constantes nos autos do processo judicial ou administrativo.

I – A dependência econômica pode ser parcial, devendo, no entanto, representar um auxílio substancial, permanente e necessário, cuja falta acarretaria desequilíbrio dos meios de subsistência do dependente.

II – O recebimento de ajuda econômica ou financeira, sob qualquer forma, ainda que superveniente, poderá caracterizar a dependência econômica parcial, observados os demais elementos de prova no caso concreto.

III – A habilitação tardia de beneficiários menores, incapazes ou ausentes, em benefícios previdenciários já com dependentes anteriormente habilitados, somente produzirá efeitos financeiros a contar da Data de Entrada do Requerimento (DER), sendo incabível a retroação da Data do Início do Pagamento (DIP) para permitir a entrega de valores a partir do fato gerador do benefício.

IV – É devida a pensão por morte aos dependentes do segurado que, apesar de ter perdido essa qualidade, preencheu os requisitos legais para a obtenção de benefício previdenciário até a data do seu óbito.

V – A concessão da pensão por morte ao cônjuge ou companheiro do sexo masculino, no período compreendido entre a promulgação da Constituição Federal de 1988 e o advento da Lei nº 8.213 de 1991, rege-se pelas normas do Decreto nº. 83.080, de 24 de janeiro de 1979, seguido pela Consolidação das Leis da Previdência Social (CLPS) expedida pelo Decreto nº. 89.312, de 23 de janeiro de 1984, que continuaram a viger até o advento da Lei nº. 8.213/91, aplicando-se tanto ao trabalhador do regime previdenciário rural quanto ao segurado do regime urbano.

ENUNCIADO 5 (NR – Resolução n. 35/CRPS, de 2021)

O recolhimento em atraso de contribuições previdenciárias devidas pelo contribuinte individual exige a comprovação do efetivo exercício de atividade remunerada, na forma do art. 55, § 3º, da Lei nº 8.213/91.

I – A concessão de prestações ao contribuinte individual em débito ou aos seus dependentes é condicionada ao recolhimento prévio, pelo segurado, das contribuições necessárias à reaquisição da qualidade de segurado, salvo em relação ao prestador de serviço à empresa, a partir da competência abril de 2003.

II – Perde a qualidade de segurado o contribuinte individual que, embora em exercício de atividade remunerada, deixa de recolher suas respectivas contribuições por tempo superior ao período de graça (art. 15, § 4º, da Lei nº 8.213/91), salvo quando não for o responsável pelo seu recolhimento.

III – As contribuições recolhidas em atraso pelo contribuinte individual após o período de graça não serão computadas como carência, nem para fins de manutenção da qualidade de segurado, mas apenas como tempo de contribuição.

IV – Havendo perda da qualidade de segurado, somente serão consideradas para fins de carência as contribuições efetivadas sem atraso, após nova filiação do contribuinte individual ao Regime Geral de Previdência Social.

V – As contribuições do contribuinte individual empresário não se presumem descontadas e recolhidas, nos termos do art. 4º da Lei nº 10.666/03, quando exercida atividade na empresa da qual seja titular, diretor não empregado, membro de conselho de administração, sócio ou administrador não empregado.

VI – A carência do segurado empresário até 24/07/1991, véspera da publicação da Lei nº 8.213/91, será computada a partir da data de sua filiação, podendo ser reconhecidas como carência as contribuições referentes até esta data, mesmo recolhidas em atraso, desde que comprovado o efetivo exercício de atividade nessa categoria.

ENUNCIADO 6

Cabe ao INSS conceder o salário-maternidade à gestante demitida sem justa causa no curso da gravidez, preenchidos os demais requisitos legais, pagando-o diretamente.

I – É vedado, em qualquer caso, o pagamento do salário-maternidade em duplicidade, caso a segurada tenha sido indenizada pelo empregador.

II – Poderá ser solicitada diligência a fim de comprovar se houve pagamento do valor correspondente ao salário-maternidade pelo ex-empregador, enquanto não transcorrer o prazo prescricional para pretensão de créditos trabalhistas.

ENUNCIADO 7

Não há direito a benefício por incapacidade quando o seu fato gerador é preexistente ao reingresso do segurado no Regime Geral da Previdência Social (RGPS), salvo agravamento ou progressão da doença.

I – Fixada a Data de Início da Incapacidade (DII) antes da perda da qualidade de segurado, a falta de contribuição posterior não prejudica o seu direito às prestações previdenciárias.

II – Não será considerada a perda da qualidade de segurado decorrente da própria moléstia incapacitante para a concessão de prestações previdenciárias.

III – A revisão dos parâmetros médicos efetuada em sede de benefício por incapacidade não enseja a devolução dos valores recebidos, se presente a boa-fé objetiva.

IV – É devido o auxílio-doença ao segurado temporariamente incapaz, de forma total ou parcial, atendidos os demais requisitos legais, entendendo-se por incapacidade parcial aquela que permita sua reabilitação para outras atividades laborais.

V – Para a acumulação do auxílio-acidente com proventos de aposentadoria, a consolidação das lesões decorrentes de acidentes de qualquer natureza que resulte sequelas definitivas e a concessão da aposentadoria devem ser anteriores a 11/11/1997, data da publicação da Medida Provisória nº 1.596-14, convertida na Lei nº 9.528/97.

VI – Não se aplica o disposto no artigo 76 do Regulamento da Previdência Social, aprovado pelo Decreto 3048/99, para justificar a retroação do termo inicial do benefício auxílio doença requerido após o trigésimo dia do afastamento da atividade, nos casos em que a perícia médica fixar o início da atividade anterior à data de entrada do requerimento, tendo em vista que esta hipótese não implica em ciência pretérita da Previdência Social.

ENUNCIADO 8

O tempo de trabalho rural do segurado especial e do contribuinte individual, anterior à Lei nº 8.213/91, pode ser utilizado, independente do recolhimento das contribuições, para fins de benefícios no RGPS, exceto para carência.

I – O tempo de trabalho rural do segurado especial e do contribuinte individual, anterior à Lei nº 8.213/91, pode ser utilizado para contagem recíproca, desde que sejam indenizadas as respectivas contribuições previdenciárias.

II – A atividade agropecuária efetivamente explorada em área de até 4 módulos fiscais, individualmente ou em regime de economia familiar na condição de produtor, devidamente comprovada nos autos do processo, não descaracteriza a condição de segurado especial, independente da área total do imóvel rural.

III – O exercício de atividade urbana por um dos integrantes do grupo familiar não implica, por si só, na descaracterização dos demais membros como segurado especial, condição que deve ser devidamente comprovada no caso concreto.

IV – Quem exerce atividade rural em regime de economia familiar, além das tarefas domésticas em seu domicílio, é considerado segurado especial, aproveitando-se-lhe as provas em nome de seu cônjuge ou companheiro (a), corroboradas por outros meios de prova.

V – O início de prova material – documento contemporâneo dotado de fé pública, sem rasuras ou retificações recentes, constando a qualificação do segurado ou de membros do seu grupo familiar como rurícola, lavrador ou agricultor – deverá ser corroborado por outros elementos, produzindo um conjunto probatório harmônico, robusto e convincente, capaz de comprovar os fatos alegados.

VI – Não se exige que o início de prova material corresponda a todo o período equivalente à carência do benefício, porém deve ser contemporâneo à época dos fatos a provar, inclusive podendo servir de começo de prova documento anterior a este período.

ENUNCIADO 9

O segurado que exerça funções de magistério, nos termos da Lei de Diretrizes Básicas da Educação, poderá ser considerado professor para fins de redução do tempo de contribuição necessário à aposentadoria (B-57), observados os demais elementos de prova no caso concreto.

I – Consideram-se funções de magistério as efetivamente exercidas nas instituições de educação básica, incluídas, além do exercício da docência, as de direção de unidade escolar e as de coordenação e assessoramento pedagógico, inclusive nos casos de reintegração trabalhista transitada em julgado.

II – As funções de direção, coordenação e assessoramento pedagógico integram a carreira do magistério, desde que exercidas, em estabelecimentos de ensino básico, por professores de carreira, excluídos os especialistas em educação.

III – Os estabelecimentos de educação básica não se confundem com as secretarias ou outros órgãos municipais, estaduais ou distritais de educação.

IV – É vedada a conversão de tempo de serviço especial em comum na função de magistério após 09/07/1981, data da publicação da Emenda Constitucional nº 18/1981.

ENUNCIADO 10

O prazo decadencial previsto no art. 103-A da Lei 8.213/91, para revisão dos atos praticados pela Previdência Social antes da Lei nº 9.784/99, só começa a correr a partir de 1º/02/99.

I – Não se aplicam às revisões de reajustamento e às estabelecidas em dispositivo legal, os prazos de decadência de que tratam os arts. 103 e 103-A da Lei 8.213/91.

II – A decadência prevista no art. 103-A da Lei nº 8.213/91 incide na revisão de acúmulo de auxílio-suplementar com aposentadoria de qualquer natureza e na manutenção de benefícios, ainda que irregular, salvo se comprovada a má-fé do beneficiário, a contar da percepção do primeiro pagamento indevido.

III – A má-fé afasta a decadência, mas não a prescrição, e deve ser comprovada em procedimento próprio, no caso concreto, assegurado o contraditório e a ampla defesa.

IV – Não se aplica a decadência prevista no art. 103-A da Lei nº 8.213/91 nos benefícios por incapacidade permanente (aposentadoria por invalidez) e assistenciais sujeitos a revisão periódica prevista na legislação.

V – O pecúlio previsto no inciso II do artigo 81 da Lei nº 8.213/91, em sua redação original que não foi pago em vida ao segurado aposentado que retornou à atividade quando dela se afastou, é devido aos seus dependentes ou sucessores, relativamente às contribuições vertidas até 14/04/94, salvo se prescrito.

ENUNCIADO 11 (NR – Resolução n. 50/CRPS, de 2021)

O Perfil Profissiográfico Previdenciário (PPP) é documento hábil à comprovação da efetiva exposição do segurado a todos os agentes nocivos, sendo dispensável o Laudo Técnico de Condições Ambientais de Trabalho (LTCAT) para requerimentos feitos a partir de 1º/1/2004, inclusive abrangendo períodos anteriores a esta data.

I – Considera-se trabalho permanente aquele no qual o trabalhador, necessária e obrigatoriamente, está exposto ao agente nocivo para exercer suas atividades, em razão da indissociabilidade da produção do bem ou da prestação do serviço, mesmo que a exposição não se dê em toda a jornada de trabalho.

II – A nocividade será caracterizada quando a exposição ultrapassar os limites de tolerância para os agentes nocivos avaliados pelo critério quantitativo, sendo suficiente para os agentes avaliados pelo critério qualitativo a sua efetiva presença no ambiente de trabalho.

III – A avaliação quanto à existência de permanência e nocividade será realizada com base nas informações descritas no PPP ou no LTCAT.

IV – Poderá ser solicitado o LTCAT em caso de dúvidas ou divergências em relação às informações contidas no PPP ou no processo administrativo.

V – O LTCAT ou as demonstrações ambientais substitutas extemporâneos que informem quaisquer alterações no meio ambiente do trabalho ao longo do tempo são aptos a comprovar o exercício de atividade especial, desde que a empresa informe expressamente que, ainda assim, havia efetiva exposição ao agente nocivo.

VI – Não se exigirá o LTCAT para períodos de atividades anteriores 14/10/96, data da publicação da Medida Provisória nº 1.523/96, facultando-se ao segurado a comprovação da efetiva exposição a agentes nocivos por qualquer meio de prova em direito admitido, exceto em relação a ruído.

ENUNCIADO 12

O fornecimento de equipamento de proteção individual (EPI) não descaracteriza a atividade exercida em condições especiais que prejudiquem a saúde ou a integridade física, devendo ser considerado todo o ambiente de trabalho.

I – Se o EPI for realmente capaz de neutralizar a nocividade, não há direito à aposentadoria especial

II – A utilização de Equipamentos de Proteção Coletiva-EPC e/ou EPI não elide a exposição aos agentes reconhecidamente cancerígenos, a ruído acima dos limites de tolerância, ainda que considerados eficazes;

III – A eficácia do EPI não obsta o reconhecimento de atividade especial exercida antes de 3/12/1998, data de início da vigência da MP 1.729/98, convertida na Lei n. 9.732/98, para qualquer agente nocivo.

ENUNCIADO 13 (NR – Resolução n. 33/CRPS, de 2021)

Atendidas as demais condições legais, considera-se especial, no âmbito do RGPS, a atividade exercida com exposição a ruído superior a 80 decibéis até 05/03/97, superior a 90 decibéis desta data até 18/11/2003, e superior a 85 decibéis a partir de então.

I – Os níveis de ruído devem ser medidos, observado o disposto na Norma Regulamentadora nº 15 (NR-15), anexos 1 e 2, com aparelho medidor de nível de pressão sonora, operando nos circuitos de compensação – dB (A) para ruído contínuo ou intermitente e dB (C) ou dB (linear) para ruído de impacto.

II – Até 31 de dezembro de 2003, para a aferição de ruído contínuo ou intermitente, é obrigatória a utilização das metodologias contidas na NR-15, devendo ser aceitos ou o nível de pressão sonora pontual ou a média de ruído, podendo ser informado decibelímetro, dosímetro ou medição pontual no campo "Técnica Utilizada" do Perfil Profissiográfico Previdenciário (PPP).

III – A partir de 1º de janeiro de 2004, para a aferição de ruído contínuo ou intermitente, é obrigatória a utilização da técnica/metodologia contida na Norma de Higiene Ocupacional 01 (NHO-01) da FUNDACENTRO ou na NR-15, que reflitam a medição de exposição durante toda a jornada de trabalho, vedada a medição pontual, devendo constar no PPP o nível de ruído em Nível de Exposição Normalizado – NEN ou a técnica/metodologia "dosimetria" ou "áudio dosimetria".

IV – Em caso de omissão ou dúvida quanto à indicação da técnica/metodologia utilizada para aferição da exposição nociva ao agente ruído, o PPP não deve ser admitido como prova da especialidade, devendo ser apresentado o respectivo Laudo Técnico de Condições Ambientais do Trabalho (LTCAT) ou solicitada inspeção no ambiente de trabalho, para fins de verificar a técnica utilizada na medição.

ENUNCIADO 14

A atividade especial efetivamente desempenhada pelo segurado, permite o enquadramento por categoria profissional até 28/04/1995 nos anexos dos Decretos nº 53.831/64 e 83.080/79, ainda que divergente do registro em Carteira de Trabalho e Previdência Social (CTPS), Ficha ou Livro de Registro de Empregados, desde que comprovado o exercício nas mesmas condições de insalubridade, periculosidade ou penosidade.

I – É dispensável a apresentação de PPP ou outro formulário para enquadramento de atividade especial por categoria profissional, desde que a profissão ou atividade comprovadamente exercida pelo segurado conste nos anexos dos Decretos nº 53.831/64 e 83.080/79.

II – O enquadramento do guarda, vigia ou vigilante no código 2.5.7 do Decreto nº 53.831/64 independe do uso, porte ou posse de arma de fogo. (item II revogado pela Resolução CRPS n. 25, de 14 de junho de 2022)

ENUNCIADO 15

Para os efeitos de reconhecimento de tempo especial, o enquadramento do tempo de atividade do trabalhador rural, segurado empregado, sob o código 2.2.1 do Quadro anexo ao Decreto nº 53.831/64, é possível quando o regime de vinculação for o da Previdência Social Urbana, e não o da Previdência Rural (PRORURAL), para os períodos anteriores à unificação de ambos os regimes pela Lei nº 8.213/91, e aplica-se ao tempo de atividade rural exercido até 28/04/95, independentemente de ter sido prestado exclusivamente na lavoura ou na pecuária.

I – Até a edição da Lei nº 8.213, de 24/07/91, é possível o enquadramento como especial do labor prestado na agricultura (cód. 2.2.1 do Decreto nº 53.831/64) desde que o trabalhador estivesse vinculado ao setor rural da agroindústria e a respectiva empresa necessariamente inscrita no extinto Instituto de Aposentadoria e Pensões dos Industriários – IAPI.

II – Após a Lei nº 8.213/91 e até a Lei 9.032/95, admite-se o reconhecimento como especial o trabalho exercido pelo empregado rural na agropecuária, agricultura ou pecuária.

ENUNCIADO 16

A suspeita de fraude na concessão de benefício previdenciário ou assistencial não enseja, de plano, a sua suspensão ou cancelamento, mas dependerá de apuração em procedimento administrativo, observados os princípios do contraditório e da ampla defesa e as disposições do art. 69 da Lei nº 8.212/91.

SÚMULAS DA ADVOCACIA-GERAL DA UNIÃO

14 – Aplica-se apenas a taxa SELIC, em substituição à correção monetária e juros, a partir de 1º de janeiro de 1996, nas compensações ou restituições de contribuições previdenciárias.

15 – A suspeita de fraude na concessão de benefício previdenciário não enseja, de plano, a sua suspensão ou cancelamento, mas dependerá de apuração em procedimento administrativo, observados os princípios do contraditório e da ampla defesa.

17 – Suspensa a exigibilidade do crédito pelo parcelamento concedido, sem a exigência de garantia, esta não pode ser imposta como condição para o fornecimento da certidão positiva de débito com efeito de negativa, estando regular o parcelamento da dívida, com o cumprimento, no prazo, das obrigações assumidas pelo contribuinte.

24 – É permitida a contagem, como tempo de contribuição, do tempo exercido na condição de aluno-aprendiz referente ao período de aprendizado profissional realizado em escolas técnicas, desde que comprovada a remuneração, mesmo que indireta, à conta do orçamento público e o vínculo empregatício.

25 – Será concedido auxílio-doença ao segurado considerado temporariamente incapaz para o trabalho ou sua atividade habitual, de forma total ou parcial, atendidos os demais requisitos legais, entendendo-se por incapacidade parcial aquela que permita sua reabilitação para outras atividades laborais.

26 – Para a concessão de benefício por incapacidade, não será considerada a perda da qualidade de segurado decorrente da própria moléstia incapacitante.

27 – Para concessão de aposentadoria no RGPS, é permitido o cômputo do tempo de serviço rural exercido anteriormente à Lei nº 8.213, de 24 de julho de 1991, independente do recolhimento das contribuições sociais respectivas, exceto para efeito de carência.

29 – Atendidas as demais condições legais, considera-se especial, no âmbito do RGPS, a atividade exercida com exposição a ruído superior a 80 decibéis até 05/03/97, superior a 90 decibéis desta data até 18/11/2003, e superior a 85 decibéis a partir de então.

31 – É cabível a expedição de precatório referente a parcela incontroversa, em sede de execução ajuizada em face da Fazenda Pública.

32 – Para fins de concessão dos benefícios dispostos nos artigos 39, inciso I e seu parágrafo único, e 143 da Lei 8.213, de 24 de julho de 1991, serão considerados como início razoável de prova material documentos públicos e particulares dotados de fé pública, desde que não contenham rasuras ou retificações recentes,

nos quais conste expressamente a qualificação do segurado, de seu cônjuge, enquanto casado, ou companheiro, enquanto durar a união estável, ou de seu ascendente, enquanto dependente deste, como rurícola, lavrador ou agricultor, salvo a existência de prova em contrário.

34 – Não estão sujeitos à repetição os valores recebidos de boa-fé pelo servidor público, em decorrência de errônea ou inadequada interpretação da lei por parte da Administração Pública.

38 – Incide a correção monetária sobre as parcelas em atraso não prescritas, relativas aos débitos de natureza alimentar, assim como aos benefícios previdenciários, desde o momento em que passaram a ser devidos, mesmo que em período anterior ao ajuizamento de ação judicial.

51 – A falta de prévia designação da(o) companheira(o) como beneficiária(o) da pensão vitalícia de que trata o art. 217, inciso I, alínea "c", da Lei nº 8.112, de 11 de dezembro de 1990, não impede a concessão desse benefício, se a união estável restar devidamente comprovada por meios idôneos de prova.

60 – Não há incidência de contribuição previdenciária sobre o vale-transporte pago em pecúnia, considerando o caráter indenizatório da verba.

64 – As contribuições sociais destinadas às entidades de serviço social e formação profissional não são executadas pela Justiça do Trabalho.

65 – Para a acumulação do auxílio-acidente com proventos de aposentadoria, a lesão incapacitante e a concessão da aposentadoria devem ser anteriores às alterações inseridas no art. 86, § 2º, da Lei 8.213/91, pela Medida Provisória nº 1.596-14, convertida na Lei nº 9.528/97.

67 – Na Reclamação Trabalhista, até o trânsito em julgado, as partes são livres para discriminar a natureza das verbas objeto do acordo judicial para efeito do cálculo da contribuição previdenciária, mesmo que tais valores não correspondam aos pedidos ou à proporção das verbas salariais constantes da petição inicial.

69 – A partir da edição da Lei n. 9.783/99, não é devida pelo servidor público federal a contribuição previdenciária sobre parcela recebida a título de cargo em comissão ou função de confiança.

74 – Na Reclamação Trabalhista, quando o acordo for celebrado e homologado após o trânsito em julgado, a contribuição previdenciária incidirá sobre o valor do ajuste, respeitada a proporcionalidade das parcelas de natureza salarial e indenizatória deferidas na decisão condenatória.

75 – Para a acumulação do auxílio-acidente com proventos de aposentadoria, a consolidação das lesões decorrentes de acidentes de qualquer natureza, que resulte sequelas definitivas, nos termos do art. 86 da Lei nº 8.213/91, e a concessão da aposentadoria devem ser anteriores às alterações inseridas no art. 86, § 2º, da Lei nº 8.213/91, pela Medida Provisória nº 1.596-14, convertida na Lei nº 9.528/97.

80 – Para concessão de aposentadoria no Regime Geral de Previdência Social – RGPS, a conversão de tempo de serviço/contribuição especial em comum deve observar o fator de conversão vigente à época em que requerido o benefício, devendo ser desconsiderado, para esta finalidade, o fator de conversão vigente à época da prestação da atividade laboral.

82 – O pensionista de servidor falecido posteriormente à EC nº 41/2003, caso se enquadre na regra de transição prevista no art. 3º da EC nº 47/2005, tem direito à paridade, ou seja, a que sua pensão seja revista na mesma proporção e na mesma data, sempre que se modificar a remuneração dos servidores em atividade, mas não tem direito à integralidade, isto é, a que sua pensão corresponda ao valor total dos proventos do servidor falecido.

Anexo 2

INFORMAÇÕES COMPLEMENTARES SOBRE CONTRIBUIÇÕES E BENEFÍCIOS PREVIDENCIÁRIOS

Sumário

Códigos de Interpretação dos Benefícios Concedidos pelo INSS.................512
Tabelas de Contribuições Mensais..514
Benefícios..515
Tabela de Carência – Art. 142 da Lei n. 8.213/1991.....................................516
Tabela de Conversão do Tempo Trabalhado em Atividade Especial.........516
Aposentadoria dos Segurados com Deficiência..517
Tabelas de Conversão Aprovadas pelo Decreto n. 8.145, de 3 de dezembro de 2013.....517
Tabela de Enquadramento do Período Trabalhado em Atividade Especial................518
Tabela de Reajustes de Benefícios..518
Fator Previdenciário – 2021..519
Fator Previdenciário – 2022..520
Fator Previdenciário – 2023..521
Quadro de Aplicabilidade da Emenda Constitucional n. 103, de 2019, aos RPPS dos Estados, Distrito Federal e Municípios..522

CÓDIGOS DE INTERPRETAÇÃO DOS BENEFÍCIOS CONCEDIDOS PELO INSS

CÓDIGO	INTERPRETAÇÃO
B-01	Pensão (Trabalhador Rural)
B-02	Pensão por Acidente de Trabalho (Trabalhador Rural)
B-03	Pensão (Empregador Rural)
B-04	Aposentadoria por Incapacidade Permanente do Trabalhador Rural (Antiga Aposentadoria por Invalidez)
B-05	Aposentadoria por Incapacidade Permanente do Trabalhador Rural (Antiga Aposentadoria por Invalidez por Acidente do Trabalho)
B-06	Aposentadoria por Incapacidade Permanente do Empregador Rural (Antiga Aposentadoria por Invalidez)
B-07	Aposentadoria por Velhice (Trabalhador Rural)
B-08	Aposentadoria por Velhice (Empregador Rural)
B-09	Complemento por Acidente do Trabalhador (Rural)
B-10	Auxílio por Incapacidade Temporária por Acidente do Trabalhado do Trabalhador Rural (Antigo Auxílio-Doença Acidentário)
B-11	Amparo Previdenciário por Invalidez do Trabalhador Rural
B-12	Amparo Previdenciário por Idade do Trabalhador Rural
B-13	Auxílio por Incapacidade Temporária do Trabalhador Rural (Antigo Auxílio-Doença)
B-15	Auxílio-Reclusão do Trabalhador Rural
B-18	Auxílio-Inclusão à Pessoa com Deficiência
B-21	Pensão por Morte
B-22	Pensão Estatutária
B-23	Pensão de Ex-Combatente – Leis n.os 4.297/1963 e 5.698/1971
B-25	Auxílio-Reclusão
B-31	Auxílio por Incapacidade Temporária (Antigo Auxílio-Doença) – Previdenciário
B-32	Aposentadoria por Incapacidade Permanente (Antiga Aposentadoria por Invalidez)
B-36	Auxílio-Acidente Previdenciário
B-41	Aposentadoria por Idade
B-42	Aposentadoria por Tempo de Serviço (Contribuição)
B-43	Aposentadoria por Tempo de Serviço de Ex-Combatente – Leis n.os 4.297/1963 e 5.698/1971
B-44	Aposentadoria Especial de Aeronauta

Anexo 2 · INFORMAÇÕES COMPLEMENTARES SOBRE CONTRIBUIÇÕES E BENEFÍCIOS PREVIDENCIÁRIOS | 513

CÓDIGO	INTERPRETAÇÃO
B-45	Aposentadoria por Tempo de Serviço de Jornalista Profissional
B-46	Aposentadoria Especial
B-49	Aposentadoria por Tempo de Contribuição Ordinária
B-50	Auxílio-Doença Extinto Plano Básico
B-54	Pensão Especial Vitalícia – Lei n. 9.793/1999
B-56	Pensão Especial – Deficiente Físico Síndrome da Talidomida – Lei n.º 7.070/1982
B-57	Aposentadoria de Professor – Emenda Constitucional n.º 18/1981
B-60	Pensão Especial Portador de SIDA
B-61	Auxílio-Natalidade
B-62	Auxílio-Funeral
B-68	Pecúlio Especial de Aposentados
B-71	Salário-Família Previdenciário (Incorporado à Renda Mensal do Benefício)
B-72	Aposentadoria por Tempo de Serviço de Ex-Combatente Marítimo – Lei n.º 1.756/1952
B-78	Aposentadoria por Velhice de Ex-Combatente Marítimo – Lei n.º 1.756/1952
B-80	Salário-Maternidade
B-85	Pensão Mensal Vitalícia – Seringueiro
B-86	Pensão Mensal Vitalícia – Dependentes de Seringueiro
B-87	Amparo Social à Pessoa com Deficiência (LOAS)
B-88	Amparo Social ao Idoso (LOAS)
B-89	Pensão Especial Vítima Hemodiálise – Caruaru 90
B-91	Auxílio por Incapacidade Temporária (Antigo Auxílio-Doença) por Acidente de Trabalho
B-92	Aposentadoria por Incapacidade Permanente (Antiga Aposentadoria por Invalidez) por Acidente do Trabalho
B-93	Pensão por Morte de Acidente de Trabalho
B-94	Auxílio-Acidente
B-95	Auxílio Suplementar
B-96	Pensão Especial Hanseníase – Lei n. 11.520/2007
B-97	Pecúlio por Morte de Acidente de Trabalho
B-98	Benefício Assistencial Trabalhador Portuário
B-99	Afastamento até 15 (quinze) dias para Acidente de Trabalho

TABELAS DE CONTRIBUIÇÕES MENSAIS

TABELA DE CONTRIBUIÇÃO DOS SEGURADOS EMPREGADO, EMPREGADO DOMÉSTICO E TRABALHADOR AVULSO, PARA PAGAMENTO DE REMUNERAÇÃO A PARTIR DE 1º DE JANEIRO DE 2023

SALÁRIO DE CONTRIBUIÇÃO (R$)	ALÍQUOTA PROGRESSIVA PARA FINS DE RECOLHIMENTO AO INSS	ALÍQUOTA EFETIVA
Até um salário-mínimo R$ 1.302,00	7,5%	7,5%
De R$ 1.302,01 a R$ 2.571,29	9%	7,5% a 8,25%
De R$ 2.571,30 a R$ 3.856,94	12%	8,25% a 9,5%
De R$ 3.856,95 a R$ 7.507,49 (Teto do INSS em 2023)	14%	9,5% a 11,69%

Portaria Interministerial MPS/MF nº 26, de 10/01/2023

TABELA DE CONTRIBUIÇÃO DOS SEGURADOS EMPREGADO, EMPREGADO DOMÉSTICO E TRABALHADOR AVULSO, PARA PAGAMENTO DE REMUNERAÇÃO A PARTIR DE 1º DE JANEIRO DE 2022

SALÁRIO DE CONTRIBUIÇÃO (R$)	ALÍQUOTA PROGRESSIVA PARA FINS DE RECOLHIMENTO AO INSS
até 1.212,00	7,5%
de 1.212,01 até 2.427,35	9%
de 2.427,36 até 3.641,03	12%
de 3.641,04 até 7.087,22	14%

Portaria Interministerial MTP/ME n. 12, de 17 de janeiro de 2022.

Contribuições dos segurados contribuintes individuais e facultativos

Tabela para Contribuinte Individual e Facultativo 2023		
Salário de Contribuição (R$)	Alíquota	Valor
R$ 1.302,00	5%*	R$ 65,10
R$ 1.302,00	11%**	R$ 143,22.
de R$ 1.302,00 até R$ 7.507,49 (Teto do INSS em 2023)	20%	de R$ 260,40 a R$ 1.501,50

*Alíquota exclusiva do Facultativo Baixa Renda (dona de casa) e MEI.
**Alíquota exclusiva do Plano Simplificado de Previdência.

Anexo 2 • INFORMAÇÕES COMPLEMENTARES SOBRE CONTRIBUIÇÕES E BENEFÍCIOS PREVIDENCIÁRIOS

COTA DO SALÁRIO-FAMILIA

O valor da cota do salário-família por filho ou equiparado de qualquer condição, até 14 (quatorze) anos de idade, ou inválido de qualquer idade, a partir de 1º de janeiro de 2023, é de R$ 59,82 (cinquenta e nove reais e oitenta e dois centavos) para o segurado com remuneração mensal não superior a R$ 1.754,18 (mil setecentos e cinquenta e quatro reais e dezoito centavos).

Contribuições dos segurados contribuintes individuais e facultativos

Portaria Interministerial MTP/ME n. 12, de 17 de janeiro de 2022.

Tabela para Contribuinte Individual e Facultativo 2022		
Salário de Contribuição (R$)	Alíquota	Valor
R$ 1.212,00	5%*	R$ 60,60
R$ 1.212,00	11%**	R$ 133,32
de R$ 1.212,00 até R$ 7.087,22	20%	de R$ 242,40 a R$ 1.417,44

*Alíquota exclusiva do Facultativo Baixa Renda (dona de casa) e MEI.
**Alíquota exclusiva do Plano Simplificado de Previdência.
Portaria Interministerial MTP/ME n. 12, de 17 de janeiro de 2022.

BENEFÍCIOS

VALOR DA COTA DE SALÁRIO-FAMÍLIA E VALOR DE RENDA BRUTA MÁXIMA PARA CONCESSÃO DO SALÁRIO-FAMÍLIA E DO AUXÍLIO-RECLUSÃO		
A PARTIR DE	VALOR (R$)	RENDA MENSAL BRUTA MÁXIMA (R$)
EC n. 103/2019	46,54	Até 1.364,43
1º.1.2020	48,62	Até 1.425,56
1º.1.2021	51,27	Até 1.503,25
1º.1.2022	56,47	Até 1.655,98
1º.1.2023	59,82	Até 1.754,18

VALORES MÁXIMOS DO SALÁRIO DE BENEFÍCIO (TETO DO RGPS)	
A PARTIR DE	VALOR MÁX. (R$)
1º.1.2019	5.839,45
1º.1.2020	6.101,06
1º.1.2021	6.433,57
1º.1.2022	7.087,22
1º.1.2023	7.507,49

TABELA DE CARÊNCIA – ART. 142 DA LEI N. 8.213/1991

ANO DE IMPLEMENTAÇÃO DAS CONDIÇÕES	MESES DE CONTRIBUIÇÃO EXIGIDOS
1991	60 meses
1992	60 meses
1993	66 meses
1994	72 meses
1995	78 meses
1996	90 meses
1997	96 meses
1998	102 meses
1999	108 meses
2000	114 meses
2001	120 meses
2002	126 meses
2003	132 meses
2004	138 meses
2005	144 meses
2006	150 meses
2007	156 meses
2008	162 meses
2009	168 meses
2010	174 meses
2011 em diante	180 meses

TABELA DE CONVERSÃO DO TEMPO TRABALHADO EM ATIVIDADE ESPECIAL

TEMPO DE ATIVIDADE A SER CONVERTIDO	PARA 15	PARA 20	PARA 25	PARA 30 (MULHER)	PARA 35 (HOMEM)
DE 15 ANOS	1,00	1,33	1,67	2,00	2,33
DE 20 ANOS	0,75	1,00	1,25	1,50	1,75
DE 25 ANOS	0,60	0,80	1,00	1,20	1,40

APOSENTADORIA DOS SEGURADOS COM DEFICIÊNCIA
TABELAS DE CONVERSÃO APROVADAS PELO DECRETO N. 8.145, DE 3 DE DEZEMBRO DE 2013

A – (Art. 70-E. Para o segurado que, após a filiação ao RGPS, tornar-se pessoa com deficiência, ou tiver seu grau alterado, os parâmetros mencionados nos incisos I, II e III do *caput* do art. 70-B serão proporcionalmente ajustados e os respectivos períodos serão somados após conversão, conforme as tabelas abaixo, considerando o grau de deficiência preponderante, observado o disposto no art. 70-A)

MULHER				
TEMPO A CONVERTER	**MULTIPLICADORES**			
	Para 20	Para 24	Para 28	Para 30
De 20 anos	1,00	1,20	1,40	1,50
De 24 anos	0,83	1,00	1,17	1,25
De 28 anos	0,71	0,86	1,00	1,07
De 30 anos	0,67	0,80	0,93	1,00

HOMEM				
TEMPO A CONVERTER	**MULTIPLICADORES**			
	Para 25	Para 29	Para 33	Para 35
De 25 anos	1,00	1,16	1,32	1,40
De 29 anos	0,86	1,00	1,14	1,21
De 33 anos	0,76	0,88	1,00	1,06
De 35 anos	0,71	0,83	0,94	1,00

B – (Art. 70-F, § 1º É garantida a conversão do tempo de contribuição cumprido em condições especiais que prejudiquem a saúde ou a integridade física do segurado, inclusive da pessoa com deficiência, para fins da aposentadoria de que trata o art. 70-B, se resultar mais favorável ao segurado, conforme tabela abaixo)

MULHER					
TEMPO A CONVERTER	**MULTIPLICADORES**				
	Para 15	Para 20	Para 24	Para 25	Para 28
De 15 anos	1,00	1,33	1,60	1,67	1,87
De 20 anos	0,75	1,00	1,20	1,25	1,40
De 24 anos	0,63	0,83	1,00	1,04	1,17
De 25 anos	0,60	0,80	0,96	1,00	1,12
De 28 anos	0,54	0,71	0,86	0,89	1,00

TEMPO	HOMEM				
A CONVERTER	MULTIPLICADORES				
	Para 15	Para 20	Para 25	Para 29	Para 33
De 15 anos	1,00	1,33	1,67	1,93	2,20
De 20 anos	0,75	1,00	1,25	1,45	1,65
De 25 anos	0,60	0,80	1,00	1,16	1,32
De 29 anos	0,52	0,69	0,86	1,00	1,14
De 33 anos	0,45	0,61	0,76	0,88	1,00

TABELA DE ENQUADRAMENTO DO PERÍODO TRABALHADO EM ATIVIDADE ESPECIAL

PERÍODO TRABALHADO	ENQUADRAMENTO
Até 28.4.1995	Quadro Anexo ao Decreto n. 53.831, de 1964. Anexos I e II do RBPS, aprovado pelo Decreto n. 83.080, de 1979. Formulário; CP/CTPS; LTCAT, obrigatoriamente para o agente físico ruído.
De 29.4.1995 a 13.10.1996	Código 1.0.0 do Quadro Anexo ao Decreto n. 53.831, de 1964. Anexo I do RBPS, aprovado pelo Decreto n. 83.080, de 1979. Formulário; LTCAT ou demais Demonstrações Ambientais, obrigatoriamente para o agente físico ruído.
De 14.10.1996 a 5.3.1997	Código 1.0.0 do Quadro Anexo ao Decreto n. 53.831, de 1964. Anexo I do RBPS, aprovado pelo Decreto n. 83.080, de 1979. Formulário; LTCAT ou demais Demonstrações Ambientais, para todos os agentes nocivos.
De 6.3.1997 a 31.12.1998	Anexo IV do RBPS, aprovado pelo Decreto n. 2.172, de 1997. Formulário; LT-CAT ou demais Demonstrações Ambientais, para todos os agentes nocivos.
De 1.º.1.1999 a 6.5.1999	Anexo IV do RBPS, aprovado pelo Decreto n. 2.172, de 1997. Formulário; LT-CAT ou demais Demonstrações Ambientais, para todos os agentes nocivos, que deverão ser confrontados com as informações relativas ao CNIS para homologação da contagem do tempo de serviço especial, nos termos do art. 19 e § 2.º do art. 68 do RPS, com redação dada pelo Decreto n. 4.079, de 2002.
De 7.5.1999 a 31.12.2003	Anexo IV do RPS, aprovado pelo Decreto n. 3.048/1999. Formulário; LTCAT ou demais Demonstrações Ambientais, para todos os agentes nocivos, que deverão ser confrontados com as informações relativas ao CNIS para homologação da contagem do tempo de serviço especial, nos termos do art. 19 e § 2.º do art. 68 do RPS, com redação dada pelo Decreto n. 4.079, de 2002.
A partir de 1.º.1.2004	Anexo IV do RPS, aprovado pelo Decreto n. 3.048/1999. Formulário, que deverá ser confrontado com as informações relativas ao CNIS para homologação da contagem do tempo de serviço especial, nos termos do art. 19 e § 2.º do art. 68 do RPS, com redação dada pelo Decreto n. 4.079, de 2002.

TABELA DE REAJUSTES DE BENEFÍCIOS

Mês/ano	Percentual
01/2019	3,43%
01/2020	4,48%
01/2021	5,45%
01/2022	10,16%
01/2023	......

FATOR PREVIDENCIÁRIO – 2021 (TABELA IBGE 2019)

FATOR PREVIDENCIÁRIO 2022 (TABELA MORTALIDADE AMBOS OS SEXOS 2020 — IBGE)

EXPECTATIVA DE SOBREVIDA / IDADE DA APOSENTADORIA

Tempo de Contribuição	37,0/43	36,1/44	35,2/45	34,3/46	33,4/47	32,6/48	31,7/49	30,8/50	30,0/51	29,2/52	28,3/53	27,5/54	26,7/55	25,9/56	25,1/57	24,3/58	23,5/59	22,7/60	21,9/61	21,2/62	20,4/63	19,7/64	18,9/65	18,2/66	17,5/67	16,8/68	16,1/69	15,5/70
15	0,186	0,192	0,198	0,204	0,211	0,218	0,225	0,233	0,241	0,250	0,259	0,268	0,278	0,289	0,300	0,312	0,324	0,337	0,351	0,366	0,382	0,399	0,417	0,436	0,456	0,478	0,501	0,526
16	0,198	0,205	0,211	0,218	0,225	0,233	0,241	0,249	0,258	0,267	0,277	0,287	0,297	0,309	0,321	0,333	0,347	0,361	0,376	0,391	0,408	0,426	0,445	0,466	0,487	0,511	0,535	0,562
17	0,211	0,218	0,225	0,232	0,240	0,248	0,256	0,265	0,275	0,284	0,295	0,305	0,317	0,329	0,341	0,355	0,369	0,384	0,400	0,417	0,435	0,454	0,474	0,496	0,519	0,544	0,570	0,598
18	0,224	0,231	0,239	0,247	0,255	0,263	0,272	0,281	0,291	0,302	0,312	0,324	0,336	0,349	0,362	0,376	0,391	0,407	0,424	0,442	0,461	0,481	0,503	0,526	0,550	0,577	0,604	0,634
19	0,237	0,245	0,253	0,261	0,269	0,278	0,288	0,298	0,308	0,319	0,330	0,343	0,355	0,369	0,383	0,398	0,414	0,431	0,448	0,467	0,488	0,509	0,532	0,556	0,582	0,610	0,639	0,670
20	0,250	0,258	0,266	0,275	0,284	0,294	0,304	0,314	0,325	0,336	0,349	0,361	0,375	0,389	0,404	0,420	0,436	0,454	0,473	0,493	0,514	0,537	0,561	0,586	0,614	0,643	0,674	0,707
21	0,263	0,272	0,280	0,289	0,299	0,309	0,319	0,330	0,342	0,354	0,367	0,380	0,394	0,409	0,425	0,441	0,459	0,478	0,498	0,519	0,541	0,565	0,590	0,617	0,646	0,676	0,709	0,744
22	0,276	0,285	0,294	0,304	0,314	0,324	0,335	0,347	0,359	0,372	0,385	0,399	0,414	0,429	0,446	0,463	0,482	0,501	0,522	0,544	0,568	0,593	0,619	0,647	0,678	0,710	0,744	0,780
23	0,290	0,299	0,308	0,318	0,329	0,340	0,351	0,363	0,376	0,389	0,403	0,418	0,433	0,450	0,467	0,485	0,505	0,525	0,547	0,570	0,595	0,621	0,648	0,678	0,710	0,743	0,779	0,817
24	0,303	0,312	0,322	0,333	0,344	0,355	0,367	0,380	0,393	0,407	0,422	0,437	0,453	0,470	0,488	0,507	0,528	0,549	0,572	0,596	0,622	0,649	0,678	0,709	0,742	0,777	0,814	0,854
25	0,316	0,326	0,336	0,347	0,359	0,371	0,383	0,396	0,410	0,425	0,440	0,456	0,473	0,491	0,510	0,530	0,551	0,573	0,597	0,622	0,649	0,677	0,707	0,740	0,774	0,811	0,850	0,891
26	0,329	0,340	0,351	0,362	0,374	0,386	0,399	0,413	0,427	0,442	0,458	0,475	0,493	0,511	0,531	0,552	0,574	0,597	0,622	0,648	0,676	0,705	0,737	0,771	0,806	0,845	0,885	0,929
27	0,343	0,353	0,365	0,377	0,389	0,402	0,415	0,430	0,445	0,460	0,477	0,494	0,513	0,532	0,552	0,574	0,597	0,621	0,647	0,674	0,703	0,734	0,767	0,802	0,839	0,879	0,921	0,966
28	0,356	0,367	0,379	0,391	0,404	0,418	0,432	0,447	0,462	0,478	0,496	0,514	0,533	0,553	0,574	0,596	0,620	0,645	0,672	0,700	0,730	0,762	0,797	0,833	0,872	0,913	0,957	1,004
29	0,370	0,381	0,393	0,406	0,419	0,433	0,448	0,463	0,479	0,496	0,514	0,533	0,553	0,574	0,596	0,619	0,643	0,670	0,697	0,727	0,758	0,791	0,826	0,864	0,904	0,947	0,993	1,041
30	0,383	0,395	0,408	0,421	0,435	0,449	0,464	0,480	0,497	0,515	0,533	0,552	0,573	0,594	0,617	0,641	0,667	0,694	0,723	0,753	0,785	0,820	0,856	0,895	0,937	0,981	1,029	1,079
31	0,397	0,409	0,422	0,436	0,450	0,465	0,481	0,497	0,515	0,533	0,552	0,572	0,593	0,615	0,639	0,664	0,690	0,718	0,748	0,780	0,813	0,849	0,887	0,927	0,970	1,016	1,065	1,117
32	0,410	0,423	0,437	0,451	0,466	0,481	0,497	0,514	0,532	0,551	0,571	0,591	0,613	0,636	0,661	0,687	0,714	0,743	0,774	0,806	0,841	0,878	0,917	0,959	1,003	1,051	1,101	1,155
33	0,424	0,437	0,451	0,466	0,481	0,497	0,514	0,531	0,550	0,569	0,590	0,611	0,634	0,658	0,683	0,709	0,738	0,768	0,799	0,833	0,869	0,907	0,947	0,990	1,036	1,085	1,137	1,193
34	0,438	0,451	0,466	0,481	0,497	0,513	0,530	0,549	0,568	0,588	0,609	0,631	0,654	0,679	0,705	0,732	0,761	0,792	0,825	0,860	0,897	0,936	0,978	1,022	1,070	1,120	1,174	1,231
35	0,451	0,466	0,481	0,496	0,512	0,529	0,547	0,566	0,585	0,606	0,628	0,651	0,675	0,700	0,727	0,755	0,785	0,817	0,851	0,887	0,925	0,965	1,008	1,054	1,103	1,155	1,211	1,270
36		0,480	0,495	0,511	0,528	0,545	0,564	0,583	0,603	0,625	0,647	0,670	0,695	0,721	0,749	0,778	0,809	0,842	0,877	0,914	0,953	0,994	1,039	1,086	1,136	1,190	1,247	1,308
37			0,510	0,526	0,544	0,562	0,581	0,600	0,621	0,643	0,666	0,690	0,716	0,743	0,771	0,801	0,833	0,867	0,903	0,941	0,981	1,024	1,069	1,118	1,170	1,225	1,284	1,347
38				0,542	0,559	0,578	0,597	0,618	0,639	0,662	0,685	0,710	0,737	0,764	0,794	0,824	0,857	0,892	0,929	0,968	1,009	1,053	1,100	1,150	1,204	1,261	1,321	1,386
39					0,575	0,594	0,614	0,635	0,657	0,680	0,705	0,730	0,757	0,786	0,816	0,848	0,881	0,917	0,955	0,995	1,038	1,083	1,131	1,183	1,237	1,296	1,358	1,425
40						0,611	0,631	0,653	0,675	0,699	0,724	0,751	0,778	0,808	0,838	0,871	0,906	0,942	0,981	1,022	1,066	1,113	1,162	1,215	1,271	1,331	1,395	1,464
41							0,648	0,670	0,694	0,718	0,744	0,771	0,799	0,829	0,861	0,894	0,930	0,967	1,007	1,050	1,095	1,143	1,193	1,248	1,305	1,367	1,433	1,503
42								0,688	0,712	0,737	0,763	0,791	0,820	0,851	0,884	0,918	0,954	0,993	1,034	1,077	1,123	1,172	1,225	1,280	1,340	1,403	1,470	1,542
43									0,730	0,756	0,783	0,811	0,841	0,873	0,906	0,941	0,979	1,018	1,060	1,105	1,152	1,202	1,256	1,313	1,374	1,439	1,508	1,581
44										0,775	0,803	0,832	0,862	0,895	0,929	0,965	1,003	1,044	1,087	1,132	1,181	1,233	1,287	1,346	1,408	1,475	1,545	1,621
45											0,822	0,852	0,884	0,917	0,952	0,989	1,028	1,069	1,114	1,160	1,210	1,263	1,319	1,379	1,443	1,511	1,583	1,661
46												0,873	0,905	0,939	0,975	1,013	1,053	1,095	1,140	1,188	1,239	1,293	1,351	1,412	1,477	1,547	1,621	1,700
47													0,926	0,961	0,998	1,036	1,078	1,121	1,167	1,216	1,268	1,324	1,382	1,445	1,512	1,583	1,659	1,740
48														0,983	1,021	1,060	1,102	1,147	1,194	1,244	1,297	1,354	1,414	1,478	1,547	1,620	1,697	1,780
49															1,044	1,084	1,127	1,173	1,221	1,272	1,327	1,385	1,446	1,512	1,582	1,656	1,736	1,820
50																1,109	1,152	1,199	1,248	1,301	1,356	1,415	1,478	1,545	1,617	1,693	1,774	1,861
51																	1,178	1,225	1,275	1,329	1,386	1,446	1,510	1,579	1,652	1,730	1,813	1,901
52																		1,251	1,303	1,357	1,415	1,477	1,543	1,613	1,687	1,767	1,851	1,941
53																			1,330	1,386	1,445	1,508	1,575	1,646	1,722	1,804	1,890	1,982
54																				1,414	1,475	1,539	1,607	1,680	1,758	1,841	1,929	2,023
55																					1,505	1,570	1,640	1,714	1,794	1,878	1,968	2,064

Fonte: IBGE. Elaboração: SRGPS/SPREV/SEPRT-ME.
Tabela exemplificativa, calculada para idades e tempos de contribuição em anos exatos.

FATOR PREVIDENCIÁRIO – 2022 (TABELA IBGE 2020)

FATOR PREVIDENCIÁRIO 2022 (TABELA MORTALIDADE AMBOS OS SEXOS 2020 — IBGE)
EXPECTATIVA DE SOBREVIDA / IDADE DA APOSENTADORIA

TEMPO DE CONTRIBUIÇÃO	37,1 / 43	36,2 / 44	35,4 / 45	34,5 / 46	33,6 / 47	32,7 / 48	31,9 / 49	31,0 / 50	30,1 / 51	29,3 / 52	28,5 / 53	27,6 / 54	26,8 / 55	26,0 / 56	25,2 / 57	24,4 / 58	23,6 / 59	22,8 / 60	22,0 / 61	21,3 / 62	20,5 / 63	19,8 / 64	19,0 / 65	18,3 / 66	17,6 / 67	16,9 / 68	16,2 / 69	15,6 / 70
15	0,185	0,191	0,197	0,203	0,210	0,217	0,224	0,232	0,240	0,249	0,257	0,267	0,277	0,287	0,298	0,310	0,322	0,335	0,349	0,364	0,380	0,396	0,414	0,433	0,453	0,475	0,498	0,522
16	0,198	0,204	0,210	0,217	0,224	0,232	0,240	0,248	0,257	0,266	0,275	0,285	0,296	0,307	0,319	0,331	0,345	0,358	0,373	0,389	0,406	0,424	0,443	0,463	0,484	0,507	0,532	0,558
17	0,210	0,217	0,224	0,231	0,239	0,247	0,255	0,264	0,273	0,283	0,293	0,304	0,315	0,327	0,339	0,353	0,367	0,382	0,397	0,414	0,432	0,451	0,471	0,493	0,515	0,540	0,566	0,594
18	0,223	0,230	0,238	0,245	0,253	0,262	0,271	0,280	0,290	0,300	0,311	0,322	0,334	0,347	0,360	0,374	0,389	0,405	0,422	0,439	0,458	0,478	0,500	0,522	0,547	0,573	0,600	0,630
19	0,236	0,244	0,251	0,260	0,268	0,277	0,286	0,296	0,306	0,317	0,329	0,341	0,353	0,367	0,381	0,396	0,411	0,428	0,446	0,465	0,485	0,506	0,528	0,553	0,578	0,606	0,635	0,666
20	0,249	0,257	0,265	0,274	0,283	0,292	0,302	0,312	0,323	0,335	0,347	0,359	0,373	0,387	0,402	0,417	0,434	0,451	0,470	0,490	0,511	0,533	0,557	0,583	0,610	0,639	0,669	0,702
21	0,262	0,270	0,279	0,288	0,297	0,307	0,318	0,329	0,340	0,352	0,365	0,378	0,392	0,407	0,422	0,439	0,456	0,475	0,495	0,515	0,538	0,561	0,586	0,613	0,641	0,672	0,704	0,738
22	0,275	0,284	0,293	0,302	0,312	0,323	0,334	0,345	0,357	0,370	0,383	0,397	0,412	0,427	0,443	0,461	0,479	0,498	0,519	0,541	0,564	0,589	0,615	0,643	0,673	0,705	0,739	0,775
23	0,288	0,297	0,307	0,317	0,327	0,338	0,349	0,361	0,374	0,387	0,401	0,416	0,431	0,447	0,464	0,483	0,502	0,522	0,544	0,567	0,591	0,617	0,644	0,674	0,705	0,738	0,774	0,812
24	0,301	0,311	0,321	0,331	0,342	0,353	0,365	0,378	0,391	0,405	0,419	0,435	0,451	0,468	0,486	0,505	0,525	0,546	0,568	0,592	0,618	0,645	0,674	0,705	0,737	0,772	0,809	0,848
25	0,315	0,324	0,335	0,346	0,357	0,369	0,381	0,394	0,408	0,422	0,438	0,454	0,470	0,488	0,507	0,527	0,547	0,570	0,593	0,618	0,645	0,673	0,703	0,735	0,769	0,805	0,844	0,885
26	0,328	0,338	0,349	0,360	0,372	0,384	0,397	0,411	0,425	0,440	0,456	0,473	0,490	0,509	0,528	0,549	0,570	0,594	0,618	0,644	0,672	0,701	0,732	0,766	0,801	0,839	0,879	0,922
27	0,341	0,352	0,363	0,375	0,387	0,400	0,413	0,428	0,442	0,458	0,474	0,492	0,510	0,529	0,549	0,571	0,593	0,617	0,643	0,670	0,699	0,729	0,762	0,796	0,833	0,873	0,915	0,959
28	0,354	0,366	0,377	0,389	0,402	0,415	0,430	0,444	0,460	0,476	0,493	0,511	0,530	0,550	0,571	0,593	0,617	0,642	0,668	0,696	0,726	0,758	0,791	0,827	0,866	0,907	0,950	0,997
29	0,368	0,379	0,392	0,404	0,417	0,431	0,446	0,461	0,477	0,494	0,512	0,530	0,550	0,570	0,592	0,615	0,640	0,666	0,693	0,722	0,753	0,786	0,821	0,859	0,898	0,941	0,986	1,034
30	0,381	0,393	0,406	0,419	0,433	0,447	0,462	0,478	0,494	0,512	0,530	0,549	0,570	0,591	0,614	0,638	0,663	0,690	0,718	0,749	0,781	0,815	0,851	0,890	0,931	0,975	1,022	1,072
31	0,395	0,407	0,420	0,434	0,448	0,463	0,478	0,495	0,512	0,530	0,549	0,569	0,590	0,612	0,635	0,660	0,686	0,714	0,744	0,775	0,808	0,843	0,881	0,921	0,964	1,009	1,058	1,109
32	0,408	0,421	0,435	0,449	0,463	0,479	0,495	0,512	0,529	0,548	0,568	0,588	0,610	0,633	0,657	0,683	0,710	0,739	0,769	0,801	0,836	0,872	0,911	0,952	0,996	1,044	1,094	1,147
33	0,422	0,435	0,449	0,464	0,479	0,495	0,511	0,529	0,547	0,566	0,587	0,608	0,630	0,654	0,679	0,705	0,733	0,763	0,794	0,828	0,863	0,901	0,941	0,984	1,029	1,078	1,130	1,185
34	0,436	0,449	0,464	0,479	0,494	0,511	0,528	0,546	0,565	0,585	0,605	0,627	0,651	0,675	0,701	0,728	0,757	0,788	0,820	0,854	0,891	0,930	0,971	1,015	1,062	1,113	1,166	1,223
35	0,449	0,464	0,478	0,494	0,510	0,527	0,544	0,563	0,582	0,603	0,624	0,647	0,671	0,696	0,723	0,751	0,781	0,812	0,846	0,881	0,919	0,959	1,002	1,047	1,096	1,147	1,202	1,261
36		0,478	0,493	0,509	0,525	0,543	0,561	0,580	0,600	0,621	0,644	0,667	0,691	0,717	0,745	0,774	0,804	0,837	0,871	0,908	0,947	0,988	1,032	1,079	1,129	1,182	1,239	1,299
37			0,508	0,524	0,541	0,559	0,578	0,597	0,618	0,640	0,663	0,687	0,712	0,739	0,767	0,797	0,828	0,862	0,897	0,935	0,975	1,017	1,063	1,111	1,162	1,217	1,275	1,338
38				0,539	0,557	0,575	0,594	0,615	0,636	0,658	0,682	0,707	0,733	0,760	0,789	0,820	0,852	0,887	0,923	0,962	1,003	1,047	1,093	1,143	1,196	1,252	1,312	1,376
39					0,573	0,591	0,611	0,632	0,654	0,677	0,701	0,727	0,753	0,782	0,811	0,843	0,876	0,912	0,949	0,989	1,031	1,076	1,124	1,175	1,229	1,287	1,349	1,415
40						0,608	0,628	0,650	0,672	0,696	0,720	0,747	0,774	0,803	0,834	0,866	0,900	0,937	0,975	1,016	1,060	1,106	1,155	1,207	1,263	1,323	1,386	1,453
41							0,645	0,667	0,690	0,714	0,740	0,767	0,795	0,825	0,856	0,889	0,925	0,962	1,001	1,043	1,088	1,135	1,186	1,240	1,297	1,358	1,423	1,492
42								0,685	0,708	0,733	0,759	0,787	0,816	0,846	0,879	0,913	0,949	0,987	1,028	1,071	1,116	1,165	1,217	1,272	1,331	1,393	1,460	1,531
43									0,727	0,752	0,779	0,807	0,837	0,868	0,901	0,936	0,973	1,012	1,054	1,098	1,145	1,195	1,248	1,305	1,365	1,429	1,498	1,570
44										0,771	0,798	0,827	0,858	0,890	0,924	0,960	0,998	1,038	1,080	1,126	1,174	1,225	1,279	1,337	1,399	1,465	1,535	1,610
45											0,818	0,848	0,879	0,912	0,947	0,983	1,022	1,063	1,107	1,153	1,203	1,255	1,311	1,370	1,433	1,501	1,573	1,649
46												0,868	0,900	0,934	0,969	1,007	1,047	1,089	1,133	1,181	1,231	1,285	1,342	1,403	1,468	1,537	1,610	1,689
47													0,921	0,956	0,992	1,031	1,071	1,114	1,160	1,209	1,260	1,315	1,374	1,436	1,502	1,573	1,648	1,728
48														0,978	1,015	1,054	1,096	1,140	1,187	1,237	1,289	1,346	1,405	1,468	1,537	1,609	1,686	1,768
49															1,038	1,078	1,121	1,166	1,214	1,265	1,319	1,376	1,437	1,502	1,571	1,645	1,724	1,808
50																1,102	1,146	1,192	1,241	1,293	1,348	1,406	1,469	1,535	1,606	1,682	1,762	1,848
51																	1,171	1,218	1,268	1,321	1,377	1,437	1,501	1,569	1,641	1,718	1,800	1,888
52																		1,244	1,295	1,349	1,407	1,468	1,533	1,602	1,676	1,755	1,839	1,928
53																			1,322	1,377	1,436	1,499	1,565	1,636	1,711	1,792	1,877	1,968
54																				1,406	1,466	1,529	1,597	1,669	1,746	1,828	1,916	2,009
55																					1,495	1,560	1,630	1,703	1,782	1,865	1,955	2,050

Fonte: IBGE, Portaria PR-400 de 23 de novembro de 2021. Elaboração: CGEDA/SRGPS/SPREV-MTP

Anexo 2 • INFORMAÇÕES COMPLEMENTARES SOBRE CONTRIBUIÇÕES E BENEFÍCIOS PREVIDENCIÁRIOS | 521

FATOR PREVIDENCIÁRIO – 2023 (TABELA IBGE 2021)

Tabela com Fator Previdenciário 2023 conforme Tabela de Mortalidade ambos os sexos 2021 – IBGE, cruzando Expectativa de Sobrevida / Idade da Aposentadoria (colunas) com Tempo de Contribuição (linhas).

Fonte: IBGE, Portaria PR-3.746, de 24 de novembro de 2022. Elaboração: CGEDA/SRGPS/SPREV-MTP.
Tabela exemplificativa, calculada para idades e tempos de contribuição em anos exatos.

QUADRO DE APLICABILIDADE DA EMENDA CONSTITUCIONAL N. 103, DE 2019, AOS RPPS DOS ESTADOS, DISTRITO FEDERAL E MUNICÍPIOS

NORMAS DE APLICABILIDADE IMEDIATA	
Dispositivo	**Tema**
Art. 22, XXI, da Constituição	Competência privativa da União para editar normas gerais sobre inatividades e pensões das polícias militares e corpos de bombeiros militares.
Art. 37, § 14, da Constituição e art. 6º da Emenda Constitucional n. 103/2019	Preceito segundo o qual a utilização de tempo de contribuição de cargo público e de emprego ou função pública, ainda que se trate de tempo de contribuição para o RGPS, acarreta o rompimento do vínculo com a Administração Pública, ressalvando-se a concessão de aposentadoria pelo RGPS até a data de entrada em vigor da Emenda Constitucional n. 103/2019.
Art. 37, § 15, da Constituição c/c o art. 7º da Emenda Constitucional n. 103/2019	Vedação de complementação de aposentadorias de servidores públicos e de pensões por morte a seus dependentes, que não seja decorrente da instituição do regime de previdência complementar a que se referem os §§ 14 a 16 do art. 40 da Constituição ou que não seja prevista em lei que extinga RPPS, ressalvadas as complementações de aposentadorias e pensões já concedidas.
Art. 38, V, da Constituição	Regra de filiação previdenciária segundo a qual o servidor que venha a exercer mandato eletivo, na hipótese de ser segurado de regime próprio de previdência social, permanecerá filiado a esse regime, no ente federativo de origem.
Art. 39, § 9º, da Constituição c/c o art. 13 da Emenda Constitucional n. 103/2019	Vedação de incorporação de vantagens de caráter temporário ou vinculadas ao exercício de função de confiança ou de cargo em comissão à remuneração do cargo efetivo, ressalvadas as incorporações efetivadas até a data de entrada em vigor da Emenda Constitucional n. 103/2019.
Art. 40, § 19, da Constituição	Concessão do abono de permanência nas regras permanentes (por meio de lei, os Estados, o Distrito Federal e os Municípios podem restringir o alcance dessa norma, estabelecendo critérios para seu pagamento).
Art. 40, § 19, da Constituição; Emenda n. 41/2003 (arts. 2º e 6º)	Concessão do abono de permanência com base nas regras de transição das Emendas anteriores, enquanto não forem extintas para os RPPS dos Estados, Distrito Federal e Municípios, mediante lei do respectivo ente que referende integralmente a sua revogação pelo art. 35, incisos III e IV, da Emenda Constitucional n. 103/2019.
Art. 40, § 22, da Constituição	Vedação da instituição de novos regimes próprios de previdência social.
Arts. 93, VIII; 103-B, § 4º, III; e art. 130-A, § 2º, III da Constituição	Exclusão da possibilidade de aplicação, como sanção administrativa, da pena de aposentadoria compulsória de magistrados e membros do Ministério Público dos Estados, com direito a proventos proporcionais ao tempo de serviço.
Art. 201, § 9º-A, da Constituição	Direito à contagem recíproca do tempo de serviço militar e do tempo de contribuição ao RGPS ou RPPS, para fins de inativação militar ou aposentadoria.
Art. 4º, § 10, da Emenda Constitucional n. 103/2019	Manutenção, no âmbito do RPPS dos Estados, Distrito Federal e Municípios, do cálculo dos proventos de aposentadoria concedida com fundamento na integralidade da remuneração, conforme lei do respectivo ente federativo em vigor antes da publicação da Emenda Constitucional n. 103/2019.

NORMAS DE APLICABILIDADE IMEDIATA	
Dispositivo	**Tema**
Arts. 5º e 10 da Emenda Constitucional n. 103/2019	Regras jurídicas de transição e disposição transitória para a concessão de aposentadoria especial ao policial civil do Distrito Federal.
Art. 9º, *caput*, da Emenda Constitucional n. 103/2019	Recepção constitucional, com *status* de lei complementar, da Lei Federal n. 9.717/1998.
Art. 9º, § 1º, da Emenda Constitucional n. 103/2019	Modo de comprovação do equilíbrio financeiro e atuarial do regime próprio de previdência social, cuja norma encerra em si o conceito desse equilíbrio.
Art. 9º, §§ 2º e 3º, da Emenda Constitucional n. 103/2019	Limitação do rol de benefícios do RPPS às aposentadorias e à pensão por morte (os afastamentos por incapacidade temporária para o trabalho e o salário-maternidade não devem ser pagos à conta do RPPS, ficando a cargo do Tesouro dos entes federativos, passando agora a ser considerado como um benefício estatutário e não mais previdenciário, integrando a remuneração para todos os fins, com relação ao salário-família e o auxílio-reclusão, entendemos que a sua natureza é de benefício assistencial a ser concedido a servidores de baixa renda, inclusive quando aposentados, não integrando a remuneração destes, estando a cargo do ente federativo o seu pagamento).
Art. 9º, §§ 4º e 5º, da Emenda Constitucional n. 103/2019	Vedação para o estabelecimento, pelos Estados, Distrito Federal e Municípios, de alíquota inferior à da contribuição dos servidores da União, salvo na situação de ausência de *deficit* atuarial a ser equacionado, hipótese em que a alíquota não poderá ser inferior às alíquotas aplicáveis ao RGPS.
Art. 9º, § 6º, da Emenda Constitucional n. 103/2019	Prazo de dois anos da data de entrada em vigor da Emenda Constitucional n. 103/2019 para a instituição do regime de previdência complementar na forma dos §§ 14 a 16, e para a adequação do órgão ou entidade gestora único do RPPS ao § 20, todos do art. 40 da Constituição Federal.
Art. 9º, § 9º e art. 31 da Emenda Constitucional n. 103/2019, c/c o art. 195, § 11, da Constituição	Vedação da moratória/parcelamento de débitos dos entes federativos com seus regimes próprios em prazo superior a 60 meses, exceto em relação aos parcelamentos previstos na legislação vigente até a data de entrada em vigor da Emenda Constitucional n. 103/2019, cuja reabertura ou prorrogação de prazo para adesão não é admitida pelo art. 31 da mesma Emenda.
Art. 10, § 5º, da Emenda Constitucional n. 103/2019	Abono de permanência do policial civil do Distrito Federal, equivalente ao valor de sua contribuição previdenciária, até que entre em vigor lei federal que regulamente o disposto no § 19 do art. 40 da Constituição.
Art. 10, § 6º, da Emenda Constitucional n. 103/2019	Pensão por morte do policial civil do Distrito Federal, vitalícia para o cônjuge ou companheiro e equivalente à remuneração do cargo, quando decorrente de agressão sofrida no exercício ou em razão da função.
Art. 11, *caput* c/c o art. 36, I, e art. 9º, § 4º, da Emenda Constitucional n. 103/2019	Adequação da alíquota de contribuição do segurados dos RPPS dos Estados, do Distrito Federal e dos Municípios à alíquota de contribuição do servidor da União, que poderá ter impacto na alíquota do ente, consoante o art. 2º da Lei n. 9.717/1998.
Art. 14 da Emenda Constitucional n. 103/2019	Vedação de adesão de novos segurados e de instituição de novos regimes de previdência aplicáveis a titulares de mandato eletivo.

NORMAS DE APLICABILIDADE IMEDIATA	
Dispositivo	Tema
Art. 24 da Emenda Constitucional n.103/2019	Restrições à acumulação de benefícios previdenciários e à recepção das regras sobre acumulação de benefícios previstas na legislação vigente ao tempo de sua publicação, no que não for contrário.
Art. 34 da Emenda Constitucional n.1 03/2019	Requisitos para a hipótese de extinção, por lei do ente federativo, do respectivo regime próprio de previdência social, até que seja editada lei complementar federal sobre normas gerais que discipline o § 22 do art. 40 da Constituição.
Art. 4º, § 9º; art. 5º, § 2º; art. 10, § 7º; art. 20, § 4º; art. 21, § 3º; e art. 22, parágrafo único, todos da Emenda Constitucional n. 103/2019	Normas constitucionais e infraconstitucionais relacionadas ao regime próprio de previdência social dos Estados, do Distrito Federal e dos Municípios, anteriores à data de entrada em vigor da Emenda Constitucional n. 103/2019, concernentes às regras de concessão de aposentadorias, inclusive por "invalidez permanente" mantida a aplicação da Súmula Vinculante – SV do STF n. 33, quanto à aposentadoria especial de que trata o art. 40, § 4º, III, da Constituição Federal, na redação da Emenda n. 41/2003 e a regra de concessão de abono de permanência (o art. 1º da Lei Federal n. 10.887/2004, continua a ser aplicado aos Estados, DF e Municípios para fins de cálculo dos proventos enquanto não promovidas alterações na legislação interna).
Art. 23, § 8º, da Emenda Constitucional n. 103/2019	Normas constitucionais e infraconstitucionais relacionadas ao regime próprio de previdência social dos Estados, do Distrito Federal e dos Municípios, anteriores à data de entrada em vigor da Emenda Constitucional n. 103/2019, concernentes às regras de concessão e cálculo de pensões, enquanto não promovidas alterações na legislação interna (o art. 2º da Lei Federal n. 10.887/2004 continua a ser aplicado aos Estados, ao DF e aos Municípios para fins de cálculo das pensões).

Fonte: http://sa.previdencia.gov.br/site/2019/11/quadro-de-aplicabilidade-da-ec-103.pdf.

NORMAS NÃO AUTOAPLICÁVEIS	
Dispositivo	Tema
Art. 40, § 1º, inciso I, da Constituição	Aposentadoria por incapacidade permanente para o trabalho, com exigência de avaliações periódicas para verificação da continuidade das condições que ensejaram a concessão, bem como a condição de o servidor ser insuscetível de readaptação (dependem de lei do respectivo ente federativo).
Art. 40, § 1º, inciso III, da Constituição	Concessão de aposentadoria voluntária. A idade mínima será estabelecida mediante emenda às respectivas Constituições e Leis Orgânicas. Foram desconstitucionalizados, atribuídos à Lei Complementar de todos os entes da Federação, os requisitos de tempo de efetivo exercício no serviço público e de tempo no cargo efetivo em que se dará a aposentadoria.
Art. 40, § 3º, da Constituição	Cálculo dos proventos de aposentadoria (dependem de lei do respectivo ente federativo).

Anexo 2 • INFORMAÇÕES COMPLEMENTARES SOBRE CONTRIBUIÇÕES E BENEFÍCIOS PREVIDENCIÁRIOS

NORMAS NÃO AUTOAPLICÁVEIS

Dispositivo	Tema
Art. 40, §§ 4º, 4º-A, 4º-B, e 4º-C, da Constituição	Requisitos de idade e tempo de contribuição para aposentadorias voluntárias especiais: servidor com deficiência, agente penitenciário, agente socioeducativo e policiais, servidor exposto a agentes químicos, físicos e biológicos prejudiciais à saúde (dependem de lei complementar do respectivo ente federativo para regulamentá-las).
Art. 40, § 5º, da Constituição	Requisitos de tempo de efetivo exercício das funções de magistério para aposentadoria dos ocupantes de cargo de professor (dependem de lei complementar do respectivo ente federativo para regulamentá-los). A idade mínima do professor é, por previsão constitucional, reduzida em 5 (cinco) anos com relação às idades mínimas a serem estabelecidas pelos entes federativos mediante emenda às respectivas Constituições e Leis Orgânicas.
Art. 40, § 7º, da Constituição	Concessão da pensão por morte ao dependente do servidor público (depende de lei do respectivo ente federativo, garantido o piso do salário mínimo, quando se tratar da única fonte de renda formal).
Art. 40, § 7º, da Constituição, parte final	Tratamento diferenciado para a hipótese de concessão de pensão por morte decorrente de agressão sofrida no exercício ou em razão da função, para o servidor policial, agente penitenciário ou socioeducativo (depende de lei do respectivo ente federativo, garantido o piso do salário mínimo, quando se tratar da única fonte de renda formal).
Art. 40, § 22, da Constituição	Diretivas que visam orientar a atividade legislativa futura da União, acerca do objeto da lei complementar federal que deverá dispor sobre normas gerais de organização, de funcionamento e de responsabilidade na gestão dos RPPS.
Art. 201, §§ 9º e 9º-A, da Constituição	Compensação financeira entre as receitas de contribuição referente aos militares e as receitas de contribuição aos demais regimes (critérios serão estabelecidos em lei).
Art. 9º, § 7º, da Emenda Constitucional n. 103/2019	Aplicação de recursos do RPPS na concessão de empréstimos com consignação em folha de pagamento dos segurados (depende de norma a ser expedida pelo Conselho Monetário Nacional – CMN).
Art. 149, §§ 1º-B e 1º-C, da Constituição c/c art. 9º, § 8º, c/c o art. 36, inciso II, da Emenda Constitucional n. 103/2019	Instituição de contribuição extraordinária, por meio de lei, cuja regulamentação no âmbito dos Estados, do Distrito Federal e dos Municípios somente poderá ser editada quando a alteração de redação dada pela reforma ao art. 149 da Constituição Federal tiver vigência em relação a estes entes, o que dependerá de publicação de lei estadual, distrital ou municipal que referende integralmente a alteração promovida nesse artigo da Constituição.
Art. 14, § 5º, da Emenda Constitucional n. 103/2019	Disciplina jurídica de transição para os regimes de titulares de mandato eletivo que porventura existam atualmente nos Estados, no Distrito Federal ou nos Municípios, no caso de opção de permanência em tais regimes, que passam a ser em extinção.
Art. 40, § 15, da Constituição c/c art. 33 da Emenda Constitucional n. 103/2019	Administração, por entidade aberta de previdência complementar, de planos de benefícios patrocinados pelos entes federados, que dependem de regulamentação mediante lei complementar da União.

NORMAS COM PERÍODO DE VACÂNCIA	
Dispositivo	**Tema**
Arts. 11, 28 e 32 da Emenda Constitucional n. 103/2019	Vigência das alíquotas de contribuição do RPPS da União, que terá início no primeiro dia do quarto mês subsequente ao da data de publicação da Emenda (respeito à anterioridade nonagesimal).
Art. 149 da Constituição e a cláusula de revogação contida na alínea *a* do inciso I e nos incisos III e IV do art. 35 da Emenda Constitucional n. 103/2019	Ausência de aplicabilidade para Estados, Distrito Federal e Municípios da alteração de redação ao art. 149 da Constituição e da cláusula de revogação contida na alínea *a* do inciso I e nos incisos III e IV do art. 35 da Emenda Constitucional n. 103/2019, enquanto estiverem em período de vacância, já que dependem de referendo para o início de sua vigência, mediante a publicação de lei destes entes, conforme o inciso II do art. 36 da mesma Emenda.
Art. 149 da Constituição	Ausência de aplicabilidade para Estados, Distrito Federal e Municípios da possibilidade de instituir alíquotas de contribuição para o custeio do RPPS de forma progressiva e de fazer incidir contribuição ordinária dos aposentados e pensionistas sobre o valor dos proventos e pensões que superem o salário mínimo – em caso de déficit atuarial – enquanto não houver o referendo mediante lei de que trata o inciso II do art. 36 da Emenda Constitucional n. 103/2019.